Lexikon der antiken Mythen und Gestalten
in einem Band

Michael Grant und John Hazel:
Lexikon der antiken Mythen und Gestalten

Deutscher
Taschenbuch
Verlag

Im Textteil ungekürzte Ausgabe
Oktober 1980
Deutscher Taschenbuch Verlag GmbH & Co. KG, München
Lizenzausgabe des Paul List Verlags, München
ISBN 3-471-77623-0
Aus dem Englischen von Holger Fließbach. Deutsche Redaktion:
Caroline Creutzer
Titel der Originalausgabe: WHO'S WHO in Classical Mythology.
Weidenfeld and Nicolson Ltd., London

Umschlaggestaltung: Celestino Piatti
Gesamtherstellung: C. H. Beck'sche Buchdruckerei, Nördlingen
Printed in Germany ~~ISBN 3-423-03181-6~~

Einleitung

Die Sagen der Griechen und Römer sind ein unverlierbarer, nicht wegzudenkender Bestandteil unseres kulturellen Erbes. Sie entstanden nicht, wie oft behauptet wird, im Zuge einer einheitlichen, geschlossenen Welterklärung, sondern auf überaus verschiedene Weise und als Reaktion auf sehr unterschiedliche gesellschaftliche und psychologische Bedürfnisse. In einer vorwissenschaftlichen Welt erfand man sie, um Naturerscheinungen zu erklären; um Ortsnamen, Rituale und Bezeichnungen zu deuten, deren ursprünglicher Sinn vergessen worden war; um Sitten, Gebräuche und Einrichtungen zu begründen; um die Person und das Leben eines Gottes mit Dramatik zu erfüllen; um Völker, Stämme, Familien, Hierarchien und Priesterschaften zu glorifizieren; zur Ausschmückung und Bereicherung der Frühgeschichte; um durch Abenteuer- und Heldengeschichten die Wirklichkeit zu überhöhen; oder einfach zum Vergnügen und zur Unterhaltung: für lange Abendstunden, beschwerliche Reisen oder gefahrvolle Meeresfahrten.

In jeder Art von Mythos oder Sage ist das Wesentliche die Geschichte, die »story«, der Verlauf der sagenhaften Begebenheit. Namen wie Achilleus, Helena, Ödipus wecken auch heute noch ein Echo; aber dieses Echo ist schwach und bleibt sinnlos, solange man nicht der Aufzählung dessen, was diese Helden erlebt und getan haben sollen, durch alle Varianten und Verästelungen folgen kann. Und eben darin besteht der Zweck dieser Mythologie, die die wichtigsten, bekanntesten und einflußreichsten Begebenheiten schildert, die sich in den Sagen und Erzählungen der Antike finden, wobei gelegentlich auch Abweichungen oder gar Widersprüche mitgeteilt werden. Auf diese Weise konnte aus den einzelnen Mosaiksteinchen das Bild einer der größten Schöpfungen der menschlichen Phantasie entstehen. Es sind unvergleichliche Geschichten, die mit Recht immer wieder und unzählige Male nacherzählt worden sind.

Umfassende Essays von Psychologen und Anthropologen bestätigen, daß sie mit tiefen Erkenntnissen über die Situation und die Lebensnot des Menschen angefüllt sind. Selbstverständlich erzählen die antiken Sagen nicht die historische Wahrheit; ihre Wahrheit ist von anderer Art, die man als »parageschichtlich« bezeichnen könnte. Ihre Wirkung aber auf die mythologiebeflissenen Griechen und Römer, auf ihr Denken und Tun, scheint kaum weniger bezeichnend und stimulierend gewesen zu sein, wie ihre tatsächliche Historie, auf die sie so stolz waren.

Diese Wirkung der para-geschichtlichen Mythologie auf die Antike läßt sich unschwer bis heute verfolgen. Sie läßt sich nachweisen in dem bewußten (oder unbewußten) Rückgriff aller Generationen aller Epochen auf Denkweisen und Ideen, die in dieser Wissenschaft von den Gottheiten der Völker zum Ausdruck kommen. Sie läßt sich ferner sehr genau beobachten auf weiten und sehr unterschiedlichen Gebieten der europäischen Kunst

und der europäisch-amerikanischen Literatur, die ihre Bedeutung größtenteils eben diesem Mythenstoff verdankt, dessen Unverwüstlichkeit auch ganz klar daraus hervorgeht, daß sich die Schriftsteller unseres 20. Jahrhunderts ihres mythischen Erbes ebenso bewußt sind wie alle ihre Vorgänger.
Einige der griechischen Mythen (soweit sie nicht dem Osten entlehnt waren) entsprangen in den unteren, anonymen Schichten der Bevölkerung. Andere wurden dem Volk von den Führern und den sie tragenden herrschenden Klassen vermittelt. Manche Gelehrte halten es offenbar für richtiger, sich mit der ersteren Art der Mythenbildung zu befassen. Aber auch die letztere kam oft vor, doch ist sie noch unzureichend erforscht. Was die römischen Sagen betrifft (d.h. die echten römischen Sagen, nicht die von Griechenland übernommenen), so kamen sie viel seltener aus den unteren Schichten, denn sie wurden meist von der Oberschicht erfunden und, aus Gründen patriotischer oder religiöser oder politischer Erbauung, bewußt im Volk verbreitet. Das macht diese Sagen keineswegs uninteressanter oder bedeutungsloser.
Jeder, der die Sagen der Griechen und Römer mit denen anderer Kulturen in ganz verschiedenen Gegenden der Welt und zu allen Zeiten der Geschichte vergleicht, wird erstaunt, ja betroffen sein von der Häufigkeit, mit der bestimmte Stoffe immer wiederkehren, oft in ganz ähnlicher oder sogar identischer Form in einer großen Vielzahl verschiedener Länder, Zeiten und Zusammenhänge. Zum Beispiel sind von Amor und Psyche mehr als neunhundert verschiedene Geschichtenversionen bekannt; sie verteilen sich über Zehntausende von Kilometern und weit entfernte Epochen. Zur Erklärung dieses Vorgangs gibt es zwei Theorien. Nach der einen Theorie machen alle Kulturen dieselben Entwicklungsstufen durch und neigen daher dazu, auf einer bestimmten Stufe vergleichbare Mythen zu schaffen, auch wenn sie nicht mit anderen Kulturen in Kontakt kommen. Ihr »kollektives Unbewußtes«, um C. G. Jung zu zitieren, »arbeitet in derselben Weise und befriedigt dieselben inneren Bedürfnisse«. Die andere, die »Diffusions«-Theorie dagegen ist der Ansicht, daß die fraglichen mythologischen Stoffe von einer Kultur zur anderen weitergegeben wurden, gleichgültig, wie weit diese Kulturen geographisch voneinander entfernt waren. Nach dieser Theorie liegt es nur an unseren mangelhaften Kenntnissen, daß wir nichts über die Wege, Kanäle, Vermittler und Methoden der Weitergabe von Mythen wissen. Bis zu einem gewissen Grad mögen beide Theorien richtig sein. Manchmal aber sind die Ähnlichkeiten zwischen verschiedenen Mythologien so groß, daß man sie nicht mehr durch irgendein »kollektives Unbewußtes« erklären kann. Hier müssen wirkliche Übertragungen vermutet werden – wie schwierig es für uns heute auch sein mag, die einzelnen Glieder dieser Kette aufzufinden.
Dieser Schluß scheint auch durch die Ergebnisse der modernen Forschung bestätigt zu werden: die Ähnlichkeit zwischen griechischen und fernöstlichen Mythen beispielsweise scheint mit der Vermittlerrolle einer indo-griechischen Kultur in Nordindien erklärbar zu sein. Es läßt sich absehen, daß

im Laufe der Zeit noch andere derartige Übertragungskanäle aus dem allgemeinen Dunkel emporsteigen und greifbar werden. Eines Tages gelingt es vielleicht sogar, eine bestimmte einzelne Epoche und Weltgegend ausfindig zu machen, in der die Keime aller großen Weltmythologien gelegt wurden und von der sie sich auszubreiten begannen. Dieser Tag dürfte aber noch in weiter Ferne liegen.

Die Geschichten der klassischen Antike – in der Hauptsache der griechischen, aber mit einem geschichtlich wertvollen und eigenständigen römischen Anteil – wurden als große, gestalten- und historisch einflußreiche mythologische Sammlung in dem vorliegenden Werk alphabetisch geordnet und dadurch gut übersichtlich zugänglich gemacht. Die Illustrationen stellen eine repräsentative Auswahl der bildenden Kunst dar, zu der diese Sagen so reiche Anregungen gegeben haben. Was die Terminologie betrifft, so ist nirgends versucht worden, strenge Abgrenzungen zwischen Mythe, Legende, Sage, Volkssage und Märchen vorzunehmen. Die hilfreichste Unterscheidung, zumindest theoretisch, ist vielleicht die zwischen Mythe (mit rein erfundenem Inhalt) und Legende (mit einem Ansatz oder Kern historischer Wahrheit). Diese Unterscheidung wurde nicht in Anspruch genommen, da es in den meisten Fällen unmöglich ist, festzustellen, ob ein historischer Kern vorhanden ist oder nicht. Ein Beispiel: zweifellos wurde Troja gewaltsam vernichtet – um dies sagen zu können, brauchen wir uns nur die Überreste der Stadt anzusehen –, aber die Frage lautet: wurde sie von den Griechen vernichtet? Wenn ja, dann ist die ›Ilias‹ eine Legende, weil sie die Zerstörung der Stadt Eroberern zuschreibt; andernfalls ist sie Mythos. Die Schwierigkeit besteht darin, daß man die richtige Antwort nicht weiß; unter diesen Umständen scheint es angebrachter, die überlieferten großen Stoffe zu würdigen und zu bewundern, als den Reichtum ihrer Aussagekraft unter irgendwelche Begriffe pressen zu wollen.

Ein anderes, nicht unwichtiges Problem ist die Schreibung der antiken Namen. Hier lehnt sich die deutsche Ausgabe des Buches eng an die originale griechische bzw. römische Schreibweise an. Nur in wenigen Fällen ist von diesem Grundsatz abgegangen worden, z.B. wenn eine bestimmte Schreibart allgemein-gebräuchlich ist (Ödipus statt Oidipus).

Zum Schluß haben wir einer Reihe moderner Autoren zu danken, die Arbeiten über die Sagen der Griechen und Römer veröffentlicht haben; insbesondere H. J. Rose und seinem ›Handbook of Greek Mythology‹ und anderen Werken sowie ›Crowell's Handbook of Classical Mythology‹ von Edward Tripp. Ferner danken wir dem Verlag Weidenfeld and Nicolson für unermüdlichen Beistand, Carol Aldway für die Auswahl der Illustrationen und Claus Henning für die Anfertigung der Karten.

A

Abas 1, Sohn des Lynkeus und der Hypermnestra, folgte seinem Vater als König von Argos, heiratete Aglaia, die Tochter des Mantineus; sie gebar ihm die Zwillinge Akrisios und Proitos und eine Tochter Idomene.

Abas 2, Sohn des Melampus; Vater der Lysimache.

Abderos, Sohn des Hermes; er stammte aus dem opuntischen Lokris. Weil Herakles ihn liebte, machte er ihn zu seinem Waffenträger und ließ ihn die menschenfressenden Rosse des Diomedes beaufsichtigen, doch sie verschlangen Abderos. Herakles gründete zu seinem Gedächtnis die Stadt Abdera in Thrakien.

Absyrtos siehe Apsyrtos.

Acca Larentia, Frau des Hirten Faustulus, der die ausgesetzten Zwillinge Romulus und Remus fand und aufzog. Da diese von einer Wölfin gesäugt worden waren, nannte man Acca auch *lupa,* was im Lateinischen »Wölfin« und »Dirne« bedeutet; für Acca findet sich gelegentlich der Name Faula oder Fabula, ebenfalls eine lateinische Bezeichnung für Hetäre.

Acestes siehe Aigestes.

Achaios, Sohn des Xuthos und Bruder des Ion. Mit Hilfe Athens und des Gebietes von Aigialos (Achaia) im Peloponnes, wo Ion herrschte, gewann er seines Vaters Königreich Thessalien zurück. Nach Achaios sind die Achäer benannt, das Volk im südlichen Thessalien; ebenso nannten in einem weiteren Sinne Homer und die frühen Griechen auch alle griechisch sprechenden Völker, die gegen Troja kämpften.

Achates, Aeneas' Waffenträger und sein bester Freund und Gefährte.

Acheloos, Gott eines Flusses in Nordwestgriechenland, Sohn des Okeanos und der Tethys, der mit Herakles um die Hand Deianeiras rang, aber obwohl er seine Gestalt verändern konnte, unterlag. Er verwandelte sich in einen Stier, doch Herakles brach eines von seinen Hörnern ab. Um es wieder zu bekommen, gab ihm Acheloos im Tausch ein Horn der Ziege Amaltheia, die Zeus gesäugt hatte.

Acheloos war der Vater der Nymphen Kallirhoë, die Alkmeon heiratete, Kastalia von der berühmten delphischen Quelle und der Sirenen.

Achilleus, Heerführer der griechischen Helden in der ›Ilias‹, in der sein Zorn auf Agamemnon und sein Zweikampf mit Hektor beherrschende Themen sind.

Er war der einzige Sohn des Sterblichen Peleus, König von Phthia in Thessalien, und der Meeresnymphe Thetis, der Tochter des Nereus. Sowohl Zeus wie Poseidon wollten der herrlichen Thetis ein Kind zeugen, aber Themis oder Prometheus warnten die beiden; denn Thetis' Sohn würde größer werden als sein Vater. Weil die Götter keine ihnen überlegene Macht in die Welt setzen wollten, verheirateten sie Thetis mit dem sterblichen König Peleus und entschädigten sie mit einer besonders prunkvollen Hochzeit. Auf dieser Hochzeit ergaben sich die Voraussetzungen für jene Konflikte, die zum Trojanischen Krieg führen sollten; denn Eris (Streit), die man absichtlich nicht eingeladen hatte, um dem Brautpaar Zwietracht zu ersparen, erschien trotzdem und warf vor der festlichen Versammlung den goldenen Apfel mit der Inschrift »der Schönsten« nieder, worüber sich Hera, Athene und Aphrodite zerstreiten sollten.

Thetis hing über die Maßen an ihrem Sohn; nach der ›Ilias‹ scheint sie die einzige Frau zu sein, für die er eine wirkliche Zuneigung empfand. In seiner frühesten Kindheit wollte sie ihm Unsterblichkeit verleihen, indem sie ihn am Tage mit Ambrosia salbte und zur Nachtzeit mit Aschenglut bedeckte. Peleus traf sie dabei an, wie sie das Kind ins Feuer schob, und war entsetzt. Thetis erzürnte sich so sehr über sein Eingreifen und sein Mißtrauen, daß sie den Gatten und ihr Kind verließ und in das Meer zurückkehrte.

Die bekannte Geschichte von der Unverwundbarkeit des Achilleus scheint Homer nicht geläufig gewesen zu sein. Demnach tauchte Thetis ihr Neugeborenes in den Hadesfluß Styx; doch die Ferse, an der sie Achilleus festhalten mußte, blieb ungeschützt; so konnte ihn Paris mit einem Pfeilschuß töten.

Nachdem ihn seine Mutter verlassen hatte, übergab man Achilleus der Obhut des weisen Kentauren Chiron, der auch die Argonauten erzogen hatte. Chiron lehrte ihn das schnelle Laufen, und Achilleus wurde der beste Läufer unter den Lebenden. Homers Lieblingsausdruck für ihn ist *podarkes,* »der Schnellfüßige«. Bei Chiron lernte er die Künste des Krieges, und er ließ ihn die Innereien von wilden

Achilleus wird von Chiron in die Kriegskünste eingeweiht (Eugène Delacroix, 1798–1863, Die Erziehung des Achilleus; Privatsammlung)

Tieren essen, um ihm unerschrockenen Kampfesmut zu geben; er unterwies ihn außerdem in der Musik und in der Heilkunst. Später kehrte Achilleus nach Phthia zurück und wurde der beste Freund des um einiges älteren Patroklos, der an Peleus' Hof Zuflucht gefunden hatte. Patroklos wurde der Knappe und Geliebte des Achilleus. Während dieser Zeit erhielt Achilleus Unterricht in der Regierungskunst und in der Diplomatie von Phoinix, ebenfalls ein Flüchtling zu Phthia, den Peleus zum König der Doloper machte.
Man sagt auch, Achilleus sei von Thetis zum Hof des Lykomedes auf Skyros geschickt worden, weil sie um das ihm vorbestimmte tragische Geschick wußte: Achilleus' Los würde es sein, entweder in ruhmlosem Greisenalter zu sterben, oder aber – viel wahrscheinlicher – den Zug nach Troja mitzumachen, von dem er nicht wiederkommen würde. Lykomedes verkleidete Achilleus als Mädchen, nannte ihn Pyrrha und verbarg ihn in den Frauengemächern seines Palastes; denn nach der Prophezeiung des Kalchas war Troja nicht zu erobern, solange Achilleus dem Feldzug fernblieb. – Während dieses Versteckspielens nutzte Achilleus die Vorteile in seiner weiblichen Gesellschaft aus und verführte die Königstochter Deidameia, die ihm den Neoptolemos gebar, der auch Pyrrhos genannt wird. Die Griechen, die ohne Achilleus nicht erfolgreich Krieg führen konnten, entsandten nach einiger Zeit Odysseus nach Skyros, um ihn zu suchen. Durch eine List dieses klugen Ränkeschmiedes verriet sich der verkleidete Achilleus. In der Palasthalle des Lykomedes ließ Odysseus unter sehr viel prächtigem Geschmeide Waffen verstecken. Während die Frauen des königlichen Haushalts den Schmuck bewunderten, ertönte draußen ein Trompetensignal, Achilleus griff sogleich nach den Waffen und hatte sich verraten! Jetzt schämte er sich seiner Mitwirkung bei diesem Betrug; er hörte nicht auf seine Mutter und nahm freiwillig an dem Unternehmen gegen Troja teil. Achilleus war Agamemnon keine Gefolgschaft schuldig und hatte auch, im Gegensatz zu anderen, keinen Eid geschworen, Menelaos, den Gatten Helenas, zu verteidigen; er zog in den Krieg, als ginge es um eine persönliche Herausforderung seiner Tapferkeit. – In Aulis geriet der Kriegszug in eine Flaute, und um Artemis zu versöhnen, mußte Agamemnon seine Tochter Iphigenie opfern. Man benutzte Achilleus, um sie an die vorgesehene Stelle zu locken, indem man ihr die Ehe mit dem jungen Prinzen versprach. Nach Euripides' ›Iphigenie in Aulis‹ wußte Achilleus nichts von dem Plan und wollte das Mädchen retten; als sie aber den Zweck des Opfers erfuhr, fügte sie sich willig in ihren Tod; so konnten die Griechen weitersegeln.
Sie verfehlten jedoch den richtigen Weg und landeten irrtümlich in Mysien, weit südlich von Troja, wo sie Telephos, der König von Teuthrania, ein Sohn des Herakles, zurück auf die Schiffe trieb. Nur Achilleus wehrte sich und fügte dem Telephos mit dem Speer eine böse Wunde an der Hüfte zu. Die Griechen, die erkannt hatten, daß sie weit von Troja entfernt waren, verließen Mysien und segelten zurück nach Argos. Hier begegneten sie dem in Lumpen gehüllten Telephos, dem ein Orakel geweissagt hatte, daß nur derjenige seine Wunde heilen könne, der sie ihm zugefügt hatte. Odysseus erinnerte Achilleus daran, daß seine Waffe die Ursache war, deshalb heilte Achilleus die Wunde mit dem Rost seines Speeres. Telephos bezeugte seinen Dank, in-

Acheloos ringt mit Herakles um die Hand der Deianeira (rotfigurige Vase, 5. Jh. v. Chr.; London, Britisches Museum)

Hephaistos und die Kyklopen schmieden den Schild des Achilleus, unter der Aufsicht von Athene (links) und Hera (rechts) (Basrelief; Rom, Palazzo dei Conservatori)

dem er den Griechen den Weg nach Troja wies. Bei ihrer Ankunft vor Troja landeten die Griechen zunächst auf Tenedos, wo Achilleus, vielleicht unabsichtlich, eine Warnung der Thetis mißachtete und Tenes erschlug, den König der Insel und Sohn des Apollon. Er war gewarnt worden, daß der Bogengott Apollon den Mord rächen würde; später wurde er dann tatsächlich von einem Pfeil des Paris niedergestreckt, den Apollon lenkte. Thetis warnte ihn auch, nicht als erster in Troja zu landen, was er befolgte.
Achilleus' erster Widersacher war Kyknos, ein Sohn des Poseidon, der unverletzbar durch Waffen sein sollte. Achilleus erwürgte ihn mit Kyknos' eigenem Helmband. Auch dem Troilos lauerte er auf und tötete ihn.
Als sich zeigte, daß Troja weder durch Belagerung noch durch direkten Angriff zu nehmen sei, führte Achilleus die griechische Streitmacht gegen zahlreiche benachbarte Städte, eroberte zwölf von ihnen an der Küste und elf im Landesinneren; von letzteren waren die wichtigsten Lyrnessos und das hypoplakische Theben. Eëtion, der Vater der Andromache, war König von Theben; Achilleus tötete ihn und seine sieben Söhne und ließ die Königin frei. In Lyrnessos begegnete er zum ersten Mal Aeneas und jagte ihn in die Flucht; außerdem tötete er Mynes und Epistrophos, die Söhne des Königs Evenos. Hier war es auch, wo er die schöne Briseis gefangennahm, die er zu seiner Konkubine machte und mehr als jede andere Frau zu lieben behauptete; um ihretwillen soll es zu den in der ›Ilias‹ geschilderten Ereignissen gekommen sein.
Agamemnon hatte Chryseïs, die Tochter des Apollonpriesters Chryses, zu seiner Konkubine gewählt. Er war sehr erzürnt, als er sie ihrem Vater zurückgeben mußte, um der schrecklichen Strafe Apollons zu entgehen, und entriß voll Erbitterung dem Achilleus, der ihn zu dieser Rückgabe gedrängt hatte, Briseis als Ausgleich für seinen Verlust. Achilleus zog sich daraufhin aus dem Krieg zurück und beschwor seine Mutter, Zeus zu veranlassen, das Kriegsglück gegen die Griechen zu wenden, um Agamemnon zu strafen. Der Plan gelang ganz im Sinne des Achilleus. Später setzte sich jedoch Achilleus ins Unrecht, als er einen Vergleich ablehnte, der in einer Entschuldigung Agamemnons, der Ehe mit einer von dessen drei Töchtern und der Rückgabe seiner Konkubine bestand. Von nun an mißlang Achilleus' Plan, denn sein Freund Patroklos hatte Mitleid mit den Griechen, die unter Einsatz des Lebens ihre auf dem Strand liegenden Schiffe verteidigten, und er überredete Achilleus, ihm seine Rüstung zu leihen und ihn die Myrmidonen (das Volk von Phthia, dem Lande Peleus') ins Gefecht führen zu lassen. Achilleus befahl Patroklos, nur die Schiffe zu verteidigen, doch hielt sich dieser nicht daran und wurde nach anfänglich großen Erfolgen von Hektor getötet, der die Rüstung des Achilleus für sich selbst raubte.
Auf diese Nachricht hin wurde Achilleus von Wut und Reue übermannt. Thetis und die Ne-

reïden trauerten mit ihm, und Achilleus gestand ihr, daß er sich nach dem Tode sehne. Er schwor, Hektor zu töten, und Thetis wußte, daß er dann nicht mehr lange zu leben hatte, denn ihm war bestimmt, sehr bald nach Hektors Tod zu sterben. Vor der Stadtmauer rief Achilleus dreimal den Kriegsruf, worauf sich die Trojaner aufgeregt zurückzogen. Dann versöhnte er sich mit Agamemnon und stürzte sich wie rasend auf die Trojaner. Er trug eine neue Rüstung, die ihm auf Thetis' Bitte Hephaistos, der Gott des Feuers, geschmiedet hatte. Er tötete unzählige Trojaner und wurde auch mit dem Flußgott des Skamandros handgemein, der, als Beschützer des Ortes und natürlicher Feind des Eindringlings, entsetzt war über die Zahl der toten Trojaner, die Achilleus in den Strom geschleudert hatte. Hephaistos aber stand Achilleus bei, indem er den Fluß austrocknete.

Als die Trojaner schließlich in ihren Mauern eingeschlossen waren, trat ihm nur noch Hektor als einziger entgegen. Achilleus jagte ihn dreimal rund um die Stadt; dann wandte sich Hektor zu ihm um und bat ihn, falls er sterben solle, seinen Leichnam zu schonen und ihn seinem Vater, dem König Priamos, zu übergeben. Achilleus weigerte sich, darauf einzugehen, und erschlug ihn. Dann entehrte er Hektors Leichnam und schleifte ihn an zwölf aufeinanderfolgenden Tagen um das Grab des Patroklos; er ließ ihn dort als Trost für den Geist des Freundes liegen und weigerte sich, ihn Priamos zu übergeben. Zuletzt überredete Thetis Achilleus, nachzugeben, und als die Begräbnisspiele für Patroklos beendet waren, bei denen Achilleus auch Menschenopfer vollzog, erhielt Priamos den Körper Hektors zurück.

Nach den Ereignissen, die in der ›Ilias‹ beschrieben sind, kam Penthesilea, die Königin

Odysseus entdeckt Achilleus am Hofe des Lykomedes (Wandmalerei; Neapel, Museo Archeologico Nazionale)

Der Kampf zwischen Achilleus und Hektor. Athene feuert Achilleus an, Apollon Hektor (Schale, 5. Jh. v. Chr.; Rom, Vatikan, Museo Gregoriano Etrusco)

Achilleus erschlägt Penthesilea, links Priamos, (attische Schale, 5. Jh. v. Chr.; München, Staatliche Antikensammlungen)

Achilleus (links sitzend) und Phoinix (rechts sitzend) betrauern Patroklos, hinter dem Leichnam Nestor (silberner römischer Weinkrug aus dem Berthouville-Schatz; Paris, Bibliothèque Nationale)

der Amazonen, den Trojanern zu Hilfe. Achilleus tötete sie, liebte aber dann verzweifelt ihren leblosen Körper. Als Thersites ihn deshalb verspottete, tötete Achilleus auch ihn. Wegen dieser Sünde mußte Achilleus der Leto und ihren Kindern Apollon und Artemis Opfer darbringen, um dann von Odysseus gereinigt zu werden. Ein weiterer Verbündeter Trojas, den Achilleus erschlug, war der Äthiopier Memnon. Unmittelbar darauf brachte ihm ein Pfeil vom Bogen des Paris, den Apollon lenkte, die tödliche Wunde bei. Sein Körper wurde von Aias (Ajax), dem Sohn des Telamon, geborgen. Man trauerte siebzehn Tage um Achilleus. Als Thetis und die Nereïden kamen und Klagelieder sangen, floh die gesamte Armee entsetzt auf die Schiffe. Auch die Musen stimmten in den Trauergesang ein. Am achtzehnten Tage verbrannte man Achilleus und legte seine Asche in eine von Hephaistos geschmiedete goldene Urne; eine Grabstätte am Meer barg seine Gebeine, die mit denen des Patroklos vermischt worden waren. Einer späteren Überlieferung zufolge begaben sich die Schatten des Achilleus und des Patroklos nach Leuke (Weiße Insel), einem Ort der Glückseligkeit für die größten Helden.

Um Achilleus' Rüstung entbrannte später noch ein Streit: Aias erhob Anspruch auf sie, aber als die anderen Griechen sie Odysseus zusprachen, tötete er sich. (Das ist der Stoff zu Sophokles' Tragödie ›Aias‹.) Odysseus gab die Rüstung an Neoptolemos weiter, um ihn zur Teilnahme am Krieg zu bewegen, denn Helenos, ein trojanischer Prophet, hatte geweissagt, daß seine Gegenwart zum Sieg der Griechen erforderlich sei.

Der Geist des Achilleus entstieg dem Grab und verlangte die Opferung der Priamostochter Polyxena, bevor die Griechen heimkehren dürften (Motiv aus Euripides' Tragödie ›Hekuba‹).

Achilleus hat in der Mythologie einen starken, anmaßenden und grausamen Charakter, der mit seinem Geschick hadert und zu heftigen Temperamentsausbrüchen neigt. Er ist ein Symbol der Jugend und Stärke, dazu verurteilt, einen frühen, doch ruhmreichen Tod zu erleiden. Er war der Held, den Alexander der Große am meisten bewunderte.

Admetos, König von Pherai in Thessalien und Sohn des Pheres. Er war ein Argonaut und nahm an der Kalydonischen Jagd teil. Sein Vater dankte zu seinen Gunsten ab, als Admetos noch ein Jüngling war. Admetos wurde durch seine Gerechtigkeit und Gastfreundschaft so berühmt, daß Apollon als Fremdling verkleidet zu Admetos kam, als ihn Zeus dazu verurteilte, ein Jahr lang bei einem Sterblichen als Knecht zu dienen. Admetos nahm Apollon sehr freundlich auf, und Apollon, der als Kuhhirte diente, ließ alle Kühe des Admetos mit Zwillingen trächtig werden. Er half Admetos auch, Alkestis zu gewinnen, deren Vater Pelias dem Ehegatten in spe eine unmögliche Aufgabe gestellt hatte: einen Löwen und einen Eber vor einen Wagen zu spannen. Weil Admetos vergessen hatte, vor seiner Hochzeit der Artemis zu opfern, fand er im Brautbett lauter Schlangen. Apollon klärte das Versäumnis auf, das schnell nachgeholt wurde, und besänftigte den Zorn seiner Schwester. Er gewährte Admetos auch die Gunst, an dem Tage, an dem er sterben sollte, einen andern Sterblichen statt seiner benennen zu dürfen; der Gott überlistete sogar die Schicksalsgöttinnen, um seinem Günstling dieses ungewöhnliche Recht zu erwirken. Admetos verfiel schon in jungen Jahren einer Krankheit, aber als der Tod zu ihm kam, fand er zunächst niemanden, der an seine Stelle treten wollte; nicht einmal seine betagten Eltern waren hierzu bereit. Alkestis jedoch erbot sich, statt seiner zu sterben, und als sie nun erkrankte, holte sie der Tod hinab in die Unterwelt. Admetos war bereit, ihr Selbstopfer anzunehmen; sie wurde nur deshalb gerettet, weil Herakles, der zufällig in Admetos' Palast zu Gast war, den Tod niederrang. (Hiervon handelt Euripides' Tragödie ›Alkestis‹.) Nach einer anderen Darstellung des Mythos lehnte Persephone, die Göttin der Unterwelt, Alkestis' Opfer ab.

Adonis, ein Gott asiatischen Ursprungs, der in die griechische Mythologie Eingang fand; sein Name beruht auf dem semitischen »Adon«, der Herr. Er wurde an vielen Stätten verehrt, immer in Verbindung mit Aphrodite oder anderen Göttinnen der Liebe, der Schönheit und des Frühlings.

Er soll der Sohn von Myrrha (oder Smyrna) und deren eigenem Vater gewesen sein: entweder König Kinyras von Paphos auf Kypros oder Belos von Ägypten oder Theias von Assyrien. Aphrodite hatte Myrrha in ihren Vater heftig verliebt gemacht, weil sie ihre Riten vernachlässigte. Mit Hilfe einer Amme überlistete Myrrha den Vater und empfing von ihm den Adonis. Als ihr Vater entdeckt hatte, was geschehen war, wollte er sie töten, doch die Götter verwandelten sie in einen Myrrhenstrauch. Der wurde später von einem wilden Eber gespalten, und Adonis fiel heraus; nach einer anderen Darstellung befreite die Geburtsgöttin Eileithyia das Knäblein aus dem Baum, als seine Zeit gekommen war. Von der Schönheit des Kindes beeindruckt, legte es Aphrodite in ein Kästchen und vertraute es Persephone an. Auch Persephone bewunderte den Knaben und wollte ihn erst dann zurückgeben, wenn Zeus zwischen ihr und Aphrodite entschieden hätte. Über dieses Urteil gibt es zwei Versionen. Nach der einen entschied Zeus, daß Adonis jeweils ein Drittel des Jahres bei jeder der beiden Göttinnen weilen, das letzte Drittel aber für sich haben solle; doch dieses verbrachte er auch mit Aphrodite. In dem anderen Bericht ist die Muse Kalliope die Unparteiische (Zeus war nicht zu einem Schiedsspruch bereit); sie sprach jeder Göttin ein halbes Jahr das Recht auf Adonis zu. Diese Geschichten erinnern an Adonis' Funktion als Gott des Wachstums und der Natur. Nach der zweiten Überlieferung strafte Aphrodite Kalliope, indem sie den Tod ihres Sohnes Orpheus bewirkte.

Während er bei Aphrodite weilte, verlor Adonis sein Leben, wie er es bekommen hatte: durch einen wilden Eber, der ihn bei einer Jagd im Walde angefallen hatte. Es heißt auch,

Aphrodite überreicht Adonis eine Blüte, die sie von Amor (Bildmitte) erhalten hat (spätrömische Silberplatte; Paris, Bibliothèque Nationale)

der Angreifer sei der wegen Aphrodite eifersüchtige, als Eber verkleidete Ares gewesen, oder Aphrodites Gatte Hephaistos. Aphrodite hatte Adonis stets gewarnt, gefährliches Wild zu jagen; wie Ovid berichtet, erzählte sie ihm zur Warnung die Geschichte von Atalante. Weil die Göttin so betrübt über ihren Verlust war, ließ sie aus dem Blut seiner Wunden das blutrote Adonisröschen wachsen. Eine Variante des Mythos besagt, sie habe Persephone überredet, ihn alljährlich zu Beginn des Frühlings für vier Monate zur Erde zurückkehren zu lassen.

Adranos, Feuerdämon, den Hephaistos aus dem Ätna vertrieb.

Adrasteia, kretische Nymphe, die den Säugling Zeus nährte und ihm die Milch der Ziege Amaltheia zu trinken gab.

Adrastos 1, Sohn des Königs Talaos von Argos und der Lysimache. Nach einem Streit mit anderen, von Melampus und Proitos abstammenden, Zweigen der königlichen Familie floh er aus Argos. Talaos wurde von Amphiaraos getötet, einem Nachfahren des Melampus; sein Sohn suchte Zuflucht bei Polybos, dem König von Sikyon. Talaos hatte eine Tochter des Polybos geehelicht, und nun machte ihn Polybos, der selber keine Söhne hatte, zu seinem Erben. Nachdem er König von Sikyon geworden war, versöhnte sich Adrastos mit Amphiaraos und gab ihm seine Schwester Eriphyle zur Frau.

Adrastos hatte den Thron von Argos wieder eingenommen, und trotz der Warnungen Amphiaraos' (eines Sehers) versprach er Polyneikes und Tydeus, ihnen bei der Zurückgewinnung des Thrones von Theben bzw. Kalydon zu helfen. Adrastos sah, daß die beiden jungen Männer Tierfelle trugen – Polyneikes ein Löwenfell und Tydeus ein Eberfell –, und, gehorsam einem Orakel, das ihm befohlen hatte, seine Töchter einem Löwen und einem Eber zu vermählen, gab er den beiden Männern Argeia und Deipyle zur Frau. Adrastos, der seine Nichte Amphithea geehelicht hatte, besaß noch eine weitere Tochter, Aigialeia, und zwei Söhne, Aigialeus und Kyanippos.

Adrastos führte die sieben Armeen seiner Verbündeten gegen Theben. (Diesen berühmten Feldzug beschreibt Homer in dem Heldenepos ›Ilias‹, Aischylos in dem Drama ›Sieben gegen Theben‹ und Euripides in den Tragödien ›Die Troerinnen‹ und ›Die Phoinissen‹.) Der Angriff schlug fehl, und Adrastos konnte sich als einziger der sieben Heerführer auf seinem Zauberpferd Areion in Sicherheit bringen. Diese Niederlage kündigte sich durch den Tod des kleinen Archemoros an, der von einer Schlange gebissen wurde, während seine Amme Hypsipyle der Armee den Weg zu einer Wasserstelle zeigte. Zu Ehren des Kindes führte Adrastos die nemeischen Spiele ein (alle zwei Jahre zu Nemea im östlichen Peloponnes).

Zehn Jahre nach dem ersten Feldzug gegen Theben begleitete Adrastos die Kinder der ersten Sieben, die Epigonen, erneut gegen die Stadt. Diesmal waren sie siegreich, doch mußte Adrastos' Sohn Aigialeus sein Leben lassen. Vor Kummer hierüber starb Adrastos auf dem Wege in die Heimat. Sein Enkel Diomedes wurde Herrscher in Argos.

Adrastos 2, Vater der Eurydike, der Frau des Ilos.

Aëdon (Nachtigall), Tochter des Pandareos, Gemahlin des Königs Zethos von Theben. Sie hatte zwei Kinder, Itylos und Neïs, und neidete ihrer Schwägerin Niobe die zwölf Kinder. Während der Nacht wollte sie Niobes ältesten Sohn töten, verwechselte aber das Bett und tötete den im selben Raum schlafenden Itylos. Nach dieser Schreckenstat bat sie die Götter, ihr die menschliche Gestalt zu nehmen, und so verwandelte Zeus sie in eine Nachtigall.

Aello siehe Harpyien.

Aeneas, Sohn der Venus (griechisch Aphrodite) und des Anchises, Nachfahre des Tros und Mitglied des trojanischen Königshauses, wenn auch der jüngeren Linie. In der ›Ilias‹ ist Aeneas ein wichtiger Kämpfer auf trojanischer Seite, der nur von Hektor übertroffen wird; seine eigentliche Bedeutung liegt aber in den Ereignissen nach dem Fall Trojas, als er den Rest seines Volkes nach Italien führte. Diese Sage gab es schon lange vor Vergil, doch dieser war es, der Aeneas' Fahrt nach Italien, wo seine Nachkommen Rom gründeten, zum Gegenstand eines meisterhaften Nationalepos machte, der ›Aeneis‹. In der ›Ilias‹ war Aeneas

Aeneas flieht aus Troja, seinen Vater Anchises auf dem Rücken tragend (attischer Krug, 6. Jh. v. Chr.; Paris, Louvre)

Aeneas, seinen Vater tragend und Ascanius an der Hand führend (römische Lampe; Hannover, Kestner-Museum)

Aeneas auf Delos, um das Orakel zu befragen (Claude Lorrain, 1600–1682; London, National Gallery)

Cupido (Amor) wird in der Gestalt des Ascanius vor Dido geführt (italienische Majolikaplatte aus Urbino; London, Victoria and Albert Museum)

der einzige Trojaner, der Zukunftshoffnungen hatte: denn Poseidon weissagte, er werde künftig über Troja herrschen und das Haus des Dardanos vor dem Untergang bewahren. Es war paradox, daß ausgerechnet Aeneas, der sich beklagte, daß Priamos ihm den gebührenden Respekt verweigere und seine eigenen Söhne bevorzuge, Priamos' Nachfolger werden sollte; freilich war das Troja, das er regieren sollte, nicht das ursprüngliche. Eine weitere Parallele zwischen der ›Ilias‹ und dem Helden der ›Aeneis‹ besteht darin, daß Aeneas in beiden Werken als der gottesfürchtigste und frömmste Held seines Geschlechtes beschrieben wird.

Aeneas erblickte auf dem Ida bei Troja das Licht der Welt; seine Mutter übergab ihn der Obhut der Nymphen. Mit fünf Jahren kam er zu seinem Vater Anchises. Bei Ausbruch des Trojanischen Krieges führte Aeneas die dardanischen Truppen an (Dardania war eine Stadt an den Hängen des Ida), während Hektor den Oberbefehl hatte. Aeneas beklagte Hektors Machtstellung, Priamos' Verachtung für ihn, sowie den Vorrang Trojas (Iliums) vor seiner Vaterstadt. Achilleus vertrieb Aeneas aus Dardania, und er suchte Zuflucht in Lyrnessos, das dann ebenfalls erobert wurde. Die Völker der Troas mußten Zuflucht in Troja suchen, der am besten bewehrten Festung, und hier hielt sich Aeneas während der in der ›Ilias‹ beschriebenen Ereignisse auf. Er war mit der Priamostochter Krëusa 3 vermählt, und sie hatten einen Sohn, Ascanius.

Über die Geschehnisse nach dem Fall Trojas gibt es verschiedene Berichte. Nach der einen Darstellung veranlaßte Aphrodite Anchises, sich noch vor dem Untergang Trojas auf den Ida zu retten, und auch Aeneas, erschüttert durch den unheildrohenden Tod des Laokoon, verließ beizeiten die Stadt. In der ›Ilias‹ ist er Gefangener und Knecht des Neoptolemos. Ferner sagte man, nach dem Fall des restlichen Troja habe Aeneas die Zitadelle (Pergamon) zu halten gesucht, und schließlich sei er mit Zustimmung der Griechen, die seine Frömmigkeit ehrten, abgezogen. Jene Überlieferung, wonach er die brennende Stadt mit seinem Vater auf dem Rücken verließ, ist weit älter als Vergil, ebenso die Sagen über seine Reisen und die Verknüpfungen mit Sizilien und Karthago. Die Vorstellung, daß Aeneas bis nach Mittelitalien kam, reicht mindestens bis ins fünfte vorchristliche Jahrhundert zurück.

Nach einer von Vergil übernommenen römischen Tradition kämpften Aeneas und einige seiner Gefährten im letzten Gefecht auf den Straßen des brennenden Troja ebenso verzweifelt wie vergeblich. Aeneas war Zeuge von Priamos' Tod und vom Triumph des Neoptolemos im königlichen Palast. Er ging in sein Haus zurück und entschloß sich, inspiriert von seiner göttlichen Mutter sowie einer Botschaft, die er die Nacht zuvor im Traum vom Schatten des Hektor empfangen hatte, aus Troja mit allem zu fliehen, was er noch retten konnte. Sein Vater weigerte sich zunächst, mitzukommen, doch gewisse Vorzeichen – eine Flammenspitze auf dem Haupt des Ascanius und ein fürchterlicher Donnerschlag – belehrten ihn eines Besseren; und so verließen sie ihr Heim und brachten sich auf dem Ida in Sicherheit. Aeneas trug seinen lahmen, alten Vater (der seinerseits die Penaten oder Hausgötter in seinen Armen trug) und führte Ascanius an der Hand. Krëusa folgte nach, doch wurde sie in der dunklen, brennenden Stadt von den anderen getrennt und blieb unauffindbar. Angsterfüllt begann Aeneas sie zu suchen, doch erblickte er nur ihren Geist, der ihm bedeutete, das Suchen aufzugeben. Der Rest der Trojaner – außer Aeneas suchten noch viele andere auf dem Ida Zuflucht – war monatelang mit dem Bauen von Schiffen beschäftigt, die Aeneas dann zu Wasser ließ, obwohl er noch immer nicht wußte, welches Land ihm zur Besiedelung bestimmt war, aber er hoffte, in Thrakien eine Stadt zu gründen. Dort ermahnte ihn jedoch der Geist des jüngsten Priamossohnes Polydoros weiter zu fahren. Er segelte nach Delos, wo ihn das Orakel des Apoll die »Ur-Mutter« seines Geschlechts suchen hieß. Anchises glaubte, das sei die Insel Kreta, woher sein Vorfahre Teuker stammte, dessen Enkel Ilos Troja gegründet hatte. In

Aeneas verläßt Karthago. Ein nordafrikanischer Speerwerfer reicht dem Steuermann den Haltering nach (Bodenmosaik aus dem 4. Jh. n. Chr.; Low Ham, Somerset)

Aeneas und die Sibylle am Averner See (J. M. William Turner, 1775–1851; London, Tate Gallery)

Nach der Schlacht mit Turnus werden die Wunden des Aeneas versorgt, der sich auf Ascanius stützt (Wandmalerei; Neapel, Museo Archeologico Nazionale)

Aeneas legt in Rom einen Eid auf das Bündnis zwischen Trojanern und Latinern ab (Goldmünze, 3. Jh. v. Chr.; London, Britisches Museum)

Latinus begrüßt Aeneas und seine Begleiter (Manuskriptillustration; Rom, Biblioteca Apostolica Vaticana)

Kreta wurden sie aber von einer Hungersnot heimgesucht. Im Traume verkündeten die Penaten Aeneas, daß das Orakel nicht die Heimat Teukers, sondern die seines Schwiegersohnes Dardanos (des Vaters von Ilos) gemeint habe, der aus Hesperia oder Italien war. Aeneas setzte wieder die Segel, doch ein Sturm trieb sie an die Strophaden, wo die Trojaner den Harpyien, den Göttinnen des Sturmes und des Todes, in die Hände fielen. Eine von ihnen, Kelaino, sagte voraus, wenn sie vor Hunger die eigenen Tische essen würden, dann seien sie in ihrem neuen Land.
Die Trojaner segelten weiter nach Buthrotium in Epirus, wo sie einen Landsmann, den Seher Helenos, trafen, der dort mit Hektors Witwe Andromache als seiner Königin herrschte. Helenos weissagte Aeneas, er sei zum Gründer eines großen Volkes bestimmt, und veranlaßte ihn, weiterzufahren nach Drepanum auf Sizilien. Die Trojaner schifften glücklich an Skylla und Charybdis vorbei und erreichten Drepanum nahe Eryx, wo Aeneas' Mutter Venus ihr Heiligtum hatte. Hier starb Anchises und ward begraben.
Die Trojaner segelten dann nordwärts gegen Italien, doch Juno (griechisch Hera), die die Gründung eines neuen Troja vereiteln wollte, schickte einen schweren Sturm, um die Flotte zu vernichten: den Aiolos hatte sie überredet, seinen Schlauch voller Winde zu öffnen. Neptun aber beruhigte das Meer, und so kamen die Trojaner wohlbehalten nach Afrika in die Gegend von Karthago, das Königin Dido neu erbauen ließ. Venus, besorgt um ihren Sohn, sandte Cupido (griechisch Eros) in der Gestalt des Ascanius zu Dido, um sie in Aeneas verliebt zu machen. Da Juno hoffte, daß seine Siedlungspläne in Italien damit scheitern würden, stiftete sie die Vereinigung der beiden in einer Höhle. Doch trotz ihrer Bemühungen heiratete Aeneas Dido nicht; denn Jupiter hatte ihm durch Merkur befohlen, weiterzusegeln und seine Bestimmung nicht zu vergessen. Vom Schiff aus sah er Flammen am Ufer: es war ein Scheiterhaufen, auf dem man die Leiche Didos verbrannte; denn die Königin hatte sich selbst getötet.
Aeneas kehrte nach Sizilien zurück, wo ihn König Aigestes von Eryx, der Sohn einer trojanischen Mutter, begrüßte. Dann hielt man Trauerspiele für Anchises ab. Juno aber stiftete einige der trojanischen Frauen zum Widerstand gegen eine Fortsetzung der Irrfahrten an, und sie setzten die Schiffe in Brand. Es verbrannten aber nur wenige, denn Jupiter sandte einen großen Regen, um den Rest der Schiffe zu retten. Aeneas erlaubte den Ältesten und Gebrechlichen, in Eryx zu bleiben, und sie gründeten die Stadt Segesta.
Mit seinen jüngeren und kräftigeren Gefährten erreichte Aeneas dann Italien; aber er verlor auf der Reise seinen Steuermann Palinurus und Misenos, einen von Hektors früheren Kameraden; nach den beiden wurden Landzungen in Italien benannt. In Cumae suchte Aeneas die hochbetagte Sibylle auf, und ihren Anweisungen folgend, fand er den Goldenen Zweig in einem Wald am Averner See. Mit diesem Talisman stiegen Aeneas und die Sibylle in die Unterwelt hinab. Aeneas sah viele Schatten der Toten, auch den Didos, die sich wortlos von ihm abwandte. Der Schatten seines Vaters verkündete ihm das Schicksal seines Geschlechts und die Zukunft Roms. Von dieser Vision ermutigt, verließ er mit der Sibylle wieder die Unterwelt und kehrte zu den Seinen zurück.
Dann segelten sie zum Tiber und verzehrten an seinen Ufern eine Mahlzeit. Sie waren so hungrig, daß sie auch die flachen Weizenlaibe mitaßen, die ihnen als Unterlage dienten, und Ascanius bemerkte, daß sich damit Kelainos Prophezeiung erfüllt hatte. Das Gebiet, in dem sie sich befanden, hieß Latium, nach seinem Herrscher König Latinus. Er und seine Frau Amata hatten ihr einziges Kind Lavinia dem Turnus versprochen, dem König der benachbarten Rutuler. Aber noch vor der Ankunft des Aeneas hatte ein ungünstiges Orakel gesagt, daß Lavinia einen Fremdling heiraten müsse. Latinus erblickte in Aeneas einen geeigneten Bewerber und hieß ihn willkommen; doch wieder mischte sich Juno ein, und sie sandte die Furie Alekto aus dem Hades zu Amata, um sie gegen diese Verbindung einzunehmen. Alekto hetzte auch Turnus gegen die Fremden auf, so daß er ihnen den Krieg erklärte und seine Verbündeten rief, zu denen die meisten örtlichen Herrscher gehörten, einschließlich der Volskerin Camilla und des exilierten Etruskers Mezentius. Aeneas seinerseits sicherte sich die Freundschaft der Etrusker, die den Mezentius wegen seiner Grausamkeit haßten, und die des Arkadiers Euander, der den Trojanern durch Blutsbande verknüpft war und kurz zuvor seine Kolonie Pallanteum (auf dem Gebiet des Palatins) gegründet hatte. Bevor sich Aeneas dorthin aufmachte, verkündete ihm der Gott des Tiber im Traum, daß ihm auf dem Wege eine mächtige weiße Sau mit dreißig Ferkeln begegnen würde, und an dieser Stelle werde Ascanius dreißig Jahre später eine Stadt gründen und sie nach der Sau Alba Longa (Große Weiße) nennen.
In der Hoffnung, Junos Zorn zu besänftigen, brachte ihr Aeneas ein Tieropfer dar.
Auf Venus' Bitte schmiedete Vulkan (griechisch Hephaistos), der Gott des Feuers, dem

Landschaft mit Ankunft des Aeneas in Pallanteum (Claude Lorrain, 1600–1682; Anglesey Abbey, Fairhaven Collection)

Aeneas eine neue Rüstung. In seiner Abwesenheit überfiel Turnus das Lager und wollte die Schiffe verbrennen, doch sie verwandelten sich in Nymphen und schwammen fort. Nisus und Euryalus, zwei Trojaner, versuchten, die Reihen des Turnus zu durchbrechen, um Aeneas von dem Angriff zu verständigen, doch sie wurden niedergestreckt. Bei Aeneas' Rückkehr wandte sich das Kriegsglück gegen ihn. Euanders junger Sohn Pallas und viele andere seiner Männer fielen; erst nachdem Aeneas Mezentius und dessen Sohn Lausus erschlagen hatte, änderte sich seine Lage. Man vereinbarte einen Waffenstillstand, und Turnus willigte ein, den Streit durch Einzelkampf zu entscheiden. Juno aber stiftete die Latiner an, die Abmachung zu brechen, und in dem nachfolgenden Kampf wurde Aeneas verwundet. Venus heilte ihn; danach überfiel er Laurentum mit solcher Heftigkeit, daß Amata glaubte, Turnus sei gefallen, und sich das Leben nahm. Und wieder schloß Turnus einen Waffenstillstand und vereinbarte den Einzelkampf. Seine Schwester Juturna, eine Wassernymphe, die ihn bisher unterstützt und Aeneas von ihm ferngehalten hatte, wandte sich aber nun von ihm ab. Aeneas brachte ihn zur Strecke. Fast hätte er sich von Turnus' Bitten um Gnade rühren lassen; doch dann sah er, daß Turnus das Schwert des Pallas als Trophäe umgegürtet hatte, und erschlug ihn.

Aeneas heiratete Lavinia und herrschte über die vereinigten Latiner und Trojaner. Als Zugeständnis an Junos Zorn jedoch vergaßen die Trojaner auf Geheiß Jupiters ihre Sprache und ihre Sitten und paßten sich den Italern an. Aeneas gründete eine neue Stadt, die er nach seiner Frau Lavinium nannte: hier pflegte man noch in historischer Zeit die Kulte der Venus, der Vesta und der trojanischen Penaten. Ascanius gründete Alba Longa, das zur Hauptstadt des neuen trojano-latinischen Geschlechts wurde, bis Romulus Jahrhunderte später Rom auf dem Gebiet jenes Pallanteum gründete, wo Aeneas Euander aufgesucht hatte. Die Familie des Julius Caesar behauptete, über Ascanius, den man auch Iulus nannte, von Aeneas abzustammen.

Nach anderen Überlieferungen über Aeneas' spätere Jahre begegnete er Didos Schwester Anna am Ufer des Numicius, wurde im Fluß gereinigt und nach seinem Tode in die Gemeinschaft der Götter aufgenommen.

Aërope, Tochter des Königs Katreus von Kreta. Ihr Vater trennte sich von ihr, weil er glaubte, eines seiner Kinder sei bestimmt, ihn umzubringen. Nach einer Überlieferung verkaufte er sie in die Sklaverei, nach einer anderen Darstellung warf er sie ins Meer, weil sie sich mit einem Sklaven eingelassen hatte. Atreus, der Sohn des Pelops, kaufte und heiratete sie, doch betrog sie ihn mit seinem Bruder Thyestes. Ihr Sohn soll Pleisthenes gewesen sein, doch nach anderen Berichten hat sie Agamemnon und Menelaos geboren.

Aesculapius siehe Asklepios.

Aëthlios, Vater des Endymion durch Kalyke, die Tochter von Aiolos 2.

Agamedes siehe Trophonios.

Agamemnon, Sohn des Atreus (oder nach einer anderen Quelle des Atreussohnes Pleisthenes) und der Aërope. Als Thyestes und Aigisthos Atreus getötet hatten, suchten Agamemnon und sein Bruder Menelaos – bekannt als die Atriden – Hilfe bei Tyndareos, dem König von Sparta, und verjagten die beiden Mörder. Agamemnon übernahm den Thron von Mykene. (Nach einer anderen Überlieferung waren die Atriden zur Zeit des Atreusmordes noch kleine Kinder und wurden von einer Amme nach Sikyon in Sicherheit gebracht.)

Tyndareos hatte zwei Töchter, Klytämnestra und Helena, die Agamemnon bzw. Menelaos heirateten. Klytämnestra war bereits die Frau des Thyestessohnes Tantalos. Agamemnon erschlug ihn und entriß der Mutter ihren Säugling, um ihn zu töten. Dann heiratete er sie. Die Kinder aus dieser Verbindung waren drei Töchter, Iphigenie (auch Iphianassa genannt), Elektra (oder Laodike) und Chrysothemis, sowie der Sohn Orestes.

In der ›Ilias‹ wird Agamemnon von den anderen griechischen Herrschern als hoher König behandelt, dem man Treue und Bündnispflicht schuldet. Er brachte hundert Schiffe mit nach Troja, den größten einzelnen Anteil. Agamemnon trug ein Elfenbeinzepter, das Hephaistos einst für Zeus geschaffen hatte, der es Hermes gab, der es seinerseits an Agamemnons Großvater Pelops weiterreichte.

Als alle heiratsfähigen Könige Griechenlands um Helena warben, überredete er ihren Vater Tyndareos, sie seinem Bruder Menelaos zu geben. Die anderen Freier hatten gelobt, jedem beizustehen, der sie gewinnen würde; und so waren sie, als Paris Helena entführte, Agamemnon, dem Bruder des Menelaos, doppelt zur Hilfe verpflichtet, seine Schwägerin zu befreien. Vor dieser Ehrenangelegenheit stand für Agamemnon alles andere zurück; er opferte sogar sein ältestes Kind Iphigenie für günstigen Fahrtwind von Aulis nach Troja. (Die Begründung dieser Handlung siehe bei Iphigenie.) Als er nach ihr schickte, täuschte er seiner Frau vor, sie solle mit Achilleus verheiratet werden, und so ließ sie sie gehen.

Homer scheint von diesem Opfer nichts zu wissen, denn in der ›Ilias‹ bietet Agamemnon dem Achilleus später seine drei Töchter an, um ihn zur Rückkehr in den Krieg zu bewegen. Euripides folgt in der ›Iphigenie in Aulis‹ einer Überlieferung, wonach Iphigenie nicht sterben mußte, da Artemis statt ihrer eine Hindin (Hirschkuh) als Opfer schickte. Nach Aischylos dagegen wurde Iphigenie wirklich geopfert, und als Klytämnestra die Wahrheit erfuhr, konnte sie ihrem Gemahl niemals verzeihen, sondern half dem Aigisthos, ihn nach seiner Rückkehr aus dem Krieg zu erschlagen.

Nach langen Kriegsjahren, in deren Verlauf die Trojaner schließlich in ihrer Stadt eingeschlossen wurden, hatte Agamemnon einen verhängnisvollen Streit mit Achilleus. Als Agamemnon seine Sklavin Chryseïs an Chryses, den Priester des Apollon, zurückgeben sollte, um den Zorn dieses Gottes abzuwenden, nahm er dem Achilleus dessen Konkubine Briseis fort. Achilleus weigerte sich daraufhin, weiterzukämpfen, was den Griechen eine Niederlage nach der andern eintrug; sogar ihre Schiffe wären verbrannt, wenn nicht Patroklos' Eingreifen und sein Tod Achilleus bewogen hätten, wieder mitzukämpfen.

Nach Trojas Fall nahm Agamemnon Kassandra zur Konkubine, jene Seherin, der niemand glaubte. Als er nach zehnjähriger Abwesenheit nach Mykene heimkehrte, wurden beide von Aigisthos und Klytämnestra erschlagen. So erzählt es Aischylos in seinem Drama ›Agamemnon‹; Homer aber berichtet, Aigisthos habe Agamemnon zu einem Fest geladen und mit einem Gefolge Bewaffneter überfallen.

Agapenor, zur Zeit des Trojanischen Krieges König von Tegea in Arkadien. Die Söhne des Phegeus verkauften ihm ihre Schwester Arsinoë als Sklavin; aber die Söhne ihres Gemahls Alkmeon fanden die Phegeussöhne im Hause des Agapenor und töteten sie. Im Trojanischen Krieg war Agapenor Befehlshaber des arkadischen Kontingents; Agamemnon lieh ihm sechzig Schiffe. Nach dem Krieg scheiterte seine Flotte vor Cypern; dort blieb er und gründete Paphos. In historischer Zeit hatten der cyprische und der arkadische Dialekt große Ähnlichkeit miteinander.

Agasthenes 1, Sohn des Augias und König von Elis. Sein Sohn Polyxenos führte den eleïschen Kriegsanteil nach Troja.

Agasthenes 2, ein Freier der Helena, der am Trojanischen Krieg teilnahm.

Agathyrsos siehe Herakles (Zehnte Arbeit).

Agaue, Tochter des Kadmos und der Harmonia, Gemahlin des Echion und Mutter des Pentheus. Ihre Schwester Semele war nach einer wunderbaren Geburt, bei der sie umkam, die Mutter des Dionysos. Agaue und ihre Schwestern Ino und Autonoë aber wollten Dionysos nicht anerkennen und verlachten Semeles Behauptung. Hierfür wurden sie, als Dionysos und die Mänaden nach Theben kamen, mit Wahnsinn geschlagen: Agaue zerriß ihren Sohn Pentheus in Stücke, als er die dionysischen Lustbarkeiten belauschte (Euripides' Tragödie ›Bakchen‹).

Agamemnon opfert Iphigenie. Artemis (links oben) als Göttin des Todes (Giovanni Battista Tiepolo, 1696–1770; Paris, Sammlung Baron H. de Rothschild)

Agdistis, phrygischer Name der Kybele.
Agenor 1, Sohn des Poseidon und der Libye; Bruder des Belos. Agenor wurde König von Phönizien, Belos von Afrika und Arabien. Er heiratete Telephassa, die ihm Europa, Kadmos, Phoinix und Kilix gebar; nach einigen Überlieferungen auch Thasos und Phineus. In Gestalt eines Stieres entführte Zeus Europa, und Agenor schickte seine Söhne aus, sie zurückzubringen oder bei dem Unternehmen zu sterben. Niemand kehrte heim; auch seine Frau nicht, die mit ihnen gegangen war. Phoinix siedelte sich in Libyen an, Kilix gab Kilikien seinen Namen, und Kadmos gründete das griechische Theben.
Agenor 2, Sohn des Antenor, der im Trojanischen Krieg mitkämpfte. Als Achilleus das Skäische Tor zu stürmen drohte, rettete Agenor die Trojaner, indem er den griechischen Helden zum Kampfe forderte. Apollon beschützte ihn und nahm später seine Gestalt an, um Achilleus' Aufmerksamkeit abzulenken.
Agenor 3, König von Pleuron in Ätolien. Vater des Thestios durch Epikaste.
Aglaia 1 siehe Grazien.
Aglaia 2, Gemahlin des Abas und Mutter von Akrisios und Proitos.
Aglaopheme, eine der Sirenen.
Aglauros oder **Agraulos,** zwei Athenerinnen, Mutter und Tochter:
Aglauros 1, Tochter des Aktaios, des ersten Königs von Attika; heiratete Kekrops 1, der das Königreich ihres Vaters erbte.
Aglauros 2, Tochter der vorigen und Kekrops' 1. Von Ares war sie die Mutter der Alkippe. Ihr und ihren Schwestern Herse und Pandrosos vertraute Athene den Knaben Erichthonios an. Pandrosos befolgte das Gebot der Göttin, ihn nicht in seinem Korb anzusehen, doch Aglauros und Herse waren ungehorsam; und sie erblickten eine um das Kind geringelte Schlange und stürzten sich, nach einer Überlieferung, von der Akropolis. Bei Ovid dagegen lebten sie weiter. – Hermes begegnete Herse bei der Prozession der Panathenäen und empfand Liebe zu ihr. Aglauros ließ sich von dem Gott bestechen, ihre Schwester günstig für ihn zu stimmen, doch Athene, eingedenk des Ungehorsams von Aglauros, machte sie eifersüchtig auf ihre Schwester Herse, und sie verstellte Hermes den Weg zu deren Bett, der daraufhin Aglauros in Stein verwandelte.
Agorios, ein Eleer, mit dem sich Oxylos in die Herrschaft über Elis teilte.
Agrios 1 siehe Giganten.
Agrios 2, Sohn des Portheus und der Euryte und Bruder des Oineus, Königs von Kalydon, dessen Thron er nach dem Tode des Oineussohnes Meleagros an sich riß. Später nahm Diomedes, ein Sohn des Tydeus und Enkel des Oineus, Rache an Agrios, verjagte ihn und tötete seine Söhne. Darauf gab sich Agrios den Tod.
Agrios 3, Sohn des Odysseus und der Kirke.
Aiakos, Sohn des Zeus und der Flußnymphe Aigina, der Tochter des Flußgottes Asopos. Zeus entführte sie in Gestalt eines Adlers aus ihrer Heimat in Sikyon auf eine Insel vor Ar-

golis, die später ihren Namen trug. Nachdem sie Aiakos geboren hatte, setzte sie ihn auf der unbewohnten Insel aus und flehte zu Zeus, er möge sie bevölkern. Zeus erschuf Menschen aus den Ameisen (griechisch *myrmekes*), und Aiakos gab ihnen den Namen Myrmidonen.
Nachdem er einen Streit zwischen Skeiron und Nisos um den Thron von Megara zugunsten von Nisos entschieden hatte, heiratete Aiakos Skeirons Tochter Endeïs. Sie hatten zwei Söhne: Peleus, den Vater des Achilleus, und Telamon, den Vater von Aias und Teuker.
Aiakos war hoch angesehen wegen seiner Rechtschaffenheit: als Griechenland von einer Trockenheit heimgesucht wurde, verkündete das delphische Orakel, daß nur seine Gebete die Not lindern könnten.
Nach Pindar half Aiakos Apollon und Poseidon beim Bau der trojanischen Mauer. Als sich drei Schlangen der Mauer näherten, vermochte sich nur eine hindurchzuwinden: an der von Aiakos erbauten Stelle. Da prophezeite Apollon, daß die Nachkommen Aiakos' die Stadt einmal zerstören würden. Aiakos hatte später noch einen weiteren Sohn Phokos von der Meeresnymphe Psamathe; er war ein großer Athlet und erregte den Neid seiner Brüder. Sie töteten ihn und wurden von ihrem Vater von Ägina vertrieben, der als einsamer König auf der Insel zurückblieb. Nach seinem Tod machte Zeus ihn, zusammen mit Minos und Rhadamanthys, zum Richter der Toten.

Aias oder **Ajax 1,** Sohn des Telamon von Salamis und der Periboia und Halbbruder des Teuker. Sein Name soll auf den Adler *(aietos)* zurückgehen, den sein Vater vor seiner Geburt erblickte, als Herakles von Zeus einen tapferen Sohn für seinen Freund erflehte.
In der ›Ilias‹ wird Aias nur von Achilleus in seiner Kühnheit als kraftvoller Streiter übertroffen; mit seinem mächtigen Schild glich er einem Turm, wenn er sich in die Schlacht warf. Er sprach wenig und langsam, aber er hatte ein gutes Herz und gewaltigen Mut. Oft focht er neben seinem Halbbruder Teuker, dem Bogenschützen, der, von seinem Schild gedeckt, schoß, und auch neben dem anderen Aias. Er war ein Bollwerk der Griechen und deckte oft ihre hinteren Stellungen in gefährlichen Situationen. Er war einer jener Freier um Helena, die sich durch Eid verpflichteten, ihren Gemahl zu schützen, wer es auch sei. Als Beitrag

Aias, Sohn des Telamon, trägt Achilleus' Leiche in das Lager der Griechen zurück (Françoisvase, Detail, 6. Jh. v. Chr.; Florenz, Museo Archeologico)

zur Streitmacht brachte Aias nur zwölf Schiffe aus Salamis mit; seine persönliche Kühnheit stand in keinem Verhältnis zur Größe seines Kontingents. Er lieferte sich mit Hektor einen Zweikampf und hätte ihn beinahe mit einem schweren Felsbrocken erschlagen, doch die hereinfallende Nacht trennte die beiden Kontrahenten. Danach tauschten sie Geschenke aus: Hektor gab ein Schwert, Aias ein purpurnes Schwertgehenk. Als die Griechen eine Abordnung an Achilleus sandten, um ihn zur Rückkehr in den Kampf zu bewegen, gehörte auch Aias als enger Freund Achilleus' dazu, überließ aber das Reden Odysseus. Als Odysseus am nächsten Tag in feindliches Gedränge kam und verwundet wurde, befreite ihn Aias. Nachdem die Trojaner den Schutzwall vor den gelandeten griechischen Schiffen erreicht hatten, vollbrachten Aias und sein Namensvetter kühne Taten, retteten Menestheus und schlugen den trojanischen Angriff ab. Als die Trojaner die Flotte überfielen, lief Aias, einen schweren Mast schwingend, über die Decks der Schiffe, führte so den griechischen Widerstand an und lenkte viele Geschosse auf sich, konnte aber nicht verhindern, daß der Gegner eines der Schiffe anzündete. Nur das rechtzeitige Eingreifen Patroklos' und der Myrmidonen brachte die Rettung.

Doch Patroklos war gefallen; nachdem Hektor ihm die Rüstung abgestreift hatte, bedeckte Aias den Leichnam mit seinem Schild. Während der Trauerspiele für Patroklos beteiligte sich Aias bei mehreren Wettkämpfen; sein Ringkampf mit Odysseus endete unentschieden, im Speerwerfen wurde er von Diomedes besiegt. Als später Achilleus von Paris getötet worden war, trug Aias die Leiche in das griechische Lager zurück und rettete die Rüstung, während Odysseus den Gegner in Schach hielt.

Über seinen Tod gibt es verschiedene Versionen. Die wirkungsvollste Überlieferung wird in der ›Odyssee‹ angedeutet und von Sophokles im ›Aias‹ ausgesponnen. Danach entstand nach dem Tode des Achilleus eine Kontroverse um seine Rüstung; sowohl Aias wie auch Odysseus erhoben Anspruch auf sie. Die griechischen Führer brachten es entweder zur Abstimmung oder betrauten Helenos, den gefangengenommenen trojanischen Seher, mit der Entscheidung. Jedenfalls ging die Rüstung an Odysseus. Daraufhin plante Aias einen nächtlichen Überfall auf seine eigenen Verbündeten; doch Athene schlug ihn mit Wahnsinn, so daß er stattdessen nur eine Schafherde tötete. Als er zu sich kam, übermannten ihn Scham und Reue, und er stürzte sich in das von Hektor geschenkte Schwert. Dort, wo sein Blut zur Erde fiel (oder in seiner Heimat Salamis), entsprang die Hyazinthe, deren Blumenblätter wie AI geformt sind, die ersten beiden Buchstaben seines Namens, im Griechischen das Wort für »wehe, wehe«. Es wurde auch behauptet, daß, als das Schiff des Odysseus auf seinen Irrfahrten scheiterte, die Rüstung des Achilleus am Grab des Aias in der Troas angespült wurde, so daß Aias den Gegenstand des Zanks durch göttliche Gerechtigkeit doch noch bekam. Nach seinem Tode wollten Agamemnon und Menelaos seinen Körper wegen seiner im Wahnsinn begangenen Taten zunächst nicht bestatten lassen, doch Odysseus wußte sie zu beschwichtigen.

Aias, Sohn des Telamon, stürzt sich in sein Schwert (rotfigurige Vase aus Vulci; London, Britisches Museum)

Einer anderen Erzählung zufolge fiel Aias jedoch, wie Achilleus, durch einen Pfeil des Paris. Auch sollen ihn die Trojaner bei lebendigem Leib eingegraben haben, weil ihn Herakles unverwundbar gemacht hatte, indem er ihn als Kind in seine Löwenhaut gewickelt hatte. Wieder eine andere Überlieferung wollte wissen, daß Odysseus ihn ermordet habe.

Aias hatte einen Sohn Eurysakes (Breitschild) von seiner Konkubine Tekmessa, die er im Krieg gegen die Phrygier erobert hatte. Sein Sohn folgte dem Telamon auf dem Thron von Salamis.

Aias oder **Ajax 2,** Sohn des Oileus aus dem opuntischen Lokris. Als Freier um Helena ist er eine wichtige Figur in der ›Ilias‹; aber obwohl er häufig neben Aias dem Telamonier kämpft – wohl wegen ihrer Namensgleichheit –, bietet er doch einen deutlichen Kontrast zu seinem Namensvetter. Der Oileussohn Aias war klein und flinkfüßig und ein großer Speerwerfer. Er trug einen Leinenharnisch und führte ein großes Kontingent von vierzig Schiffen nach Troja.

Auch charakterlich unterschied er sich merklich von Aias dem Telamonier, war arrogant und eingebildet und haßte die Götter, beson-

ders Athene. Bei Patroklos' Trauerspielen beleidigte er grundlos Idomeneus wegen des Wagenrennens. Im Wettlauf, den er hätte gewinnen müssen, entriß ihm Athene den Sieg und schenkte ihn Odysseus, während der lokrische Aias im Kuhmist ausglitt und Athene für sein Mißgeschick verfluchte.
Nach der Plünderung Trojas brachte Aias Unglück über sich und die Griechen, indem er Kassandra von der Athenestatue wegriß, um sie zu schänden; dabei riß er auch die Statue um. Die Figur lag mit zum Himmel gewandten Augen am Boden, als scheue sie den Anblick der Greueltat. Die übrigen Griechen wollten Aias wegen dieser Sünde töten, doch klammerte er sich fest an das Bild, das er umgestoßen hatte, und so wagten die Griechen nicht, ihn zu ergreifen.
Athene beschloß, Aias für sein Verbrechen zu strafen, und die übrigen Griechen ebenfalls, weil sie ihn nicht gestraft hatten. Als die griechische Flotte heimsegelte, bat sie Zeus, einen mächtigen Sturm zu schicken, und die Schiffe kenterten vor Kaphareus im Süden der Insel Euböa. Athene selber schleuderte einen Donner auf das Schiff des Aias und versenkte es, doch Aias schwamm ans Ufer und prahlte, er habe dem Zorn der Götter getrotzt und sein Leben gerettet. Er schleppte sich auf die Gyräischen Felsen, worauf Poseidon sie mit einem Donner zersprengte, so daß Aias ertrank.
Nach einer Überlieferung wurde Aias nach seinem Tode von Thetis auf der Insel Mykonos begraben, aber Athene hatte noch kein Erbarmen und schlug seine Heimat Lokris mit Plagen, bis die Lokrer, das delphische Orakel befolgend, sich bereit fanden, jedes Jahr zwei Jungfrauen in den trojanischen Athenetempel zu senden: unerkannt von den Trojanern mußten sie dorthin gelangen, sonst wurden sie getötet. Die Lokrer der historischen Geschichtszeit behaupteten, dieser Brauch sei tausend Jahre beibehalten worden.
Aietes, Sohn des Sonnengottes Helios und der Okeanide Perse, Bruder der Kirke und der Pasiphaë und Vater der Medea. Aietes war König von Kolchis am Südostende des Schwarzen Meeres. Im griechischen Mythos symbolisiert sein Volk die Barbarei, er selber wird als grausam und unbarmherzig geschildert.
Er heiratete Asterodeia, eine kaukasische Nymphe, von der (oder von Eidyia) er eine Tochter Chalkiope bekam, die die Frau des Phrixos wurde. Aietes heiratete auch Eidyia (die Wissende), eine Okeanide, die ihm eine Tochter Medea und einen Sohn Apsyrtos gebar.
Als Phrixos auf der Flucht vor Athamas auf einem goldenen Widder zu Aietes kam, nahm ihn dieser auf Geheiß des Zeus freundlich auf, hängte das Vlies in den Areshain und gab ihm Chalkiope zur Frau. Nach einigen Überlieferungen ermordete Aietes später den Phrixos, weil ein Orakel ihm geweissagt hatte, einer aus griechischem Geschlechte werde ihn töten. Als dann Jason kam, um das Goldene Vlies zu holen (siehe Argonauten), fürchtete Aietes ihn aus demselben Grund.
Nachdem Jason die Arbeiten vollendet hatte, die der König als Gegenleistung für das Vlies verlangte, brach Aietes sein Versprechen, es ihm zu geben, weil er entweder den Orakelspruch fürchtete: er werde sterben, wenn er das Vlies aus der Hand gäbe, oder aufgrund seiner Feindseligkeit gegen Fremde im allgemeinen und Jason im besonderen. Jason nahm jedoch mit Medeas Hilfe das Vlies an sich und floh. Aietes verfolgte ihn, wobei Apsyrtos umkam; entweder starb er als Befehlshaber der väterlichen Flotte, oder er wurde von Medea heimtückisch in Stücke gehauen, um ihren Vater bei der Verfolgung aufzuhalten.
Aietes wurde dann von seinem Bruder Perseus, dem König der Taurer, entthront, doch gewann ihm Medea, als sie endlich aus Griechenland heimkehrte, den Thron zurück. Medeas Sohn Medos folgte ihm in der Herrschaft.
Aigaion siehe Briareos.
Aigestes oder **Acestes,** Sizilianer, mütterlicherseits trojanischer Herkunft. Sein Vater war der Flußgott Krimisos. Im Trojanischen Krieg stand Aigestes auf Priamos' Seite; mit seinem Freund Elymos kehrte er nach Sizilien zurück. Aigestes war König von Drepanum im Westen der Insel, nahe dem Venusheiligtum auf dem Eryx, und bewirtete zweimal den Venussohn Aeneas auf dessen Wanderungen. Beim zweiten Mal feierte Aeneas die Trauerspiele für seinen Vater Anchises. Die Stadt Segesta wurde ursprünglich von ihren Gründern, den in Sizilien gebliebenen trojanischen Gefährten des Aeneas, nach Aigestes oder Acestes Acesta genannt.
Aigeus, ältester (oder angenommener) Sohn von Pandion 2 und Pylia. Pandion war athenischer König gewesen und heiratete die Tochter des Königs Pylas von Megara, dem er in der Herrschaft folgte. Pandion hatte noch drei weitere Söhne: Nisos, Pallas und Lykos. Es ging jedoch das Gerücht, daß er einen Sohn des Königs Skyrios von Skyros adoptiert und als sein eigenes Kind ausgegeben habe. Nach Pandions Tod machte man Nisos zum König von Megara; die anderen drei Söhne fielen in Attika ein und vertrieben die dort herrschenden Söhne des Metion. Nach dem Sieg beanspruchte und gewann Aigeus die Alleinherrschaft über Athen, obwohl er versprochen hatte, das Gebiet gerecht mit seinen Brüdern zu teilen.

Aigeus heiratete zweimal, blieb aber kinderlos. Er befragte deshalb das delphische Orakel, das zweideutig antwortete: er solle seinen Weinschlauch erst öffnen, wenn er wieder in Athen sei. Aigeus entschloß sich, seinen Freund Pittheus, den König von Troizen, zu bitten, ihm das Orakel zu deuten. Auf dem Wege von Delphi nach Troizen kam Aigeus auch über Korinth, wo ihn Medea um Asyl in Athen bat. Dafür verpflichtete sie sich, ihm mit ihren magischen Künsten zu den ersehnten Kindern zu verhelfen.

Pittheus erfuhr, daß das Orakel auch die Geburt eines großen Helden vorausgesagt hatte; so machte er Aigeus trunken und legte ihn zu seiner Tochter Aithra. Als Aigeus gewahr wurde, daß Aithra empfangen hatte, verbarg er ein Schwert und ein Paar Sandalen unter einem mächtigen Felsen. Aithra erklärte er, sobald ihr Sohn diesen Felsen heben könne, solle er mit den Erkennungszeichen, dem Schwert und den Sandalen, nach Athen kommen, wo er ihn als Sohn anerkennen werde. Der Knabe, der dann geboren wurde, erhielt den Namen Theseus. (Auch Poseidon hielt man oft für seinen Vater.)

Als Aigeus nach Athen zurückgekehrt war, heiratete er Medea, die ihm den Sohn Medos gebar, der die Ursache von Medeas späterem Haß gegen Theseus war. Als Theseus nach Athen kam, nachdem er sich durch seine Taten im Isthmos einen Namen gemacht hatte, wurde er von Medea erkannt, gab sich aber seinem Vater nicht zu erkennen. Medea überredete Aigeus, den Jüngling gegen den marathonischen Stier auszusenden, der den Minossohn Androgeos getötet hatte. Als Theseus den Stier aber lebendig einfing, beschloß Medea, Theseus zu töten. Sie redete Aigeus ein, Theseus wolle sich mit den fünfzig Söhnen des Pallas gegen seine Herrschaft erheben, und reichte ihm in Gegenwart seines Vaters einen Becher vergifteten Weins. Zufällig bemerkte jedoch Aigeus, daß Theseus jenes in Troizen zurückgelassene Schwert trug (oder er sah Theseus mit dem Schwert Fleisch zerteilen) und stieß den Becher zu Boden. Dann erkannte er Theseus als seinen Sohn an, und Medea floh mit Medos zurück nach Kolchis. Theseus half dann Aigeus, die Familien des Pallas und Lykos zu vertreiben, die nach seinem Thron trachteten.

Nach Theseus' Fahrt gegen Kreta, um den Minotaurus zu töten, starb Aigeus (siehe Theseus). Das Opfer von sieben Jünglingen und sieben Jungfrauen, das dem Untier jedes Jahr (oder nach einer anderen Version alle neun Jahre) gebracht werden mußte, war Athen von Minos, dem mächtigen Könige Kretas, auferlegt worden und zwar aus Zorn über den Tod

Aigipan mit einer Mänade, die ihm seine Erhöhung in das Sternbild Steinbock verkündet (Vase in kampanischem Stil; London, Britisches Museum)

seines Sohnes Androgeos, der durch den marathonischen Stier starb (oder auf der Reise nach Theben, wo er den Begräbnisspielen für Laios beiwohnen wollte). Minos überfiel Megara und Athen; Megara fiel, und Athen wurde von einer Pest heimgesucht. Aigeus folgte dem Rat aus Delphi und akzeptierte Minos' Bedingungen. Als Theseus heimkehrte, vergaß er, das schwarze Segel der Trauer gegen ein weißes auszutauschen, wie er es seinem Vater versprochen hatte, falls er überleben sollte; und so stürzte sich Aigeus in die Tiefe, entweder von einem Felsen in das Ägäische Meer (das nach ihm heißt), oder von der athenischen Akropolis. Hier, am vermutlichen Ort seines Todes, errichtete man ihm einen Altar der Heldenverehrung.

Aigialeia siehe Diomedes.

Aigialeus 1, ältester Sohn des Adrast; fiel als einziger der Epigonen beim Angriff auf Theben.

Aigialeus 2, Sohn des Inachos, des ersten Königs von Argos.

Aigimios, im dorischen Mythos König von Doris, der den Herakles zu Hilfe rief, um die Lapithen aus seinem Lande zu vertreiben. Als Herakles dies geschafft hatte, wollte er keine direkte Belohnung, sondern erbat für seine Nachkommen das Recht der Zuflucht in Doris. Später glaubte man, die Herakliden, von denen die dorischen Könige daraufhin abzustammen behaupteten, hätten sich in Doris angesiedelt. Nach Aigimios' Söhnen Dymas und Pamphylos sowie dem Heraklessohn Hyllos wurden die drei dorischen Stämme benannt.

Aigina, Mutter des Aiakos und Tochter des Flußgottes Asopos und der Metope. Zeus entführte sie auf die später nach ihr benannte Insel, wo sie den Aiakos empfing. Ihr Vater verfolgte Zeus, bis er durch Donnerschläge vertrieben wurde.

Aigipan. Falls nicht identisch mit dem Gott Pan, war er der Sohn des Zeus und einer Nymphe Aïx (Ziege). Aigipan half dem Hermes, die Sehnen des Zeus zurückzugewinnen, die Typhon ihm abgeschnitten und versteckt hatte. Um Typhon zu entkommen, verwandelte sich Aigipan in ein Wesen, das halb Ziege, halb Fisch war; in dieser Gestalt machte Zeus aus ihm das Sternbild des Steinbocks.

Aigisthos, Sohn des Thyestes und seiner Tochter Pelopia. Thyestes hatte ein Orakel empfangen, daß er sich an seinem Bruder Atreus, der seine Kinder ermordet hatte, nur rächen könne, wenn er einen Sohn mit seiner eigenen Tochter habe. Er vergewaltigte sie daher, als sie gerade der Athene opferte (oder, ohne zu wissen, wer sie war). Pelopia nahm ihm das Schwert fort und versteckte es unter einer Athenestatue.

Zu dieser Zeit lebte Pelopia in Thesprotien. Dort erblickte Atreus sie, der auf der Suche nach Thyestes war; er begehrte sie zur Frau und Thesprotos, ihr Beschützer, gab sie ihm, ohne ihre Schwangerschaft zu erwähnen oder zu sagen, wer sie war. Als Aigisthos am Hofe des Atreus in Mykene zur Welt kam, setzte seine Mutter ihn aus, und er wurde von einer Ziege gesäugt. Atreus fand ihn bald darauf, und da er wußte, daß er Pelopias Kind war, hielt er ihn wie seinen eigenen Sohn und zog ihn auf.

Thyestes bekam seine Rache auf folgende Weise: Agamemnon und Menelaos, von ihrem Vater Atreus ausgesandt, Thyestes zu suchen, nahmen ihn in Delphi gefangen, wo sie alle das Orakel befragt hatten. Sie nahmen ihn mit sich nach Mykene, wo Atreus ihn einkerkerte. Dann schickte er Aigisthos in den Kerker, um Thyestes zu töten, Aigisthos trug aber zufällig jenes Schwert, das Pelopia dem Thyestes nach der Vergewaltigung entwendet hatte. Thyestes erkannte das Schwert und gab sich dem Aigisthos als sein Vater zu erkennen. Thyestes bat darum, Pelopia sehen zu dürfen, die in den Kerker kam und sich mit dem Schwert durchbohrte, als sie von ihrem Inzest erfuhr. Aigisthos aber tötete Thyestes nicht, sondern zeigte dem Atreus das vom Blut seiner Mutter befleckte Schwert. Im Glauben, Thyestes sei jetzt tot, begab sich Atreus ans Meer und brachte den Göttern ein Dankopfer dar; dort erschlug ihn Aigisthos.

Thyestes und Aigisthos herrschten sodann über Mykene, wurden aber von Agamemnon und Menelaos vertrieben. Als Agamemnon in den Trojanischen Krieg zog, kam Aigisthos, obwohl ihn Hermes gewarnt hatte, nach Mykene zurück und verführte Agamemnons Ge-

Klytämnestra entdeckt Orest nach der Ermordung des Aigisthos; Elektra und ihre Begleiterinnen frohlocken (Basrelief; Paestum, Museum)

mahlin Klytämnestra. Sie war ihm zu Willen, entweder aus Zorn über den Tod Iphigenies, den Agamemnon bewirkt hatte, oder weil sie wußte, daß er mit einer Konkubine, der Kassandra, heimzukehren gedachte.
Aigisthos und Klytämnestra planten Agamemnons und Kassandras Tod. Aigisthos regierte noch sieben Jahre lang sein Königreich, wurde dann aber seinerseits von dem heimkehrenden Sohn des Agamemnon, Orest, getötet. Hiervon handeln Aischylos' Tetralogie ›Orestie‹ sowie Dramen von Sophokles und Euripides.

Aigle. Es gibt mehrere kleinere Figuren dieses Namens; siehe Heliaden und Theseus.

Aigyptos, Sohn des Belos und Zwillingsbruder des Danaos. Belos besaß ein riesiges Reich in Afrika; er sandte Aigyptos und Danaos aus, um Arabien und Libyen zu beherrschen. Aigyptos besiegte die Melampoden (die »Schwarzfüßigen«) und benannte sein neues Königreich nach seinem eigenen Namen. Danaos fürchtete die wachsende Macht seines Bruders und floh nach Argos, der Heimat seiner Vorfahrin Io.
Um die Herrschaft über alle Ländereien des Belos zu gewinnen, schlug Aigyptos seinem Bruder vor, seine fünfzig Töchter mit den fünfzig Söhnen des Aigyptos zu vermählen. Danaos willigte schließlich ein, witterte jedoch Verrat und gab jeder seiner Töchter einen Dolch mit, mit dem sie in der Hochzeitsnacht ihren Gemahl töten sollte. So wurden alle Söhne des Aigyptos ermordet, mit Ausnahme des Lynkeus.

Aineus, König der Dolionen in Mysien; Vater des Kyzikos.

Aiolos 1, Sohn des Hippotas und König der »schwimmenden Insel« Äolia (vielleicht die Äolischen Inseln nördlich von Sizilien); ein Sterblicher, dem Zeus aus Zuneigung zu ihm die Herrschaft über die Winde gab. Er hütete die Winde in einer Höhle seiner Insel und konnte sie nach eigenem Ermessen oder nach dem Wunsch der Götter loslassen. Aiolos lebte ein sorgenfreies Leben mit seiner Gemahlin Kyane, einer Tochter des Liparos, des ersten Königs der Insel, und mit seinen sechs Söhnen und sechs Töchtern, die sich untereinander geheiratet hatten. Er nahm Odysseus gastfreundlich auf und überreichte ihm in einem Lederschlauch die Winde, mit Ausnahme des milden Westwinds, so daß er sicher heimkehren konnte. Die Schiffer aber, neidisch auf Odysseus' vermeintlichen Schatz, öffneten den Schlauch und wurden nach Äolia zurückgetrieben, wo sie Aiolos jedoch diesmal verjagte. – Bevor er das Wohlwollen des Zeus erlangt hatte, war Aiolos ein erfahrener Seemann gewesen, der Segel erfunden und gelernt hatte, die Wetterzeichen zu verstehen.

Aiolos 2, Sohn von Hellen und Orseïs. Die drei Brüder Aiolos, Xuthos und Doros erhielten von ihrem Vater, dem Eponymen der Hellenen, die drei Hauptteile Griechenlands. Aiolos bekam Thessalien und lieh seinen Namen dem äolischen Geschlecht. Er heiratete Enarete und hatte eine umfangreiche und einflußreiche Familie: Sisyphos, Kretheus, Athamas, Salmoneus, Deion, Magnes, Perieres und Makareus; seine Töchter waren Kanake, Alkyone, Pisidike, Kalyke, Kleobule und Perimede. Kanake tötete er wegen ihrer inzestuösen Beziehung zu Makareus. Viele seiner Söhne wurden die Könige griechischer Städte. Er wird häufig mit Aiolos 1 verwechselt – so von Ovid in dessen Version der Geschichte der Alkyone.

Aiolos 3, Sohn des Poseidon und der Melanippe, der Tochter des Aiolos und der Hippe; er hatte einen Bruder, Boiotos.

Aipytos 1, Sohn des Kresphontes und König von Messenien. Seine Mutter Merope rettete ihn, als Polyphontes seinen Vater erschlug, um sich den Thron anzueignen. Aipytos wuchs in Arkadien auf und kehrte später zurück, weil er an dem Usurpator Rache nehmen wollte. Er blieb unerkannt und gab vor, jenen Aipytos getötet zu haben, den Polyphontes schon lange suchte, um ihn zu beseitigen. Seine Mutter Merope, die diese Geschichte glaubte, hätte ihn beinahe in seinem Bett erschlagen, aber er wurde von einem alten Mann erkannt und gerettet. Dann tötete er Polyphontes bei dessen Dankopfer für Aipytos' vermeintlichen Tod und bestieg seines Vaters Thron.

Aipytos 2 siehe Euadne 2.

Aisa, das Schicksal, oder eine der Schicksalsgöttinnen.

Aisakos, Sohn des Königs Priamos und der Nymphe Alexirrhoë, einer Tochter des Flußgottes Granikos. Aufgewachsen im Land um den Ida, verliebte sich Aisakos in die Nymphe Hesperia. Eines Tages sah er, wie sie ihr Haar am Kebren trocknete, einem Fluß, dessen Gott ihr Vater war, und stellte ihr nach. Während sie floh, wurde sie von einer Schlange in den Fuß gebissen und starb. Schuldgeplagt sprang Aisakos ins Meer, um zu ertrinken. Aber Tethys hatte Mitleid mit ihm und verwandelte ihn in einen Tauchervogel, der sich immer aus großer Höhe in die Wellen stürzt.

Aison, Sohn des Königs Kretheus von Iolkos und der Tyro; Vater des Jason. Er sollte den iolkischen Thron erben, doch wurde der von Pelias, dem Sohn des Poseidon und der Tyro, unrechtmäßig eingenommen. Aison heiratete die Phylakostochter Alkimede. Als ihr Sohn zur Welt kam, behauptete sie, er sei tot, und gab ihn heimlich dem Chiron, der ihn aufzog.

Während Jason in der Fremde nach dem Goldenen Vlies suchte, starb Aison. Nach einer Darstellung zwang ihn Pelias, ein Gift zu trinken – meist wird es als Stierblut beschrieben. Als Medea nach Iolkos kam, rief sie ihn mit ihren Zauberkünsten ins Leben zurück.

Aithalia siehe Thalia.

Aithra, Tochter des Königs Pittheus von Troizen und Mutter des Theseus. Sie war zunächst dem Bellerophon versprochen; doch als dieser wegen eines Mordes aus Korinth verbannt wurde, löste ihr Vater die Verlobung. Als Aigeus nach Troizen kam, sandte Pittheus sie auf die Insel Sphairia, wo Aigeus eine Nacht mit ihr verbrachte. (Später setzte man, wohl um Gerede zu vermeiden, die Geschichte in Umlauf, Poseidon habe ihr beigewohnt, und so galt Theseus, den sie später gebar, auch oft als Sohn des Poseidon.) Bevor Aigeus Troizen verließ, versteckte er die Symbolzeichen, die seine Vereinigung mit ihr bewiesen (Schwert und Sandalen), unter einem Felsen. Als Theseus später König von Athen wurde, lebte Aithra bei ihm. Doch während er mit Peirithoos in der Unterwelt weilte, der dort Persephone entführen wollte, raubten Kastor und Polydeukes Aithra als Sklavin für Helena – eine Vergeltung für Theseus' Entführung der Helena. Gleichzeitig befreiten sie Helena aus Aphidna in Attika, wo Aithra sie bewacht hatte. Helene nahm Aithra mit sich nach Troja; und nach dem Untergang Trojas erlaubte Agamemnon Demophon und Akamas, den Enkeln Aithras, sie wieder nach Attika zu bringen.

Aithusa, Tochter des Poseidon und der Pleiade Alkyone; durch Apollon Mutter von Hyrieus und Hyperenor.

Aitolos. Sein Vater war König Endymion von Elis, der seine drei Söhne um das Recht der Thronfolge einen Wettlauf veranstalten ließ. Epeios siegte und wurde König, sein Bruder Aitolos war sein Nachfolger. Er wurde jedoch verbannt, weil er bei den Begräbnisspielen für Azanas versehentlich mit seinem Wagen Apis überrollte und ihn tötete. Aitolos begab sich in das Land der Kureten am Fluß Acheloos, eroberte es und nannte es nach sich selber Ätolien. Seine Gemahlin war Pronoë, und sie hatten zwei Söhne, Pleuron und Kalydon, nach denen zwei ätolische Städte hießen.

Ajax siehe Aias.

Akakallis, Tochter des Minos und der Pasiphaë. Sie gebar dem Apollon einen Sohn Amphithemis und vielleicht auch Miletos.

Akamas 1. Theseus und Phädra hatten zwei Söhne, Akamas und Demophon. Als Menestheus ihren Vater aus Athen vertrieb, wurden die Knaben Elephenor übergeben, dem König der Abanten in Euböa. Auf einer Mission nach Troja, wo er die Herausgabe Helenas verlangen sollte, verliebte sich Akamas in die Primostochter Laodike, die ihm einen Sohn Munychos (Munitos) gebar; Theseus' Mutter Aithra nahm das Kind in ihre Obhut. Die Brüder befanden sich im hölzernen Pferd und be-

Aithra, die Mutter des Theseus, wird von Demophon und Akamas nach Attika geleitet (rotfigurige Vase aus Vulci, 5. Jh. v. Chr.; London, Britisches Museum)

freiten Aithra später aus Troja. Auf dem Rückweg heiratete Akamas die thrakische Prinzessin Phyllis. Aber obwohl man ihm ihres Vaters Königreich als Mitgift bot, verließ er sie, mit dem Versprechen, wiederzukommen. Sie gab ihm ein Kästchen, das einen heiligen Gegenstand enthielt, und gebot ihm, es nur dann zu öffnen, wenn er seine Absicht, zu ihr zurückzukehren, ändern sollte. Er ließ sich in Cypern nieder, öffnete danach das Kästchen und war über den Inhalt so entsetzt, daß er auf seinem Pferd davonritt. Es warf ihn ab, und er stürzte in sein Schwert und starb. Etwas Ähnliches wird von Demophon 1 erzählt.

Akamas 2, Sohn des Antenor und der Theano; einer der Anführer von Trojas dardanischen Verbündeten im Trojanischen Krieg.

Akarnan siehe Alkmeon.

Akastos, König von Iolkos und Sohn des Pelias und der Anaxibia. Gegen den Wunsch seines Vaters beteiligte er sich an dem Argonautenzug. Nach der Rückkehr von Kolchis wurde sein Vater hinterlistig von Medea getötet, und Akastos vertrieb sie und Jason, den Führer der Argonauten, aus seinem Königreich. Zu Ehren seines Vaters hielt er Begräbnisspiele ab, die auch von zahlreichen Argonauten besucht wurden. Dann beteiligte er sich an der Kalydonischen Eberjagd. Akastos heiratete Astydameia (oder die Kretheustochter Hippolyte). Sie hatten drei Töchter, Laodameia, Sterope und Sthenele, und viele Söhne.

Peleus, sein Gefährte bei den Argonauten, kam, nachdem er Eurytion getötet hatte, zu Akastos, der ihn von der Schuld des Totschlags reinigte. Astydameia aber bot sich dem Peleus an, und als dieser ablehnte, klagte sie bei Akastos, daß er ihr nachstelle! Um ihn zu bestrafen, nahm ihn Akastos auf die Jagd zum Pelion mit, wo er heimtückisch Peleus das Schwert fortnahm und ihn verließ, während er schlief, denn Akastos hoffte, die wilden Kentauren würden Peleus töten, aber Chiron rettete ihn. Peleus eroberte später Iolkos mit Hilfe Jasons und der Dioskuren; er brachte Akastos' Frau und, wie es oft heißt, auch Akastos selber um. Danach vertrieben ihn Akastos' Söhne wieder aus Phthia.

Akis. Nach Ovid war Akis ein Sohn des Gottes Faunus und der Nymphe Symaithis, der sich leidenschaftlich in die Nereïde Galatea verliebte. Als der Kyklop Polyphem Galatea erblickte, war er ebenfalls von ihr betört, doch lachte sie ihn aus. Polyphem schleuderte einen riesigen Felsbrocken auf Akis, der ihn zerschmetterte. Auf Galateas Geheiß entsprang dem Felsen eine Quelle, und Akis wurde zu einem Gott des Flusses.

Akmon, eine der idäischen Daktylen.

Akoetes. Als Dionysos von der Mannschaft eines tyrrhenischen (etruskischen) Piratenschiffes, auf dem er sich eingeschifft hatte, überfallen und gefangengenommen wurde, war der Steuermann Akoetes sein einziger Beschützer. Die übrigen Seeleute wurden in Delphine oder in Fische verwandelt, während Akoetes als begeisterter Anhänger des Gottes lebte.

Aktaion wird in einen Hirsch verwandelt (Tonplatte aus Urbino; Paris, Musée du Petit Palais)

Akontios, ein Jüngling von der Insel Keos, der sich in die athenische Jungfrau Kydippe verliebte, und zwar bei einem Fest im Bereich des delischen Artemistempels. Da er arm war, konnte er nicht hoffen, sie zu heiraten; doch überlistete er sie, indem er vor ihr eine Quitte niederwarf, auf der stand: »Ich schwöre bei Artemis, daß ich nur den Akontios heiraten werde.« Sie hob die Frucht auf und las den Eid laut vor. Immer, wenn ihre Eltern sie mit einem andern vermählen wollten, wurde sie krank. Schließlich erklärte das delphische Orakel, sie sei durch den Eid gebunden, und so willigten ihre Eltern in die Heirat.

Akrisios 1, König von Argos, Sohn des Abas und Vater der Danaë. Er lebte im Streit mit seinem Zwillingsbruder Proitos, mit dem er schon im Mutterleib zankte. Später stritten sie sich um das väterliche Königreich, und Proitos wurde von Akrisios vertrieben. Später teilten die beiden die Argolis unter sich auf. Sie sollen auch den Schild erfunden haben.

Akrisios heiratete Eurydike 2 (oder Aganippe) und hatte eine Tochter Danaë. Als er ein Orakel befragte, was er tun solle, um Söhne zu bekommen, wurde ihm geweissagt, daß Danaës Sohn ihn töten werde. In seiner Angst baute Akrisios einen bronzenen Turm (oder einen steinernen Turm mit Bronzetüren) und sperrte das Mädchen ein. Zeus aber sah sie und machte sie schwanger durch einen Goldregen; als sie den Perseus gebar, setzte Akrisios das unglückliche Paar in einem Holzkasten auf dem Meer aus. Der Orakelspruch erfüllte sich, als Perseus Akrisios versehentlich mit einem Diskus erschlug.

Akrisios 2, König auf Kephallenia; Vater des Laertes.

Aktaion, Sohn des Aristaios und der Autonoë, der das Jägerhandwerk von seinem Vater oder von Chiron erlernte. Er beleidigte Artemis, die Göttin der Jagd, indem er sich als den geschickteren Jäger brüstete, oder dadurch, daß er seine Tante Semele heiraten wollte, oder aber (was am häufigsten als Grund angegeben wird), weil er Artemis nackt am Kithairon baden sah. Damit er sich alles dessen nicht rühmen konnte, verwandelte ihn die Göttin in einen Hirsch, den seine eigenen Hunde dann zerrissen (oder sie warf ihm, mit demselben Ergebnis, ein Hirschfell über). Die Hunde waren traurig über das Verschwinden ihres Herrn; aber der Kentaur Chiron schuf eine dem Aktaion so ähnliche Statue, daß sie wieder beruhigt waren.

Aktor. Es gibt mehrere mythische Gestalten dieses Namens und es besteht eine gewisse Verwirrung zwischen ihnen; die bekanntesten sind:

Aktor 1, König von Phthia, der den Peleus dort willkommen hieß und ihm, da er keine eigenen Söhne hatte, sein Reich überließ. Nach einer anderen Darstellung hatte er einen Sohn Eurytion 3, den Peleus tötete. Nach ei-

Aktaion wird von seinen Hunden angefallen (Metope aus Selinus, 5. Jh. v. Chr.; Palermo, Museo Nazionale Archeologico)

ner weiteren Version war Aktors Sohn Iros der Vater des Eurytion.

Aktor 2, Sohn des Königs Deion von Phokis und Vater von Iros, Menoitios, dem Vater des Patroklos, und von Echekles.

Aktor 3, ein Mann aus Elis, Bruder des Augias und durch Molione Vater der Molionen.

Alalkomeneus, Held aus Plataä in Böotien, der dort die Großen Dädalien stiftete, ein Fest zur Erinnerung an einen Streit zwischen Zeus und Hera und dessen erheiternder Beilegung.

Alastor (Rächer), Sohn des Neleus von Pylos und Bruder des Nestor. Er heiratete Harpalyke und wurde von Herakles bei den Überfällen auf Pylos getötet.

Albunea, italische Nymphe mit der Gabe der Prophetie; lebte in Tibur (Tivoli) in Mittelitalien im Albulabach, der in den Anio (Aniene) fließt. Sie war eine Seherin oder Sibylle, die Orakelverse verfaßte, welche zusammen mit den sibyllinischen Büchern im römischen Kapitol hinterlegt wurden.

Alekto oder **Allekto** siehe Furien.

Alektor, König von Argos, Sohn des Anaxagoras und Vater von Iphis 2.

Aleos, König von Arkadien. Er lebte in Tegea und heiratete Neaira, die Tochter seines Bruders Pereus. Ihre Kinder waren Lykurg, Amphidamas, Kepheus und Auge, die von Herakles verführt wurde.

Aletes (Wanderer) **1,** Sohn des Hippotas. Er fragte das Orakel in Dodona, wie er den Thron von Korinth gewinnen könne, und erhielt die Antwort, dieses werde geschehen, wenn man ihm auf einem Fest einen Lehmklumpen reiche. So besuchte er, als Bettler verkleidet, ein Fest in Korinth und bat um Brot, worauf er einen Erdkloß erhielt. Später wurde er König.

Aletes 2, Sohn des Aigisthos und der Klytämnestra. Nach einer Überlieferung wurde er nach dem Tode des Aigisth König von Mykene, doch brachte ihn Orest später um.

Alexandros siehe Paris.

Alexiares, Sohn des Herakles und der Hebe.

Alkaios 1, Sohn des Perseus und der Andromeda; heiratete Astydameia; ihre Kinder waren Amphitryon und Anaxo. Sein Enkel Herakles wurde nach ihm auch Alkeides genannt.

Alkaios 2, Sohn des Androgeos und Enkel des Minos. Mit seinem Bruder Sthenelos begleitete er als Geisel Herakles, als dieser den Gürtel der Amazonenkönigin Hippolyte eroberte. Als Herakles bei seiner Rückkehr nach Griechenland Thasos einnahm, setzte er die beiden Männer zu dessen Herrschern ein.

Alkathoos 1, Sohn des Pelops und der Hippodameia. Nachdem er wegen der Ermordung seines Bruders Chrysippos verbannt worden war, gewann er das Königreich Megara und die Hand der Euaichme, der Tochter des dortigen Königs Megareus, indem er einen Löwen erlegte, der den Kithairon (Gebirge zwischen Attika und Böotien) unsicher machte und Megareus' Sohn Euippos getötet hatte. Alkathoos behielt die Zunge des Tieres, um alle Lügen widerlegen zu können. Er baute die Stadtmauern wieder auf, die Minos von Kreta bei seinem Überfall auf König Nisos zerstört hatte. Apollon lehnte seine Leier gegen einen der Steine in der neuen Mauer, die daraufhin wie eine Harfe tönte. Die Söhne Alkathoos' waren Ischepolis und Kallipolis, und er hatte drei Töchter, von denen die eine, Eriboia oder Periboia, die Mutter des telamonischen Aias war, während die andere, Automedusa, Iphikles heiratete und Iolaos gebar.

Als Ischepolis bei der Kalydonischen Eberjagd umkam, überbrachte Kallipolis dem Alkathoos die traurige Botschaft. Als er eintraf, opferte sein Vater gerade dem Apollon, und Kallipolis zog die Scheite aus dem Feuer, weil er das Opfer für unheilverkündend hielt. Alkathoos mißverstand diese Geste als gottlos und erschlug seinen Sohn mit einem Scheit. Der Seher Polyeidos reinigte Alkathoos. Da er beide Söhne verloren hatte, überließ er das Königreich seinem Enkel Aias.

Alkathoos 2, Sohn des Portheus; siehe Tydeus.

Alkeides siehe Herakles.

Alkestis, Tochter des Königs Pelias von Iolkos und der Anaxibia; Gemahlin des Admetos. Ihr heroisches Selbstopfer ist Thema der gleichnamigen Tragödie von Euripides. Als sie im heiratsfähigen Alter war, stellte ihr Vater die Bedingung, vor ihrer Verlobung müsse der künftige Gemahl einen Löwen und einen Eber vor einem Wagen zusammenspannen. Admetos, dem König von Pherai, gelang das mit Hilfe des Apollon, dem auch er Schutz und Hilfe geliehen hatte, als der Gott ein Jahr lang einem Sterblichen dienen mußte. Der Wagen, in dem Admetos seine Frau aus dem Vaterhaus fortführte, war mit Löwe und Eber bespannt! Bei der Hochzeit vergaß Admetos, der Artemis zu opfern, und fand deshalb ein Schlangengewimmel in seinem Bett (oder er fand das Schlafzimmer voller Schlangen) – ein Vorzeichen, das baldigen Tod verhieß. Apollon kam erneut zu Hilfe und versöhnte seine erzürnte Schwester. Er machte auch die Schicksalsgöttinnen trunken und entlockte ihnen eine Möglichkeit, wie Admetos, wenn seine Stunde kam, dem Tode entgehen könnte, indem er jemanden fände, der an seine Stelle trat. Doch vermochte er aber niemanden zu überreden als seine Gemahlin Alkestis, die sich für ihn zu sterben erbot. Über das, was folgte, gibt es zwei Darstellungen. Entweder gab ihm Persephone Alkestis zurück, weil sie deren Hingabe

Apollon hat die drei Moiren, Mitte, überredet, Alkestis an Admetos' Stelle sterben zu lassen (Wandmalerei aus Pompeji; Neapel, Museo Archeologico Nazionale)

für ihren vortrefflichen Gatten bewunderte; oder es war, nach Euripides, gerade Herakles im Palast des Admetos zu Gast; er folgte dem Tod, rang mit ihm um Alkestis und gewann sie zurück.

Alkestis hatte zwei Söhne, Eumelos, der im Trojanischen Krieg kämpfte, und Hippasos. Sie und ihr Gemahl wurden später aus Pherai verbannt.

Alkimede, Mutter des Jason und Gemahlin des Aison. Sie war eine Tochter des Königs Phylakos von Phylake. Nachdem Pelias Aison gezwungen hatte, sich zu töten, und auch ihren jüngeren Sohn Promachos umgebracht hatte, nahm sich Alkimede, mit einem Fluch auf den tyrannischen Usurpator, das Leben.

Alkinoos, Sohn des Nausithoos und König der mythischen Phäaken. In seinem Land Scheria landete Odysseus, als er nach dem Scheitern seines Floßes zwei Tage lang im Meer getrieben hatte. Er war es, dem Odysseus die Geschichte seiner Irrfahrten erzählte, die der Zorn Poseidons verursacht hatte. Alkinoos hatte seine Nichte Arete (die Tochter seines Bruders Rhexenor) geheiratet, und sie hatten fünf Söhne und eine Tochter Nausikaa – der erste Mensch, den Odysseus nach seiner Landung erblickte.

In seinem prächtigen Palast, der von immerblühenden Gärten umgeben war, bewirtete Alkinoos den Odysseus und war ihm behilflich, die Reise fortzusetzen, trotz der Feindschaft Poseidons gegen den Reisenden und obwohl Alkinoos angekündigt worden war, seine Hilfsbereitschaft gegen Fremde werde noch einmal den Zorn Poseidons über sein Volk bringen. Als das Schiff, das Odysseus nach Ithaka gebracht hatte, auf der Heimreise war, verwandelte es Poseidon in einen Felsen und blockierte den phäakischen Hafen mit einem Berg.

Eine Generation zuvor hatte Alkinoos den Argonauten bei ihrer Flucht aus Kolchis Schutz gewährt, und als das kolchische Schiff ankam, hatte er verfügt, Medea solle ihrem Vater zurückgegeben werden, wenn sie noch Jungfrau sei. Auf Betreiben Aretes beeilten sich Jason und Medea, ihre Ehe zu vollziehen.

Alkippe, Tochter des Ares und der Aglauros. In Athen wurde sie von Halirrhothios, einem Sohn des Poseidon und der Nymphe Euryte, vergewaltigt, und Ares erschlug ihn wegen dieses Verbrechens. Hierfür mußte sich nun Ares selber verantworten, und zwar an der Stätte der Schändung, die später Areshügel (Areopagos) hieß und Sitz des erhabensten Rates und Gerichts von Athen war. In diesem ersten aller Mordprozesse wurde Ares freigesprochen; der Gerichtshof bestand aus den übrigen großen olympischen Göttern.

Alkithoë, eine der Töchter des Minyas, die in Fledermäuse verwandelt wurden.

Alkmene, Tochter des Elektryon und der Anaxo; Gemahlin ihres Onkels Amphitryon, des Königs von Tiryns, und Mutter des Herakles. Alkmenes Brüder waren von den Männern der Taphischen Inseln bei einem Viehraub getötet worden, und als Amphitryon mit ihr schlafen wollte, verlangte sie von ihm, er solle erst ihre Brüder rächen. Er holte das Vieh zurück, tötete aber versehentlich Elektryon, als er ihm die Herde übergab. Dafür wurde er von Elektryons Bruder Sthenelos verbannt. Alkmene ging mit ihm nach Theben, versagte sich ihm aber, bis er die Tapher bestraft haben würde. So stellte er ein Heer zusammen und zog in den Krieg.

Zeus sandte deshalb alle diese Schwierigkeiten, weil er beschlossen hatte, einen tapferen Sterblichen zu zeugen, der den Göttern in dem bevorstehenden großen Kampf gegen die Giganten beistehen würde. Alkmene, die klügste und schönste der Frauen, hatte er ausersehen, diesen Helden zu gebären, und sie sollte seine letzte sterbliche Konkubine sein. In der Nacht von Amphitryons Rückkehr vom Feldzug näherte sich Zeus ihr in dessen Gestalt. Als später Amphitryon selber erschien, bemerkte er sofort, daß etwas Unerklärliches vorgefallen sein mußte, denn Alkmene behauptete, in dieser Nacht bereits mit ihm geschlafen zu haben. Der Seher Teiresias erklärte den wahren Sachverhalt, und Amphitryon vollzog die Ehe.

Alkmene war mit den Zwillingen Herakles und Iphikles schwanger; doch nur der letztere war Amphitryons Sohn. Als ihre Zeit herankam, brüstete sich Zeus vor den Göttern, bald werde ein von ihm abstammender sterblicher Herrscher geboren. Seine Gemahlin Hera bemerkte alles, und wußte, daß nach dem Willen Zeus' Alkmenes Sohn Monarch ihres Heimatlandes werden sollte; deshalb veranlaßte sie Eileithyia, die Göttin der Geburt, sich vor Alkmenes Gemach niederzusetzen und alles zu tun, um die Geburt zu vereiteln. Eileithyia kreuzte ihre Finger, Arme, Beine und Zehen, ein magischer Zauber zur Verhütung der Geburt. Alkmene lag bereits in den letzten Zügen, als eine der Dienerinnen rief, sie habe geboren. Eileithyia war so überrascht, daß sie nachsehen wollte, wobei sie sich wieder entkreuzte und so zuließ, daß die Zwillinge zur Welt kamen. In den ›Metamorphosen‹ des Ovid wurde die Dienerin, die Galanthis hieß, in ein Wiesel verwandelt.

Nach dem Tode Amphitryons, der Alkmene einmal wegen Untreue verbrennen wollte, aber durch einen von Zeus gesandten Gewitterregen daran gehindert wurde, heiratete Alkmene den Kreter Rhadamanthys und lebte in Böotien; oder anders dargestellt: nach dem Tode des Herakles jagte Eurystheus – der König von Mykene und Tiryns, der ihn verfolgt hatte – Alkmene und ihre Enkel nach Attika, wo sie in Marathon Zuflucht fanden. Eurystheus überfiel Attika, wurde aber besiegt und gefangengenommen, und Alkmene bestand auf seinem Tod. Als sie selbst starb, wurde statt ihrer Leiche ein schwerer Stein in den Sarg gelegt; und Hermes trug sie zu den Inseln der Seligen, wo sie Rhadamanthys, einen der Totenrichter, heiratete.

Alkmeon, Sohn des Amphiaraos und der Eriphyle und Bruder des Amphilochos. Als Polyneikes sein Unternehmen zur Erlangung des thebanischen Thrones plante, wollte er Amphiaraos überreden, mitzukommen, doch dieser lehnte ab, weil er dank seiner prophetischen Gaben wußte, daß das Unternehmen in Tod und Verderben enden würde. Polyneikes bestach Eriphyle mit dem Halsband der Harmonia, und sie veranlaßte ihren Gatten zum Mitmachen; denn es bestand eine Abmachung zwischen ihrem Bruder Adrastos und Amphiaraos, daß Eriphyle zwischen ihnen entscheiden solle. Amphiaraos wußte, daß ihm bestimmt war, in Theben zu sterben, und so ließ er vor seiner Abreise seine Söhne schwören, ihn an der Mutter zu rächen. Zehn Jahre lang gehorchten sie nicht, doch dann führten die Epigonen unter Alkmeons Leitung einen zweiten Krieg gegen Theben, um ihre Väter zu rächen. Bei dieser Gelegenheit wurde Eriphyle erneut bestochen, und zwar von Polyneikes' Sohn Thersandros, der ihr das Brautgewand der Harmonia gab; und sie bewog ihre Söhne, an dem Zug teilzunehmen. Entweder vor oder nach dem Feldzug besuchte Alkmeon das delphische Orakel, das ihm befahl, seinen Vater zu rächen und seine Mutter zu bestrafen; er hatte auch die Führung des Überfalls. Als er mit seinen Verbündeten siegreich war, erschlugen er und sein Bruder Eriphyle. Die Furien, nach einer Version im Verein mit Eriphyles Geist, trieben Alkmeon in den Wahnsinn und verfolgten ihn. Er verließ Argos und wandte sich zunächst nach Arkadien und dann nach Delphi, wo ihm Teiresias' Tochter Manto, die er in Theben gefangengenommen und als Teil der Beute dem Apollon angeboten hatte, zwei Kinder gebar, Amphilochos und Tisiphone. Alkmeon übergab die Kinder dem König Kreon von Korinth, der sie aufzog, aber die Königin verkaufte Tisiphone in die Sklaverei. Alkmeon kaufte sie später zurück und befreite Amphilochos.

Alkmeon zog weiter nach Psophis, wo ihn König Phegeus reinigte und ihm seine Tochter Arsinoë zur Frau gab. Alkmeon vermachte seiner Gemahlin die Geschenke, mit denen seine Mutter bestochen worden war, das Halsband und das Brautgewand Harmonias. Weil er aber von seinem Wahnsinn nicht geheilt wurde und eine Hungersnot des Phegeus' Lande heimsuchte, befragte er wieder das Delphische Orakel. Es verkündete ihm, er müsse ein neues, jungfräuliches Land, auf das zur Zeit von Eriphyles Tod die Sonne nicht geschienen habe, finden und sich dort niederlassen. So zog er ins Schwemmland vor der Mündung des Acheloos, und dessen Flußgott gab ihm seine Tochter Kallirhoë (die schöne Fließende) und reinigte ihn. Sie hatten zwei Söhne, Akarnan und Amphoteros.

Kallirhoë begehrte die Geschenke, die ihr Gatte der Arsinoë gegeben hatte, und verlangte, er solle sie durch eine List zurückholen. Er ging nach Psophis und erklärte Phegeus, er werde niemals von seinem Wahnsinn genesen, wenn er nicht die Geschenke Delphi weihe. Phegeus händigte sie aus, doch ein Diener Alkmeons verriet die Wahrheit. Phegeus' Söhne lauerten ihm auf, töteten ihn und begruben ihn in einem Zypressenhain.

Arsinoë, die in den Mord nicht eingeweiht war, klagte um Alkmeon. Da sperrten ihre Brüder sie in einen Kasten und verkauften sie als Sklavin an Agapenor, dem sie erklärten, sie habe Alkmeon umgebracht; sie wurden aber in Agapenors Haus von den Söhnen Alkmeons getötet. Kallirhoë hatte von Zeus, der ihr Geliebter gewesen war, erbeten, ihre Kinder möchten auf der Stelle erwachsen sein und den Vater rächen. Die beiden Jünglinge töteten daraufhin Phegeus und seine Gemahlin und brachten Halsband und Gewand nach Delphi, wo sie dem Apollon geweiht wurden.

Alkon, kretischer Bogenschütze, der eine Schlange, die sein Kind erfaßt hatte, mit einem Pfeilschuß tötete, ohne das Kind zu verletzen.

Alkyone 1, Tochter des Königs Aiolos von Thessalien; Gemahlin des Königs Keyx von Trachis. Sie waren so glücklich miteinander, daß sie sich mit den Göttern verglichen und sich »Zeus« und »Hera« nannten, wofür sie, einer Erzählung zufolge, zur Strafe in Vögel verwandelt wurden, und zwar Alkyone in einen Eisvogel und Keyx in einen Tauchervogel. Eine andere Darstellung besagt aber, daß Keyx im Meer ertrank, als er das kolophonische Klaros wegen eines Orakels aufsuchte. Sein Weib betete Tag für Tag um seine Rückkehr, bis ihr Hera, die Göttin der Ehe, einen Traum schickte, in welchem Morpheus ihr den Tod ihres Gatten berichtete. Von Schmerz überwältigt, eilte Alkyone an den Strand und fand den angespülten Leichnam Keyx'. Die Götter erbarmten sich ihres Grams und verwandelten beide in Eisvögel. Diese Vögel bauen jeden Winter ihr Nest, und deswegen sen-

Alpheios verfolgt Arethusa (italienischer Majolika-Salzstreuer, 16. Jh.; London, Victoria and Albert Museum)

det Aiolos, der Herr der Winde, ruhiges Wetter; diese Tage nennen die Schiffer nach Alkyone »halkyonisch«.

Alkyone 2, eine Pleiade; durch Poseidon Mutter der Aithusa.

Alkyoneus siehe Giganten.

Aloaden siehe Otos.

Aloeus, Sohn des Uranus und der Gaia. Er heiratete Iphimedeia, doch zog sie Poseidon ihrem Gatten vor. Sie saß gern am Strand und ließ sich vom Meer überspülen, bis sich Poseidon ihr nahte und Otos und Ephialtes zeugte (die Aloaden).

Alope, Tochter des Königs Kerkyon von Eleusis; Poseidon liebte sie, und sie gebar ihm heimlich einen Sohn, den sie aussetzte. Wilde Pferde säugten das Kind, bis es von zwei Hirten gefunden wurde. Als sie seine kostbaren Gewänder sahen, wollten sie es behalten und stritten sich, wer von ihnen es aufziehen sollte. Sie baten Kerkyon um einen Schiedsspruch; als er aber an dem Kind die Gewänder seiner Tochter sah, tötete er sie und setzte das Kind wieder aus, worauf es erneut von Wildpferden gesäugt wurde. Die Hirten fanden es wiederum, und da sie sahen, daß das Kind unter dem Schutz eines Gottes stand, nahmen sie es in ihre Obhut und nannten es Hippothoon, pferdeflink, zur Erinnerung an die Pferde und an Poseidons Rolle als Beschützer der Pferde. Nachdem Theseus Kerkyon getötet hatte, gab er Hippothoon die Herrschaft über Eleusis, weil beide Männer Poseidon für ihren Vater hielten. Alope wurde an der Straße von Eleusis nach Megara begraben, und aus dem Grab ließ Poseidon eine Quelle fließen.

Alpheios, Fluß in Elis, der an Olympia vorbeifließt. Sein Flußgott war ein Sohn des Okeanos und der Tethys. Die Nymphe Arethusa badete in dem Fluß, und Alpheios verliebte sich in sie, nahm die Gestalt eines Jägers an und verfolgte sie. Sie floh über das Meer bis nach Sizilien, wo sie auf Ortygia bei Syrakus Zuflucht fand. Dort verwandelte Artemis sie in eine Quelle. Doch Alpheios war unerschrocken: seine Wasser flossen unter dem Meer bis nach Sizilien und vermengten sich auf Ortygia mit denen Arethusas. Man erzählt auch von Alpheios, daß er sich in Artemis verliebte und ihr nachstellte. Aber sie und ihre Nymphen bedeckten ihr Gesicht mit Erde, so daß Alpheios sie nicht erkannte und unter ihrem Spott davonziehen mußte. Seine Wasser wurden von Herakles umgeleitet, um die Ställe des Augias in Elis zu reinigen.

Alphesiboia, einer der Namen (der andere ist Arsinoë) der Tochter des Königs Phegeus von Psophis, die Alkmeon heiratete.

Althaia, Tochter des Königs Thestios von Ätolien und Mutter von Meleagros, Gorge, Toxeus und Deianeira. Sie heiratete ihren Onkel Oineus, den König von Kalydon; während der Kalydonischen Eberjagd tötete Meleagros ihre Brüder Toxeus und Plexippos, worauf sie ihn verfluchte. Es gab eine Überlieferung, wonach bei seiner Geburt die Schicksalsgöttinnen Althaia geweissagt hatten, ihr Sohn werde sterben, sobald ein im Feuer brennendes Scheit verbrannt sei. Sie riß das Stück Holz aus dem Feuer und verwahrte es in einer Truhe, doch nun entzündete sie es in ihrem Zorn und verbrannte es, worauf er starb. Bald darauf überkam sie Reue, und sie erhängte sich.

Althaimenes, Sohn des Königs Katreus von Kreta. Ein Orakel hatte geweissagt, eines der Kinder Katreus' werde ihn töten; daraufhin ging Althaimenes nach Rhodos. Als seine Schwester Apemosyne ihm sagte, daß Hermes sie vergewaltigt habe und sie schwanger sei, tötete Althaimenes sie. Später kam Katreus und wollte ihn heimholen, um ihm sein Königreich zu vermachen, doch Althaimenes hielt seine Gefolgschaft für Seeräuber und tötete den Vater. So erfüllte sich das Orakel.

Amaltheia, entweder eine Nymphe oder die der Nymphe gehörende Ziege. Zeus war von der Ziege auf dem Gebirge Dikte oder Ida auf Kreta gesäugt worden. Aus den Hörnern der Ziege flossen Nektar und Ambrosia. Nach der Erzählung des Ovid brach eines der Hörner ab, und die Nymphen füllten es mit Früchten für das Kind Zeus; daher der Ausdruck »cornu copiae« oder »Füllhorn«. Die Ziege wurde in das Sternbild Capella (Ziege) oder Steinbock (lat. *capricornus,* Ziegenhorn) verwandelt. Das Horn gelangte in den Besitz der Naiaden und brachte hervor, was immer sein Besitzer sich wünschte.

Amarynkeus, Sohn des Pyttios; siehe Augias.

Amata, Gattin des Königs Latinus von Latium zur Zeit der Ankunft des Aeneas in Italien. Sie begünstigte Turnus (gegen Aeneas) als Bewerber um die Hand ihrer Tochter Lavinia. Als Aeneas' Sohn Ascanius einen heiligen

Griechischer Krieger im Kampf mit zwei Amazonen (Wandmalerei aus Tarquinia, 4. Jh. v. Chr.; Florenz, Museo Archeologico)

Szene aus dem Kampf zwischen Griechen und Amazonen (Relief aus dem Theater in Korinth, 2. Jh. n. Chr.)

Hirsch tötete, hatte sie den gesuchten Vorwand, und der Krieg brach aus. In dem nachfolgenden Gefecht förderte sie eifrig die Sache des Turnus. Als er sich entschloß, auf Aeneas' Vorschlag einzugehen und den Streit im Einzelkampf zu entscheiden, riet Amata ihm ab, und als man ihr (irrtümlich) seinen Tod berichtete, erhängte sie sich. Kurz darauf tötete Aeneas den Turnus und heiratete Lavinia.

Amazonen, sagenhaftes Volk kriegerischer Frauen. Der Name bedeutete nach den Griechen »brustlos« und wies darauf hin, daß die Amazonen ihren Töchtern die rechte Brust abnahmen, damit sie den Bogen besser halten konnten. Eine andere Erklärung lautet, sie hätten kein Brot hergestellt (*maza,* Gerste), weil sie von der Jagd lebten. Ursprünglich vom Kaukasus oder aus Kolchis stammend, wohnten sie in Skythien (Südrußland) oder in Themiskyra im nördlichen Kleinasien. Man hielt sie für Abkömmlinge des Ares, und sie verehrten ihn als Gott des Krieges und Artemis als Göttin der Jungfräulichkeit und weiblichen Kraft. Durch gelegentliche Kontakte mit den Männern benachbarter Stämme hatten sie Kinder, doch töteten oder versklavten sie den männlichen Nachwuchs.

Im Trojanischen Krieg ergriffen sie die Partei der Trojaner. Nach dem Begräbnis Hektors brachte ihnen, einer Version zufolge, die Amazonen-Königin Penthesilea Verstärkung. Achilleus tötete sie und verliebte sich in ihren Leichnam.

Ameinias, ein junger Bewunderer des Narkissos; als Sünde des Narkissos wird oft angegeben, daß er Ameinias' Tod verschuldete.

Amor, einer der Götter der Liebe; gelegentlich mit Eros oder Cupido identifiziert. (Über seine Mythologie siehe Psyche.)

Ampelos, ein schöner Jüngling, den Dionysos liebte; ein wilder Stier durchbohrte ihn, und Dionysos verwandelte ihn in einen Weinstock (ampelos).

Amphiaraos, Sohn des Oikles und der Hypermnestra. Er war ein Seher, der die Gabe der Prophetie von seinem Urgroßvater Melampus ererbt hatte. Er nahm an der Kalydonischen Eberjagd teil und vertrieb Adrast, den Herrscher von Argos, von seinem Thron. Als Adrast aus Sikyon zurückkam (dessen König er inzwischen geworden war), söhnten sich die beiden aus; Amphiaraos gab ihm sein Königreich zurück und erhielt Adrasts Schwester Eriphyle zur Frau. Ferner vereinbarten sie, daß bei künftigen Streitigkeiten zwischen ihnen das Urteil Eriphyles endgültig sein sollte. Er hatte zwei Söhne, Alkmeon und Amphilochos, und zwei Töchter.

Als Hellseher wußte Amphiaraos, daß der Zug der Sieben gegen Theben zum Scheitern verurteilt war, und weigerte sich, daran teilzunehmen. Eriphyle jedoch, von Polyneikes mit dem Halsband und dem Brautgewand der Harmonia bestochen, entschied, er müsse trotzdem mitgehen. Beim Abschied ließ er seine Söhne schwören, ihn an den Thebanern und an ihrer Mutter zu rächen.

Auf dem Weg nach Theben machte er den Sieben wegen ihrer Unbesonnenheit und ihres Hochmuts bittere Vorwürfe; besonders den Tydeus tadelte er. Als sich Melanippos auf dem Schlachtfeld einen tödlichen Kampf mit Tydeus geliefert hatte, legte Amphiaraos das abgeschlagene Haupt des Melanippos dem sterbenden Tydeus in die Hände und überlistete so Athene, die soeben Ambrosia bringen wollte, um Tydeus unsterblich zu machen: denn er aß das Gehirn im Schädel Melanippos', und sie wandte sich voll Entsetzen ab.

Amphiaraos aber starb nicht: als ihn der Thebaner Periklymenos hinterrücks mit dem Speer durchbohren wollte, spaltete Zeus, der ihn sehr liebte, den Felsboden mit einem Donnerschlag, und er wurde samt Pferd und Wagen von der Erde verschlungen. An der Stelle, wo er verschwunden war, entstand eine Quelle.

Amphilochos 1, jüngerer Sohn des Amphiaraos und der Eriphyle. Er erbte von seinem Vater die Gabe der Prophetie und gehörte zu den Epigonen, die zehn Jahre nach dem Zug der Sieben Theben mit Krieg überzogen. Hinsichtlich der Gründung des amphilochischen Argos wird er mit Amphilochos 2, seinem Neffen, verwechselt. Er scheint von Apollon in Soli in Kilikien getötet worden zu sein.

Amphilochos 2, Neffe von Amphilochos 1, Sohn des Alkmeon und der Teiresiastochter Manto. Er wurde von Kreon, dem Herrscher über Theben, aufgezogen und begegnete seinem Vater erst später in Epirus. Er kämpfte

Amphion und Zethos (Relief; Rom, Palazzo Spada)

im Trojanischen Krieg und gründete, mit seinem Halbbruder Mopsos, Städte in Pamphylien, einschließlich Mallos, wo sie ein Traumorakel errichteten. Später verweigerte Mopsos dem Amphilochos die Rückkehr nach Mallos, und sie töteten sich gegenseitig im Zweikampf.

Amphimachos, Sohn des Kteatos von Elis, ein Freier um Helena und Anführer der Eleer vor Troja. Er fiel durch Hektor.

Amphimaros, ein Musiker, soll durch Urania auch Vater des Linos sein.

Amphinomos, einer der Freier um Penelope in der ›Odyssee‹; er war der Friedfertigste von ihnen und suchte die übrigen davon abzubringen, Telemach bei seiner Rückkehr aus Sparta zu ermorden. Trotzdem wollte es das Schicksal, daß er zu denen gehörte, die Telemach in der großen Halle erschlug, nachdem Odysseus von seinen Irrfahrten heimgekehrt war.

Amphion und **Zethos,** Zwillingssöhne des Zeus und der Antiope und zeitweise gemeinsame Herrscher über Theben. (Dic Sage von der Flucht ihrer Mutter vor ihrer Geburt siehe Antiope.) Nach ihrer Geburt wurde ihre Mutter ins Gefängnis geworfen, und die Zwillinge wurden von ihrem Onkel Lykos, dem Regenten für den minderjährigen Labdakos, ausgesetzt. Sie wuchsen bei Hirten im Gebirge auf; Amphion wandte sich der Musik zu, Zethos dem Kriegshandwerk und der Viehzucht. Amphion errichtete den Hirten einen Hermes-Altar, und der Gott beschenkte ihn mit einer Leier. Da er Niobe, die Tochter ihres Königs Tantalos, zur Frau hatte, lernte er von den Lydern (Landschaft der kleinasiatischen Westküste) die lydische Art der Musik, und den vier Saiten, die seine Leier bisher hatte, fügte er noch weitere drei Saiten hinzu.

Als die Zwillinge erwachsen waren, entkam Antiope aus ihrer langen Gefangenschaft und gab sich ihren Söhnen zu erkennen, die sie zu rächen beschlossen und ein Heer aufstellten, um gegen Theben zu ziehen. Sie töteten (oder vertrieben) Lykos, der jetzt, nach dem Tode des Labdakos, für Laios regierte. Seine Frau Dirke fesselten sie an die Hörner eines Stiers – ein Schicksal, das Dirke der Antiope zugedacht hatte. Amphion und Zethos machten sich dann zu Königen von Theben und bauten die gewaltigen Mauern; dazu spielte Amphion mit so magischer Schönheit auf seiner Leier, daß die Steine ihm gehorchten und sich von selber zusammenfügten. Zethos hatte sich bisher über Amphions Spiel lustig gemacht, mußte nun aber zugeben, daß es für den Mauerbau hilfreicher war als seine eigene Körperkraft. Weil seine Leier sieben Saiten hatte, baute Amphion Theben mit sieben Toren, und nach Zethos' Gemahlin Thebe benannten sie die Stadt, die vorher Kadmeia geheißen hatte.

Amphion fand ein tragisches Ende. Seine Frau Niobe prahlte mit ihren zwölf Kindern, während Leto, die Gemahlin des Zeus, nur zwei habe, Apollon und Artemis. Wegen dieser Beleidigung tötete Apollon ihre Söhne und Artemis ihre Töchter; und Niobe ging nach Lydien zurück, wo die Götter sie in eine Steinsäule verwandelten. Amphion brachte sich entweder auf der Stelle um, oder er fiel durch Apollon, als er sich durch einen Überfall auf seinen Tempel an ihm zu rächen suchte. Zethos starb ebenfalls aus Kummer um seinen einzigen Sohn, der im Kindesalter gestorben war; nach einem Bericht hatte ihn Thebe versehentlich getötet. Nach dem Tod von Amphion und Zethos kehrte Laios auf seinen Thron zurück.

In der ›Odyssee‹ findet sich eine andere Überlieferung: Amphion war der Sohn des Iasos und herrschte über Orchomenos in Böotien. Seine Tochter Chloris überlebte die Pfeile der Artemis; sie heiratete Neleus von Pylos. Außerdem heiratete Zethos die Pandareostochter Aëdon, die in eine Nachtigall verwandelt wurde, nachdem sie versehentlich ihren Sohn Itylos getötet hatte.

Amphissos, Sohn des Apollon und der Dryope; siehe Dryope.

Amphithemis oder **Garamas,** Sohn des Apollon und der Akakallis. In Libyen geboren; von Tritonis hatte er zwei Söhne, Nausamon und Kaphauros.

Amphitrite, Tochter des Nereus und der Doris (einer Tochter des Okeanos) und daher eine Meeresgöttin. Poseidon sah sie auf Naxos tanzen und verliebte sich in sie, doch suchte sie Schutz bei dem Titanen Atlas. Poseidon sandte die ihm dienstbaren Geschöpfe des Meeres nach ihr aus, und schließlich entdeckte sie ein Delphin, der so beredt für Poseidon warb, daß sie ihn heiratete. Beglückt setzte Poseidon das Sternbild Delphin an den Himmel. Zu ihren vielen Kindern zählen Triton, Rhode und Benthesikyme.

Amphitryon, Sohn des Alkaios und Enkel des Perseus. Seine Mutter, eine Tochter des Pelops, war Astydameia oder Lysidike. Nach dem Tode des Perseus wurde sein Onkel Elektryon König über die Argolis. Amphitryon wollte Elektryons Tochter Alkmene heiraten, doch bestimmte Elektryon, diese Ehe dürfe erst dann vollzogen werden, wenn er, Elektryon, sich an den Leuten von den Taphischen Inseln für den Raub seines Viehs und die Tötung seiner Söhne gerächt habe. Vorher schickte Elektryon aber Amphitryon nach Elis, um die Herde zu holen, die die Tapher dorthin gebracht hatten. Als Amphitryon mit der Herde zurückkam, warf er mit der Keule nach einem der Tiere und tötete versehentlich seinen Schwiegervater. Elektryons Bruder

Sthenelos verbannte Amphitryon wegen Mordes und sicherte sich den Thron von Mykene. Amphitryon mußte mit Alkmene nach Theben fliehen, wo Kreon ihn reinigte.
Der Tod von Alkmenes Brüdern war aber noch nicht gerächt – eine Aufgabe, die nun Amphitryon zufiel. Alkmene verweigerte Amphitryon seine Gattenrechte, bis er diese Pflicht erfüllt hatte. Er bat Kreon um Hilfe, die er ihm unter der Bedingung zusagte, daß Amphitryon Theben von einer Plage befreie: einer von Hera oder Dionysos gesandten Füchsin, die das teumessische Gebiet heimsuchte und jeden Monat einen Jüngling verschlang. Nun besaß Kephalos von Athen einen Hund namens Lailaps, der alles erjagte, worauf man ihn ansetzte; Amphitryon bat Kephalos um Hilfe und bot ihm einen Teil der Beute, die man bei den Taphern machen würde. Zeus verwandelte jedoch beide Tiere, die Füchsin und den Hund Lailaps, in Stein. Kreon zog mit ihm gegen die Tapher; die anderen Verbündeten waren Kephalos, Amphitryons Onkel Heleios, Panopeus und einige Lokrer.
Dieses Heer segelte nun zu den Taphischen Inseln, wo König Pterelaos über die Teleboer herrschte. Dieser König hatte ein goldenes Haar auf dem Kopf, und solange er dasselbe nicht verlor, konnte er nicht sterben – und solange er lebte, war seine Stadt unzerstörbar. Seine Tochter Komaitho aber verliebte sich in Amphitryon und schnitt das Haar ab, worauf ihr Vater tot zu Boden sank. Amphitryon erwiderte die Liebe des Mädchens nicht, tötete es für seinen Verrat und verteilte die Inseln an die Verbündeten. Kephallenia fiel an Kephalos und der Rest an Heleios.
Als Amphitryon nach Theben zurückkehrte, wunderte er sich darüber, daß Alkmene über seinen Anblick gar nicht erstaunt war und unter dem Eindruck stand, er sei bereits am Tag (oder in der Nacht) zuvor heimgekommen. Außerdem hatten sie nach ihren Worten dabei die Ehe vollzogen. Amphitryon fragte Teiresias, der in Theben lebte, um Rat, und der greise Seher berichtete ihm, Zeus habe, als Amphitryon verkleidet, die Nacht mit Alkmene verbracht und außerdem die Nacht auf das Dreifache ihrer normalen Dauer ausgedehnt, um einen gewaltigen Helden zu zeugen. Mit dieser Erklärung gab sich Amphitryon zufrieden. Alkmene aber gebar Zwillinge; der eine war Herakles, der Sohn des Zeus, der andere Amphitryons Sohn Iphikles, der weit schwächer als sein Zwillingsbruder war.
Amphitryon lebte nun weiter in Theben. Als Lykos den Thron Kreons usurpierte, drohte er, die ganze Familie des Herakles zu vernichten, doch kam Herakles selber nach Theben und rettete sie. Dann verfiel Herakles in Wahnsinn und tötete seine Kinder, nach einiger Zeit auch seine Frau Megara. Er hätte auch Amphitryon getötet, wenn ihn Athene nicht mit einem Steinwurf davon abgehalten hätte. Wegen dieser Verbrechen mußte Herakles die ihm auferlegten schweren Taten vollbringen.
Amphitryon fiel im Kampf gegen die Minyer unter König Erginos von Orchomenos. Über die Ehe Amphitryons und Alkmenes schrieb der römische Lustspieldichter Plautus eine Komödie.

Amphoteros siehe Alkmeon.

Ampykos oder **Ampyx,** thessalischer Seher; durch Chloris Vater von Mopsos 1.

Amulius, Sohn des Proca; Nachfahre des Aeneas und jüngerer Bruder des Numitor, dem er gewaltsam den Thron Alba Longas in

Die Sklaven des Amulius setzen Romulus und Remus aus, rechts Tiberinus, der Flußgott, im Hintergrund der Hirte Faustulus (Kupferstich; Paris, Bibliothèque Nationale)

Der Raub der Amymone (Albrecht Dürer, 1471–1528; Kupferstich; Privatsammlung)

Latium entriß. Weil Numitor keinen Erben haben sollte, zwang Amulius dessen Tochter Rhea Silvia (oder Ilia), Vestalin zu werden. Als sie von Mars vergewaltigt worden war und Zwillingssöhne gebar, setzte ihr Onkel Amulius sie gefangen und befahl seinen Dienern, die Säuglinge im Tiber zu ertränken. Die Kinder, es waren Romulus und Remus, wurden gerettet, weil die Diener den Korb nur an den Rand des Hochwasser führenden Flusses stellten. Sie wurden dann von Faustulus gefunden und wuchsen als Hirten auf. Als die Zwillinge ins Mannesalter kamen, stahlen sie den Räubern der Gegend die Waren, um sie den Hirten zu geben; aber die Räuber fingen Remus und brachten ihn zu Amulius. Da die Räuber jedoch aussagten, Remus habe das Gebiet Numitors überfallen, wurde er zu seinem Großvater gebracht, der ihn dann erkannte. Auch Romulus wurde geholt; die Zwillinge erfuhren ihre Geschichte, und sie straften ihren Großonkel, indem sie ihn töteten. Der römische Dichter Naevius folgt einer anderen Überlieferung, wonach Amulius ein guter alter Mann war, der sich über die wiedergefundenen Zwillinge freute.

Amyklas, Sohn des Lakedaimon und der Sparte; Eponyme von Amyklai bei Sparta.

Amykos, Sohn des Poseidon; König der Bebryker in Bithynien. Ein roher Mensch, der Neuankömmlinge in seinem Land zu einem Faustkampf aufzufordern pflegte; er gewann stets und tötete sie. Als die Argonauten durch sein Gebiet zogen, forderte er sie ebenfalls heraus, und der erfahrene Faustkämpfer Polydeukes stellte sich ihm. Polydeukes besiegte ihn mühelos und tötete ihn mit einem Hieb über den Schädel. Nach anderen Überlieferungen war es eine Bedingung des Wettkampfes, daß Polydeukes ihm alles zufügen durfte, was er wollte; oder Kastor und Polydeukes begegneten ihm an einer Quelle und mußten erst mit ihm kämpfen, bevor er sie trinken ließ; daraufhin besiegte ihn Polydeukes und ließ ihn schwören, seine kriegerischen Gewohnheiten abzulegen.

Amymone, eine der fünfzig Töchter des Danaos. Ihr Vater hatte sie ausgeschickt, um in der Argolis, wohin er auf der Flucht vor Aigyptos gelangt war, Wasser zu suchen. Poseidon aber, der zürnte, weil Inachos und die übrigen argivischen Flüsse dieses Gebiet der Hera gaben und nicht ihm, hatte das Land mit Trockenheit geschlagen. Amymone jagte nun hier ein Wild und stieß dabei einen schlafenden Satyr mit ihrem Speer; der wollte sie vergewaltigen, doch da erschien Poseidon, jagte den Satyr davon und warb selber um sie. Sie lag bei ihm, und als Belohnung schlug er mit dem Dreizack an einen Felsen (sie war ja aus-

Iphis und Anaxarete (Kupferstich von Peter van der Borcht)

gesandt worden, Wasser zu suchen) und erschuf die Lernäische Quelle. Amymone gebar Poseidon einen Sohn, den großen Seemann Nauplios.

Amyntor, Sohn des Ormenos, König von Ormenion am thessalischen Pelion oder Eleon in Böotien. Er heiratete Kleobule und hatte mit ihr einen Sohn Phoinix und eine Tochter Astydameia oder Deidameia. Phoinix überwarf sich mit seinem Vater Amyntor, der sich eine Geliebte hielt; die vernachlässigte Kleobule bat ihren Sohn, er möge Amyntor dieselbe abspenstig machen, und so verbrachte Phoinix eine Nacht mit ihr. Als Amyntor das erfuhr, verfluchte er Phoinix und betete zu den Furien, Phoinix solle niemals Kinder haben; dieses Gebet wurde erhört. Phoinix wollte seinen Vater umbringen, entschloß sich aber dann, außer Landes zu gehen. Nach einer anderen Überlieferung verklagte die Konkubine Phoinix fälschlich bei Amyntor, daß er Umgang mit ihr habe, obwohl er unschuldig war; Amyntor glaubte ihr und blendete Phoinix, der später von Chiron geheilt wurde.

Als Herakles in Amyntors Königreich kam, bat er ihn um die Hand seiner Tochter. Amyntor lehnte ab, weil Herakles bereits mit Deianeira verheiratet war; und wutentbrannt brachte Herakles ihn um. Nach einer anderen Darstellung tötete Herakles ihn, weil Amyntor ihm den Durchzug durch sein Land verwehrte. Herakles bekam dann seinen Willen und hatte mit der Tochter Amyntors einen Sohn Ktesippos.

Amythaon, Sohn des Kretheus und der Tyro. Er zog mit seiner Frau Idomene und seinen Söhnen Melampus und Bias nach Messenien, unterstützte Jasons Anspruch auf den Thron von Iolkos und begab sich nach Thessalien, um seinem Neffen zu begegnen.

Anaxarete, cyprische Prinzessin, in die sich ein

Aeneas auf der Flucht aus Troja, Anchises auf der Schulter tragend, neben ihm Ascanius (Lorenzo Bernini, 1598–1680; Rom, Museo Borghese)

einfacher Mann namens Iphis verliebt hatte. Ovid erzählt, wie sie sich über ihn lustig machte und ungerührt blieb, als er sich erhängte; für ihre Gefühllosigkeit verwandelte Aphrodite sie in einen Steinklotz.

Anaxibia 1, Tochter des Bias und der Iphianassa und Nichte des Melampus; sie heiratete Pelias, dem sie neben mehreren Töchtern Akastos gebar.

Anaxibia 2, Schwester der Atriden Agamemnon und Menelaos. Sie heiratete König Strophios von Phokis und war die Mutter des Pylades.

Anchiale, eine Nymphe, die Erde in jene kretische Höhle warf, in der Zeus aufwuchs; aus dieser Erde wurden die idäischen Daktylen.

Anchinoë, Flußnymphe und Gemahlin des Belos.

Anchises, Sohn des Kapys, Enkel des Assarakos, Urenkel des Tros. Er war König von Dardanien und Vater des Aeneas. Er entführte seinem Onkel Laomedon einige seiner berühmten Rosse (Abkömmlinge jener Stuten, die Zeus dem Tros als Entschädigung für Ganymed geschenkt hatte), um mit ihnen seine Stuten zu decken.

Eines Tages begegnete Aphrodite dem Anchises, als er auf dem Gebirge Ida Schafe hütete. Zeus, der sich über ihre Schadenfreude ärgerte, wenn sich die andern Götter und Göttinnen in ihren Stricken verfingen, machte sie in den schönen Sterblichen verliebt. Sie erschien Anchises als Mädchen, und ihrer Vereinigung auf den Bergen entsprang Aeneas. Als sich Aphrodite dann zu erkennen gab, war Anchises entsetzt, eingedenk der Strafen, die bisher alle Sterblichen ereilt hatten, die Göttinnen geliebt hatten. Sie versicherte ihm aber, daß ihm nichts geschehen werde, solange er den Vorfall niemandem verriet. Als Aeneas fünf Jahre alt war, nahm Aphrodite ihn den Bergnymphen fort, die ihn bis dahin erzogen hatten, und gab ihn seinem Vater zurück. Später brüstete sich Anchises in trunkenem Zustand seiner Beziehung zu Aphrodite; für diese Indiskretion lähmte Zeus ihn mit einem Donnerkeil, und Aphrodite verließ ihn. Am Trojanischen Krieg nahm Anchises nicht mehr aktiv teil, weil er bereits zu alt und gebrechlich war. In diesem Krieg führte Aeneas die Dardaner. Als die Stadt fiel und sich Aeneas zur Flucht auf den Berg Ida entschloß, weigerte sich Anchises, mitzugehen, bis ihn zwei wunderbare Zeichen – eine schmale Flamme über dem Haupt seines Enkels Ascanius und ein fallender Meteor – vom Willen des Himmels überzeugten. Aeneas trug ihn auf dem Rücken aus der brennenden Stadt hinaus. Er begleitete seinen Sohn auf der Suche nach dem Ort des neuen Troja und starb nach Vergil an Altersschwäche in Drepanum auf Sizilien. Nach einer anderen Überlieferung starb er in Arkadien und liegt bei dem Berg Anchisia begraben. Als Aeneas nach Cumae in Italien kam, stieg er mit der Sibylle in die Unterwelt hinab, wo er in den Elysischen Gefilden dem Schatten seines Vaters begegnete, der ihm das fernere Geschick seines Volkes kündete und die Seelen der bedeutendsten Römer zeigte, die in künftiger Zeit geboren würden.

Anchises und Ascanius (rotfigurige Vase; London, Britisches Museum)

Ancus Marcius siehe Marcius.

Andraimon, König von Kalydon in Ätolien als Nachfolger seines Schwiegervaters Oineus; Vater von Thoas.

Andreus, Sohn des thessalischen Flusses Peneios; er war König von Orchomenos und heiratete Euippe, die ihm den Eteokles gebar.

Androgeos, Sohn des Minos und der Pasiphaë. Sein Vater machte ihn zum König über Paros in den Kykladen. Herakles belagerte die Stadt und nahm seine Söhne Alkaios und Sthenelos gefangen. Androgeos soll zur Zeit des Königs Aigeus nach Athen gekommen sein und bei den panathenäischen Spielen mitgewirkt haben, wo er sämtliche Wettbewerbe gewann. Über seinen Tod gibt es zwei verschiedene Berichte. Nach dem einen lauerten ihm die athenischen Jünglinge, die ihm seine Siege neideten, an der Straße nach Theben auf und töteten ihn. Die andere Überlieferung erzählt, daß er auf Geheiß des Aigeus das Land vom marathonischen Stier befreien wollte, aber von ihm durchbohrt wurde. Später erlegte Theseus den Stier.

Andromache, Tochter Eëtions, des Königs des hypoplakischen Theben in der südlichen Troas. Sie heiratete Hektor, dem sie sein ein-

Hektor und Andromache (rotfigurige Vase; München, Staatliche Antikensammlungen)

ziges Kind Astyanax gebar. Ihren Vater und ihre sieben Brüder schlug Achilleus mit dem Schwert nieder, als er Theben plünderte; ihre Mutter wurde gegen ein hohes Lösegeld freigelassen. Die ›Ilias‹ führt sie mit ihrem Gatten und dem Säugling in dem Augenblick vor, wo Hektor, aus dem Kampfgetümmel eilend, die Frauen bittet, der Athene zu opfern und Paris aus den Armen Helenas zu reißen. Andromache hatte die bestimmte Ahnung, daß Hektors Tod bevorstehe.

Nachdem er gefallen und Troja besiegt war, stürzte man Andromaches Säugling von der Stadtmauer, und der Achilleussohn Neoptolemos führte sie als Gefangene davon. Er hatte von ihr die drei Söhne Molossos, Pielos und Pergamos; danach heiratete er Hermione, eine Tochter des Menelaos und der Helena, die kinderlos war und der Andromache ihren fruchtbaren Schoß neidete. Mag dies nun, wie Euripides meint, in Phthia gewesen sein (wo Peleus Andromache und ihre Kinder vor dem Zorn Hermiones beschützte, während Neoptolemos in Delphi weilte) oder in Epirus: bald darauf wurde jedenfalls Neoptolemos in Delphi getötet. Andromache wurde die Gemahlin des Helenos, jenes trojanischen Sehers, dem Neoptolemos die Herrschaft über einen Teil von Epirus gegeben hatte. In Vergils ›Aeneis‹ jedoch hatte er sie bereits dem Helenos angetraut, als er selber Hermione heiratete.

Helenos und Andromache lebten in einer neuen Stadt, die sie Buthroton nannten. Als später Helenos starb, führte ihr Sohn Pergamos Andromache nach Mysien im nordwestlichen Kleinasien, wo er Teuthranien eroberte und Pergamon gründete.

Aeneas begegnete Andromache im Hause des Helenos in Epirus; ihre Leidensgeschichte, als sie sich in den Händen der Hermione befand, schildert Euripides' Tragödie ›Andromache‹.

Andromeda, Tochter des Königs Kepheus von Ioppe in Palästina (das in den meisten Quellen »Äthiopien« genannt wird) und seiner Frau Kassiope oder Kassiopeia (Kassiepeia), ihrerseits eine Tochter des Hermessohnes Arabos. Kassiopeia prahlte, ihre Tochter sei schöner als die Nereïden. Diese beschwerten sich bei Poseidon, und so schickte er ein Meerungeheuer, das das Land heimsuchte. Das Orakel des Zeus Ammon in Libyen verkündete, Andromeda selber müsse der Schlange geopfert werden. Am Abhang einer Steilküste wurde Andromeda an einen Felsen gekettet, doch als das Untier sich anschickte, sie zu verschlingen, flog Perseus vorüber, der das Medusenhaupt bei sich trug. Er erkannte die Gefahr und eilte zu Kepheus, um die Hand Andromedas zu erbitten, wenn er das Untier unschädlich mache. Kepheus willigte ein, und als die Schlange schon ganz nahe war, hielt Perseus ihr das Gorgonenhaupt vor und sie erstarrte zu Stein (oder er tötete sie mit einem Schwertstreich).

Kepheus veranstaltete nun eine Hochzeitsfeier für Perseus und Andromeda, verschwieg Perseus aber, daß Andromeda bereits seinem Bruder Phineus versprochen war. Phineus brach mit einem bewaffneten Haufen in die Festlichkeit ein, um Andromeda zu holen, doch Perseus erwehrte sich der zahlenmäßig weit überlegenen Eindringlinge, indem er sie mit dem Gorgonenhaupt in Stein verwandelte. Nach der Heirat lebten Perseus und Andromeda mit Kepheus in Palästina. Als aber ihr Erstgeborener Perses zur Welt kam, trat Perseus ihm das Recht der Thronfolge ab und ging mit Andromeda auf die Insel Seriphos. Später wurde Perseus König über die Argolis. Dort hatten sie noch zahlreiche Kinder: Alkaios, Sthenelos, Heleios, Mestor, Elektryon und eine Tochter Gorgophone. Bis zu ihrem Tode blieben sie beieinander. Dann versetzte Athene Andromeda sowie ihren Gatten, ihre Eltern und die Schlange als Sternbilder an den Himmel; Kassiopeia aber mußte ihrer Sünde wegen auf dem Rücken liegen, die Füße nach oben. Von Andromedas Perses stammten, nach Herodot, die Könige Persiens ab.

Andromedes, ein Fischer, der Britomartis nach Ägina übersetzte, als sie vor Minos von Kreta floh.

Anios, Sohn des Apollon und der Rhoio. Als man die Schwangerschaft seiner Mutter entdeckte, sperrte ihr Vater Staphylos (sein Name bedeutet »Weintraube«) sie in einen Kasten, den er auf dem Meer aussetzte. Sie landete endlich in Delos und gebar einen Sohn, den sie auf dem Altar Apollons niederlegte, mit der Bitte, er möge für das Kind sorgen, wenn er es als Sohn anerkenne. Apollon willigte ein und gab dem Kind die Gabe der Prophetie. Schließlich wurde Anios König der Insel Delos und heiratete Dorippa, von der er einen Sohn hatte, der später König einer anderen Insel, Andros, wurde. Er hatte auch drei Töchter, Oino, Spermo und Elais, die dem Dionysos geweiht waren und das Wachstum des Weins, des Getreides und des Öls förderten, nach denen sie auch benannt waren. Als die Griechen nach Troja zogen, nahmen sie die drei gefangen, um sich ihre Versorgung zu sichern, doch entkamen die Mädchen nach Andros. Ihr Bruder lieferte sie wieder dem Agamemnon aus, doch als er sie eben fesseln wollte, verwandelte Dionysos die Stricke in Weinstöcke und die Mädchen in Trauben. Anios bewirtete auch Aeneas und Anchises auf deren Fahrt von Troja nach Italien.

Ankaios. Es ist unklar, ob es sich hierbei um eine oder um zwei Sagengestalten handelt. Im letzteren Fall waren beide Argonauten und wurden von einem Eber getötet.

Ankaios 1, Sohn des arkadischen Königs Lykurgos, mußte auf Veranlassung seines Vaters, zusammen mit seinen Onkeln Amphidamas und Kepheus, an Jasons Ausfahrt auf der ›Argo‹ teilnehmen. Er war der stärkste Argonaut nach Herakles, neben dem er auf der Ruderbank saß. Nach der Rückkehr der ›Argo‹ fiel er infolge seines tollkühnen Mutes dem Kalydonischen Eber zum Opfer; oder er starb, weil er behauptet hatte, ein ebenso guter Jäger zu sein wie Artemis. Er hatte einen Sohn Agapenor.

Ankaios 2, Sohn des Poseidon und der Astypalaia, der Tochter des Phoinix; König der Leleger auf Samos. Auf der Argonautenfahrt übernahm er das Steuer, nachdem Tiphys gestorben war. Vor der Ausfahrt pflanzte er noch einen Weingarten, doch ein Diener prophezeite ihm, er werde den Wein nicht mehr kosten. Nach seiner Rückkehr preßte er ein paar Beeren aus und wollte schon den Saft trinken, als der Diener sagte: »Zwischen Lipp' und Kelchesrand schwebt der finstern Mächte Hand!« In dem Augenblick hörte Ankaios ein Geräusch im Weingarten, eilte hin und stieß auf einen wilden Eber, der ihn durchbohrte.

Anna, Schwester der Königin Dido von Karthago, die diese in ihrer Leidenschaft zu Aeneas bestärkte und dadurch, ohne es zu wollen, Didos Tod bewirkte. Als die Königin beschlossen hatte zu sterben, mußte Anna ihr helfen, einen Scheiterhaufen zu errichten; sie verriet aber nicht, was sie damit vorhatte. Nach Didos Tod floh Anna nach Malta und von da nach Laurentum, wo Aeneas, inzwischen mit Lavinia verheiratet, die Nachfolge König Latinus' angetreten hatte. Lavinia war auf die Freundschaft zwischen Aeneas und Anna eifersüchtig, und Anna stürzte sich deshalb in den Fluß Numicius (oder Numicus). Später tauchte sie wieder auf und behauptete, sie sei nun die Nymphe Anna Perenna. Diese Geschichte erzählt Ovid; eine weitere Erklärung, die es für den Namen Anna Perenna gibt, besagt, daß sie eine alte Frau war, die die römischen Plebejer mit Nahrung versorgte, als diese, aus Protest gegen die Übergriffe der Patrizier, aus Rom auszogen und sich auf dem Heiligen Berg ansiedelten.

Antaios, ein Riese, Sohn Poseidons und der Gaia (die Erde); er lebte in Libyen und forderte alle Fremdlinge, die dort ankamen, zum Ringkampf auf. Antaios war unbesiegbar, denn die Berührung mit der Erde verlieh ihm stets neue Kraft. Die Schädel seiner getöteten Gegner verwendete er als Dachziegel für den

Andromache in Gefangenschaft (Frederick Lord Leighton, 1830–1896; Manchester, City Art Gallery)

Die Rettung der Andromeda (Gouache von Edward Burne-Jones, 1833–1898; Southampton, Art Gallery)

Tempel seines Vaters. Als Herakles, auf der Suche nach den goldenen Äpfeln der Hesperiden, durch sein Land zog, forderte Antaios auch ihn heraus. Herakles überwand ihn schließlich, indem er ihn vom Boden hochhob und in der Luft erdrückte.

Anteia, Bezeichnung Homers für Stheneboia, die Gemahlin des Proitos; siehe auch Bellerophon.

Antenor, Sohn des Aisyetes und der Kleomestra, ein Dardaner; in der ›Ilias‹ ist er einer der Ältesten, die mit Priamos am Skäischen Tor saßen, als Helena ihnen die griechische Streitmacht erklärte. Nachdem Herakles nach der ersten Plünderung Trojas Hesione weggeführt hatte, wurde Antenor von Priamos zu ihrer Rettung nach Griechenland gesandt, richtete aber nichts aus. Als Paris dann mit Helena, die er ihrem Gatten Menelaos geraubt hatte, nach Troja kam, plädierte Antenor dafür, sie zurückzugeben, aber Priamos hörte lieber auf Paris. Auch als Odysseus und Menelaos als Abgesandte kamen und die Rückgabe Helenas verlangten, nahmen Antenor und seine

Perseus verwandelt bei seiner Hochzeit mit Andromeda Phineus und seine Schar zu Stein (Schüler des Nicolas Poussin, 1593–1665; London, National Gallery)

Frau Theano sie gastlich auf und schützten sie vor den Priamossöhnen, die sie umbringen wollten. Selbst nach Ausbruch des Krieges blieb Antenor bei seiner Politik der Versöhnung und (nach einigen Überlieferungen) ließ es sich nicht nehmen, die Griechen weiter zu beraten; so veranlaßte er sie zum Raub des Palladiums und zum Bau des hölzernen Pferdes. Als Troja geplündert wurde, schonten Odysseus und Menelaos ihn und seine Frau, indem sie zum Zeichen seiner Unantastbarkeit ein Leopardenfell vor seine Türe hängten. Über sein weiteres Schicksal nach dem Untergang Trojas gibt es unterschiedliche Berichte; es heißt, daß er Troja neu erbaute; daß er mit Menelaos nach Afrika ging und sich in Kyrene ansiedelte; daß er die paphlagonischen Eneter oder Veneter (deren König Pylaimenes im Krieg gefallen war) aus Kleinasien an das obere Ende des Adriatischen Meeres führte, wo sie sich in dem nach ihnen benannten Venetien ansiedelten und wo Antenor die Stadt Patavium gründete (das heutige Padua).
Antenor und seine Frau Theano, eine Priesterin der Athene, hatten mehrere Söhne, darunter Archelochos und Akamas, die im Trojanischen Krieg gemeinsam mit Aeneas die dardanischen Truppen führten.

Anteros, Gott der erwiderten Liebe; siehe Eros.

Antheas siehe Eumelos 1.

Antigone 1, Tochter des Königs Ödipus von Theben und seiner Gattin und Mutter Jokaste (oder Epikaste). Die bekannteste Überlieferung ihrer Lebensgeschichte ist in den Dramen ›König Ödipus‹, ›Ödipus auf Kolonos‹ und ›Antigone‹ von Sophokles dargestellt, doch gab es auch noch andere Versionen (darunter eine verlorene Tragödie des Euripides). Nachdem sich Ödipus, nach der Entdeckung seines Inzests mit Jokaste, geblendet und Jokaste sich erhängt hatte, gelobte er, seine befleckte Familie und das Land zu verlassen, doch überredete ihn sein Schwager Kreon, noch für einige Zeit zu bleiben, während der Kreon Herrscher über Theben war. Später bemächtigten sich Ödipus' Söhne Eteokles und Polyneikes des Thrones und vertrieben den Vater; Anti-

Herakles ringt mit Antaios auf dem Weg zum Garten der Hesperiden (Euphronios, etwa 510–470 v. Chr., Töpfer und Vasenmaler des rotfigurigen Stils; Mischschale; Paris, Louvre)

gone begleitete ihn auf seinen Wanderungen, um ihn zu führen, obwohl Kreon sie bereits seinem jüngsten Sohn Haimon versprochen hatte. Als Ödipus endlich den Heiligen Bereich des Poseidon auf dem Kolonos erreicht hatte, wo ihm zu sterben bestimmt war, brachte ihnen Antigones Schwester Ismene die Nachricht, daß sich die Brüder überworfen hätten, und daß Kreon, der auf der Seite Eteokles' stand, Ödipus bitten ließ, nach Theben zurückzukehren, weil seine Gegenwart nach einem Orakelspruch jener Partei Glück bringen werde, die ihm Schutz gewähre. Ödipus nahm Zuflucht im Heiligtum, doch Kreon rückte mit Soldaten an und versuchte, Ismenes und Antigones habhaft zu werden, um Ödipus zum Nachgeben zu zwingen. Ödipus aber veranlaßte die Bewohner von Kolonos, nach König Theseus von Athen zu schicken, der umgehend eintraf und die Schwestern befreite. Dann kam Polyneikes, und auf Bitten Antigones hörte sich Ödipus an, was er zu sagen hatte; doch mit einem Fluch lehnte er Polyneikes' Vorschlag ab, Eteokles aus Theben zu verjagen.

Als schließlich Ödipus von dieser Erde verschwand (»Donner und Blitz des Zeus begleiten ihn in den Hades« – oder »von den Göttern entrückt war«), kamen Antigone und Ismene freiwillig mit nach Theben, wo Polyneikes die Stadt mit den »Sieben« überfiel und sich Eteokles und er im Einzelkampf gegenseitig erschlugen. Den Leichnam des Eteokles begrub Kreon mit fürstlichen Ehren, doch den Polyneikes betrachtete er als Aufrührer und Verräter, und so überließ er seine Leiche der Fäulnis und gestattete niemandem, sie zu berühren. Antigone wollte diese Gottlosigkeit nicht hinnehmen und gewährte dem Leichnam ein symbolisches Begräbnis, indem sie ihn mit drei Handvoll Erde bestreute. Die Soldaten Kreons überraschten sie dabei, und er verurteilte sie wegen ihres Ungehorsams zum Tode. Damit aber den König formal keine Schuld an ihrem Untergang treffen konnte, wurde sie bei Wasser und Brot lebendig eingemauert. Haimon, der Sohn Kreons und Verlobte Antigones, verwandte sich nun für sie und protestierte vergeblich bei seinem Vater. Antigone hatte Ismenes Bitten abgelehnt, ihr Los teilen zu dürfen (sie war bei der pietätvollen Handlung nicht zugegen), und so überließ man Antigone ihrem Schicksal.

Kurz darauf erschien der blinde alte thebanische Seher Teiresias. Er bedeutete Kreon, er habe unmißverständliche Zeichen einer schweren Verfehlung entdeckt, und gebot ihm, den Toten zu begraben und die Lebende auszugraben. Dementsprechend begrub Kreon seinen Neffen Polyneikes und öffnete die Höhle, in der Antigone eingemauert worden war: er fand nur noch ihren Leichnam vor, denn sie hatte sich erhängt. Haimon verfluchte Kreon und wollte ihn umbringen, erdolchte aber dann sich selbst. Als sie davon erfuhr, beging Kreons Frau Eurydike ebenfalls Selbstmord. Soweit die Version des Sophokles.

Bei Euripides sind uns die Ereignisse nur indirekt und ungenau bekannt; sie wichen wahrscheinlich in folgendem von Sophokles ab: Da das Gesetz es befahl, daß eine verheiratete oder verlobte Frau von ihrem Gatten bestraft wurde, mußte Haimon das Urteil Kreons an Antigone vollstrecken. Haimon tat es zum Schein, verbarg aber Antigone auf dem Lande, wo sie ihm einen Sohn gebar. Viel später kam der Jüngling nach Theben, um an den Spielen teilzunehmen. Als er sich für einen Wettlauf entkleidet hatte, bemerkte Kreon auf seinem Körper das speerspitzenförmige Muttermal, das alle Nachfahren der »fluchbeladenen Männer« von Theben trugen; er erklärte ihn zum Bastard und verurteilte Haimon und Antigone augenblicklich zum Tode. Dionysos (oder Herakles) baten um ihr Leben, und sie wurden begnadigt und formell getraut (nach einer anderen Überlieferung war Herakles' Bitte umsonst). Name und Schicksal des Sohnes sind uns unbekannt geblieben. In einer weiteren Darstellung heißt es, daß Antigone der Argeia, der Frau des Polyneikes, bei dessen Begräbnis half und daß sie seinen Leichnam im Mondschein auf den noch brennenden Scheiterhaufen des Eteokles schleppten, wo er verbrannte. Die Wachen nahmen die beiden Frauen gefangen und führten sie vor Kreon, der sie zum Tode verurteilte; nur der Anmarsch eines athenischen Heeres unter Theseus rettete sie. Nach einer etwas früheren Version waren Antigone und Ismene die Opfer des Eteoklessohnes Laodamas, der sie im Tempel der Hera verbrannte. Die Sage um Antigone war Homer unbekannt.

Antigone 2, die erste Frau des Peleus und eine Tochter des Königs Eurytion von Phthia oder seines Vaters Aktor. Als Peleus und Telamon den Phokos getötet hatten und von Aiakos aus Ägina verbannt wurden, wandte sich Peleus nach Phthia, wo ihn Eurytion von seiner Schuld reinigte und ihm Antigone zur Frau gab – mit einem Drittel seines Reiches.

Nach langer Abwesenheit bei der Argonautenfahrt tötete Peleus König Eurytion aus Versehen bei der Kalydonischen Eberjagd und suchte in Iolkos Zuflucht, wo sich die Frau von König Akastos in ihn verliebte. Sie ließ Antigone wissen, daß Peleus die Königstochter Sterope heiraten würde – und Antigone erhängte sich.

Antigone stützt den blinden Ödipus; darunter kämpfend: Eteokles und Polyneikes (Miniatur aus einer Ausgabe der Tragödien des Seneca, 1475; Venedig, Biblioteca Marciana)

Antilochos (Mitte) und Achilleus (rechts) kämpfen gegen Memnon (schwarzfigurige Vase, 6. Jh. v. Chr.; London, Britisches Museum)

Antigone 3, Tochter des Königs Laomedon von Troja. Sie verglich sich an Schönheit mit Hera; zur Strafe wurden ihre Haare in Schlangen verwandelt. Aus Mitleid ließen die Götter sie später zu einem Storch werden; und seit dieser Zeit jagt der Storch Schlangen.

Antikleia 1, Tochter des Autolykos; Mutter des Odysseus und Gemahlin des Laërtes. Sisyphos verführte sie, um sich für einen Viehdiebstahl ihres Vaters zu rächen. Homer betrachtet Laërtes als den Vater des Odysseus, während spätere Autoren, darunter auch Sophokles, Sisyphos an seine Stelle setzen. Antikleia starb, als Odysseus in Troja weilte, aus Kummer über sein Fernsein; in der Unterwelt begegnete er ihrem Schatten.

Antikleia 2, Gemahlin des Machaon.

Antilochos, ältester Sohn des Königs Nestor von Pylos, der zu den Freiern Helenas gehörte. Er beteiligte sich mit seinem Vater und seinem Bruder Thrasymedes am Trojanischen Krieg, wo er eine bedeutende Rolle spielte. Antilochos war ein vertrauter Freund des Achilleus, dem er die Nachricht vom Tode des Patroklos überbrachte. Wie Achilleus war auch er ein schneller Läufer. Bei den Begräbnisspielen für Patroklos betrog er auf Anraten seines Vaters Nestor beim Wagenrennen und wurde vor Menelaos zweiter Sieger. Als Menelaos reklamieren wollte, entschuldigte sich Antilochos und gab den zweiten Preis zurück. Auch einer der Teilnehmer beim Wettlauf.

Während Antilochos hochherzig seinen alten Vater verteidigte, dem Paris eines seiner Pferde erschossen hatte, wurde er von Memnon getötet. Man begrub ihn im Grabe des Achilleus; sein Schatten soll mit dem des Achilleus und Patroklos zur Weißen Insel geflogen sein.

Antimachos, einer der trojanischen Ältesten, die sich im Gegensatz zu Antenor gegen eine Rückgabe Helenas an die Griechen aussprachen. In der Hoffnung, von Paris dafür be-

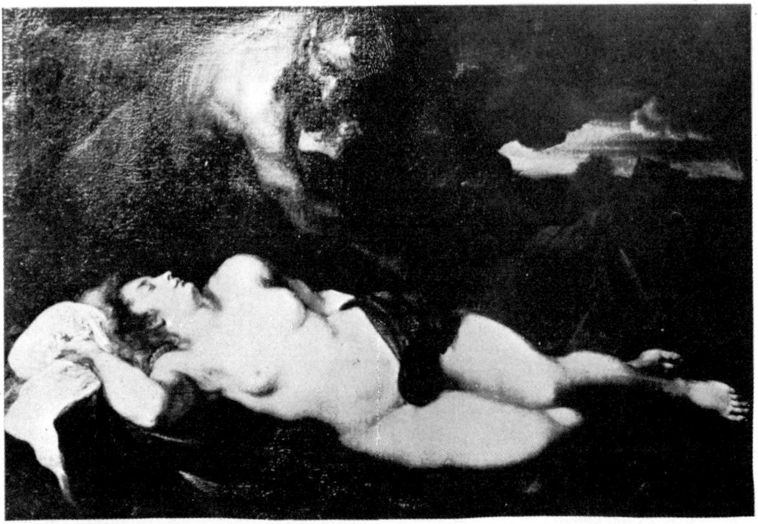

Zeus und Antiope (Rubens-Schule; Dünkirchen, Museum)

lohnt zu werden, empfahl er sogar, Odysseus und Menelaos, die als Abgesandte kamen, zu töten. Dafür erschlugen Agamemnon und Menelaos später seine Söhne.

Antinoos, junger Ithaker, Anführer von Penelopes Freiern und der grausamste und frechste unter ihnen; er war der erste, den Odysseus umbrachte.

Antiope 1, Tochter des Nykteus, Herrscher über Theben während der Unmündigkeit des Labdakos. Sie war ein schönes Mädchen, und Zeus lag in Gestalt eines Satyrs bei ihr. Als ihre Schwangerschaft sichtbar wurde, floh sie nach Sikyon und heiratete König Epopeus. (Nach einer anderen Überlieferung entführte und vergewaltigte Epopeus sie und machte sie so schwanger.) Nykteus verfolgte sie nach Sikyon, kämpfte mit Epopeus und starb entweder an seinen Wunden oder beging aus Scham Selbstmord. Sterbend gebot Nykteus seinem Bruder Lykos, ihn an Epopeus zu rächen und Antiope zu strafen. Lykos fiel daher mit einer thebanischen Armee in Sikyon ein, tötete Epopeus und nahm Antiope gefangen. Auf dem Rückweg nach Theben gebar sie Zwillinge in der Stadt Eleutherä auf dem Kithairon, die Lykos auf dem Berg aussetzte.

In Theben überließ Lykos Antiope seiner Frau Dirke als Sklavin, die sehr grausam zu ihr war und sie jahrelang in einem Verlies gefangen hielt. Schließlich aber entkam Antiope auf den Kithairon, wo jener Hirte sie fand und aufnahm, der schon ihre Zwillingssöhne Amphion und Zethos gerettet hatte. Über das, was folgte, gibt es unterschiedliche Darstellungen. Entweder entdeckten die Zwillinge, daß Antiope ihre Mutter war, und töteten Lykos und Dirke sofort; oder, wie es Euripides in seiner verlorenen Tragödie ›Antiope‹ wiedergab, sah Zethos in seiner Mutter nur die entlaufene Sklavin und verweigerte ihr den Beistand. Darauf wurde sie von Dirke wieder eingefangen, die auf dem Kithairon die Orgien des Dionysos feierte. In ihrer Raserei wollte Dirke Antiope an die Hörner eines wahnsinnigen Stieres fesseln; sie wurde aber von Amphion und Zethos gerettet, die von ihrem zurückgekehrten Pflegevater die Wahrheit über die entlaufene Sklavin erfahren hatten. Darum banden sie Dirke an denselben Bullen, den diese für ihre Mutter bestimmt hatte. Weil aber Dirke Dionysos ergeben war, strafte der Gott Antiope, indem er sie mit Wahnsinn schlug und ruhelos durch Griechenland irren ließ. Schließlich heilte Phokos sie, der Sohn des Ornytion, und nahm sie zur Frau; er wurde an ihrer Seite in Phokis begraben.

Antiope 2, entweder die Schwester der Amazonenkönigin Hippolyte oder ein anderer Name für diese selbst. Als Antiope von Theseus entführt wurde, zog sie mit ihren Kriegerinnen vor Athen, wurde aber geschlagen. Antiope (oder Hippolyte) gebar dem Theseus einen Sohn Hippolytos.

Antiphos 1, legitimer Sohn des Priamos; als er mit seinem unehelichen Halbbruder Isos Schafe hütete, nahm ihn Achilleus auf dem Berg Ida gefangen; sein Vater löste ihn aus. Später fing Agamemnon die beiden in einem Wagen, tötete sie und nahm ihnen die Rüstung ab.

Antiphos 2, Freund des Odysseus, wurde von Polyphem verschlungen.

Apemosyne siehe Althaimenes.

Aphareus, König von Messenien, Sohn des Perieres und der Perseustochter Gorgophone. Er teilte sich mit seinem Bruder Leukippos in die Herrschaft, heiratete die Halbschwester Arene und benannte seine neue Hauptstadt nach ihr. Als Pelias den Thessalier Neleus aus Iolkos vertrieb, nahm Aphareus ihn in seinem Reich auf und überließ ihm Land an der Küste um Pylos. Aphareus' Söhne Idas und Lynkeus starben vor ihm, und so übergab er sein Königreich dem Neleussohn Nestor.

Aphrodite, griechische Göttin der Liebe, später mit der römischen Venus identifiziert, die in gleicher Weise verehrt wurde. Sie gehörte zu den zwölf großen olympischen Gottheiten, spendete Schönheit und Fruchtbarkeit und wurde mit einem lieblichen, oft auch spöttischen Lächeln dargestellt. Ihr Kult war fremden Ursprungs und kam aus dem Nahen Osten, über Cypern und Kythera, nach Griechenland.

Über ihre Geburt gibt es zwei abweichende Erzählungen. Nach Homer war sie die Tochter des Zeus und der Dione und Gattin des Hephaistos. Hesiods Bericht basiert auf dem angeblichen Ursprung ihres Namens aus *aphros,* »Schaum«, wonach sie in vollkommener Gestalt in Paphos auf Cypern oder auf Kythera dem Meere entstieg: Kronos, der jüngste der Titanen, hatte die Geschlechtsteile seines Vaters Uranos abgeschnitten und ins Meer geschleudert; Schaum sammelte sich in ihrem Umkreis und sie verwandelten sich in eine Frau. Als Aphrodite das Land betrat, blühten Blumen auf ihrem Weg, und Eros (Cupido) und vielleicht noch weitere Gottheiten dienten ihr. Man nannte sie Anadyomene (die Emporgetauchte) und Cypris (die Zyperin).

Aphrodite war dem Hephaistos keine treue Gattin; sie versinnbildlichte eher die sinnliche Leidenschaft als das Bündnis einer Ehe (das unter dem Schutze der Hera stand) und galt in der frühen griechischen Mythologie als völlig verantwortungslos. In Homers Sage ließ der Sonnengott Helios den Gatten Hephaistos von ihrem Ehebruch mit Ares wissen, worauf er die beiden nackt auf dem Ehebett ertappte und ihnen ein unsichtbares Netz überwarf. Dann lud Hephaistos die anderen Götter ein, sich an diesem Anblick zu ergötzen, bis Poseidon eine Versöhnung vorschlug. Aphrodite hatte mit Ares mehrere Kinder: Deimos und Phobos (»Schrecken« und »Furcht«), Harmonia, die den Königssohn Kadmos von Theben heiratete, und vielleicht auch Eros, der die Eigenschaften von Aphrodite und Ares in sich vereinigte, von dem man aber auch behauptete, daß er sich selbst gezeugt habe.

Wegen ihrer Spötterei über die Unsterblichen mußte sich Aphrodite nach dem Willen Zeus' in einen Sterblichen, Anchises, verlieben, doch ließ sie sich auch von Göttern umwerben; aus einer Vereinigung mit Dionysos entsproß Priapos, eine phallische Gottheit, und Poseidon war vielleicht der Vater der Eryx. Dem Werben des Hermes wollte sie nicht nachgeben, doch half Zeus ihm mit seinem Adler, der ihr eine Sandale entführte und sie Hermes brachte. Um sie zurückzubekommen, mußte sich Aphrodite Hermes ergeben; sie gebar ihm Hermaphroditos, der zugleich männlichen und weiblichen Geschlechtes war. Aphrodite hatte die Macht, alle Gottheiten verliebt oder lüstern zu machen, mit Ausnahme von Athene, Artemis und Hestia. Als Hera wollte, daß sich Zeus ihren Reizen hingab und den Trojanischen Krieg vergaß, lieh sie sich von Aphrodite einen Gürtel, der seine Trägerin unwiderstehlich machte.

Aphrodite hatte eine Leidenschaft für Adonis, um den sie sich mit Persephone entzweite. Als Adonis von einem Eber getötet wurde, ließ sie aus seinem Blut das Adonisröschen wachsen. Aphrodite liebte sterbliche Männer, wie den Heros Anchises, dem sie Aeneas gebar, und sie half den Männern, die in sterbliche Frauen verliebt waren. Der bekannteste Mythos um sie bezieht sich auf das Urteil des Paris, das zur Ursache des Trojanischen Krieges wurde. Der

Theseus und Antiope (etruskischer Spiegel; London, Britisches Museum)

goldene Apfel, den Eris, die Göttin der Zwietracht, auf der Hochzeit des Peleus und der Thetis unter die Gäste geworfen hatte, trug die Aufschrift »der Schönsten«. Hera, Athene und Aphrodite beanspruchten gleichermaßen diese Auszeichnung für sich, und Zeus bestimmte Paris, den schönsten der Männer, dazu, das Urteil zu sprechen. Jede wollte ihn bestechen, doch gab er Aphrodite den Preis, die ihm die Liebe der schönsten Frau versprochen hatte. Unter den Sterblichen, denen Aphrodite beistand, waren Milanion (oder Hippomenes), der Atalante gewinnen wollte; Jason, der nach der Liebe Medeas trachtete; Paris, dem sie bei der Entführung Helenas behilflich war sowie in den darauf folgenden Jahren, in denen er sich weigerte, sie aufzugeben; und ihr eigener Sohn Aeneas, in den sie Dido verliebt machte. Aphrodite bestrafte aber auch Götter und Menschen, die sie beleidigt hatten oder sich ihr überlegen wähnten. Unter ihnen waren die Mutter Myrrhas und ihre drei Töchter (siehe Kinyras); Glaukos, der von seinen Stuten verschlungen wurde, weil er ihnen die Hengste vorenthielt; Pasiphaë, die Frau des Königs Minos von Kreta, die sie zwang, einen Stier zu lieben und den Minotauros zu gebären; die Frauen von Lemnos, die ihren Kult vernachlässigt hatten und deshalb von ihr mit einem so üblen Geruch geschlagen wurden, daß ihre Männer flohen und so die alleingelassenen Frauen demütigten – bis schließlich die Argonauten kamen und Aphrodite Hephaistos zuliebe die Frauen wieder heilte. Besonders grausam war sie zu Theseus' Sohn Hippolytos, der sich über die Liebe erhaben dünkte; denn Aphrodite machte seine Stiefmutter Phädra in ihn verliebt, und als er nichts von ihr wissen wollte, beschuldigte Phädra ihn bei ihrem Gatten der Vergewaltigung und erhängte sich. Theseus schickte seinen Sohn in die Verbannung und verfluchte ihn, und Hippolytos starb ebenfalls eines gewaltsamen Todes. Aphrodite strafte auch die Muse Klio, die ihre Leidenschaft für den Sterblichen Adonis verspottete; denn sie machte Klio ihrerseits verliebt in einen Sterblichen, Pieros. Die Muse Kalliope, die zwischen Persephones und Aphrodites rivalisierenden Ansprüchen auf Adonis entschieden hatte, wurde mit dem Tod ihres Sohnes Orpheus bestraft. Auch über Eos, die Göttin der Morgenröte, verhängte Aphrodite eine Strafe, weil sie bei Aphrodites Liebhaber Ares gelegen hatte: Aphrodite machte sie in zwei Sterbliche verliebt, Kephalos und Tithonos. Auch Helios, der Hephaistos von ihrem Verhältnis mit Ares berichtet hatte, bekam ihre Vergeltung zu spüren: er mußte die Sterbliche Leukothoë lieben. Einmal jedoch drehte ein Sterblicher den Spieß auch um; das war, als sie, verwundet von dem Argonautenkönig Diomedes, vom trojanischen Schlachtfeld fliehen mußte.

Während Aphrodite in der frühen griechischen Literatur oft als grausame oder komische Gestalt erscheint, sahen die Römer mehr

Die Geburt der Venus (Aphrodite) (Sandro Botticelli, 1447–1510; Florenz, Uffizien)

Aphrodite und Hermes in einem von Eros und Psyche gezogenen Wagen (Terracottarelief, 5. Jh. v. Chr.; Taranto, Museo Nazionale)

ihren ernsten und wohlwollenden Charakter: Lukrez besang sie in seinem Lehrgedicht ›De rerum natura‹ (Die Natur der Dinge) als oberste zeugende Kraft.

Apis, Sohn des Phoroneus, des Gründers von Argos, und der Nymphe Teledike. Von Aitolos getötet, vermachte er sein Reich Argos, dem Sohn seiner Schwester Niobe.

Apollon, einer der höchsten Götter der Griechen und der Römer; der Hauptgott der prophetischen Weissagung, der Künste, besonders der Musik (die Musen waren ihm direkt untertan), und der Gott des Bogenschießens; er war der Bringer der Übel, die er aber auch wieder vertreiben konnte, denn er war der Schutzheilige der Medizin; er beschützte die Hirten, obwohl er mit deren größtem Feind, dem Wolf, verbunden war. Wahrscheinlich war er nicht-griechischen Ursprungs; nach Griechenland kam er von Norden oder Osten. Er war auch ein Gott der Sonne (Phoibos, hell), obwohl dieser Begriff erst im 5. Jahrhundert v. Chr. mit ihm in Verbindung gebracht wurde, um später allgemein üblich zu werden. (Auf den Namen Phoibos hatte er Anspruch, weil er von der Titanin Phoibe das Delphische Orakel erhalten hatte.)

Apollon war der Sohn des Zeus und der Leto, und Artemis war seine Zwillingsschwester. Als die Titanin Leto von Zeus schwanger war, wanderte sie durch die ganze Welt und suchte einen Ort, wo sie ungestört gebären könnte; doch nirgends wollte man sie aufnehmen, – entweder aus Furcht vor dem Zorne Heras oder weil keine Stadt die Ehre haben wollte, der Geburtsort von zwei großen Göttern zu sein. Nur Delos zeigte sich dazu bereit, weil es kein »Land«, sondern eine schwimmende Insel war.

Apollon gedieh prächtig, weil ihn die Göttin Themis mit Nektar und Ambrosia nährte. Schon nach wenigen Tagen war er erwachsen und verließ Delos, um einen passenden Ort für das Orakel zu finden, das er gründen wollte.

Hermes, mit Heroldstab, geleitet Aphrodite, Athene und Hera zu Paris (attische weißgrundige Toilettenschale, 5. Jh. v. Chr.; New York, Metropolitan Museum of Art)

Er zog durch Mittelgriechenland und kam zu einer Erdspalte, die von Python, einer riesigen weiblichen Schlange mit prophetischen Kräften, bewacht wurde – im Namen ihrer Herrin Gaia, der Göttin der Erde, oder der Titanin Phoibe. (Python nannte man auch eine Schlange, die Hera ausgeschickt hatte, um die schwangere Leto am Gebären zu hindern.) Apollon tötete Python und benannte seine Priesterin Pythia nach ihr.

Bevor er nach Delphi kam, hatte Apollon die Nymphe Telphusa von Haliartos getroffen und gefragt, ob er sein Orakel an ihrer Orakelquelle errichten dürfe; aber sie hatte es abgelehnt und auf das viel größere Orakel von Delphi verwiesen: in Wirklichkeit schickte sie ihn unmittelbar in das Reich der Schlange Python. Aus diesem Grund kam Apollon zu ihr zurück und verbarg ihre Quelle unter mächtigen Felsen, so daß es in Zukunft ein viel weniger berühmtes Orakel war als sein eigenes.

Für die Tötung der Python mußte Apollon Buße tun, denn sie war eine Tochter der Gaia und eine große Prophetin gewesen. Er wurde für eine lange Zeit in das Tempetal verbannt, wohin ihm die Delpher jedes achte Jahr Abgesandte schickten. Das Wort *delphys* bedeutet »Schoß«, und die Priesterschaft bestand darauf, daß Delphi der Schoß, die Mitte der Erde sei. Es war das bedeutendste Orakel der griechischen Welt und wurde von vielen Fremden aufgesucht. Auch Spiele wurden eingerichtet, die man zu Ehren Pythons und Apollons »Die pythischen Spiele« nannte. Sie bestanden aus musikalischen Wettbewerben, zu denen später der sportliche Wettstreit trat. Die Apollon-Priester führten ihre Herkunft auf ein Schiff mit Kretern zurück, das Apollon in Gestalt eines Delphins erfaßt und nach Delphi geleitet hatte. Apollon und Artemis erschlugen den Giganten Tityos, weil er vor ihrer Geburt Leto vergewaltigen wollte, und schickten ihn in den Tartaros, wo er ewige Pein erduldet. Sie rächten ihre Mutter auch an Niobe, die mit ihrer größeren Fruchtbarkeit geprahlt hatte, indem sie alle oder fast alle ihre Kinder töteten. Sie waren beide Bogenschützen, und sie waren beide Gottheiten, die dem Tod in jeder Form gebieten konnten: nach Homer erschlug Apollon die Männer und Artemis die Frauen mit den »sanften Pfeilen« des Todes.

Apollon diente zweimal sterblichen Menschen als Knecht. Sein erster Herr war König Admetos von Pherai in Thessalien, dem er half, indem er seinen Kühen Zwillinge schenkte und ihn gegen den Tod absicherte. Diese Knechtschaft war eine von Zeus gesandte Strafe; denn Apollon hatte Zeus' Söhne, die Kyklopen, die ihm in den Höhlen des Ätna seine Blitze schmiedeten, erschlagen, nachdem Apollons Sohn Asklepios von Zeus' Blitz vernichtet worden war, weil er Hippolytos zum Leben erweckt hatte. Beinahe hätte Zeus in seinem Zorn Apollon in den Tartaros gestoßen, doch dann besann er sich und verhängte nur ein Jahr Knechtschaft über ihn.

Apollons zweite Sklavenzeit bei einem Sterblichen kam zustande, als sich Poseidon und er bereit erklärten, dem Laomedon gegen Entlohnung die Stadtmauern von Troja zu bauen (nach einer anderen Überlieferung weidete Apollon das Vieh und Poseidon baute die Mauern allein); doch Laomedon brach die Abmachung, und die Götter bestraften ihn. Apollon sandte eine Seuche über Troja.

Seine Rolle als Schutzpatron der Heilkunst (worin er manchmal mit einem andern Gott der Heilkunst, Paieon, verwechselt wird) erbte sein Sohn Asklepios. Apollon erfand die Laute oder Kithara; von seinem Halbbruder Hermes bekam er die Lyra – denn Hermes hatte schon bald nach seiner Geburt auf dem Kyllene in Arkadien dem Apollon fünfzig Stück Vieh gestohlen, indem er sie teilweise rückwärts trieb und in einer Höhle versteckte. Mit Zeus' Hilfe entdeckte Apollon den Diebstahl und schlug Hermes als Tauschgeschäft vor, ihm die Herde für seine Lyra zu überlassen; sie wurde Apollons Lieblingsinstrument. Doch eines Tages hatte der Satyr Marsyas die Unverschämtheit, den Gott zu einem Musikwettstreit herauszufordern. Weil Apollon sein Instrument nicht nur in der üblichen Art, sondern auch in einer anderen Haltung spielen konnte, erklärte er sich zum Sieger. Man hatte vereinbart, der Sieger solle mit dem Verlierer tun können, was er wolle, und Apollon zog Marsyas bei lebendigem Leib die Haut ab. Marsyas' Instrument, die Flöte, durfte in seiner Gegenwart nicht gespielt werden; schließlich aber weihte ein Musiker namens Sakadas dem Apollon eine Flöte, und er ließ sie beim pythischen Tanz in Delphi spielen. Apollons östlicher Ursprung verrät sich in der Unterstützung Priamos' während des Trojanischen Krieges, wo er Trojas ausdauerndster und bester Kämpfer war. Zwei Kinder des Priamos, Helenos und Kassandra, hatten von Apollon prophetische Gaben empfangen. Kassandra hatte er umworben und ihr die Gabe der Prophetie zum Geschenk gemacht; als sie ihm trotzdem ihre Gunst verweigerte, verfluchte Apollon sie – und niemand glaubte ihren Prophezeiungen, obwohl sie die Zukunft richtig voraussagte.

Apollon hatte das Mißgeschick, auch von anderen Frauen abgewiesen zu werden. Daphne ließ sich lieber in einen Lorbeerbaum verwandeln, als daß sie sich seiner Liebe hingab. Die Cumäische Sibylle, der er so viele Lebensjahre versprochen hatte, wie sie Sandkörner in der Hand hielt, verschmähte ihn trotz dieses Angebotes; und so verdammte er sie dazu, tausend Jahre zu leben und auch immer älter und älter zu werden. Marpessa entschied sich, als Zeus sie zwischen Apollon und dem Sterblichen Idas wählen ließ, für Idas. Ebenso erfolglos war sein Werben um die Nymphe Sinope, die ihn um eine Gunst bat, bevor sie auf seine Annäherungsversuche einging. Er gewährte ihr die Bitte und dann sagte sie ihm, daß sie bis zu ihrem Tode Jungfrau bleiben wolle. In der Liebe zu jungen Männern hatte er kaum mehr Glück. Den spartanischen Jüngling Hyakinthos tötete er versehentlich mit einem Diskus (aus dem Blut des Toten entsproß die Hyazinthe). Sein Geliebter Kyparissos tötete einen zahmen Hirsch und war so untröstlich darüber, daß Apollon ihn in einen Zypressenbaum verwandelte, um ihm Frieden zu verschaffen.

Zu Beginn der ›Ilias‹ bestraft Apollon in Furcht erregender Gestalt die Griechen für den Raub der Chryseïs, der Tochter seines

Zeus und Leto mit ihren Zwillingen Apollon und Artemis (schwarzfigurige Vase; London, Britisches Museum)

Pythia, die Priesterin des Apollon in Delphi (rotfigurige Schale; Berlin, Schloß Charlottenburg)

Priesters Chryses, mit großen Plagen. Apollon war es auch, der Achilleus mit einem von Paris geschossenen Pfeil tötete.

Apollon war der Gott, der Orestes eingab, seine Mutter Klytämnestra und ihren Geliebten Aigisthos für den Mord an seinem Vater Agamemnon zu strafen; und als Orestes nach der Tat von den Furien mit Wahnsinn geschlagen wurde, war es wieder Apollon, der ihm riet, eine Verhandlung vor dem Areopag in Athen zu erwirken. Als Orestes vor das Gericht trat, verteidigte Apollon ihn gegen die Anklage der Furien und Klytämnestras Geist.

Einst hatte Apollon Streit mit Herakles. Nachdem Herakles Iphitos getötet hatte, ging er nach Delphi und fragte, wie er gereinigt und von dem Wahnsinn geheilt werden könnte, von dem er befallen war. Zunächst wollte die pythische Priesterin nichts von ihm wissen, so schrecklich war das Verbrechen des Freundesmordes. Da ergriff Herakles den heiligen Schemel und begann, mit Apollon zu kämpfen; aber Zeus schleuderte einen Blitz und trennte seine Söhne. Da belehrte Apollon den Herakles, daß er geheilt werden würde, wenn er drei Jahre in der Sklaverei zugebracht hätte; und dankbar bemühte sich Herakles um die Anbetung Apollons, der einst ebenfalls als Sklave diente.

Zu den Söhnen Apollons zählt neben Asklepios auch Aristaios, von der Meeresnymphe Kyrene. Apollon wird manchmal auch als Vater von Orpheus und Linos genannt.

Er war ein wichtiger Gott auch für die Etrusker und für die Römer, die ihn durch die Orakelgrotte von Cumae kennenlernten, deren Sibylle in der römischen Sage Aeneas in die Unterwelt begleitete. Der römische Kaiser Augustus erwählte ihn als Schutzpatron und Symbol für seinen großen Kulturauftrag und weihte ihm 28 v. Chr. einen prachtvollen neuen Tempel auf dem Palatin.

Appius Claudius siehe Verginia.

Apsyrtos, Sohn des Königs Aietes von Kolchis und Bruder der Medea. Es gibt zwei Darstellungen über die Verfolgung der Argonauten, nachdem sie Kolchis mit dem Goldenen Vlies verlassen hatten. Nach der Überlieferung des Epikers Apollonios von Rhodos war Apsyrtos bereits ein Mann, als er von seinem Vater zum Oberbefehlshaber der Flotte bestimmt wurde; im Delta des Ister (Donau) oder auf einer Insel im Adriatischen Meer verhandelte Medea heimtückisch mit ihm und lockte ihn zu einem Treffen, wo ihn Jason aus dem Hinterhalt tötete. In der bekannteren Version des Ovid war Apsyrtos noch ein Kind; die fliehende Medea nahm ihn als Geisel mit, und als Aietes' Flotte in Sicht war, tötete sie ihn, zerschnitt seinen Körper und streute die Teile entweder ins Meer oder verteilte sie gut erkennbar an der Küste, um die Verfolgung durch Aietes durch das Einsammeln der abgetrennten Glieder zu verzögern.

Arachne, lydisches Mädchen, Tochter des Idmon von Kolophon. Als hervorragende Weberin forderte sie selbst Athene, die Schutzgöttin der Webkunst, zum Wettkampf heraus. Athene erschien als alte Frau und riet ihr, nicht vermessen zu sein. Doch Arachne wollte nicht hören, und so nahm Athene, wieder in ihrer eigenen Gestalt, die Herausforderung an. Athene wirkte einen Teppich, der das Schicksal vermessener Sterblicher darstellte; Arachne aber wob die Skandalgeschichten der Götter. Da Arachnes Arbeit der ihren ebenbürtig war, zerriß Athene sie und schlug Arachne mit einem Weberschiff. Arachne erhängte sich und wurde von der Göttin in eine Spinne verwandelt – wie auch ihr Name andeutet: denn dieses Tier bewahrte die ganze Kunst Arachnes als Weberin.

Archemoros siehe Hypsipyle.

Areios, Sohn des Bias; ein Argonaut.

Areithoos, arkadischer König mit dem Spitznamen »Keulenmann«, weil er mit einer eisernen Keule zu kämpfen pflegte. Von einem anderen arkadischen König, Lykurgos, wurde er im Kampf getötet.

Ares, griechischer Gott des Krieges, später dem wichtigen römischen Gott Mars gleichgestellt.

Er war der einzige Sohn Zeus' mit seiner rechtmäßigen Gemahlin Hera, und obwohl ihn die ›Ilias‹ als gewalttätigen und prahlerischen Kämpfer lächerlich macht, zählt er zu den zwölf großen olympischen Göttern. Ares hatte keine Frau, aber häufige Liebschaften, vor allem mit Aphrodite, der Gemahlin des Hephaistos, die ihm Harmonia und die Zwillinge Phobos (Furcht) und Deimos (Schrecken) gebar, welche ihren Vater auf das Schlachtfeld begleiteten. Die Verbindung zwischen Ares und Aphrodite kam zu einem plötzlichen Ende, als – wie uns Homer in der ›Odyssee‹ durch den Sänger Demodokos erzählt – der Sonnengott Helios die beiden erspähte und Hephaistos sagte, was hinter seinem Rücken vorging. Daraufhin befestigte Hephaistos ein großes Netz heimlich über seinem Bett und tat, als begebe er sich vom Olymp zu seinen Verehrern nach Lemnos. Als dann Ares und Aphrodite wieder zusammen auf dem Bett lagen, fiel das Netz herab und fesselte sie; Hephaistos erschien und schmähte sie, außerdem rief er die übrigen Götter als Zeugen ihrer Schande. Die Göttinnen blieben schamhaft fort, aber die Götter sahen es sich lachend an. Schließlich überredete Poseidon Hephaistos, die beiden mit dem Versprechen freizulassen, daß Ares eine Buße zahle.

Ares hatte eine Tochter, Alkippe, von der sterblichen Jungfrau Aglauros, der Tochter des Kekrops; Poseidons Sohn Halirrhothios vergewaltigte sie in der Nähe der athenischen Akropolis, und Ares schlug ihn auf der Stelle tot. Poseidon verklagte ihn daraufhin wegen Mordes vor dem Rat der Götter, und die Verhandlung fand an der gleichen Stelle statt, die seitdem zum Gedächtnis an diesen Vorfall Areopag oder Areshügel heißt. Die Götter fanden ihn nicht des Mordes schuldig.

Nur an Kampf und Blutvergießen fand Ares Vergnügen; mit seinen Zwillingssöhnen und Enyo, der Kriegsgöttin, stürmte er über das Schlachtfeld und feuerte den Kampfgeist der Krieger an. Athene, die Göttin der Strategie und des echten Mutes in der Schlacht, konnte ihn unschwer überlisten. Mehr noch, einmal wurde er von den Giganten Otos und Ephialtes gebunden und in einen Bronzekrug gesteckt und er wäre umgekommen, hätte Hermes nicht durch Eriboia, der Stiefmutter der Giganten, von seiner peinlichen Lage erfahren.

Im Trojanischen Krieg unterstützte Ares die Trojaner, doch wird seine Rolle als unrühmlich geschildert. Mit Hilfe Athenes fügte Diomedes ihm eine schwere Wunde zu, worüber er sich bei Zeus beschwerte. Danach versuchte er, wieder am Kampf teilzunehmen, obwohl Zeus es untersagt hatte, doch wurde er von Athene mit Schmähungen zurückgehalten. Als die Götter aufeinander losgingen, attackierte er Athene und schleuderte seinen Speer gegen

Aphrodite, Artemis und Apollon, die Götter, die im Trojanischen Krieg den Trojanern beistanden (Detail vom Ostfries des Schatzhauses von Siphnos in Delphi, 6. Jh. v. Chr.; Delphi, Museum)

Apollon und Daphne (Lorenzo Bernini, 1598–1680, Marmorgruppe; Rom, Museo Borghese)

Apollon und Herakles streiten um den heiligen Schemel in Delphi (rotfigurige Vase, 6. Jh. v. Chr.; Berlin, Staatliche Museen)

ihren unverwundbaren Brustpanzer *(aigis)*: er richtete keinen Schaden an, doch Athene streckte ihn mit einem Stein nieder. Wie Aphrodite ihm helfen wollte, das Feld zu räumen, schlug Athene auch sie mit der Faust.
Als Herakles auf dem Wege nach Delphi von dem Aressohn Kyknos angefallen wurde, focht auch Ares selber gegen ihn. Mit dem Beistand Athenes tötete Herakles Kyknos und verwundete Ares an der Hüfte. Außer Kyknos hatte Ares noch andere kriegerische Söhne; die bedeutendsten sind Diomedes, der König der thrakischen Bistonen, den die Nymphe Kyrene gebar; Askalaphos; Phlegyas; und vielleicht auch noch Meleagros.

Arete, Tochter des Phäaken Rhexenor und Frau seines Bruders Alkinoos. Sie hatte ein freundliches Wesen und sorgte für Odysseus' Aufnahme, als er als Bittender zu ihr kam: auf ihre Veranlassung wurde er von Alkinoos als Gast bewirtet. Sie stand auch Jason und Medea bei und ließ Alkinoos geloben, die beiden vor Medeas Vater Aietes zu schützen, wenn ihre Ehe vollzogen worden sei; zu diesem Zweck machte sie es den beiden heimlich möglich, sich in einer Höhle zu vermählen. Ihre Tochter Nausikaa bewirtete den schiffbrüchigen Odysseus.

Arethusa, eine Waldnymphe, die im Alpheios badete; der Gott dieses Flusses verliebte sich in sie. Sie wurde in die Quelle Arethusa auf der Insel Ortygia vor Syrakus verwandelt; siehe Alpheios.

Arge siehe Hyperboreer.

Argeia 1, Tochter des Königs Adrast von Argos und Frau des Polyneikes. Als ihr Gatte von seinem Bruder Eteokles getötet worden war und Kreon eine Bestattung verweigerte, half sie Antigone, die Leiche auf den Scheiterhaufen des Eteokles, den Polyneikes getötet hatte, zu heben; siehe Antigone.

Argeia 2 siehe Autesion.

Arges, einer der drei Kyklopen.

Argiope 1, Tochter des Teuthras; sie heiratete König Telephos von Teuthranien.

Argiope 2, Nymphe, die dem Philammon Thamyris gebar.

Argonauten, Gruppe von Helden, die an Jasons Suche nach dem Goldenen Vlies auf der ›Argo‹ teilnahmen. Das Unternehmen, über das es viele verschiedene Berichte gibt, ist in der Darstellung des griechischen Dichters Apollonios von Rhodos am bekanntesten, doch gibt es auch noch Überlieferungen von Homer und Pindar.
Jasons Vater Aison war rechtmäßiger König über Iolkos in Thessalien, doch wurde ihm der Thron von seinem Halbbruder Pelias geraubt. Er lebte weiter im Lande, schickte aber – nach einem Scheinbegräbnis – seinen kleinen Sohn dem Kentauren Chiron zur Erziehung, weil er fürchtete, Pelias könnte ihm nach dem Leben trachten. Pelias war geweissagt worden, er würde von jenem Nachkommen des Aiolos getötet, der nur mit einer Sandale zu ihm kommen werde. Als Jason in das Mannesalter gekommen war, beschloß er, nach Iolkos zu gehen und den Thron zurückzufordern. Er kam an, als Pelias gerade seinem Vater Poseidon opferte. Nun hegte Hera Groll gegen Pelias, und so stellte sie Jason auf seinem Weg nach Iolkos auf die Probe, indem sie ihm als altes Weib erschien, das über einen reißenden Fluß getragen werden wollte. Obwohl er es eilig hatte, um rechtzeitig zum Opfer in Iolkos zu sein, war Jason dazu bereit und verlor im

Ares (Mitte) kämpft mit den Giganten (Detail vom Nordfries des Schatzhauses von Siphnos in Delphi, 6. Jh. v. Chr.; Delphi, Museum)

Strom eine Sandale. Nachdem er sie am anderen Ufer abgesetzt hatte, sah Jason die Alte nie wieder und erfuhr nicht, daß es Hera gewesen war.

In Iolkos kam er auf dem Marktplatz an und fragte nach Pelias. Man meldete dem König, daß ein Jüngling mit einem bloßen Fuß ihn zu sehen wünsche. Pelias fuhr zum Marktplatz und erkannte, daß das Orakel in Erfüllung gegangen war – Jason sagte ihm sogar ganz offen, wer er war und warum er gekommen sei. Da er das Fest nicht mit dem Blut seines Neffen entweihen wollte, lud Pelias Jason in den Palast und sagte, er würde den Thron bekommen, müßte aber zuerst versprechen, eine Aufgabe auszuführen. Jason willigte ein, und Pelias verlangte, er solle ihm das Goldene Vlies bringen; denn er glaubte, das sei ganz unmöglich und Jason würde dabei umkommen. Dieses Vlies war das Fell eines Widders, auf dem Phrixos, um den mörderischen Ränken seiner Stiefmutter Ino zu entgehen, aus dem böotischen Orchomenos nach Kolchis geflohen war.

Nachdem Phrixos nach Kolchis gekommen war, einem Land am anderen Ende des Schwarzen Meeres, wurde das Vlies im Hain des Ares aufgehängt und von einer riesigen Schlange bewacht, die niemals schlief. Es gab eine Überlieferung, daß dem Aietes, dem grausamen König von Kolchis, prophezeit worden sei, er werde nur so lange regieren, wie das Vlies vorhanden sei, oder er werde von der Hand eines Fremden fallen; und so gab er zwar Phrixos seine Tochter zur Frau, brachte ihn aber später um.

Jason jedoch befragte das Delphische Orakel über seine Erfolgsaussichten und erhielt eine günstige Antwort. Hera stand ihm während der ganzen Fahrt mit ihrer Hilfe bei und ermutigte eine stattliche Schar junger Männer, mit ihm zu gehen. Ursprünglich müssen die Helden Thessalier gewesen sein (Apollonios nennt sie »Minyer«, ein Name, der mit Orchomenos in Nordböotien verknüpft ist), doch die spätere Überlieferung nennt auch Herakles und andere Fremde. In Listen unterschiedlicher Lesart spiegelt sich das Bestreben verschiedener griechischer Städte wider, ihre Lokalheroen durch Einreihung unter die Argonauten aufzuwerten. Allgemein bekannte Namen sind der Sänger Orpheus, Zetes und Kalais (die geflügelten Söhne des Boreas), Peleus, Telamon, Kastor und Polydeukes (die Dioskuren), Idas, Lynkeus, der einen übermenschlich scharfen Blick hatte, Tiphys der Steuermann, Argos, der Erbauer des Schiffes, Admetos von Pherai, Augias und Periklymenos. Viele der Helden besaßen eine bestimmte Tugend oder Eigenschaft: Jason verstand es, mit Frauen umzugehen, und die Zuneigung, die Medea zu ihm spürte, bewies es; das zweite Gesicht des Mopsos 1 half, die Göttin Kybele zu versöhnen; Herakles rettete sie mit seiner großen Kraft vor den Riesen von Arktonnesos (Bäreninsel); Polydeukes schlug Amykos im Faustkampf; und Kalais und Zetes vertrieben die Harpyien.

Die ›Argo‹ soll von Argos mit Hilfe Athenes gebaut worden sein, die Bugfigur war ein Zweig von der tönenden Eiche des Zeus in Dodona: ein prophetischer Balken als besonderes Geschenk Athenes. Das Schiff segelte mit einer Bemannung von sechsundvierzig Mann, von denen vierundvierzig paarweise ruderten, während Orpheus am Bug saß, die Wellen mit seinem Gesang besänftigte und den Ruderern den Takt angab, und Tiphys am Heck das Steuer führte. Apollon und Athene schützten das Fahrzeug, und vor der Ausfahrt opferte die Mannschaft dem Apollon. Im letzten Augenblick kam auch noch Pelias' Sohn Akastos zu ihnen.

Zuerst landeten die Argonauten in Lemnos. Aphrodite hatte die Frauen der Insel mit einem abscheulichen Geruch geschlagen, so daß ihre Gatten geflohen waren. Die verlassenen Frauen hatten daraufhin die Männer ermordet, die bei ihnen übrig geblieben waren, und auch alles andere männlichen Geschlechts auf der Insel getötet. Ihre Königin Hypsipyle hieß Jason willkommen. Aphrodite heilte auf Fürsprache Hephaistos' die Frauen von ihrem Übel, und in der Folgezeit wurde Lemnos von den Nachfahren der Argonauten bevölkert; es heißt, die Argonauten seien dort ein volles Jahr geblieben. Nach dem Einlaufen in Samothrake segelten die Argonauten durch den Hellespont (der nach Phrixos' Schwester Helle benannt ist, die von dem Goldenen Widder herabgefallen war) in die Propontis oder das Marmarameer. Hier legten sie in Arktonnesos (Bäreninsel) an, das durch einen Isthmus mit dem Festland verbunden war. Der König der Dolionen, Kyzikos, nahm sie herzlich auf, doch griffen sechsarmige Erdgiganten, die Gegeneis (Erdgeborene) hießen, das Schiff an, während die Besatzung nicht anwesend war. Herakles jedoch verblieb auf der Wache, tötete die Riesen und schichtete sie am Strand übereinander auf.

Dann stachen die Argonauten wieder in See, nachdem ihnen Kyzikos Anweisungen über die weitere Reise gegeben hatte. Etwas später am selben Tag blies sie der Wind zurück. Sie setzten das Schiff am Strand auf und machten ein Lager; doch mußten sie während der Nacht einen Überfall der Einheimischen abwehren. Am Morgen entdeckten sie, daß es Dolionen waren, die sie angegriffen hatten, und daß Kyzikos unter den Gefallenen war. Sein Begräbnis wurde ehrenvoll begangen, doch seine Frau Kleite erhängte sich aus Gram. Stürme hinderten die ›Argo‹ an der Weiterfahrt, und Mopsos, der über prophetische Gaben verfügte, sagte, die phrygische Gottheit Kybele, die auf dem Berg Dindymon wohnte, müsse erst versöhnt werden. Die Argonauten zogen zu ihrem Heiligtum, das unter freiem Himmel auf dem Berg stand, und umtanzten ihr Bild, wobei sie die Waffen gegeneinanderschlugen wie die Korybanten, die in Kybeles Gefolge waren.

Als die ›Argo‹ Bithynien erreichte, brach Herakles das Ruder, und die Argonauten landeten. Die Bevölkerung nahm sie freundlich auf. Während Herakles ein neues Ruder zimmerte, begab sich der junge Hylas, den er liebte, zum Wasserholen zu einem Brunnen; doch die Nymphen dieses Brunnens waren von seiner Schönheit so berückt, daß sie ihn ins Wasser zogen. Herakles war über den Verlust bestürzt und durchstreifte, nach Hylas rufend, die Wälder. Schließlich segelte die ›Argo‹ ohne die beiden weiter.

Als man feststellte, daß Herakles zurückgeblieben war, entstieg der Meeresgott Glaukos den Fluten, und verkündete, daß der Held nach Griechenland zurückkehren mußte, um seine Arbeiten zu vollenden. Auch Polyphemos war zurückgeblieben, weil er Hylas rufen gehört und ihm zu Hilfe geeilt war. Später gründete er an jener Stelle die Stadt Krios. Bevor Herakles fortging, trug er den Einheimischen auf, die Suche nach Hylas auch nach seiner Abreise fortzusetzen.

Als nächstes legte die ›Argo‹ bei den Bebrykern an, deren König Amykos alle Fremden zu einem Faustkampf aufzufordern und dabei zu töten pflegte. Die Argonauten waren über diese Gewohnheit empört, und der Faustkämpfer Polydeukes zerschmetterte Amykos' Schädel mit einem Schlag hinter das Ohr. Als die Bebryker ihren toten König erblickten, stürzten sie sich auf die Argonauten, wurden aber ohne Mühe zurückgeschlagen.

Dann kamen die Argonauten nach Salmydessos, der Hauptstadt Thyniens in Thrakien, wo König Phineus, der prophetische Gaben besaß, von den Harpyien geplagt wurde, weil er die geheimen Pläne Zeus' mit dem Menschengeschlecht verraten hatte. Er war geblendet worden, außerdem stahlen ihm die Harpyien das Essen vom Tisch und beschmutzten ihn mit ihrem Unrat. Er nahm die Argonauten freundlich auf, weissagte ihnen die weitere Fahrt und flehte sie um Hilfe an; denn er wußte, daß zwei von ihnen, seine beflügelten Schwäger Kalais und Zetes, die Harpyien verjagen konnten. Ein Festmahl wurde vorbereitet, und als die Harpyien kamen, verfolgten Kalais und Zetes sie bis nach Akarnanien, wo ihnen Isis eine Botschaft des Zeus überbrachte: die Harpyien seien zu schonen, denn sie seien seine Diener; aber sie würden Phineus nicht mehr belästigen. (Eine andere Erklärung für seine Sünde siehe Phineus 2)

Die Argonauten segelten nun weiter zum Bosporus; sie wußten, daß ihre Fahrt glücklich ausgehen würde, wenn es ihnen gelänge, durch die Symplegaden zu segeln (wandernde Felseninseln am Ausgang der Meerenge, die bei starkem Wind oft heftig gegeneinander stießen). Phineus hatte sie gelehrt, mit dieser Gefahr fertig zu werden: Euphemos, ein Sohn des Poseidon, der auf dem Wasser gehen konnte, ohne sich die Füße zu benetzen, ließ eine Taube frei, die zwischen den Felsen hindurchflog. Die Felsen schlugen hinter ihr zusammen, doch wurde nur ihre Schwanzspitze eingeklemmt. Die Ruderer der ›Argo‹ beeilten sich, die Stelle zu passieren, während sich die Felsen wieder teilten; doch hielt sie eine mächtige Welle gerade dort fest, wo die Felsen aufeinander trafen. Athene jedoch verließ nicht das Schiff, das sie erbaut hatte; sie versetzte ihm einen Stoß, und die Felsen erreichten nur die Spitze des Heckruders. Von dieser Zeit an blieb die Meerenge offen, und die Schiffer brauchten sich nicht mehr vor den Symplegaden zu fürchten. Ihre Weiterreise nach Kolchis wurde zu einer ruhigen Fahrt, und die Argonauten opferten dem Apollon auf einer einsamen Insel vor der Küste Thyniens. König Lykos von den Mariandynen hieß sie willkommen, doch wurde in seinem Reich der Seher Idmon (wie er es selbst vorhergesehen hatte) von einem Eber getötet, und der Steuermann Tiphys erlag einer Krankheit. Ankaios übernahm nun das Steuer, und Daskylos, der Sohn des Lykos, wurde in die Mannschaft aufgenommen. In Sinope gesellten sich drei junge Thessalier zu ihnen, die Herakles in seinem Kampf gegen die Amazonen beigestanden hatten; den Argonauten gelang es jedoch, den Amazonen auszuweichen, als sie an Themiskyra vorübersegelten. Schließlich gelangten sie zu der sagenhaften Insel des Ares, wo sie auf eine Schar Vögel stießen, die mit mit Bronzespitzen versehenen Federpfeilen auf Fremdlinge schossen. Die Argonauten schützten ihre Köpfe mit den Schilden und machten einen fürchterlichen Lärm, um die Vögel zu verscheuchen. Hier stießen auch die vier Söhne des Phrixos zu ihnen, die es auf der Flucht vor König Aietes von Kolchis (der ihren Vater tötete) auf diese Insel verschlagen hatte. Argos, der Älteste, berichtete Jason von den Schwierigkeiten, die ihn in Kolchis erwarten würden.

Die Argonauten segelten nun den Phasis hinauf und gingen bei der Hauptstadt Aia vor Anker. Jason begab sich an Land und ging, begleitet von Telamon und Augias, zu Aietes' Palast. Hera hüllte sie in Nebel, um sie unsichtbar zu machen, doch Medea, die zweite Tochter Aietes' und eine große Zauberin, erkannte sie sofort. Durch die List der Aphrodite, die Hera für die Durchführung ihres Planes gewonnen hatte, verliebte sich Medea in Jason. Aietes dagegen blieb den Griechen unversöhnlich feindlich gesonnen, weil er glaubte, sie seien gekommen, um ihn zu vernichten und ihm seinen Thron zu nehmen. Zunächst hielt er aber seinen Haß geheim. Jason versicherte dem König, daß der einzige Zweck seiner Reise sei, das Goldene Vlies zu erwerben. Aietes heuchelte Einverständnis und stellte seine Bedingungen – es handelte sich um eine Geschicklichkeits- und Kraftprobe, die nach seiner Überzeugung Jasons Leben schnell beenden würde: er sollte ein paar feuerspeiende Stiere vor einen Pflug spannen, ein Feld pflügen, es mit Drachenzähnen besäen und dann eine Schar Bewaffneter töten, die aber sogleich wieder aus der Erde wachsen würden. Argos bat seine Mutter Chalkiope, eine Tochter Aietes', um Hilfe und sie überredete Medea mit geringer Mühe, ihre magische Kunst zu gebrauchen. Früh am nächsten Tag führte er Jason zu einem geheimen Treffen mit Medea vor die Mauern Aias in den Tempel der Hekate, der Göttin der Zauberinnen. Jason versprach, sie mit nach Griechenland zu nehmen und ihr dort eine ehrenvolle Stellung zu verschaffen; sie gab ihm dafür ein Zaubermittel und erklärte ihm, wie er die Hilfe Hekates herbeirufen könnte. Danach holte sich Jason die Drachenzähne von Aietes und ließ sich genaue Anweisungen geben. In der Nacht opferte er, getreu Medeas Vorschriften, der Hekate, die auch kam und das Opfer annahm. Am Morgen rieb er sich das Zaubermittel in die Haut. Nachdem Hekate ihn noch durch Zaubergesänge gestärkt hatte, vollbrachte er die drei Aufgaben erfolgreich. Durch das Zaubermittel vor den Flammen der Stiere geschützt, spannte er sie erfolgreich unters Joch und vor den Pflug, die Zähne säte er hinter sich aus und die Bewaffneten wuchsen rasch und waren gegen Nachmittag erwachsen. Als sie auf ihn losgingen, warf er einen Felsblock zwischen sie; da begannen sie, gegeneinander zu kämpfen, und hauten sich selber in Stücke. Die letzten Überlebenden machte Jason nieder, und gegen Sonnenuntergang war der Kampf aus.

Aietes aber brach sein Versprechen und gab das Goldene Vlies nicht heraus. Statt dessen begann er die Vernichtung der Griechen zu planen, vor denen er nun große Angst hatte. Medea fürchtete, daß ihr Vater von ihrer Hilfe für Jason wußte, deshalb verließ sie zu nächtlicher Stunde die Wohnung und begab sich auf die ›Argo‹, wo die Argonauten gerade Jasons Sieg feierten. Sie erklärte ihre Befürchtungen, und er rief Hera als Zeugin für sein Heiratsversprechen an. Darauf führte sie Jason zum

Athene hilft Argos und Tiphys beim Bau der Argo (römisches Relief; London, Britisches Museum)

Ares-Hain, wo das Vlies von der niemalsschlafenden Schlange gehütet wurde. Dank ihrer Zauberkraft versetzte sie das Tier in Schlaf, und Jason stieg über die zusammengerollte Schlange und holte das Vlies. Dann flohen sie zurück auf die ›Argo‹, machten das Schiff in aller Eile startklar und ruderten mit voller Kraft aus dem Phasis hinaus. Bei Anbruch des nächsten Tages verfolgte Aietes' Flotte sie bereits. Über die Rückreise der Argonauten aus Kolchis gibt es mehrere widersprüchliche Berichte. Die älteste erhaltene Darstellung bei Pindar besagt, daß das Schiff auf den äußeren »Ozean« hinaussegelte, also wohl den Phasis hinauf- und nicht hinabfuhr. Auf dem Ozean fuhr man dann um Asien und Afrika herum, um entweder durch die Straße von Gibraltar oder durch das Rote Meer in das Mittelmeer zu gelangen. Eine andere überlieferte Route führt durch Europa: das Schiff soll den Don hinaufgesegelt sein, dann durch einen anderen Fluß in das Baltische Meer, und um Westeuropa herum wieder durch die Straße von Gibraltar das Mittelmeer erreicht haben. Ovid hält sich an eine Überlieferung, wonach die Argonauten auf demselben Weg heimsegelten, den sie gekommen waren, nachdem sie des Königs kleinen Sohn Apsyrtos noch aus Aia entführt hatten. Als dann bei der Fahrt durch das Schwarze Meer Aietes' Verfolgungsflotte in Sicht kam, erdolchte Medea ihren Bruder Apsyrtos, zerschnitt die Leiche und streute die Teile entweder ins Wasser oder legte sie an deutlich sichtbarer Stelle ans Ufer. Dadurch hielt sie den Vater auf, der die Leichenteile einsammelte und das Begräbnis durchführte, während die ›Argo‹ inzwischen entkam.

Nach Apollonios dagegen betraute Aietes seinen schon erwachsenen Sohn Apsyrtos mit der Verfolgung der Argonauten. Apsyrtos blokkierte alle Ausgänge des Schwarzen Meeres, einschließlich des Bosporus und aller Mündungsarme des Ister (Donau) mit Ausnahme des nördlichsten. Durch diesen entkamen die Argonauten und folgten dann dem gesamten Lauf des Ister, bis sie durch einen anderen Fluß das Adriatische Meer erreichten. Apsyrtos jedoch war ihnen zuvorgekommen, denn er hatte den Ausgang dieses Flusses gesperrt und erwartete sie. Die Argonauten landeten auf einer der Artemis geweihten Insel, und Jason verhandelte mit Apsyrtos. Dieser überließ ihm das Goldene Vlies und wollte ihn weiterfahren lassen, bestand aber auf der Rückgabe Medeas. Als Medea von dieser Abmachung

Jason zähmt die feuerspeienden Stiere (Limosiner Porzellanschüssel, 16. Jh.; Paris, Musée du Petit Palais)

erfuhr, wurde sie wütend auf Jason, der jedoch dann behauptete, sein Gespräch mit Apsyrtos sei nur eine List gewesen. Medea war bereit, ihren Bruder töten zu lassen, und so half sie Jason, ihn zu einem zweiten Treffen zu locken. Dabei gab sie vor, daß sie von Jason, der sie entführt habe, befreit sein wolle; Jason erschien und erstach ihn. Nach diesem gottlosen Akt kamen die Argonauten nicht weiter voran, um in das Adriatische Meer zu segeln, sondern sie wurden zurückgetrieben; denn wie ihnen das Bugsegel zeigte, hatte Zeus geboten, daß sich Jason und Medea von Medeas Tante Kirke reinigen lassen müßten, die auf einer Insel vor der Westküste Italiens lebte. Das Schiff hatte deshalb den Eridanos (Po) hinauf, und dann die Rhone hinab in das Tyrrhenische Meer zu segeln. Hera bewahrte sie vor weiteren Irrfahrten.

Als die ›Argo‹ Aiaia, die Insel Kirkes, erreicht hatte, gingen Jason und Medea allein an Land, und sie wurden von der Zauberin mit Schweineblut und Versöhnungsopfern für Zeus und die Furien gereinigt. Dann fragte Kirke sie, wer sie seien und was sie begangen hätten. Sie war über ihre Geschichte so entsetzt, daß sie den beiden, obwohl Medea ihre Nichte war, keine Gastfreundschaft gewährte, sondern sie fortschickte; doch war die von Zeus verlangte Reinigung vollzogen.

Unter dem Beistand von Hera, Thetis und den Nereïden segelte die ›Argo‹ mit großer Geschwindigkeit nach Süden, vorüber an den Sirenen Skylla und Charybdis, und den »Wandernden Felsen«. Als man die Phäakeninsel Scheria erreichte, wartete dort bereits eine kolchische Flotte und verlangte die Auslieferung Medeas. Arete, die Frau des Phäakenkönigs Alkinoos, riet ihrem Gatten, Medea den Kolchern nur herauszugeben, wenn ihre Ehe mit Jason noch nicht vollzogen worden sei; sonst solle sie bei ihrem Mann bleiben. Die beiden hatten aber ihre Vereinigung noch nicht vollzogen, und so sorgte Arete, die ihnen wohlwollte, in größter Eile dafür, daß die Ehe noch während der Nacht in einer Höhle vollzogen wurde. So mußten die Kolcher mit leeren Händen abziehen. Sie siedelten sich in Korkyra an, um nicht dem zornigen Aietes unter die Augen treten zu müssen.

Nachdem sie weitergesegelt waren und schon fast Griechenland erreicht hatten, wurden die Argonauten vom Wind über das Meer nach Libyen getrieben. Eine riesige Welle erfaßte sie und sie kenterten an einer Wüste. Als sie vor Durst fast umkamen, erschienen dem Jason drei in Ziegenhäute gehüllte Nymphen und verkündeten ihm, wenn Amphitrite den Wagen ihres Gatten Poseidon ausspanne, würden sie ihre Mutter für die Mühe belohnen, die sie hatte, als sie sie im Schoße trug. Peleus deutete das Orakel, und ein großes weißes Pferd, das man jetzt erblickte, wurde als eines der Pferde Poseidons wiedererkannt; ihre Mutter war offensichtlich die ›Argo‹ selber, die sie nun neun Tage lang auf ihren Schultern trugen, bis sie zu dem See Tritonis kamen. Dieser See lag unweit des Gartens der Hesperiden, und kurz vor ihrer Ankunft war Herakles dort gewesen, hatte die Schlange getötet und die Äpfel geholt. Er hatte auch aus einem Felsen eine Quelle sprudeln lassen, und hier konnten die Argonauten endlich ihren Durst löschen.

Sie brachten ihr Fahrzeug in den See Tritonis, konnten aber keinen Ausgang ins Meer entdecken. Auf Anregung Orpheus' opferten sie den Göttern des Ortes einen heiligen Schemel aus Delphi. Ihre Gebete wurden von Triton erhört, der sich als ein gewisser Eurypylos verkleidete; nachdem er Euphemos ein Stück Erde zum Zeichen der Freundschaft gegeben hatte, schob er die ›Argo‹ auf einem Fluß bis zum Meer hinunter. Sie segelten nun an der libyschen Küste entlang, bis sie nach Kreta kamen, wo der eherne Riese Talos, der auf Geheiß des Minos die Insel bewachte und dreimal am Tag um sie herumlief, mit Felssteinen nach ihnen warf. Medea aber sprach einen Zauber über ihn, so daß der Nagel, der das Blut in seiner einzigen Vene hielt, ihm aus der Ferse fiel und er starb. Der Erdklumpen Tritons fiel nördlich von Kreta ins Meer und wurde zur Insel Thera, wo sich die Nachkommen Euphemos' in Erfüllung eines Traumes später niederließen.

Danach wurde die ›Argo‹ in tiefe Finsternis gehüllt, so daß es unmöglich war zu steuern. Jason betete zu Apollon, der einen flammenden Pfeil in die Nähe des Schiffes schoß; in seinem Licht sahen sie eine nahegelegene Insel, die sie Anaphe (Offenbarung) nannten. Sie landeten und opferten Apollon alles, was sie hatten. Schließlich kehrte das Tageslicht wieder, und das Schiff vollendete seine Fahrt nach Iolkos, wo Jason dem Pelias das Vlies übergab. Er wurde aber niemals König über Iolkos und verließ auch Medea, die ihm so nachhaltig geholfen hatte. Die Tage der ›Argo‹ waren in Korinth zu Ende; ironischerweise fand Jason den Tod, als er unter dem verrottenden, abgetakelten Schiff saß: der Bug stürzte herab und erschlug ihn. Sein Gefährte, der Peliassohn Akastos, wurde König von Iolkos. Die Götter aber erhoben das Schiff als Sternbild an den Himmel.

Argos 1, riesiges und starkes Ungeheuer mit zahlreichen Augen (in manchen Darstellungen befinden sich die Augen rückwärts, in manchen hat es hundert Augen am ganzen Körper), weshalb es auch Panoptes, »Allesseher«, hieß. Es erschlug einen Stier, der Arkadien verwüstete, und einen Satyr, der Vieh gestohlen hatte.

Argos wurde von Hermes getötet, der deshalb auch als Argeiphontes (Argostöter) bekannt war. Als Io in eine junge Kuh verwandelt worden war, mußte Argos auf sie aufpassen; Zeus gebot jedoch dem Hermes, ihn zu töten, und Hera setzte Argos' Augen in den Schweif ihrer Lieblingsvögel, der Pfauen (oder verwandelte ihn in diesen Vogel). Sein Sohn war Iasos 1.

Argos 2, Sohn des Zeus und der Niobe, der Tochter des Phoroneus. Als er des letzteren Königreich erbte, nannte er es Argos.

Argos 3, der älteste Sohn des Phrixos und der Chalkiope, in Kolchis geboren. Als dessen König Aietes sich gegen ihn und seinen Bruder stellte, flohen sie und wurden vor der Ares-Insel schiffbrüchig, wo die Argonauten sie dann fanden und mit nach Aia nahmen. Argos war der Fürsprecher Jasons bei König Aietes. Als Jason später die ihm von Aietes gestellten Aufgaben vollbracht hatte, bat Argos seine Mutter, die Königstochter, ihm zu helfen, um die Argonauten vor dem Zorn des Königs zu schützen. Er und seine Brüder flohen mit Medea und Jason und segelten in der ›Argo‹ nach Griechenland.

Argos 4, Erbauer der ›Argo‹. Athene half ihm, da es ein solches Fahrzeug bisher noch nicht gab. Später gehörte er zur Mannschaft.

Ariadne, Tochter des Königs Minos von Kreta und der Pasiphaë. Als Theseus nach Kreta

Der Raub des Goldenen Vlieses (Jean-François de Troy, 1679–1752; Sammlung Mr. und Mrs. Hodgkin)

Argos, der die von Hera in eine Kuh verwandelte Io bewacht, ist von Hermes durch Flötenspiel und Zauberrute eingeschläfert worden (nach Rubens; Aschaffenburg, Museum)

kam, um den Minotauros zu töten, verliebte sich Ariadne in ihn und gab ihm ein Schwert und eine Rolle Garn, damit er aus dem Labyrinth zurückfände. Theseus hatte versprochen, sie mitzunehmen und zu heiraten. Nach vollbrachter Tat flohen sie auf sein Schiff und segelten gen Athen. Unterwegs legte Theseus auf der Insel Dia an, die später Naxos hieß. Als er wieder fortsegelte, ließ er sie zurück, und sie wurde vom Gott Dionysos gerettet, der sie heiratete. Nach anderen Darstellungen trug Dionysos sie fort, bevor Theseus weitersegelte; oder Artemis tötete sie auf der Insel, weil Dionysos sie irgendeiner Sünde zieh. Einer Überlieferung auf Naxos zufolge ließ Theseus sie als Schwangere zurück, und sie starb im Kindbett. Nach ihrem Tod versetzte Dionysos ihren Brautkranz ans Firmament als Sternbild Corona Borealis.

Arion, Dichter und Sänger aus Methymna auf der Insel Lesbos; Sohn des Kykleus. Er war schon zu Lebzeiten eine »historische Gestalt« – ein großer Musiker, Freund und Günstling Perianders, des Tyrannen von Korinth (625 bis 585 v. Chr.). Arion kam bis nach Italien und Sizilien, wo er gefeiert wurde und bedeutende Preise gewann; die Überlieferungen sind dennoch teilweise mythisch. Man erzählte, daß er in Taras (Tarent) ein Schiff nach Korinth bestieg, um an den Hof Perianders zurückzukehren, und als das Schiff auf hoher See war, von der Mannschaft gefesselt wurde, weil sie ihn ausrauben wollten. Als letzte Gunst durfte er, in seine Poetengewänder gehüllt, am Achterdeck des Schiffes stehen und seine Leier spielen. Nachdem er eine Hymne auf Apollon gesungen hatte, stürzte er sich ins Wasser und wurde von einem Delphin, den sein Spiel bezaubert hatte, auf dem Rücken bis nach Tanaros auf dem Peloponnes gebracht. Von dort zog er weiter über Land und erreichte noch vor dem Schiff Korinth. Als er eintraf und seine Erlebnisse erzählte, glaubte Periander nicht ihm, sondern dem Kapitän, der behauptete, Arion sei in Italien geblieben. Zur Bestürzung der Seeleute erschien er dann vor ihnen – und sie wurden von Periander gekreuzigt.

Aristaios, Sohn des Apollon und der Nymphe Kyrene. Apollon sah, wie Kyrene auf dem Berg Pelion in Thessalien mit einem Löwen kämpfte, und er entführte sie nach Libyen, wo sie ihm Aristaios gebar. Entweder Apollon oder Hermes übergab das Kind der Gaia (Erde), und die Horen, die Göttinnen der Jahreszeiten, halfen bei seiner Erziehung. Die Musen unterwiesen ihn in den Künsten, die sein Vater beschützte, namentlich in der Heilkunst, dem Bogenschießen und der Weissagung, und in mancherlei Bauernweisheit, besonders der Bienen- und Olivenzucht und der Käsebereitung. Sie gaben ihm Kadmos' Tochter Autonoë zum Weib; ihr Sohn war Aktaion.

Aristaios lebte nun im Tempetal und verbreitete die bäuerlichen Künste im Volk, das ihn als Gott verehrte. Eines Tages erblickte er eine schöne Frau und verfolgte sie. Es war Eurydike, die Frau des Orpheus. Während sie fortlief, trat sie auf eine Schlange, die ihr einen tödlichen Biß beibrachte. Wegen dieses Vorfalls – auch wenn er zunächst den Zusammenhang nicht erkannte – wurden die Bienen des Aristaios krank und starben. Schwer betrübt suchte er seine Mutter Kyrene auf, die in ihres Vaters Haus unter den Wassern des Peneios lebte, und bat sie um Rat. Sie gebot ihm, Proteus zu fangen, den Alten vom Meer, der prophetische Kräfte besaß und ihm sagen konnte, was geschehen war und was er tun mußte. Proteus war schwierig zu fangen, weil er seine Gestalt verändern konnte. Aristaios überlistete ihn schließlich im Schlaf und erfuhr, warum seine Bienen umgekommen waren. Er erhielt den Auftrag, wieder zurück nach Tempe zu gehen, den Dryaden (Baumnymphen) vier Stiere und vier Ochsen, sowie dem Orpheus ein schwarzes Schaf zu opfern und nach neun Tagen wiederzukommen. Aristaios befolgte diese Anweisungen, und als er wiederkam, flogen Bienenschwärme um die Kadaver.

Nach dem Tod seines Sohnes Aktaion war Aristaios so betrübt, daß er fortging und auf der Insel Keos lebte (siehe Ikarios 2). Später reiste er nach Sizilien, Sardinien und Arkadien und lehrte die Menschen die Künste der Landwirtschaft. Er wetteiferte mit Dionysos, ob Bier (Met) oder Wein das bessere Getränk sei; Götter und Menschen zogen den Wein vor. Er begleitete Dionysos auf seiner Triumphreise und es wird oft behauptet, er habe den Gott als kleines Kind auf dem Berg Nysa genährt, aber es heißt auch, das habe seine Tochter

Ariadne auf Naxos (Josaphat Araldi; Amsterdam, Rijksmuseum)

Makris getan. Eine Weile lebte er mit Dionysos in Thrakien, dann verschwand er im Haimos-Gebirge. – Die Geschichte des Aristaios und seiner Bienen erzählt Vergil im vierten Teil der ›Georgica‹.

Aristodemos, Sohn des Aristomachos; siehe Temenos 3.

Aristomachos, Enkel des Hyllos und Vater von Temenos, Kresphontes und Aristodemos.

Arkas, Sohn des Zeus und der Kallisto. Als Kallisto mit ihm schwanger war, verwandelte Zeus sie in eine Bärin, entweder, um sie den neugierigen Blicken Heras zu entziehen oder um die Rache der Artemis abzuwehren, die ihre Herrin gewesen und über sie erzürnt war, weil Kallisto ihr Keuschheitsgelübde gebrochen hatte. Ihr Sohn Arkas wurde von Hermes gerettet (entweder aus ihrem Leichnam gezogen oder, als sie sich in die Bärin verwandelte, aus ihrem Körper geborgen) und Hermes' Mutter Maia auf dem Berg Kyllene zur Erziehung übergeben. Eine andere Darstellung der Geschichte erzählte, daß der arkadische König Lykaon, Kallistos Vater, das Kind aufzog, es aber dann zerstückelte und dem Zeus vorsetzte; Zeus machte Arkas wieder lebendig und verwandelte Lykaon in einen Wolf.

Arkas wurde König von Arkadien und gab dem Land seinen Namen. Er zeigte den Menschen, wie man webt, Getreide anbaut und Brot zubereitet – Fertigkeiten, die er von Triptolemos erlernt hatte. Eines Tages sah Arkas einen Bären in den Tempel des Zeus Lykaios trotten – oder er sah ihn während der Jagd – und schoß auf ihn. Das Tier war seine Mutter. Ob er sie tötete, wird aus der Überlie-

Dionysos und Ariadne (rotfigurige Schale)

ferung nicht deutlich; jedenfalls verwandelte Zeus sie in das Sternbild des Großen Bären und ihn in den Kleinen Bären.
Arkas hatte Erato, eine Dryade (Baumnymphe), geheiratet; nach seiner Verwandlung teilten sich seine Söhne das Reich.
Arne 1, Amme des Poseidon in Arkadien.
Arne 2, Thrakerin, die die Insel Siphnos für Gold an Minos verriet. Für ihre Gier wurde sie in eine Dohle verwandelt.
Arruns, etruskischer Name; findet sich in einigen der frühesten römischen Mythen.
Arruns 1, ein Verbündeter des Aeneas in Italien, der im Krieg zwischen den Trojanern und den Rutulern unter Turnus die volskische Kriegerin Camilla tötete. Dafür wurde er von Diana erschlagen, deren Dienste Camilla geweiht war.
Arruns 2, von Clusium. Nach einer mythischen Erzählung lockte er, ungefähr 400 v. Chr., die Gallier mit Wein nach Clusium, um sich an seinem Vormund Lucumo zu rächen, der seine Frau verführt hatte. Lucumo, ein Mann königlichen Geblütes, war zu mächtig und ohne Hilfe konnte er ihn nicht strafen, so sollten ihn die Gallier zu Fall bringen. Nach dem Überfall auf Clusium marschierten sie weiter gegen Rom und plünderten es (historisch belegt).
Arsinoë, Gemahlin des Alkmeon, Tochter des Königs Phegeus von Psophis, auch Alphesiboia genannt. Nachdem Alkmeon wahnsinnig geworden war, verließ er sie und wurde später von Arsinoës Brüdern getötet. Als sie dagegen protestierte, sperrten ihre Brüder sie in eine Truhe und verkauften sie als Sklavin an König Agapenor von Tegea. Ihr Ende ist unbekannt.
Arsippe, eine der Töchter des Minyas, die in Fledermäuse verwandelt wurden.
Artemis, eine der zwölf großen olympischen Gottheiten, Göttin der Jagd, des Bogenschießens, zugleich auch Beschützerin der wilden Tiere, der Kinder und alles Schwachen. Man dachte sie sich durch die Berge streifend, umgeben von einer Schar ihr ergebener Nymphen und unwillig gegen jeden, der in ihre oder ihrer Schützlinge Nähe kam. In der klassischen griechischen Literatur kennzeichnet sie ihre bewußt gewählte und entschlossen verteidigte Jungfräulichkeit; sie strafte alle, die diesen Zustand beenden wollten, erwartete von ihren Begleiterinnen ebenfalls Jungfräulichkeit und beschützte dieselben auch gegen sterbliche Männer und Frauen. Wahrscheinlich war aber Artemis ursprünglich keine jungfräuliche Göttin; sie scheint von einer Erd-Mutter abzustammen – daher auch ihre Verbindung zu der vielbrüstigen Göttin von Ephesos; folglich war sie auch Fruchtbarkeitsspenderin und Beschützerin der Neugeborenen. Artemis war die Tochter der Leto und Zwillingsschwester von Apollon; sie wurde entweder mit ihm auf Delos geboren oder kurz vor ihm auf Ortygia (das manchmal in den Berichten als selbständige Insel vorgestellt wurde); daher ihre Beinamen Delia und Kynthia (letzterer nach dem Berg Kynthos auf Delos). Selbstverständlich war Hera auf sie eifersüchtig, wie auf alle Nachkommen Zeus', die nicht von ihr waren: in der ›Ilias‹ schmäht sie sie, schüttet ihren Köcher aus und ohrfeigt sie, worauf sich Artemis schluchzend zu ihrem Vater flüchtet und auf seinen Schoß setzt. Mit Apollon zusammen nimmt sie Rache am Giganten Tityos, der ihre Mutter vergewaltigen wollte; sie erschlugen ihn, und er wurde zu ewiger Pein im Tartaros verdammt. Die beiden töteten auch fast alle Kinder der Niobe, die Leto dadurch beleidigt hatte, daß sie sich ihres zahlreichen Nachwuchses rühmte.
So wie man Apollon für den plötzlichen, aber natürlichen Tod der Männer verantwortlich hielt, so hielt man Artemis für die Todesbringerin der Frauen. In dieser Eigenschaft verband und verwechselte man sie auch mit der Hexengöttin Hekate, manchmal auch »Artemis der Kreuzwege« genannt, die ebenfalls eine Erdgöttin war und mit Artemis manches gemeinsam hatte, jedoch auch viel mit den Toten in Beziehung gebracht wurde.
Die Geschichte der Nymphe Kallisto mag sich ursprünglich auf Artemis selbst bezogen haben: unter ihren Benennungen ist auch der Beiname »die Schönste« *(kalliste)*. Kallisto, die Lieblingsgefährtin der Artemis, wurde von Zeus vergewaltigt und gebar Arkas. Nach einer Überlieferung verwandelte Artemis selbst Kallisto in eine Bärin und verjagte sie mit ihren Pfeilen, weil sie keine Jungfrau mehr war

und also ihren Eid gebrochen hatte. Andererseits hatte Artemis aber auch Mitleid mit Prokris, die ihren Gatten verlassen wollte, um als keusche Jägerin zu leben; die Göttin schenkte ihr den Hund Lailaps und einen unfehlbaren Speer (durch den sie später umkam).

Artemis kommt auch in der Geschichte des Riesenjägers Orion vor, von der es mehrere Darstellungen gibt. Nach einer wollte Orion Artemis Gewalt antun und wurde von ihren Pfeilen getötet. Eine gegensätzliche Überlieferung berichtete, daß sie sich in ihn verliebt habe und die Eifersucht Apollons weckte. Er und Artemis jagten einmal auf Kreta, als Apollon fern im Meer den schwimmenden Orion erblickte. Apollon, der wohl wußte, was das ferne Objekt sei, forderte Artemis heraus, dasselbe mit einem Pfeilschuß zu treffen, und brachte sie so dazu, den Geliebten zu töten. Nach einer anderen Übersetzung prahlte Orion, er werde alles Wild auf Erden erlegen; worauf Artemis (oder auch Gaia) einen Skorpion ausschickte, um ihn zu töten. Oder aber sie tötete ihn, weil er entweder Eos liebte und sie zu seiner Geliebten machte, oder weil er eine ihrer Nymphen namens Opis vergewaltigt hatte. Orion und seine Hunde, der Skorpion und Kallisto erhielten als Sternbilder einen Platz am Himmel.

Als die Riesen Otos und Ephialtes versuchten, Artemis und Hera zu schänden, konnte Apollon gerade noch dadurch rechtzeitig eingreifen, daß er einen Hirsch zwischen ihnen erscheinen ließ; die beiden schleuderten ihren Speer nach ihm und töteten sich gegenseitig. Im Kampf zwischen Göttern und Riesen besiegte Artemis Gration mit ihren Pfeilen. An Koronis, die sich einem Sterblichen hingab, während sie schon mit Apollons Sohn Asklepios schwanger war, rächte sich Artemis für ihren Bruder, indem sie sie mit einem Pfeilschuß tötete.

Artemis bestrafte viele Sterbliche, die sie beleidigt oder ihre Riten versäumt hatten. Unter ihnen war Aktaion, der sie baden sah. Weil sie fürchtete, er würde sich brüsten, ihre Nacktheit gesehen zu haben, verwandelte sie ihn in einen Hirsch, und augenblicklich zerrissen ihn seine Hunde. Oineus, der die Riten der Artemis bei seinem Erntefest vergaß, wurde zur Strafe von einem riesigen Eber heimgesucht, der sein Land verwüstete und zu der verhängnisvollen Kalydonischen Eberjagd führte. Admetos wurde für ein ähnliches Versäumnis bei seiner Hochzeit gestraft: Artemis füllte sein Bett (oder das Schlafgemach) mit Schlangen. Agamemnon mußte, bevor er von Aulis nach Troja segelte, die Göttin durch das Opfer seiner Tochter Iphigenie besänftigen – entweder weil er behauptet hatte, ein ebenso guter Jäger zu sein, oder weil er ein Versprechen, das er

Arion wird von Delphinen gerettet (Peter Paul Rubens, 1577–1640; auktioniert)

ihr vor Jahren gegeben, nicht gehalten hatte, oder weil Artemis als Beschützerin des Wildes verstimmt über das Omen zweier Adler war (die als Agamemnon und Menelaos bezeichnet wurden), die einen trächtigen Hasen zerrissen. Deshalb erlaubte sie dem Wind nicht, für Agamemnons Flotte zu blasen.

Andere Gottheiten, die ebenfalls für Artemis gehalten wurden, waren die kretischen Göttinnnen Britomartis und Diktynna, die Mondgöttin Selene (wodurch Artemis später auch als Phoibe bekannt war), möglicherweise Iphigenie (ursprünglich eine Lokalgottheit), und bei den Italern Diana.

Artemis spielt in den Tragödien des Euripides ›Hippolytos‹, ›Iphigenie auf Tauris‹ und ›Iphigenie in Aulis‹ eine hervorragende Rolle.

Ascanius, Sohn des Aeneas und seiner ersten Frau Krëusa. Er kam in Troja zur Welt und begleitete als Jüngling den Vater auf der langen Suche nach einer neuen Heimat für die restlichen Trojaner in Italien. Er beteiligte sich am Kampf gegen Turnus und errichtete die Stadt Alba Longa, dreißig Jahre nach der Gründung Laviniums durch Aeneas.

Nach dem Fall Trojas (Ilion) änderte man, laut Vergil, Ascanius' zweiten Namen Ilos in Iulus. Livius hat eine andere Auffassung, wonach Iulus und Ascanius zwei verschiedene Personen sind, und daß Ascanius der Sohn des Aeneas und der Lavinia war. Nach einer Verbesserung dieser Lesart hat Aeneas einen zweiten Sohn Silvius, den Lavinia nach seinem Tod zur Welt gebracht hat. In der Überlieferung von Vergil dagegen ist Silvius der Sohn des Ascanius.

Vergils Darstellung bekräftigt den Anspruch der julischen Caesaren, von Iulus, und damit von Aeneas und der Göttin Venus, abzustammen.

Asios 1, trojanischer Krieger, jüngerer Bruder der Hekabe und Sohn des phrygischen Königs Dymas.

Asios 2, trojanischer Krieger, Sohn des Hyrtakos und König von Perkote.

Askalabos, Sohn der Misme. Auf ihrer langen Suche nach Persephone kam die Göttin Demeter auch nach Attika, wo sie in einem Haus einkehrte und um einen Trunk zu ihrer Erfrischung bat. Misme gab ihr eine Schale *kykeon,* eine Mischung aus Gerstenmehl, Wasser und Minze. Demeter trank so gierig, daß Askalabos sie auslachte; ärgerlich schüttete Demeter ihm den Rest ins Gesicht und verwandelte ihn in die gefleckte Eidechse, wie sein Name besagt.

Askalaphos 1, Sohn des Ares und Bruder des Ialmenos, die gemeinsam über Orchomenos in Böotien herrschten. Sie führten dreißig Schiffe als Beitrag zur Streitmacht in den Trojanischen Krieg. Deiphobos, der beabsichtigte, seinen Speer nach Idomeneus zu werfen, tötete Askalaphos.

Askalaphos 2, Sohn des Flusses Acheron und der Nymphe Orphne oder Gorgyra. Nachdem Zeus Persephones Mutter Demeter verspro-

Artemis und Apollon töten Niobes Kinder (attischer Kelchkrater aus Orvieto, 5. Jh. v. Chr.; Paris, Louvre)

Artemis verwandelt Aktaion in einen Hirsch – seine Hunde fallen ihn an (Wandmalerei im Hause des Sallust, Pompeji; heute zerstört)

chen hatte, sie dürfe in die Oberwelt zurück, wenn sie während ihres Aufenthalts in der Unterwelt nichts gegessen hätte, verriet Askalaphos dem Hades, Persephone habe ein paar Granatapfelkerne verzehrt; und sie verwandelte ihn in eine Eule. In einer anderen Überlieferung heißt es, daß es Demeter war, die ihn für seinen Verrat bestrafte, indem sie ihn unter einem schweren Stein im Hades gefangen hielt. Als sich Herakles dort aufhielt, rollte er den Stein fort, worauf Demeter Askalaphos in eine Eule verwandelte.

Asklepios (lat. Aesculapius), Gott der Heilkunst. Er war der Sohn des Apollon und der Koronis, der bei seiner Geburt von Hermes oder von seinem Vater aus dem Leib der toten Mutter gezogen (die Artemis getötet hatte) und zu Chiron gebracht wurde, der ihn aufzog und ihm die medizinischen Künste beibrachte. – Es gibt noch andere Überlieferungen über seine Geburt: Das Volk von Epidauros, wo sich sein Haupttempel und das Zentrum seiner Verehrung befand, glaubte, daß Koronis das Kind zur Welt brachte, während sie mit ihrem Vater in der Stadt weilte. Dann setzte sie es auf dem Berg Myrtion aus, wo es von einer Herde Ziegen gesäugt und von dem Hirten gefunden und aufgezogen wurde, obwohl dieser sich über die Blitzstrahlen am Leib des Kindes entsetzte. In Messenien aber behauptete man, des Asklepios Mutter sei Arsinoë gewesen, die Tochter des Leukippos.

Asklepios heiratete Epione und hatte zwei Söhne, Machaon und Podaleirios, die am Trojanischen Krieg beteiligt waren und die Verwundeten versorgten. Trotz seiner Göttlichkeit glaubte man, daß Asklepios gestorben sei. Seinen Tod bewirkte Zeus, der ihn mit einem Donnerkeil erschlug, weil er es gewagt hatte, Tote lebendig zu machen. Asklepios' Vater Apollon rächte sich, indem er Zeus' Söhne, die Kyklopen, tötete (die ihrem Vater die Blitze schmiedeten); zur Strafe hierfür wiederum legte Zeus dem Apollon die einjährige Knechtschaft am Hofe des Admetos auf.

Schlangen waren dem Asklepios heilig, und

Persephone verwandelt Askalaphos in eine Eule (Kupferstich von Briot)

man sagte, er habe sich in ihnen verkörpert. Als er im Jahre 293 v. Chr. auch in Rom angebetet wurde, gelangte er aus Epidauros in Gestalt einer Schlange dorthin, die an Land geschwommen und sich dort ihr Lager gesucht haben soll. Asklepios wurde durch Apollon zum Sternbild des Schlangenträgers (Ophiuchos) am Himmel.

Asopos, Gottheiten zweier Flüsse gleichen Namens, die häufig verwechselt werden. Der eine Strom fließt durch das Gebiet Sikyons in den Golf von Korinth, der andere durch Böotien in das Ägäische Meer. Ihre Götter waren Söhne des Okeanos und der Tethys. Einer von ihnen heiratete die Nymphe Metope, eine Tochter des Flusses Ladon. Sie hatten zwei Söhne, Ismenos und Pelagon, und zwanzig Töchter, darunter Aigina. Der Flußgott suchte nach ihr und erfuhr von König Sisyphos von Korinth, daß Zeus sie auf die Insel Oinone entführt hatte (später nach ihr Aigina genannt). Als er Zeus verfolgte, wurde er mit Donnerkeilen vertrieben. Aus diesem Grund fand man noch jahrelang glühende Kohlen in seinem Flußbett. Andere Töchter des Asopos gaben Inseln, Städten und Flüssen ihren Namen: Salamis, Korkyra, Thebe, Ismene.

Assarakos, trojanischer Prinz, Sohn des Tros.

Astakos, Thebaner; Vater von Ismaros, Leades, Amphidokos und Melanippos; seine Söhne halfen bei der Verteidigung Thebens gegen die Sieben.

Asteria, Titanin, Tochter des Koios und der Phoibe; sie heiratete Perses und gebar die Göttin Hekate. Als Zeus ihr nachstellte, sprang sie in Gestalt einer Wachtel ins Meer. An jener Stelle tauchte später die Insel Delos auf, die man zunächst Asteria oder Ortygia nannte, nach *ortyx,* einer Wachtelart (manchmal auch als selbständige Insel beschrieben). Als Asterias Schwester Leto schwanger war, begab sie sich auf diese Insel, um Apollon und Artemis zu gebären.

Asterion siehe Inachos.

Asterios oder **Asterion 1,** kretischer König; Sohn des Tektamos, der die Insel mit Äolern und Pelasgern kolonisiert hatte. Als Europa nach Kreta kam, heiratete Asterios sie und adoptierte ihre drei Zeus-Söhne Minos, Rhadamanthys und Sarpedon. Da er selbst keine

Söhne hatte, war Minos sein Nachfolger. Asterios und Europa hatten eine Tochter namens Krete. Mit dem Namen Asterios bezeichnete man manchmal auch den Minotauros.

Asterios 2, Sohn des Minos, von Theseus getötet.

Asterodeia, Frau des Aietes.

Asterope, eine der Pleiaden; oft auch Sterope genannt; wurde auch für die Mutter des Oinomaos von Pisa in Elis gehalten.

Astraios (der Sternenhelle), Name eines Titanen, der die Morgenröte Eos heiratete.

Astyanax, kleiner Sohn von Hektor und Andromache. In der ›Ilias‹ fürchtet er sich vor dem Roßhaarbusch an Hektors Helm; Hektor betet für ihn um Kampfesglück. Sein eigentlicher Name war Skamandrios, aber alle nannten ihn Astyanax (Herr der Stadt), weil sein Vater Trojas einzige Hoffnung war. Als die Stadt fiel, stürzte ihn entweder Menelaos oder Neoptolemos von der Stadtmauer, weil Odysseus geraten hatte, keinen männlichen Nachkommen Priamos' zu schonen. Als Sarg diente der Schild seines Vaters. Sein Tod wird in Euripides' Tragödie ›Die Troerinnen‹ beschrieben. Eine andere Überlieferung behauptet, Astyanax sei in griechische Gefangenschaft geraten und später heimgekehrt, um über ein neuerbautes Troja zu herrschen.

Astydameia. Über ihre Abstammung herrscht Unklarheit; die Tochter des Kretheus oder Pelops oder Amyntor; Gattin des Königs Akastos von Iolkos. Sie verliebte sich in Peleus, der nichts von ihr wissen wollte; doch sagte sie ihrem Gatten, er habe ihr Gewalt antun wollen. Zur Strafe nahm Akastos ihn mit zur Jagd auf den Berg Pelion und verließ dort den schutzlos Schlafenden. Von Chiron gerettet, kehrte Peleus danach mit seinem Gefolge und einigen Argonauten nach Iolkos zurück. Er tötete Astydameia und zog mit seiner Armee zwischen den beiden Hälften ihres Körpers hindurch.

Astyoche 1, Tochter des Flusses Simoeis; Frau des Erichthonios 2 und Mutter des Tros.

Astyoche 2, Tochter des Priamos; heiratete Telephos.

Astyoche 3, Tochter des thesprotischen Königs Phylas; von Herakles gebar sie ihm Tlepolemos.

Astypalaia, Tochter des Agenor oder seines Sohnes Phoinix. Sie soll dem Poseidon die Argonauten Ankaios und Eurypylos geboren haben. Eine der Kykladen-Inseln hieß nach ihr.

Atalante, berühmte Jägerin. Ihre Geschichte wird in zwei Überlieferungen erzählt, einer böotischen und einer arkadischen. Wie Artemis war sie nicht nur Jägerin, sondern auch Jungfrau aus Überzeugung. In der arkadischen Version ist Iasos, der Sohn des Lykurgos, ihr Vater; in der böotischen Schoineus, der Sohn des Athamas. Nach beiden Berichten ist ihre Mutter Klymene, die Tochter Minyas'.

Im Säuglingsalter wurde Atalante von ihrem Vater, der keine Tochter wollte, ausgesetzt. Eine Bärin fand und säugte sie, bis Jäger sie entdeckten und aufzogen. So entwickelte sie eine Vorliebe für das Jagen und für alle männlichen Tätigkeiten, während sie mit der Ehe oder den Künsten und Listen der Frauen nichts zu tun haben wollte. Als die beiden Kentauren Rhoikos und Hylaios sie vergewaltigen wollten, tötete sie die beiden mit ihren Pfeilen. Sie wollte mit den Argonauten ziehen, doch lehnte Jason ab, weil die Gegenwart einer Frau zu Eifersüchteleien führen könnte. Als die Argonauten wieder in Griechenland waren und Peleus starb, beteiligte sich Atalante an den Begräbnisspielen und besiegte Peleus im Ringkampf.

Ihre Berühmtheit verdankt sie vor allem zwei Mythen: der Kalydonischen Eberjagd und dem Wettlauf, bei dem derjenige, der sie besiegte, sie zur Frau haben sollte. In Kalydon gehörte Atalante zu jenen, die Jagd auf den Eber machten. Ankaios und Kepheus (möglicherweise ihre Onkel) lehnten es ab, eine Frau mitzunehmen, doch Meleagros, der Atalante liebte, erzwang es, daß sie mitgenommen wurde. Atalante gab den ersten Schuß auf den Eber ab, doch war es Meleagros, der das Tier schließlich erlegte. Das Fell schenkte er Atalante, weil sie die erste Verletzung erzielt hat-

Asklepios mit Hygieia, der Göttin der Gesundheit (römische Kopie einer griechischen Plastik aus dem 4. Jh. v. Chr.; Rom, Vatikanische Museen)

Atalante und Hippomenes (Guido Reni, 1575–1642; Neapel, Galleria Nazionale di Capodimonte)

te, doch versuchten die Brüder seiner Mutter, es ihr wegzunehmen. Deshalb erschlug Meleagros sie und wurde seinerseits von seiner Mutter Althaia erschlagen; so konnte er Atalante niemals heiraten.

Nach dieser Episode drang Atalantes Ruhm auch ihrem Vater zu Ohren, der gewahr wurde, daß sie sein Kind war. Er verlangte, daß sie sich vermählte, doch stellte sie – eheunwilliger denn je – die Bedingung, ihr Gatte müsse sie im Wettlauf besiegen. Wer aber verliere, werde getötet. Trotz dieser Klausel wagten es viele von ihrer Schönheit hingerissene junge Männer; aber obwohl sie stets bekleidet oder sogar mit ihren Waffen lief, während die Bewerber nackt waren, besiegte sie alle und tötete sie. Schließlich wurde sie aber, mit Aphrodites Hilfe, geschlagen. Einem Jüngling – nach der arkadischen Überlieferung ist es Meilanion, in der böotischen Hippomenes – schenkte Aphrodite drei goldene Äpfel, die sie aus ihrem Garten Tamasos auf Cypern bei sich hatte. Indem er diese Äpfel auf die Bahn warf, hinderte er Atalante dreimal daran, ihn zu überholen; denn sie hob – aus Neugierde oder aus Habsucht oder weil sie ihn gewinnen lassen wollte – jedesmal die Äpfel auf und blieb zurück. Jedoch vergaß der Jüngling, seine Gelübde gegenüber Aphrodite zu erfüllen. Mehr noch, als sie heimkehrten, vollzog er die Vereinigung mit Atalante in einem Tempelbereich, und für dieses Sakrileg verwandelte Aphrodite beide in Löwen; denn Löwen, so glaubte man, paaren sich nicht mit ihresgleichen, sondern mit Leoparden. Nach dem römischen Elegiendichter Properz gewann Meilanion Atalante, weil er die Gefahren der Jagd mit ihr teilte, und nicht durch einen Wettlauf. Nach einer anderen Darstellung ist Atalante die Mutter des Parthenopaios (Sohn einer Jungfrau), den sie als kleines Kind aussetzte; und wie sie selbst wurde auch er von Landleuten aufgezogen.

Ate, älteste Tochter des Zeus; ihre Mutter war Eris (Zwietracht). Ate war die Verkörperung der blinden Torheit, machte ihre Opfer für vernunftgemäße Erwägungen unzugänglich und blind für edle oder würdige Unternehmungen.

In der ›Ilias‹ entschuldigt Agamemnon sein Verhalten gegenüber Achilleus, indem er den Betrug Ates an Zeus zur Zeit von Herakles' Geburt erzählt. Von ihr beeinflußt, schwor Zeus einmal, daß ein Kind von seinem eigenen Blut geboren werden würde und über Argos und die benachbarten Länder herrschen solle. Er meinte damit Herakles, doch ließ Hera dessen Geburt durch Eileithyia verzögern und sorgte dafür, daß eine verfrühte Geburt des Eurystheus stattfand. So mußte Herakles dem Eurystheus, der ihm weit unterlegen war, dienen, und Zeus' Schwur ging anders als beabsichtigt in Erfüllung. Zeus in seinem Zorn schleuderte Ate vom Olymp und befahl ihr, sich nie wieder dort sehen zu lassen; so mußte sie weiterhin unter den Menschen leben. Später sandte Zeus die Gebete (Litai), die Ate überallhin folgen sollten, um den Menschen die Möglichkeit zu geben, den angerichteten Schaden wiedergutzumachen.

Athamas, Sohn des Königs Aiolos von Thessalien. Er wurde König von Orchomenos in Böotien und heiratete die Nymphe Nephele (Wolke), die ihm Phrixos und Helle gebar. Später trennte er sich von Nephele oder wurde von ihr verlassen und heiratete Ino, die Tochter des Kadmos und der Harmonia von Theben. Aus dieser Ehe entsprossen zwei Söhne, Learchos und Melikertes. Ino jedoch ärgerte sich über die Existenz der Kinder Nepheles und faßte folgenden Plan, um sie umzubringen: Sie bestach einige Frauen aus Orchomenos, das Saatgut zu rösten und dadurch wertlos zu machen. Als daraufhin die Ernte ausfiel und ihr Gatte das Delphische Orakel befragte, ließ sie ihm durch gedungene Boten sagen, daß Phrixos (und vielleicht auch Helle) dem Laphystischen Zeus geopfert werden müsse, um die Hungersnot abzuwenden. Als Athamas dem Knaben eben das Messer an die Kehle setzte, erschien ein geheimnisvoller Widder, den auf Bitten Nepheles Hermes gesandt hatte (oder auch Zeus, der Menschenopfer verabscheute). Dieser Widder konnte sprechen und sein Rückenfell war aus goldener Wolle. Phrixos und Helle sprangen auf Geheiß des Widders sogleich auf seinen Rücken, und er trug sie davon; man sah sie in Griechenland nie wieder.

Als Kind stand Dionysos eine Zeitlang unter der Obhut Inos, der Schwester seiner Mutter Semele, und Athamas'. Hera war auf diesen neuen Sohn des Zeus eifersüchtig und rächte sich an seinen Pflegeeltern, indem sie sie mit Wahnsinn schlug. Athamas durchbohrte seinen Sohn Learchos mit einem Pfeil und tötete ihn. Ino rannte, mit ihrem jüngeren Sohn Melikertes im Arm, davon und stürzte sich vom Molurischen Felsen zwischen Megara und Korinth ins Meer. (Nach einem anderen Bericht kochte sie ihn in einem Kessel.) Die Leiche Melikertes' wurde von einem Delphin an Land getragen und von seinem Onkel, König Sisyphos von Korinth, gefunden, der ihm zu Ehren die Isthmischen Spiele stiftete. Dionysos verwandelte später Ino und Melikertes in die Meeresgottheiten Leukothea und Palaimon, die Schiffern in Seenot halfen.

Athamas, der nun seine gesamte Familie verloren hatte, wurde aus seinem Reich verbannt und begab sich nach Delphi, um das Orakel zu befragen. Er bekam die Antwort, daß dort seine Bleibe sein werde, wo wilde Tiere ihn mit sich essen ließen. Auf seiner Wanderung durch Thessalien stieß er auf Wölfe, die ein Lamm rissen; bei seinem Anblick liefen sie fort und überließen ihm den Rest ihrer Mahlzeit. Athamas siedelte sich dort an und nannte die Stätte Athamantia. Als er ein Greis war, verkündete ein Orakel, er sei der Sündenbock für das Volk des thessalischen Achaia. Daraufhin entging er nur dadurch der Opferung an Zeus, daß sein Enkel Kytissoros, der Sohn des Phrixos, der mit den Argonauten aus Kolchis gekommen war, erschien und ihn rettete. Jedoch erließ das Volk von Halos in Achaia ein Gesetz, wonach das älteste Mitglied der von Phrixos abstammenden Familie die Stadt bei Strafe der Opferung nicht betreten durfte. Es ist anzunehmen, daß Euripides' nicht mehr auffindbare Tragödie ›Ino‹ eine ganz andere Darstellung bot, in der eine dritte Frau des Athamas, Themisto, eine Rolle spielte. Im Alter erhielt Athamas von dem neuen Herrscher über Orchomenos, Andreus, das Gebiet um den Berg Laphystion. Da er keine Erben hatte, adoptierte er zwei Enkel seines Bruders Sisyphos. Als aber Phrixos' Kinder heimkehrten, wurden sie die Erben des Athamas.

Athene, Tochter des Zeus, eine der zwölf großen olympischen Gottheiten. Athene war die Schutzgöttin des Krieges, der Weisheit und der Künste. Sie war eine Stadtgottheit und hatte Tempel in vielen der führenden griechischen Städte. Obwohl Jungfrau, verabscheute

Die Geburt der Athene aus dem Haupt des Zeus, links Hephaistos mit der Axt (rotfigurige Vase, 5. Jh. v. Chr.; London, Britisches Museum)

sie aber, im Gegensatz zu Artemis, die Männer nicht, sondern liebte Männergeschäfte und begleitete die Krieger gern in die Schlacht. Ihr Symbol ist die Eule, die man mit der Weisheit verbindet. Die Römer stellten sie mit Minerva gleich, einer Göttin der Häuslichkeit und der Handwerker.

In Kunst und Literatur begegnet man ihr in voller Rüstung, mit Helm, Rundschild und Speer; über der Brust trägt sie die *aigis,* einen mit Quasten verzierten Brustpanzer aus Ziegenfell. Ihr Schild ist mit dem Gorgonenhaupt bemalt, und oft wird sie mit einer Eule auf der Schulter dargestellt.

Als Hephaistos das Haupt des Zeus mit einer Axt spaltete, trat Athene hervor, völlig erwachsen, gerüstet und zum Kampfe bereit. Für diese »Geburt« gab es verschiedene Erklärungen. Gewöhnlich meinte man, Zeus habe die weise Titanin Metis, deren Name »kluger Rat« bedeutet, zur Ehe mit ihm bewogen. Sie war es, die Zeus' Vater Kronos veranlaßt hatte, seine übrigen Kinder auszuspeien und so Poseidon und Hades hervorzubringen. Als sie schwanger wurde, warnten Gaia und Uranos – oder Prometheus – Zeus, wenn sie noch ein zweites Kind habe, so werde es mächtiger als sein Vater werden und Himmel und Erde beherrschen. Aus Angst hiervor verschlang Zeus Metis. In einer anderen Fassung verfolgte Zeus, der zwar von ihrer Weisheit Vorteile haben, aber nicht die Geburt eines ihm gefährlichen Sohnes in Kauf nehmen wollte, Metis mit seiner Liebe, weil er wußte, daß sie Jungfrau bleiben wollte und ihre Gestalt ändern würde, um ihm zu entgehen. Als aus ihr endlich eine Fliege wurde, verschluckte Zeus sie. Jedenfalls gelangte Metis in das Haupt des Zeus, aus welchem schließlich Athene in Erschienung trat. Der Beiname Tritogeneia, ein Wort unbekannter Bedeutung, führte zu der Annahme, Athene sei an einem See oder Fluß namens Trito oder Tritonis zur Welt gekommen, deren es mehrere in Böotien, Arkadien und Libyen gab. Eine andere Erklärung war, daß sie der Meeresgott Triton aufgezogen habe. Die Leute von Alalkomenai in Böotien aber, deren Stadt nahe dem Fluß Tritonis lag, behaupteten, Athene sei von dem Stadtgründer Alalkomeneus aufgezogen worden.

Athene lieh vielen tüchtigen Abenteurern ihre Hilfe, namentlich Perseus, Bellerophon, Herakles, Jason, Diomedes und Odysseus. Sie war auch die hervorragendste Kämpferin der Griechen vor Troja. Athene half Perseus, weil sie die Vernichtung der schönen Gorgone Medusa wünschte, die sie beleidigt hatte; daraufhin hatte die Göttin ihr ein so schreckliches Aussehen gegeben, daß jeder, der sie ansah, zu Stein erstarrte. Als sich Perseus erbot, dem König Polydektes das Gorgonenhaupt zu bringen, schenkte Athene ihm die geflügelten Sandalen, den Mantelsack und die Tarnkappe, die er dazu brauchte. Als Perseus die Tat vollbracht hatte, gab er Athene den abgeschnittenen Kopf, den sie seither auf ihrem Schild trug.

Athenes größtes Heiligtum war der Parthenon-Tempel in Athen. Sie gewann die Stadt aber nicht kampflos, da auch Poseidon den Ort beanspruchte. Es kam zu einem Wettstreit, bei dem Poseidon auf der Akropolis eine Quelle mit Salzwasser entspringen ließ. Athenes Antwort war das Emporwachsen eines Ölbaumes. Da dies als die nützlichere Gabe erschien, fiel die Wahl der Athener auf die Göttin und nicht auf den Gott. Poseidon überschwemmte in seinem Zorn Attika, doch da die Athener ihn gleich nach Athene verehrten, lenkte er ein und schenkte der Stadt seine Gunst.

In Troja gab es vermutlich bis zum Krieg ein besonderes hölzernes Bildnis Athenes, das Palladion, das vom Himmel gefallen war. Man glaubte, die Zitadelle sei uneinnehmbar, solange es sich dort befände. Darum beschlossen die Griechen auf den Rat des Helenos, eines trojanischen Sehers, den sie gefangengenommen hatten, das Standbild zu entführen; und so schlichen sich Diomedes und Odysseus bei Nacht nach Troja hinein und entwendeten das Bild mit Helenas Hilfe. Über seinen Verbleib nach dem Untergang Trojas gibt es unterschiedliche Angaben. Bei einem anderen trojanischen Athene-Heiligtum schändete Aias, der Sohn des Oileus, Kassandra, die sich an dem Standbild der Göttin festhielt. Durch die Heftigkeit Aias' stürzte es um und wandte gleichzeitig seine Augen von der Freveltat ab. Hiernach zog Athene ihre Hand von den Griechen ab, ausgenommen Odysseus, den sie sehr liebte und in seine Heimat zurückführte – wenn auch erst nach zehn Jahren, aber das lag an Poseidons Feindseligkeit.

Athenes Name Pallas ist schwer zu erklären. Es kann sein, daß sie ihn von dem Giganten Pallas übernahm, den sie im Krieg zwischen Göttern und Riesen tötete. Man erzählt auch, daß sie als Kind versehentlich eine Spielgefährtin namens Pallas getötet hätte und aus Reue den Namen der Freundin annahm. Doch wird der Name auch als ursprüngliche Bezeichnung jener kriegerischen Göttin verstanden, die in mykenischer Zeit Athenes Vorgängerin war. Über weitere Verbindungen zwischen Athene und Athen berichtet die Erzählung über Erichthonios und die Geschichte über das Gericht gegen Orestes. Die erstere, eine etwas rohe Erzählung, spricht von der Zeit, wo Hephaistos der Athene nachstellte und sie zu vergewaltigen suchte. Die wehrhafte Jungfrau widerstand erfolgreich, und der göttliche Samen befruchtete den Erdboden, aus welchem später Erichthonios (der Erdgeborene) hervorging. Die Göttin gab ihn in die Obhut von König Kekrops' Töchtern, indem sie ihn in eine Truhe legte und ihnen verbot hineinzuschauen. Zwei der Mädchen konnten jedoch ihre Neugier nicht zähmen, sahen in die Truhe und erblickten eine Schlange (oder ein Kind mit Schlangenschwanz, oder von einer Schlange umringelt), worauf sie von der Akropolis sprangen. Die Göttin rettete das Geschöpf und zog es in ihrem Heiligtum auf, und später wurde aus ihm der König von Athen.

Orestes, von den Furien um den Erdball gejagt, nachdem er seine Mutter Klytämnestra ermordet hatte, gelangte endlich nach Athen. Hier gewährte ihm Athene Schutz, wobei sie die athenische Sitte des Geschworenengerichts und der Gastfreundschaft gegen Fremde gründete. Sie veranlaßte, daß gegen ihn vor dem Areopag verhandelt wurde, und als sich Stimmengleichheit ergab, stimmte sie zu seinen Gunsten. Daraufhin wurden die Furien in Athen unter dem Namen Eumeniden verehrt, »Günstiggesinnte«. Als Orestes und Iphigenie auf der taurischen Halbinsel (Krim) dem Tode geweiht zu sein schienen, rettete sie sie erneut. Sowohl Athene wie Ares sind Kriegsgottheiten, doch bilden sie einen Kontrast. Die Griechen, und besonders Homer, hatten eine Vorliebe für Athene. Sie verkörpert Intelligenz und Strategie, gegenüber dem wilden und sinnlos wütenden Ares. In der ›Ilias‹ mißt sie sich dauernd mit ihm; einmal lieferte sie ihm einen Kampf zugunsten Diomedes', indem sie dessen Speer in Ares' Leib lenkte, so daß der Gott schmerzerfüllt vom Schlachtfeld floh. Ebensosehr wie Zeus Athene liebte, so verabscheute er Ares.

Atlas, Titan, Sohn des Iapetos und der Okeanide Klymene; sein Name bedeutet wahrscheinlich »Träger« oder »Dulder«. Er heiratete die Okeanide Pleione.

Während man sich ihn ursprünglich als Wächter der Himmelssäulen dachte, glaubte man später, der Himmel würde von ihm getragen. Atlas war geweissagt worden, daß eines Tages

Athene, mit dem Medusenhaupt auf ihrem Schild, begegnet Bellerophon mit Pegasos auf dem Weg zum Olymp (Wandmalerei aus Pompeji; Neapel, Museo Archeologico Nazionale)

Der in Stein verwandelte Atlas (Gouache von Edward Burne-Jones, 1833–1898; Southampton, Art Gallery)

ein Sohn des Zeus kommen und die goldenen Äpfel stehlen würde, die die Schlange Ladon im Garten der Hesperiden bewachte, der sich in der Nähe befand. Als daher Perseus des Weges kam, verweigerte Atlas ihm die Gastfreundschaft, wofür Perseus ihm das Haupt der Gorgone Medusa zeigte, so daß er zu Stein wurde; daher das Atlasgebirge in Marokko. Die weit ausgedehnten Verbindungen seiner Töchter jedoch, der sieben Pleiaden und der fünf Hyaden, deuten darauf hin, daß der Zusammenhang zwischen Atlas und der Gebirgskette nur eine untergeordnete Bedeutung hat.

Auch Herakles, der zwei Generationen jünger als Perseus war, soll eine Begegnung mit Atlas gehabt haben. Nach dieser Überlieferung wollte Herakles bei seiner elften Arbeit die Äpfel der Hesperiden holen, und Atlas erbot sich gutmütig, sie ihm zu bringen. Als er wiederkam, sagte er zu Herakles, er wolle die Äpfel lieber selber dem Eurystheus aushändigen; denn er plante, jetzt dem Herakles für immer die Last des Himmels aufzubürden. Herakles aber tat so, als müsse er das Gewicht auf seinen Schultern noch zurechtrücken, und übertrug Atlas mit dieser List wieder sein Amt. So büßte Atlas die Äpfel ein und die Chance, seiner Last ledig zu werden.

Atreus, Sohn des Pelops und der Hippodameia. Er wurde König von Mykene und ist vor allem bekannt durch die unversöhnliche Fehde mit seinem Bruder Thyestes sowie als Vater von Agamemnon und Menelaos (oder auch als deren Großvater, da sein Sohn Pleisthenes gelegentlich als deren Vater gilt). So wie Pelops' Vater Tantalos durch seine Verruchtheit einen Fluch auf sich und sein Geschlecht herabgezogen hatte, und wie Pelops selber von Hermes für den Tod des Myrtilos verdammt wurde, so verfluchte Pelops seine Kinder, weil sie ihren Halbbruder Chrysippos ermordet hatten, um ihre Mutter zufriedenzustellen. Pelops, der durch die Heirat mit Hippodameia König von Pisa in Elis geworden war, verbannte Atreus und Thyestes für ihre Schandtat aus seinem

Reich. Sie gingen zu König Sthenelos von Mykene, dem Gatten ihrer Schwester Nikippe; und er gab ihnen die Herrschaft über die Stadt Midea. Aërope, die Tochter des Königs Katreus von Kreta, wurde von Atreus als Sklavin gekauft und zu seiner Frau gemacht; sie gebar ihm Agamemnon und Menelaos (oder, nach einer anderen Lesart, deren Vater Pleisthenes). Aber Aërope verliebte sich in ihren Schwager Thyestes und betrog ihren Gatten folgendermaßen: Atreus hatte gelobt, in jenem Jahr das schönste Lamm aus seinen Herden der Artemis zu opfern. Um ihn zu prüfen, sandte ihm die Göttin ein Lamm mit goldenem Vlies, das Atreus in seiner Gier tötete, während er das Vlies in einer Schatztruhe verwahrte; Aërope aber gab es heimlich dem Thyestes. Nun waren sowohl Sthenelos wie sein Erbe Eurystheus gestorben, und die Untertanen befragten das Delphische Orakel, das ihnen auftrug, sich einen König unter den Herrschern von Midea zu wählen. Da sie sich auf keinen der beiden Brüder einigen konnten, schlug Thyestes vor, sie sollten denjenigen erwählen, der ein goldenes Vlies vorweisen könnte. Atreus stimmte natürlich zu, da er sich im Besitz eines solchen glaubte. Zu seinem Erstaunen aber war es Thyestes, der eines vorzeigte; und so wurde er der König.

Doch bald sollte er sein Reich einbüßen. Denn auf Anweisung des Zeus, der den Ehebruch mit Aërope mißbilligte, suchte Hermes Atreus auf und gebot ihm, mit Thyestes zu vereinbaren, daß dieser den Thron behalten dürfe, sofern nicht Atreus ein noch größeres Wunder wirken würde, nämlich den Lauf der Sonne umzukehren und die Pleiaden am Himmel rückwärts wandern zu lassen. Thyestes, der seinen Bruder nun für wahnsinnig hielt, willigte in den Handel ein; doch das Unglaubliche wurde Ereignis, und er mußte den Thron räumen. Atreus sandte ihn sofort ins Exil, doch als er kurz darauf entdeckte, daß Thyestes ihn in der Sache mit dem Vlies überlistet hatte, reute ihn seine Milde. Er heuchelte guten Willen und lud seinen Bruder zu einem Festmahl (oder aber Thyestes kam ungeladen als Bittsteller zu ihm). Thyestes hatte drei Söhne, die Zuflucht beim Altar des Zeus gesucht hatten; doch Atreus mordete sie und ließ sie seinem Bruder beim Mahl auftragen. Nachdem Thyestes gegessen hatte, zeigte Atreus ihm die Hände und Füße seiner toten Kinder und sagte ihm, was er gegessen hatte. Thyestes ging erneut ins Exil, verfluchte seinen Bruder und fragte das Delphische Orakel, wie er sich an ihm rächen könne. Die Antwort war, daß er ein Kind mit seiner eigenen Tochter Pelopia haben müsse. Er näherte sich ihr, ohne daß sie ihn erkannte (nach einer anderen Überlieferung wußte auch er nicht, wer sie war); doch nahm sie ihm das Schwert weg und versteckte es unter einer Athene-Statue.

Infolge von Thyestes' Fluch und Atreus' Verruchtheit kam eine Hungersnot über das Land Argos. Atreus befragte ein Orakel, um herauszufinden, wie er sühnen könne, und bekam den Rat, Thyestes heimzuholen. Er forschte nun nach seinem Bruder und begegnete auf seinen Wanderungen Pelopia wieder, die sich am Hof des Königs Thesprotos von Thesprotien in Epirus befand. Er verliebte sich in sie und bat Thesprotos um ihre Hand; worauf Thesprotos, der ihre wahre Herkunft nicht verraten mochte, sie als seine Tochter ausgab und sie, schwanger wie sie war, mit ihm vermählte. Als ihr Kind Aigisthos geboren wurde, setzte sie es aus. Atreus hatte jedoch von dem Kind vernommen, das von einem Ziegenhirten gefunden worden war, und holte es an den Hof. Inzwischen sandte er seine Söhne (oder

Atlas trägt das Himmelsgewölbe auf seinen Schultern (römisch; Neapel, Museo Archeologico Nazionale)

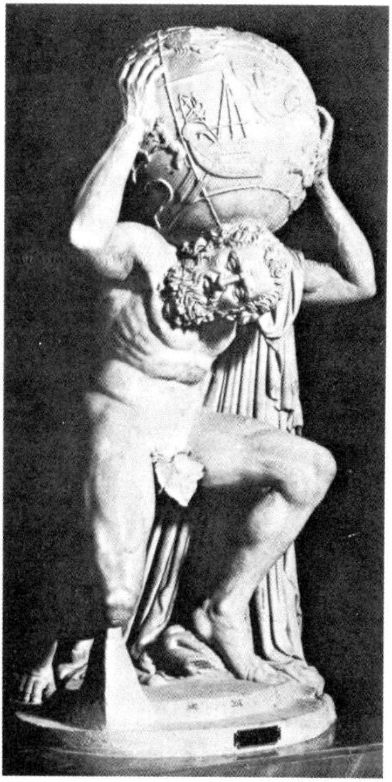

Der gefesselte Prometheus und Atlas mit dem Himmelsgewölbe (schwarzfigurige Schale, Mitte 6. Jh. v. Chr.; Rom, Vatikanische Museen)

Enkel) Agamemnon und Menelaos nach Delphi, um zu erkunden, wo sein Bruder Thyestes zu finden sei. Thyestes, der noch immer gewillt war, seinen Bruder zu bestrafen, besuchte das Orakel zufällig zur selben Zeit, wurde von Agamemnon und Menelaos erkannt, gepackt und nach Mykene geschleppt. Dort sperrte Atreus ihn ein und schickte den nun erwachsenen Aigisthos zu ihm in die Zelle, um ihn zu töten; dabei gab er ihm zufällig das Schwert mit, das Pelopia Thyestes weggenommen und nach Thesprotien mitgebracht hatte. Als Thyestes das Schwert sah, fragte er, wem es gehöre, und der Jüngling antwortete, seiner Mutter. Als letzte Bitte bedang sich Thyestes aus, sie zu sehen, und erklärte ihr den wahren Sachverhalt: er selber war zugleich ihr Vater und der Vater ihres Sohnes Aigisthos. Aus Scham über diesen Inzest stürzte sich Pelopia in das Schwert, und Aigisthos, der sich weigerte, seinen Vater zu töten, nahm die blutbefleckte Waffe mit zu Atreus, dem er sagte, daß er damit Thyestes getötet habe. Atreus bereitete nun ein Dankopfer für die Götter vor, weil sein verhaßter Bruder tot war, doch als er am Strand neben dem Altar stand, erstach ihn Aigisthos und rächte so seinen Vater.

Der Fluch des Thyestes wirkte noch weiter, als Aigisthos Klytämnestra verführte und beide Agamemnon ermordeten, als er aus Troja zurückkam. Diese Tat wiederum rächte der Sohn des Ermordeten, Orestes, der Aigisthos tötete. Diese Geschichte bildet den Hintergrund von Aischylos' Tetralogie ›Orestie‹ und war auch das Thema von Senecas (d. J.) Tragödie ›Thyestes‹.

Atriden, griechisches Patronym für »Söhne des Atreus«; bezieht sich auf Agamemnon und Menelaos.

Atropos siehe Fatae.

Atthis, Tochter des Königs Kranaos von Attika; die Eponyme Attikas.

Attis, Jüngling, den die phrygische Göttin Kybele, die Große Mutter, liebte. Die Geschichte ihrer Liebe zu ihm wird in vielen Berichten erzählt. Nach der ursprünglichen phrygischen Darstellung kastrierten die übrigen Götter die hermaphroditische Gottheit Agdistis, deren Geschlechtsteile zu Boden fielen, wo aus ihnen ein Mandelbaum erwuchs. Die Früchte des Baumes fielen der Flußnymphe Nana in den Schoß, die darauf einen Knaben gebar. Das Kind wurde ausgesetzt, von einer Ziege genährt und wurde später Schafhirte. Agdistis, nunmehr weiblichen Geschlechts und Kybele genannt, erblickte ihn und liebte ihn so eifersüchtig, daß sie den Gedanken nicht ertrug, er könnte sich verheiraten (oder er hatte versprochen, ihr treu zu sein, beabsichtigte aber später, die Nymphe Sagaritis zu heiraten); jedenfalls trieb sie ihn zum Wahnsinn und zur Selbstentmannung. Attis erlag seiner Wunde; Kybele verwandelte ihn in ihrem Gram in eine Pinie. Sie veranlaßte auch, daß er alljährlich betrauert wurde, und verfügte, daß zu seinem Gedächtnis nur Eunuchen Priester ihres Tempels sein konnten. Anderen Überlieferungen zufolge hatte Kybele von Attis ein Kind, und ihr Vater Meion, der König von Phrygien, tötete sowohl Attis wie das Kind. Kybele erfaßte wilde Reue, und sie durchzog ruhelos das Land und klagte um Attis zum Klang einer Trommel. Als eine Hungersnot folgte, wurden die Phrygier von einem Orakel angewiesen, Attis zu begraben und Kybele als ihre Gottheit zu verehren. Kybele erweckte dann ihren toten Liebsten wieder zum Leben, und sie wurden gemeinsam in ganz Phrygien verehrt. In einer lydischen Überlieferung des Mythos erliegt Attis nicht der Kastration, sondern fällt, wie Adonis, durch einen wilden Eber; siehe Kybele.

Attis' Selbstentmannung lieferte den Stoff für eines der Gedichte des römischen Lyrikers Catull, in dem sich ein verzückter Jüngling zu Ehren Kybeles entmannt und dann seine Tat bitter bereut.

Auge, Tochter des Königs Aleos von Arkadien und seiner Nichte Neaira. Ihr Vater machte sie zur Priesterin im Athenetempel Tegeas, was ihre ewige Jungfräulichkeit voraussetzte. Als Herakles zu Gast bei Aleos war, verführte er sie; sie gebar dann einen Sohn Telephos und verbarg ihn im Tempel. Infolge dieser Entweihung wurde das Land unfruchtbar, und als Aleos in Delphi den wahren Grund erfahren hatte, ließ er das Kind auf dem Berg Parthenios aussetzen. Außerdem übergab er seine Tochter König Nauplios, der sie ertränken oder in die Sklaverei verkaufen sollte. Nauplios setzte sie in einer Truhe auf dem Meer aus, und sie wurde in Mysien angetrieben. Dort wurde sie das Eigentum König Teuthras', der sie zur Frau nahm. Als Telephos (der von einem Reh gesäugt und von Hirten aufgezogen worden war) in Delphi erforschte, wer seine Eltern wären, schickte ihn das Orakel nach Mysien; dort adoptierte ihn König Teuthras und setzte ihn zum Erben ein. Nach einer anderen Überlieferung wäre Auge beinahe Telephos' Frau geworden (sie hatte Teuthras nicht geheiratet, sondern war von ihm adoptiert worden). Telephos bekam sie zum Lohn dafür, daß er Teuthras' Feind Idas im Krieg geschlagen hatte; doch wollte Auge nichts von ihm wissen. Sie nahm ein Schwert mit ins Bett und hätte Telephos durchbohrt, doch legte sich eine große Schlange zwischen Auge und Telephos. Auge gestand ihm, was sie vorgehabt hatte, und als er sie dafür töten wollte, rief sie Herakles um Hilfe an. Auf diese Weise entdeckte Telephos seine Mutter und nahm sie mit sich nach Arkadien; siehe Telephos.

Augias, König von Elis, dessen Ställe Herakles reinigte. Sein Bruder war Aktor, der Vater von Eurytos und Kteatos (den Molionen). Sein Vater war Helios oder Poseidon oder Phorbas. Er war einer der Argonauten und überfiel später Pylos. Er besaß große Mengen von Vieh, deren Dung sich immer dicker über seine Gärten und Ställe legte. Eurystheus erfuhr davon und befahl Herakles, als fünfte der ihm auferlegten Arbeiten die Ställe an einem Tag auszumisten. Herakles betrog Augias dadurch, daß er Bezahlung von ihm verlangte (ein Zehntel der Herde), wozu er als Leibsklave gar nicht befugt war. Dann holte er sich Augias' Sohn Phyleus als Zeugen des Geschäftes, durchbrach die Wände der Ställe und leitete den Fluß Alpheios hindurch. Der Fluß leistete gute Arbeit, indem er den Dung fortspülte und ins Meer schwemmte. Bis zum Abend hatte Herakles den Fluß in seine Bahn zurückgelenkt und die Stallmauern wieder errichtet. Er forderte nun von Augias seinen Lohn, doch als dieser den Betrug bemerkte, erklärte er den Vertrag für ungültig und bestritt sogar, ihn geschlossen zu haben, was seinen Sohn Phyleus empörte. Herakles und Phyleus verließen Elis; jener schmiedete Rachepläne, dieser suchte Zuflucht in Dulichion.

Es dauerte viele Jahre, bis Herakles in Begleitung einer arkadischen Streitmacht wiederkehrte. Augias jedoch hatte mit ihm gerechnet und verfügte über eine von Amarynkeus und den Molionen angeführte Armee. Diese Befehlshaber hatte er dadurch für sich gewonnen, daß er ihnen einen Teil seines Reiches versprach. Sie schlugen Herakles' Arkadier und vertrieben sie. Erneut mußte Herakles Elis verlassen. Später aber lauerte er den Molionen in Kleonai auf und fiel wieder in das Land ein. Dieses Mal besiegte er Augias und tötete ihn oder setzte ihn ab. Er rief Phyleus aus Dulichion zurück und machte ihn zum König über Elis. Es gab aber noch eine andere Überlieferung, nach der Augias auf dem Totenbett sein Reich einem jüngeren Sohn, Agasthenes, und den Söhnen der Molionen vermachte, und daß Phyleus wieder nach Dulichion ging. Augias hatte eine Tochter, Agamede, die als Zauberin bekannt war.

Aurora siehe Eos.

Autesion, Sohn des Teisamenos und Urenkel des Polyneikes; König von Theben. Da ihn die Geister von Laios und Ödipus verfolgten, verließ er Theben auf Anraten eines Orakels und schloß sich den dorischen Invasoren im Peloponnes an. Seine Tochter Argeia vermählte er mit Aristodemos. Sein Sohn Theras wurde Vormund von Argeias Zwillingen Prokles und Eurysthenes, den ersten Herakliden-Königen von Sparta.

Autolykos 1, Sohn des Hermes, des Gottes der Diebe, und der Chione, ein berühmter Lügner und Dieb. Er lebte beim Berg Parnassos mit seiner Frau Amphitheia und seinen Söhnen. Seine Tochter Antikleia heiratete Laërtes und wurde die Mutter des Odysseus. Autolykos war dem Hermes ergeben, der seine schlauen Ränke förderte und ihm sogar die Macht verliehen haben soll, das Diebesgut, das er entwendete, zu verwandeln, so daß ihre Besitzer es nicht erkannten. Er stahl die Stuten des Eurytos, das Vieh des Sisyphos und einen Lederhelm aus der Rüstung des Amyntor. Im Fall der Pferde hatte er Glück, weil Eurytos den Herakles verdächtigte. Sisyphos aber wußte sich für den Verlust der Herde zu entschädigen. Als die Tiere nach und nach verschwanden, versah er ihre Hufe mit Einkerbungen und konnte Autolykos bald überführen, indem er ihm die ungewöhnlichen Spuren der gestohlenen Tiere zeigte. Er bekam aber nicht nur die Herde zurück, sondern er bestrafte Autolykos noch dadurch, daß er seine Tochter Antikleia verführte; später vermutete man sogar, Odysseus sei die Frucht dieser Verbindung gewesen. Als jedenfalls Autolykos in Ithaka weilte, bat man ihn, Odysseus seinen Namen zu geben – er bedeutet »das Opfer des Hasses«, weil so viele Menschen Autolykos haßten. (*odyssomai* bedeutet »ich hasse« oder »ich bin zornig«; nach einer anderen Auslegung hieß Odysseus so, weil Autolykos mit so vielen Menschen im Streit lebte.)

Autolykos 2, Thessalier, Sohn des Deimachos von Trikka. Er und seine Brüder Phlogios und Deileon begleiteten Herakles auf der Fahrt gegen die Amazonen. Sie siedelten sich dann in Sinope an der Nordküste Kleinasiens an. Als die ›Argo‹ auf dem Wege nach Kolchis dort vorüberfuhr, schlossen sich die drei Brüder den Argonauten an.

Automedon, Sohn des Diores von der Insel Skyros. Er zog mit Achilleus in den Trojanischen Krieg und betätigte sich gelegentlich als sein Wagenlenker. Patroklos wählte ihn aus, um die Pferde des Achilleus zu führen. Nachdem Patroklos durch Hektor gefallen war, rührten sich die Pferde vor Gram nicht von der Stelle, bis Zeus ihnen frisches Leben einblies und Automedon zu entkommen vermochte; er rächte sich in gewisser Weise, indem er den Trojaner Aretos erschlug. Nach dem Tode des Achilleus wurde Automedon Gefolgsmann von dessen Sohn Neoptolemos.

Autonoë, Frau des Aristaios und Mutter von Aktaion und Makris. Sie war eine der Töchter des Kadmos von Theben und der Harmonia. Sie und ihre Schwestern ließen nicht zu, daß Zeus ihre Schwester Semele zur Mutter seines Kindes erwählte, und Dionysos strafte sie, indem er sie in bacchischem Wahnsinn Pentheus, den Sohn der Agaue, ermorden ließ. Nachdem Aktaion durch Artemis ums Leben gekommen war, trennten sich Autonoë und Aristaios, und sie lebte ferner in der Nähe von Megara in einem Dorf namens Ereneia.

Aventinus, Verbündeter des Turnus gegen Aeneas. Er wurde auf dem Aventinischen Hügel geboren, der später zu Rom gehörte. Sein Vater war Hercules (Herakles), seine Mutter eine Priesterin, Rhea. Er demonstrierte seine Abkunft, indem er auf seinem Schild die Hydra führte und ein Löwenfell trug.

Axion 1, Sohn des Phegeus.

Axion 2, Sohn des Priamos; er wurde von Eurypylos 3 getötet.

B

Bacchanten, Bacchanalia siehe Mänaden.

Bacchus siehe Dionysos.

Balios siehe Xanthos.

Bateia 1, Tochter des älteren Teuker, des ersten Königs über das Land Troja. Als Dardanos aus Samothrake in das Reich ihres Vaters auswanderte, heiratete sie ihn und gebar Erichthonios, den Vater des Tros; so wurde sie zur sagenhaften Ahnherrin des trojanischen Geschlechtes.

Bateia 2, Naiade, die dem König Oibalos von Sparta Ikarios gebar.

Battos 1, Gründer der theranischen Kolonie im libyschen Kyrene. Er entstammte der siebzehnten Generation nach dem Argonauten Euphemos, dessen Nachkommen sich in Thera zusammen mit den Spartanern angesiedelt hatten.

Die Geschichte von Battos' Geburt, wie sie die kyrenische Überlieferung festhält, macht ihn zu einem Sohn der Phronime, der Tochter des kretischen Königs Etearchos. Phronimes Stiefmutter war grausam zu ihr und hetzte Etearchos gegen seine Tochter auf, indem sie ihr Unsittlichkeit nachsagte. Von üppigen Geschenken bestochen, versprach ein theranischer Kaufmann, Themison, ihm jeden Dienst zu erweisen, den er wollte; da verlangte Etearchos, er sollte Phronime von seinem Schiff aus ins Meer stürzen. Themison war entsetzt, mußte aber sein Versprechen halten. So band er dem Mädchen einen Strick um, warf es über Bord und zog es dann wieder zurück auf das Schiff. Danach hatte er mit Etearchos nichts mehr zu schaffen. Er nahm Phronime nach Thera mit, wo sie die Konkubine eines vornehmen Theraners namens Polymnestos wurde. Sie gebar Aristoteles, der aber wegen seines Stotterns Battos genannt wurde.

Als Battos herangewachsen war, begleitete er König Grinnos von Thera auf eine Reise nach Delphi; das Orakel befahl Grinnos, eine Kolonie in Libyen zu gründen. Da er sich aber zu alt für ein solches Unternehmen fühlte, bat er das Orakel, Battos diese Aufgabe zu übertragen. Sieben Jahre lang geschah nichts, um der Weisung zu folgen, und in dieser Zeit fiel nicht ein Tropfen Regen auf Thera. Sie erkannten, daß die Dürre eine Strafe für ihre Säumigkeit war, und schickten eine Abordnung auf die benachbarte Insel Kreta, um zu erfahren, ob dort irgend jemand wüßte, wo Libyen war. Sie fanden dort einen Kaufmann namens Korobios, dessen Schiff einmal nach Plataia abgetrieben worden war, einer Insel vor der libyschen Küste. Die Theraner nahmen ihn in ihre Dienste, und er führte eine Gruppe nach Plataia, doch war Battos nicht dabei.

Die Kolonie in Plataia war aber kein Erfolg, und als Battos nach Delphi ging, um zu fragen, wie er sein Stottern heilen könnte, riet ihm das Orakel, eine Stadt in Libyen zu gründen, wenn er tadellos sprechen wollte. Die Theraner entsandten nun Battos mit einer Schar von Siedlern, die jedoch beim Anblick der afrikanischen Küste wieder umkehrten. Die Libyer jagten sie mit Pfeilen wieder davon und schickten sie nach Plataia, wo sie sich der ersten Gruppe von Siedlern anschlossen.

Plataia gedieh jedoch noch immer nicht, und als die Kolonisten vom Delphischen Orakel den Grund wissen wollten, vernahmen sie, daß sie überhaupt noch nicht in Libyen waren. Battos verstand den Hinweis und zog mit seinen Leuten von der Insel zu einem nahegelegenen Platz auf dem Festland bei Aziris. Sechs Jahre lang lebten sie an diesem schönen Ort ohne besonderen Erfolg, bis ihnen die Eingeborenen zuredeten, ihre Kolonie weiter westlich bei der Quelle des Apollon neu zu errichten. Hier ging dann die Prophezeiung endlich in Erfüllung, die Kolonie gedieh und Hunderte von Siedlern aus ganz Griechenland kamen, um ebenfalls dort zu leben. Battos, der zum Herrscher über die neue Stadt eingesetzt wurde, verlor sein Stottern, als er außerhalb Kyrenes einem Löwen begegnete; er schrie ihn an, und der Löwe floh; danach fiel ihm das Sprechen leicht.

Diese Darstellung ist nach dem Geschichtsschreiber Herodot erzählt. Pindar bezieht sich in zwei pythischen Oden auf sie, die Battos' Sohn Arkesilaos gewidmet waren.

Battos 2, alter Mann, der bei Mainalos in Arkadien beobachtete, wie Hermes gleich an seinem ersten Lebenstag die Herde des Apollon davontrieb. Hermes bemerkte ihn und bot ihm eine Kuh als Schweigegeld, und Battos gelobte, schweigsam zu sein wie ein Stein. Danach kam Hermes in Verkleidung zurück und gab sich für den Eigentümer der Herde aus. Als er Battos fragte, ob er sie nicht gesehen habe, und ihm zwei Stück Vieh als Belohnung bot, zögerte der Alte nicht, alles zu verraten; und

Philemon und Baukis bewirten Zeus und Hermes mit ihren Begleitern (Bartolommeo Suardi gen. Bramantino, um 1520; Köln, Wallraf-Richartz-Museum)

Hermes verwandelte ihn, wie es ihm zustand, in einen Stein.

Baukis und **Philemon.** Als Zeus und Hermes übereinkamen, vor der Sintflut zu prüfen, ob irgendein Mensch würdig sei, zu überleben, zogen sie als Wanderer verkleidet durch die Welt und baten um Gastfreundschaft. Keine Tür öffnete sich ihnen, so böse waren die Menschen schon geworden; doch endlich kamen sie eines Abends in Phrygien zu einer kleinen Strohhütte am Abhang eines Berges, in der Philemon und seine Frau Baukis, zwei alte Leute, seit ihrer Heirat ihr Leben als einfache Bauern zugebracht hatten. Die beiden taten alles, um die Fremden zu bewillkommnen; das Mahl war einfach, aber es wurde mit Liebe zubereitet und aufgetragen. Dann geschah ein Wunder: die Weinkanne füllte sich immer wieder von selbst auf. Philemon und Baukis waren auch bereit, für die Gäste ihre einzige Gans zu töten, doch die Götter verhinderten es, indem sie sich zu erkennen gaben und gleichzeitig den Alten das über das Land verhängte Geschick verkündeten. Sie führten sie auf den Berg und zeigten ihnen, wie ringsum das ganze Land schon unter Wasser stand; nur ihre Hütte war unversehrt geblieben. Die Götter verwandelten sie in einen majestätischen Tempel, und Zeus fragte Philemon, was er sich wünsche. Da bat Philemon darum, mit seiner Frau als Priester und Priesterin im Zeustempel dienen und gleichzeitig mit ihr sterben zu dürfen, damit keiner um den anderen trauern brauchte. Zeus bewilligte den Wunsch und verwandelte die beiden bei ihrem Tod in Bäume, in Eiche und Linde, die auch heute noch oft beisammen stehen. Vorübergehende Fremde aber hängten dort Kränze auf zum Gedächtnis an ihre Ehrfurcht vor den göttlichen Besuchern.

Begoë siehe Vegoia.

Bellerophon, Sohn des Königs Glaukos von Korinth oder des Poseidon. Seine Mutter war Eurynome (oder Eurymeda). Bellerophon zählte zu den größeren Heroen; doch vollbrachte er, wie Herakles, Jason und Theseus, oft Taten, die ihm ein Stärkerer auferlegt hatte. In Korinth, oder vielmehr Ephyra, wie es damals hieß, träumte der Jüngling Bellerophon davon, das unsterbliche geflügelte Pferd Pegasos zu fangen, das dem Blut entsprossen war, welches aus dem Hals der von Perseus getöteten Medusa floß. Da sie aber von Poseidon schwanger war, so schrieb man dem Roß auch die Abstammung von diesem zu. Sein Name wird manchmal mit dem griechischen Wort *pege,* »Quelle«, in Verbindung gebracht, und die Entstehung mindestens zweier griechischer Quellen schrieb man dem Stampfen seiner Hufe zu, nämlich der Hippokrene (Pferdequelle) auf dem Berg Helikon und einer gleichnamigen Quelle in Troizen. Erst zog das junge Pferd über Land und durch die Lüfte und ließ niemanden an sich herankommen. Schließlich zähmte Bellerophon es, als er sich der Hilfe des Sehers Polyeidos versicherte. Polyeidos befahl ihm, sich eine Nacht auf den Altar der Athene zu legen. Dort träumte dem Jüngling, daß die Göttin ihm goldenes Zaumzeug schenkte und ihm gebot, Poseidon, dem Tierbändiger, einen Stier zu opfern. Als er erwachte, lag das Zaumzeug neben ihm am Boden; Polyeidos ermahnte ihn, dem Gebot unverzüglich zu folgen, und so vollzog Bellerophon das Opfer. Dann fand er Pegasos, der geduldig an der Quelle Peirene in Korinth wartete, und Bellerophon legte ihm das Zaumzeug an.

Bellerophon tötete versehentlich seinen Bruder Deliades, oder einen Tyrannen von Ephyra (Korinth) namens Belleros (dieser Überlieferung zufolge war Bellerophon ein Spottname, der »Belleros-Töter« bedeutete – sein richtiger Name war Hipponoos). Infolgedessen wurde er aus Ephyra verbannt und wandte sich nach Argos, wo ihn König Proitos von der Schuld des Totschlags reinigte. Des Königs Gemahlin Stheneboia aber (von Homer in der ›Ilias‹ Anteia genannt) verliebte sich in ihn. Er verschmähte sie aber, und so zieh sie ihn fälschlich der Vergewaltigung. Proitos war nicht bereit, einen Gast in den Tod zu schikken, und er sandte ihn nach Lykien mit einem versiegelten Schreiben an seinen Schwiegervater, König Iobates. Als er dort eintraf, wurde er von Stheneboias Vater freundlich aufgenommen; erst am zehnten Tag erbrach der lykische König den Brief, der die Aufforderung enthielt, den Überbringer zu töten. Doch inzwischen war Bellerophon ein Gast Iobates', der folglich dieselben Skrupel hatte wie Proitos. So gebot Iobates dem Jüngling, die Chimäre zu töten, ein Ungeheuer, das Lykien heimsuchte, denn der König dachte, Bellerophon würde dabei umkommen; stattdessen überfiel er das Ungeheuer mit Pegasos' Hilfe von oben und spickte es mit Pfeilen.

Iobates, bestürzt über Bellerophons Erfolg, blieb hart und sandte ihn ganz allein gegen die benachbarten Solymer, die Feinde Lykiens. Wiederum war Pegasos das Mittel ihrer Vernichtung. Noch ein drittes Mal schickte Iobates ihn aus, dieses Mal gegen die Amazonen. Bei seiner wiederum siegreichen Rückkehr geriet Bellerophon in den Hinterhalt einer Schar lykischer Soldaten, die Iobates geschickt hatte,

Batto wird von Hermes in einen Fels verwandelt (Bildmitte). Im Hintergrund Hermes mit Heroldstab, links sitzend mit der von ihm erfundenen Lyra (Kupferstich von J. F. Matthéus)

der nicht mehr weiter wußte; aber Bellerophon brachte sie alle um. Da gab sich Iobates geschlagen, zog ihn ins Vertrauen, zeigte ihm den Brief und machte ihn zu seinem Verbündeten. Er gab ihm seine Tochter Philonoë zur Frau und schenkte ihm sein halbes Reich. Bellerophon hatte drei Kinder, Hippolochos, Isandros und Laodameia. Nach der verlorenen Tragödie ›Stheneboia‹ von Euripides kam Bellerophon nach Argos zurück, um sich an der Königin zu rächen. Er tat, als ob er sie liebte, und schlug ihr vor, auf dem Pegasos mit ihm davonzureiten. Sie willigte ein, und er stieß sie aus großer Höhe von dem geflügelten Pferd herunter. Ihre Leiche wurde von den Fischern, die sie im Meer gefunden hatten, nach Argos zurückgebracht.

Das Ende seines Lebens war bejammernswert. Zwei seiner Kinder starben: Isandros im Kampf gegen die Solymer, Laodameia eines natürlichen Todes. Bellerophon selber aber versuchte die Götter – nach dem nicht mehr vollständig erhaltenen Drama des Euripides, das seinen Namen trägt – und wollte mit Pegasos bis zum Himmel hinauffliegen. Zeus veranlaßte in seinem Zorn, daß eine Fliege Pegasos stach und das Pferd Bellerophon abwarf. Er überlebte den Sturz, doch er war für immer gelähmt. Danach irrte er ruhelos durch die Welt; über seinen Tod wurde nichts bekannt.

Bellona, römische Kriegsgöttin, vergleichbar der mordlustigen Enyo bei den Griechen. Sie war zwar eine wichtige Kultfigur für die Römer, hatte aber so gut wie keine Mythologie. Sie wurde in älteren Zeiten mit Mars' Gemahlin Nerio, oder auch mit seiner Schwester identifiziert.

Belos, hellenisierte Form des semitischen Baal (der Herr); der Name wurde im griechischen Mythos einem König von Ägypten verliehen, der der Sohn des Poseidon und der Libye war; Zwillingsbruder des Agenor. Er heiratete Anchinoë, die Tochter des Flusses Nil, und hatte zwei Söhne, Danaos und Aigyptos. Durch Danaos und Aigyptos wurde Belos zum Ahnherrn zahlreicher königlicher Häuser Griechenlands, Persiens und Afrikas. Mehrere andere mythische Gestalten königlichen Ranges heißen ebenfalls Belos, darunter ein König von Assyrien und der Vater der Königin Dido von Karthago.

Beroë siehe Semele.

Bia und **Kratos,** Söhne des Titanen Pallas mit dem Fluß Styx. Da Zeus die Hilfe der Styx im Kampf gegen die Titanen erhalten hatte, zeichnete er sie aus, indem er ihre Kinder zu seinen besonderen Diensten bestimmte. Die Namen Bia und Kratos bedeuten »Kraft« und »Stärke«; gewöhnlich treten sie zusammen auf. Ihnen fiel die Aufgabe zu, Prometheus an den Kaukasus zu schmieden, weil er den Menschen das Feuer gebracht hatte. In dieser Funktion kommen sie in Aischylos' Drama ›Der gefesselte Prometheus‹ vor. Ihr Bruder war Zelos (Eifer), ihre Schwester Nike (Sieg).

Pegasos und Chrysaor entspringen dem Blut der Medusa (Edward Burne-Jones, 1833–1898, Die Geburt des Pegasos; Southampton, Art Gallery)

Bias, Bruder des Sehers Melampus; siehe Melampus.

Bisaltes, thrakischer König; siehe Theophane.

Biton siehe Kleobis.

Boiotos, Sohn des Poseidon und der Melanippe; Bruder des Aiolos 3.

Bona Dea (Gute Göttin), eine unklare römische Gottheit, die ausschließlich von Frauen verehrt und mit Fauna, der Göttin der Fruchtbarkeit, identifiziert wurde. Die Mythologie beachtet sie nur wenig, versucht aber, ihren Kult zu erklären. Nach einer Erzählung wollte ihr Vater Faunus Inzest mit ihr begehen und machte sie zu diesem Zweck betrunken. Als sie ihn immer noch abwehrte, schlug er sie mit Myrtenzweigen, und schließlich verwandelte er sich in eine Schlange, um seinen Willen zu haben. Das ist der Grund, so sagte man, warum Wein und Myrten bei ihren Diensten verpönt waren. In einer anderen Geschichte bat Herakles einige Frauen, die gerade die Mysterien der Guten Göttin zelebrierten, um einen Schluck Wein. Als man ihm das abschlug, verbot er die Mitwirkung von Frauen bei seinem eigenen Ritus am Großen Altar, den er in Rom gegründet hatte.

Boreas, Gott des Nordwindes und Sohn der Himmelsgottheiten Astraios und Eos (Sterne und Morgenröte). Sein Heimatland soll Thrakien gewesen sein. Er wird oft dem Zephyros

Bellerophon und Pegasos an der Quelle Peirene (römisch; Rom, Palazzo Spada)

Bellerophon tötet mit Pegasos' Hilfe die dreiköpfige Chimäre (Francesco di Giorgio, 15. Jh., Bronzeplatte; London, Victoria and Albert Museum)

gegenübergestellt, der den sanften Westwind verkörperte, im Gegensatz zum heftigen Boreas. In der Mythologie umwarb er Oreithyia, eine Tochter des athenischen Königs Erechtheus. Sie widerstand seinem Werben, doch als der Gott sie in den Auen des Flusses Ilissos beim Tanz erblickte, hüllte er sie in eine Wolke und entführte sie nach Thrakien. Sie gebar ihm zwei geflügelte Söhne, Kalais und Zetes, und zwei Töchter, Chione und Kleopatra. Später erblickten die Athener in Boreas einen ihrer Schutzgötter; in den Perserkriegen brachten sie ihm Opfer.
Boreas hatte sich mit den Pferden verbunden und wird oft in dieser Weise dargestellt; mit einer dem Danaos gehörenden Stute zeugte er zwölf Fohlen.

Boreas entführt Oreithyia (Krug aus Vulci, 5. Jh. v. Chr.; London, Britisches Museum)

Branchos siehe Smikros.

Briareos, hundertarmiges Ungeheuer, erzeugt von Gaia (Erde) und Uranos (Himmel). Auch Poseidon wird als sein Vater genannt. Als sich die anderen Götter gegen Zeus erhoben, bat Thetis Briareos, ihn zu retten. Er half den Aufstand niederschlagen und wurde von Zeus mit einer Braut, Kymopole, belohnt. Man rief ihn auch, um einen Streit über den Besitz von Korinth zu schlichten. Den Akrokorinth (Berg mit Zitadelle) sprach er Helios zu; den übrigen Ort gab er Poseidon. Seine Aufgabe war es, zusammen mit seinen Brüdern Gyes und Kottos die im Tartaros gefangenen Titanen zu bewachen. Homer zufolge wurde er auch Aigaion genannt.

Briseïs, Tochter des Briseus von Lyrnessos, einer Stadt unweit Trojas. Achilleus nahm sie gefangen, als er in den Jahren vor der Belagerung Trojas ihre Heimatstadt überfiel; er tötete ihre Familie und ihren Gatten Mynes, den König von Lyrnessos, und machte sie zu seiner Konkubine. Als nun Agamemnon auf Wunsch Apollons die Chryseïs ihrem Vater zurückgeben mußte, ärgerte er sich und nahm Achilleus die Briseïs weg. Aus diesem Grund blieb Achilleus dem Krieg fern, bis ihn der Tod des Patroklos bewog, wieder mitzukämpfen. Achilleus erhielt denn Briseïs zurück, und sie spielte noch bei der Beweinung des Patroklos eine Rolle.

Briseus, Vater der Briseïs.

Britomartis, kretische Göttin, der Artemis vergleichbar; Tochter des Zeus und der Karme, einer kretischen Frau. Ihr Name bedeutet »die Liebliche«. Sie gebot über die wilden Tiere und lebte in der Wildnis. In der griechischen Mythologie wurde sie in den Kult der Artemis einbezogen und galt als eine der ihr dienenden Nymphen. Wie Artemis, war auch sie in Kreta als Diktynna bekannt. Die angebliche Bedeutung dieses Namens (die im Netz Gefangene; doch ist es auch möglich, daß Diktynna einfach »die vom Dikte«, einem Berg auf Kreta, bedeutet) wird durch die Geschichte von ihrer neunmonatigen Flucht vor Minos erklärt, der sie zu seiner Geliebten machen wollte. Als er sie schließlich eingeholt hatte, stürzte sie sich von den Klippen ins Meer und wurde von Fischernetzen gerettet. Dann floh sie mit Hilfe der Artemis in Andromedes' Fischkutter nach Ägina, wo Minos erneut nach ihr suchte. Sie war jedoch im heiligen Hain der Artemis verschwunden, und das Volk von Ägina erbaute ihr zu Ehren einen Tempel, wo sie als Aphaia (die Unsichtbare) verehrt wurde.

Bromios siehe Dionysos.

Broteas, Sohn des Königs Tantalos von Phrygien und Verehrer der Kybele, der phrygi-

Briseïs wird von zwei Herolden zu Agamemnon geführt (rotfigurige Schale, 5. Jh. v. Chr.; London, Britisches Museum)

schen Mutter-Gottheit, deren Bild er auf dem Berg Sipylos in Stein meißelte. Broteas weigerte sich, die Gottheit der Artemis anzuerkennen, und wurde dafür mit Wahnsinn bestraft. Er stürzte sich in ein Feuer und glaubte, es könnte ihm nichts anhaben – und wurde von den Flammen verzehrt.

Brutus, Lucius Junius, sagenhafter Gründer der römischen Republik; es ist ungeklärt, ob er existiert hat. Er war der Neffe des Tarquinius Superbus, des letzten Königs von Rom, der Sohn von dessen Schwester Tarquinia. Als eine Schlange aus einer Säule im Palast hervorkroch, soll er Titus und Arruns, zwei Söhne des Tarquinius, nach Delphi begleitet haben, um das Orakel nach einer Vorbedeutung zu fragen. Da ihm die Politik des Tarquinius gegenüber den Patriziern verdächtig war, von denen er viele hatte ermorden lassen, stellte sich Brutus vorsätzlich schwachsinnig (sein Name bedeutet lat. dumm) und durfte so zum Vergnügen seiner Vettern mit nach Griechenland reisen. Nachdem sie bei dem Orakel ihre Frage vorgebracht hatten, wollten die Königssöhne noch wissen, wer von ihnen nach dem Tode des Vaters römischer König würde. Die Antwort hieß: wer als erster seine Mutter küssen würde, der würde oberster Herrscher von Rom. Die Prinzen losten untereinander aus, wer als erster bei ihrer Rückkehr die Mutter küssen durfte, und gelobten, den Spruch des Orakels vor ihrem jüngsten Bruder Sextus Tarquinius geheimzuhalten. Brutus aber stolperte absichtlich und küßte den Boden – die Mutter Erde.

Schon bald nach ihrer Ankunft in Delphi bekriegte König Tarquinius Superbus die reiche rutulische Stadt Ardea; während der Belagerung schändete Sextus Tarquinius Lucretia im Hause ihres Mannes, seines Vetters Lucius Tarquinius Collatinus, in Collatia. Als Sextus fort war, rief Lucretia ihren Gatten und ihren Vater zu sich; ihr Mann brachte noch Brutus mit, der mit ihm ausgeritten war. Lucretia enthüllte, was man ihr angetan hatte, ließ sich von den Männern versprechen, ihre Ehre zu rächen, und erdolchte sich. Daraufhin veranlaßte Brutus sie zu einem weiteren Gelübde: die Tarquinier auszulöschen und in Rom eine Republik zu errichten. Die anderen wunderten sich über die Veränderung des angeblich Schwachsinnigen, aber sie unterwarfen sich willig seiner Führung. Er stand an der Spitze eines bewaffneten Aufstandes in Rom, und die Bevölkerung stimmte für die Abschaffung der königlichen Machtbefugnisse und die Vertreibung der königlichen Familie. Dann führte Brutus die bewaffneten Bürger gegen Ardea, wo er die Truppen für sich gewann, die dann die Stadt belagerten. Inzwischen hatte König Tarquinius Superbus von der Revolte gehört und war mit seinen Getreuen nach Rom zurückmarschiert, um die Ordnung wiederherzustellen. Er fand die Stadttore verbarrikadiert; seine Frau war geflohen. Nach der Befreiung wählten die Bürger, einem Bericht zufolge, Brutus zusammen mit Lucius Tarquinius Collatinus zum Konsul. Aber schon nach kurzer Zeit bereute es das Volk, wieder einen Träger des verhaßten königlichen Namens gewählt zu haben, und Brutus veranlaßte seinen Mitkonsul, Rom zu verlassen und sich völlig zurück-

Brutus im Kampf mit Arruns (Kupferstich von S. D. Mirys)

Brutus verurteilt seine Söhne Titus und Tiberius (Kupferstich aus Rollin, Istoria Romana, 1816; Paris, Bibliothèque Nationale)

zuziehen. Das tat Collatinus, und Publius Valerius Poplicola wurde an seiner Stelle zum Konsul gewählt.
Bevor noch der abgesetzte König Tarquinius Superbus seinen beabsichtigten Schlag gegen Rom führen konnte, entdeckte man unter den Söhnen einiger Patrizierfamilien eine Verschwörung königstreuer Sympathisanten. Auch zwei Söhne von Brutus selbst, Titus und Tiberius, waren beteiligt, denn man fand bei ihnen Briefe, die an die Tarquinier gerichtet waren und ihre Schuld bewiesen. Die Konsuln ließen die Verräter verhaften und einkerkern, beschlagnahmten das gesamte Vermögen der früheren römischen Königsfamilie und weihten deren Grundbesitz dem Mars (Campus Martius, Marsfeld); ihr erntereifes Getreide wurde vernichtet. Bei der Verhandlung gegen seine Söhne legte Brutus jene Würde und unerschütterliche Stärke an den Tag, die die Römer gern als typisch für sich selbst ansahen. In seiner Eigenschaft als Konsul verkündete Brutus selbst den Schuldspruch und überwachte die Hinrichtung. Die Liquidatoren banden die beiden Jünglinge an Pfähle, peitschten sie aus und enthaupteten sie. Aller Augen sahen auf Brutus, der trotz seines Schmerzes nicht mit der Wimper zuckte. Den Informanten (einen Sklaven) belohnte er mit den Bürgerrechten und mit Geld.
Als Tarquinius Superbus in das römische Gebiet eindrang, ritten die Konsuln ihm entgegen. Während er Brutus, der die Kavallerie anführte, mit Hohnreden beschimpfte, griff ihn der Königssohn Arruns zu Pferde an. Ihr Zusammenprall war so heftig, daß sie sich gegenseitig durchbohrten und auf der Stelle tot waren. Der allgemeine Kampf, der nun folgte, blieb ohne Ergebnis. In der Nacht jedoch ließ sich eine Stimme aus dem nahegelegenen arsischen Wald vernehmen, die den Römern den Sieg verhieß, weil sie einen Mann weniger verloren hatten als Tarquinius Superbus und seine etruskischen Verbündeten. Die Etrusker zogen ab, und Brutus erhielt ein prächtiges Begräbnis in Rom, wo alle Frauen ihn, eingedenk seines Eintretens für Lucretia, wie ihren eigenen Vater beweinten.
Busiris, König von Ägypten; Sohn des Poseidon und der Lysianassa, einer Tochter des Epaphos. Als eine Dürre ins Land zog, befolgte Busiris den Rat des cyprischen Sehers Phrasios und führte den Brauch ein, alle Fremden, die das Reich besuchten, dem Zeus zu opfern. Das geschah in der Hoffnung, nach einem Jahr solchen »Gottesdienstes« werde wieder Regen fallen. Phrasios selber war sein erstes Opfer. Bald danach kam Herakles und wurde gebunden, um ebenfalls geopfert zu werden. Er sprengte jedoch die Fesseln und brachte Busiris, seinen Sohn und sein gesamtes Gefolge um.
Butes 1, Sohn des Boreas, der eine Verschwörung gegen seinen Halbbruder Lykurgos, den König von Thrakien, plante. Die Verschwörung wurde entdeckt; er ging in die Verbannung, ließ sich auf der Insel Naxos nieder und wurde Pirat. Bei einem Überfall auf Drios in der Phthiotis vergewaltigte er Koronis, eine Anhängerin des Dionysos; zur Strafe schlug der Gott ihn mit Wahnsinn, und er ertränkte sich selbst in einem Brunnen.
Butes 2, Argonaut athenischer Abstammung, Sohn der Zeuxippe (der Tochter des Flusses

Brutus mit den Büsten seiner Söhne (römisch; Rom, Palazzo Barberini)

Eridanos) und des Poseidon oder des Teleon. Als einziger auf der ›Argo‹ vermochte er nicht, dem Gesang der Sirenen zu widerstehen, sprang über Bord und schwamm zu ihrer Insel. Aphrodite aber hatte Mitleid mit ihm und trug ihn zum Westteil Siziliens. Dort wurde sie die Mutter seines Sohnes Eryx, nach dem der Ort ihres berühmten Heiligtumes benannt ist.

Byblis, Tochter des Miletos und der Kyaneia, die sich in ihren Zwillingsbruder Kaunos verliebte. Als Kaunos von dieser Leidenschaft erfuhr, verließ er entsetzt seine Heimatstadt Miletos und wandte sich südwärts nach Karien, wo er die nach ihm benannte Stadt gründete. Byblis war vor Sehnsucht nach ihrem Bruder außer sich und suchte im ganzen Küstengebiet Kleinasiens nach ihm. Aber sie konnte ihn nicht finden, und so verwandelten die karischen Nymphen sie endlich in eine Quelle, die nach ihr benannt wurde.

Charon bringt die Toten über den Styx (Michelangelo Buonarroti, 1475–1564, Ausschnitt aus dem Jüngsten Gericht; Rom, Vatikan, Sixtinische Kapelle)

C

Caca siehe Cacus.

Cacus, Sohn des Vulcanus; feuerspeiendes Monstrum in einer Höhle des Palatin am Tiber, auf dem Boden des späteren Rom. Er nährte sich von Menschenfleisch, und in seiner Höhle häuften sich die Schädel und Gebeine seiner Opfer. Als Hercules (Herakles) die Herde, die er dem Geryon gestohlen hatte, nach Griechenland heimtrieb und sein Weg ihn hier vorbeiführte, schlief er am Ufer des Flusses ein. Cacus beobachtete Hercules' kostbare Herde, aber weil er fürchtete entdeckt zu werden, wenn er sie davontrieb, zerrte er nur vier preisgekrönte Stiere und vier Färsen an ihren Schwänzen in seine Höhle. Als Hercules erwachte, suchte er vergeblich nach den fehlenden Tieren. Wie er gerade verzweifelt weiterziehen wollte, hörte er, wie in der Höhle eine Färse das Muhen seiner Herde beantwortete. Cacus eilte erschrocken zu der Höhle und verschloß den Eingang mit einem mächtigen Felsen. Hercules fand keinen Eingang in die Höhle, vermochte aber endlich die Spitze des Berges beiseitezuschieben, so daß er das Innere der Höhle von oben einsehen konnte. Er überschüttete Cacus mit Pfeilen, der mit Rauch- und Feuerwolken antwortete. Endlich sprang Hercules in seiner Wut auf Cacus hinab und erwürgte ihn. So befreite er die Gegend von dem Unhold und holte sich seine Tiere zurück. In einer anderen Überlieferung verliebte sich Caca, die Schwester des Ungeheuers, in Hercules und verriet ihm Cacus' Zuflucht.

Nach anderen, in Etrurien verbreiteten Darstellungen war Cacus kein Ungeheuer, sondern ein ansehnlicher Spielmann, der Apollons Gabe der Weissagung besaß und von Hercules aus einem nicht bekannten Grund getötet wurde. Wieder ein anderer etruskischer Bericht macht aus ihm einen Lyder, den Tarchon einzufangen suchte und den Hercules tötete, weil er Kampanien überfallen hatte. Außerdem stellte man ihn auch noch dar, wie er Hercules auf dem Boden Roms begrüßte und bewirtete.

Caecilia siehe Tanaquil.

Caeculus, Heros oder Gründer der italienischen Stadt Praeneste. Seine Mutter, die mit ihren Brüdern, den Delpidiern, auf dem Gebiet des späteren Praeneste lebte, empfing Caeculus, als ein Funken aus dem Feuer in ihren Schoß fiel. Man schrieb ihm deshalb Vulcanus, den Gott des Feuers, als Vater zu. Die Mutter setzte den Säugling aus, aber er wurde von einigen Mädchen gefunden, die in der Nähe lagerten, um das Feuer im Jupiterschrein zu schüren. Sie nannten ihn Caeculus, so heißt es, weil er vom Schein des Feuers geblendet (caecus) zu sein schien. Er wurde von der Landbevölkerung aufgezogen, die er später als Bewohner seiner neuen Stadt Praeneste um sich scharte. Er veranstaltete Spiele, zu denen er die Menschen aus der ganzen Gegend einlud. Als sie kamen, forderte er sie auf, Bürger seiner Stadt zu werden, und erzählte ihnen, daß Vulcanus sein Vater sei. Weil sie ihn auslachten, rief er Vulcanus zum Zeugen an; und als sie die Stätte von einer Mauer von Flammen umgeben sahen, strömte alles Volk zusammen, um Bürger seiner Stadt zu werden. – Im Krieg zwischen Aeneas und Turnus um die Hand der Lavinia, führte Caeculus seine Anhänger dem Turnus zu.

Caeles siehe Vibenna.

Camilla, Tochter des Metabus, des Königs der italienischen Volsker, und der Casmila. Wegen seiner Grausamkeit wurde er aus seiner Stadt Privernum verjagt und nahm seine kleine Tochter mit. Auf der Flucht kam er an den Fluß Amasenus, den er nicht überqueren konnte. So band er den Säugling an seinen Speer und schleuderte ihn mit einem Stoßgebet zu Diana ans andere Ufer. Als er selbst den Fluß durchschwommen hatte, fand er seine Tochter wohlbehalten vor und weihte sie den Diensten der Göttin. Er zog sie in den Bergen auf, gab ihr Stutenmilch zu trinken und lehrte sie später jagen und die Waffen führen. Von Diana geliebt und beschützt, konnte sie durch Getreide gehen, ohne es niederzutreten, und auf dem Meere wandeln, ohne sich die Füße zu benetzen. Sie schloß sich Turnus in dessen Krieg gegen Aeneas an, in welchem sie, eine Brust nach Amazonenart entblößt, mit einer Schar von Kriegsjungfrauen an der Spitze der volskischen Kavallerie ritt. Camilla brachte viele Gegner um, doch endlich gelang es dem Etrusker Arruns mit Hilfe Apollons, sie mit einem Speer unter der nackten Brust zu durchbohren. Diana gab der Nymphe Opis Macht zu schneller Rache, und sie lauerte Arruns auf und tötete ihn mit einem Pfeil.

Camillus. Marcus Furius Camillus, wahrscheinlich in den Jahren 396 und 389 v. Chr. Diktator von Rom (allerdings werden noch drei weitere Regentschaften von ihm verzeichnet). Obwohl er eine historische Gestalt ist, rankt sich doch eine beachtliche Anzahl von Legenden um seinen Namen. Nach der Überlieferung belagerten die Römer die etruskische Stadt Veji zehn Jahre lang erfolglos (ebensolange wie Troja belagert wurde). Ein vejentischer Wahrsager ließ sie schließlich wissen, daß die Stadt erst fallen könnte, wenn der Albaner See – der unnatürlich viel Wasser führte – trockengelegt sei. Dies geschah, und Camillus, der bereits dreimal Konsul gewesen war, wurde zum Diktator gemacht. Dann grub er einen Tunnel unter der Stadt, und seine Leute hörten, wie im Juno-Tempel über ihnen der König von Veji sagte, wer immer das Opfer bringen würde, das er im Begriff war darzureichen, werde den Krieg gewinnen. Camillus' Leute brachen in den Tempel ein, brachten das Opfer selber dar und nahmen die Stadt in Besitz. Dann ließ Camillus das Bildnis der Juno aus dem Tempel nach Rom bringen. Kurz darauf warf man ihm vor, vejentische Beute veruntreut und seinen Sieg mit übertriebenem Pomp gefeiert zu haben. Man hoffte aber, daß er auch noch die benachbarte Stadt Falerii erobern würde. Zuvor, so hieß es, hatte der Lehrer des Ortes seine Schutzbefohlenen, die Söhne der führenden Bürger, Camillus in die Hände gespielt, aber der hatte das Angebot abgelehnt und die Knaben unversehrt heimgeschickt.

Einige Zeit später, nachdem man ihn vor Gericht gestellt hatte, weil er den Erlös aus der vejentischen Plünderung verschleudert haben sollte, ging er außer Landes – gerade zu dem Zeitpunkt, als sich eine gallische Invasionsarmee (Senonen) Rom näherte. Die Römer wurden von den Galliern am Fluß Allia geschlagen (ein historisches Ereignis, etwa 390 v. Chr.), Rom selbst wurde eingenommen und geplündert, mit Ausnahme des Kapitols (nach einer Überlieferung); die Gallier metzelten alle Priester und Ältesten nieder, die in der Stadt geblieben waren. Camillus wurde nun zum Oberbefehlshaber bestimmt und formierte den römischen Widerstand von Ardea aus. Um die Zustimmung des Senats zu seiner Ernennung einzuholen, schickte man einen Boten zum Kapitol. Doch die Zeichen, die er sich gemacht hatte, als er die Zitadelle erklomm, wurden von den Galliern bemerkt, und deren König Brennus befahl, seine Leute sollten seinem Beispiel folgen und die Klippe erklettern. Die heiligen Gänse der Juno aber riefen die Verteidiger auf den Plan, die die Eindringlinge unter großen Verlusten zurückschlugen. Bald gingen ihnen aber die Vorräte aus, und so suchten sie sich durch Gold loszukaufen. Als das vereinbarte Gewicht von 1000 Pfund mit Gold aufgewogen wurde, wollten die Gallier die Römer betrügen; und als sich ein römischer Offizier beschwerte, warf Brennus noch sein Schwert in die Waagschale mit den Worten *vae victis* – wehe den Besiegten. In diesem Augenblick erschien Camillus an der Spitze einer starken Streitmacht; er verwarf die Kapitulationsbedingungen und befahl den Römern, zu kämpfen – das Schwert, nicht Gold, sollte entscheiden. Er schlug die Gallier vernichtend und wurde von seinen Truppen im Triumphzug heimgeleitet. Viele Leute, besonders die Ärmeren unter der Bevölkerung, wollten nun gern die Stadt nach Veji verlegen, weil es für sie günstiger war. Camillus aber überzeugte das Volk, daß der Sieg nutzlos wäre, wenn sie Rom nun aufgeben würden, und er blieb so lange im Amt, bis alle Gebäude wieder errichtet waren. In späteren Jahren besiegte er, der Überlieferung zufolge, noch die Volsker, veranlaßte militärische Reformen, setzte sich für die Zulassung der Plebejer zu wichtigen Staatsämtern ein und gelobte im Jahre 367

Herakles erschlägt Cacus (Baccio Bandinelli; Florenz, Piazza della Signoria)

Concordia, der Göttin der Eintracht, einen römischen Tempel.

Camise, Gemahlin des Janus.

Canens, italische Nymphe, Tochter des Janus und der Venilia. Sie war verlobt mit einem Sohn des Saturn namens Picus, der eines Tages davonzog und sie singend (das bedeutet ihr Name) im Wald zurückließ. Ihn erblickte die Nymphe Circe, die von heftiger Leidenschaft zu ihm erfaßt wurde und das Phantom eines Bären vor ihm erscheinen ließ. Als er herabstieg, um ihn zu erlegen,erschien sie vor ihm und wollte sich ihm nähern, doch weigerte er sich. Sie verwandelte ihn dafür in einen Waldspecht. Als er nicht zurückkam, grämte sich Canens, die eine Woche lang ihren Verlobten gesucht hatte, so sehr, daß sie immer mehr dahinschwand. Schließlich blieb nur noch ihre Stimme übrig – wie ein Echo.

Cardea, römische Göttin vom Artemis-Typ; jungfräuliche Jägerin, die ihre Liebhaber überlistete, indem sie sich mit ihnen in einer schattigen Höhle zu treffen versprach; dann entfloh sie. Janus aber, der Gott mit den zwei Gesichtern, ließ sich nicht täuschen und nahm sie, bevor sie davonlaufen konnte. Zum Dank für ihre Gunst gab er ihr die Macht über die Türen (ihr Name bedeutet »die von der Türangel«) und über den Weißdorn, der dem Janus heilig war und das Haus vor bösen Geistern schützte. Ovid nennt sie Carna, verwechselt sie aber mit einer Nymphe dieses Namens.

Carmenta oder **Carmentis,** arkadische Nymphe, die dem Hermes Euander gebar. Sie befahl ihrem Sohn, sich eine neue Heimat in Italien zu suchen – er siedelte sich auf dem Palatin, auf dem Boden des späteren Rom, an – und gab ihm die Buchstaben des römischen Alphabets, die aus dem Griechischen der lateinischen Sprache angepaßt waren. Mit der griechischen Göttin Themis identifiziert, schrieb man Carmenta prophetische Kräfte zu. Die Römer brachten ihren Namen mit *carmen* (Lied, Gesang) in Verbindung, ein oft für Orakel gebrauchter Ausdruck. Nach einer Sage gab sie der Göttin Leukothea (Ino) geröstete Kuchen zum Gedächtnis an Phrixos; sie galt auch als Göttin der Geburt.

Carna siehe Cardea.

Celer, Anhänger des Romulus; siehe Remus.

Ceres siehe Demeter.

Chalkiope, Tochter des Königs Aietes von Kolchis und der Nymphe Asterodeia oder der Okeanide Eidyia; wurde von ihrem Vater mit Phrixos vermählt, dem sie vier Kinder gebar. Sie überredete ihre Schwester Medea, Jason zu helfen, damit ihre eigenen Kinder dem Zorn des Vaters entfliehen konnten; siehe Argonauten.

Chalkodon, Sohn des Abas und König der Abanten auf Euböa. Als er sein Volk gegen Theben führte, fiel er von der Hand Amphitryons. Sein Sohn war Elephenor.

Chaos. Nur selten personifiziert gedacht; bedeutet in der Dichtung: die gähnende Leere, aus der die Erde (Gaia), der Tartaros, das Dunkel (Erebos) und die Nacht (Nyx) entsprangen. Einige halten auch die Liebe (Eros) für ein Kind des Chaos, wenn sie auch gewöhnlich als Sohn der Aphrodite erscheint.

Chariklo 1, böotische Nymphe, Mutter des Teiresias.

Chariklo 2, Najade; Gemahlin des Chiron.

Chariten siehe Grazien.

Charon, Sohn des Erebos (Dunkel) und der Nyx (Nacht); der Fährmann, der die Toten über den Styx ins Reich des Hades brachte. Er wurde als schmutziger, übelgelaunter, böser alter Mann, aber sehr lebhaft, dargestellt. Charon verlangte von den Fahrgästen einen Obolus, und es war Sitte bei den Griechen, ihre Toten mit dieser Münze im Mund zu begraben. Als Herakles ihn zwang, ihn in die Unterwelt überzusetzen, bestrafte Hades Charon und legte ihn ein Jahr in Ketten.

Charybdis, legendärer Strudel am Nordende der Straße von Messina bei Sizilien. Man erblickte in ihm ein weibliches Ungeheuer – erzeugt von Poseidon und Gaia –, das das Meerwasser einsog und dreimal täglich wieder ausspie, und zwar so, daß jedes vorüberfahrende Schiff zerschellte. Skylla, ein bellendes Ungeheuer mit sechs Köpfen, das vorüberfahrenden Schiffen die Ruder raubte, befand sich gegenüber am anderen Ufer; als Odysseus bei der Durchfahrt durch die Meerenge zwischen beiden wählen mußte, zog er Skylla vor, weil Charybdis in jedem Fall den sicheren Untergang bedeutete. Nachdem später alle seine Mannen von Zeus getötet worden waren, weil sie das Vieh des Helios geschlachtet hatten, geriet Odysseus' Schiff doch noch in den Strudel der Charybdis, und er konnte sich nur dadurch retten, daß er sich an einem überhängenden Feigenbaum festklammerte. Als sein Schiff viele Stunden später wieder ausgeworfen wurde, ergriff er eine Planke und war gerettet.

Chimäre, feuerspeiendes Ungetüm, das vorne wie ein Löwe, in der Mitte wie eine Ziege aussah und den Schwanz einer Schlange hatte; seine Eltern waren Typhon und Echidna; siehe Bellerophon.

Chione 1, Tochter des Daidalion. Sie war außerordentlich schön (ihr Name bedeutet »weiß wie Schnee«) und hatte zahllose Verehrer, darunter die Götter Apollon und Hermes. Bevor er um sie warb, wartete Apollon lieber die Nacht ab (und näherte sich ihr dann als alte Frau), doch Hermes versetzte sie in Schlaf

Verführung und Tod der Chione (Kupferstich von Peter van der Borcht)

und vergewaltigte sie dann sofort. Sie gebar Zwillinge, dem Hermes Autolykos und dem Apollon Philammon. Hermes vermachte seinem Sohn die Kunst des Diebstahls; auch Philammon erbte die väterliche Begabung und wurde ein gewandter Musiker. Chione aber ließ sich wegen ihrer Schönheit und ihres Erfolges dazu verleiten, sich mit Artemis zu vergleichen – zu deren Ungunsten; worauf die Göttin sie mit einem Pfeilschuß tötete. Daidalion war über den Tod seiner Tochter so voll Trauer, daß er sich von einem Felsen des Berges Parnassos stürzte; er wurde von Apollon in einen Falken verwandelt.

Chione 2 siehe Boreas.

Chiron. Im Gegensatz zu anderen Kentauren, die entweder von Ixion oder von dessen Sohn Kentauros abstammen, war Chiron der Sohn des Kronos und der Philyra. Der Grund für seine Gestalt war, daß sich Kronos, der seine Leidenschaft für Philyra vor seiner Frau Rhea verbergen wollte, der Nymphe als Hengst genähert hatte. Daher unterschied sich Chiron auch in seinem Wesen von den anderen Kentauren: er war freundlich und weise, außerdem heilkundig und liebte alle anderen Künste, besonders die Musik. Chiron war mit Apollon befreundet, der ihm die Gabe des Bogenschießens gewährte. Chiron war der Lehrer und Erzieher vieler großer Heroen des Mythos: Jason, Asklepios, dessen Söhne Machaon und Podaleirios, Aktaion und Achilleus. Chiron lebte in einer Höhle des Berges Pelion in Thessalien und hatte Chariklo zur Frau, die ihm eine Tochter, Endeïs, gebar: als deren Sohn Peleus waffenlos von Akastos auf dem Pelion verlassen worden war, kam ihm Chiron zu Hilfe, der das von Akastos versteckte Schwert entdeckte. Er sagte seinem Enkel auch, wie er um die Meeresgöttin Thetis werben mußte. Als Sohn des Kronos besaß Chiron die Gabe der Unsterblichkeit. Doch er vertat sie; denn als Herakles die anderen Kentauren mit seinen vergifteten Pfeilen überfallen hatte, rettete sich einer von ihnen, Elatos, in Chirons Höhle, und als sich Chiron um ihn bemühte, verletzte er sich an dem Pfeil und verfiel in eine nicht endende Agonie. Es heißt auch, er habe seine Unsterblichkeit dem Titanen Prometheus abgetreten. Nach einer anderen Überlieferung verletzte er sich an einem Pfeil, als Herakles ihn auf dem Pelion besuchte und er dessen Pfeile besichtigte. Er verlor seine Unsterblichkeit aber nicht ganz; denn Zeus setzte ihn als Sternbild Centaurus an den Himmel.

Chloris, eines der am Leben gebliebenen Kinder der Niobe; oder eine Tochter von Amphion, dem Sohn des Iasos; siehe Neleus.

Chromios, Sohn des Neleus.

Chrysaor, Sohn von möglicherweise monströser Gestalt aus der Verbindung des Poseidon mit der Gorgone Medusa. Sein Bruder war das Flügelpferd Pegasos. Die beiden entsprangen dem Blut aus dem abgetrennten Haupt ihrer Mutter, die Perseus getötet hatte. Chrysaor, dessen Name »goldenes Schwert« bedeutet, heiratete die Okeanide Kallirhoë, die ihm den dreiköpfigen Riesen Geryon und das Monstrum Echidna gebar.

Chryseïs, Tochter des Chryses, eines Priesters am Apollonheiligtum auf der Insel Chryse bei Troja. Als die griechische Armee die Insel plünderte, nahm sich Agamemnon die schöne Chryseïs zur Konkubine und erklärte, er habe sie lieber als seine Frau Klytämnestra. Chryses bot ein hohes Lösegeld für seine Tochter, doch Agamemnon lehnte ab. Durch besondere Gebete und Opfer bat dann der Priester Apollon, er möge die Griechen so lange mit einer Pest heimsuchen, bis sie ihm seine Tochter zurückgäben. Nach neuntägiger Pest erklärte sich Agamemnon, wenn auch ungern, einverstanden, Chryseïs zurückzugeben – aber nur, wenn ihm Achilleus dafür dessen eigene Beute, die Konkubine Briseïs, abtrat. Hieraus entstand der Zorn des Achilleus – eines der Hauptthemen der ›Ilias‹.

Nach einer anderen Darstellung empfing Chryseïs von Agamemnon einen Sohn, den sie nach seinem Großvater Chryses nannte und als Kind des Apollon ausgab. Als später Orestes, Pylades und Iphigenie (die nach dieser Version am Leben blieben) mit einem Artemisbildnis nach Griechenland heimkehrten, das sie dem taurischen König Thoas entführt hatten, schickte sich der jüngere Chryses bereits an, sie an Thoas zu verraten, als der ältere Chryses den Jüngling aufklärte, daß er ein Halbbruder des Orestes und der Iphigenie sei. Darauf wurde sein Enkel anderen Sinnes und half Orestes, Thoas zu schlagen und nach Griechenland heimzukehren.

Chryses 1, Apollonpriester und Vater der Chryseïs.

Chryses 2, Sohn des Agamemnon und der Chryseïs.

Chrysippos, Sohn des Pelops und einer Nymphe; ein schöner Jüngling. König Laios von Theben war von dem Aussehen des Jünglings so berückt, daß er ihn von Pelops' Hof im eleischen Pisa entführte und nach Theben brachte. Von seinem Vater Pelops gewaltsam entfernt, soll sich Chrysippos entweder in Theben das Leben genommen haben oder von seinen Halbbrüdern Atreus und Thyestes ermordet worden sein, weil sie auf seine Schönheit eifersüchtig waren und fürchteten, Pelops werde ihn zum Erben einsetzen.

Chrysothemis, Tochter des Agamemnon und der Klytämnestra, Schwester von Orest, Iphigenie und Elektra. In Sophokles' Tragödie ›Elektra‹ hat sie Verständnis für den Wunsch ihrer Schwester, den Mord an Agamemnon zu rächen, rät Elektra aber dennoch davon ab, sich Klytämnestra und Aigisthos zu widersetzen.

Chthonia siehe Erechtheus.

Chthonios siehe Gesäte.

Cincinnatus. Lucius Quinctius Cincinnatus war ein Heros der frühen römischen Republik; es ist wahrscheinlich, daß er gelebt hat, aber ebenso sicher sind viele der über ihn existierenden Berichte mythisch. Nach der Überlieferung belagerte der Stamm der Äquer im Jahre 458 v. Chr. eine römische Armee auf dem Berg Algidus, und Rom war nahe daran, die Besten seiner Armee zu verlieren. In dieser kritischen Lage wählte der Senat Cincinnatus, einen einfachen Bauern von jenseits des Tibers, zum Diktator. Eine Abordnung, die ihm den Oberbefehl über die Armee antragen sollte, traf ihn, in eine einfache Tunika gekleidet, bei der Feldarbeit an. Seine Frau Racilia brachte ihm in aller Eile seine Toga aus der Hütte, damit er die Botschaft des Senats würdig vernehmen konnte. Er wischte sich den Schmutz von Gesicht und Händen und legte die Toga an, worauf er als Diktator begrüßt wurde. Die Plebejer jedoch mißtrauten ihm und befürchteten, er werde seine Macht mißbrauchen. Er rief alle Männer im wehrfähigen Alter zu den Waffen, marschierte zum Algidus, schlug die Äquer, und zwang sie, sich zu unterwerfen. So hatte Cincinnatus seine Aufgabe vollbracht und konnte seine sechsmonatige Diktatur bereits nach vierzehn Tagen wie-

Chryseis, Agamemnons Konkubine (Mosaik aus Daphne bei Antiochia, 4. Jh. n. Chr.; Antiochia)

Cincinnatus wird als Diktator begrüßt (19. Jh.; Florenz, Palazzo Pitti)

Cloelia und ihre Mitgefangenen entkommen über den Tiber (Kupferstich aus Rollin, Istoria Romana, 1816; Paris, Bibliothèque Nationale)

Mutter, Frau und Kinder des Coriolanus flehen ihn an, seine Vaterstadt zu schonen (Kupferstich von S. D. Mirys)

der niederlegen, um sich weiter der Feldarbeit zu widmen. Jahre später – so sagte man – als er bereits über achtzig war, sollte er noch einmal in einer politischen Krise Diktator sein, als Spurius Maelius verdächtigt wurde, sich zum König erheben zu wollen. Maelius kam bei dem Versuch ums Leben, der Verhaftung zu entgehen; sein Haus wurde eingeebnet. Die Volkstribunen (offizielle Vertreter der Plebejerinteressen) betrachteten dies als Affront gegen das gemeine Volk und versuchten, Cincinnatus und seinen Anhängern dadurch zu schaden, daß sie im folgenden Jahr anstelle der Konsuln Militärtribunen zum obersten Staatsamt wählen lassen wollten. Die Überlieferung berichtet aber, daß sie lediglich drei wählbare Männer auftreiben konnten – darunter Cincinnatus' Sohn Lucius – und von ihrem Vorhaben absehen mußten.

Claudia Quinta siehe Kybele.

Cloelia. Als es der Etrusker Lars Porsenna endlich aufgegeben hatte, Tarquinius Superbus wieder auf den römischen Thron zu setzen, von dem er verjagt worden war, schloß er mit den Römern einen Pakt, wonach sie für den Janiculum-Hügel hinter dem Tiber, den die Etrusker zurückgeben wollten, Geiseln bekommen sollten. Eine der Geiseln war das Mädchen Cloelia, die Erlaubnis erhielt, im Tiber zu baden, während sie im etruskischen Lager war. Nachdem sie die Wachen fortgeschickt hatte, um sich entkleiden zu können, schwamm sie, von anderen Mädchen begleitet, über den Fluß nach Rom hinüber. Die Etrusker schossen auf die schwimmenden Gestalten, doch konnte Cloelia die ganze Schar wohlbehalten zu ihren Familien zurückbringen. Obwohl sich Porsenna über den Vertragsbruch beschwerte und auf der Auslieferung Cloelias bestand, war er doch von ihrer Tapferkeit so beeindruckt, daß er für ihre Sicherheit bürgte und sie bald mit anderen Geiseln seiner Wahl nach Rom zurückschickte. So leitete Cloelias Tat freundliche Beziehungen zwischen Porsenna und der neuen Republik ein; und die Römer errichteten ihr ein Reiterstandbild an der Via Sacra.

Cocles siehe Horatius.

Consus, römischer Schutzgott des in Gruben aufbewahrten Getreides.

Marcus Curtius stürzt sich in den Erdspalt (John Martin; Sammlung Lord Kinross)

Marcus Curtius stürzt sich in den Erdspalt (römisch; Rom, Palazzo dei Conservatori)

Coriolanus. Der legendäre Gaius Marcius (seine Existenz wird bezweifelt) soll seinen Beinamen Coriolanus durch die Eroberung der volskischen Stadt Corioli erhalten haben. Nach Livius geschah diese Tat im Jahre 493 v. Chr. Eine Überlieferung berichtet außerdem, daß er nicht nur ein glänzender Feldherr, sondern politisch auch ein Erzkonservativer war. Als der Senat anregte, an die Plebejer Brot zu verteilen, weil sie nach ihrem jüngsten Abfall von Rom auf dem Sacra-Gebirge am Verhungern waren, soll sich Coriolanus dieser Verteilung widersetzt haben, solange die Plebejer den Patriziern nicht alle angestammten Privilegien zurückgegeben hatten. Über seine Rede waren die Plebejer derartig aufgebracht, daß sie ihn wohl gelyncht hätten, wenn ihn nicht die Volkstribunen (die Vertreter der Plebejer) vor Gericht gezwungen hätten. Da er aber ihre Zuständigkeit bestritt, erschien er nicht zur Verhandlung und wurde zur Verbannung verurteilt. Er suchte in Antium bei den volskischen Feinden der Römer Zuflucht. Dort stieg er rasch zum General auf und führte eine siegreiche Streitmacht vor die Tore seiner Heimatstadt. Weder die Bitten der römischen Regierung noch Abordnungen von Priestern und Senatoren vermochten ihn zur Umkehr zu bewegen.
Als die Lage schließlich verzweifelt wurde, erschienen seine betagte Mutter Volumnia (bei Livius heißt sie Veturia), seine Gemahlin Vergilia (die Livius Volumnia nennt) sowie seine beiden kleinen Söhne vor der Stadt, um mit ihm zu verhandeln. Als Coriolanus seine Mutter küssen wollte, fragte sie ihn zuvor, ob er sie als seine Mutter oder als Kriegsgefangene empfange. Und so wurde Coriolanus' Entschlossenheit durch das Flehen dieser Frauen zu Fall gebracht – sehr zum Ärger der Volsker, die ihn einer Überlieferung zufolge wegen seiner Schwachheit töteten. Livius dagegen nimmt an, daß er im Exil ein bitteres Alter durchlebte.

Cupido siehe Eros, Psyche.
Curiatier siehe Horatier.
Curtius. Die Existenz eines Lacus Curtius, einer bekannten Örtlichkeit auf dem Forum Romanum, wo in der Vorzeit ein Sumpf oder Teich war, gab verschiedentlich Anlaß, mythische Gestalten zur Erklärung des Namens zu erfinden.
1. Mettius Curtius, ein sabinischer Kämpfer im mythischen Krieg zwischen Romulus und Titus Tatius, dem Sabiner. Nach einer Überlieferung tötete er den Römer Hostus Hostilius im Einzelkampf und vertrieb die römischen Truppen vom kapitolinischen Hügel. Er verspottete die Römer, daß sie besser im Jungfrauenrauben als im Männerkampf seien: eine Anspielung auf den Raub der Sabinerinnen, der sich angeblich kurz zuvor zugetragen haben sollte. Doch dann trug Romulus eine so scharfe Gegenattacke vor, daß Mettius das Weite suchte, wobei sein Pferd stolperte und Roß und Reiter in den Teich fielen, der seinen Namen trägt. Mettius konnte nur mit äußerster Anstrengung entkommen, doch verloren seine Männer dann auch den Kampf im Tal, das später das römische Forum werden sollte.
2. Marcus Curtius. Als sich auf dem Forum in der Gegend des Lacus Curtius eine große Erdspalte auftat, soll der junge Marcus Curtius in voller Rüstung hineingeritten sein. Er tat dies, weil die Wahrsager verkündet hatten, der Gott der Unterwelt, dem die Römer kein Gelübde abgelegt hatten, fordere das Opfer des tapfersten römischen Bürgers. Die Erdspalte war der direkte Weg zur Unterwelt, und als Curtius hineingeritten war, schloß sie sich sogleich und Curtius ward nicht mehr gesehen. In dieser Darstellung begab sich die Heldentat im Jahre 362 v. Chr.
3. Gaius Curtius Chilo, legendärer Konsul des Jahres 445 v. Chr. Als er das Gelände des Lacus Curtius einweihte, wurde er vom Blitz getroffen.

D

Daidalion, Sohn des Eosphoros. Apollon verwandelte ihn in einen Falken. Seine Tochter war Chione.

Daidalos, legendärer athenischer Erfinder; der Name bedeutet »der Einfallsreiche«. Er war wegen zahlreicher Fertigkeiten und Erfindungen berühmt. Sein Vater, angeblich von König Erechtheus abstammend, war Eupalamos (der Geschickte) oder Metion (der Gebildete). Sokrates behauptete zum Schein, von Daidalos abzustammen.

Daidalos wuchs zum besten Bildhauer und Maler Athens heran; seine Arbeiten waren so naturgetreu, daß sie wie wirklich erschienen. Von seiner Schwester bekam er deren Sohn Perdix (auch Talos oder Kalos genannt) zum Lehrling; doch der junge Mann war sogar ein noch besserer Handwerker als Daidalos. Er erfand die Säge (wobei er sich einen Schlangenkiefer oder das Rückgrat eines Fisches zum Vorbild nahm), den Geometerzirkel und die Töpferscheibe. In einem Anfall von Eifersucht brachte Daidalos ihn um; er stürzte ihn von der Akropolis oder von einem Felsen ins Meer. Athene, die ihn wegen seiner Kunst geliebt hatte, sah ihn fallen und verwandelte ihn in das Rebhuhn, das nach ihm benannt ist. Daidalos wurde für sein Verbrechen auf dem Areopag vor Gericht gestellt. Er ging in die Verbannung nach Kreta; entweder freiwillig oder weil er dazu verurteilt wurde.

In Kreta empfing ihn König Minos, für den er viele kunstvolle Arbeiten schuf. Die eigenartigste Erfindung gelang ihm wohl mit jener künstlichen Kuh, in der sich Königin Pasiphaë verbarg, um ihre Lust nach einem Stier zu befriedigen. Der Stier ließ sich von der Vorrichtung täuschen, und Pasiphaë empfing den Minotauros, der halb Mensch, halb Stier war.

Minos schämte sich so sehr über die Existenz dieser Mißgeburt, daß er sie zu verstecken beschloß und Daidalos mit der Konstruktion des Labyrinths beauftragte, einem Gewirr unterirdischer Gänge und Tunnels, das nur einen einzigen Eingang hatte und so gebaut war, daß niemand, der es betrat, je wieder herausfand. Den Minotauros plazierte man in die Mitte der Anlage. Er nährte sich von Menschenfleisch; denn die Athener, die Minos im Krieg besiegt hatte, mußten jährlich oder alle neun Jahre als Tribut sieben Jünglinge und sieben Jungfrauen senden, die dann nacheinander dem Minotauros als Nahrung zugeführt wurden. Als einige Jahre später Theseus nach Kreta kam, verriet Daidalos der Ariadne (und damit Theseus) die Möglichkeit, mit Hilfe eines Fadens dem Labyrinth zu entkommen, nachdem er den Minotauros erlegt hatte. Als Minos Daidalos' Verrat entdeckte, schloß er ihn mit seinem kleinen Sohn Ikaros (den ihm eine der Sklavinnen Minos' geboren hatte) in dem Labyrinth ein und hielt ihn dort gefangen. Da normale Fluchtmethoden nutzlos waren, beschloß Daidalos, dem Gefängnis mit Hilfe von Schwingen, wie sie die Vögel haben, zu entfliehen. Mit Federn und Wachs baute er für Ikaros und sich je ein Paar Flügel und schärfte dem Jungen ein, weder zu hoch noch zu niedrig zu fliegen, damit in der Sonnenwärme das Wachs nicht schmelzen und durch den Gischt des Meeres die Federn nicht schwer würden. Dann schwang sich Daidalos empor in die Luft und Ikaros folgte dicht hinter ihm. Sie flogen in nordöstlicher Richtung, vorbei an Paros, Delos und Samos; doch als sie sich über dem Meer zwischen den Sporaden-Inseln und der ionischen Küste Kleinasiens befanden, nahm die Freude am Fliegen bei Ikaros überhand, und er flog zu hoch. Er näherte sich der Sonne, das Wachs an den Flügeln schmolz und er stürzte kopfüber

Daidalos mit seinen selbstgefertigten Schwingen (Basrelief von Antonio Pisanello, um 1380–1451; Florenz, Museo dell' Opera del Duomo)

Daidalos bei der Arbeit an den Flügeln für sich und Ikaros (römisches Relief nach einem griechischen Original, 1. Jh. n. Chr.; Rom, Villa Albani)

Ikaros stürzt ins Meer (Wandmalerei im Hause des Priesters Amandus in Pompeji; Neapel, Museo Archeologico Nazionale)

in das Meer, das seinen Namen trägt. Daidalos landete auf der Insel, die nun Ikaria heißt, barg den Leichnam aus dem Meer und bestattete ihn. Ein Rebhuhn (es war sein einstiger Neffe Perdix) beobachtete seinen Kummer mit Vergnügen.

Nach einer anderen Überlieferung befreite Pasiphaë Daidalos aus dem Labyrinth. Daidalos baute ein Schiff und erfand das Segel, um es voranzutreiben. Dann stieg er mit Ikaros an Bord, floh von der Insel und suchte Zuflucht in Sizilien am Hofe des sikanischen Königs Kokalos von Kamikos. Doch kam ihm Minos, der zur Rache entschlossen war, schließlich auf die Spur; er suchte nämlich sämtliche Herrscher des Westens auf und legte ihnen dasselbe Problem vor: eine Spiralmuschel aufzufädeln. Erst als Kokalos ihm die Muschel aufgefädelt zurückgab, war Minos sicher, Daidalos erwischt zu haben, denn er ging davon aus, daß kein anderer diese Aufgabe hätte lösen können. Daidalos soll in die Muschelspitze ein Loch gebohrt und dann einen Faden an eine Ameise geheftet haben, die damit durch das Muschelgewinde kroch und am andern Ende wieder herauskam.

Minos verlangte nun die Auslieferung des Daidalos, doch Kokalos lehnte ab, weil Daidalos ihm eine uneinnehmbare Stadt gebaut hatte. Daraufhin belagerte Minos den Ort, und Kokalos, Versöhnlichkeit heuchelnd, lud ihn auf ein Fest und stellte die Auslieferung des Gesuchten in Aussicht. Zuerst bot man ihm ein Bad an, bei dem ihn die drei Königstöchter in der herkömmlichen Weise baden sollten. Daidalos aber, der auch die Spenglerkunst beherrschte, hatte in dem Bad Röhren verlegt, durch die er nun kochendes Wasser leitete, sodaß Minos elend zugrunde ging. Nach einer abweichenden Darstellung fiel Kokalos im Kampf gegen Minos' Truppen.

Viele andere Konstruktionen und Anlagen schrieb man ebenfalls dem Genie des Daidalos zu. So soll er den Apollontempel in Cumae erbaut und mit Bildern ausgeschmückt haben, die seine Lebensgeschichte erzählten. In Sizilien galt er als Konstrukteur eines Stausees am Fluß Alabon, eines Dampfbades in Selinus, einer Festung in Akragas (Agrigentum) sowie der Terrasse des Aphroditetempels in Eryx. Hier hinterließ er auch eine aus Gold gefertigte Honigwabe. Ferner hielt man ihn für den Erfinder von Masten und Segeln, des Leims und der meisten Zimmermannswerkzeuge – der Axt, der Säge (falls diese nicht von Perdix erfunden wurde), des Senkbleis und des Bohrers. Auch ein Klappstuhl mit Blick auf den Tempel der Athene Polias' in Athen soll Daidalos' Werk gewesen sein. Schließlich betrachtete man ihn noch als den Verfertiger vieler hölzerner Bildnisse, die zum Teil bewegliche Augen und Arme hatten und laufen konnten; man begegnete ihnen an verschiedenen Orten Griechenlands und Italiens. Auf Sardinien schrieb man ihm bestimmte, »Daidaleia« genannte Türme zu. Endlich gab es griechische Überlieferungen, die auch die Pyramiden und die großen Tempel Ägyptens (wie das Ptah-Heiligtum in Memphis) auf Entwürfe von Daidalos zurückführten.

Daktylen. Man brachte die Daktylen in Zusammenhang mit dem Berg Ida auf Kreta oder dem phrygischen Ida nahe Troja, weshalb man sie »idäische« Daktylen nannte. Die Überlieferungen über sie sind unklar und unterschiedlich. Sie sollen auf dem kretischen Ida von der Titanin Rhea oder der Nymphe Anchiale geboren worden sein, die in derselben Höhle, in der auch Zeus zur Welt kam, etwas Erde aufwarf, aus der die Daktylen entstanden. In Verbindung mit dem phrygischen Ida galt gelegentlich Kybele als ihre Mutter.

Die Daktylen waren Schmiede. Der Umstand, daß man manchmal ihre Zahl mit zehn angab, geht wohl darauf zurück, daß ihr Name »Finger« bedeutet. Zu anderen Zeiten wieder glaubte man, es handele sich um sechs riesige Männer mit fünf Schwestern. Die Männer lehrten die Kreter den Gebrauch von Kupfer

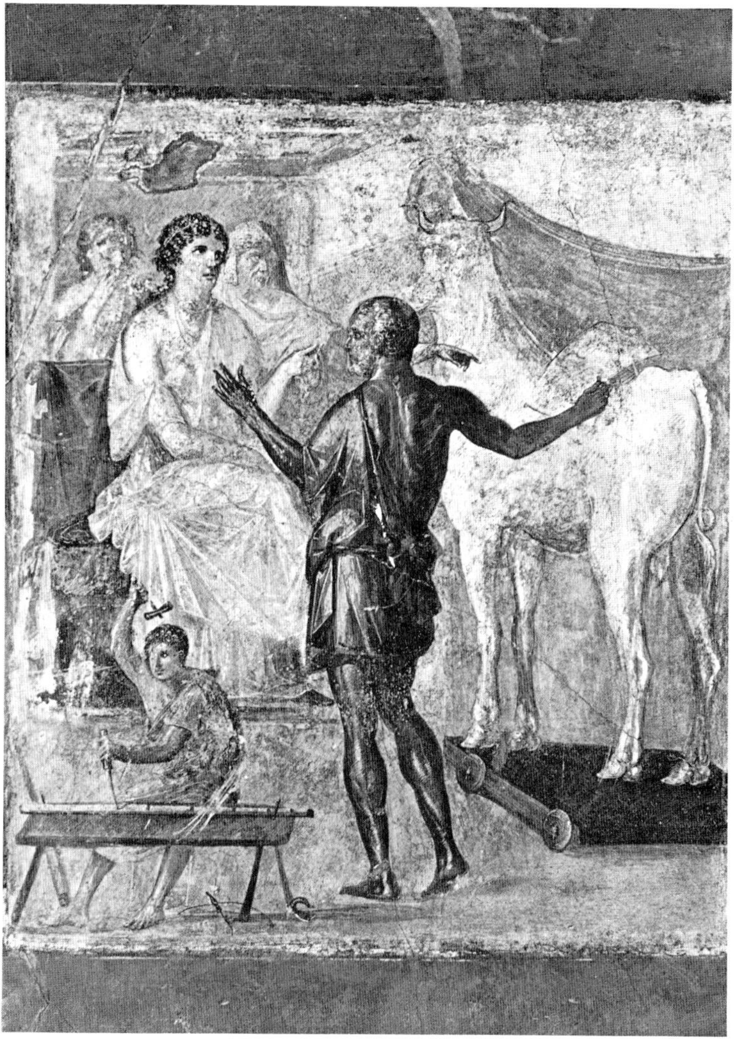

Pasiphaë und Daidalos mit der künstlichen Kuh (Wandmalerei im Hause der Vettier, Pompeji; Museo Archeologico Nazionale, Neapel)

Danaë (Jan Gossaert, 1472–1533; München, Alte Pinakothek)

und Eisen, die Frauen weihten sie in die Mysterien der Großen Mutter ein. Der griechische Schriftsteller Pausanias (2. Jh. n. Chr.) identifiziert die männlichen Daktylen mit den Kureten, den priesterlichen Dienern der Rhea: der älteste mit Namen Herakles soll die Olympischen Spiele gestiftet haben. Nach anderen Quellen soll die Zahl der Daktylen hundert betragen haben; oder es waren ihrer zweiunddreißig, die Zaubersprüche bewirkten, und weitere zwanzig, die sie wieder aufhoben.

Damasistratos, König von Platää; begrub den von Ödipus getöteten Laios.

Dameon, Sohn des Phlios. Als Verbündeter des Herakles gegen Augias wurde er von den Molionen getötet.

Danaë, Tochter des Königs Akrisios von Argos und der Eurydike. Da dem König geweissagt worden war, ein Sohn Danaës werde ihn töten, sperrte er seine Tochter in einen Bronzeturm (oder einen Turm mit bronzenen Türen). Hier nahte sich Zeus ihr als Goldregen; der Sohn, den sie ihm gebar, war Perseus. Akrisios begegnete dieser Bedrohung, indem er Mutter und Kind in einer Truhe auf dem Meer aussetzte, doch landeten beide sicher an der Insel Seriphos. Dort entdeckte sie der Bruder des einheimischen Königs, ein Fischer namens Diktys, nahm sie zu sich und sorgte für sie. Perseus wuchs zum Jüngling heran; inzwischen überlegte sich Polydektes, der König der Insel, wie er Danaë trotz ihrer beharrlichen Weigerung zur Frau gewinnen konnte. Er mußte Perseus beseitigen, der zwischen ihm und Danaë stand. So schickte er, weil ihm die Adligen der Insel steuerpflichtig waren, Perseus aus, das Haupt der Gorgone Medusa zu holen, um seinen Beitrag zu leisten. In seiner

Abwesenheit mauerte Polydektes Danaë an heiliger Stätte ein und verweigerte ihr die Nahrung, bis sie seinen Heiratsantrag annahm. Perseus kehrte ein Jahr später mit seiner Braut Andromeda zurück und konnte Danaë gerade noch rechtzeitig dadurch erretten, daß er den König und seinen Hofstaat mit Hilfe des Gorgonenhauptes in Stein verwandelte. Perseus setzte Diktys zum neuen König ein und kehrte mit seiner Frau und seiner Mutter nach Argos zurück, wo er versehentlich Akrisios tötete. Nach Vergil wandte sich Danaë später nach Italien, wo sie vor der Küste Latiums strandete und für argivische Siedler die Stadt Ardea gründete. Eines ihrer Enkelkinder war Turnus, der neben Aeneas um die Hand der Lavinia anhielt.

Danaïden siehe Danaos.

Danaos und **Aigyptos** waren Zwillingssöhne des Königs Belos, dessen Reich Assyrien, Arabien, Ägypten und Libyen umfaßte. Belos gab Libyen an Danaos und Arabien an Aigyptos, doch eroberte letzterer noch Ägypten hinzu und gefährdete so Danaos' Sicherheit. Nun hatte Aigyptos fünfzig Söhne, Danaos ebenso viele Töchter, die als die Danaïden bekannt waren, und Aigyptos schlug vor, diese zweifache Vetternschaft solle heiraten. Danaos aber witterte hinter der Idee seines Bruders einen Versuch, ihn zu stürzen und seines Reiches zu berauben, und so baute er mit Hilfe Athenes ein großes Schiff und segelte mit seinen fünfzig Töchtern nach Argos, jener Stadt, aus der seine Vorfahrin Io stammte. Unterwegs legte er in Lindos auf Rhodos an, um aus Dankbarkeit einen Athenetempel zu stiften. In Argos beanspruchte er auf Grund seiner Abstammung von Io die Königswürde, doch machte ihm der herrschende Regent Gelanor den Titel streitig. Man debattierte über die Frage in der argivischen Versammlung, doch wurde sie durch ein Omen geklärt, das man am Abend des Zusammentreffens bemerkt hatte: ein Wolf überfiel die argivischen Viehherden und tötete den Leitstier. Aus diesem Omen las man die Erklärung, daß der Fremdling obsiegen solle, und so ging das Reich an Danaos über, der dem Apollon Lykeios (dem »Wolfsgott«, nach einer bestimmten Interpretation des Wortes) einen Tempel weihte. Auch beschaffte er dem Volk von Argos Wasser, an dem sie bisher wegen des Zorns des Poseidon Mangel gelitten hatten: der Gott hatte nämlich mit Hera um die Schutzherrschaft über das Land gestritten, und die Flußgötter der Argolis (des Landes um Argos) hatten der Göttin den Vorzug gegeben. Dafür ließ Poseidon ihre Quellen vertrocknen. Jetzt dagegen verliebte er sich in die Danaïde Amymone und ließ eine Quelle in Lerna sprudeln. Eine andere Überlieferung will, daß Danaos zum König gemacht wurde, weil er den Menschen das Graben von Brunnen beibrachte.

Aigyptos' fünfzig Söhne kamen nun nach Argos, um nach den versprochenen Frauen zu suchen. In seinem ältesten erhaltenen Werk, den ›Schutzflehenden‹, läßt Aischylos erkennen, daß dies bald nach der Ankunft Danaos' in Argos war. Nach dieser Version stand der Argiverkönig Pelasgos Danaos gegen die jungen Männer bei, denen ihr Vater verboten hatte zurückzukehren, solange Danaos noch lebte. Indessen mußte sich Danaos ihrem Wunsch fügen, und die Jünglinge erhielten ihre Bräute. Heimlich aber hatte der Vater den Mädchen Dolche zugesteckt und ihnen aufgetragen, ihre Männer im Bett zu töten. Alle gehorchten, mit Ausnahme der ältesten Tochter. Diese, es war Hypermnestra, war in ihren Gatten Lynkeus verliebt – der ihre Jungfräulichkeit achtete –, erzählte ihm von dem Komplott und beschwor ihn, zu fliehen. Er entkam nach Lyrkeia, von wo er seiner Gattin durch ein Feuerzeichen mitteilte, daß er in Sicherheit war. Sie wurde eingesperrt und vor Gericht gestellt, doch der argivische Gerichtshof sprach sie frei, vielleicht dank der Intervention Aphrodites. Später erkannte Danaos Lynkeus als Schwiegersohn an und versöhnte sich mit dem Paar.

Die andern neunundvierzig Danaïden brachten ihrem Vater als Zeichen ihrer Zuverlässigkeit die Köpfe ihrer Gatten. Auf Befehl des Zeus wurden sie von Hermes und Athene von ihrer Sünde gereinigt. Danaos beschloß dann, seine Töchter mit einheimischen Jünglingen zu verheiraten. Brautgeschenke verlangte er nicht, sondern überreichte seinerseits Gaben zusammen mit den Mädchen, und zwar mit Rücksicht auf die verständliche Scheu der Männer, solche blutbefleckten Bräute zu bekommen. Schließlich war Danaos genötigt, einen Wettlauf abzuhalten, bei dem zunächst der erste Sieger seine Wahl treffen durfte, dann der zweite und so fort, bis alle Mädchen vergeben waren. Ihre Kinder nannte man Danaoi, bei Homer eine allgemeine Bezeichnung für die Griechen. Es gibt eine Überlieferung, wonach Lynkeus, um seine Brüder zu rächen, Danaos tötete und ihm in der Herrschaft nachfolgte, außerdem auch alle seine Töchter mit Ausnahme Hypermnestras tötete. Nach ihrem Tod mußten die Danaïden im Tartaros für ihr Verbrechen büßen und einen löcherigen Krug mit Wasser füllen. Horaz widmete ihnen eine Ode, in der er besonders auf Hypermnestra eingeht.

Daphne, Nymphe; Tochter des thessalischen Flusses Peneios (in der arkadischen Überlieferung des Flusses Ladon); eine jungfräuliche

Daphne mit ihrem Vater Peneios (Mosaik aus dem 3. Jh. n. Chr.; Paphos auf Cypern, römische Villa)

Jägerin wie Artemis. Es gibt zwei Geschichten über Daphne. In der ersten verliebte sich Leukippos in sie, der Sohn des Königs Oinomaos von Pisa in Elis; da er jedoch ihre Unerbittlichkeit erkannte, verkleidete er sich als Mädchen, um in ihrer Nähe sein zu können; sein Haar ließ er ohnehin lang wachsen zu Ehren des Flusses Alpheios. Nunmehr nannte er sich Oino und bat, mit Daphne zusammen jagen zu dürfen. Sie willigte ein; doch der eifersüchtige Apollon gab ihren Gefährtinnen den Gedanken ein, zu baden, und als der als Oino verkleidete Leukippos nicht mitbaden wollte, entkleideten sie ihn. Als sie sein Geschlecht entdeckten, brachten sie ihn für seinen Betrug um. Nach der zweiten, bekannteren Geschichte über Daphne vermochte auch Apollon selbst nicht, sie zu gewinnen: Weil er Eros, den Gott der Liebe, verspottet hatte, mußte sich Apollon in Daphne verlieben, denn als er Eros' läppische Waffen und leichte Statur ungünstig mit seiner eigenen Tüchtigkeit im Bogenschießen verglichen hatte, bestrafte Eros ihn und schoß zwei Pfeile vom Parnaß ab. Der eine durchbohrte Apollons Herz mit seiner vergoldeten Spitze und machte ihn wahnsinnig in Liebe nach Daphne; der andere Pfeil war stumpf und hatte eine Spitze aus Blei und machte Daphne für jeden Liebhaber unzugänglich. Apollon verfolgte sie durch die Wälder, bis er sie an den Ufern von ihres Vaters Fluß Peneios beinahe eingefangen hätte. Sie schickte ein Stoßgebet um Rettung zu dem Flußgott, schlug augenblicklich Wurzeln und verwandelte sich in einen Lorbeerbaum, dem sie ihren Namen gab. Apollon mußte sein Werben aufgeben, aber als Gott der Musik und des Bogens bestimmte er, daß künftig ein Lorbeerkranz seine Leier, seinen Köcher und das Haupt der Sänger zieren solle.

Daphnis, sizilianischer Kuhhirte, Sohn einer Nymphe. Hermes galt einige Zeit lang als sein Vater, als sein Freund oder Geliebter. Der Name Daphnis (abgeleitet von *daphne,* Lorbeer) wurde ihm gegeben, weil er entweder in einem Lorbeerhain geboren oder von seiner Mutter nach der Geburt in einem solchen Hain ausgesetzt worden war. Er wuchs bei den Waldnymphen als deren Liebling und bei den Hirten des Ätna oder von Himera auf. Daphnis galt als Erfinder der Schäferdichtung – deren Hauptvertreter, namentlich Theokrit und Vergil, ihn in ihren bukolischen Dichtungen besonders zu Ehren kommen ließen – und genoß angeblich den Schutz von Apollon, Artemis und von Pan, der ihm seine Flöten schenkte.

Als Jüngling brüstete sich Daphnis, er werde den Verlockungen der Liebe widerstehen. Das war ein Affront gegen Eros und Aphrodite; die Liebesgötter rächten sich bald dafür. Daphnis verliebte sich leidenschaftlich in die Flußnymphe Nais oder Echenais. Zuerst wollte er ihr seine Leidenschaft nicht gestehen; aber dann wurde er rückfällig. Als die Nymphe von seiner leidenschaftlichen Liebe, die ihn verzehrte, erfuhr, wurde sie unter der Bedingung sein, daß er ihr ewige Treue schwor und nie eine andere liebte. Xenia aber, eine sterbliche Frau (auch als Fürstin bezeichnet), verfiel in Liebe zu Daphnis und überlistete ihn, mit ihr zu schlafen, indem sie ihn betrunken machte. Für diese Treulosigkeit schlug Nais ihn mit Blindheit. Er tröstete sich damit, den Hirten sein Unglück zur Musik der Syrinx (der Pansflöte) vorzusingen. Zum Schluß aber stürzte er in den Fluß Anapos; und weil er seine Gelübde gegen Nais gebrochen hatte, ließen ihn die Flußnymphen ertrinken.

Von dieser Geschichte gibt es viele Varianten. Nach der einen verzehrte sich Daphnis in unerwiderter Liebe zu Xenia; dann soll er den Tod durch den Sturz von einem Felsen gefunden haben, und an dieser Stelle sei durch Hermes, der ihn gen Himmel führte, eine nach Daphnis benannte Quelle entstanden. Ein gänzlich anderer Bericht in phrygischer Fassung erzählt, daß Daphnis ein Mädchen oder eine Nymphe namens Pimplea oder Thalia liebte, die von Seeräubern entführt wurde. Er suchte sie weit und breit und fand sie schließlich am Hofe des phrygischen Königs Lityerses, wo sie als Sklavin diente. Dieser König nötigte Fremde, mit ihm um die Wette die Ernte einzubringen; er gewann unfehlbar und brachte die Ankömmlinge um. Herakles, der zu der Zeit gerade in Phrygien weilte, war bereit, in diesem Wettkampf die Stelle

Daphnis' einzunehmen. Er besiegte Lityerses und tötete ihn; dann machte er Daphnis zum neuen König, und Pimplea wurde seine Königin.

Dardanos 1, Sohn des Zeus und der Atlastochter Elektra, oder des Korythos und der Elektra; ein Vorfahr der Trojaner. Gewöhnlich hielt man Samothrake für seine Heimat; doch wurden auch Arkadien, Kreta und die Troas als sein Geburtsort angegeben. Entweder wegen der deukalionischen Flut oder, weil Zeus seinen Bruder Iasion für die Verführung Demeters gestraft hatte, verließ er Samothrake und ging nach Phrygien, wo ihn König Teuker willkommen hieß; er gab ihm einen Teil seines Reiches und verheiratete ihn mit seiner Tochter Bateia. Dardanos erbaute am Hang des Berges Ida eine Stadt, die er Dardania nannte. Später erbte er das gesamte Reich Teukers und nannte seine Bewohner Dardanier. Sein Sohn Erichthonios war der Vater des Tros. Zu den Kindern des Tros gehörten Assarakos, der über Dardania herrschte, und Ilos, der Troja gründete und es Ilion nannte. (Der Enkel Assarakos' war Anchises, der Vater des Aeneas; der Enkel Ilos' Priamos, der trojanische König.)
In der römischen Überlieferung, von Vergil in der ›Aeneis‹ erzählt, ist Italien das Geburtsland des Dardanos und Corythus der Name seines Vaters. Nach dieser Version gründete er Cortona in Etrurien, trennte sich aber dann von Iasion und begab sich zur Troas. Dieser Bericht sollte die Ansiedlung des Aeneas in Italien stützen; hatte er doch von den Göttern den Auftrag erhalten, in die Heimat des Dardanos zurückzukehren.

Dardanos 2, skythischer König; Vater der Idaia, die er wegen der grausamen Behandlung ihrer Stiefkinder erschlug.

Dares, reicher Trojaner; Hephaistospriester. Seine Söhne kämpften im Trojanischen Krieg gegen Diomedes; doch wurde Phegeus getötet und Idaios in die Flucht geschlagen.

Daskylos, König der Mariandyner; Vater des Lykos 3.

Daunos, Illyrer, Sohn des Lykaon. Er und seine Brüder Iapyx und Peuketios sollen Süditalien erobert und unter sich aufgeteilt haben. Daunos wurde König von Apulien und gab seine Tochter dem Diomedes, der bei ihm Zuflucht suchte.

Daunus, König der Rutuler von Ardea in Latium. Sein Vater war Pilumnus, eine ländliche Gottheit, seine Mutter Danaë, die Tochter des Akrisios von Argos. Seine Gattin hieß Venilia. Vulcanus, der Gott des Feuers und Waffenschmied, gab ihm ein unzerbrechliches Schwert, das er in das Wasser des Styx getaucht hatte, und Daunus vermachte es seinem

Peneios verwandelt Daphne in einen Lorbeerbaum, um sie vor Apoll zu schützen (bemalter Teller; Paris, Musée Jaquemart-André)

Sohn Turnus. Seine Tochter war die Wassernymphe Juturna.

Decius Mus (Publius), Name dreier aufeinander folgender Generationen von Römern (die legendären Daten ihrer Konsulschaft waren 340, 312, 279 v. Chr.); lediglich einer von ihnen, wahrscheinlich der mittlere, dürfte eine historische Gestalt gewesen sein. Allen dreien schreibt die Überlieferung ihre »Devotion« als Befehlshaber eines Heeres zu. Unter Devotion verstand man den freiwilligen Opfertod auf dem Schlachtfeld, den der römische Befehlshaber in zeremoniellem Gewand suchte; er bat Mars feierlich um den Sieg und weihte sich selbst und die feindliche Armee der Erde und den Schatten, um so mit seinem Leben den Sieg seines Volkes zu erkaufen. Der Tod des Kodros von Athen versinnbildlicht eine ähnliche Opferidee.

Degmenos siehe Oxylos.

Deianeira, Tochter des Königs Oineus von Kalydon und der Althaia; zweite Gemahlin des Herakles. Herakles hatte in der Unterwelt von ihrer Schönheit vernommen, und zwar durch den Geist ihres Bruders Meleagros, der ihn bat, sie zu heiraten. Allerdings hatte er einen Rivalen in dem Fluß Acheloos, der ebenfalls um sie anhielt. Die beiden vereinbarten einen Ringkampf, um den Streit zu entscheiden. Acheloos verwandelte sich in einen Stier, doch Herakles brach ihm eines der Hörner ab und blieb Sieger. So heiratete er Deianeira und half ihrem Vater Oineus bei der Unterwerfung der Thesprotier. Danach tötete er jedoch versehentlich Oineus' Mundschenk und mußte das Reich verlassen. Zusammen mit Deianeira wählte er die Straße nach Tra-

Apollon und Daphne (Antonio, 1429–1498, und Piero, 1443–1496, Pollaiuolo; London, National Gallery)

chis; doch der Hochwasser führende Euenos versperrte ihnen den Weg. Der Kentaur Nessos erbot sich, Deianeira hinüberzutragen, während Herakles durch das Wasser watete. Trotz ihrer alten Feindschaft willigte Herakles ein; als er aber bemerkte, daß Nessos die Gelegenheit ergriff und Deianeira zu schänden suchte, erschoß er ihn mit einem der Pfeile, die mit dem Blut der Hydra vergiftet waren. In erheuchelter Reue sagte der sterbende Nessos zu Deianeira, wenn jemals Herakles' Liebe zu ihr schwinden solle, dann müsse sie ein Gewand in Nessos' Blut tauchen und Herakles zu tragen geben; das würde seine Liebe zurückbringen.

Deianeira entnahm der Wunde Nessos' ein wenig Blut und verwahrte es in einem Fläschchen. Später, als sie ihm schon einige Kinder geboren hatte, darunter Hyllos und Makaria, mußte sie entdecken, daß Herakles Iole zu seiner Geliebten gemacht hatte. Sie entschloß sich daher, das verhängnisvolle Liebeselixier anzuwenden, und sandte Herakles eine mit dem Kentaurenblut getränkte Tunika. Als er sie anlegte, brannte sie ihn zu Tode. Deianeira nahm sich in ihrem Schmerz das Leben. Nach dieser Überlieferung schrieb Sophokles das Drama ›Die Trachinierinnen‹.

Deidameia, Tochter des Königs Lykomedes von der Insel Skyros. Der Knabe Achilleus wurde von Thetis ihrem Vater anvertraut, damit er so seinem Schicksal entrinnen konnte, vor Troja zu fallen. Lykomedes steckte den Jungen in Frauengewänder, nannte ihn Pyrrha und ließ ihn in den Frauengemächern wohnen. Achilleus machte sich die Situation zunutze und schlief mit Deidameia, die ihm den Neoptolemos gebar. Indessen blieb er nicht lange unentdeckt, und Odysseus nahm ihn nach Troja mit, von wo er nicht zurückkehrte.

Deileon siehe Autolykos 2.

Deimos und **Phobos,** Söhne des Ares und der Aphrodite. Ihre Namen bedeuten »Furcht« und »Schrecken«. Diese Verkörperungen des Schreckens zogen mit ihrem Vater aufs Schlachtfeld, wenn er einen Sturm der Raserei entfachen wollte, um die Männer gierig nach Kampf und Gemetzel zu machen.

Deino siehe Graien.

Deion, König von Phokis; Vater des Kephalos und des Phylakos.

Deïoneus siehe Eurytos.

Deïphobe siehe Sibylle.

Deïphobos, Sohn des Königs Priamos von Troja und der Hekabe. Er hatte bedeutenden Anteil am trojanischen Kampf und rächte Asios, der von der Hand Idomeneus' gefallen war. Sein Bruder Hektor stand ihm sehr nahe. Nach dem Tode des Paris bewarben sich Deïphobos und Helenos um die Hand Helenas, die Deïphobos gewann. In der Nacht von Trojas Untergang begleitete er Helena zu dem hölzernen Pferd; sie wollte die im Pferd versteckten griechischen Führer veranlassen, sich zu verraten, indem sie sich als Griechin ausgab. Um sich bei Menelaos einzuschmeicheln, entfernte sie später sämtliche Waffen aus Deïphobos' Haus, so daß Odysseus und Menelaos leichtes Spiel mit ihm hatten und ihn töteten. Sein Leichnam verschwand, doch errichtete Aeneas ihm ein Ehrenmal am Kap Rhoeteum. Nach Vergil berichtete ihm Deïphobos' Geist im Hades später die Geschichte seines Todes.

Deïphontes, Sohn des Antimachos, Nachkomme des Herakles. Er wurde Günstling des Königs Temenos von Argos, der ihn seinen eigenen Söhnen vorzog und ihm seine Tochter Hyrnetho zur Frau gab. Seine Schwäger erschlugen ihren Vater, und Deïphontes floh nach Epidauros, wo ihn König Pityreus empfing. Die Temenossöhne wollten Hyrnetho überreden, ihren Gatten zu verlassen; da sie ihn aber liebte und ihm auch vier Kinder geschenkt hatte, lehnte sie ab. Daher entführten sie sie, als sie bereits mit dem fünften Kind schwanger war. Deïphontes verfolgte sie und tötete Kerynes; Phalkes aber stach so brutal auf Hyrnetho ein, daß sie und ihr Kind starben. Deïphontes begrub sie in einem Olivenhain, wo sie Gegenstand eines Kultes wurde. Die Argiver machten ihn zum König, weil sie ihn den Temenossöhnen vorzogen.

Deïpyle, Tochter des Adrastos; Gemahlin des Tydeus.

Delia siehe Artemis.

Delphyne, weibliches Ungeheuer mit Schlangenleib und -schwanz, das dem Typhon die Sehnen des Zeus hütete, als er gegen die Götter stürmte. Sie lebte in der korykischen Höhle in Kilikien und verlor die Sehnen an Hermes und Aigipan, die sie ihr wegstahlen.

Demeter, die große Erdgöttin, Schützerin der Fruchtbarkeit und Göttin der Eleusischen Mysterien; eine der zwölf großen olympischen Gottheiten und eines der sechs Kinder von Kronos und Rhea. Durch ihren Bruder Zeus wurde sie Mutter der Persephone (Proserpina), mit der der griechische Kult sie eng verknüpfte. Ihr Name bedeutet »Mutter Erde«. Für die Römer war sie die Getreidegöttin Ceres; in alter Zeit wurde sie auch mit der ägyptischen Isis, der phrygischen Kybele sowie mit ihrer eigenen Mutter Rhea gleichgesetzt. Demeter dachte man sich nur selten auf dem Olymp; sie zog stattdessen das Leben auf Erden vor, besonders im attischen Eleusis, wo die von ihr eingesetzten Mysterien an die Wiedergewinnung ihrer Tochter Persephone erinnerten (siehe unten). Die Mysterien wurden jährlich im Herbst begangen, wobei das Dra-

Der Kentaur Nessos versucht Deianeira zu verführen (rotfigurige Schale; London, Britisches Museum)

ma von Verlust und Wiederfinden der Persephone von den Eingeweihten mit Musik und Tanz wiederholt wurde.

Die meisten Sagen über Demeter beziehen sich auf den Verlust ihrer Tochter Persephone. Als diese noch sehr jung war, versprach ihr Vater Zeus sie ohne Wissen Demeters, die Einspruch erhoben hätte, dem Hades zur Braut (Heiraten zwischen Onkel und Nichte waren in Griechenland verbreitet, um den Grundbesitz in der Familie zu halten). Persephone hatte in den Wäldern um Henna auf der fruchtbaren Insel Sizilien Blumen gepflückt, einem der Lieblingsländer Demeters. In ihrer Gesellschaft befanden sich einheimische Mädchen oder die Töchter des Okeanos. In einem schattigen, blumenübersäten Grund ließ Zeus eine wunderschöne Narzisse erblühen. Als sie zufällig von den anderen etwas entfernt war, erblickte sie die Blume und pflückte sie. Da tat sich die Erde auf, und Hades erschien in seinem von dunkelblauen Rossen gezogenen Wagen. Er packte das Mädchen und fuhr zurück in sein Schattenreich. Persephone schrie nach ihrer Mutter, doch niemand kam ihr zu Hilfe; in Hades' Reich jammerte sie weiter und rührte weder Speise noch Trank an.

Als Demeter erfuhr, daß ihre Tochter verschwunden war, machte sie sich sogleich auf die Suche. Nach einer Überlieferung hörte sie Persephones Schreien. Mit brennenden Fackeln durchstreifte sie die Welt neun Tage und Nächte lang, ohne zu essen oder zu trinken. Schließlich begegnete ihr Hekate, die bei Henna lebte und von der Entführung wußte. Hekate führte Demeter vor Helios, den allessehenden Sonnengott, und fragte ihn, was er gesehen habe. Er enthüllte nun die ganze Geschichte, fügte aber hinzu, daß Hades, als Bruder des Zeus, ein würdiger Mann für Persephone sei, der ein schönes und weitläufiges Reich besitze. (Nach Ovid hatte die Flußnymphe Arethusa Persephone in Hades' Reich erblickt, als sie unterirdisch von Griechenland nach Sizilien wanderte.)

Demeter war so betrübt über diese Kunde, daß sie sogleich Dürre und Hungersnot über die Erde schickte, besonders über ihr geliebtes Sizilien, das ihr Vertrauen enttäuscht hatte, weil Persephone dort so schlecht betreut worden war. Sie verließ den Olymp und wanderte um die Welt. Als sie durch Arkadien kam, sah ihr Bruder Poseidon sie und wollte sie besitzen. Demeter suchte zu entkommen, indem sie sich in eine Stute verwandelte; doch Poseidons Tier (in das er sich jederzeit verwandeln konnte) war das Pferd, und als er dessen Gestalt annahm, bekam er seinen Willen. Demeter gebar das Pferd Areion und die Göttin Despoina, deren Name »die Herrin« bedeutet und nur in den arkadischen Mysterien ausgesprochen wurde, wo man Demeter mit einem Stutenkopf verehrte. Schließlich zog sie sich in eine Höhle zurück, wo Pan sie entdeckte und seinen Fund dem Zeus meldete. Zeus sandte die Schicksalsgöttinnen aus, um ihr ins Gewissen zu reden, und sie sah ein, daß die Ehe ihrer

Demeter (links) mit Triptolemos und Kore (Basrelief, 5. Jh. v. Chr.; Athen, Nationalmuseum)

Tochter mit Hades hingenommen werden mußte.
Eine weit bekanntere Version der Geschichte erzählt der älteste erhaltene Bericht, der homerische ›Demeterhymnos‹. Nach diesem Gedicht wanderte Demeter in menschlicher Gestalt über die Erde, beschenkte jene, die sie freundlich aufnahmen, mit den Segnungen der Landwirtschaft und strafte die Ungastlichen. Als sie im Hause der Misme in Attika weilte, reichte man ihr einen Becher *kykeon* (Minze, Gerstenmehl und Wasser). Mismes Sohn Askalabos lachte sie aus, weil sie so hastig trank: worauf sie ihm den Bodensatz ins Gesicht schleuderte und ihn in eine gefleckte Eidechse verwandelte. In Eleusis angelangt, machte Demeter, als alte, gramgebeugte Frau verkleidet, an einem Brunnen Rast. Zufällig kamen die Töchter des Königs Keleos, um Wasser zu holen; eine von ihnen hatte Mitleid mit der Fremden und lud sie in den Palast ein, um ihr Unterkunft und Erfrischung zu bieten. Die Königin Metaneira nahm sie freundlich auf, weil sie sie für eine Kreterin namens Doso hielt. Demeter mochte sich anfangs gar nicht niedersetzen, doch die Scherze der jungen Sklavin Iambe machten sie vergnügt, und so nahm sie einen Becher *kykeon,* weil sie als Trauernde keinen Wein trinken wollte. Demeter war von der königlichen Gastfreundlichkeit so überwältigt, daß sie sich erbot, im Haushalt zu helfen, worauf Metaneira sie mit der Sorge für ihren kleinen Sohn Demophon betraute. Das Kind wurde rasch größer, denn Demeter versuchte, es unsterblich zu machen, indem sie es bei Tag mit Ambrosia salbte und nachts ins Feuer legte, um alles Sterbliche von ihm zu tilgen. Die Magd Praxithea hatte jedoch beobachtet, was sie tat, und es ihrer Herrin hinterbracht. Als Metaneira es mit eigenen Augen sah, war sie entsetzt und stieß einen Schrei aus, worauf Demeter, zornig über die Störung, das Kind zu Boden schleuderte. Dann verwandelte sie sich in ihre wahre Gestalt und gebot Keleos, ihr einen Tempel in Eleusis zu errichten. Sie lehrte ihn, neue, geheime Riten zu ihren Ehren zu begehen – die Eleusischen Mysterien.

Demeter spendet Triptolemos ein Trankopfer (rotfigurige Vase; Paris, Louvre)

Demeter verschmähte nun die Gesellschaft der Götter und blieb ein ganzes Jahr in ihrem neuen Tempel. Die Erde begann schon unfruchtbar zu werden, und Zeus erkannte, daß die Menschen aussterben und die Götter keine Opfer mehr erhalten würden, wenn nicht bald etwas zur Besänftigung seiner Schwester geschähe. Als Versöhnungsversuch schickte er Iris nach Eleusis, die Demeter bitten sollte, in den Rat der Götter zurückzukehren. Aber Demeter wollte sie nicht anhören, solange sie nicht Persephone zurückbekam. So gab Zeus nach, aber unter einer Bedingung: Persephone durfte in der Unterwelt nichts zu sich nehmen, denn wer im Reich des Hades ißt oder trinkt, ist ihm verfallen. Zeus schickte Hermes in den Hades, um das Mädchen zu holen, und Hades willigte in die Trennung ein. Zum Abschied gab er ihr einen Granatapfel (nach Ovids Version hatte Persephone ihn gepflückt, als sie sich in Hades' Gärten erging). Als Persephone in Eleusis war, fragte Demeter sie, ob sie in der Unterwelt etwas zu sich genommen habe. Zuerst leugnete Persephone, aber Askalaphos sagte, er habe gesehen, wie sie Granatapfelkerne gegessen habe, und sie mußte es zugeben: sie hatte ein paar Kerne verzehrt, die Zahl schwankt zwischen vier und sieben. Da bestimmte Zeus, daß sie ein Drittel (oder die Hälfte) jedes Jahres bei Hades als seine Frau zubringen müsse. Wenn das Getreide im Boden keimt und wächst (d.h. von der Aussaat im Herbst bis zur Ernte im Frühsommer), weilt Persephone bei ihrer Mutter, und die Erde freut sich. Wenn aber das Saatgut in Krügen verstaut ist, zieht die Göttin zu ihrem düsteren Gemahl, und die Erde ist dürr und unfruchtbar. (Das widerspricht moderneren Darstellungen des Mythos, in denen Persephone eine Sommergöttin ist, die während der Wintermonate im Hades ist und mit dem Frühling zurückkehrt.)
Nun schickte Zeus Rhea zu Demeter, damit diese die Menschen nicht mehr mit ihrem Zorn verfolge, und Demeter schenkte der Erde wieder ihren Segen. Sie übertrug die eleusische Priesterschaft dem Eumolpos und gebot

Zeus vernichtet durch die große Flut die Menschheit, im Hintergrund die Arche von Deukalion und Pyrrha (Giulio Romano, 1499–1546; Rom, Farnesina)

dem Triptolemos (der auch für den Keleossohn Demophon gehalten wird, den Demeter hatte unsterblich machen wollen), die Künste der Landwirtschaft allen Menschen zu bringen, die nach ihnen verlangten. Sowohl Athener wie Sizilianer behaupteten, die ersten gewesen zu sein, die mit der Gabe des Getreides beschenkt wurden. Demeter überließ Triptolemos für seine Reise ihren von geflügelten Schlangen gezogenen Wagen. Attika beschenkte sie mit dem Feigenbaum; ein Mann aus Attika namens Phytalos erhielt ihn als Belohnung dafür, daß er Demeter auf ihren Wanderungen Gastfreundschaft erwiesen hatte. Als Triptolemos endlich von seinen Fahrten nach Eleusis zurückkam, wollte Keleos ihn wegen Gottlosigkeit töten, doch Demeter hielt ihn davon ab, und er mußte stattdessen sein Reich an Triptolemos abtreten.

Bei jenem Festmahl, das Tantalos für die Götter gab, war Demeter die einzige Unsterbliche, die das Mahl kostete, das Tantalos aus dem Körper seines Sohnes Pelops bereitet hatte. Als Pelops wieder zum Leben erweckt wurde, gab sie ihm eine elfenbeinerne Schulter, als Ersatz für das von ihr verzehrte Stück. Demeter war auch auf der Hochzeit von Kadmos und Harmonia und begegnete dort dem Sterblichen Iasion, mit dem sie auf dreifach gepflügtem Brachland in Kreta schlief. Zeus schlug Iasion für seine Vermessenheit mit einem Donnerkeil und tötete oder verkrüppelte ihn. Demeter soll dem Iasion zwei Söhne geboren haben: Plutos (Reichtum) und Philomelos (Freund der Lieder). Letzterer war mit dem Dasein als armer Bauer zufrieden und erfand den Feldwagen. Demeter verwandelte ihn dafür in das Sternbild Bootes, der Pflüger. Sie war auch einer Nymphe Makris zugetan, die auf Korkyra in einer Höhle lebte; ihr zuliebe lehrte sie die Titanen den Getreideanbau auf der Insel, die daher Drepane, die Sichel, genannt wurde.

In Thessalien besaß Demeter einen ihr geweihten Hain, den ein gewisser Erysichthon fällen ließ, um sich dort eine neue Festhalle zu erbauen. Die Göttin selbst, als Priesterin verkleidet, warnte ihn vor der Ausführung des Plans; als er aber hartnäckig blieb, riet sie ihm zu und meinte, er werde bald eine Halle zum Speisen brauchen. Dann schlug sie ihn mit unersättlichem Hunger, so daß er, so viel er auch aß, immer dünner wurde und schließlich betteln gehen mußte (siehe Erysichthon). Zuletzt verschlang er sein eigenes Fleisch und starb.

Demeters Wanderungen machten es ihr möglich, sich mit zahlreichen Orten verbunden zu fühlen, und sie wurde in der ganzen griechischen Welt verehrt. Von den Frauen wurde sie besonders angebetet, so bei den Thesmophorien in Athen, einem Fest, das auf ihren Beinamen Thesmophoros (Bringerin des Gesetzes) verwies und auf Frauen beschränkt war, die dort Fruchtbarkeit für sich und die Stadt erflehten. Davon handelt Aristophanes' Komödie ›Die Thesmophoriazusen‹.

Demodokos, Sänger am Hof des Phäakenkönigs Alkinoos auf Scheria, der sagenhaften Insel, die auch Odysseus besuchte. Demodokos war blind (was man auch von Homer selber glaubte). Auf einem Bankett vor den Spielen sang er vom Streit zwischen Odysseus und Achilleus, woraufhin Odysseus sein Haupt verhüllte, um seine Tränen zu verbergen. Dann wurde Demodokos vom Stallmeister des Königs zu den Spielen geführt. Dort sang er von der Liebe des Ares und der Aphrodite, und beim Abendessen ließ Odysseus ihm eine Extraportion Fleisch senden und ihn bitten, er möge vom Untergang Trojas singen. Demodokos' nächster Gesang berichtete von dem hölzernen Pferd, und wieder weinte Odysseus.

Alkinoos sah das und unterbrach das Lied, und nun gab sich Odysseus zu erkennen, um sein Verhalten zu erklären, und beschrieb seinen Anteil an den vom Sänger besungenen Ereignissen.

Demonike, entweder, durch Ares, Mutter des Thestios oder seine Schwester und eine Tochter des Agenor und der Epikaste.

Demophon oder **Demophoon 1,** Sohn des Theseus und der Phädra und Bruder des Akamas. Nachdem er mit seinem Bruder am Trojanischen Krieg teilgenommen hatte, kehrte Demophon nach Athen zurück und wurde König, nachdem der Usurpator Menestheus in Troja gefallen war. Als athenischer König schützte Demophon die Kinder des Herakles vor Eurystheus von Sparta. Die Athener behaupteten, Demophon habe das trojanische Palladion mitgebracht und im Athenetempel bei Athen aufgestellt.

Auch soll Demophon die thrakische Prinzessin Phyllis geheiratet haben; in dieser Version (die nicht mit einer Überlieferung übereinstimmt, wonach Akamas ihr Bräutigam war) erhängte sie sich aus Verzweiflung, weil Demophon nicht zurückkam, und sie wurde in einen Mandelbaum verwandelt. Doch trug sie erst Blätter, als endlich ihr Gatte zurückkam und in seinem Gram die Arme um den Baum legte und ihn küßte.

Demophon 2, Sohn des Keleos von Eleusis; siehe Demeter.

Demophon 3 siehe Mastusios.

Deukalion und Pyrrha werfen Steine hinter sich (Andrea Procaccini, 16. Jh., zugeschrieben; Paris, Louvre)

Despoina (Herrin), Tochter aus einer Verbindung Poseidons mit Demeter in Arkadien, als sich Demeter aus Wut und Schmerz über den Verlust Persephones versteckt hielt. Sie hatte sich in eine Stute verwandelt, um Poseidons Liebeswerben zu entgehen, und graste mit den Pferden König Onkios'. Doch Poseidon, der Gott der Pferde, erblickte sie dort, nahm die Gestalt eines Hengstes an und bestieg sie.

Despoina wurde in Arkadien in Riten verehrt, die ebenso geheimnisvoll wie die eleusischen waren. Möglicherweise war sie eine lokale Nebenform der Persephone; der Granatapfel, der eine so unglückliche Rolle in Persephones Mythos spielt, war die einzige Frucht, die Despoina nicht angeboten wurde. Im arkadischen Phigaleia wurden Demeter und Despoina als Frauen mit Pferdeköpfen verehrt.

Deukalion 1, Sohn des Prometheus und der Pronoia. Er heiratete Pyrrha, die Tochter des Epimetheus und der Pandora. Als Zeus sich entschloß, die Menschheit zu vernichten, und zwar wegen der Verruchtheit der Bronzegeneration oder wegen der vom arkadischen König Lykaon und seinem Volk begangenen Übel, wies Deukalions Vater, der Titan Prometheus, ihn an, eine Arche zu bauen und Nahrung an Bord zu bringen. Nachdem das Schiff neun Tage und neun Nächte auf dem Wasser getrieben hatte, landete es schließlich auf dem Gipfel des Parnaß (oder bei Dodona in Nordwestgriechenland). Als Deukalion und Pyrrha an Land gingen, brachten sie Zeus Dankopfer für ihre Rettung dar, doch dann erkannten sie, daß sie die einzigen noch lebenden Menschen waren. Sie befragten nun ein Orakel im Themisheiligtum am böotischen Fluß Kephisos, oder auf dem Gelände des Delphischen Orakels; oder Hermes kam von Zeus und versprach die Erfüllung jeden Wunsches, und sie baten um ein neues Menschengeschlecht. Das Orakel, oder der Gott, gebot ihnen, die Gebeine ihrer Mutter über die Schulter hinter sich zu werfen, mit verhülltem Haupt und gelöstem Gürtel. Zunächst weigerten sich die beiden, weil es ihnen als Frevel erschien, die Gebeine der Toten zu stören. Dann aber erkannte Deukalion, daß mit der Mutter die Große Mutter, die Erde, gemeint sein mußte, und so sammelten sie Steine auf und warfen sie in der angegebenen Weise hinter sich. Aus den Steinen Deukalions wurden Männer, aus denen Pyrrhas Frauen; die neue Rasse aber nannte man Leleger. Danach siedelten sich Deukalion und Pyrrha im opuntischen Lokris an und hatten auch Kinder. Die Athener behaupteten aber, das Paar habe in ihrer Stadt gewohnt; und sie zeigten auch Deukalions Grab. Ihre Kinder waren Hellen, Amphi-

Dido, Aeneas und Ascanius auf der Jagd (römisches Bodenmosaik, 4. Jh. n. Chr.; Low Ham Somerset)

ktyon, Protogeneia, Pandora, Thyia und Orestheus.
Die Geschichte von der Flut und der Wiedererschaffung der Menschheit erzählt Ovid im ersten Buch der ›Metamorphosen‹.

Deukalion 2, Sohn des Minos und sein Erbe als König von Kreta. Er hatte zwei Söhne, Idomeneus und den unehelichen Molos.

Dexamenos, König von Olenos, der Herakles bewirtete. Herakles bewahrte seine Tochter Mnesimache vor einer erzwungenen Heirat mit dem Kentauren Eurytion. Dexamenos' Name bedeutet »der Gastfreundliche«.

Dia, Tochter des Eioneus von Magnesia in Thessalien. Sie heiratete Ixion, dem sie den Peirithoos gebar. Häufiger gilt aber Zeus als Peirithoos' Vater; er hatte Dia verführt, nachdem Ixion erfolglos versucht hatte, Hera zu vergewaltigen.

Diana, alte italische Waldgottheit; Beschützerin der Wildnis und der Frauen. Sie wurde mit der griechischen Artemis identifiziert.

Dido, sagenhafte Königin Karthagos; Tochter des Königs Mutto von Tyros in Phönikien und Schwester des Pygmalion; berühmt durch ihre Liebe zu Aeneas in Vergils ›Aeneis‹. Bei Vergil ist sie die Tochter des Belos. Als Pygmalion seinem Vater als König von Tyros nachfolgte (trotz eines Testaments, das die Regentschaft zu gleichen Teilen ihm und Dido zusprach), ermordete er Didos Gatten Sychaeus (oder Sicharbas), seines Vaters Bruder, der Priester des Tyrischen Herakles (Melqart) war. In Tyros hatte man Dido Elissa genannt, was der Name einer Gottheit war.
Nach dem Tod ihres Gatten sollen Dido und ihre Schwester Anna an der Spitze einer Schar von Getreuen aus Tyros geflohen und in der Gegend des heutigen Tunesien in Nordafrika gelandet sein. Dort verkaufte ihr der örtliche König, den Vergil Iarbas nennt, so viel Land, wie auf eine Stierhaut gehen würde. Dido schnitt die Haut in schmale Streifen und sicherte sich damit ausreichend Land zum Bau einer Zitadelle. Das war der Grund, so glaubte man, weshalb die karthagische Zitadelle den Namen Byrsa (Haut) erhielt. Nach dem griechischen Geschichtsschreiber Timaios drang Iarbas, unterstützt von den karthagischen Ältesten, in Dido und wollte sie heiraten. Um dem zu entgehen (denn sie hatte gelobt, nie wieder zu heiraten), stürzte sie sich in die Flammen eines Scheiterhaufens.
Diesen Teil der Geschichte legte Vergil den ersten Büchern seiner ›Aeneis‹ zugrunde, in denen er die Fahrten des Aeneas bis zur Ankunft in der Gegend des späteren Rom berichtet. Er beschreibt, wie Aeneas in Afrika anlegte und die Stadt Karthago erbauen sah; später empfing Dido ihn, erfuhr seine Geschichte und verliebte sich leidenschaftlich in ihn. Durch diese Verzögerung hatte er Zeit, seine Schiffe zu reparieren und seinen Leuten Erholung zu gönnen. Als er jedoch daran dachte, in Karthago zu bleiben und Dido zu heiraten, sandte Jupiter Merkur aus, der ihn zur Weiterfahrt nach Italien mahnte, da ihn seine Bestimmung dorthin und nicht nach Afrika führte. Inzwischen war Dido mit Aeneas in einer Höhle eine sexuelle Verbindung eingegangen und hegte die Ansicht, Aeneas sei nun ihr Mann oder habe ihr doch eindeutig die Ehe versprochen. Bestürzt über seine Aufbruchspläne, machte sie ihm bittere Vorwürfe, doch blieb er hart und ließ trotz ihres Flehens die Schiffe zu Wasser. Dido befahl daraufhin einen Scheiterhaufen zusammenzutragen, offenbar, um alles zu verbrennen, was sie an ihn erinnerte. Als er jedoch entzündet wurde, sprang sie selbst in die Flammen, nachdem sie sich zuvor in ein Schwert gestürzt hatte, das von Aeneas stammte.

Mag diese Darstellung auch in manchem Vergils Erfindung sein, so scheinen ihre Wurzeln doch auf die früheren lateinischen Epiker Ennius und Naevius zurückführbar zu sein; sie entstammt wahrscheinlich den Punischen Kriegen. Varro, der große Gelehrte des ersten Jahrhunderts v. Chr., übernahm diese Überlieferung, doch war es bei ihm nicht Dido, sondern Anna, die sich aus Liebe zu Aeneas verbrannte. Bei Vergil besteht Didos Vergehen darin, ihr Gelübde gebrochen zu haben, nicht mehr zu heiraten. Auch nach ihrem Tode konnte sie Aeneas nicht vergeben; denn als er von der Cumäischen Sibylle in die Unterwelt geleitet wurde, begegnete er zwar ihrem Schatten, doch sprach sie kein Wort mit ihm und antwortete nicht auf seine Fragen.

Diktynna, Beiname der kretischen Göttin Britomartis, die später mit Artemis gleichgestellt wurde. Der wahre Ursprung des Namens ist nicht das Wort *diktyon,* Netz, wie manchmal vermutet wurde – man dachte sie sich als die »Herrin der Netze« –, sondern der Berg Dikte in Kreta, der mit ihrem Kult in Zusammenhang gebracht wurde.

Diktys siehe Danaë.

Diomedes 1, Sohn des Tydeus und der Deïpyle; König von Argos. In der ›Ilias‹ ist er im Trojanischen Krieg ein großer Kämpfer auf griechischer Seite und der Freund und Gefährte des Odysseus.

Zusätzlich zu den in Homers Heldengedicht beschriebenen Abenteuern schrieb man ihm noch zahlreiche weitere zu. Sein Vater Tydeus war vor Theben gefallen, als er es als einer von Polyneikes' »Sieben gegen Theben« zu stürmen versuchte; seine Mutter war die Tochter des Königs Adrastos von Argos, der die »Sieben« geführt hatte. Diomedes war einer der Söhne der »Sieben« (bekannt als Epigonen oder zweite Generation), die, dem Kindesalter entwachsen, gegen Theben zogen, um ihre Väter zu rächen. Sie waren so erfolgreich, wie die »Sieben« erfolglos waren, und verloren lediglich Adrastos' Sohn Aigialeus. Adrastos starb vor Kummer auf dem Heimweg in Megara. Diomedes als Sohn seiner Tochter wurde Herrscher, wenn auch nicht König, über Argos, und nahm Aigialeus' kleinen Sohn Kyanippos in seine Obhut (zusammen mit Euryalos); er heiratete seine Cousine Aigialeia, die Enkeltochter des Adrastos.

Nach dem Fall Thebens begab sich Diomedes mit Alkmeon nach Kalydon, um die Söhne des Agrios zu strafen, die den Thron des greisen Oineus (des Vaters von Diomedes' Vater Tydeus) usurpiert hatten. Diomedes verjagte Agrios und seine Söhne, von denen viele um-

Dido trauert mit Anna und ihren Dienerinnen um Aeneas (Wandmalerei aus Pompeji; Neapel, Museo Archeologico Nazionale)

Dido auf dem Scheiterhaufen (Giovanni Francesco Guercino, um 1591–1666; Rom, Palazzo Spada)

Diomedes nimmt Rache an Agrios und führt Oineus zurück (rotfigurige Vase; London, Britisches Museum)

Diomedes tötet Pandaros (Giulio Romano, 1499–1546, mit Schülern; Mantua, Palazzo Ducale)

kamen, und setzte Oineus wieder auf den Thron. Als Oineus für die Herrschaft zu schwach wurde, machte Diomedes Andraimon, den Schwiegersohn des Alten, zu seinem Nachfolger und brachte seinen Großvater nach Argos, wo er endlich verstarb. Er wurde in Oinoe, einer nach ihm benannten Stadt, begraben.

Diomedes war einer der Freier um Helena und half Menelaos, sie im Trojanischen Krieg wiederzugewinnen. Er befehligte achtzig Schiffe aus Argos, Tiryns, Troizen, Epidaurus und Ägina. Die ihm untergebenen Offiziere waren Sthenelos und Euryalos. Nach einigen Überlieferungen half er Odysseus, Iphigenie nach Aulis zu locken und Palamedes' Fall und Untergang zu bewirken. Wie Odysseus erfreute sich Diomedes des besonderen Schutzes durch Athene. Mit ihrer Hilfe tötete er an einem einzigen Tag den trojanischen Fürsten Pandaros, verwundete Aeneas, und focht mit den Göttern, wobei er Ares vom Schlachtfeld jagte und Aphrodite eine Speerwunde beibrachte. Als er sich dem lykischen Hauptmann Glaukos gegenübersah, entdeckten die beiden alte freundschaftliche Familienbande und tauschten ihre Rüstungen aus. Diomedes machte das bessere Geschäft, denn seine Rüstung war aus Bronze, die des Glaukos aus Gold. Er rettete den alten Nestor, dem man seine Pferde getötet hatte, und verfolgte mit ihm zusammen Hektor. Gemeinsam mit Odysseus überfiel er nachts das trojanische Lager in der Ebene, tötete Dolon und metzelte den thrakischen König Rhesos mit zwölf seiner Mannen nieder. Ebenfalls mit Odysseus zusammen holte er Philoktetes von Lemnos nach Troja, nachdem der von Odysseus gefangengenommene Seher Helenos geweissagt hatte, nur die Gegenwart des Philoktetes könne den Erfolg der Griechen sicherstellen. Auch soll Diomedes in Begleitung des Odysseus aus der trojanischen Zitadelle das Palladion, das heilige Bildnis Athenes, gestohlen haben, nachdem Helenos prophezeit hatte, diejenige Seite werde gewinnen, die das Bildnis besaß.

Mit Athenes Hilfe war Diomedes einer der wenigen Griechen, die nach dem Krieg schnell und sicher heimkehrten. Inzwischen hatte jedoch Aphrodite aus Rache für die von Diomedes empfangene Speerwunde bewirkt, daß seine Frau Aigialeia die Geliebte von Sthenelos' Sohn Kometes geworden war. Nach einer Überlieferung war dieses das Werk des Nauplios, der Aigialeia zur Treulosigkeit überredete, um sich an Diomedes für den Tod seines Sohnes Palamedes zu rächen. Außerdem wurde Diomedes' Anspruch auf den Thron von Argos von der Familie des Sthenelos bestritten, die das argivische Königshaus bildete, welchem Diomedes selber nur durch Heirat angehörte. Er war gezwungen, am Altar der

Hera Zuflucht zu suchen, und verließ später Argos, wobei er seinen Schild in ihrem Heiligtum zurückließ. Sthenelos' Sohn Kylarabes wurde König von Argos.
Begleitet von seinen Getreuen, segelte Diomedes nach Italien, wo er Euippe heiratete, die Tochter des apulischen Königs Daunus. Römischen Dichtern zufolge wurden seine Gefährten Akmon, Lykos, Idas, Nykteus, Rhexenor und Abas von Venus (Aphrodite) in Vögel verwandelt, weil sie ihre Macht bezweifelten, ihnen noch Schlimmeres anzutun. Sie lebten auf jenen Inseln vor Apulien, die man die Diomedischen nannte, und erwiesen nur Griechen ihre Freundschaft. Als der rutulische Fürst Turnus durch Venulus seine Hilfe gegen Aeneas in Latium erbitten ließ, lehnte Diomedes ab, da er bei Venus, der Mutter des Aeneas, schon hinreichend Anstoß erregt hatte. In Apulien soll Daunus ihm Land geschenkt haben, auf dem er eine große Stadt gründete, die er Argyripa nannte, das spätere Arpi. Er war auch der angebliche Gründer von Beneventum, Sipontum, Aequum Tuticum und von Venusia – aus Versöhnlichkeitsgründen nach Venus benannt. Durch die Gunst Athenes wurden Diomedes nach seinem Tod oder nach seinem Verschwinden von der Erde göttliche Ehren zuteil. Er soll auf den Inseln begraben worden sein, wo seine Gefährten, nun Vögel, sein Grab jeden Tag mit Wasser besprengten.
Diomedes 2, Sohn des Ares und der Nymphe Kyrene; König der Bistonen in Thrakien. Er besaß vier Stuten, die so wild waren, daß man sie mit eisernen Ketten und Halftern an Bronzetröge fesseln mußte; er fütterte sie mit Menschenfleisch. Die achte Arbeit des Herakles, die ihm König Eurystheus von Mykene auferlegt hatte, war die Entführung dieser Rosse; siehe Herakles (achte Arbeit).
Dione 1, Erdgöttin; Begleiterin des Zeus. Ihr Name ist nur die weibliche Form zu Zeus. Ihr Kult – ursprünglich vielleicht nicht zu unterscheiden von dem der Hera – war auf Dodona in Ätolien beschränkt, ein sehr altes Heiligtum des Zeus, wo er in Gestalt einer Eiche verehrt wurde. Homer nennt Dione als Mutter der Meeresgöttin Amphitrite und der Aphrodite, während sie für Hesiod nur eine Tochter des Okeanos ist.
Dione 2, Tochter des Atlas; sie heiratete Tantalos.
Dionysos oder **Bakchos,** der Gott des Weines und der Ekstase: die oberste Gottheit der späteren griechischen (hellenistischen) Welt, der sein Kult und die dazugehörenden reichhaltigen Riten Erlösung versprachen. Als jüngster der großen griechischen Götter – Homer führt ihn nur als mindere Gottheit – scheint er von Thrakien oder Phrygien nach Griechenland eingedrungen zu sein. Gewöhnlich war er in Begleitung der Silene und der Satyrn, die die Fruchtbarkeit schützten. Ursprünglich mag er wie Demeter ein Gott des Getreides und der Landwirtschaft gewesen sein. Seine Anhänger (vornehmlich Frauen, die Mänaden oder Rasenden) überließen sich wilden Tänzen auf den Hügeln: sie hüllten sich in Rehfelle und trugen Fackeln und *thyrsoi* (mit Weinlaub umwundene Stäbe, die an der Spitze einen Pinienzapfen hatten). Den Griechen der frühen geschichtlichen Zeit war die Fremdartigkeit des Dionysos durchaus bewußt, und es gab viele Staaten, in denen die aristokratische Regierung seine ungriechischen, orgiastischen Riten ablehnte. Viele seiner Mythen betreffen die Bestrafung einer solchen Zurückweisung; sie sind vielleicht die Widerspiegelung eines historischen Prozesses, in dem die überlieferte olympische Religion der herrschenden Klasse Griechenlands von einem fremdländischen, ekstatischen Glauben überlagert wurde. Dionysos war auch bekannt als Bromios, »Lenaios vom Weinfaß«, »Lyaios der Erlöser« und als »Dendrites von den Bäumen«; oft wird er auch mit Iakchos gleichgestellt, einem mit Demeter und den Eleusischen Mysterien verknüpften Gott. Er war der Schutzherr der beiden großen athenischen Feste, der Lenaia und der städtischen Dionysia, die in der Hauptsache mit dem komischen oder dem tragischen Drama verbunden waren.
Die geläufigste Geschichte von seiner Geburt verknüpft ihn mit Theben. Man erzählte, wie Zeus in menschlicher Verkleidung Semele verführte, eine Tochter des Thebengründers Kadmos. Als Hera von der Schwangerschaft Semeles erfuhr, verkleidete sie sich als Semeles alte Amme Beroë. So entlockte sie ihr den Namen ihres Geliebten; doch als sie hörte, daß es Zeus war, lachte sie Semele aus, bis Zeus sich von Semele überreden ließ, ihr in seiner wahren Gestalt zu erscheinen. Sie ließ sich von ihm versprechen, ihr jeden Wunsch zu erfüllen, und als er das zusagte, bat sie ihn, ihr in seiner ganzen Herrlichkeit zu erscheinen. Er mußte es tun, und Semele wurde von seinem Glanz vernichtet. Bevor sie ihre Seele aushauchte, befreite er (oder Hermes) das göttliche Kind aus ihrem Schoß. Er brachte sich eine tiefe Wunde an der Hüfte bei, legte das Kind hinein und nähte den Einschnitt wieder zu. Nach drei Monaten öffnete er ihn wieder und brachte Dionysos hervor, den Hermes Semeles Schwester Ino oder der Nymphe Makris übergab, der Tochter des Aristaios in Euböa. Nach der thebanischen Überlieferung von Dionysos' Kindheit hatte der Gott seine liebe

Dionysos entspringt der Hüfte des Zeus, Hermes nimmt ihn entgegen, rechts drei Horen (neuattische Arbeit nach einem griechischen Original des 4. Jh.; Rom, Vatikanische Museen)

Not mit Ungläubigen. Zuerst wollten Semeles Schwestern Ino, Agaue und Autonoë nicht an seine göttliche Herkunft glauben, wenn sich auch Ino, als Hermes ihr das Kind von Zeus brachte, bereit erklärte, es als Mädchen verkleidet aufzuziehen. Hera, stets eifersüchtig auf die Liebschaften ihres Gatten, zürnte der Ino und ihrem Manne Athamas, weil sie das Kind aufnahmen, und schlug sie zur Strafe mit Wahnsinn (siehe Athamas). Dionysos aber blieb Ino dankbar und suchte sie vor Hera zu schützen. Als er später nach Theben zurückkehrte, schlossen sich Ino und ihre Schwester seinen Gelagen an. Nachdem Hera es verursacht hatte, daß Ino mit ihrem Sohn Melikertes ins Meer sprang, verwandelte Poseidon sie in die Meeresgöttin Leukothea, in Gestalt einer Möwe.

Als einmal in seiner Kindheit die durch Hera drohende Gefahr besonders groß war, verwandelte Zeus Dionysos in ein Lamm und übergab ihn den Nymphen des (unterschiedlich lokalisierten) Berges Nysa; es waren dies vielleicht die Hyaden oder Regennymphen. Silenos war ihnen dabei behilflich. Durch Dionysos kamen die Nymphen später als Sternbild an den Himmel.

Es gab auch eine noch ältere Sage von der Geburt des Dionysos, die man später an die thebanische Geschichte anhängte, so daß er »doppelt geboren« zu sein schien (einer seiner Beinamen). Danach galt Demeter – mit der er als Gott des Wachstums vieles gemein hatte – als seine Mutter durch Zeus: so wie aus Himmel und Erde das Getreide wächst. In der Überlieferung der orphischen Mysterienreligion dagegen tritt Persephone an Demeters Stelle. Danach näherte Zeus sich ihr als Schlange, und ihr Kind war als Zagreus bekannt. Die eifersüchtige Hera überredete die Titanen, dieses Kind zu zerreißen. Trotz seiner Lammsgestalt rissen sie ihn in Stücke und verschlangen ihn, bis auf das Herz, das Athene rettete. Zeus ließ Semele das Herz essen, und so wurde Dionysos erneut empfangen. (Oder aber Demeter oder Apollon sammelten die Reste auf und machten sie wieder lebendig.)

Als Dionysos das Mannesalter erreicht hatte, holte er seine Mutter Semele aus der Unterwelt herauf, damit sie die ihr gebührenden Ehren auf dem Olymp empfange. Er tauchte in den Lerna-See oder in die Bucht von Troizen hinab, gelangte in das Reich des Hades und führte sie fort. Unter den unsterblichen Göttern gab er ihr den Namen Thyone.

Dionysos wurde oft von jenen verfolgt, die seine Göttlichkeit nicht akzeptierten. Nach vielen Kämpfen jedoch gewann er schließlich das ganze Griechenland für seinen Kult. Als er sich noch in der Obhut der Nymphen vom Nysa befand, jagte Lykurgos, der Sohn des Edonerkönigs Dryas, seine Ammen und drohte, sie mit einem Viehstock zu erschlagen. Entsetzt floh Dionysos und suchte Zuflucht im Meer bei Thetis, die für ihn sorgte, bis die Götter Lykurgos blendeten und ihm später einen fürchterlichen Tod bereiteten. Dionysos mußte sich auch mit seinem Vetter Pentheus, dem Sohn der Agaue, befassen, der den Thron von Kadmos ererbt hatte und Dionysos' Göttlichkeit nicht anerkannte.

Von diesem Kampf handelt Euripides' Drama ›Die Bakchen‹: Dionysos kam nach Theben in Gestalt eines hübschen jungen Mannes, an der Spitze einer Schar lydischer Mänaden. Durch seine übernatürlichen Kräfte riß er die thebanischen Frauen mit sich fort, und in bacchantischem Taumel sammelten sie sich an den Hängen des Berges Kithairon. Pentheus warf den

Links: Diomedes und Odysseus stehlen das Palladion (römisches Relief nach einem griechischen Original; Rom, Palazzo Spada)

Dionysos und Demeter (Terrakotta-Relief aus Lokri, 5. Jh. v. Chr.; Reggio di Calabria, Museo Nazionale)

Jüngling in ein Verlies, doch auf magische Weise fielen die Ketten von ihm ab, und die Kerkertüren sprangen auf. Dann verstand es der Fremde, den König neugierig zu machen, indem er ihm von den Ausschweifungen erzählte, die er auf dem Berg erleben könne, wenn er sich als Frau verkleidete. Der Gott gab ihm diese Verkleidung und führte ihn mit stillem Hohn durch die Straßen. Pentheus versteckte sich auf einem Baum und belauschte die thebanischen Bacchantinnen. Sie erblickten ihn, hielten ihn in ihrem Wahn für einen Berglöwen, zerrten ihn vom Baum – allen voran seine Mutter Agaue und seine Tanten – und rissen ihn in Stücke. Später kam Agaue zu sich und begrub ihn voller Gram. Dionysos verbannte Agaue und deren Eltern Kadmos und Harmonia ins Land der Encheleier. Das Exil des Kadmos spiegelt möglicherweise noch eine andere Version des Mythos von Dionysos' Geburt wider; denn im lakonischen Brasiä glaubte man, daß Semele ihren Sohn zwar normal zur Welt gebracht habe, daß Kadmos aber, weil sie ihn für einen Sohn des Zeus ausgab, Mutter und Kind in eine Truhe sperrte und ins Meer warf. In Brasiä trieb die Truhe an Land; Semele war tot, doch Dionysos wurde gerettet und in einer nahegelegenen Höhle von seiner Tante Ino aufgezogen, die, vom Wahnsinn umgetrieben, dorthin gelangt war.

Eine andere Geschichte, die Dionysos mit dem Meer verbindet, ist aus dem homerischen

›Hymnos auf Dionysos‹ bekannt: Tyrrhenische Piraten entdeckten Dionysos in Gestalt eines schönen Jünglings, trunken vom Wein, auf einer Landzunge der Insel Chios oder Ikaria. Da sie ihn gefangennehmen und Lösegeld für ihn fordern oder ihn in die Sklaverei verkaufen wollten, lockten sie ihn auf ihr Schiff und wollten ihn nach Naxos bringen, das angeblich seine Heimat war. Der einzige von der Mannschaft, der gegen den Plan war, der Steuermann Akoetes, protestierte umsonst: denn als er Naxos ansteuerte, geboten ihm die Seeräuber, in einer anderen Richtung weiterzufahren. Doch dann geschah ein Wunder: der Wind legte sich, das Schiff war von Weinstökken bedeckt, Masten und Segel waren schwer von Trauben, die auch büschelweise im Haar des Jünglings hingen, und wilde Tiere spielten zu seinen Füßen. Die Seeleute verfielen in Wahnsinn und sprangen ins Meer, wo sie in Delphine oder Fische verwandelt wurden. Akoetes war entsetzt, doch Dionysos beruhigte ihn und befahl ihm, nach Naxos zu segeln. Er wurde zum getreuen Anhänger und Priester des Gottes. (Nach einer anderen Überlieferung wurde er, und nicht Dionysos, von Pentheus eingekerkert.)

Auf Naxos war es auch, wo Dionysos die von Theseus verlassene Ariadne errettete und sie zu seiner Braut nahm. Ihr Brautkranz kam als Sternbild Corona Borealis (Nördliche Krone) an den Himmel.

Eine ganze Reihe griechischer Staaten sollen Dionysos ebenso ungern als Gott empfangen haben wie Theben. In Orchomenos, einer anderen böotischen Stadt, weigerten sich die Töchter des Königs Minyas, sich den Lustbarkeiten anzuschließen, und blieben zu Hause. Doch der Gott verwirrte ihren Sinn, so daß sie eines ihrer Kinder in Stücke rissen; dann verwandelte er sie in Fledermäuse. Auch in Argos wollten sich König Proitos' Töchter nicht den Mänaden anschließen, und sie wurden in den Wahnsinn getrieben; sie liefen in der Vorstellung, Kühe zu sein, im Gebirge herum und verschlangen ihre Säuglinge. Melampus heilte sie von ihrem Wahn, allerdings erst dann, nachdem alle übrigen argivischen Frauen ihm

Dionysos und Silenos kämpfen mit Piraten (Mosaik, 3. Jh. n. Chr., aus Thugga, Tunesien; Tunis, Bardo-Museum)

Dionysos (Bacchus) rettet Ariadne (Tizian, 1477–1576, Bacchus und Ariadne; London, National Gallery)

gleichfalls verfallen waren, – weil der König nicht bereit war, Melampus die verlangte riesige Belohnung zu geben: ein Drittel seines Reiches. Eine andere argivische Überlieferung berichtet, daß Perseus einmal gegen Dionysos focht, wobei er viele seiner Anhänger, die Halien oder Meerfrauen, tötete. Später söhnten sie sich aber aus, und die Argiver gewährten Dionysos' Gattin Ariadne Schutz; sie wurde in ihrer Stadt begraben. In Athen glaubte man zur Zeit des Herrschers Pandion, Dionysos habe einen einfachen Mann, Ikarios, und seine Tochter Erigone den Weinanbau gelehrt. Als Ikarios einmal seinen Nachbarn Wein zu trinken gab, wurden sie trunken, wähnten sich vergiftet und brachten ihn um. Erigone ahnte nicht, was geschehen war, und suchte mit ihrem treuen Hund Maira überall nach ihrem Vater. Als sie seinen Leichnam entdeckte, erhängte sie sich. Dionysos schlug die Athener zur Strafe mit Wahnsinn; zahlreiche ihrer Frauen erhängten sich. Schließlich erfuhren die Menschen vom Apollonorakel den Grund ihres Unglücks und stifteten ein Fest, bei dem man in den Bäumen Bilder zu Ehren des Ikarios und der Erigone aufhängte. Diese und ihr Hund wurden in den Sternbildern Jungfrau und Prokyon verewigt.

In Ätolien nahm man Dionysos so freundlich auf, daß ihm König Oineus sogar seine Frau Althaia anbot, die ihm daraufhin eine Tochter Deianeira gebar, die spätere Gattin des Herakles. Dionysos beschenkte Oineus mit seiner Gunst sowie mit der Kunst des Weinbaues.

Dionysos soll, wie sich das für einen Gott fremder Herkunft geziemt, weite Reisen außerhalb Griechenlands gemacht haben. Hera trieb ihn in den Wahnsinn, so daß er durch die östlichen Länder Syrien und Ägypten irrte, bis ihn in Phrygien Kybele oder Rhea reinigte und vom Wahnsinn heilte. Er nahm phrygische Kleidung an und umgab sich mit lydischen Mädchen, Satyrn und Silenen. Seine weiblichen Gefolgsleute trugen Hirschfelle, führten den Thyrsos (Bacchusstab) mit sich, säugten Hirschkälber, zerrissen und aßen wilde Tiere und ergaben sich angeblich auch der Promiskuität. Als sein Anhänger Silenos sich verirrt hatte, bewirtete ihn König Midas von Phrygien so fürstlich, daß ihm Dionysos die Erfüllung eines beliebigen Wunsches versprach. Midas wünschte sich, daß alles, was er berührte, zu Gold würde – eine Gunst, die zum Fluch wurde, da sich Gold weder essen noch trinken ließ.

In Ägypten gründete Dionysos das Orakel des Ammon. Eines Tages zog er mit seinem Gefolge durch eine wasserlose Wüste, als sie einen einzelnen Widder erblickten. Sie folgten dem Tier, und es verschwand; aber dort, wo es gestanden hatte, fand sich eine Quelle. Hier errichtete der Gott das Orakel; den Widder aber verewigte er als Sternbild am Himmel. Als er an den Euphrat kam, schlug er eine Brücke aus Efeu- und Weingeflecht hinüber. Endlich kam er auch an den Ganges in Indien; nachdem er auch dort seinen Kult eingeführt hatte, kehrte er auf einem von Leoparden gezogenen Wagen nach Griechenland zurück.

Im Kampf zwischen Göttern und Riesen tötete Dionysos den Eurytos mit seinem Thyrsos; und die von Satyrn gerittenen Esel verbreiteten mit ihrem Schreien Schrecken unter den Giganten. Als die Götter vor dem mißgestalteten Typhon nach Ägypten flohen, verwandelte sich Dionysos in eine Ziege. Er versöhnte sich schließlich auch mit Hera und rettete sie sogar vor einer von Hephaistos gebauten Falle – einem Fesselstuhl –, indem er den göttlichen Schmied trunken machte. Einer Überlieferung zufolge hatte er von einer Göttin ein Kind; Aphrodite nämlich soll ihm den Priapos geboren haben, der, wie Dionysos selbst, ein Gott der Fruchtbarkeit und des Wachstums war.

In Aristophanes' Komödie ›Die Frösche‹ erscheint Dionysos als komische Gestalt. Die Römer identifizierten ihn mit dem altlatinischen Landgott Liber (später Weingott, Bacchus).

Diores, Anführer der von Elis in den Trojanischen Krieg beorderten Streitmacht; sein Vater war Amarynkeus. Er fiel von der Hand des Pieros, eines Thrakers aus Ainos.

Dios, König von Elis. Oxylos eroberte nach einem heldenhaften Kampf sein Königreich.

Dioskuren (Söhne des Zeus) siehe Kastor und Polydeukes.

Dirke, Gemahlin des Lykos, der während der Unmündigkeit des Labdakos über Theben herrschte. Nachdem sein Bruder Nykteus bei dem Versuch umgekommen war, seine Tochter Antiope vor König Epopeus von Sikyon zu retten, brachte Lykos das Mädchen nach Theben und übergab sie der Dirke, die sie als Sklavin hielt, mißhandelte und sie schließlich an die Hörner eines wahnsinnigen Stieres fesseln wollte. Antiopes Söhne Amphion und Zethos aber retteten ihre Mutter und übergaben Dirke eben jenem Tod, den sie Antiope zugedacht hatte. Da Dirke aber eine Anhängerin des Dionysos gewesen war, rächte dieser ihren Tod, indem er Antiope mit Wahnsinn schlug; an der Stelle, wo der Stier Dirke aufgespießt hatte, ließ er eine Quelle entspringen.

Dis, römische Bezeichnung für den Gott der Unterwelt; Zusammenziehung aus *dives,* der Reiche; siehe Hades.

Dolios, alter Diener des Odysseus, der diesem in den zwanzig Jahren seiner Abwesenheit treu blieb. Sechs seiner Söhne hielten zu Odysseus, doch sein Sohn Melanthios und eine Tochter, Melantho, waren auf der Seite der Freier um Penelope, die nach Ersatz für Odysseus suchte; bei seiner Rückkehr wurden sie getötet. Dolios und seine sechs Söhne halfen Odysseus auch, in der letzten Schlacht die Ithaker unter Eupithes zu überwältigen.

Dolon, einziger Sohn des Eumedes, eines trojanischen Herolds. Als es im Trojanischen Krieg Hektor während der Abwesenheit Achilleus' gelungen war, die Griechen in einer zum Schutz ihrer Schiffe errichteten Befestigung einzuschließen, erbot sich Dolon, bei Nacht die nun in der Ebene kampierende trojanische Armee zu verlassen und die griechischen Vorkehrungen auszukundschaften, wenn ihm Hektor zur Belohnung die Pferde des Achilleus gewährte. Dolon, ein häßlicher Mann, trug eine Mütze aus Frettchenfell und versteckte seinen Bogen in einer Wolfshaut. Als er sich der griechischen Stellung näherte, wurde er in der Dunkelheit von Odysseus und Diomedes erkannt, die gerade etwas Ähnliches vorhatten. Sie ließen Dolon zunächst passieren, fingen ihn dann aber ein und zwangen

Andraimon nimmt Dryope, die in eine Pappel verwandelt wird, den kleinen Amphissos ab (Kupferstich von Peter van der Borcht)

ihn, alles auszusagen, was er über das trojanische Lager und die eben eingetroffene Streitmacht des thrakischen Königs Rhesos wußte. Dann brachte Diomedes Dolon um, obwohl dieser ein hohes Lösegeld geboten hatte, versteckte seine Ausrüstung und nahm sie auf dem Rückweg von seinem nächtlichen Streifzug wieder mit. Ironischerweise war es Hektor, der Dolon die Pferde des Achilleus versprochen hatte, nach seinem Tode beschieden, selbst von diesen Pferden durch den Staub geschleift zu werden. Euripides ließ Dolon in seinem Drama ›Rhesos‹ in besserem Lichte erscheinen als es Homer getan hatte.

Doris, Tochter des Okeanos und der Tethys; Meeresgöttin, die Nereus heiratete. Die als Nereïden (Töchter des Nereus) bekannten fünfzig Meeresnymphen waren ihre Kinder.

Doros, Deukalions Sohn Hellen war der sagenhafte Stammvater der Hellenen; denn die Nymphe Orseïs soll ihm drei Söhne geboren haben, die ihrerseits die drei griechischen Hauptgeschlechter zeugten: Aiolos, den Begründer der Äoler, Xuthos, den Ahnherrn der Achäer und Ionier, und Doros, von dem die Dorer abstammen (in seiner Tragödie ›Ion‹ macht Euripides allerdings Doros zum Sohn des Xuthos und Krëusa zur Tochter des Erechtheus, eine Genealogie, die das Ansehen der Ionier und damit das der aus ihnen entstandenen Athener steigert). Die überlieferte Heimat der Dorer in Doris an der Nordseite des Parnaß spiegelt wahrscheinlich die historische Tatsache wider, daß sie Nordgriechenland besetzten, bevor sie im zwölften und den folgenden Jahrhunderten vor Christus den Peloponnes und Kreta bevölkerten. Sie rühmten sich der Verwandtschaft mit den Herakliden, den Abkömmlingen des Herakles, die angeblich dem frühen dorischen König Aigimios geholfen hatten, das Land der Lapithen – Thessalien – zu erobern.

Dryaden und Hamadryaden hießen die Baumnymphen, ursprünglich die der Eiche *(dryas)*. Sie hatten ein langes Leben, ohne aber unsterblich zu sein; Orpheus' Gemahlin Eurydike etwa – von einem Schlangenbiß getötet, als sie vor Aristaios floh – war eine Dryade. Später glaubte man, daß die Existenz einer Dryade von ihrem Baum unabhängig war, während die Hamadryade in einem bestimmten Baum lebte, mit dem sie auch starb.

Dryas siehe Lykurgos.

Dryope, Tochter des Dryops oder des Eurytos (und damit Halbschwester der Iole). Über ihre Verwandlung in eine schwarze Pappel gibt es zwei Darstellungen. Nach der ersten verführte Apollon sie durch eine List. Dryope pflegte mit den Nymphen im Walde zu spielen. Apollon war hinter ihr her, und um ihre Gunst zu gewinnen, verwandelte er sich in eine Schildkröte, mit der die Mädchen spielten. Als Dryope sie auf dem Schoß hatte, verwandelte er sich in eine Schlange und schändete sie. Die Nymphen verließen das Mädchen, und sie gebar ihren Sohn Amphissos. Sie heiratete aber Andraimon. Amphissos erbaute später in der von ihm gegründeten Stadt Amphissa seinem Vater Apollon einen Tempel. Hierher kamen die Nymphen, um sich mit Dryope zu unterhalten; schließlich führten sie sie mit sich fort und hinterließen eine Pappel und eine Quelle.

Bei Ovid wanderte Dryope einen See entlang und säugte Amphissos, als sie die schönen roten Blumen des Lotosbaumes sah; er war einst die Nymphe Lotis gewesen, die auf der Flucht vor Priapos in einen Baum verwandelt wurde. Dryope gab die Blüten ihrem Kind zum Spielen, doch sie begannen zu beben und zu bluten, und sie wollte fortlaufen. Aber sie war schon angewurzelt und verwandelte sich in eine schwarze Pappel. Es blieb ihr gerade noch Zeit, ihrem Gatten Andraimon das Kind zu übergeben und ihn vor den Blumen zu warnen.

Dryops, Sohn des Apollon oder des Flusses Spercheios und Ahnherr der Dryopen, eines pelasgischen (vorgriechischen) Stammes, der von Herakles und Aigimios, einem frühen dorischen König, aus seiner Heimat Doris und dem Spercheiostal vertrieben worden sein soll. Das Volk zerstreute sich dann über Euböa und Messenien. Dryops' Tochter Penelope gilt als Mutter des Pan.

Dymas 1, phrygischer König; Vater von Hekabe und Asios.

Dymas 2, Sohn des Königs Aigimios von Doris.

E

Echekles, Sohn des Aktor; Gatte der Polymele; siehe Eudoros.

Echemos, Sohn des Kepheus und König von Tegea; später König über ganz Arkadien, als Nachfolger von Kepheus' älterem Bruder Lykurgos. In einem Einzelkampf, der über das Schicksal des Peloponnes entscheiden sollte, tötete er den Heraklessohn Hyllos; nach diesem Sieg erklärten sich die Herakliden – die Abkömmlinge des Herakles – bereit, das Land zu räumen und in den folgenden hundert Jahren nicht anzugreifen. Echemos heiratete Timandra, die Tochter des Tyndareos, die ihm Laodokos gebar, sich aber später wegen König Phyleus von Dulichion von ihm trennte.

Echenais siehe Daphnis.

Echetos. König Echetos von Epirus erscheint in der ›Odyssee‹ als Mann von sprichwörtlicher Grausamkeit. Er blendete seine Tochter und sie mußte in einem Kerker Bronzekörner mahlen.

Echidna, Ungeheuer (wörtlich Schlange); Kind des geheimnisvollen Chrysaor und der Okeanostochter Kallirhoë; oder des Tartaros und der Gaia, oder der Keto und des Phorkys. Die Echidna war zur Hälfte eine schöne Frau, zur Hälfte ein widerlicher Drachen. Dem Typhon gebar sie eine gräßliche Brut: die Chimäre, die lernäische Hydra und den Kerberos. In der Folge paarte sie sich noch mit Orthos und brachte die Sphinx, den Nemeischen Löwen und die Sau Phaia hervor. An anderen Geschöpfen werden auch noch zu ihren Kindern gezählt: Orthos, der Hund Geryons, mit dem sich Echidna auch paarte, der Drache Ladon, der den Garten der Hesperiden bewachte, und der Adler, der Prometheus peinigte. Schließlich überraschte eines Tages der hundertäugige Argos Echidna im Schlaf und tötete sie, wodurch er Arkadien von einer schweren Plage befreite.

Echion 1, einer der thebanischen »Gesäten Männer« (siehe Kadmos). Sein Name bedeutet »Schlangensohn«. Er heiratete die Kadmostochter Agaue und war Vater von Kadmos' Nachfolger Pentheus.

Echion 2, Argonaut, Sohn des Hermes und der Menetestochter Anteianeira. Er kam zusammen mit seinem Zwillingsbruder Erytos aus Alope oder Pangaion. In einigen Überlieferungen der Geschichte betätigte er sich als Spion für die Argonauten.

Echo, Nymphe vom Berg Helikon. Als Hera die Liebschaften des Zeus beweisen wollte, erzürnte Echo die Göttin durch ihr beharrliches Geschwätz, das offenbar eine bewußte Unterstützung des Zeus war. Hera brachte Echo dadurch zum Schweigen, daß sie die Nymphe unfähig werden ließ, als erste zu sprechen, sondern ihre Äußerungen auf die letzten Silben dessen reduzierte, was der andere gesagt hatte. Später verliebte sich Echo in Narkissos, der sie aber verachtete, weil sie nur immer seine Worte wiederholen konnte. In ihrem Gram verbarg sie sich vor der Welt und verkümmerte zu einem Schatten. Nur ihre Stimme blieb als Echo übrig.

Nach einer anderen Version war Echo eine Nymphe, die von Pan vergeblich geliebt und dafür mit Stummheit geschlagen wurde; nur die Fähigkeit der Wiederholung blieb ihr. Das Hirtenvolk war über diese ihre Angewohnheit so aufgebracht, daß sie sie in Stücke rissen. Gaia (die Erde) nahm die Stücke in sich auf, die ihre Echowirkung nicht eingebüßt hatten.

Eëtion, Vater von Hektors Gemahlin Andromache. Er war König der Kiliker – seine Stadt war das hypoplakische Theben in der südlichen Troas – und Verbündeter Trojas im Tro-

Egeria berät Numa Pompilius (deutscher Kupferstich)

Echo betrachtet den schlafenden Narkissos (Nicolas Poussin, 1593–1665; Paris, Louvre)

janischen Krieg. Als Achilleus Theben plünderte, tötete er Eëtion und seine sieben Söhne an einem einzigen Tag, gewährte ihm jedoch ein ehrenvolles Begräbnis.

Egeria, italische Wassernymphe, die in Verbindung mit Diana in Aricia in Latium und mit den Camenae (weissagende Quellennymphen) auf einem Hain vor der römischen Porta Capena verehrt wurde. Der sagenhafte zweite König Roms, Numa Pompilius der Sabiner, ein für seine Weisheit und Bildung berühmter Mann, heiratete Egeria oder machte sie zu seiner Geliebten und vertraute ihren Ratschlägen. Sie pflegten sich des Nachts an der Porta Capena zu treffen, wo sie ihn in Fragen der Staatskunst und der Religion belehrte. Ovid behauptet, ihre Wanderung nach Aricia sei durch den Gram um Numas Tod bedingt gewesen. Dort wurde sie zur Linderung ihrer Klagen von Diana in eine Quelle verwandelt.

Eidothea oder **Eido,** Tochter von Proteus, des »Alten vom Meere«. Als Menelaos nach dem Trojanischen Krieg über Ägypten heimkehrte, verriet sie ihm, wie er ihren Vater zwingen könne, den benötigten Rat zu geben.

Eidyia, Okeanide; Gemahlin des Aietes und Mutter der Medea.

Eileithyia, Göttin der Geburt. Dem Namen begegnet man im Griechischen auch im Plural: Eileithyiai. Homer unterschied mehrere dieser Göttinnen. Hesiod nennt Eileithyia eine Tochter des Zeus und der Hera. Ihr Kult war möglicherweise kretischen Ursprungs, denn auf einer Tontafel aus Knossos scheint sie als Eleuthia dargestellt zu sein. Gelegentlich zählten zu den Eileithyiai auch Hera selber (als Göttin der Ehe) sowie Artemis (als Göttin der jungen Geschöpfe). Eileithyia unterstand der Kontrolle der Hera, die bei zwei Gelegenheiten versuchte, ihren Rivalinnen das Gebären unmöglich zu machen, indem sie Eileithyia daran hinderte, ihre Dienste anzubieten. Als die Zeit der Geburt Apollons und Artemis' herankam, versuchte Hera, Eileithyia von deren Mutter Leto fernzuhalten, aber die übrigen Göttinnen lockten sie mit einem riesigen goldenen Halsband herbei. Hera verzögerte auch die Geburt des Herakles für mehrere Tage, indem sie Eileithyia mit gekreuzten Beinen, Armen und Fingern vor dessen Mutter Alkmenes Zimmer sitzen ließ; siehe auch Juno.

Eioneus, König von Magnesia; siehe Ixion.

Elais siehe Anios.

Elatos 1, Sohn des Arkas; König von Arkadien, der die Kinyrastochter Laodike heiratete; zu ihren Söhnen gehörte Stymphalos. Elatos emigrierte nach Phokis und gründete Elateia.

Elatos 2, Kentaur, den Herakles bei seinem Kampf gegen die Kentauren tötete. Chiron soll zufällig dadurch zu Tode gekommen sein, daß er die Pfeilwunde des Elatos zu behandeln versuchte.

Elatos 3, Lapith (Bergvolk von Thessalien); Vater von Kainis, Ischys (falls dies nicht Elatos 1 war) und Polyphemos, dem Argonauten.

Elatos 4, Verbündeter Trojas aus Pedasos, von Agamemnon getötet.

Elatos 5, einer der Freier um Odysseus' Gemahlin Penelope.

Elektra (Bernstein) 1, ursprünglich vielleicht »Funke«, »Feuer«, Tochter von Okeanos und Tethys; heiratete den Titan Thaumas und gebar die Göttin Iris sowie die Harpyien, die Göttinnen des Sturmes und des Todes.

Elektra 2, Tochter von Atlas und Pleione; siehe Pleiaden.

Elektra 3, Tochter des Agamemnon und der Klytämnestra. Von Homer nicht erwähnt, wird sie dennoch zu einer bedeutenden Gestalt der klassischen Tragödie, die im Titel zweier erhaltenen Dramen von Sophokles und Euripides erscheint. Eine wichtige Rolle spielt sie auch in Aischylos' ›Choephoren‹ (Die Opferbringenden) und in Euripides' ›Orestes‹, wo sie sich mit ihrem Bruder Orestes an ihrer Mutter Klytämnestra und deren Liebhaber Aigisthos rächt, weil diese beiden ihren Vater umgebracht haben. Nach Sophokles rettete Elektra den Knaben Orestes vor den Mördern, die auch ihn erschlagen wollten. Sie vermittelte ihn an den Hof des Königs Strophios von Phokis. Als er erwachsen war und mit seinem Vetter Pylades, dem Sohn des Strophios, wiederkam, begegnete ihnen Elektra, die noch immer Haß gegen Klytämnestra und Aigisthos hegte. Sie erkannte ihren Bruder, traf sich mit ihm und Pylades feierlich am Grab des Agamemnon und gab ihnen Rat und Ermutigung. Nach Euripides jedoch war Elektra mit einem armen, aber ehrenwerten Bauern verheiratet, der im Bewußtsein ihrer königlichen Herkunft und Ungerechtigkeit der Situation ihre Jungfräulichkeit respektierte. Den zurückgekehrten Orestes erkannte sie an gewissen Zeichen und erschlug mit ihm gemeinsam die Mörder ihres Vaters. Dann übermannte sie die Reue, und Orestes wurde von Furien gepeinigt, die aber nach Euripides nur der Widerschein seines eigenen Schuldbewußtseins waren. In seinem Werk ›Orestes‹ führte dieser Dramatiker die Geschichte noch weiter, indem er Menelaos gerade in dem Moment erscheinen läßt, wo das Volk von Mykene Orestes und Elektra wegen ihres Muttermordes steinigen will. Da es Menelaos aber ablehnte, den Leuten Orestes als König aufzudrängen, versuchten Orestes und Elektra, seine Gemahlin Helena, die sie gefangengenommen hatten, zur Strafe für all das Leid zu töten, das ihr Ehebruch mit

Elektra und Orestes am Grabe des Agamemnon (Terrakottarelief aus Piräus, 5. Jh. n. Chr.; Paris, Louvre)

Paris über ihr Haus gebracht hatte. Die Zeustochter Helena aber war unsterblich und entrann ihrer Rache; daraufhin bemächtigten sich Orestes und Elektra ihrer Tochter Hermione und verlangten Lösegeld für sie, bis sich schließlich Apollon erbot, Orestes, den er ursprünglich zum Mord an Klytämnestra angestiftet hatte, von dem durch die Furien verhängten Wahnsinn zu befreien, wenn er Hermione laufenließe. Elektra heiratete auf Apollons Geheiß ihren Vetter Pylades, dem sie zwei Söhne, Strophios und Medon, gebar.

Elektryon, Sohn des Perseus, dem er als König von Mykene nachfolgte, und der Andromeda. Seine Gemahlin Anaxo gebar ihm Alkmene (die Mutter des Herakles) sowie sechs Söhne; von einer phrygischen Frau namens Midea hatte er einen weiteren Sohn Likymnios. Die sechs Söhne des Pterelaos, die von Elektryons Bruder Mestor abstammten und die Taphischen Inseln bewohnten, zogen nach Mykene und beanspruchten einen Teil des Reiches. Als Elektryon ihre Forderung ablehnte, trieben sie sein Vieh davon. In dem darauf folgenden Kampf kamen sie alle um. Euenos, einer der Pterelaossöhne, der die Schiffe bewacht hatte, verkaufte die Tiere an Polyxenos von Elis. Amphitryon, dem Alkmene zur Ehe versprochen war, kaufte sie zurück und brachte sie Elektryon wieder, tötete ihn jedoch versehentlich, als er eine Keule nach einer der Kühe warf. Elektryons Bruder Sthenelos bemächtigte sich nun des mykenischen Thrones, klagte Amphitryon des Mordes an und verbannte ihn.

Elephenor, Sohn des Chalkodon; König der Abanten auf Euböa. Er nahm Akamas und Demophon auf, die Söhne des Theseus von Athen, die vor dem Usurpator Menestheus geflohen waren. Er war der Anführer der euböischen Streitmacht von vierzig Schiffen, die sich dem griechischen Troja-Heer anschloß, wurde aber an dem Tag, als Pandaros den Waffenstillstand brach, von Agenor getötet, als er die Leiche des Echepolos zu bergen suchte. Auf dem Heimweg kamen Elephenors Männer vom Kurs ab und wurden an der Küste von Epirus schiffbrüchig; sie gründeten dort die Stadt Apollonia.

Der schlafende Endymion (G. F. Guercino, um 1591–1666; Rom, Palazzo Doria)

Elissa siehe Dido.

Elpenor, der Jüngste von Odysseus' Mannschaft. Als Odysseus auf der Insel Aiaia die Gastfreundschaft Kirkes genoß, betrank sich Elpenor am Vorabend der Abfahrt und stürzte vom Dach des Palastes, wo er sich schlafen gelegt hatte. Odysseus vergaß, vor der Weiterfahrt den Mann noch zu bestatten; als er aber im Haus des Hades weilte, erblickte er Elpenors Schatten, der ihn um die ordnungsgemäßen Beisetzungsriten bat. In Erfüllung dieses Wunsches begrub Odysseus den Leichnam bei seiner Rückkehr nach Aiaia.

Elymos siehe Aigestes.

Emathion, Sohn des Tithonos und der Eos (Morgenröte); Bruder des Memnon. Er versuchte, Herakles am Raub der Hesperidenäpfel zu hindern, und büßte dies, nach einer Überlieferung dieser Geschichte, mit dem Tod. Auch soll er König von Ägypten gewesen sein.

Empusa, Schreckgespenst im Gefolge der Hekate; ein Fuß war der eines Esels, der andere war aus Messing. Sie vermochte ihre Gestalt zu ändern und schlief gerne mit ihren Opfern, die sie hinterher auffraß. Man wurde sie los, indem man sie lauthals schmähte, worauf sie schreiend das Weite suchte.

Encheleier (Aale), ein Volksstamm in Illyrien oder am Kopaissee in Böotien; siehe Kadmos.

Endeïs, Gemahlin des Aiakos und Mutter von Peleus und Telamon. Ihr Vater war Skeïron oder Chiron. Ihren Stiefsohn Phokos (Aiakos' Sohn mit der Nereïde Psamathe) haßte sie; einer ihrer Söhne brachte ihn um, den Leichnam versteckten sie. Dafür wurden beide von Aiakos verbannt.

Endymion, Sohn des Aethlios, eines Sohnes von Zeus, und der Tochter von Aiolos, Kalyke. Endymion hatte drei Söhne, Aitolos, Paieon und Epeios. Meist wird er als König von Elis beschrieben; auch soll er seinem Herrschaftsbereich Olympia hinzugefügt haben, indem er dessen kretischen König Klymenos verjagte. Die Thronfolge regelte er durch ein Wettrennen, das er seine Söhne veranstalten ließ, und das Epeios gewann. Selene, die

Göttin des Mondes, verliebte sich in Endymion und schenkte ihm fünfzig Töchter. Weil sie den Gedanken an seinen Tod nicht ertrug, ließ ihn Selene in ewigen Schlaf fallen; seither ruht er in jugendfrischer Schönheit in einer Grotte des karischen Berges Latmos (nach einer Überlieferung ist Karien seine Heimat). In einer anderen Darstellung hatte er bei Zeus einen Wunsch frei, und er wählte den ewigen Schlaf in jener Höhle, ohne zu altern. Die Bewohner des karischen Herakleia am Latmos errichteten ihm dort einen Altar. In Elis aber war die Version von seinem ewigen Schlaf offenbar unbekannt, denn dort zeigte man in Olympia sein Grab.

Enipeus, Gott eines Flusses in Thessalien; liebte Tyro, die Tochter des Salmoneus. Als sie eines Tages am Ufer ihres geliebten Stromes entlangging, erblickte Poseidon sie und begehrte sie. Er nahm die Gestalt des Flußgottes an, erhob sich aus dem Strom und besaß sie, wobei er den Liebesakt durch eine schützende Welle verhüllte. Sie wurde die Mutter von Pelias und Neleus; Poseidon aber enthüllte sich ihr in seiner wahren Gestalt als Gott der Meere.

Enkelados siehe Giganten.

Enyo 1, Göttin der Schlacht und Gefährtin des Ares. Die Römer nannten sie Bellona. Sie hat keine Mythologie und eine kaum faßbare Gestalt, da sie lediglich eine Personifizierung des Krieges ist.

Enyo 2 siehe Graien.

Eos, Göttin der Morgenröte, bei den Römern als Aurora bekannt. Sie war die Tochter des Titanen Hyperion und der Titanin Theia, eine Schwester des Helios (Gott der Sonne) und der Selene (Göttin des Mondes). Ihr erster Gatte war der Titan Astraios (»bestirnt«), dem sie die Winde, die Sterne und den Morgenstern Eosphoros gebar. Sie fuhr mit einem zweispännigen Wagen, begleitet von ihrem Bruder Helios, durch den Himmel; ihre Pferde waren Phaëthon (»der Glänzende«) und Lampos (»der Helle«). Homer nannte sie »die Früherwachende«, »die Rosenfingrige«, »die Safrangewandete«.

Sie verliebte sich in eine Reihe hübscher junger Sterblicher, doch meistens mit unglücklichem Ausgang (da Aphrodite ihr zürnte, weil sie sich für Ares interessiert hatte). Einen dieser Sterblichen, Tithonos, heiratete sie und bat Zeus, ihn unsterblich zu machen. Sie vergaß jedoch, auch um ewige Jugend für ihn zu bitten, so daß Tithonos ihr zwar erhalten blieb, aber unaufhörlich alterte, bis er so vertrocknet war wie eine Zikade und wie eine solche zirpte. Zuletzt schloß Eos ihn im Schlafzimmer ein, ließ ihn nicht mehr heraus und erhob sich immer früher, um aus seinem Bett zu kommen. Ihre Kinder waren Memnon und Emathion, Könige über Äthiopien – Arabien.

Eines frühen Morgens erblickte Eos den Kephalos bei der Jagd in Attika und entführte ihn; sie verursachte ihm viel Kummer dadurch, denn er sehnte sich nach seinem Weib Prokris. Eos gebar dem Kephalos einen Sohn, Phaëthon, und entfachte in ihm und Prokris gegenseitige Eifersucht, so daß sich die beiden zerstritten und Prokris schließlich in den Armen ihres Gatten den Tod fand. Ein anderer Liebhaber der Eos war der Riesenjäger Orion. Sie nahm ihn mit nach Delos und beleidigte dadurch die jungfräuliche Artemis, der die Insel heilig war und die Orion den Tod gab.

Eosphoros, der Morgenstern und dessen Gott. Sein Sohn war Keyx.

Epaphos, Sohn des Zeus und der Io, welche Zeus in eine Kuh verwandelte, um sie vor der Entdeckung durch seine Frau Hera zu schützen. Io ging von Argos nach Ägypten, wo sie ihre natürliche Gestalt wieder annahm und sich Isis nannte. In Ägypten brachte sie Epaphos zur Welt, den Herodot mit dem ägyptischen Stiergott Apis gleichsetzt. Durch Heras Machenschaften wurde er ihr geraubt, später aber bekam sie ihn zurück, und er wurde König von Ägypten. Am Ort seiner Geburt gründete er eine Stadt, die er nach seiner Gemahlin, einer Tochter des Nils, Memphis nannte. Memphis gebar ihm Libye und Lysianassa; Libye wurde die Mutter von Agenor und Belos.

Epeios 1, Sohn des Endymion; König von Elis. Er wurde der Nachfolger seines Vaters, indem er vor seinen Brüdern Aitolos und Paieon einen Wettlauf gewann. Bei seiner Thronbesteigung benannte er sein Volk nach sich selber »Epeier«. Er heiratete die Koronostochter Anaxirrhoë, die ihm eine Tochter gebar, aber keine Söhne. Sein Bruder Aitolos folgte ihm nach.

Epeios 2, Sohn des Panopeus. Bei den Begräbnisspielen für Patroklos versagte er im Scheibenwerfen, besiegte aber Euryalos im Faustkampf. Er war es auch, der mit Athenes Hilfe das Trojanische Pferd baute; Vergil führt ihn als einen jener griechischen Krieger auf, die sich im Pferd versteckten. Eine spätere Überlieferung betrachtete Epeios als Feigling; sie basiert möglicherweise auf dem Chorlyriker Stesichoros, der in seiner ›Plünderung von Troja‹ Epeios zum Wasserträger der Atriden machte.

Ephialtes 1 siehe Giganten.

Ephialtes 2 siehe Otos.

Epigonen. Das Wort bedeutet »Nachfolger« oder »zweite Generation« und bezieht sich auf die Söhne der »Sieben gegen Theben«. Geführt von Adrastos, hatten die »Sieben« im Interesse des Polyneikes Theben attackiert

Eos entführt Kephalos (Rückseite eines etruskischen Bronzespiegels; Rom, Vatikanische Museen)

und waren mit Ausnahme von Adrastos sämtlich gefallen. Zehn Jahre nach dieser Katastrophe versuchten die Söhne der »Sieben« auf Anraten des Delphischen Orakels neuerlich einen Angriff, um ihre Väter zu rächen und Polyneikes' Anspruch auf den Thron zu erhärten. Ihr Anführer war Alkmeon, der Sohn des Amphiaraos; die übrigen waren Diomedes, Sohn des Tydeus; Sthenelos, Sohn des Kapaneus; Euryalos, Sohn des Mekisteus; Promachos, Sohn des Parthenopaios; ferner Thersandros, Sohn des Polyneikes; Amphilochos, Bruder des Alkmeon; und Aigialeus, Sohn des Adrastos, der als einziger von ihnen umkommen sollte. Die Thebaner wurden an einem Ort namens Glisas vernichtend geschlagen und verließen auf Anraten des Teiresias die Stadt. Sie flohen ins Land der Encheleier, wo Kadmos und Harmonia nach der Ankunft des Dionysos Zuflucht gefunden hatten; Teiresias starb auf der Flucht. Die Epigonen setzten nun Polyneikes' Sohn Thersandros auf den Thron von Theben, und dieser forderte die Flüchtlinge auf, zurückzukommen. Einen Teil ihrer Beute, einschließlich der Teiresiastochter Manto, opferten die Epigonen Apollon in Delphi. Dann traten sie die Heimreise nach Argos an. Adrastos aber, der mit ihnen gekommen war, starb aus Gram um Aigialeus und ließ dessen Sohn Kyanippos als Erben zurück. Diomedes wurde Herrscher von Argos (oft auch als König bezeichnet); doch übernahm nach dem Trojanischen Krieg Sthenelos oder Kylarabes den Thron, da Kyanippos nun tot war.

Man erzählte auch, daß die Epigonen Theben fast völlig verwüstet zurückließen; die Mauern waren geschleift und so erbte Thersandros ein armes Königreich. Diese Überlieferung scheint eine geschichtliche Situation zu spiegeln; in der ›Ilias‹ ist bei der Aufzählung der griechischen Streitkräfte nur von einem »unteren Theben«, nicht von der alten Zitadelle die Rede.

Epikaste siehe Jokaste.

Epimetheus, Sohn des Titanen Iapetos und Bruder des Prometheus. Prometheus bedeutet »vorbedacht«, Epimetheus »nachbedacht«. Obwohl der bei weitem klügere Prometheus erkannte, wie gefährlich es war, Geschenke der Götter anzunehmen, und seinen Bruder warnte, nahm Epimetheus Hermes die Pandora und heiratete sie. Als erste sterbliche Frau, die es gab, besaß sie manche hervorragende Fähigkeiten (ihr Name bedeutet »Allbegabe«). Hermes aber hatte ihr ein trügerisches Wesen verliehen und ihr eine Büchse voller Plagen in die Hand gedrückt. In typisch weiblicher Neugier öffnete sie die Büchse und ließ damit alle Menschheitsplagen los, die nun zum ersten Mal über die Welt kamen. Nur die Hoffnung – die einzige Wohltat in der Büchse – war allein darin geblieben. Nachdem die Plagen alle entronnen waren, schloß sie die Hoffnung in der Büchse ein. Nach diesem Unglück brachten Epimetheus und Pandora die Pyrrha zur Welt, die später Deukalion (den griechischen Noah) heiratete.

Epione, Gemahlin des Asklepios.

Epistrophos, Sohn des Iphitos, Anführer der Phoker im Trojanischen Krieg.

Epopeus 1 siehe Antiope.

Epopeus 2 siehe Nyktimene.

Erato siehe Musen.

Erebos (Finsternis), Sohn des Chaos (Urleere) und Vater des Aither (Atmosphäre), der Hemera (Tag) und des Charon; deren Mutter war Erebos' eigene Schwester Nyx (Nacht). Abgesehen vom Totenschiffer Charon spielen diese Personifizierungen in der Mythologie nur eine untergeordnete Rolle; Erebos bezeichnet im allgemeinen eher einen Ort – die finstersten Tiefen der Unterwelt – als ein unsterbliches Wesen.

Erechtheus, sagenhafter König Athens; in der klassischen Literatur oft mit seinem Großvater Erichthonios verwechselt (ursprünglich mögen beide identisch gewesen sein). Gewöhnlich wird er als Sohn des Königs Pandion von Athen und der Zeuxippe bezeichnet, doch läßt Homer erkennen, daß er ohne menschliche Eltern direkt dem Erdboden entsprang: Athene zog ihn auf und setzte ihn in ihr Heiligtum, wo er ein Halbgott wurde und auch Opfer empfing.

Die spätere und geläufigere Überlieferung macht aus ihm kein göttliches Wesen, sondern einen sterblichen Herrscher. Er heiratete Praxithea, gewöhnlich als Naiade (Wassernymphe) bezeichnet, die ihm die Söhne Kekrops, Pandoros, Metion und vielleicht auch Thespios, Sikyon, Eupalamos und Orneus gebar. Ihre Töchter waren Prokris (die den Kephalos heiratete), Oreithyia (die den Boreas heiratete), Chthonia und Krëusa. Während Erechtheus' Regentschaft über Athen brach ein Krieg mit dem benachbarten Eleusis aus, dessen Bevölkerung sich an den thrakischen König Eumolpos wandte (nach einer abweichenden Darstellung war Eumolpos der Enkel Oreithyias, in welchem Falle er diese Rolle nicht hätte einnehmen können). Die Athener wurden hart bedrängt. Erechtheus erforschte in Delphi, wie er der Bedrohung begegnen könnte, und erfuhr, daß sie nur durch die Opferung einer seiner Töchter abzuwenden sei. Chthonia wurde von ihren Eltern zum Opfer bestimmt und starb; vielleicht nach eigenem Entschluß (man erzählte auch, ihre Schwestern hätten sich aus Sympathie ebenfalls getötet, doch widerspricht dies anderen Überlieferungen). Im weiteren Verlauf gewann nun Erechtheus den Krieg, und Eleusis fiel an Athen, durfte aber weiterhin die Mysterien der Demeter begehen. Während der Feindseligkeiten wurde entweder Eumolpos selber oder sein Sohn von Erechtheus getötet, doch rächte sich Eumolpos' Vater Poseidon an ihm, indem er ihn mit seinem Dreizack erstach. Xuthos, ein thessalischer Verbündeter des Erechtheus, hat dann vielleicht eine gewisse Zeit Athen regiert (und soll Krëusa geheiratet haben). Als er jedoch aufgefordert wurde, unter den Söhnen des Erechtheus den neuen König von Athen zu bestimmen, wählte er Kekrops und wurde von der übrigen Familie aus Athen verjagt.

Ereuthalion, arkadischer Held; von Nestor in einem Kampf am Flusse Keladon getötet.

Erginos 1, Sohn des Klymenos und König der Minyer im böotischen Orchomenos. Als Klymenos, von Thebanern getötet, im Sterben lag, mußte Erginos ihm versprechen, ihn zu rächen. Daraufhin führte Erginos ein Heer gegen Theben, das damals von Kreon regiert wurde. Erginos war siegreich, nahm den Thebanern Waffen und Rüstungen fort und erlegte ihnen eine jährliche Abgabe von hundert Stück Vieh für zwanzig Jahre auf. Nachdem Herakles im Alter von achtzehn Jahren den

Athene mit Erichthonios (rotfigurige attische Vase; London, Britisches Museum)

Löwen vom Berg Kithairon erlegt hatte, begegnete er Erginos' Herolden, die gerade den thebanischen Tribut abholen wollten. Er schnitt ihnen Nase und Ohren ab, hängte sie ihnen um den Hals und schickte sie so wieder zu ihrem Herrn zurück. Dann ging er nach Theben, das von Erginos überfallen wurde. Von Athene gerüstet und von den Thebanern unterstützt, besiegte Herakles Erginos und verwüstete sein Land. Herakles' Stiefvater Amphitryon kam bei der Schlacht um. Dann zwang Herakles Orchomenos zu einer Abgabe von zweihundert Stück Vieh pro Jahr. Erginos' Vermögen hatte sich derart verringert, daß er alt wurde, ohne zu heiraten. Er befragte das Delphische Orakel, das ihm auftrug, an seinem Pflug eine neue Spitze anzubringen. Daraufhin heiratete er eine junge Frau, die ihm zwei Söhne, Trophonios und Agamedes, gebar.

Der griechische Dichter Pindar erzählt, daß die Boreaden Kalais und Zetes ihn zu einem Wettlauf in voller Rüstung herausforderten und er sie besiegte; das brachte den Spott der Frauen von Lemnos zum Verstummen. Das bezieht sich aber vielleicht auf Erginos 2.

Erginos 2, Argonaut; meist als Sohn des Poseidon bezeichnet. Nach Tiphys' Tod übernahm er das Steuer der ›Argo‹.

Eriboia 1, zweite Gemahlin des Aloeus. Sie erzählte Hermes von der Gefangenschaft des Ares bei den Aloaden.

Eriboia 2, anderer Name der Periboia, der Tochter des Alkathoos.

Erichthonios 1, früher attischer Heros und König von Athen; soll von Hephaistos gezeugt worden sein. Als dieser von Athene gebeten wurde, ihr eine Rüstung zu schmieden, umarmte er sie und wollte sie besitzen, doch stieß ihn die kriegerische Jungfrau beiseite, und sein Samen floß zu Boden. Daraus erwuchs ein Kind, das Gaia (die Erde) der Athene zur Obhut übergab – vielleicht, weil Athene nie so nahe daran gewesen war, ein eigenes Kind zu haben. Athene vertraute den Säugling in einem verschlossenen Kästchen den drei Töchtern des Kekrops mit der Anweisung an, nicht hineinzusehen. Zwei der Mädchen aber, Pandrosos und Herse, waren ungehorsam; aber was sie sahen, war so entsetzlich, daß sie sich von der Akropolis stürzten. Sie sollen eine Schlange erblickt haben, oder ein Geschöpf, das halb Kind, halb Schlange war, oder ein von Schlangen umwundenes Baby. Jedenfalls war es Erichthonios, den Athene nun wieder aufnahm und in ihren Tempel auf der Akropolis brachte. Nach einer anderen Überlieferung war er der Sohn von Hephaistos und der Kranaostochter Atthis.

Zum Manne geworden, verjagte Erichthonios Amphiktyon, der sich Kranaos' Thron von Athen angeeignet hatte. Als König von Athen förderte er den Athenekult, stellte das Athenebildnis aus Olivenholz in der Akropolis auf und stiftete ihr Hauptfest, die Großen Panathenäen. Ein anderer Bericht erzählt, daß er fußlos war – sein unterer Körper mündete in den Hinterleib einer Schlange – und den Wagen erfand, um beweglich zu sein; deshalb wurde er nach seinem Tod als Sternbild »Fuhrmann« am Himmel verewigt.

Wie Erechtheus, mit dem er oft verwechselt wird, soll auch er mit Praxithea verheiratet gewesen sein. Nach seinem Tode wurde er in Athen in Gestalt einer Schlange verehrt und so auch von dem Bildhauer Phidias auf dem Parthenon dargestellt: hinter dem Schild der berühmten Athenestatue. Sein Sohn Pandion folgte ihm als König von Athen.

Erichthonios 2, Sohn des Dardanos und der Bateia, der Tochter des Teuker. Er folgte seinem Vater als König von Dardania und heiratete Astyoche, eine Tochter des Flusses Simoeis, die ihm Tros gebar.

Erigone 1, Tochter des Ikarios, eines einfachen athenischen Bauern. Ovid berichtet davon, wie Arachne auch Erigones Verführung durch Dionysos in ihren Teppich hineinwebte, der sich ihr als Traube eines Weinstocks genähert hatte. Dionysos hatte Ikarios im Weinbau unterwiesen, doch als der seinen Nachbarn Wein anbot, brachten sie ihn um, weil sie meinten, er habe sie vergiftet. Nachdem sie überall nach ihrem Vater gesucht hatte, entdeckte Erigone endlich seine Leiche und erhängte sich. Viele athenische Mädchen folgten ihrem Beispiel, bis ihr Geist schließlich durch Opfergaben versöhnt wurde.

Erigone 2, Tochter des Aigisthos und der Klytämnestra. Als Orestes ihre Eltern erschlug, wollte er sie gleichfalls töten, doch Artemis rettete sie, und er traf nur ihren Bruder Aletes. Artemis machte sie zu ihrer Priesterin in Attika. Über das, was folgte, gibt es zwei Berichte. Nach dem einen brachte Erigone Orestes wegen Muttermordes vor Gericht (dabei handelt es sich vermutlich um die Verhandlung vor dem Areopag, bei der Athene ihn freisprach); nach dem anderen soll sie ihm einen unehelichen Sohn, Penthilos, geboren haben.

Erinnyen siehe Furien.

Eriphyle, Tochter des Talaos und der Lysimache. Als Polyneikes und die »Sieben« ihren Feldzug gegen Theben unternahmen, mußte sie einen Schiedsspruch zwischen ihrem Gatten, dem Seher Amphiaraos, und ihrem Bruder Adrastos, dem athenischen König, fällen. Adrastos, der Anführer des Unternehmens, verlangte, daß sich Amphiaraos daran beteilige, doch dieser wußte aufgrund seiner prophetischen Gaben, daß die Sache scheitern und er selber, falls er mitmachte, zugrunde gehen werde. Polyneikes bestach Eriphyle, zugunsten des Adrastos zu entscheiden, indem er ihr das Halsband seiner Ahnin Harmonia, der Frau des Kadmos, schenkte. Amphiaraos hatte Eriphyle feierlich verboten, Geschenke von Polyneikes anzunehmen. Als er nun wußte, daß er sterben würde, mußten ihm seine Kinder schwören, ihren Vater zu rächen und zu gegebener Zeit Theben zu erobern.

Alkmeon, der Sohn des Amphiaraos und der Eriphyle, erfüllte beide Gebote. Mit den Epigonen eroberte er Theben und setzte Thersander auf den thebanischen Thron. Von dem Unternehmen heimgekehrt, erschlug er dann seine Mutter Eriphyle. Ihre Rachefurien aber trieben ihn in den Wahnsinn, und er konnte nicht eher Ruhe finden, als bis er sich in einem Land angesiedelt hatte, das das Licht der Sonne nicht kannte, als er seine Mutter tötete. Schließlich fand er ein solches Land im Schwemmgebiet der Acheloos-Mündung.

Eros als Fruchtbarkeitsgott (Bronzespiegel aus Etrurien; London, Britisches Museum)

Eris, Göttin; Tochter der Nyx (Nacht). Ihr Name bedeutet »Streit, Hader«, und sie ist kaum mehr als der personifizierte Zwist. Allerdings tritt sie bei der mythischen Heirat zwischen Peleus und Thetis in Erscheinung. Uneingeladen kam sie zu dem Fest und warf einen goldenen Apfel unter die Versammlung mit der Inschrift »Der Schönsten«. Auf Anregung des Zeus übertrugen die drei Göttinnen, die diesen Titel beanspruchten – Hera, Athene und Aphrodite –, die Entscheidung dem Paris. Die Wahl fiel auf Aphrodite, die Paris mit der Aussicht auf die schönste der Frauen, Helena, bestochen hatte; hierin wurzeln die Anfänge des Trojanischen Krieges.
Homer schildert Eris' Taten auf dem Schlachtfeld im Gefolge des Ares und behauptet, was sie einmal begonnen habe, von dem könnte sie nicht mehr lassen, und von ihrer kleinen Gestalt sei sie zu einer gigantischen Höhe emporgewachsen; sie wolle nichts anderes mehr hören als das Stöhnen der sterbenden Krieger.
Eine andere Göttin desselben Namens, oder dieselbe Göttin unter anderem Aspekt, verkörperte den Geist des Wettstreits. In einer späteren, moralisierenden Fassung der Heraklesmythen wird erzählt, wie Herakles am Beginn seiner Lebensbahn – vielleicht, als er den Löwen vom Berg Kithairon erschlug – an einem Kreuzweg zwei schönen Frauen begegnete. Die eine hieß Trägheit und bot ihm ein Leben in Luxus und Bequemlichkeit. Die andere aber, für die er sich dann entschied, hieß Streit: was sie ihm bot, war ein Leben voll Kampf und unablässigen Mühen, das aber von großem Ruhm gekrönt war.

Eros, Gott der Liebe (im Griechischen bezeichnet *eros* die geschlechtliche Liebe). Die Römer nannten ihn Amor (Liebe) oder Cupido (Begehren). Über diese Gottheit kennt die griechische Überlieferung mehrere voneinander abweichende Berichte. Nach Hesiods ›Theogonie‹ wurde Eros am Beginn der Zeiten, zusammen mit Tartaros und Gaia, aus dem Chaos (der Leere) geboren; er bewirkte die Verbindung des Urvaters und der Urmutter, Uranos (Himmel) und Gaia (Erde), überwachte auch die Ehen ihrer Kinder, der Götter, und später auch die der Menschen. In dieser Darstellung ist Eros kaum mehr als die personifizierte Zeugungskraft, die alles Lebendige erfüllt und seine Fortpflanzung bewirkt – ein Vorläufer der Liebesgöttin Aphrodite. Einer anderen Version zufolge war Eros als ein Sohn der Aphrodite und ihres Geliebten Ares ein viel jüngerer Gott. Im Einklang mit dieser Auffassung wird er in der klassischen Kunst und Literatur als kräftiger, schöner und athletischer Mann geschildert. In der klassischen Zeit galt er auch oft als Schutzgott der gleichgeschlechtlichen Liebe zwischen Männern und Jünglingen. Seine Statue stand in Gymnasien, die Geweihte Schar von Theben nahm ihn als Schutzpatron, als Fruchtbarkeitsgott wurde er im böotischen Thespiai und im mysienischen Parion verehrt. Die Metöken (in Athen wohnende »Fremde«) errichteten auf der Akropolis ein Standbild und einen Altar für Anteros (Gegenliebe), eine andere Art des Eros, zum Gedächnis an zwei Jünglinge, den Athener Meles und den Metöken Timagoras. Timagoras liebte Meles, der aber seine Liebe verschmähte und ihm sagte, er solle sich von der Akropolis stürzen, um es zu beweisen; als jener das tat, wurde Meles so von Reue gepackt, daß er sich auf dieselbe Weise den Tod gab. Als in hellenistischer Zeit die Liebe in Kunst und Literatur immer stärker romantisiert wurde, gewann man eine andere Vorstellung: Eros als geflügelter Knabe mit Pfeilen im Köcher; häufig wurde der Gott sogar in der Mehrzahl gesehen, wie etwa in den Eroten (lat. Cupidines), weil die Zahl der von ihm verkörperten Leidenschaften so vielfältig schien. Es entstand der Glaube, daß einige seiner Pfeile vergoldet waren, um in den damit Getroffenen leidenschaftliche Begierde zu wecken, während andere in Blei getaucht waren, um die Menschen von den sie Liebenden abzuwenden; deshalb konnte Eros die Liebe entzünden, aber auch enttäuschen. Diesem kindlichen Eros begegnet man in den Werken der römischen Dichter; so berichtet Vergil, wie sich Venus seiner bediente, um Dido in Aeneas verliebt zu machen. – (Die bekanntesten Cupidomythen siehe Psyche.)

Erysichthon, Sohn des Königs Triopas von Dotion in Thessalien, oder des Myrmidon. Erysichthon (der Historiker Hellanikos nennt ihn Aithon, der Hitzkopf) benötigte Holz zum Bau einer Festhalle. Gottlos, wie er war, fällte er Demeters heiligen Eichenhain, wo die Nymphen zu tanzen pflegten. Als er seine Axt an die Bäume legte, floß Blut aus den Kerben, und als jemand, der dabeistand, protestierte, schlug ihm Erysichthon den Kopf ab. Die Hamadryaden (Baumgeister) des Hains verständigten Demeter, die als ihre eigene Priesterin verkleidet Erysichthon beschwor, den heiligen Wald zu schonen. Er lachte sie aus. Da sagte die Göttin zu ihm, er solle nur weitermachen: er werde bald dringend eine Banketthalle benötigen; und sie schickte eine Oreade (Bergnymphe) zu Peina (Hunger) und ließ darum bitten, Erysichthon mit Heißhunger zu schlagen. Peina eilte in das Schlafzimmer des Erysichthon und schlich sich in den Körper des Schlafenden. Er erwachte mit einer brennenden Eßlust, die nicht zu stillen war. Als er seinen ganzen Reichtum verzehrt hatte, um Nahrung zu kaufen, blieb ihm nichts als seine Tochter Mestra, die Geliebte Poseidons. Um für weitere Lebensmittel zu sorgen, verkaufte er das Mädchen in die Sklaverei. Sie bat Poseidon, sie zu retten, und er verlieh ihr die Gabe, sich in die Gestalt jedes Tieres zu verwandeln, so daß sie ihrem Vater viele Arten von Nahrung bringen konnte. Aber selbst dann war Erysichthon auf die Dauer nicht zu retten, und zuletzt verschlang er sein eigenes Fleisch und ging zugrunde.

Erytheia siehe Hesperiden.

Eryx, Sohn der Aphrodite und des Poseidon oder des Butes; König über einen Teil Nordwestsiziliens. Auf einem Berg jener Gegend baute er die Stadt Eryx (mit Venuskult) und gründete ein berühmtes Heiligtum für seine Mutter. Als sich ein Tier aus Geryons Herde in sein Gebiet verirrte, kam Herakles, um es zu holen. Eryx forderte ihn, wie es seine Art bei fremden Ankömmlingen war, zu einem Ringkampf heraus, bei dem er von Herakles getötet wurde. Aeneas, der Halbbruder des Eryx, besuchte später die Stätte und verehrte ihn als Venuspriester oder Halbgott durch Opfergaben.

Etearchos siehe Battos 1.

Eteokles 1, früher König des böotischen Orchomenos; Sohn des Andreus und der Euippe oder des Flußgottes Kephisos (nach einem Fluß in Böotien).

Eteokles 2, Sohn des Königs Ödipus von Theben und seiner Frau und Mutter Jokaste. Als der Inzest der beiden ans Licht gekommen war, erhängte sich Jokaste, und Ödipus blendete sich mit ihrer Vorstecknadel. Kreon übernahm die Regentschaft. Eteokles und sein Bruder Polyneikes beleidigten zweimal den Ödipus, welchen Kreon, einer Überlieferung zufolge, dazu bewogen hatte, in oder bei Theben zu bleiben. Die erste Beleidigung ist unklar; sie hat irgend etwas mit den Silbergefäßen von Ödipus' Vater Laios zu tun, die die Söhne vor ihrem blinden Vater aufstellten: aus einem unbekannten Grund war Ödipus hierüber beleidigt. Die zweite Beleidigung war deutlicher: Auch nach Ödipus' Fall gehörte es sich für die Söhne, dem König den königlichen Teil einer Mahlzeit – das Schulterstück des Bratens – zu überlassen; eines Tages versuchten sie aber, ihm das Keulenstück unterzuschieben. Erzürnt durch diese Übeltaten, verfluchte Ödipus feierlich seine beiden Söhne und betete darum, daß jeder von der Hand des anderen fallen solle. Sophokles hat eine andere Darstellung, wonach Kreon, der Theben nicht länger durch die Gegenwart des inzestuösen Königs befleckt sehen wollte, Ödipus sogleich nach seinem Fall in die Verbannung schickte und Ödipus seine Söhne verfluchte,

Eteokles und Polyneikes töten sich gegenseitig (etruskische Wandmalerei aus der Tomba François, Vulci, 4. Jh. v. Chr.; Rom, Palazzo Corsini)

weil sie nichts gegen diese Verbannung unternahmen. Als sie alt genug zum Regieren waren, einigten sich Eteokles und Polyneikes darauf, die Herrschaft zwischen sich zu teilen: abwechselnd sollte jeder ein Jahr regieren und der andere außer Landes gehen. Nach Sophokles' Tragödie ›Ödipus in Kolonos‹ regierte Polyneikes als erster und verbannte während seiner Amtszeit Ödipus. Häufiger wurde aber das erste Herrschaftsjahr Eteokles zugeschrieben, vielleicht deshalb, weil er (freilich nicht nach einhelliger Meinung) der Ältere war, oder daß sie es so ausgelost hatten; am Ende dieses Jahres soll er sich jedenfalls, unterstützt von Kreon, geweigert haben, die Herrschaft dem Bruder zu übertragen. Polyneikes war inzwischen in Argos gewesen, wo er König Adrastos' Tochter Argeia heiratete, die ihm einen Sohn, Thersandros, gebar. Eteokles hatte ebenfalls geheiratet und einen Sohn, Laodamas, gezeugt. Nach dem griechischen Schriftsteller Pausanias (2. Jh. n. Chr.) trugen sich aber die Ereignisse in anderer Reihenfolge zu: Polyneikes hatte Theben verlassen, um Ödipus' Fluch zu entrinnen, und sich in Argos angesiedelt, wo er Argeia heiratete. Als Eteokles auf den Thron kam, rief er Polyneikes zurück; sie bekamen Streit und Polyneikes ging mit der Absicht nach Argos zurück, den

Eteokles und Polyneikes (Henkel eines etruskischen Kruges; Paris, Louvre)

thebanischen Thron gewaltsam für sich zu gewinnen.
Als Eteokles aus unbekannten Gründen zu erkennen gab, daß er nicht gewillt war, Polyneikes den Thron zu überlassen, sammelte dessen Schwiegervater Adrastos von Argos ein großes Heer, zu dem auch die Sieben Helden gehörten, nach denen Aischylos sein Drama ›Sieben gegen Theben‹ schrieb. Dann belagerte er die Stadt, ungeachtet der Warnungen des Sehers Amphiaraos, das Unternehmen werde schlecht ausgehen. Zuvor sandte man noch Tydeus als Unterhändler nach Theben, der für Polyneikes den Thron forderte, jedoch abschlägig beschieden wurde. Einem Bericht zufolge nahm er noch an thebanischen Sportwettbewerben teil, und zwar mit solchem Erfolg, daß ihm der neiderfüllte Eteokles auf dem Rückweg auflauern ließ. Tydeus aber tötete sämtliche fünfzig Angreifer, bis auf Maion.
Die Schlacht vor Theben war für Polyneikes' Heer eine Katastrophe. Polyneikes selbst attackierte ein von Eteokles bewachtes Tor; die beiden Brüder trafen im Einzelkampf aufeinander und erschlugen sich gegenseitig, womit der Fluch des Ödipus erfüllt war. Kreon blieb Alleinherrscher über Theben, bis Eteokles' Sohn herangewachsen war. Er ordnete für die thebanischen Toten ein ehrenvolles Begräbnis an; Eteokles wurde mit königlichen Ehren beigesetzt. Der Feind jedoch, und insbesondere Polyneikes, mußten außerhalb der Stadt der Fäulnis überlassen werden. Nach Euripides' Tragödie ›Die Hiketiden‹ erhörte Theseus von Athen die Bitte der Mütter der toten Sieben Helden und zwang Kreon, die Argiver beizusetzen. Es gab auch eine Überlieferung, wonach Antigone, die Schwester von Eteokles und Polyneikes, zusammen mit Argeia den Leichnam des Polyneikes auf Eteokles' Scheiterhaufen schleppte und ihm so eine ordnungsgemäße Bestattung zukommen ließ.
Neben der Darstellung der drei griechischen Tragiker gibt es noch die Fassung des römischen Dichters Statius in seinem Epos ›Thebaïs‹.

Eteoklos, ein Argiver, Sohn des Iphis 2.; einer der Sieben Helden, die Polyneikes gegen Theben führte. Trotz seiner königlichen Abstammung soll er ein armer Mann gewesen sein, den man wegen seiner Ehrbarkeit respektierte. Er fiel im Kampf durch den thebanischen Helden Megareus, den Sohn des Kreon, am Neistischen Tor.

Euadne 1, Tochter des Iphis und Gemahlin des Kapaneus. Nach der Belagerung Thebens durch die Sieben stürzte sie sich auf den Scheiterhaufen ihres Gatten und fand den Tod.

Euadne 2, Tochter des Poseidon und der lakonischen Nymphe Pitane. Ihre Mutter gab das Kind in die Obhut des Elatossohnes Aipytos. Als sie schwanger wurde, befragte Aipytos das Delphische Orakel und erfuhr, daß Apollon für den Zustand seines Mündels verantwortlich war. Nach der Rückkehr von Delphi mußte Aipytos aber feststellen, daß Euadne bereits geboren und das Kind ausgesetzt oder versteckt hatte. Apollon sandte zwei Schlangen, die für das Kind sorgten; in einem Dikkicht, unter Brombeeren und Veilchen, fütterten sie es mit Honig. Zu gegebener Zeit fand Aipytos, von den Göttern geleitet, den Knaben, der Iamos hieß (nach *ia,* »Veilchen«), und erzog ihn. Iamos erbte die prophetischen Gaben seines Vaters und wurde der Ahnherr des Sehergeschlechts der Iamiden in Olympia. (In dieser Darstellung wird die Geschichte von dem griechischen Dichter Pindar erzählt.)

Euander 1, ursprünglich ein Name für Pan oder eine mit ihm verknüpfte Gottheit Arkadiens; er wurde vor allem in der kleinen arkadischen Stadt Pallantion verehrt. Nach einer Überlieferung war er (wie Pan) ein Sohn des Hermes (des römischen Merkur) und der Themis, einer Nymphe des Flusses Ladon; in Italien wurde er mitunter mit Faunus identifiziert; in einer mehr menschlichen Gestalt soll er ein Sohn des Königs Echemos von Tegea gewesen sein.

In dieser vermenschlichten Form fand er Eingang in die Aeneas-Sage. Nach der bekanntesten Darstellung in dem Hauptwerk des römischen Dichters Vergil war er sechzig Jahre vor dem Untergang Trojas aus Arkadien ausgewandert, entweder auf argivischen Druck hin, oder wegen eines versehentlichen Totschlags, oder wegen einer Rebellion. Seine Mutter soll Carmenta gewesen sein, eine prophetische Göttin wie Themis. Ein Bindeglied zwischen Aeneas und Euander war der Titan Atlas, der Vorfahre der Arkadier, dessen Enkel Dardanos war, ein Ahne des Aeneas. Faunus (ein italischer Pan, in dieser Geschichte aber ein menschlicher König) empfing Euander und seine kleine Schar in Italien und schenkte ihm das Land, das er wollte. Euander soll den Palatin gewählt haben, den er nach seiner arkadischen Heimat (Pallantion) Pallanteum nannte; und so entstand eine griechische Siedlung auf dem Boden des späteren Rom. Als Aeneas kam, war er schon ein alter Mann, doch freundete er sich mit ihm an und die beiden machten »gemeinsame Sache«. Euander empfing Aeneas auf dem Palatin und war auch sein Gastgeber bei einem Fest zur Erinnerung an einen Besuch, den Herakles dem Ort abgestattet hatte, als er Cacus für seinen Viehdiebstahl gestraft und eine der Töchter Euanders geheiratet hatte. Euander hatte auch einen Sohn, Pallas, der an der Spitze einer Streitmacht Aeneas' Verbündeter werden mußte. Doch fiel Pallas durch den feindlichen Anführer Turnus, und vor allem deshalb verweigerte Aeneas dem Turnus jede Gnade, als er ihm in die Hände fiel.

Euander 2, Sohn des Sarpedon 1; ein König von Lykien in Kleinasien.

Euander 3, Sohn des Selepos; König von Lyrnessos bei Troja. Ihm folgte sein Sohn Mynes, der Gatte der Briseis.

Eubuleus (= von gutem Rat) **1,** euphemistischer Beiname des Hades oder eines anderen Unterwelt-Gottes.

Eubuleus 2, Sohn des Dysaules; wird auch als Bruder des Triptolemos bezeichnet (der jedoch ebenfalls als Sohn des Keleos bekannt ist). Eubuleus war ein Schweinehirt, der in einer Überlieferung vom Raub der Persephone die Göttin Demeter vom Verschwinden ihrer Tochter unterrichtete. Als der Wagen des Hades mit Persephone in die Unterwelt zurückkehrte, wurden Eubuleus' Schweine vom Erdboden verschlungen.

Euchenor, Sohn des Sehers Polyeidos; er lebte in Korinth und war sehr reich. Er scheint verpflichtet gewesen zu sein, am Trojanischen Krieg teilzunehmen; wenn er sich nicht dorthin begeben würde, müßte er schwer dafür büßen: Sein Vater prophezeite ihm entweder einen raschen Tod in Troja oder einen langsamen Tod durch Krankheit daheim. Er wählte das erstere und wurde von Paris mit einem Pfeil getötet.

Eudore, eine der Hyaden.

Eudoros, Sohn des Hermes und der Polymele. Als seine Mutter Echekles heiratete, zog ihn sein Großvater mütterlicherseits, Phylas, auf. Im Trojanischen Krieg führte er eine der myrmidonischen Schwadronen unter Achilleus an.

Euenos, Sohn des Ares von der Sterblichen Demonike. Seine Tochter Marpessa wurde von Idas entführt, dem Poseidon einen Wagen mit geflügelten Pferden gegeben hatte. Euneos verfolgte Idas bis zur Erschöpfung seiner Pferde; dann tötete er sie und warf sich selbst in den Fluß Lykormas, der daraufhin nach ihm benannt wurde. Idas trug seine Beute nach Messenien, wo nunmehr Apollon versuchte, sie zu entführen. Zeus verhinderte das und ließ Marpessa zwischen den beiden Freiern wählen. Sie entschied sich für Idas.

Euippe oder **Euhippe** siehe Pieros.

Eumaios, der treue Schweinehirt des Odysseus und davor seines Vaters Laërtes. Er war ein Prinz von Geburt, der Sohn des Ktesiossohnes Ormenos; sein Vater war König einer Insel namens Syrie. Als dort ein phönikisches Schiff gelandet war, verführte einer der Seeleute eine phönikische Sklavin aus Ktesios' Haushaltung, die mit ihnen floh und den Knaben Eumaios mitbrachte. Die Frau starb sieben Tage später auf See, und Eumaios wurde an Laërtes, den König von Ithaka, verkauft. Eumaios war ein guter Diener in der königlichen Haushaltung und versuchte während Odysseus' Abwesenheit, die Schweine vor dem Zugriff der gierigen Freier zu bewahren. Bei seiner Rückkehr kam Odysseus, als Bettler verkleidet, zuerst in Eumaios' Hütte und wurde großzügig aufgenommen. In dieser Hütte gab sich Odysseus auch seinem Sohn Telemachos zu erkennen. In der großen Halle von Ithaka half der Schweinehirt später beim Sieg über die Freier.

Eumelos 1, König von Patrai in Achaia. Triptolemos lehrte ihn den Getreideanbau und wurde sein enger Freund. Sein Sohn Antheas kam bei dem Versuch ums Leben, Triptolemos' Wagen zu fahren, der von geflügelten Schlangen gezogen wurde.

Eumelos 2, Sohn des Admetos und der Alkestis; wurde als Nachfolger seines Vaters König über das thessalische Pherai und führte ein Kontingent von elf Schiffen in den Trojanischen Krieg. Er besaß ausgezeichnete Pferde, die Apollon für Admetos aufgezogen hatte. Mit ihnen hätte er das Wagenrennen bei den Begräbnisspielen für Patroklos gewonnen, wenn nicht Athene zugunsten Diomedes' eingegriffen und Eumelos' Joch zerbrochen hätte. Eumelos heiratete Penelopes Schwester Iphthime.

Eumeniden, wohlwollende Göttinnen der Gnade; besänftigender Name für die Erinnyen (Rachegöttinnen). Von den Furien sprach man meist im Sinne von Euphemismus (etwas Unangenehmes beschönigend). ›Die Eumeniden‹ ist der Titel des dritten Teils von Aischylos' Tetralogie ›Die Orestie‹; siehe Furien.

Eumolpos 1, Sohn des Poseidon und der Chione 1 oder 2. Seine Mutter schämte sich des unehelichen Kindes und warf es ins Meer; doch Poseidon fing es auf und übergab es Benthesikyme, seiner Tochter von Amphitrite, die es aufzog. Sie war mit einem König der Äthiopier verheiratet, der später dem Eumolpos eine seiner Töchter zur Frau gab, die ihm einen Sohn, Ismaros, gebar. Eumolpos aber versuchte, sich der Schwester seiner Frau zu nähern, und wurde zusammen mit seinem Sohn verbannt. Er floh nach Thrakien, wo ihm Tegyrios Schutz gewährte und ihm seine Tochter zur Frau gab. Eumolpos intrigierte aber gegen seinen Schwiegervater und wurde erneut verbannt, so daß er sich nach Eleusis begab, wo er sich viele Freunde erwarb. Später wurde er von Tegyrios zurückgeholt, der ihn, alt und kinderlos, zu seinem Erben machte. Als zwischen Athen und Eleusis der Krieg ausbrach, kam Eumolpos den Eleusern zu Hilfe; doch fanden er und sein Sohn dabei den Tod. Poseidon rächte sich in seiner Wut an den Athenern, indem er ihren König Erechtheus erschlug.

Eumolpos gilt gemeinsam mit Keleos, dem König von Eleusis und Begründer des Ackerbaues, als Stifter der Eleusischen Mysterien. Er weihte Herakles in die Mysterien ein, nachdem er ihn von der Tötung der Kentauren gereinigt hatte. Eumolpos war der Ahnherr des eleusischen Geschlechts der Eumolpiden und durch seinen Sohn Keryx auch der Familie der Keryken.

Eumolpos 2 siehe Tenes.

Euneus, Sohn des Jason und der Königin Hypsipyle von Lemnos. Nach Euripides retteten er und sein Bruder Thoas ihre Mutter aus der Gefangenschaft in Nemea; zufällig kamen sie an das Haus, in das sie selbst ihnen Einlaß gewährte; sie erkannten ihre Mutter und führten sie fort. – Euneus belieferte die griechischen Streitkräfte im Trojanischen Krieg mit Wein.

Eunomos, Sohn des Architeles und Mundschenk des Königs Oineus von Kalydon in Ätolien. Nachdem Herakles Oineus' Tochter Deianeira geheiratet hatte, tötete er Eunomos eines Abends versehentlich, als dieser ihn mit Wein befleckte; Herakles hatte ihm nur eine Ohrfeige geben wollen, unterschätzte aber seine eigene Kraft und tötete den Knaben durch die Gewalt des Schlages. Daraufhin ging Herakles freiwillig in die Verbannung.

Eupalamos, Sohn des Königs Erechtheus von Athen und Vater des Daidalos.

Euphemos, Sohn des Poseidon und der Europe, deren Vater Tityos war. Euphemos, der am Kap Tainaron lebte und wegen seiner Behendigkeit berühmt war, schloß sich den Argonauten an. Als die ›Argo‹ von der Suche nach dem Goldenen Vlies heimkehrte, wurde sie vom Peloponnes nach Libyen getrieben und von einer mächtigen Welle weit ins Innere des Landes getragen, wo sie strandete. Zwölf Tage lang trugen die Argonauten das Schiff, bis sie an den Tritonis-See kamen, wo sie zunächst keinen Ausgang zum Meer entdecken konnten. Da erschien ihnen der Gott Triton in menschlicher Gestalt als König Eurypylos, ein Sohn des Poseidon. Er gab ihnen Anweisungen und überreichte ihnen ein Stück Erde, das Euphemos entgegennahm. Diese Erde bedeutete Herrschaftsgewalt, und Euphemos hatte einen Traum, in welchem er sich in eine Frau verwandelte, die er liebte. Nach diesem Akt fühlte er sich selbst im Traum noch schuldig, doch die Frau beruhigte ihn, als sie sich als Tochter Tritons zu erkennen gab, die ihm sagte: wenn er ihr eine eigene Heimat im Meer verschaffte, würde Libyen, das Land ihres Vaters, seine Kinder aufziehen. Jason deutete diesen Traum und erklärte, wenn der Klumpen Erde ins Meer fiele, würde eine Insel entstehen, und dort würden Euphemos' Nachkommen eine Heimat finden; außerdem würden Siedler sich von der Insel nach Libyen begeben und dort eine Kolonie gründen. Medea weissagte, wenn er den Klumpen Erde bei Tainaron ins Meer fallen lassen würde, wo es einen Eingang in das Reich des Hades gab, würde die Kolonie in Libyen innerhalb von vier Generationen errichtet sein; andernfalls müßte seine Nachkommenschaft viel länger warten. Euphemos warf die Erde indessen etwas nördlich von Kreta ins Wasser, worauf sich die Insel Kalliste (Thera) aus dem Meer erhob. Viele Generationen später wurde diese Insel von Euphemos' Nachfahren besiedelt, die von Theras geführt wurden und die sie deshalb Thera nannten. Diese Leute kamen ursprünglich aus Lemnos (von wo die Gemahlin des Euphemos stammte), waren aber dort von Lydern verjagt worden, weiter nach Sparta gezogen und von dort nach Thera gekommen. Ein Nachkomme dieser Siedler namens Battos führte schließlich eine Schar von Theranern nach Libyen, wo er nach vielen Prüfungen Kyrene gründete.

Euphorbos, Sohn des Dardaners Panthoos. Im Trojanischen Krieg griff Euphorbos den Patroklos mit dem Speer an und traf ihn zwischen die Schulterblätter. Durch Apollons Macht war Patroklos betäubt, trotzdem zögerte Euphorbos nicht, weiter auf ihn einzudringen. Als kurz darauf Hektor Patroklos niederstreckte, wollte Euphorbos ihm die Haut abziehen, aber Menelaos beobachtete ihn, um einzugreifen. Er forderte Menelaos auf, sich

Zeus und Europa (Relief aus Selinus/Selinunte; Palermo, Museo Nazionale)

nicht einzumischen, und schleuderte einen Speer nach ihm, jedoch vergebens. Menelaos durchbohrte Euphorbos' Gurgel mit dem Speer und streckte ihn nieder. Der griechische Philosoph und Mystiker Pythagoras (etwa 582–507 v. Chr.) hielt sich für eine Inkarnation des Euphorbos, dessen Seele in seinen Körper gewandert sei.

Euphrosyne siehe Grazien.

Eupithes, ithakischer Edler, dem Odysseus das Leben rettete, als Eupithes mit den Bewohnern der Taphischen Inseln einen Piratenüberfall auf die Thesproter begonnen hatte. Die Thesproter forderten seinen Kopf, doch Odysseus schützte ihn. Sein Sohn Antinoos zeigte sich undankbar für diese Gunst, denn er benahm sich während der Abwesenheit des Odysseus unverschämt gegen dessen Gemahlin Penelope (zu deren Hauptfreiern er gehörte) und gegen seinen Sohn Telemachos. Als Odysseus Antinoos und die übrigen Freier getötet hatte, führte Eupithes eine Revolution der Bevölkerung von Ithaka gegen ihn an, er wurde aber von Odysseus' betagtem Vater Laërtes getötet.

Europa, Tochter des phönikischen Königs Agenor und seiner Frau Telephassa. Zeus verliebte sich in das Mädchen, als er sie mit ihren Gefährtinnen am Meer spielen sah. Er nahm die Gestalt eines schönen weißen Stieres an, trabte zu den Mädchen, legte sich nieder und ließ sich von ihnen streicheln (nach anderen historischen Quellen war der Stier nicht Zeus selber, sondern diente nur dazu, das Mädchen anzulocken). Europa fand ihn so zahm und sanft, daß sie schließlich seinen Rücken erkletterte, worauf sich das Tier erhob, davonlief und mit ihr in das weite Meer hinausschwamm. Schließlich geriet Europa ihren Gefährtinnen aus dem Blick und ward nie wieder von ihnen gesehen; sie wurde bis nach Kreta entführt, wo der Stier sie am Ufer absetzte und sich dann als Zeus zu erkennen gab. Dann liebten sie sich – entweder unter einer Platane, die seitdem ein immergrüner Baum ist, oder in der daktäischen Höhle, in der er aufgezogen worden war. Europa gebar ihm drei Söhne: Minos, Rhadamanthys und Sarpedon. Zeus überreichte ihr drei Geschenke: einen immer treffenden Speer, den schnellsten Hund der Welt, Lailaps, und Talos, den Bronzemann, der täglich einmal um Kreta herumlief und die Eindringlinge verjagte. Schließlich wurde Europa die Gattin des kretischen Königs Asterios; sie gebar ihm eine Tochter, Krete, und er adoptierte ihre Söhne als seine eigenen und setzte Minos zum Erben ein.

Europas Vater Agenor wollte um jeden Preis seine Tochter wiederfinden und sandte seine Söhne Kadmos, Phoinix und Kilix nach ihr aus; ohne sie durften die drei nicht heimkehren. Auch seine Gemahlin zog mit ihnen – er sah sie alle niemals wieder.

Europa gab ihren Namen einem Kontinent; der Stier ist als Sternbild am Himmel verewigt.

Europe, Tochter des Tityos; Mutter des Euphemos.

Euros, der Südost-, weniger genau auch der Ostwind; wie andere Winde ein Sohn des Astraios (sternenhell) und der Eos (Morgenröte). Er wird als feucht und böig beschrieben. Die Römer nannten ihn Volturnus (Südostwind).

Eurotas, Sohn des Lelex; ein früher König Lakoniens im südlichen Peloponnes. Seine Tochter Sparte lieh ihren Namen der von ihrem Gatten Lakedaimon gegründeten Stadt.

Euryale 1 siehe Gorgonen.

Euryale 2, Tochter des Minos; von Poseidon Mutter des Orion.

Euryalos, Sohn des Mekisteus, eines argivischen Edlen; Verbündeter der Epigonen. Zusammen mit Diomedes hatte er die Obhut über Adrastos' Enkel Kyanippos, den argivischen Thronerben. Als einer der Befehlshaber des argivischen Kontingents begleitete Euryalos Diomedes nach Troja. Er soll auch mit den Argonauten gesegelt sein (was man allerdings auch von seinem Großvater Talaos behauptete).

Euryalus, trojanischer Gefährte des Aeneas; siehe Nisus.

Euryanassa (Beherrscherin eines weiten Landes), Tochter des Flusses Paktolos.

Eurybates, ithakischer Herold, der mit Odysseus in den Trojanischen Krieg zog. Zusammen mit Talthybios holte er für Agamemnon die Briseïs aus Achilleus' Zelt. Später überbrachte er Agamemnons Versöhnungsangebot und ein großes Geschenk, was Achilleus aber ablehnte.

Eurybia, Tochter des Pontos und der Gaia; heiratete Krios.

Eurydamas, Sohn des Iros und ein Argonaut.

Eurydike 1, thrakische Dryade (Baumnymphe); von Orpheus geliebt; ihre Geschichte siehe Orpheus.

Eurydike 2, Mutter der Danaë; ihr Gatte war Akrisios, ihr Vater Lakedaimon, der König und Gründer Spartas.

Eurydike 3, Gemahlin des Regenten Kreon von Theben. In Sophokles' Tragödie ›Antigone‹ verflucht Eurydike ihren Gemahl wegen des Unglücks, das er über seine Familie gebracht hat, und erdolcht sich dann. Alle ihre Kinder waren tot, und der Selbstmord ihres jüngsten Sohnes Haimon über der Leiche Antigones war der letzte Schlag für sie. Der Älteste, ebenfalls Haimon geheißen, war der Sphinx zum Opfer gefallen und der zweite,

Eurykleia erkennt Odysseus, rechts Telemachos (Krug; Chiusi, Museo Etrusco)

Menoikeus oder Megareus, hatte sich im Krieg gegen die »Sieben« für die Stadt geopfert.

Eurydike 4, Tochter des Adrastos 2 und Gemahlin des Königs Ilos von Troja.

Eurykleia, alte Amme des Odysseus, die ihn nach seiner Rückkehr aus Troja erkannte. Odysseus hatte eine große Narbe an einem Bein, die von einem Eber stammte; daran erkannte Eurykleia ihn, als sie ihm im Gemach Penelopes die Füße wusch; und sie ließ vor Aufregung das Becken fallen. Penelope merkte jedoch nichts, und Odysseus brachte Eurykleia mit einer Drohung zum Schweigen. Als er später die Freier erschlagen hatte, jubelte sie auf und mußte wiederum beschwichtigt werden. Dann verriet sie ihrem Herrn, welche der Mägde ihn durch ihren Umgang mit den Freiern verraten hatten, und Odysseus gab ihnen den Tod.

Eurylochos, Gemahl der Schwester des Odysseus. Er war ein Edler von der Insel Same (Kephallenia) und begleitete Odysseus in den Trojanischen Krieg und auf dem Heimweg. Er führte den ersten Spähtrupp zum Palast der Kirke an; als einziger sah er davon ab, den Palast zu betreten, und so kostete er nicht von Kirkes Zaubertrank, der die übrigen Männer in Schweine verwandelte. Er brachte Odysseus die schlimme Kunde und war nicht zu bewegen, noch einmal zu dem Palast zu gehen, auch dann nicht, nachdem Odysseus Kirke mit Hilfe des Hermes zu ehrlicher Gastfreundschaft umzustimmen vermocht hatte; bald darauf besiegte er jedoch seine Furcht. Als Odysseus auf der Reise später zur Insel des Sonnengottes Helios kam, überredete Eurylochos die Mannschaft, die heilige Herde zu schlachten und zu essen, obwohl Teiresias Odysseus feierlich gewarnt hatte, das zuzulassen. Odysseus war als einziger an dem Frevel nicht beteiligt, da er gerade schlief. Zeus strafte Eurylochos und die übrige Mannschaft mit einem heftigen Sturm, dem nur Odysseus entrann.

Eurymachos, Sohn des ithakischen Edlen Polybos; Freier um Odysseus' Gemahlin Penelope. Er war unter den Freiern der höflichste und annehmbarste; bei der Konfrontation in der großen Halle des Palastes versuchte er mit Odysseus zu reden. Doch der kannte keine Gnade und erschoß ihn, gleich nach Antinoos, mit einem Pfeil; seine Geliebte war Melantho.

Eurymedon siehe Giganten.

Eurynome 1, Tochter des Okeanos und der Tethys; sie gebar dem Zeus die Grazien. Der

Epiker Apollonios von Rhodos (um 295–215 v. Chr.) zitiert eine unbekannte Überlieferung, wonach Eurynome und ihr Gatte, der Titan Ophion, vor Kronos' Zeit im Olymp herrschten. Eurynome wurde (vor allem in ihrem Tempel im arkadischen Phigaleia) als Frau mit Fischschwanz dargestellt.

Eurynome 2, Tochter des Königs Nisos von Megara; heiratete König Glaukos von Ephyra (Korinth) und gebar dem Gott Poseidon Bellerophon. Athene soll ihr große Weisheit vermittelt haben.

Euryphaëssa siehe Theia.

Eurypylos 1, Sohn des Poseidon und König über einen Teil Libyens. Als Triton den Argonauten am Tritonis-See zu Hilfe kam und Euphemos libysche Erde als Abschiedsgeschenk gab, nahm er Eurypylos' Gestalt an.

Eurypylos 2, Mysier; Sohn des Königs Telephos von Pergamon und der Priamostochter Astyoche. Seine Mutter ließ ihn nur ungern ziehen, um den Troern gegen die Griechen zu helfen, bis Priamos sie schließlich mit einer vergoldeten Weinrebe bestach. Eurypylos führte dann eine starke Streitmacht von Mysiern nach Troja. Er erschlug den Arzt Machaon, den Sohn des Asklepios, und erreichte große Verwüstungen auf griechischer Seite; nur die Dazwischenkunft des Neoptolemos (des Sohnes des zu dieser Zeit schon gefallenen Achilleus) konnte verhindern, daß er auch die griechischen Schiffe anzündete. Neoptolemos tötete ihn mit dem Schwert.

Eurypylos 3, Sohn des Euaimon aus Ormenion in Thessalien. Einst ein Freier um Helena, führte er vierzig Schiffe aus Thessalien in den Trojanischen Krieg. Er tötete Axion, einen Priamossohn, und Apisaoon, den Sohn des Phausios, wurde aber von Paris mit einem Pfeil am Bein getroffen. Als er in das Lager zurückhumpelte, begegnete er Patroklos, der bei Nestor Neuigkeiten über den Kampf für Achilleus eingeholt hatte. Durch die Verwundung Machaons stand kein Arzt zur Verfügung, und so kümmerte sich Patroklos um Eurypylos' Wunden.

Er war einer der im Trojanischen Pferd versteckten Griechen. Bei der Plünderung der Stadt entdeckte er dann eine Lade, die Aeneas oder Kassandra zurückgelassen hatten, weil sie jedem Griechen, der sie fand, zum Verderben gereichte. Eurypylos öffnete die Lade und entdeckte ein altes Holzbildnis des Dionysos, das Hephaistos, der Gott des Feuers und der Künste, geschaffen, und Zeus dem Dardanos übergeben hatte; es war von so großer Heiligkeit, daß es Eurypylos wahnsinnig machte. Das Delphische Orakel verhieß ihm Heilung, wenn er das Bildnis an einen Ort bringen würde, wo man ein ungewöhnliches Opfer vollzog. Eurypylos kam nach Patrai in Achaia und fand die Menschen damit beschäftigt, der Todesgöttin Artemis eine Jungfrau und einen Jüngling zu opfern: es war das vom Orakel gemeinte Opfer, und Eurypylos enthüllte das Dionysosbildnis. Da erkannten alle, daß sich auch für sie jetzt ein Orakel erfüllte, das ihnen geboten hatte, die Menschenopfer aufzugeben, sobald ein fremder König mit einem fremden Gott käme. Eurypylos war geheilt, und die Paträer nahmen den Dionysoskult an.

Eurypylos 4, Sohn des Poseidon durch Astypalaia; König über die Meroper auf der Insel Kos. Nachdem Herakles Troja geplündert hatte und sich auf der Heimfahrt befand, sandte Hera in ihrem Zorn einen schweren Sturm, der ihn mit seiner Flotte an die Küste von Kos verschlug. Die Meroper hielten die Griechen für Seeräuber und wollten sie vertreiben, doch nahm Herakles zu nächtlicher Stunde die Stadt ein und tötete Eurypylos; er selber wurde dabei durch Chalkodon verwundet.

Eurysakes, Sohn des Aias 1 und der Tekmessa; König von Salamis.

Eurysthenes, Sohn des Aristodemos und Zwillingsbruder des Prokles. Die beiden teilten sich in die Herrschaft über Sparta und errichteten damit das Doppelkönigtum.

Eurystheus, Sohn des Sthenelos und der Nikippe; König über die Argolis samt Mykene und Tiryns. Er war der erbittertste Feind des Herakles, der während der Ausführung seiner zwölf Arbeiten bei ihm als Knecht diente. Als nämlich Herakles, der hervorragende sterbliche Sohn des Zeus, durch Alkmene geboren werden sollte, beschloß Hera, das Kind um die ihm zustehende Herrschaft über die Argolis zu bringen, – denn sie war eifersüchtig, weil sie an der Erschaffung des größten aller Helden keinen Anteil hatte. Zeus verriet das Geheimnis von der bevorstehenden Geburt des Herakles, denn er prahlte vor den Göttern, es werde »heute ein Mann aus dem Geschlecht des Zeus geboren, der über alle in seinem Umkreis herrschen wird«. Nun war zufällig Sthenelos' Gemahlin Nikippe zu dieser Zeit im siebten Monat schwanger, und da Sthenelos ein Abkömmling des Perseus war, hätte der Ausspruch ebenso gut auf seinen Sohn zutreffen können. Und nachdem Amphitryon versehentlich den früheren mykenischen König, Sthenelos' Bruder Elektryon, getötet hatte, gehörte Sthenelos der Thron. So beschleunigte Hera mit Hilfe der Göttin der Geburt, Eileithyias, die Geburt des Eurystheus und hielt Alkmenes Entbindung so lange zurück, bis sie schließlich von der Magd Galanthis überlistet wurde; da war es aber schon zu spät für Herakles, um die Weissagung zu erfüllen.

So erbte Eurystheus die Argolis, und als He-

Eurystheus verkriecht sich in einem Bronzekrug, als Herakles mit dem Höllenhund Kerberos ankommt (Wasserkrug aus Etrurien, 6. Jh. v. Chr.; Paris, Louvre)

rakles in einem Anfall von Wahnsinn seine Frau Megara und ihre Kinder tötete, befahl ihm das Delphische Orakel als Buße die Knechtschaft bei Eurystheus und zehn (oder zwölf) schwere Arbeitsleistungen. Eifersüchtig auf Herakles' Kraft und Stärke und sein Anrecht auf den Thron der Argolis, bürdete Eurystheus ihm so ungeheuer schwierige Aufgaben auf, daß nur ein wahrer Sohn und Günstling des Zeus sie erfüllen konnte. Eurystheus selber dagegen zeigte nichts als Feigheit: als ihm Herakles das Fell des Nemeischen Löwen brachte, verkroch er sich in einem großen Bronzekrug. Danach verbot er Herakles, seine Stadt zu betreten (ob es Tiryns oder Mykene war, ist ungewiß), und ließ ihm durch seinen Onkel und Herold Kopreus Botschaften übermitteln. (In den ›Herakliden‹ des Euripides wird mehr seine Grausamkeit als seine Feigheit gezeigt.)
Nachdem Herakles zum Olymp entrückt war, verfolgte Eurystheus seine Kinder. König Keyx von Trachis versagte ihnen seinen Schutz, weil Eurystheus ihn überfiel und ihm befahl, sie herauszugeben; so flohen sie nach Attika. Hier wies ihnen der Theseussohn Demophon eine Wohnstätte in Marathon an und focht eine siegreiche Schlacht gegen Eurystheus. Als dieser dann aus Attika flüchtete, tötete Herakles' Sohn Hyllos seine Verfolger an den Skironischen Felsen am Isthmos von Korinth. Nach einer anderen Überlieferung wurde Eurystheus lebend gefangengenommen, aber auf Alkmenes Geheiß, und trotz des Einspruchs der athenischen Bevölkerung getötet. Weil sie ihn verschonen wollten, gelobte Eurystheus den Athenern, sein Körper würde ihr Land vor Eindringlingen schützen; deshalb begruben sie ihn an ihren Grenzen.

Eurytion 1, ein Kentaur, der den Aufruhr bei der Hochzeit von Peirithoos und Hippodameia anführte. Später vergriff er sich an Mnesimache, der Tochter des Königs Dexamenos von Olenos, und wurde von Herakles, der zu Gast war, erschlagen; siehe Kentauren.

Eurytion 2, Hirte des Ungeheuers Geryon; siehe Herakles.

Eurytion 3, Sohn des Aktor und der Demonassa, oder des Aktorsohnes Iros; König von Phthia. Als Peleus nach dem Mord an seinem Bruder Phokos Zuflucht suchte, reinigte ihn Aktor (oder vielleicht auch Eurytion) von der Blutschuld, verheiratete ihn mit seiner Tochter Antigone und gab ihm ein Drittel seines Reiches. Eurytion war mit Peleus auf der ›Argo‹ und nahm später auch mit ihm an der Jagd auf den Kalydonischen Eber teil. Dort tötete jedoch Peleus durch einen wilden Speerwurf versehentlich Eurytion und traute sich nicht mehr nach Phthia zurück. Als man Antigone fälschlich berichtete, Peleus habe die Absicht, eine andere Frau zu heiraten, die Akastostochter Sterope, gab sie sich den Tod. Nach einjährigem Exil kehrte Peleus nach Phthia zurück und übernahm, da Eurytion ohne Sohn gestorben war, dessen Reich; siehe Iros 2.

Eurytos 1, König von Oichalia (wahrscheinlich in Thessalien) und Vater des Iphitos. Eurytos veranstaltete einen Wettbewerb im Bogenschießen und bot demjenigen seine Tochter Iole zur Frau, der ihn und seinen Sohn Iphitos besiegen könne. Herakles gewann, doch verweigerte Eurytos ihm die Belohnung, da Herakles damals schon seine Kinder von Megara und möglicherweise auch Megara selbst umgebracht hatte. Wutschnaubend verließ Herakles Oichalia; gleichzeitig verschwanden mehrere Stuten aus Eurytos' Ställen. Später kam Eurytos durch Apollon um, den er zu einem Bogenwettschießen herauszufordern gewagt hatte. Sein Sohn Iphitos (der bei Homer zur Zeit von Eurytos' Tod noch lebte) machte sich auf die Suche nach den Pferden. Nach dieser Darstellung erbte er seines Vaters großen Bogen, schenkte ihn aber Odysseus, als er bei seiner Pferdesuche durch Sparta kam. Danach wandte er sich nach Tiryns und wurde von Herakles getötet, der die Stuten behielt.

Nach einer anderen Version lebte Eurytos zur Zeit des Todes von Iphitos noch. Iphitos war nach Tiryns gegangen, Herakles um Hilfe bei der Pferdesuche zu bitten; denn entgegen der Meinung seines Vaters hielt Iphitos den Helden für unschuldig. Herakles brachte Iphitos um, entweder aus Zorn über seinen Vorwitz oder in einem Anfall von Wahnsinn; später ermordete er noch Eurytos und entführte Iole – was ihm zum Untergang gereichte, denn nun sandte ihm seine Gemahlin Deianeira jenes Gewand, das in das Blut des Nessos getaucht war und ihn verbrannte. Dem Deioneus, einem anderen Sohn des Eurytos, gab Theseus die Sinistochter Perigune zur Frau.

Eurytos 2 siehe Giganten.

Eurytos 3, einer der Molionen.

Euterpe siehe Musen.

Euthymus, Sohn des Flußgottes Ceacinus an der Südspitze Italiens. Er soll ein berühmter Faustkämpfer gewesen sein, der sich bei den Olympischen Spielen sehr hervortat. Wieder in Italien, siedelte er sich in Temesa an. Dort entdeckte er, daß es bei den Bewohnern Brauch war, alljährlich das schönste Mädchen dem Geist von Odysseus' Gefährten Polites zu opfern, der an dieser Stelle gesteinigt worden war, weil er ein temesisches Mädchen vergewaltigt hatte. Seinen Geist nannten sie »den Helden«; das Orakel von Delphi hatte diese Zeremonie als notwendig bezeichnet, um seine Feindschaft abzuwenden. Euthymus verliebte sich in das als nächstes Opfer vorgesehene Mädchen, legte seine Rüstung an und trieb den Geist für immer ins Meer hinab. Dann nahm er das Mädchen zur Frau.

Das Trojanische Pferd (Emailmalerei aus Limoges, 1. Hälfte 16. Jh.; Paris, Louvre)

F

Fabula oder Faula, Acca Larentia, das Weib des Faustulus – des Hirten, der Romulus und Remus bei der Wölfin entdeckte und sie aufzog – wurde, dank der Verbindung zu diesem Tier, oft auch *lupa* genannt, im Lateinischen doppeldeutig »Wölfin«, aber auch »Hure«. Acca wurde daher, mit einem anderen Wort für Hure, Faula genannt, was wiederum mitunter zu »Fabula« wurde, wörtlich »Geschichte, Erzählung«.
Es gab noch einen anderen Bericht über Fabula: Sie soll eine Dirne gewesen sein, die Hercules dem Wächter seines Tempels beim Würfelspiel abgewann, als er zur Zeit Euanders auf dem Boden Roms weilte. Hercules spielte mit dem Mann um ein kostenloses Nachtmahl und einen Bettgenossen und gewann; daraufhin brachte ihm der Tempelwächter Fabula. Später heiratete sie einen gewissen Tarutius; doch hatte sie durch die Prostitution so viel verdient, daß sie dem Volk von Rom ein großes Grundstück überlassen konnte.
Falernus siehe Liber.
Fatae (griech. *moirai,* lat. *parcae* oder »Schicksalsgöttinnen«). Sie wurden meist als drei weibliche Gottheiten aufgefaßt, die eher über das Schicksal wachten als es zu bestimmen.
In der Geschichte von der Geburt des Meleagros scheinen die Schicksalsgöttinnen jedoch eine entscheidende Rolle zu spielen, und so geht aus dieser Sage hervor, daß es ursprünglich ihre Aufgabe war, die Geburt der Menschen zu beaufsichtigen und ihnen ihr Lebenslos zuzuteilen. *Parcae* bedeutet: die das Kind zur Welt bringen, und *moirai:* die Zurechtschneidenden oder die Zumessenden. Sieben Tage nach Meleagros' Geburt erschienen die Schicksalsgöttinnen vor seiner Mutter und verkündeten ihr, daß er sterben werde, sobald ein im Kamin schwelendes Holzscheit zu Asche verbrannt sei. Sie holte es heraus und löschte es; sie verwahrte es so lange, bis Meleagros ihre Brüder umbrachte; da legte sie es wieder in das Feuer, und Meleagros starb. Nach Hesiod gab es drei Schicksalsgöttinnen: Klotho (die Spinnerin), Lachesis (die Loswerferin) und Atropos (die Unabwendbare); alle drei waren Töchter der Nyx (Nacht). Er bezeichnet sie aber auch als Töchter des Zeus und der Themis (deren Name »Ordnung« bedeutet). Auf diese Weise veranschaulicht der griechische Dichter dic Zweideutigkeit ihres Ranges: waren sie dem Zeus untertan, oder Zeus ihnen? Konnten die Götter das von ihnen Verhängte wenden? Nach vielen klassischen Autoren stehen sie über den Göttern, und sowohl Homer wie Vergil schildern Zeus, wie er eine im Gleichgewicht befindliche Waage hält und erforscht, was das Verhängnis beschlossen hat, indem er das jeweilige Los der Helden in die Waagschale wirft und zusieht, wie die Waage sich neigt oder hebt. Danach erscheint Zeus eher der Vollzieher des Geschickes als dessen treibende Kraft zu sein. So weiß Zeus z.B., daß es seinem Sohne Sarpedon bestimmt ist, von der Hand des Patroklos zu sterben, und doch kann oder will er das Schicksal nicht wenden, selbst nicht für einen, den er so sehr liebt. Es ist ihm deshalb nur möglich dafür zu sorgen, daß Sarpedon in seiner lykischen Heimat ein vornehmes Begräbnis bekommt. Auch Aischylos läßt in seinem Drama ›Der gefesselte Prometheus‹ erkennen, daß Zeus den Verordnungen des Geschicks unterworfen ist.
Eine spätere griechische Überlieferung stellte sich aufgrund von Klothos Namen (= Spinnerin) die Schicksalsgöttinnen als drei das Menschenschicksal spinnende alte Frauen vor: die eine flocht den Faden, die zweite maß ihn, die dritte schnitt ihn ab. In der Mythologie spielten die Schicksalsgöttinnen eine geringe Rolle. Sie standen Zeus gegen die Giganten (von denen sie Agrios und Thoas mit Keulen erschlugen) und gegen Typhon, das vielköpfige Ungeheuer, bei, dem sie, als er schon unter Zeus' Macht stand, wahrheitswidrig den Genuß von Menschenfleisch zu seiner Stärkung anrieten. Apollon dagegen überlistete die Schicksalsgöttinnen zugunsten seines Freundes Admetos, indem er sie betrunken machte, so daß sie Admetos über die zugemessene Zeitspanne leben ließen, wenn jemand an seiner Stelle zum Sterben bereit sei.
Faula siehe Fabula.
Faunus, ländlicher Gott der Italer, seinerzeit mit dem griechischen Pan identifiziert. Er besaß prophetische Gaben. Nach römischem Glauben drang seine Stimme eines Nachts nach einer Schlacht gegen die Etrusker aus dem Arsischen Wald und verkündete, die Etrusker hätten einen Gefallenen mehr als die Römer. Die Römer glaubten die Schlacht ge-

Faustulus mit der Wölfin, Romulus und Remus (römische Silbermünze, 2. Jh. v. Chr.; London, Britisches Museum)

wonnen zu haben und warfen sich daher in der folgenden Nacht mit neuen Kräften gegen den Feind und vernichteten ihn.

Als Gott hielt man Faunus für den Sohn des Picus und Enkel des Saturn. Manchmal galt er als gleichbedeutend mit dem arkadischen Griechen Euander, der sich auf dem Boden Roms angesiedelt hatte, bevor Aeneas kam. Pan war der Gott Arkadiens, und in dem Namen Euander (der gute Mann) erblickte man vielleicht eine ähnliche Bedeutung wie in Faunus, was (sehr fragwürdig) »günstig« oder »freundlich« bedeutete. Faunus dachte man sich gelegentlich auch als Sterblichen: er soll ein Nachkomme des Mars gewesen sein, der über ein Reich am Tiber regierte, und soll Euander, den Arkadier, bei seiner Ankunft in Italien willkommen geheißen und ihm Land auf dem Boden des künftigen Rom gegeben haben. Faunus heiratete angeblich eine Wassernymphe, Marica, und wurde der Vater des Latinus, des Latinerkönigs zur Zeit der Ankunft des Aeneas, der später seine Tochter Lavinia heiratete. Eine andere Sage brachte Faunus mit dem Waldgott Picus und mit Egeria in Verbindung, jener Wassernymphe, die Numa Pompilius, der legendäre zweite König Roms, liebte. Egeria war sehr klug und ließ Numa an ihrer Weisheit teilhaben; sie riet ihm, an der Quelle, wo Faunus und Picus gewöhnlich tranken, Wein aufzustellen. So wurde er ihrer habhaft und zwang sie, ihm zu sagen, wie er den Gott Jupiter herbeirufen könnte. Jupiter erschien, und Numa fragte ihn, wie sein Donnerkeil abzuwenden sei, und ließ sich außerdem noch sagen, was alles zu einem entsprechenden Opfer gehörte: eine Knoblauchzehe, Menschenhaar und ein lebender Fisch. Mit diesen Dingen umging der schlaue Numa Jupiters ursprüngliche Forderung nach einem Menschenhaupt und der Opferung eines lebenden Mannes. Faunus galt auch als Gatte oder Vater der Bona Dea, die man außerdem als Fauna kannte.

Faustulus, Hirte, der die Säuglinge Romulus und Remus im Lager der Wölfin fand, wo sie von ihrem Großonkel Amulius, dem König von Alba Longa, ausgesetzt worden waren. Der Name ist eine Verkleinerungsform zu dem Eigenschaftswort *faustus,* glücklich, gnädig, vielleicht eine Nebenform oder ein Synonym zum Namen Faunus (in der Art wie Euander). Er zog die Zwillinge auf, deren königliche Abkunft er ahnte, und hob auch die Wiege auf, in der die königlichen Bediensteten sie in den Tiber geworfen hatten; das erlaubte später ihrem Großvater Numitor, die beiden wiederzuerkennen.

Furien (griech.: Erinyes, lat.: Furiae). Die Furien sind weibliche Rachegeister und verkörpern sehr alte Vergeltungsgedanken. Nach herkömmlichem Glauben waren sie aus dem Blute des Uranos entstanden, das auf Gaia, die Erde, floß, als Kronos ihn entmannte; es handelt sich also um chthonische (Erd-) Gottheiten. Nach einer anderen Darstellung wurden sie von Nyx (der Nacht) geboren. Ihre Zahl blieb im allgemeinen unbestimmt, doch unterschied Vergil, wahrscheinlich nach einer alexandrinischen Quelle, drei Furien: Alekto, Megaira und Tisiphone (»die nie Endende«, »die Neidische«, »die Mordrächende«). In einem weiteren Sinne sorgten die Furien für die Rechtmäßigkeit der Dinge innerhalb der eingerichteten Ordnung. So brachten sie in der ›Ilias‹ das Pferd Xanthos zum Schweigen; und der Philosoph Heraklit erklärte, wenn es der Sonne einfiele, ihren Lauf zu ändern, so würden die Furien sie daran hindern. Meistens verstand man sie jedoch als Verfolgerinnen solcher Männer und Frauen, die gegen naturgegebene Gesetze verstießen, besonders gegen jene, die Familienbande zerstört hatten, etwa durch Vatermord, Brudermord oder Verwandtenmord. In frühen Zeiten glaubte man, daß der Mensch weder das Vermögen noch auch das Recht habe, so entsetzliche Taten zu rächen, und überließ dies den Furien des Getöteten, die den Frevler verfolgten und Vergeltung übten. Die Nemesis wurde ähnlich aufgefaßt, und ihre Funktion überschneidet sich mit der der Furien; auch sie sorgte dafür, daß schließlich Rache genommen wurde.

In den ›Eumeniden‹ des Aischylos – der dritten Tragödie seiner ›Orestie‹, der Trilogie über den Tod Agamemnons und der Rache seiner Kinder – suchten die Furien Orestes heim, der seine Mutter Klytämnestra ermordete, weil sie seinen Vater Agamemnon getötet hatte. In dieser Tragödie, die angeblich bei der ersten Aufführung echtes Entsetzen unter den Zuschauern auslöste, sind die Furien ein Teil des Chores. Aus bildlichen Darstellungen kann man schließen, daß sie mit Peitschen und Fackeln und vielleicht auch mit Schlangen im Haar auftraten. Nur Orestes' Tat selbst interessierte die Furien, nicht aber deren Berechtigung oder etwaige Milderungsgründe. Selbst Apollon mußte sich mit ihrer unversöhnlichen Rache auseinandersetzen, obwohl er den Mord an Klytämnestra gebilligt und Orestes Schutz in seinem höchsten Heiligtum in Delphi gewährt hatte. Die Furien aber, heißt es bei Aischylos, verfolgten ihn sogar dort noch und ließen nicht von ihm ab, bis die Götter sie überredeten, den Spruch des Areopag, des alten athenischen Gerichtshofs, abzuwarten. Dort griff Athene als Patronin der Stadt ein und sorgte für Stimmengleichheit, womit Orestes freigesprochen war unter der Bedingung, daß er aus dem Land der Taurer ein heiliges Artemisbildnis hole; die Furien aber wurden als Eumeniden (Wohlgesinnte) oder als Semnai Theai (ehrwürdige Göttinnen) in Athen willkommen geheißen.

Die Furien suchten auch Alkmeon heim, einen anderen Muttermörder. Wie Orestes, hatte auch er Apollons Billigung, seinen Vater zu rächen; er wurde aber dennoch von den Furien durch ganz Griechenland gejagt, bis er Zuflucht in einem Land fand, das zur Zeit des Todes seiner Mutter noch nicht existiert hatte; und so entkam er seinen Verfolgerinnen.

Die Furien bewirkten bei ihren Opfern Wahnsinn; daher ihr lateinischer Name (von *furor*). Was immer der griechische Name Erinyes bedeutet haben mag – die Ableitung ist unsicher –, die Griechen zögerten, den Ausdruck offen zu verwenden, und die Athener bedienten sich lieber der oben genannten Euphemismen, um das böse Omen des Wortes abzuwenden. In Arkadien gab es einen Ort, an dem sich zwei Erinnyen-Schreine befanden. An dem einen waren sie als Maniai, »Sendboten des Wahnsinns«, bekannt; hier waren sie, in schwarze Gewänder gehüllt, zuerst über Orestes hergefallen. In der Nähe befand sich – nach dem griechischen Schriftsteller Pausanias (2. Jh. n. Chr.) – ein weiterer Schrein, wo sie die Grazien (Charites, »Geister der Vergebung«, Charitinnen, Göttinnen der Anmut) waren; hier hatten sie, in weißen Gewändern, Orestes nach seiner Rettung gesegnet. Er brachte den Maniai ein Sündenopfer und den Charitinnen ein Dankopfer dar.

Den natürlichen Wohnsitz der Furien dachte man sich oft im Tartaros – der griechischen Hölle –, wo sie die ewig Verdammten mit unaufhörlicher Pein bedachten, sofern sie nicht auf Erden weilten, um lebende Sünder zu strafen. Diese Auffassung stimmte gut zu den Geschichten über ihre Geburt aus Erde oder Nacht. Nach einer anderen Überlieferung glaubte man, sie seien dem Hadesgott Tartaros und der Göttin der Unterwelt, Persephone, entsprungen, von welcher sie ihre Doppelnatur hatten: schrecklich und wohlwollend.

Eine der Furien entsteigt der Erde, um Agrios, den Thronräuber, zu bestrafen (rotfigurige Vase; London, Britisches Museum)

G

Gaia oder **Ge** (lat. *terra* oder *tellus*), die Erde. Nach der ›Theogonie‹ des Hesiod war sie das erste Wesen, das dem Urchaos entsprang, zusammen mit Tartaros (Unterwelt), Nyx (Nacht), Erebos (Finsternis) und Eros, dem Geist der zeugenden Liebe. Aus Gaia entsprangen Uranos (Himmel), Pontos (Meer) und die Gebirge. Dann vereinigte sich Uranos mit seiner Mutter und erzeugte die Titanen und Titaninnen, einschließlich Kronos und Rhea, den Eltern des Zeus, und seiner fünf Geschwister; ferner Okeanos und Tethys, die Gottheiten des großen Stromes, der sich um den Erdkreis schlingt. Uranos und Gaia brachten auch die drei Urkyklopen Brontes, Steropes und Arges hervor, außerdem die hundertarmigen Riesen Kottos, Briareos und Gyes; Nyx und Erebos gebaren Hemera (Tag) und Aither (obere Atmosphäre).

Uranos haßte die monströsen Kyklopen und die Hundertarmigen, wollte sie nicht das Licht der Welt erblicken lassen und stieß sie wieder in den Mutterleib zurück, so daß sich Gaias Körper vor Schmerzen krümmte. Wütend auf ihren tyrannischen Gatten, gab sie ihrem Sohn Kronos eine Sichel aus Feuerstein, mit der er seinen Vater entmannen sollte, wenn er ihr das nächste Mal beilag. Kronos gehorchte und warf die abgetrennten Geschlechtsteile weit ins Meer hinaus. Aus den Blutstropfen, die zu Boden fielen, entsprangen die Erinnyen (Furien), die Giganten (nicht zu verwechseln mit den hundertarmigen Riesen; siehe Giganten) sowie die Meliai (die Nymphen der Eschen). Das Glied selbst jedoch trieb im Meer und landete endlich im cyprischen Paphos – oder auf der Insel Kythera bei Lakonien –, wo aus dem Schaum, der sich gebildet hatte, die Liebesgöttin Aphrodite emporstieg.

Kronos erwies sich aber als ein ebensolcher Tyrann der Familie wie vor ihm sein Vater Uranos; seine Brüder – die Kyklopen und die Hundertarmigen – warf er in den Tartaros, und seine Kinder von Rhea verschlang er, sobald sie zum Vorschein kamen. Er tat das wegen einer Weissagung von Uranos und Gaia, eines seiner Kinder werde ihn stürzen. Gaia war aber Rhea behilflich, ihr letztes Kind, Zeus, zu retten. Als Kronos es verschlingen wollte, gab sie ihm einen großen Stein statt des Kindes und verbarg dann Zeus in einer Höhle auf Kreta, wo er aufwuchs. Als Zeus ins Mannesalter kam, schickte er sich zum Aufstand gegen seinen Vater Kronos sowie einige zu ihm haltende Titanen an. Außerdem verabreichte Rhea, oder Metis, dem Kronos ein Brechmittel, so daß er seine übrigen Kinder wieder ausspie: die Götter Poseidon und Hades und die Göttinnen Demeter, Hestia und Hera. Zeus befreite die im Tartaros gefangenen Kyklopen und Hundertarmigen und bewaffnete sie mit Donnerkeilen. Dann kam es zwischen beiden Parteien zu einem zehn Jahre währenden Krieg. Als Zeus schließlich siegte, verbannte er die gegnerischen Titanen samt seinem Vater in die Tiefen des Tartaros. Damit beleidigte er aber Gaia, die die Einkerkerung der Titanen anmaßend fand. Sie vereinigte sich mit Tartaros und gebar das Ungeheuer Typhon als Kämpfer für sich; dann stachelte sie die von Eurymedon, Alkyoneus und Porphyrion geführten Giganten gegen Zeus an; dieser Krieg ist als Gigantomachie bekannt. Gaia ließ ein Kraut wachsen, von dessen Saft die Giganten unsterblich und unbesiegbar geworden wären; Zeus aber ließ Dunkelheit über alles fallen, entdeckte selbst die Pflaze und brach sie ab. Dann gelang es ihm unter großen Schwierigkeiten und mit Hilfe befreundeter Götter und Göttinnen, seine Feinde zu vernichten und sie in jene Tiefen zu sperren, von wo sie gekommen waren.

Doch erwies Gaia dem Zeus auch einen Dienst. Als er seine erste Frau Metis heiratete, warnte sie ihn und sagte, ein Sohn aus dieser Verbindung würde ihn als den Obersten der Götter stürzen; worauf er Metis verschlang, um später aus seinem Haupt Athene zu entlassen. Gaia war auch bei der Hochzeit von Zeus und Hera; sie schenkte Hera jene goldenen Äpfel, die die Hesperiden bewachten.

Gaia war eng verbunden mit Orakeln und Weissagungen. Nach einer Überlieferung war sie es, die das Orakelheiligtum zu Delphi stiftete, das ursprünglich ihrer Anbetung diente. Sie überließ es der Themis; Themis trat ihre Rechte an die Titanin Phoibe ab, und diese wiederum schenkte das Orakel Apollon. Der Erddrache Python gehörte der Gaia, und als Apollon ihn tötete, mußte er den Mord wiedergutmachen, indem er die Pythischen Spiele stiftete und die Pythische Priesterin zur Aufsicht über das Orakel einsetzte. Gaia war Zeugin von Schwüren, deren viele in ihrem Namen

Gaia bringt Erichthonios hervor und übergibt ihn Athene, links Hera und Zeus (rotfigurige Vase, 5. Jh. v. Chr.; London, Britisches Museum)

getan wurden; sie bestrafte Eidbrecher und ließ sich an ihnen durch die Erinnyen (Furien) rächen.

Gaia lag auch bei ihrem Sohn Pontos und gebar eine Reihe von Meergottheiten: Nereus (den Vater der Nereïden, einschließlich Thetis), Thaumas, Phorkys, Keto und Eurybia. Sie brachte außerdem noch viele andere Kinder zur Welt, auch einige Monstren: Echidna aus einer Verbindung mit Tartaros, Erichthonios aus dem Samen des Hephaistos und (nach einigen Berichten) Triptolemos aus dem Okeanos. Sie erzeugte jenen Skorpion, der den Riesenjäger Orion erstach, als er alles Wild auf Erden zu vernichten drohte. Gaia hatte in Griechenland einen ausgedehnten Kult (ihrem Gatten Uranos dagegen huldigte man nicht).

Galanthis, junge Sklavin der Alkmene. Sie überlistete Eileithyia, die die Geburt des Herakles dadurch zu verhindern suchte, daß sie sich mit gekreuzten Beinen und Fingern vor Alkmenes Schlafzimmer niederließ. Nach siebentägigem Warten aber lief Galanthis aus dem Zimmer Alkmenes und rief: »Gratuliert meiner Herrin, sie ist eines Knäbleins genesen!« Daraufhin eilte die erstaunte Eileithyia, die vor der Tür gesessen hatte, in das Zimmer und gab damit die verflochtene Stellung auf, mit der sie die Geburt blockiert hatte. Die Geburt des Helden konnte sie nun zwar nicht mehr verhindern, doch verwandelte sie Galanthis in ein Wiesel (griech. *gale*).

Galatea, Tochter des Nereus und der Doris. Ihr Name bedeutet »weiß wie Milch«. Sie lebte im Meer vor den Küsten Siziliens, wo der Kyklop Polyphemos seine Ziegen und Schafe weidete. Er entbrannte in Liebe zu ihr und stellte ihr nach, doch zog Galatea einen jungen Hirten namens Akis vor, einen Sohn des Pan und der Nymphe Symaethis. Die Annäherungsversuche des Polyphemos verachtete sie, abgeschreckt von seinem garstigen Aussehen. Polyphemos war ungeheuer eifersüchtig auf Akis, doch machte sich das junge Paar über seine grotesken Serenaden nur lustig. Eines Tages überraschte er die beiden schlafend im Ufergras, weckte sie auf und verfolgte Akis; er hob einen schweren Felsbrocken auf und zerschmetterte ihn damit. Die untröstliche Galatea ließ unter dem Felsen eine Quelle entspringen und machte Akis zum Gott des Stromes. In einer anderen Überlieferung gab es keinen Akis, sondern Polyphemos gewann die Nymphe schließlich durch seinen Gesang und sein Flötenspiel für sich.

Ganymedes, Sohn des Tros, des Gründers von

Polyphem verfolgt Galatea (nach einer Wandmalerei im Hause der Livia auf dem Palatin in Rom; Paris, Ecole des Beaux Arts)

Troja, oder von Laomedon, dem Vater des trojanischen Königs Priamos. Als Jüngling von großer Schönheit, wurde er – nach Homer – von den Göttern entführt, um unter ihnen zu leben und Zeus als Mundschenk zu dienen. Nach späteren Darstellungen war Zeus der alleinige Entführer des Ganymedes, der entweder von einem Wirbelwind oder von einem der Adler des Zeus oder von Zeus selbst in Gestalt eines Adlers davongetragen wurde. Dann sandte Zeus Hermes zu dem Vater des Jünglings und ließ ihm die Ehre verkünden, die seinem Sohn widerfahren war; als Entschädigung schenkte er dem Vater zwei unsterbliche Stuten – von denen das königliche Gestüt Trojas stammte – und eine von Hephaistos geschaffene goldene Weinrebe. Zeus wurde der Liebhaber des Ganymedes und erhob ihn als Sternbild Wassermann an den Himmel, mit dem Adler (Sternbild Aquila) an seiner Seite.

Garamas siehe Amphithemis.

Gebete (Litai) wurden gelegentlich als Töchter des Zeus personifiziert, die die Bitten der Sterblichen zu ihrem Vater trugen; siehe Ate.

Gelonos siehe Herakles (zehnte Arbeit).

Geryon oder **Geryones** oder **Geryoneus,** Sohn des Chrysaor und der Okeanide Kallirhoë. Er war ein dreiköpfiges, ja dreileibiges Ungeheuer und lebte im westlichen Ozean weit hinter den Säulen des Herakles, auf einer Insel namens Erytheia (Rotland). Seine großen Viehherden bewachten ein Hirte namens Eurytion und dessen zweiköpfiger Hund Orthos (der Zuverlässige) oder Orthros (der Schnelle), erzeugt von den Monstren Echidna und Typhon. Herakles' zehnte Arbeit für Eurystheus bestand darin, Geryons Herde zu stehlen und nach Mykene zu treiben. Herakles segelte auf den Weltstrom in einer goldenen Schale hinaus, die ihm Okeanos oder Helios, von seinen vergifteten Pfeilen bedroht, überlassen hatte. Er segelte nach Westen und landete endlich auf Geryons Insel, wo er einen Berg bestieg. Orthos stellte ihn, doch Herakles erschlug den Hund und auch seinen Herrn Eurytion. Während er schon das Vieh davontrieb, erblickte ihn der Hirte des Hades, Menoites, der sogleich Geryon verständigte; der verfolgte Herakles noch bis zum Fluß Anthemos; dort wurde er von dem Helden niedergeschossen.

Gesäte oder **Spartoi,** jene fünf Krieger, die in Theben der Drachensaat des Kadmos entsprangen und den anschließenden Kampf überlebten. Ihre Namen waren: Echion (»Schlange«), Vater des Pentheus; Udaios (»aus dem Grund«); Chthonios (»aus der Erde«); Hyperenor (»Übermensch«) und Peloros (»Riese«). Sie schlossen Frieden mit Kadmos, akzeptierten seine Herrschaft als thebanischer König und wurden die Stammväter des thebanischen Adels.

Giganten, auch **Gegeneis** (die Erdgeborenen) genannt. Die Giganten, die von menschlicher Gestalt waren, deren Beine oder Füße aber in Schlangenleiber ausliefen, waren aus dem Blut des Uranos entsprungen, das aus seinem durch Kronos verstümmelten Geschlechtsteil auf Gaia (die Erde) floß; außer den Giganten entstanden auch noch die Erinnyen (Furien) und die Meliai (Nymphen der Eschen). (Über die drei Hundertarmigen, die ebenfalls aus Uranos und Gaia entsprungen waren, siehe Ende dieses Abschnitts.) Als Zeus Gaia beleidigte, weil er die Titanen in den Tartaros sperrte, hetzte sie ihre Söhne, die Giganten, zum Krieg (Gigantomachie) gegen die Götter auf. Der Angriff soll lange Zeit nach der ihn auslösenden Beleidigung stattgefunden haben – Gaias Gedächtnis war gut und ihre Geduld unendlich –; aber Zeus hatte die Attacke erwartet. Gegen den Tod von Götterhand waren die Giganten gefeit, und so wußte Zeus, daß die Götter ohne die Hilfe eines Sterblichen nichts ausrichten konnten. Deshalb wappnete er sich selbst dadurch, daß er einer sterblichen Frau einen großen und schwer geprüften Helden zum Sohne schenkte – Herakles. Da ließ Gaia ein Kraut wachsen, das die Giganten unsterblich und unbesiegbar durch Menschenhand gemacht hätte. Zeus untersagte der Sonne (Helios), dem Mond (Selene) und der Morgenröte (Eos), wie gewöhnlich zu scheinen, ehe er nicht das Kraut gefunden und entfernt hatte. Der Kampf fand an einem Ort namens Phlegra (brennende Lande), dem Wohnsitz der Giganten, statt; man bezeichnete den Ort auch mit Pallene (in Thrakien) oder anderen vulkanischen Gebieten. Geführt von Eurymedon und mit Alkyoneus und Porphyrion als ihren tapfersten Kämpen, rückten die Giganten gegen die versammelten Götter vor, warfen Felsbrocken und Bergkuppen nach ihnen und schwangen Fackeln aus großen Eichenstämmen. Herakles griff Alkyoneus an, schoß mit einem vergifteten Pfeil auf ihn und zerrte ihn dann, da dieser Gigant nur in seiner Heimat Pallene unsterblich war, über die Grenzen des Reiches, wo er starb. Porphyrion vergriff sich an Hera, aber Zeus schleuderte einen Donnerkeil nach ihm, wie auch nach vielen seiner Gefährten, und Herakles machte ihn mit einem Pfeil nieder. Ephialtes, ein anderer Gigant, wurde in beiden Augen von Pfeilen getroffen – von Apollon und von Herakles. Als sein Mitgigant Enkelados vom Schlachtfeld eilte,

Ganymed und der Adler (Mosaik aus einer römischen Villa, 3. Jh. n. Chr.; Paphos auf Cypern)

warf die Göttin Athene die Insel Sizilien über ihn und begrub ihn darunter; er wurde nicht getötet, aber für immer eingekerkert, und sein Feueratem kommt noch heute beim Ätna heraus. Mimas ereilte ein ähnliches Geschick; Hephaistos begrub ihn unter einem Haufen geschmolzenen Metalls, und so liegt er unter dem Vulkan Vesuv. Athene fiel über den Giganten Pallas her und zog ihm seine lederne Haut ab, mit der sie ihren Brustschild überzog. Poseidon begrub Polybotes unter der Insel Kos – aus ihr wurde die neue Insel Nisyros. Hermes, der seine Tarnkappe trug, überwältigte Hippolytos; Artemis erschoß Gration mit ihren Pfeilen; Dionysos streckte mit seinem *thyrsos* (Stab) Eurytos nieder; Hekate verbrannte Klytios mit den Höllenfackeln; die Schicksalsgöttinnen aber erschlugen Agrios und Thoas mit Bronzekeulen. Zuletzt wurde jeder Gigant von Herakles niedergemacht, denn das Gift der Hydra in seinen Pfeilen, das in den Kopf der Giganten drang, war selbst für deren riesige Körper tödlich – und nur ein Sterblicher wie Herakles konnte ihnen den Todesstreich geben.

Nach anderen, weniger verbreiteten Überlieferungen über die Gigantomachie wurden die Giganten durch ungewohnte Geräusche besiegt und verjagt: durch das Iahen der von Hephaistos und den Satyrn gerittenen Esel oder den fremden Klang des Tritonshorns. Apollonios Rhodios erzählt, daß Giganten (Gegeneis) die Argonauten in Mysien überfielen und durch die Pfeile des Herakles fielen. –

Die Hundertarmigen (Hekatoncheires) Kottos, Briareos und Gyes, die Abkömmlinge des Uranos und der Gaia, waren drei riesenhafte Geschöpfe mit fünfzig Köpfen und hundert Armen. Ihr Vater stieß sie in den Schoß ihrer Mutter, der Erde, zurück. In ihrer Pein überredete Gaia Kronos, seinen Vater für diese Grausamkeit zu entmannen und ihn zu stürzen. Als jedoch Kronos an die Macht kam, kerkerte er die Hundertarmigen ebenfalls ein und sperrte sie mit seinen Brüdern, den Kyklopen, in den Tartaros, weil er ihre Macht fürchtete. Gaia zürnte erneut und tat alles, was in ihrer Macht stand, um Zeus beim Sturz des Kronos und der zu ihm haltenden Titanen zu helfen. Zeus holte sich Verstärkung für den Kampf, indem er die Kyklopen und die Hundertarmigen befreite. Weil er sie zum Sieg brauchte, gab er ihnen Nektar und Ambrosia, Speise und Trank der Unsterblichen. Nach dem Kampf schickte Zeus die Hundertarmigen in den Tartaros zurück, jedoch diesmal als Aufseher über die dort gefangengehaltenen Titanen. Sie blieben ergebene Verbündete des Zeus, und als sich die übrigen Götter gegen ihn zu erheben drohten, holte Thetis Briareos aus dem Tartaros, um ihm zu helfen.

Glauke 1, auch als Krëusa bekannt; Tochter des Königs Kreon von Korinth. Als Jason sie heiratete und sich von seiner fremdländischen

Herakles kämpft mit dem dreileibigen Geryon, am Boden der tote Eurytion (schwarzfigurige Vase, 6. Jh. v. Chr.; London, Britisches Museum)

Der Krieg zwischen Göttern und Giganten, die Gigantomachie (römisches Basrelief; Rom, Vatikanische Museen)

Frau Medea lossagte, sandte diese als Hochzeitsgeschenk ein vergiftetes Gewand, um ihrer Rivalin den Tod zu bringen. Als Glauke es anlegte, verbrannte sie, und ihr Vater Kreon, der seine sterbende Tochter im Arm hielt, kam ebenfalls um.

Glauke 2, Tochter des Königs Kychreus von Salamis; erste Gemahlin des Telamon.

Glaukos (der Graue), Name mehrerer Sagengestalten.

Glaukos 1, Meeresgott, Sohn des Anthedon und der Alkyone oder des Poseidon und der Naïs. Seine Geschichte, von Ovid erzählt, beginnt damit, daß er als Fischer in der böotischen Stadt Anthedon lebte. Eines Tages fischte er an einer Stelle, wo es ein Kraut gab, das auf magische Weise die Fische zum Leben erwecken und ins Meer zurückbringen konnte. Glaukos kostete von dem Kraut und wurde unsterblich, doch wuchsen ihm Flossen und der Schwanz eines Fisches. Okeanos und Tethys hießen ihn willkommen und er wurde unter die Meergottheiten aufgenommen, von denen er die Kunst der Weissagung erlernte.

Glaukos verliebte sich in die italische Nymphe Skylla, die ihn aber verschmähte. Daraufhin beriet er sich mit der Zauberin Kirke, die sich nun selbst heftig in ihn verliebte. Da er aber nur Augen für Skylla hatte, verwandelte Kirke sie vom Unterleib an in ein Ungeheuer mit Hundeköpfen um die Lenden. Von nun an hauste Skylla in einer unterirdischen Höhle in der Straße von Messina, von wo aus sie über vorübersegelnde Schiffe herfiel.

In der Tragödie ›Orestes‹ von Euripides ist Glaukos ein Sohn des Nereus, der Menelaos auf der Heimreise mit Rat und Tat beisteht. Auch den Argonauten war er behilflich. Man glaubte, daß er Schiffen in Seenot zu Hilfe kam.

Glaukos 2, Sohn des Sisyphos und der Merope; er erbte seines Vaters Königreich Ephyra (Korinth). Mit Hilfe Athenes gewann er Eurynome, die Tochter des Nisos von Megara. Zeus aber haßte Sisyphos und bestimmte, daß er nicht der Vater seines Sohnes sein solle. Und als ihm Bellerophon geboren wurde, zog Glaukos ihn auf, ohne zu ahnen, daß seine Frau Eurynome von Poseidon verführt worden war. Glaukos besaß auch ein paar Stuten, die er sich in Potniai in Böotien hielt und dadurch feuriger machte, daß er ihnen die Hengste verweigerte. Als er aber das Wagenrennen bei den Begräbnisspielen für Pelias verloren hatte, waren seine Stuten so wild, daß sie ihn töteten und verschlangen. Sein Geist spukte durch das Stadion der Isthmischen Spiele bei Korinth und erschreckte noch generationenlang die Pferde.

Glaukos 3, Sohn des Minos. Als kleines Kind lief er einmal hinter einer Maus her, fiel in einen großen Honigkrug und erstickte. Zu der Zeit weilte zufällig der Seher Polyeidos auf Kreta und löste eine eigenartige Aufgabe, die die Kureten (Zeuspriester) gestellt hatten: sie

Athene kämpft mit dem Giganten Enkelados (schwarzfigurige Vase; Paris, Bibliothèque Nationale)

Die Giganten werden zerschmettert (Fresko von Giulio Romano, 1499–1546; Mantua, Palazzo del Tè)

gaben bekannt, wer den passendsten Vergleich für ein wunderliches Kalb in Minos' Herden fände, der würde Glaukos entdecken und wieder zum Leben erwecken. Zu der Zeit hatte in Kreta eine Kuh gekalbt und ein Junges geworfen, das beständig die Farbe wechselte: einmal war es weiß, einmal rot, dann wieder schwarz. Polyeidos wagte den Vergleich mit der Frucht des Maulbeerbaumes, die während ihres Reifungsprozesses diese Farben annimmt. (Anderswo schrieb man die Prophetie dem Delphischen Orakel zu oder nannte als Frucht die des Heckenröschens.) Nun befahl Minos dem Polyeidos, seinen Sohn zu suchen und ihn lebend wiederzubringen. Als erstes erblickte der Seher auf der Falltür zu einem Speicher eine von Bienen geplagte Eule *(glaux)*; hieraus schloß er auf die Nähe von Glaukos' Leiche. Dann sperrte ihn Minos zusammen mit dem Leichnam in ein Gemach ein und befahl, ihn allein zu lassen. Zuerst war der Seher ratlos; doch dann kroch eine Schlange auf den Körper zu. Polyeidos tötete sie, doch zu seinem Erstaunen kam nun eine zweite und trug ein Kraut herbei, mit dem sie die erste wieder lebendig machte. Da behandelte Polyeidos den Körper des Glaukos auch mit diesem Kraut, und er kam wieder zu sich. (Nach einer anderen Überlieferung wurde Glaukos durch Asklepios erweckt.) – Nun mußte Polyeidos auf Minos' Geheiß den Glaukos in die Kunst der Weissagung einweihen; um die Erlaubnis zum Verlassen Kretas zu erhalten, willigte Polyeidos ein. An Bord seines Schiffes aber nahm er das Geschenk zurück: er ließ sich von Glaukos in den Mund speien, woraufhin der Speiende alles Gelernte gänzlich vergaß.

Glaukos 4, Sohn des Hippolochos, eines Lykiers, und mit Sarpedon zusammen Befehlshaber der mit Priamos verbündeten lykischen Streitkräfte im Trojanischen Krieg. Als er Diomedes, dem Sohn des Tydeus, gegenüberstand, entdeckten die beiden, daß ihre Familien freundschaftlich miteinander verbunden waren; Diomedes' Großvater Oineus hatte einst Bellerophon, den Vater des Hippolo-

chos, freundlich bewirtet. Sie ließen deshalb von dem tödlichen Ringen ab, zu dem sie gekommen waren, tauschten ihre Rüstungen aus und gelobten, sich in dem weiteren Krieg künftig aus dem Weg zu gehen. Glaukos überließ dem Diomedes seine goldene Rüstung für eine bronzene – eine Handlungsweise, die Homer als töricht bezeichnet.
Glaukos fiel schließlich durch Aias, den Telamonier, als beide über Achilleus' Leiche miteinander kämpften. Apollon übergab seinen Körper den Lüften, die ihn ins heimatliche Lykien trugen; er ehrte sein Grab mit einem Granitblock, aus dem dann ein Strom namens Glaukos entsprang.

Gordios, Phrygier; Vater des Königs Midas. Als er einmal pflügte, ließ sich ein Adler einen ganzen Tag lang auf dem Joch seines Pfluges nieder. Da ging Gordios nach Telmessos in Lykien, dessen Bewohner prophetische Gaben besaßen. Dort riet ihm ein Mädchen, das an einem Brunnen Wasser schöpfte, dem Zeus ein Opfer zu bringen. Er heiratete das Mädchen, und es gebar ihm Midas (nach einem anderen Bericht war die Göttin Kybele die Mutter des Kindes). Zu der Zeit waren die Phrygier uneins über ihren zukünftigen Herrscher und erhielten die Anweisung, auf einen König zu warten, der in einem Karren zum Zeustempel gefahren käme. Zufällig war es Gordios, der auf diese Art mit seiner Familie eintraf, und sie machten ihn zum König; sein Karren wurde dem Zeus geweiht. Dann wurde Midas Gordios' Nachfolger. Später glaubte man daran, daß derjenige über ganz Asien herrschen werde, der den Knoten am Joch des Karrens auflösen könnte. Diese Tat vollbrachte Alexander der Große, indem er ihn einfach durchhieb.

Gorge, Tochter des Oineus; Frau des Königs Andraimon von Kalydon.

Gorgonen, drei weibliche Wesen von furchterregendem Aussehen; Töchter des Phorkys und der Keto, die beide Meeresbewohner waren. Ihre Namen waren Stheno (Starke), Euryale (Weitspringende) und Medusa (Herrscherin, Königin). Sie hausten weit westlich an der Küste des Weltstroms. Ihre Schwestern waren die Graien (die Grauen) und nach einigen Überlieferungen auch Echidna (die Schlangenjungfrau). Mit Ausnahme der von Perseus erschlagenen Medusa waren sie unsterblich. Poseidon war der Geliebte Medusas und hatte sie in einem der Athene geweihten Tempel besessen; als Perseus sie tötete, war sie schwanger von Poseidon. Entweder aus ihren Blutstropfen oder aus ihrem enthaupteten Körper entstanden Chrysaor und Pegasos. (Der Mythologe Apollodoros aus Athen erzählt, daß sich Asklepios, der Gott der Heilkunst, des Blutes der Medusa bemächtigte und es bei seinen Patienten anwandte. Aus einer Vene kam Blut, das Tote lebendig machen konnte, während das Blut aus einer anderen tödlich wirkte.)
Über das Aussehen der Gorgonen gehen die Überlieferungen auseinander. Einerseits werden sie manchmal als schön geschildert; so soll Athene Perseus ermächtigt haben, Medusa zu töten (siehe Perseus), weil diese geprahlt hatte, sie übertreffe die Göttin an Schönheit. In der frühen Kunst werden sie dagegen mit häßlichen runden Gesichtern abgebildet; sie haben Schlangenhaar und Eberfänge, ein gräßliches Grinsen, Stupsnasen, Bärte und heraushängende Zungen, einen stieren Blick, eherne Hände, plumpen Gang und oft auch einen Stutenhintern. Der Anblick dieser Geschöpfe, zumindest der der Medusa, soll jeden Menschen versteinert haben.
Nachdem Perseus Medusa getötet hatte, überbrachte er ihr Haupt der Athene, die es in ihren Brustpanzer *(aigis)* einsetzte. Man kannte in Athen aber auch den Glauben, daß die Göttin das Haupt unter dem Marktplatz der Stadt vergrub und eine Haarlocke der Stadt Tegea zum Schutz vor Krieg schenkte. Medusas Geist wanderte, wie der anderer Sterblicher, ins Hadesreich, wo er die Schatten der Toten entsetzte.

Gorgophone, Tochter des Perseus und der Andromeda; Gemahlin des Perieres und danach des Oibalos.

Graien, drei unheimliche Schwestern der Gorgonen, Töchter des Phorkys und der Keto. Sie hießen Enyo (kriegerisch, wild), Pemphredo (launisch) und Deino (schaurig); bei einigen Berichten fehlt die letztere, so daß es nur zwei

Herakles tötet den Giganten Alkyoneus mit einem vergifteten Pfeil (griechische schwarzfigurige Vase aus Etrurien, 6. Jh. v. Chr.)

Glaukos belauscht Skylla (J. M. William Turner, 1775–1851, Fort Worth, Texas, Kimbell Art Foundation)

Graien sind. Zwar behauptet Aischylos (›Der gefesselte Prometheus‹), sie sähen Schwänen gleich, doch bedeutet der Name *Graiai* alte Frauen. Nach der geschichtlichen Überlieferung waren es von Geburt an alte, verschrumpelte, grauhaarige Weiber, zahnlos und blind und hatten zusammen nur ein Auge und einen Zahn, die sie unter sich teilten. Sie hausten in einer Höhle an der Seite des Atlasgebirges. Wie ihre Schwestern, die Gorgonen, kommen sie in der Perseus-Sage vor; dieser stahl ihnen ihr Auge und zwang sie so zu Auskünften für seine Fahrt zum Lager der Gorgo an der Küste des Ozeans.

Gration siehe Giganten.

Grazien (griech. *charites,* lat. *gratiae*), kleinere Göttinnen, meistens im Gefolge von oder in Verbindung mit Aphrodite. Über ihre Herkunft herrschte Uneinigkeit; am häufigsten wurden als ihre Eltern Zeus und Eurynome, eine Tochter von Okeanos und Tethys, genannt. An Zahl verschieden, wenn auch oft zu dritt dargestellt, scheinen sie im allgemeinen wenig mehr gewesen zu sein als abstrakte Personifizierungen von Anmut, Schönheit und Freundschaft. Sie waren ein beliebtes Thema der bildenden Kunst, spielten aber im Mythos kaum eine Rolle. Man kannte sie unter einer Vielzahl von Namen. Bei Hesiod heißt eine Grazie Aglaia (die Strahlende); sie galt auch an Stelle Aphrodites als Gemahlin des Hephaistos. Homer nennt sie in der ›Ilias‹ Charis (Göttin der Anmut). Er erzählt auch eine Geschichte, in der eine Grazie namens Pasithea vorkommt. Damit die Götter den Griechen helfen könnten, wollte Hera Zeus einschläfern und gewann hierfür Hypnos (Schlaf), indem sie ihm Pasithea zur Braut anbot.

Grinnos siehe Battos 1.

Gyes siehe Giganten (die Hundertarmigen).

Gyges. Dieser kaum mehr faßbare, mythische Ahnherr des Königshauses Lydiens in Kleinasien war ein einfacher Hirte in den Diensten des damaligen Königs. Plato erzählt, wie er einmal nach einem Erdbeben einen Erdspalt entdeckte und hinabstieg. Er gelangte in eine Grotte mit einem hohlen Bronzepferd darin, in welchem sich ein Leichnam von mehr als menschlicher Größe befand. Gyges zog von einem Finger des Leichnams einen Ring ab und kehrte zu seinen Kameraden über der Erde zurück. Als sie beisammen saßen, entdeckte er, daß er sich durch eine Drehung des Rings unsichtbar machen konnte. Er begab sich zum Königshof, wo er sich seiner Kunst bediente, um die Königin zu verführen und den König zu töten, während er selber unsichtbar blieb; auf diese Weise wurde er König. Dieser Gyges ist nicht identisch mit dem berühmten König Gyges, einer historischen, wenn auch sagenumwobenen Gestalt, der Lydien von ca. 685 bis 657 v. Chr. regierte, sondern dessen entfernter Vorgänger. Doch haben die Historien dieser beiden Männer manches gemeinsam – wie aus einem Bericht Herodots, des Vaters der Geschichtsschreibung, hervorgeht.

Glaukos, der Sohn des Minos, wird von Polyeidos wieder zum Leben erweckt (weißfigurige Schale, 5. Jh. v. Chr.; London, Britisches Museum)

Basrelief einer Gorgo vom Artemistempel in Korkyra/Korfu (Korfu, Museum)

Perseus und die Graien (Gouache von Edward Burne-Jones, 1833–1898; Southampton, Art Gallery)

H

Hades (*Haides,* ursprünglich vielleicht ein Beiname mit der Bedeutung »der Unsichtbare«), Totengott und Beherrscher eines unterirdischen Reiches, der »Unterwelt«, wo man sich die Schatten toter Irdischer, aber auch mythologischer Wesen, wie der Titanen, dachte. Der Name Hades bezieht sich genau genommen auf den Gott, nicht auf den Ort. Er war ein Sohn des Kronos und der Rhea, also ein Bruder von Zeus, Poseidon, Hera, Hestia und von Demeter, deren Tochter Persephone seine Gemahlin und Herrscherin über die Toten war. Sein Name brachte angeblich Unglück und wurde so wenig wie möglich gebraucht. Statt dessen bediente man sich oft euphemistischer Bezeichnungen wie Plouton (Pluto), »der Reiche«, (lat. als Dis übersetzt, eine Kurzform für *dives* »reich«), eine Benennung, die an seine Funktion als chthonische (Erd-)Gottheit erinnert. Man glaubte, daß er, wie Persephone und Demeter, die Ähren wachsen ließ und Wohlstand brachte. Die Griechen nannten ihn auch Eubuleus, »guter Ratgeber«, Klymenos, »der Berühmte«, Polydegmon, »der Gastliche«, Pylartes, »der Türhüter«, und Stygeros »der Verhaßte«. Er war auch als Zeus Katachthonios, »Zeus der Unterwelt«, bekannt, ein Name, der die große Macht und absolute Herrschaft über sein Reich bezeugt. Die Römer bezeichneten ihn gelegentlich als Orcus (Totenreich, Gott der Unterwelt), ein Wort ungeklärter Herkunft.

Die Griechen und Römer stellten sich Hades als grimmige, kalte Gottheit vor, die die Gesetze der Unterwelt gnadenlos und ohne Unterschied anwendete, doch begriffen sie ihn nicht als böse, satanisch oder ungerecht. Sein »Haus« ist also keine Hölle, wohl aber ist es ein Gefängnis und Hades dessen Wächter (auf Abbildungen trägt er oft einen Schlüssel). Die Toten betrachtete man als Schatten ihres ehemaligen lebendigen Wesens, ohne Blut und Bewußtsein, die für ewig in der Unterwelt hausten und gewöhnlich ihren früheren Tätigkeiten auf unbeteiligte, mechanische Art nachgingen. Ihr Wohnsitz (Asphodeliengrund genannt) war öde und abwechslungslos und bot keinen gesellschaftlichen Umgang. Von Hermes geleitet, betraten die Schatten die Unterwelt, und wer eine kleine Münze (den Obolos) hinterlegen konnte, wurde von dem greisen Fährmann Charon über den Styx gesetzt; der grauenerregende Höllenhund Kerberos wachte darüber, daß niemand mehr das Reich verließ. Am anderen Ufer angelangt, mußten sich die Schatten den Richtern der Unterwelt stellen: Minos, Rhadamanthys und Aiakos. Doch scheint man deren Urteil wenig Bedeutung beigemessen zu haben – es scheint sich weiterhin nur um die schattenhafte Fortsetzung ihres irdischen Amtes gehandelt zu haben –, denn die überwiegende Mehrheit der Toten verblieb für immer im »Asphodeliengrund«. Nach einer Überlieferung wurde es einer kleinen Schar Auserwählter aufgrund ganz besonderer Verdienste vergönnt, auf die Insel der Seligen oder in das Elysium zu kommen. Doch erwies man, nach Homer, nicht einmal Achilleus diese Gunst: denn als Odysseus in das Reich der Toten kam, um Teiresias um Rat zu fragen, begegnete er auch dem Schatten des Achilleus, der erklärte, er sei lieber auf Erden Sklave eines landlosen Mannes als König unter den Toten. Auch Herakles, der als unsterblicher Gott in den Olymp aufgenommen wurde, soll als Geist in der Unterwelt gehaust haben. Das Land der Toten dachte man sich nicht nur unter der Erde, sondern es war auch mit dem Westen verbunden. Als Odysseus zum Hain der Persephone segelte, kam er an einer wilden, sonnenlosen Küste am Rande der Welt vorbei, wo der Weltstrom floß und sich die unterirdischen Flüsse in ihn ergossen. Wenn man sich das Hadesreich unterirdisch vorstellte, dachte man sich seine Eingänge in einer Höhle von Kap Tainaron bei Sparta, im Alkyonischen See von Lerna, sowie im Averner See in Kampanien. Auf dem Grunde der Unterwelt lag der Tartaros, ein Ort ewiger Finsternis, wo die Missetäter ihre Strafen verbüßten. Aber nur wenige werden als Gepeinigte an diesem Ort erwähnt. Dazu gehören Tantalos, Sisyphos, Tityos, Ixion, die Danaïden und besonders die Titanen, die von den Hundertarmigen Riesen bewacht wurden. Nur wenige Sterbliche haben die Unterwelt gesehen und sind wieder zurückgekehrt: Herakles, der den Kerberos holte; Orpheus, um dessentwillen Persephone durch einen einzigartigen Akt der Gnade Eurydike freigab; Odysseus, der Teiresias aufsuchte; und Aeneas (den die Cumäische Sibylle begleitete) durch den Averner See, um mit dem Schatten seines Vaters Anchises reden zu können. Auch Theseus

Persephone und Hades als Herrscher der Unterwelt (Votivrelief aus Lokri, 5. Jh. v. Chr.; Reggio di Calabria, Museo Nazionale)

und Peirithoos kamen, in der Hoffnung, Persephone entführen zu können; Hades aber setzte sie auf Schemeln des Vergessens fest, die sie nicht losließen, wenn auch einige athenische Autoren behaupten, Theseus sei später von Herakles befreit worden. Hades selbst spielt nur in wenigen Mythen eine Rolle. Sein Raub der Persephone ist die einzige bedeutsame Geschichte. Außerdem wurde er von den Griechen fast überhaupt nicht verehrt, da sie meinten, seine Rechtsprechung sei auf die Toten beschränkt und folglich habe er an den Lebenden kein Interesse. Als einst am Anfang das Universum verteilt wurde, soll ihm die Unterwelt als ewiger Wohnsitz zugefallen sein: Zeus erhielt den Himmel und Poseidon das Meer (die Erde und der Olymp waren vermutlich Allgemeinbesitz). Hades hatte, wie Poseidon, eine Beziehung zu Pferden; als er Persephone entführte, wurde sein Wagen von dunkelblauen Rossen gezogen. Er besaß auch Herden, die auf der sagenhaften westlichen Insel Erytheia weideten. Sein Hirte war Menoites, der Herakles beobachtete, als er das Vieh Geryons davontrieb.

Haimon 1, Name eines Sohnes oder mehrerer Söhne des Kreon von Theben; siehe Kreon 1.

Haimon 2, Sohn des Andraimon; Vater des Oxylos.

Halirrhothios, Sohn des Poseidon und einer Nymphe Euryte. Nahe der athenischen Akropolis verging er sich an Alkippe, einer Tochter des Ares und der Aglauros, und Ares tötete ihn deswegen. Der Gott wurde von Poseidon vor einem Gericht verklagt, das an Ort und Stelle zusammentrat. Das ist der legendäre Ursprung des Gerichts namens Areopag (Areshügel), das in Athen Fälle von Totschlag verhandelte: es sprach Ares frei. Nach einer anderen Fassung der Geschichte sollte Halirrhothios auf Geheiß Poseidons bei der Akropolis die heiligen Ölbäume der Athene fällen, doch die Axt rutschte ab und erschlug ihn.

Halitherses, Ithaker, Sohn des Mastor, der Odysseus wohlwollte und mit seinen prophetischen Gaben bei einer öffentlichen Versammlung Odysseus' Heimkehr voraussagte. Nachdem Odysseus die Freier der Penelope umgebracht hatte, versuchte Halitherses, deren Familien davon abzuhalten, Odysseus zu überfallen.

Hamadryaden siehe Dryaden.

Harmonia, Gemahlin des Kadmos von Theben. Allgemein galt sie als Tochter des Ares und der Aphrodite, doch eine andere Überlieferung kennt sie als Tochter des Zeus von Elektra, der Tochter des Atlas. Alle Götter kamen zu ihrer Hochzeit. Als Hochzeitsgeschenke gab Kadmos seiner Frau ein schönes Brautkleid und ein prächtiges, von Hephaistos angefertigtes Halsband – Gaben, die später Verderben über Harmonias Nachkommen bringen sollten; siehe auch Kadmos.

Harpalyke 1, Tochter des Königs Klymenos von Argos. Sie heiratete Alastor, einen Sohn des Neleus; doch als sie auf dem Heimweg nach Pylos waren, holte ihr Vater Klymenos sie ein und entführte Harpalyke, zu der er eine inzestuöse Neigung gefaßt hatte. Harpalyke nahm Rache am Vater, indem sie ihr Kind von ihm tötete (oder ihren jüngeren Bruder); dann kochte sie den Leichnam und trug ihn dem Vater auf. Als er merkte. daß er das Fleisch seines Kindes verzehrt hatte, tötete er seine Tochter und sich selber; oder aber seine Tochter, die gebetet hatte, dem Blick der Menschen entrückt zu werden, wurde in eine Eule verwandelt (was nach einer Überlieferung schon auf ihrer Flucht vor dem Vater geschah).

Harpalyke 2, Tochter des Harpalykos (reißender Wolf), eines thrakischen Königs. Nach dem Tod der Mutter unterwies ihr Vater sie in der Kriegskunst, und so focht sie an seiner Seite. Nach seinem Tod ging sie auf Raub aus. An ihrem Grab wurden Kampfspiele aufgeführt.

Harpyien (*harpyiai,* Raffende, Entführende), monströse, vogelartige Frauen, drei oder vier an der Zahl, denen man die Schuld am Verschwinden von allem gab, was man nicht finden konnte. Hesiod gibt Thaumas und die Okeanide Elektra als ihre Eltern an; sie waren mithin Schwestern der Göttin Iris. Wie bei den Gorgonen, gibt es zwei Überlieferungen. Nach der früheren, homerischen Darstellung waren sie wie Sturmwinde, was auch ihre Namen andeuten: Aello (Windstoß), Okypete (Schnellfliegende), Kelaino (dunkel wie eine Gewitterwolke), und Podarge (Schnellfüßige). Podarge verband sich mit Zephyros, dem Westwind, und gebar Achilleus' Pferde Xanthos und Balios. Sie stürzten sich auf die Töchter des Pandareos, die nach dem Tod ihrer Eltern von Aphrodite und den übrigen Göttinnen aufgezogen wurden, packten sie, während sich Aphrodite mit Zeus über ihre Verheiratung besprach, und übergaben sie den Furien als Sklavinnen.

In der Kunst dagegen wurden die Harpyien als ungeheuer große Vögel mit weiblichem Gesicht, ähnlich den Sirenen, dargestellt (weshalb man sie auch mit Gespenstern oder Totengeistern verwechselte, die in ähnlicher Weise abgebildet wurden), und in dieser Gestalt treten sie auch in ihrer berühmtesten Sage auf, der Heimsuchung des Phineus, eines thrakischen Königs, der den Argonauten auf ihrer Fahrt nach Kolchis Gastfreundschaft gewährte. Sie flogen in Phineus' Speisesaal, schnappten nach den Gerichten und beschmutzten den Tisch mit ihrem Kot. So vereinbarte er mit den Argonauten, er werde ih-

Das »Harpyienmonument« aus Xanthos in Lykien. In der Mitte ehrt ein junger Krieger einen Heros oder einen Gott durch Übergabe seines Helmes, die Harpyien auf beiden Seiten halten jede eine Frau in den Armen (frühes 5. Jh. v. Chr.; London, Britisches Museum)

nen die Zukunft weissagen, wenn sie ihn dafür von dieser Plage befreiten. In der üblichen Darstellung der Geschichte jagten Kalais und Zetes, die geflügelten Söhne des Boreas, die Harpyien bis zu den Strophaden-Inseln im Ionischen Meer, wo Iris dazwischentrat und ihnen Einhalt gebot, sofern die Harpyien versprachen, Phineus in Ruhe zu lassen. Nach dieser Version hausten sie danach in einer Höhle des kretischen Berges Dikte. Nach einer anderen Überlieferung aber kamen Jäger und Gejagte niemals mehr zurück, sondern starben den Hungertod; und der Fluß Harpys (Tigres) im Peloponnes soll deshalb so heißen, weil eine der Harpyien auf der Flucht vor Kalais und Zetes in seine Tiefen stürzte. Aeneas begegnete der Harpyie Kelaino auf den Strophaden, wo sie voraussagte, seine Trojer würden ihre neue Heimat erst dann erreichen, wenn sie vor Hunger ihre Tische äßen. Sie und ihre Gefährtinnen machten sich über die troischen Vorräte her und waren nicht zu vertreiben, weil ihre Federn aus Stahl den Schwertern widerstanden.

Hebe (Jugend, lat. Iuventas), Tochter des Zeus und der Hera und Schwester des Ares; sie war Mundschenk der Götter auf dem Olymp. In der ›Ilias‹ wäscht sie die Wunden des Ares, die ihm Diomedes beigebracht hatte. Als Herakles' Ende herbeikam – von dem vergifteten Gewand verbrannt, das Deianeira in das Blut des Nessos getaucht hatte – und ihn die Götter, seines Erdenrestes entledigt, in den Olymp aufnahmen, da gaben sie ihm Hebe zur neuen, himmlischen Gemahlin. Um seinetwillen gab sie seinem Neffen Iolaos die Jugend wieder, so daß er zum Schutz der Kinder des Herakles gegen Eurystheus in die Schlacht ziehen konnte. So war Iolaos imstande, Eurystheus zu töten.

Hecuba siehe Hekabe.

Hekabe (lat. Hecuba), Tochter des phrygischen Königs Dymas oder des Kisseus; ihre Heimat lag am Fluß Sangarios. Nach Apollodoros' Darstellung trennte sich König Priamos von Troja von seiner ersten Frau Arisbe, um Hekabe zu seiner Gattin und Hauptfrau zu machen. Sie gebar ihm neunzehn Kinder. Ihr ältester Sohn war Paris, den sie nach der Geburt verstieß und aussetzte, weil sie geträumt hatte, sie habe einen Feuerbrand geboren – ein schlimmes, auf Zerstörung deutendes Vorzeichen für Troja. Doch wurde Paris gerettet (siehe Paris). Zu ihren Kindern zählen weiter Hektor, Helenos, Deiphobos, Troilos, Polites, Kassandra, Polyxena und Krëusa. In der ›Ilias‹ bleibt Hekabe im Hintergrund und tritt nur auf, um den Tod ihres Sohnes Hektor zu beklagen. Bei Vergil schildert Aeneas, wie Hekabe bei Neoptolemos' Plünderung von Priamos' Palast den alten König vom Gegenangriff abhält und, auf dem Altar kauernd, zusehen muß, wie er und ihr Sohn Polites hingemetzelt werden. Hekabe kam dann als Sklavin zu Odysseus. Euripides erzählt in seiner Tragödie ›Hekuba‹, wie man an der Küste des thrakischen Chersonesos die Leiche ihres jüngsten Sohnes Polydoros findet, ermordet vom thrakischen König Polymestor, der ihn beschützen und erziehen sollte. Daraufhin veranlaßte Hekabe Agamemnon, Polymestor unter dem Vorwand nach Troja kommen zu lassen, sie werde ihm das Versteck des trojanischen Schatzes verraten. Als er eintraf, tötete sie seine Kinder und blendete ihn: worauf er weissagte, sie werde in eine Hündin mit feurigen

Augen verwandelt. Ihr Grabmal am Chersonesos nannte man danach Kynos Sema, der Hündin Grabstein. Nach einer anderen Überlieferung wurde sie von Polymestors Thrakern gesteinigt und verwandelte sich im Sterben in eine Hündin; in dieser Gestalt soll sie nach ihrem Tod den Chersonesos heimgesucht haben. In den ›Troerinnen‹ des Euripides bringt Hekabe vor Menelaos so überzeugende Anschuldigungen gegen Helena vor, daß Menelaos schwört, sie bei seiner Heimkehr nach Sparta zu töten. Sie beklagt den Mord an ihrer Tochter Polyxena, die zur Versöhnung von Achilleus' Geist geopfert wurde, und ihren Enkel Astyanax, dessen Bestattung sie überwachte.

Hekale siehe Theseus.

Hekate, chthonische (Erd-)Göttin; bei Homer unbekannt, aber von Bedeutung in Böotien, der Heimat des Hesiod. Über ihre Eltern herrscht Unklarheit. Hesiod kennt sie als Tochter des Koios und der Phoibe, einer Titanin, die nicht wie die übrigen Titanen in Ungnade fiel. Doch nannte man auch Perses oder Zeus selber als ihren Vater; als ihre Mutter wurde Letos Schwester Asteria angegeben, doch wird sie auch die Tochter der Demeter oder der Pheraia genannt. Die Verwandtschaft mit Demeter wurde durch den Glauben gesteigert, daß beide Göttinnen für die Fruchtbarkeit des Bodens sorgten, wobei Hekate vielleicht eine Übernahme aus dem kleinasiatischen Karien ist. Hesiod behauptet, Zeus habe Hekate (ihr Name bedeutet: die Fernhin-Mächtige) höher geachtet als jede andere Gottheit und ihr Macht über Land, Meer und Himmel gegeben. Als Erdgöttin jedoch verband man Hekate vor allem mit der Welt der Toten (wie Persephone, deren Mutter Demeter manchmal auch als Hekates Mutter bezeichnet wurde). Sie war eine Göttin der Zauberkunst, und Medea rief ihre Hilfe in Kolchis und in Korinth an. Kreuzwege spielten eine wichtige Rolle bei magischen Riten, die oft dort vorgenommen wurden, und wenn Hekate auch nicht mit Artemis (früher Todesgöttin, später Göttin der Jagd) identifiziert wurde, so war sie doch als Artemis der Kreuzwege bekannt. Sie wurde dargestellt mit drei Gesichtern, fackelschwingend und von einer Hundemeute begleitet.

Hekateros, Vater der fünf Töchter, von denen nach Hesiod die Satyrn abstammen.

Hekatoncheiren siehe Giganten (die Hundertarmigen).

Hektor, Sohn des trojanischen Königs Priamos und der Hekabe. Bei dem Gebet für seinen kleinen Sohn Astyanax scheint Hektor in der ›Ilias‹ seinen Sohn – durch sich – als Erben des Throns von Troja anzusehen. Doch muß in Homers Augen Paris als der ältere angesehen werden; denn zum Zeitpunkt seines Todes erklärt Helena, daß Paris sie vor neunzehn Jahren nach Troja gebracht habe; man muß sich Paris etwa vierzigjährig denken, während Hektor jünger war. Jedoch ist er der trojanische Heerführer (sein Name griech. »der Haltende«, »der Widerstehende«), und er tadelt Paris für sein saumseliges Verhalten, ein Tadel, den Paris bescheiden akzeptiert. Vor dem Krieg hatte Hektor Andromache geheiratet, die Tochter des Königs Eëtion von Theben in der Troas. In der ›Ilias‹ sind bereits ihr Vater und ihre Brüder durch das Schwert des Achilleus gefallen. Nach Homer ist Hektor offen, freimütig, tapfer, heiter im Unglück und von zartem Mitgefühl: sein Abschied von Andromache und ihrem Kind ist eine der rührendsten Szenen des Epos. Obwohl er es bedauerte, daß Paris die Frau eines anderen verführt hatte, und dem trojanischen Rat sogar vorschlug, sie ihrem Gatten zurückzuschicken, war er es doch, der Protesilaos tötete, den ersten Griechen, der trojanischen Boden betrat; er betrieb den Krieg auch weiter mit großer Energie. Zu dem Zeitpunkt, wo die Geschehnisse in der ›Ilias‹ beginnen, ist die trojanische Armee bereits innerhalb der Stadtmauern eingeschlossen; doch der Streit zwischen Achilleus und Agamemnon, der ersteren veranlaßte, sich vom Kampf zurückzuziehen, sorgte für eine Atempause von einigen Tagen und gab Hektor die Gelegenheit zu einem Ausfall. Er griff die Griechen in der Ebene an und trieb

Hekate leuchtet mit einer vierarmigen Fackel den Pferden des Hades (rotfigurige Vase, spätes 5. Jh. v. Chr., London, Britisches Museum)

Achilleus tötet Hektor (Zeichnung von Peter Paul Rubens, 1577–1640; Rotterdam, Museum Boymans van Beuningen)

sie schließlich hinter die Abgrenzung zurück, hinter der ihre gestrandeten Schiffe lagen. Als Hektor jedoch begann, die griechische Flotte in Brand zu stecken, griff Poseidon ein und rüttelte die Griechen auf, die Krise abzuwehren. Patroklos, der die Rüstung des Achilleus trug, zog an der Spitze von Achilleus' Myrmidonen in den Kampf. Diese Verstärkung erlaubte es den Griechen, die Trojer zurückzuwerfen.

Apollon aber, der Hektor beschützte, half ihm, den Patroklos zu töten und ihm die Rüstung abzunehmen. Der Verlust des Freundes trieb Achilleus in den Kampf zurück, wo er seinen Zorn über den Tod des Patroklos austobte. Polydamas riet Hektor, vor Achilleus zu weichen, doch Hektor verschmähte es, sich in die Stadt zurückzuziehen. An dem Tag, nachdem die Troer in die Flucht geschlagen worden waren, ging Hektor in eine Falle, die ihm Achilleus mit Athenes Hilfe gestellt hatte, und wurde nach einer langen Verfolgung rund um die Stadt von Achilleus getötet. Mit letzter Kraft weissagte Hektor seinem Widersacher den baldigen Tod. Achilleus zog dem Leichnam die Haut ab, befestigte ihn mit Riemen an seinem Wagen und schleifte ihn hinter sich her. Dann warf er den Körper, das Gesicht in den Staub gekehrt, am Grab des Patroklos nieder und zog ihn jeden Tag rund um das Grab herum. Er verweigerte Hektors Familie die Rückgabe des Leichnams, bis ihn seine eigene Mutter Thetis deshalb anflehte und auch Priamos gekommen und um die Rückgabe seines toten Sohnes gebeten hatte. Achilleus gestattete Priamos schließlich, die Leiche auszulösen und mit sich nach Troja zu nehmen, und gewährte für das Begräbnis einen elftägigen Burgfrieden; inzwischen hatte Aphrodite den Körper mit Ambrosia gesalbt. Als Priamos mit der Leiche heimkehrte, erklärte Helena, Hektor sei ihr freundlicher begegnet als irgendein anderer. Mit seinem Begräbnis endet die ›Ilias‹. Nach dem Untergang Trojas – den sein Tod angekündigt hatte, wie die Troer ahnten – wurde sein Sohn Astyanax umgebracht, denn die Griechen waren darauf bedacht, niemanden aus dem Geschlecht Hektors am Leben zu lassen, der ihn hätte rächen können.

Heleios, Sohn des Perseus und der Andromeda. Amphitryon machte ihn zum Herrscher über die Taphischen Inseln.

Helena (Helene), Tochter des Zeus und der Leda; Gemahlin des Königs Menelaos von Sparta und später des Paris, des Sohnes des trojanischen Königs Priamos. Ihr Name, der kein griechischer ist, mag ursprünglich der einer Göttin gewesen sein; er verbindet sich mit dem Begriff von Bäumen und Vögeln. In den homerischen Epen ist Helena menschlich, doch wird ihr unvergleichliche Schönheit zugeschrieben – angeblich ein Geschenk der Aphrodite, die sie mit der Macht begabte, jeden Mann an sich zu fesseln, den sie begehrte. In einer anderen Schilderung ihrer Geburt erscheint sie als Tochter des Zeus und der Göttin Nemesis (weil sie Unglück brachte). Nemesis entzog sich Zeus' Werben, indem sie die Gestalt einer Gans annahm, worauf Zeus sie in Gestalt eines Schwanes verführte. In einem Hain in Sparta legte sie ein Ei, das von Schafhirten gefunden und zu Leda, der Gemahlin des Königs Tyndareos, getragen wurde. Als Helena ausgebrütet war, zog Leda sie als ihr eigenes Kind auf. Gewöhnlich lautet die Geschichte aber so, daß es Leda selber war, mit der Zeus, als Schwan verkleidet, verkehrte. Helenas Brüder waren Kastor und Polydeukes, die Dioskuren, und ihre Schwester war Agamemnons Gemahlin Klytämnestra.

Manchmal wurde angenommen, daß Kastor und Klytämnestra Tyndareos zum Vater hatten und daher sterblich waren, während Polydeukes und Helena Kinder des Zeus und unsterblich waren. Es wurde auch gesagt, daß Leda zwei Eier gelegt habe, das eine mit dem sterblichen Paar und das andere mit dem unsterblichen. In einigen Erzählungen starb Helena schließlich; doch gibt es auch eine Homer bekannte Überlieferung, nach der Menelaos in

Menelaos erblickt Helena – überwältigt von ihrer Schönheit, läßt er sein Schwert fallen (rotfigurige Vase, 4. Jh. v. Chr.; London, Britisches Museum)

Helena gibt Priamos zu trinken (rotfigurige Schale; Museo Municipale, Tarquinia)

Paris entführt Helena (Basrelief von einer römischen Urne)

der Stunde seines Todes nur deshalb in das Elysium eingelassen wurde, weil Helena seine Frau war. Im Alter von zwölf Jahren war Helena von Theseus als seine Braut entführt worden. Er hielt sie in Aphidna in Attika unter der Aufsicht seiner Mutter Aithra gefangen, während er seinem Freund, dem Lapithen Peirithoos, behilflich war, sich gleichfalls eine Zeustochter zu gewinnen. Zum Pech für die beiden Heroen fiel seine Wahl auf Persephone; und als sie sich in die Unterwelt begaben, um sie herauszuholen, setzte Hades sie auf »Schemel des Vergessens« und hielt sie auf diese Weise fest. Helena wurde inzwischen von ihren Brüdern, den Dioskuren, befreit und zurück nach Sparta gebracht; auch Aithra mußte mit ihnen gehen.

Als es für Helena an der Zeit war zu heiraten, freiten sämtliche heiratsfähigen Junggesellen Griechenlands um sie. Sie drängten sich derart auf Tyndareos' Hof, daß er befürchtete, die abgewiesenen Freier könnten sich vergessen und Unruhe stiften. Odysseus, einer der Freier, riet Tyndareos, er solle jeden schwören lassen, daß er das Leben und die Rechte desjenigen schützen werde, der Helena zum Weib gewann. Die Freier waren einverstanden und legten den entsprechenden Eid ab, wobei sie auf den Überresten eines geopferten Pferdes standen, um ihrem Schwur Nachdruck zu verleihen. Die Wahl fiel dann auf Menelaos; wahrscheinlich empfahl er sich durch seinen Reichtum, und außerdem war Helenas Schwester Klytämnestra bereits mit seinem Bruder Agamemnon verheiratet, dem König von Mykene.

Helena gebar dem Menelaos Hermione; und sie oder eine Sklavin war die Mutter seines Sohnes Nikostratos. (Der Dichter Stesichoros behauptet, daß Helena Iphigenie gebar, die sie der Klytämnestra anvertraute; meist wird aber Klytämnestra selber als Mutter des Mädchens betrachtet.) Nach einigen Jahren weilte Paris, der älteste Sohn des trojanischen Königs Priamos, in Sparta zu Besuch. Als Belohnung dafür, daß er ihr als der schönsten der Göttinnen huldigte, hatte Aphrodite ihm die schönste Frau auf Erden zur Gemahlin versprochen: als er Helena erblickte, wußte er, wen Aphrodite gemeint hatte. Helena ihrerseits erlag den Künsten Aphrodites und erlaubte Paris, sie zu überzeugen, so daß die beiden, als Menelaos unvermutet nach Kreta gerufen wurde, um das Begräbnis seines Großvaters Katreus auszurichten, gemeinsam entflohen, nicht ohne aus Menelaos' Schatzkammer wertvolle Geschenke für Paris mitzunehmen. Nach drei Tagen angenehmer Fahrt erreichten sie Troja – oder, nach anderen Auslegungen der Sage, kamen sie vom Kurs ab und segelten über Cypern, Sidon, ja sogar Ägypten. Als sie in Troja anlangten, wurden die Liebenden, trotz des Einspruchs zahlreicher trojanischer Führer einschließlich Hektors, offiziell verheiratet und lebten als Mann und Frau zusammen, bis Paris neunzehn Jahre später durch einen Pfeil von Philoktetes' Bogen fiel. Helena heiratete dann Paris' Bruder Deïphobos.

Als Menelaos nach Sparta zurückkehrte und Helena nicht vorfand, rief er seinen Bruder Agamemnon und jene griechischen Führer, die ihm als Ex-Freier Helenas ihren Beistand geschworen hatten, zu sich und bat sie, ihm zu helfen, seine Frau zurückzugewinnen. Nachdem ein von Menelaos und Odysseus unternommener diplomatischer Vorstoß die Troer nicht bewegen konnte, Helena zurückzugeben, rüstete man ein großes Kriegsheer und segelte gen Troja. Die Sympathien Helenas während des Krieges und der Belagerung werden als schwankend geschildert. Wenn ihr ihre Lage mißfiel, tadelte sie sich selbst wegen ihrer Schwäche und Schlechtigkeit, bei Paris zu bleiben; doch als Odysseus bei einer Spionagemission nach Troja kam, verriet sie ihn nicht, obwohl er bereits eine Reihe führender Troer getötet hatte – nach der Darstellung eines Berichtes soll sie ihm sogar beim Raub des Palladion geholfen haben. Als sich aber die griechischen Führer im Trojanischen Pferd versteckt hielten, inspizierte sie mit ihrem Gatten Deïphobos das Pferd und versuchte bewußt, die Griechen hereinzulegen, indem sie jeden von ihnen mit der ausgezeichnet nachgeahmten Stimme seiner Frau ansprach. Dann wieder half sie später dem Menelaos, Deïphobos zu töten. Das Verhältnis zwischen Menelaos und Helena nach dem Untergang Trojas wird sowohl in der ›Odyssee‹ des Homer wie in den ›Troerinnen‹ des Euripides beschrieben. In der ersteren versöhnt sich Menelaos mit Helena, nachdem er nach siebenjähriger Irrfahrt über Ägypten wieder nach Sparta kommt. Bei Euripides dagegen ist er voll Argwohn gegen Helenas wahre Gefühle, und als ihm Hekabe einredet, daß sie jedermann verraten hat und nur noch den Tod verdient, verspricht er, sie bei der Rückkehr nach Sparta zu töten.

Stesichoros aber erfand eine ganz neue Geschichte über die Abenteuer Helenas, und zwar gründete sich seine Darstellung auf die folgenden Umstände: Er soll, nachdem er in einer Dichtung Helenas Ehebruch verurteilt hatte, erblindet sein. Dann hörte er zufällig davon, daß ein General aus dem süditalienischen Kroton, Leonymos, das Delphische Orakel befragte, um von einer Wunde geheilt zu werden. Das Orakel sandte ihn auf die Insel Leuke im Schwarzen Meer, wo Aias (Ajax), der Sohn des Oileus, ihn heilen würde; er begab sich dorthin und verkündete bei seiner Rückkehr, daß die Helden des Trojanischen Krieges dort weiterlebten und daß Helena, die nun mit Achilleus verheiratet war, ihm gesagt habe, Stesichoros werde das Augenlicht zurückgewinnen, wenn er die Wahrheit über sie schriebe. Und so verfaßte der Dichter seine berühmte ›Palinodia‹ (Widerruf), in der er feststellte, daß Helena niemals in Troja gewesen sei.

Euripides spann diese Geschichte in seiner romantischen Tragödie ›Helena‹ fort. Er behauptet, daß Paris nur ein von Hera erdachtes Phantom als Helena nach Troja entführt habe, denn Zeus habe Hermes beauftragt, die wirkliche Helena nach Ägypten zu bringen, wo sie während der Kriegsjahre in der Obhut des Königs Proteus lebte.

Eine andere Darstellung der Geschichte gibt Herodot, der sie in Ägypten gehört haben will. Danach lief Paris auf der Heimreise mit Helena einen ägyptischen Hafen an, und seine Seeleute erzählten Proteus von der Entführung. Der König war entrüstet und behielt Helena bei sich, während er Paris weiterschickte. Als aber die Griechen Troja belagerten, wollten sie nicht glauben, daß Helena nicht dort war. Erst nach der Plünderung der Stadt überzeugte sich Menelaos von der Wahrheit und machte sich sogleich nach Ägypten auf, um seine Gemahlin zu holen.

Bei Homer kommen Menelaos und Helena auf der Heimfahrt von Troja vom Kurs ab und müssen bis nach Ägypten segeln, weil Menelaos dem Zeus nicht gebührend geopfert hatte. Als er gestrandet auf der Insel Pharos lag, verriet ihm Eidothea, die Tochter des Meeresgottes Proteus, er solle ihren Vater im Schlaf überraschen und ihn, wie er sich auch verwandeln werde, nicht eher loslassen, als bis er ihm gesagt habe, wie er zurück nach Sparta komme. Menelaos tat das, und Proteus gebot ihm, nach Ägypten zurückzufahren und das richtige Opfer nachzuholen.

Am Tag ihrer Rückkehr nach Griechenland fand in Argos der Prozeß gegen Orestes wegen seines Mordes an Aigisthos und Klytämnestra statt. In seinem Drama ›Orestes‹ schildert Euripides, wie sich Orestes' Onkel Menelaos weigert, ihn zu verteidigen, worauf Orestes und Pylades vor Verzweiflung Helena und Hermione in ihre Gewalt bringen. Als sie aber beabsichtigten, Helena zu töten, entschwand sie ihren Blicken und wurde zur Schutzpatronin der Seeleute (wie Kastor und Polydeukes), wobei sie als Elmsfeuer erschien.

Dies ist jedoch nicht die übliche Version der Geschichte; danach soll sie noch lange glücklich in Sparta gelebt haben: So war sie auch noch dort, um Telemachos zu bewirten, der seinen Vater Odysseus suchte. Nach dieser Überlieferung überlebte sie Menelaos, wurde aber nach seinem Tod von ihrem (oder seinem) Sohn Nikostratos vertrieben und fand Zuflucht in Rhodos. Dort empfing sie Polyxo, die Witwe des Tlepolemos, zunächst mit erheuchelter Freundschaft, gebot aber dann ih-

Helena und Paris (Jacques Louis David, 1748–1825; Algier)

ren Frauen, um den Tod ihres Mannes im Trojanischen Krieg zu rächen, sich als Furien zu verkleiden und Helena an einem Baum aufzuknüpfen. Deshalb wurde Helena später auf Rhodos als Dendritis (die von den Bäumen) verehrt.

Helenos, Sohn des Priamos und der Hekabe; Zwillingsbruder der Kassandra. Als sie klein waren, leckten Schlangen ihm und Kassandra Ohren und Mund, während sie im Tempel des thymbraischen Apollon schliefen, und so erlernten sie die Kunst der Weissagung. Helenos war als Krieger ebenso tüchtig wie als Prophet; und obwohl er Paris vor dem Verderben gewarnt hatte, falls er auf der Reise nach Sparta bestand, focht er doch in dem Krieg selber tapfer mit. Gegen Ende der Belagerung fiel er durch eine List des Odysseus am Berg Ida den Griechen in die Hände und sagte ihnen, wie sie ihr Unternehmen zum Erfolg bringen könnten. Sie mußten aus dem trojanischen Tempel das Palladion, das Athenebildnis, rauben, die Gebeine des Pelops nach Troja bringen und Achilleus' Sohn Neoptolemos und den gestrandeten Philoktetes zur Teilnahme am Kampf bewegen, wobei letzterer den Bogen und die Giftpfeile des Herakles benutzen sollte; ferner mußten sie das Trojanische Pferd bauen. Philoktetes kam – und tötete Paris mit dem Pfeil. (Nach einem abweichenden Bericht ließ sich Helenos nach dem Tode des Paris von den Griechen gefangennehmen, und zwar aus Zorn über die Troer, die nicht ihm, sondern Deïphobos Helena zur Frau gegeben hatten.) Helenos' Weissagung erfüllte sich, und Troja fiel. Er schloß sich Neoptolemos an, dem er riet, von Troja nicht zu Wasser, sondern auf dem Landweg fortzuziehen, um den Zorn Athenes und Poseidons zu vermeiden. Neoptolemos gab ihm Hektors Witwe Andromache zur Frau, die ihm den Kestrinos gebar. Neoptolemos ließ Helenos auch die Stadt Buthrotium in Epiros an der Westküste Griechenlands bauen, und als Aeneas auf seinem Zug nach Italien durch dieses Gebiet kam, traf er dort Helenos als Herrscher eines neuen »Troja« an. Der Prophet ermutigte Aeneas mit seinem Rat, weissagte ihm aber, daß seine Reise lang sein werde.

Heliaden (Kinder der Sonne). Helios – der Sonnengott – hatte von verschiedenen Gattinnen eine große Anzahl von Kindern: Die Grazien bezeichnete man zuweilen als seine Töchter von der Nymphe Aigle. Von seiner Gemahlin Perseïs oder Perse, einer Okeanide, stammten Aietes, der König von Kolchis, Perses, der König der Taurer, Augias, der König von Elis, die Magierin Kirke sowie Pasiphaë, die Minos heiratete. Neaira (oder Klymene) gebar ihm Phaëthusa und Lampetia, die seine

Helios (rotfigurige Vase aus Apulien, 5. Jh. v. Chr.; London, Britisches Museum)

Herde auf der (oft als Sizilien bezeichneten) Insel Thrinakia hüteten. Von Klymene war sein Sohn Phaëthon, der im Sonnenwagen seines Vaters umkam, und mit Rhode oder Rhodos zeugte er sieben Söhne, die die Stammväter des Volkes von Rhodos wurden. Diesen sieben sagte er, die ersten Menschen, die der Athene opfern würden, würden sich ihrer ewigen Gunst erfreuen. Sogleich brachten die sieben ein Opfer dar; aber sie hatten kein Feuer. Der Athener Kekrops brachte nach den sieben Söhnen des Helios ebenfalls ein Opfer dar; aber er benutzte Feuer. So glaubte man, daß sich die Rhoder wie die Athener der Gegenwart Athenes erfreuten, und opferte ihr weiterhin; die Rhoder immer noch ohne Feuer. Als Phaëton nach der Fahrt im Sonnenwagen vom Himmel stürzte, begruben ihn seine Halbschwestern. Untröstlich saßen sie vier Monate lang am Fluß Eridanos oder Po und beweinten ihn, bis sich die Götter ihrer erbarmten und sie in eine Pappelreihe verwandelten. Ihre Tränen tropften in den Fluß, von der Sonne zu Bernstein erhärtet.

Helikaon, Sohn des Antenor. Seine Gemahlin Laodike verliebte sich in Akamas.

Helike, Tocher des Königs Selinos von Aigialos und Gemahlin des Ion.

Helios, die Sonne, oder besser deren Gott; von den Römern Sol genannt. Einst waren auch Hyperion (Sohn der Höhe) und Phoibos (der Glänzende) Namen oder Bezeichnungen für Helios, doch wurden sie später nicht mehr mit ihm in Verbindung gebracht. Hyperion galt auch als Helios' Vater, und der Name Phoibos wurde ebenfalls auf Apollon angewendet, der in späterer Zeit als Sonnengott gedacht und auch als Helios bezeichnet wurde, weil dieser, wie er, mit Pfeilen ausgestattet war (den Sonnenstrahlen). Da er alles sah und hörte, wurde Helios auch zum Zeugen bei Eiden angerufen; Demeter versuchte, von ihm den Verbleib Persephones zu erfragen. Er wurde aber als Gott nur wenig verehrt und kommt in

der Mythologie, abgesehen von dem Bericht über Phaëthon, kaum vor. In dieser Geschichte erscheint Helios als Wagenlenker mit vier feurigen Rossen, der am Tag den Himmel von Osten nach Westen überquert, angekündigt von Eos, der Morgenröte, die ihm vorausfuhr. In späteren Geschichten kehrt er bei Nacht in einer mächtigen goldenen Schale nach Osten zurück, die auf dem Okeanos-Strom, der die Erde umgibt, dahintreibt.
Helios hatte von seiner Frau Perseïs oder Perse eine zahlreiche Kinderschar; außerdem noch viele Geliebte (siehe Heliaden), und verführte auch Leukothoë, indem er ihr als ihre Mutter Eurynome erschien. Klytia, deren Geliebter er davor gewesen war, verriet in ihrer Eifersucht alles Leukothoës Vater, dem König Orchamos von Persien, der daraufhin seine Tochter lebendig begrub. Helios verwandelte Leukothoë in den Weihrauchbaum. Klytia aber schwand dahin und wurde zur Sonnenblume, die mit dem Gesicht dem Lauf der Sonne folgt.
Schuld an Helios' Liebesproblemen soll Aphrodite gewesen sein, die ihm zürnte, weil er ihr Verhältnis mit Ares ausgespäht und ihrem Gatten Hephaistos zugetragen hatte. Einmal half Helios dem Herakles mit der goldenen Schale aus, so daß der auf den Ozean hinaussegeln und Geryons Herde von der Insel Erytheia holen konnte. Herakles hatte aber bei einer früheren Gelegenheit Helios mit einem Pfeil bedroht, als er durch die Hitze der afrikanischen Wüste wanderte.
Als Zeus die verschiedenen Länder unter den Göttern verteilte, fuhr Helios gerade mit seinem Wagen über den Himmel und bekam daher nichts ab. Zeus gab ihm zur Entschädigung die neu auftauchende Insel Rhodos, wo Helios besondere Ehren genoß und wo drei seiner Enkel, Kameiros, Lindos und Iasylos, über die drei wichtigsten Städte herrschten, die nach

Die von Helios verführte Leukothoë wird lebendig begraben (Majolikateller aus Urbino, um 1540; London, Victoria and Albert Museum)

Die Auffindung des Hephaistos auf der Insel Lemnos (Piero di Cosimo, 1462–1521; Hartford, Conn., Wadsworth Atheneum)

ihnen benannt waren. Der Koloß von Rhodos war eine am Hafen aufgestellte, mit einer Strahlenkrone bekränzte Helios-Statue.
Helios stritt sich auch mit Poseidon um Korinth, und der als Schiedsrichter bestellte Briareos sprach Helios die Zitadelle (Akrokorinth) zu. Eine Zeitlang herrschte sein Sohn Aietes über den Ort.

Helle siehe Phrixos.

Hellen, ältester Sohn von Deukalion, dem griechischen Noah, und seiner Frau Pyrrha. Nach ihm sind die Hellenen benannt, deren Name sich ursprünglich nur auf einen Teil der Thessaler bezog, später aber für die Griechen insgesamt gebraucht wurde. Seine Gemahlin die Nymphe Orseïs, soll die drei mythischen Stammväter der drei großen griechischen Stämme geboren haben: Doros, den Ahnherrn der Dorer, Aiolos, den der Äoler, und Xuthos, von dessen Söhnen die Ionier und Achäer abstammten.

Hemera (Tag), Tochter des Erebos und der Nyx. Sie verließ den Tartaros (den dunkelsten Teil der Unterwelt), sobald ihre Mutter Nyx (Nacht) ihn betrat, und umgekehrt. Schon zu einem sehr frühen Zeitpunkt aber übernahmen an Stelle Hemeras Helios (die Sonne) und Eos (die Morgenröte) diese Funktionen.

Hemithea, Tochter des Königs Kyknos von Kolonai und Schwester des Tenes, der sie beschützte und dabei starb; siehe Tenes.

Hephaistos (lat. Vulcanus oder Mulciber), Sohn der Hera, die ihn nach Hesiod ohne Geschlechtspartner erzeugte. Andere Geschichtsschreiber hielten Zeus für seinen Vater. Er war der Schmied und Metallgießer der

Götter; sein Kult soll von der nordägäischen Insel Lemnos ausgegangen sein, wo sich ein Vulkan im Berg Mosychlos befand. Er wurde auch im kleinasiatischen Karien und Lykien verehrt. Später verbreitete sich sein Kult auch in den vulkanischen Gegenden des Westens, um den Ätna auf Sizilien, auf den Liparischen Inseln und in Kampanien, wo sich der Vesuv befindet. Es scheint sich ursprünglich um eine vulkanische Gottheit gehandelt zu haben.
Hephaistos wurde zweimal vom Olymp gestürzt. Zuerst war Hera bei seiner Geburt vom Anblick ihres häßlichen, entstellten Kindes entsetzt (er war lahm), und sie warf ihn hinunter. Das Kind stürzte in den Ozean, wo Thetis und die Okeanide Eurynome es fanden; neun Jahre lang zogen sie ihn in ihrer Höhle auf, den Göttern und Hera verborgen. Hier erlernte er seine Fertigkeiten. Seiner Mutter baute er einen goldenen Thron, den er ihr sandte; er hatte aber eine Falle eingebaut, um sich zu rächen, und als sie sich auf den Thron setzte, saß sie gefangen und keiner der Götter konnte ihr helfen. Man lud Hephaistos auf den Olymp ein, wo die Götter ihn bedrängten, sie freizulassen. Er weigerte sich aber, bis ihn Dionysos, zu dem er Vertrauen hatte, betrunken machte und ihm den Schlüssel zu der Fesselvorrichtung abschmeichelte. Nach einer anderen Überlieferung schickte Hephaistos den Göttern Sandalen, die für Hera jedoch aus Diamanten, woraufhin sie vornüber zu Boden fiel. Auf dem Olymp wurde er zu einem meisterlichen Handwerker, doch diente er auch dem Gespött wegen seines Hinkens, seines rußigen Gesichts, seines geschäftigen Gebarens, und weil seine untreue Gemahlin Aphrodite ihn betrog; das galt besonders für den Ehebruch mit Ares, dem sie eine Reihe von Kindern schenkte, bis Helios ihrem Gatten alles entdeckte. Der wütende Hephaistos fing das Paar unter einem großen Netz, das herabfiel, als sie beisammen im Bett lagen (er hatte das Gerücht ausgestreut, er wolle seine Anhänger auf Lemnos besuchen). Als er wußte, daß die Falle zugeschnappt war, rief er die ganze Gesellschaft des Olymp zusammen, damit sie Aphrodites Schande sähen. Es kamen aber nur die männlichen Götter, und sie lachten mächtig, freilich nicht weniger über den gehörnten Hephaistos wie über Ares. Schließlich überredete Poseidon ihn, eine Buße von Ares anzunehmen, für deren Zahlung er sich verbürgte. Hephaistos' zweiter Sturz vom Olymp bewies, daß er mit seiner Mutter Hera versöhnt war. Sie und Zeus stritten sich wegen Heras rachsüchtiger Verfolgung des Herakles, und Hephaistos setzte sich so nachdrücklich für seine Mutter ein, daß Zeus ihn am Bein packte und vom Himmel hinabschleuderte. Er stürzte den ganzen Tag, bis er gegen Abend halbtot auf der Insel Lemnos landete, wo die Sintier ihn pflegten. Das war der Grund, warum er (nach dieser Überlieferung) zu ihrem Beschützer wurde und sie die Kunst der Metallverarbeitung lehrte, in der sie alle Griechen übertrafen.
Hephaistos war den Olympiern von großem Nutzen. Er baute prächtige Hallen und Paläste, und ermöglichte es den Göttern, in großem Luxus zu leben. Er fertigte auch Rüstungen für sterbliche Menschen an, wenn eine Göttin ihn dazu bewegen konnte, so für Thetis die Rüstung Achilleus', weil Thetis seine Amme gewesen war, und Aeneas' Rüstung für Aphrodite. Er erschuf auch Pandora als Gemahlin für Epimetheus, so daß sich Zeus an Prometheus rächen konnte, weil er den Menschen geholfen hatte. Die Lokalisierung von Hephaistos' Schmiede war umstritten. Die Griechen glaubten, daß er auf Lemnos wirkte, wo ihm die Kyklopen zur Hand gingen, die wie die kretischen Daktylen und die Telchinen als Feuergötter galten. Die Römer siedelten Vulcanus, den sie mit Hephaistos gleichsetzten (und auch als Personifikation des Feuers betrachteten), unter dem Ätna in Sizilien an. Doch schrieb man ihm auch eine Werkstatt auf dem Olymp zu, wo er bei dem großen Kampf zwischen Göttern und Giganten den Giganten Mimas mit flüssigem Eisen bezwang. Auch schmiedete er die Kette, die Prometheus

Hephaistos und Thetis in der Schmiede (französischer Kupferstich)

an den Kaukasus fesselte; ferner machte er Zeus' Donnerkeile und die Pfeile von Artemis und Apollon.
Er wurde von Hera geboren, bevor Athene dem Haupte des Zeus entsprang; Hephaistos fiel die Aufgabe zu, mit einer Axt Zeus' Schädel zu spalten, um die Göttin herauszulassen. Später verliebte er sich in Athene, die ihn aber so heftig zurückstieß, daß sein Samen auf die Erde fiel, wodurch er den Erichthonios zeugte. Als Achilleus im Trojanischen Krieg mit dem Fluß Skamander rang, trocknete Hephaistos den Strom mit Flammenstößen aus und bewahrte den Helden so vor dem Ertrinken.
Zu seinen Kindern (die meistens lahm waren, wie er selbst) zählten der Argonaut Palaimon, Periphetes (auch Korynetes genannt), ein Wegelagerer von Epidauros, und Ardalos, der Erfinder der Flöte. Eine große Anzahl uralter, roh behauener Götterbilder hielt man für sein Werk.
Hera (ionischgriech. Here, lat. Iuno), Gemahlin des Zeus und Beherrscherin des Himmels. Sie war Zeus' ältere Schwester, ein Kind von Kronos und Rhea. Der Name Hera bedeutete vielleicht »Herrin« (männliche Form *heros,* »Held, Krieger«). Ihr Vogel war der Pfau als Symbol des unbeugsamen Stolzes, ihre Domäne die Ehe und der Lebenskreis der Frau. Hera wurde bei ihrer Geburt von ihrem Vater verschlungen, der einen Aufstand seiner Kinder gegen ihn fürchtete. Nur Zeus, der sechste und jüngste, entging durch die List Rheas und Gaias diesem Schicksal. Nachdem Zeus seine Herrschaft gefestigt hatte, hatte er Liebschaften mit vielen Göttinnen und Nymphen, fand aber, daß nur Hera groß genug war, um seine Gattin zu werden. Trotzdem war sie ihm unterlegen und intrigierte, wenn es nötig war, hinter seinem Rücken gegen ihn. Von Zeit zu Zeit strafte er sie dann hart in seinem Zorn, und einmal hängte er sie wegen ihrer Rachsucht gegen Herakles an den Handgelenken am Olymp auf und beschwerte ihre Füße mit Ambossen.
In den Mythen von Heras Geburt und Ehe

Dionysos und sein Gefolge geleiten Hephaistos (nicht im Bild) auf den Olymp (rotfigurige attische Vase; Paris, Louvre)

gibt es mehrere verschiedene Darstellungen: Einige sagen, daß sie nach ihrer Geburt und der Befreiung aus Kronos' Magen von Okeanos und Tethys erzogen wurde, während die Götter mit den Titanen kämpften. Andere sagen, daß sie von Temenos in Arkadien aufgezogen wurde, oder von den Horen in Euböa, oder von den Töchtern des Flusses Asterion in der Argolis. Sie war, nach einem Streit mit Poseidon, Schutzherrin der Stadt Argos. Als die lokalen Flußgötter (Asterion, Inachos und Kephissos) Hera die Herrschaft übertrugen, trocknete Poseidon ihre Ströme aus und überflutete in seiner Wut das ganze angrenzende Land, bis ihn Hera schließlich zum Einlenken bewog. Ein Autor, Hyginus, zitiert sogar einen Bericht, wonach sie bei ihrer Geburt von Kronos nicht verschlungen wurde, sondern an Rheas Stelle ihren Bruder rettete.

In einer Überlieferung ihrer Ehegeschichte fand Zeus sie, wie sie sich in den Wäldern bei Argos erging, ließ ein Gewitter aufziehen und verbarg sich als Kuckuck in ihrem Kleid. Unter ihren Gewändern verborgen, nahm er seine wahre Gestalt an, umfing sie und schwor einen Eid, daß er sie zur Frau nehmen werde. Oder aber Zeus fand sie in Euböa, lief mit ihr zum Berg Kithairon und besaß sie in einer Höhle. Als ihre Amme Makris nach ihr suchte, hieß der Berg sie fortgehen, da Zeus in der Höhle bei Leto läge. Andere Stätten des Hera-Kultes – Kreta, Samos, Knossos, Naxos – beanspruchten ebenfalls den Ort der göttlichen Hochzeit für sich; und wirklich wurde an vielen Orten Griechenlands zum Gedächtnis an diese Verbindung eine »Heilige Hochzeit« begangen, entweder durch wirkliche Menschen oder stellvertretend durch hölzerne Bildnisse. Äpfel und Granatäpfel waren der Hera heilig; letztere gab man in Athen den Bräuten: dort wurden Hochzeiten traditioneller Weise im Monat der Hera (Gamelion) gefeiert. Die goldenen Äpfel der Hesperiden bekam Hera von Gaia zur Hochzeit geschenkt.

Schon früh war Hera nicht mehr nur die Schutzpatronin der Frauen, sondern spielte auch eine wichtige Rolle in Kriegs- und Schlachtenmythen und wurde von Adligen und Königen verehrt. In der bildenden Kunst wird sie groß und stattlich, mit Diadem oder Kranz und einem Zepter dargestellt. Sie gebar dem Zeus Ares, Eileithyia und Hebe, während sie Hephaistos ohne Zeus zur Welt brachte. Als Zeus es ihr gleichtat und aus seinem Schädel – mit Hilfe von Hephaistos' Axt – Athene entließ, gebar Hera, nach einem anderen Bericht, in ihrer Eifersucht Typhon, der Zeus' gefährlichster Feind werden sollte (doch erscheint dieses Ungeheuer meist als Kind der Gaia). Oft ließ sich Hera von ihrer Eifersucht bewegen, Rache an Zeus' Konkubinen und deren Kindern zu üben. Die bekanntesten Opfer ihrer Rachsucht waren Alkmene und ihr Sohn Herakles (obwohl sein Name den ihren enthält). Außerdem verfolgte sie Leto, die Mutter von Apollon und Artemis, ihre eigene Priesterin Io und Kallisto und Semele.

Hera selber war, wie es sich für die Schutzpatronin der Einehe geziemte, ein Muster an Tugendhaftigkeit. Im Kampfe zwischen Göttern und Giganten erfüllte Zeus den Giganten Porphyrion mit Verlangen nach ihrem Körper – vielleicht, um sie auf die Probe zu stellen. Als Porphyrion aber versuchte, sie zu entehren, streckte Zeus ihn mit einem Donnerkeil nieder. Ephialtes unternahm einen ähnlichen Versuch, worauf Artemis ihn umbrachte. Als auch Ixion Hera umarmen wollte, während er als Gast ihres Gatten auf dem Olymp weilte und damit das Gesetz der Gastfreundschaft brach, formte Zeus eine Wolke mit der Gestalt Heras – und Ixion liebte sie. Er mußte es mit ewiger Pein im Tartaros büßen.

Hera spielte eine bedeutende Rolle in Homers Heldenepos ›Ilias‹ bei der Schilderung des Trojanischen Krieges, wenn auch das Urteil des Paris, bei dem sie Paris mit dem Versprechen königlicher Größe zu bestechen versuchte, nur kurz angedeutet wird. Weil Paris es versäumte, ihr den Preis der Schönheit zuzuerkennen, verfolgte Hera Troja mit ihrem unversöhnlichen Haß. Der Dichter Stesichoros behauptet, sie habe Helena vor Schande bewahrt, indem sie Paris ein Trugbild von ihr mit nach Troja gab, während Hermes, ihren Weisungen gemäß, die wirkliche Helena nach Ägypten brachte. Hera riskierte oft Bestrafung, wenn sie gegen Zeus' Gebot den Griechen half, und einmal verleitete sie ihn dazu, sie unter einer goldenen Wolke zu besitzen, während Poseidon die Griechen anfeuerte.

In der ›Aeneis‹ des römischen Dichters Vergil erstreckt sich die Feindschaft der Juno (Hera) auch auf Aeneas, bis Jupiter sie dazu bringt, einer Verbindung von Troern und Italern dergestalt zuzustimmen, daß letzteren die dominierende Rolle zufällt. Jason andererseits erfreute sich bei seinem Zug nach dem Goldenen Vlies der Unterstützung Heras (die sich als alte Frau verkleidete), doch geschah dies vornehmlich deshalb, um Rache an König Pelias von Iolkos nehmen zu können, der den Hera-Altar durch die Ermordung seiner Stiefmutter Sidero entweiht hatte. Dementsprechend veranlaßte Medea die Töchter des Pelias, daß sie ihn zerteilten und in einem Kessel kochten.

In Platää ging die Sage, daß Hera Zeus einmal aufgrund einer angeblichen Untreue seinerseits verlassen hatte. Nach dieser Darstellung

Hera und Zeus (Relief vom Tempel in Selinus, 5. Jh. v. Chr.; Palermo, Museo Nazionale)

befolgte Zeus den Rat des platäischen Königs Alalkomeneus oder Kithairon und ließ eine hölzerne Frauenstatue anfertigen, die er verschleiert auf einem Karren herumfuhr, und ließ verbreiten, das sei seine neue Braut, Kithairons Tochter Plataia. Als Hera das hörte, wurde sie so wütend, daß sie zu der Stelle eilte und die Statue umstieß. Da bemerkte sie die List und versöhnte sich unter vielem Gelächter mit ihrem Gatten.

Hera und Zeus hatten einst eine lange Auseinandersetzung, ob der Mann oder die Frau beim Geschlechtsverkehr die größere Lust empfinde: jeder behauptete, das andere Geschlecht habe den größeren Genuß. Da nun Teiresias Mann und Frau gewesen war, befragten sie ihn. Als er erklärte, die Frau empfinde neunmal größere Freuden als der Mann, schlug Hera ihn mit Blindheit, worauf Zeus ihm die Gabe der Prophetie und ein langes Leben verlieh. Sie sandte auch die Sphinx zur Heimsuchung Thebens aus, weil Laios nicht den Jüngling Chrysippos seinem Vater Pelops wiedergegeben hatte, von dem er ihn geraubt hatte.

Hera wurde von den Frauen der gesamten griechischen Welt verehrt (wenn auch ihre Funktion als Göttin der Geburt auf ihre Tochter Eileithyia überging, auf die sie großen Einfluß hatte – die Römer, bei denen Eileithyia

Lucina hieß, identifizierten später beide Göttinnen und nannten sie Juno Lucina). In Stymphalos zu Arkadien wurde Hera als Mädchen, Ehefrau und Witwe verehrt und versinnbildlichte so den Lebenskreis der Frau. In Argos sagte man, daß sie ihre Jungfräulichkeit jedes Jahr durch ein Bad in einer Quelle Kanathos erneuere.

Herakles (lat. Hercules), berühmtester und volkstümlichster aller griechischen Heroen; Sohn des Zeus und der Alkmene. Sein Name heißt wörtlich »Heras Ruhm« und bedeutet wahrscheinlich »das ruhmreiche Geschenk Heras«, was sich auf seine Beziehung zu Argos bezog, wo Hera verehrt wurde. Diesem Zusammenhang widerspricht, mythologisch gesehen, der unversöhnliche Haß Heras auf Herakles aufgrund ihrer Eifersucht auf Zeus' Liebschaft mit seiner Mutter. In Rivalität zu Argos versuchte schon früh die Stadt Theben den Helden für sich zu beanspruchen, und die einzige uns bekannte Überlieferung von seiner Geburt lokalisiert diese in Theben. Die älteren griechischen Quellen informieren nur dürftig über Herakles, und so muß man für eine zusammenhängende Darstellung auf spätere Berichte zurückgreifen. Doch findet man bei vielen Berichten eine Fülle von Erwähnungen und Bemerkungen, abgesehen von Euripides' Tragödie ›Herakles‹, die seinen Wahnsinn zum Thema hat. Die erhaltenen Überlieferungen ergeben aber ein deutliches Charakterbild, in dem ein Übermaß an Tapferkeit, Härte, Ausdauer, Gutmütigkeit, Mitleid mit den Schwachen, Edelmut und Abenteuergeist hervortritt. Seine Fehler sind ebenfalls unübersehbar: Jähzorn (vor allem gegen jene, die er Unrecht begehen sieht), Wollust, Völlerei.

Über Amphitryons Versuche, Alkmene zu heiraten, siehe Amphitryon. Über Herakles' Empfängnis und Geburt in Theben siehe Alkmene. Zeus hatte ihm als Erstgeburtsrecht den Thron von Argos, wenigstens aber den von Mykene oder Tiryns, zugedacht, doch hatte man ihn durch Heras Machenschaften darum betrogen. So wurde er nicht zu einem großen König, sondern nur zu einem Sklaven des Eurystheus, der weit niedriger stand als er selbst. Zuletzt aber war Herakles, gestählt durch ein Leben der Selbsthingabe, dazu ausersehen, die Götter zu retten, denn er erschlug ihre Feinde, die Giganten.

Herakles verlor keine Zeit, um sich als Sohn des Zeus zu erweisen. Acht Monate nach seiner Geburt schlief er einmal im Kinderzimmer zusammen mit seinem Halb-Zwillingsbruder

Athene, Hera und Demeter (Schatzhaus von Siphnos in Delphi, spätes 6. Jh. v. Chr.; Delphi, Museum)

Der kleine Herakles erwürgt die Schlangen (römische Kopie einer griechischen Arbeit aus dem 3. Jh. v. Chr.; Rom, Museo Capitolino)

Iphikles in einem als Kinderbett hergerichteten Schild. Zu nächtlicher Stunde sandte Hera zwei Schlangen aus, die ihn töten sollten. Iphikles erblickte sie als erster und schrie auf, doch Herakles ergriff mit jeder Hand eine Schlange und erwürgte sie. Die Eltern eilten herbei, und sogleich erkannte Amphitryon, welches der Kinder von Zeus war. Nach einer anderen Darstellung hatte er selber die Schlangen in das Bettchen gelegt, um zu sehen, welches Kind von Zeus war. Herakles wurde von vielen hervorragenden Männern erzogen. Amphitryon unterwies ihn im Umgang mit Pferden und im Wagenlenken. Durch Eurytos, den König von Oichalia, wurde er ein gewandter Bogenschütze. Autolykos gab ihm Unterricht im Ringkampf, Polydeukes lehrte ihn das Fechten. Linos, der Bruder des Sängers Orpheus, lehrte ihn die Leier schlagen. In dieser Kunst war Herakles kein guter Schüler, und Linos sah sich genötigt, ihn zu strafen; da nahm Herakles zornentbrannt die Leier und schlug Linos den Schädel ein. Trotz seiner jungen Jahre wurde Herakles des Mordes angeklagt, doch verteidigte er sich so geschickt, daß ihn das Gericht freisprach, da er sich auf ein Gesetz des Rhadamanthys berief, das die Selbstverteidigung billigte.

Hiernach mußte Herakles die Herde Amphitryons auf dem Berg Kithairon bei Theben hüten, und er erwuchs rasch zu einem kräftigen, starken, wenngleich nicht großen Mann (so Pindar; bei späteren Schriftstellern wächst er zu stattlicher Größe heran). Seine Lieblingswaffe blieb der Bogen, doch war er auch ein großer Ringkämpfer und Speerwerfer. Mit etwa siebzehn Jahren erlegte er mit einer Hand (ein Heldenstück, das nach anderen Überlieferungen Amphitryons Vater Alkaios beging) einen Löwen, der die Herden nicht nur Amphitryons, sondern auch Thespios' heimsuchte, des Königs im benachbarten Thespiai. Vorher schon hatte Thespios den Jüngling bei sich bewirtet und ihn mit seiner Tochter schlafen lassen – nach einer übersteigerten Version behielt er ihn sogar fünfzig Nächte bei sich und schickte ihm jede Nacht eine andere seiner fünfzig Töchter; nach Pausanias' Darstellung schickte er sie ihm alle auf einmal, als Herakles vom Wein so betört war, daß er glaubte, dasselbe Mädchen fünfzigmal zu besitzen. Jede von ihnen gebar ihm infolgedessen einen Sohn.

Nachdem er den Löwen vom Kithairon getötet hatte, machte er sich auf den Heimweg nach Theben und stieß auf die Boten des Erginos, des Königs der Minyer von Orchomenos. Sie wollten in Theben den jährlichen Tribut einheben, den der König verhängt hatte, weil sein Vater Klymenos in Theben zu Tode gekommen war. Erginos hatte die Thebaner besiegt, entwaffnet und ihnen diesen jährlichen Tribut befohlen. Ergrimmt über diese Demütigung seiner Geburtsstadt, packte Herakles die Boten, schnitt ihnen Nasen und Ohren ab (die er ihnen um den Hals hängte) und schickte sie zu ihrem Herrn zurück. Dann vernichtete er, von Athene bewaffnet, Erginos an einem Gebirgspaß, unterstützt von den Thebanern, die sich die Waffen geholt hatten, die ihre Vorväter in den Tempeln dargebracht hatten – obwohl Kreon, damals König von Theben, zuvor Erginos angeboten hatte, Herakles auszuliefern. Danach belagerte Herakles Orchomenos, erklomm bei Nacht allein die Stadtmauer und brannte Erginos' Palast nieder. Dann erlegte er Orchomenos den doppelten Tribut auf, wie ihn Theben hatte zahlen müssen.

Voller Dankbarkeit gab Kreon Herakles seine Tochter Megara zur Frau. Megara gebar ihm drei Söhne: Thersimachos, Kreontidas und Deikoon. Iphikles hatte bereits mit Automedusa, des Alkathoos Tochter, den Iolaos gezeugt, Herakles' künftigen Gefährten und Knappen.

Während Herakles in Argos weilte, starb Kreon, und ein euböischer Usurpator namens Lykos riß den Thron Thebens an sich. Lykos, der allgemein als Mörder Kreons galt, fürchtete die Anwesenheit der Tochter und Enkel des Toten in der Stadt und wollte sie umbringen, als Herakles unvermutet zurückkam und den Usurpator tötete. In dem nachfolgenden Freudentaumel schlug Hera Herakles plötzlich mit einem Anfall von Wahnsinn, so daß er zu seinem Bogen griff und seine drei Söhne sowie Megara erschoß, die sich schützend vor eines ihrer Kinder gestellt hatte. Er wollte auch noch Amphitryon umbringen, doch Athene betäubte ihn mit einem Felsbrocken. Er soll auch die Kinder des Iphikles, bis auf Iolaos, verbrannt haben (in der Darstellung des Apollodoros dagegen blieb Megara am Leben und heiratete Iolaos).

Euripides hält sich in seiner Tragödie ›Herakles‹ an eine ganz andere Chronologie dieser Ereignisse. Dort vollbringt Herakles die Zwölf Arbeiten für Eurystheus in der Zeit zwischen dem Verlassen Thebens und der Heimkehr zu seiner Familie. Nachdem er Lykos erschlagen hatte, machte Hera ihn wahnsinnig, er tötete Frau und Söhne (weil er sie für Eurystheus und dessen Familie hielt) und wurde von Theseus, den er bei seiner letzten Arbeit aus dem Hadesreich gerettet hatte, nach Athen geführt. Diese bessere Auslegung erklärt die Zeitdifferenz zwischen dem Tode Kreons und dem Heranwachsen der Kinder des Herakles, verzichtet aber auf den allgemein akzeptierten Grund für Herakles' Sklavendienste bei Eurystheus: die Blutschuld seiner Morde an Weib und Kindern.

In der üblicheren Schilderung seines Lebens machte sich Herakles aufgrund der Tötung seiner Familie an seine Arbeiten. Er verließ Theben, wie es für einen Totschläger geziemend war, und fand bei seinem alten Freund, dem König Thespios von Thespiai, Zuflucht, der ihn entsprechend dem herkömmlichen Ri-

Herakles erwürgt die Schlangen (Wandmalerei im Hause der Vettier, Pompeji)

Herakles kämpft mit dem Nemeischen Löwen (Silbermünze aus Herakleia in Lukanien; Berlin, Staatliches Münzkabinett)

tual reinigte. Herakles aber fand keine Ruhe und wandte sich an das Delphische Orakel, das ihn nach Tiryns befahl, einer der Städte des Eurystheus, wo er entsprechend des Königs Weisungen mehrere Aufgaben lösen sollte. Die Zahl der Arbeiten wird übereinstimmend mit zwölf angegeben, doch sind sich die meisten antiken Berichte darin einig, daß Eurystheus zwei davon wegen technischer Fehler nicht gelten ließ. Man nimmt deshalb im allgemeinen an, daß Herakles ursprünglich nur zehn Arbeiten zu vollbringen hatte. (Dafür mußte Herakles zwölf Jahre in Eurystheus' Diensten zubringen.) Erst jetzt nahm er den Namen »Herakles« an, den er von einer pythischen Priesterin erhielt, möglicherweise um Heras Zorn zu besänftigen. Bis dahin war er einfach Alkides genannt worden, nach Amphitryons Vater Alkaios. Die Priesterin verhieß ihm auch die Unsterblichkeit, wenn er die Arbeiten vollbrächte. Diese bedeuteten allerdings eine schreckliche Strafe für Herakles, denn Eurystheus war ein Schwächling und muß dem stolzen Helden wie ein Usurpator seines rechtmäßigen Thrones vorgekommen sein. Es wurde auch berichtet, erst nach diesem delphischen Spruch sei Herakles dem Wahnsinn verfallen und habe dann seine Familie getötet.

Die Reihenfolge von Herakles' Arbeiten scheint in den Szenen fixiert zu sein, die auf den Reliefs des Zeustempels in Olympia (ca. 460 v.Chr.) abgebildet sind; doch hat Euripides in seinem Drama ›Herakles‹ eine erheblich andere Reihenfolge und führt auch einige neue Arbeiten ein, während er andere bekannte wegläßt. So führt er z.B. die Ermordung des Kyknos, die Säuberung des Meeres von Piraten und das Tragen der Himmelskugel für Atlas auf (hier zu unterscheiden von den Äpfeln der Hesperiden, siehe Nr. XI). Aber auch selbst im fest aufgestellten »Kanon« werden die elfte und zwölfte Arbeit (die nachträglich hinzukamen, da zwei für ungültig erklärt wurden) häufig vertauscht. Die Reihenfolge in der unten angegebenen Liste ist die allgemein akzeptierte, da der Abstieg zum Hades (XII) ein passender Höhepunkt ist. Die ersten sechs Arbeiten spielen sich im Peloponnes ab; die nächsten beiden in entlegeneren Teilen der griechischen Welt; die restlichen vier an sagenhaften Orten, einschließlich des Reiches der Toten. Athene gewährte ihm vorbehaltlose Hilfe bei allen Aufgaben.

I. Der Nemeische Löwe. Das erste Untier, das Herakles auf Eurystheus' Geheiß besiegen und herbeischaffen mußte, war der Nemeische Löwe, ein unverwundbares Geschöpf, das von Selene gesäugt worden war und von Orthos und Echidna geboren worden sein sollte. Hera hatte es nach Nemea in der Argolis entsandt, um Herakles in Gefahr zu bringen. Als Herakles nach Kleone gelangte, verweilte er in der Hütte eines Taglöhners Molorchos, der bereit war, ihm als Gott zu opfern. Herakles verzichtete auf die Ehre und gebot ihm, einen Monat zu warten; dann würde er entweder als toter Held ein Opfer verdienen oder er hätte das Untier erlegt, in welchem Falle Molorchos dem Retter Zeus opfern könne. Eines Abends nahte sich Herakles dem Löwen an einem Berghang, nachdem er gefressen hatte, und beschoß ihn aus dem Hinterhalt. Er erkannte sogleich die Unverwundbarkeit des Tieres, da die Pfeile, Geschenke Apollons, an seiner Flanke abprallten. Der Löwe sprang ihn an, Herakles wehrte ihn ab, indem er ihn mit bloßen Händen und seiner Olivenholzkeule angriff. Er würgte und hämmerte ihn zu Tode, wobei seine Keule in dem Kampf zerbrach, und häutete das Tier mit dessen eigenen Klauen, um seinen rauhen Pelz zu zerschneiden. Dann stellte er das Fell wieder her und trug es seitdem. Zeus aber verewigte das Tier als Sternbild Löwe am Himmel. Molorchos war mitten im Opfer für den totgeglaubten Helden, als Herakles nach Kleone zurückkam. In Tiryns angelangt, warf er Eurystheus das Fell vor die Füße, und der war von dessen Aussehen so entsetzt, daß er in einen großen Bronzekrug sprang und sich versteckte. Von da an gebot er Herakles, seine Trophäen vor den Toren der Stadt liegenzulassen und nur noch indirekt durch den Boten Kopreus mit ihm zu verkehren.

II. Die Lernäische Hydra. Dieses Ungeheuer, eine Wasserschlange mit Hundekörper, stand zu Herakles' erster Beute in Beziehung; es war ebenfalls ein Kind der Echidna, mit Typhon

Herakles und die Hydra (Gustave Moreau, 1826–1898; Paris, Musée Gustave Moreau)

Herakles erschlägt mit Hilfe seines Neffen Iolaos die Lernäische Hydra, die Krabbe hat er mit einem Fußtritt zerschmettert (französischer Kupferstich)

als Vater. Es hauste in der Quelle des Flusses Amymone, in den Sümpfen von Lerna bei Argos, und hatte mehrere Köpfe, deren Zahl zwischen fünf und hundert schwankte; einer von ihnen soll, späteren Mythologen zufolge, unsterblich gewesen sein. Hera hatte die Hydra offenbar absichtlich dort hingesetzt, um Herakles zu verderben, und ihr noch als Verbündeten eine Riesenkrabbe beigegeben, was Abwechslung in den Kampf brachte. Als Herakles die Hydra mit dem Schwert töten wollte, mußte er seinen Neffen Iolaos zu Hilfe rufen, um die Halsstümpfe des Untiers mit Feuer auszubrennen; denn sobald ein Kopf abgeschlagen war, wuchsen unfehlbar zwei neue nach. Herakles zerschmetterte die Krabbe mit einem Fußtritt, woraufhin Hera (die ihn ebenso erbittert bekämpfte, wie Athene ihm beistand) das Tier zur Belohnung als Sternbild Krebs an den Himmel setzte. Nachdem er die sterblichen Köpfe vernichtet hatte, schlug er auch noch den unsterblichen ab und begrub ihn unter einem Felsen an der Straße von Lerna nach Elaios. Dann schnitt er den Leib der Schlange auf und entnahm ihm sein Gift, das er (zuletzt zu seinem eigenen Verderben) an sich nahm, um seine Pfeile damit zu vergiften. Als er zu Eurystheus zurückkehrte, soll der ihm diese Arbeit nicht angerechnet haben, da Herakles sich der Hilfe eines anderen bediente.

III. Die Keryneische Hindin. Es steht nicht fest, ob Herakles dieses Tier dem Eurystheus lebendig oder tot zu bringen hatte. Euripides behauptet, es sei eine Landplage gewesen, die Herakles getötet und der Artemis geweiht habe. Andere Quellen geben an, er habe die Hindin ein Jahr lang gejagt und dann lebend eingefangen. Sie trug ein goldenes Geweih und war der Artemis heilig, die sie als eine von vier Hirschkühen zum Ziehen ihres Wagens gefangen hatte. Nach dem Dichter Pindar war die Hindin die Pleiade Taygete, die die Göttin in diese Gestalt verwandelt hatte, um sie vor den Annäherungen des Zeus zu schützen. Er sagt, Herakles habe sie bis ins Land der Hyperboreer verfolgt. Nach anderen Berichten lebte sie in den Wäldern von Oinoi in der Argolis. Die Verbindung mit der achäischen Stadt Keryneia ist unklar. Herakles spürte sie in Arkadien am Fluß Ladon auf und fing sie mit einem Netz, während sie schlief. Als er sie davontrug, begegneten ihm Apollon und Artemis, die ihm Vorwürfe machten und die Herausgabe der Hindin forderten; als aber Herakles die Schuld Eurystheus zuschob, erlaubte die Göttin, daß er das Tier nach Tiryns mitnahm, um es dort unversehrt freizulassen; siehe Taygete.

IV. Der Erymanthische Eber. Als nächstes erhielt Herakles die Aufgabe, einen riesigen

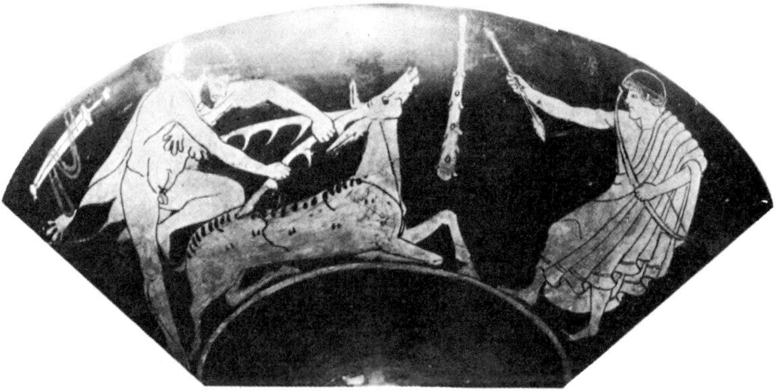

Herakles fängt die Keryneische Hindin (attische Schale, frühes 5. Jh. v. Chr.; Paris, Louvre)

Herakles bringt den Erymanthischen Eber zu Eurystheus (attische Vase, spätes 5. Jh. v. Chr.; London, Britisches Museum)

Eber zu fangen, der auf dem Berg Erymanthos in Arkadien hauste und das Land Psophis heimsuchte. Während Herakles nach dieser Kreatur suchte, geschah es, daß ihn der Kentaur Pholos bewirtete, mit traurigen Folgen für ihn und die anderen Kentauren. Diese rohen Gesellen wurden vom Duft des Weines in Pholos' Höhle gelockt, und nachdem sie von dem ungewohnten Getränk genossen hatten, fielen sie in trunkener Rauflust über Herakles her. Der war genötigt, sich seiner vergifteten Pfeile zu bedienen, und machte sehr viele der Raufbolde nieder. Einer der Kentauren aber, die dem Massaker entrannen, war Nessos, der später den Untergang des Helden bewirkte. – Nach diesem Zwischenfall fing Herakles den Eber, indem er ihn durch lautes Rufen von seinem Lager aufstörte und in den tiefen Schnee trieb, wo er ihn mit seinem Netz einfing. Dann trug er ihn zu Eurystheus, der wieder einmal in seinen Bronzekrug flüchtete.

An dieser Stelle soll Herakles fortgezogen sein und sich Jasons Zug nach dem Goldenen Vlies angeschlossen haben (siehe Argonauten). Er paßte recht schlecht in diese Gesellschaft, da er der bei weitem größte Heros an Bord und doch dem Jason untergeordnet war. Vielleicht glaubte man aus diesem Grunde, daß er die Expedition schon vor der Ankunft in Kolchis verlassen würde; es wird jedoch auch gesagt, daß man ihm die Führerschaft anbot, daß er aber hinter Jasons Vorrechten zurücktrat. Über seine Rolle in dieser Sage gibt es verschiedene Überlieferungen. Nach einem Bericht ging er überhaupt nicht an Bord, weil das aus der Zeuseiche zu Dodona geschnitzte, prophetische Bugspriet verkündete, er wäre zu schwer für das Schiff. Apollonios von Rhodos, der Dichter der ›Argonautika‹, kennt eine Version, wonach Herakles in Begleitung des Jünglings Hylas, des Sohnes von Theiodamas, dem König der Dryoper, den er getötet hatte, von Pagasai aus mit Jason reist. Nachdem sich die Argonauten ein Jahr lang auf Lemnos bei den dortigen gattenlosen Frauen aufgehalten hatten, überredete er sie schließlich zur Weiterreise; außerdem tötete er die Giganten, die die Dolionen im nördlichen Mysien in Kleinasien plagten. Doch als vor der bithynischen Küste sein Ruder brach, brach das Unheil herein; denn während er Holz für ein neues Ruder schlug, wurde sein Knappe Hylas, der Wasser holen sollte, von Wassernymphen entführt, die ihn hinab in einen Brunnen zogen. Die Argonauten suchten die ganze Nacht nach ihm, setzten aber am nächsten Tag auf Anra-

Herakles und die Stymphalischen Vögel (Vase aus Vulci, 550 v. Chr.; London, Britisches Museum)

Herakles reicht Athene einen der toten Stymphalischen Vögel (Relief vom Zeustempel in Olympia, 5. Jh. v. Chr.; Paris, Louvre)

ten von Kalais und Zetes die Reise ohne Herakles fort. Herakles gab die Suche schließlich auf, aber erst, nachdem er den Bewohnern der Gegend das Versprechen abgenötigt hatte, weiterhin Jahr für Jahr nach dem Knaben zu suchen. Der Argonaut Polyphemos, der Hylas' Schreie gehört und Herakles verständigt hatte, blieb ebenfalls zurück, gründete die Stadt Kios und sorgte für die Beibehaltung der Suche nach Hylas. Herakles spürte Kalais und Zetes später auf der Insel Tenos auf und erschlug sie zur Strafe für ihren Verrat.

V. Die Reinigung der Augiasställe. Augias war ein Sohn des Sonnengottes Helios und besaß wie dieser riesige Viehherden, die er in seinem Königreich Elis weiden ließ. Eurystheus befahl Herakles, die Ställe des Augias, die so verschmutzt waren, daß sie unbrauchbar waren, an einem einzigen Tag zu reinigen. Obwohl er als Leibeigener nicht dazu befugt war, handelte Herakles mit Augias und verlangte für die Reinigung ein Zehntel der Herde; Augias' Sohn Phyleus war Zeuge der Abmachung. Herakles schlug nun Löcher in die Stallmauern und leitete den Fluß Alpheios hindurch; dann lenkte er den Fluß wieder in seinen natürlichen Lauf und verschloß noch vor Einbruch der Nacht die Löcher. Die Stallungen waren wieder frisch und rein, aber Augias weigerte sich, die Abmachung einzuhalten, weil Herakles ja auf Geheiß des Eurystheus gearbeitet habe. Phyleus, der sich über die Ehrlosigkeit seines Vaters ärgerte, sagte seine Meinung und wurde dafür verbannt. Auf dem Rückweg nach Tiryns wurde Herakles von König Dexamenos von Olenos bewirtet und errettete dessen Tochter Mnesimache vor dem Kentauren Eurytion, der sie zur Ehe zwingen wollte und ihren Freier umbrachte. Zurückgekehrt, sah sich Herakles doppelt betrogen, denn Eurystheus rechnete ihm diese Arbeit nicht an, weil er sich dafür hatte entlohnen lassen wollen. Später kam Herakles erneut nach Elis, eroberte das Land nach beträchtlichen Schwierigkeiten, tötete Augias und setzte Phyleus an seine Stelle.

VI. Die Stymphalischen Vögel. Die letzte Arbeit, die Herakles im Peloponnes vollbrachte,

Herakles tötet bei den Dolionen einen der Giganten (römisches Mosaik, 4. Jh. n. Chr.; Piazza Armerina, Sizilien)

Herakles fängt den Kretischen Stier (Relief; Paris, Louvre)

war die Vertreibung dieser Vögel, die die Waldsäume am See Stymphalos in Arkadien unsicher machten und die Menschen mit ihren eisenbewehrten Federn beschossen, abgesehen davon, daß sie die Ernte mit ihrem Unrat verdarben. Herakles vertrieb sie mit Hilfe einer bronzenen Klapper, die Hephaistos angefertigt und Athene ihm besorgt hatte. Er scheuchte sie mit der Klapper auf und erlegte viele mit dem Pfeil, während sie von ihren Lagerstätten aufflogen.

VII. Der Kretische Stier. Eurystheus schickte Herakles nun in die Ferne und befahl ihm, jenen Stier zu bringen, den Minos versäumt hatte, dem Poseidon zu opfern, und in den Pasiphaë vernarrt war. Minos hielt Herakles nicht ab, weil ihm der Stier schon viel Ärger gemacht hatte und gefährlich war. Herakles brachte ihn lebend nach Tiryns und ließ ihn dann frei. Der Stier lief bis nach Marathon, wo er später Minos' Sohn Androgeos tötete, den König von Paros, bevor er selber dem Theseus zum Opfer fiel.

VIII. Die Stuten des Diomedes. Als nächstes mußte Herakles nach Thrakien gehen und die menschenfressenden Stuten des Diomedes holen, des Königs der Bistonen. Auf dem Weg durch Thessalien wurde Herakles von König Admetos von Pherai bewirtet; er rettete dessen Gemahlin, die bereit war, an Admetos' Stelle ins Grab zu steigen, indem er Thanatos (den Tod) niederrang, als der kam, um sein Opfer zu holen. Herakles ging weiter und trieb in Thrakien die Stuten bis ans Meer, um sie auf ein Schiff zu bringen. Die Bistonen, von Diomedes gerufen, der den Diebstahl entdeckt hatte, überfielen ihn, doch Herakles schlug sie vernichtend, fing ihren König und verfütterte ihn an die Pferde, die daraufhin ganz zahm wurden. Inzwischen hatten sie aber Herakles' jungen Freund Abderos verschlungen, der sie beaufsichtigen sollte; zu seinem Gedächtnis gründete Herakles die Stadt Abdera. Nachdem er mit den Stuten zurück nach Tiryns gesegelt war, ließ Herakles sie frei. Sie zogen nordwärts und wurden am Olymp von wilden Tieren verschlungen. (Einige Quellen behaupten, zu diesem Zeitpunkt sei es gewesen, daß Herakles sich den Argonauten anschloß.)

IX. Der Amazonengürtel. Weil Admete, seine Tochter, ein ausgefallenes Geschenk begehrte, schickte Eurystheus Herakles nach dem Gürtel der Hippolyte, der Königin der Amazonen, die am Fluß Thermodon an der Nordküste Kleinasiens lebten. Herakles sammelte eine Schar von Gefährten um sich, darunter Theseus und Telamon, und segelte fort. An der Insel Paros in den Kykladen machte er Halt. Als die Parer – deren König Androgeos war ein Sohn des Minos von Kreta – zwei von Herakles' Leuten töteten, belagerte er die Stadt, bis sie sich ergaben, und nahm die Königssöhne Alkaios und Sthenelos als Geiseln mit. In Mysien half er Lykos, dem König der Mariandyner, in einem Krieg gegen die Bebryker. (Auf dem in diesem Krieg gewonnenen Land gründete Lykos die Stadt Herakleia Pontike.) Dann segelte Herakles weiter in das Land der Amazonen. Den Gürtel hatte Hippolyte von ihrem Vater Ares zum Zeichen ihrer Herrschaft über den Stamm empfangen; als aber Herakles ihn verlangte, zeigte sie sich bereit, ihn ohne Zögern abzugeben. Doch Hera war

erzürnt, daß Herakles einen so leichten Sieg davontragen sollte, und stiftete in Gestalt einer Amazone die übrigen an, über Herakles herzufallen, weil er ihre Königin entführen wolle. Daraufhin tötete Herakles, der Hippolyte für wortbrüchig hielt, die Amazonenkönigin, nahm ihr den Gürtel ab und segelte davon. Eine andere Version berichtet, daß Herakles Melanippe gefangennahm und Theseus Antiope ergriff; beide waren die zweitmächtigsten der Amazonen. Melanippe wurde gegen Hippolytes Gürtel ausgetauscht, Theseus aber nahm Antiope mit heim, weil sie sich liebten, – das soll der Grund gewesen sein, warum sie ihr Volk an die Griechen verriet.
Auf dem Rückweg nach Tiryns erklärte sich Herakles bereit, König Laomedon von Troja zu helfen; dessen Land wurde von einem Seeungeheuer geplagt, das Poseidon geschickt hatte, weil sich Laomedon weigerte, Poseidon und Apollon den vereinbarten Lohn für den Bau der trojanischen Stadtmauer zu zahlen. Laomedon hatte schon seine Tochter Hesione an die Meeresküste gekettet, um das Untier zu besänftigen; da kam ihr Herakles zu Hilfe und vereinbarte mit Laomedon, er werde das Ungeheuer vernichten, wenn er dafür Laomedons von Zeus geschenkte Rosse bekäme. So geschah es; er kämpfte hinter einem Schutzwall, den Athene ihm errichtet hatte, und als das Untier ihn trotzdem verschlang, tötete er es von innen. Doch Laomedon trat wieder von seinem Wort zurück, und Herakles schwor ihm Rache. (Nach einem anderen Bericht ereignete sich dies nach Herakles' Rückkehr von der Argonautenfahrt.)
Auf dem Rückweg nach Griechenland legte Herakles auch im thrakischen Ainos an, wo er Sarpedon, den Bruder des Königs Poltys, tötete, obwohl dieser ihn gastfreundlich aufgenommen hatte. Er eroberte auch die Insel Thasos und übergab sie den Parern Alkaios und Sthenelos. Nach Herakles' Rückkehr nahm Eurystheus den Amazonengürtel und brachte ihn in den Heratempel zu Argos.
X. Das Vieh des Geryon. Für die restlichen Arbeiten mußte Herakles die Enden der Welt und sogar die Unterwelt aufsuchen, ein Ort, der in der ›Odyssee‹ als an den westlichen Okeanos grenzend geschildert wird. Auf diesen Reisen vollbrachte er auch eine Reihe kleinerer Taten *(parerga)*, die die eigentlichen Arbeiten ergänzten. Die Herde des dreiköpfigen Ungeheuers Geryon (ursprünglich vielleicht eine andere Form des Hades) weidete auf der sagenhaften Insel Erytheia (»Rotland«), die man sich im westlichen Okeanos vor Iberien (Spanien) dachte. Diese Herde sollte Herakles rauben und nach Argos treiben.
Herakles begab sich zunächst nach Libyen und wanderte dann westwärts dem Okeanos zu. Von der Hitze bedrängt, zielte er mit dem Bogen nach Helios. Statt es übelzunehmen, lieh Helios ihm die große goldene Schale, in der er jede Nacht nach Osten zurückkehrte. In dieser

Herakles ringt mit Thanatos um das Leben der Alkestis (Frederick Lord Leighton, 1830–1896; Sammlung Charles Jerdein)

Herakles kämpft mit dem dreiköpfigen Ungeheuer Geryon, links Athene (schwarzfigurige Vase; London, Britisches Museum)

Schale fuhr Herakles auf dem Okeanos, bis er nach Erytheia kam. Beim Passieren der Straße von Gibraltar errichtete er die Säulen des Herakles. Er erschlug den Wachhund Orthos mit seiner Keule und den Kuhhirten Eurytion ebenso und trieb dann das Vieh auf die goldene Schale. Menoites, der auf einer benachbarten Weide das Vieh des Hades hütete, verständigte Geryon von dem Diebstahl, und das Ungeheuer eilte hinter Herakles her. Am Fluß Anthemos aber streckte Herakles es mit einem Pfeilschuß nieder. Danach segelte Herakles nach Tartessos in Südwestspanien, wo er Helios die Schale zurückgab und seinen Weg zu Fuß – quer durch Spanien und Südfrankreich – fortsetzte. Hier wollte eine große Streitmacht von Ligurern das Vieh nehmen und den Helden erschlagen, dem die Pfeile ausgingen. Zeus – in seiner Vorsehung – ließ aber einen Steinhagel auf die Ligurer fallen, und auch Herakles bombardierte sie mit Steinen. Das sind die Felsblöcke, die noch heute in der Provence zu sehen sind (wo die Ligurer damals wohnten).

Als er zu einer waldigen Gegend nördlich des Schwarzen Meeres kam, stahl man Herakles im Schlaf seine Herde. Als er nach den Tieren suchte, sah er eine seltsame Frau mit einem Schlangenschwanz, die in einer Höhle hauste. Sie war es, die die Pferde weggetrieben hatte, aber sie wollte die Herde erst dann herausgeben, wenn Herakles mit ihr schlief. Sie war die Königin über dieses Land, und er blieb immerhin so lange bei ihr, daß sie ihm drei Söhne gebar: Skythes, Gelonos und Agathyrsos, nach denen drei mächtige Völker benannt sind. Als sie ihm dann die Pferde übergab, fragte die Schlangenfrau Herakles, was aus seinen Söhnen werden solle. Er überließ ihr seinen Bogen und trug ihr auf, jenen Sohn, der ihn spannen könne, als ihren Nachfolger zu betrachten. Skythes bewies diese Fähigkeit, und seine Nachkommen, die Skythen, wurden zum stärksten Volk im südlichen Rußland.

Herakles trieb nun seine Herde nach Süden, durch Italien. Auf dem Boden Roms machte er Halt, tötete das Ungeheuer Cacus und wurde von König Euander bewirtet. An der Ara Maxima (Großer Altar) stiftete er seinen eigenen Kult. Nahe der kampanischen Stadt Baiae errichtete er entlang der Küste einen mächtigen Deich. Als er nach Rhegion in Süditalien kam, schwamm ein Stier aus seiner Herde nach Sizilien hinüber, und Herakles war genötigt, ihn einzufangen; die restliche Herde ließ er in der Obhut des Hephaistos. Als der Stier in Westsizilien landete, tat König Eryx ihn unter seine eigene Herde und wollte ihn erst nach einem Ringkampf mit Herakles wieder herausgeben. Herakles besiegte ihn dreimal und tötete ihn. Als er die Herde über den Isthmos von Korinth trieb, überfiel der Riese Alkyoneus ihn und warf so heftig mit einem Stein nach Herakles, daß der Stein an diesem abprallte und den Angreifer tötete.

Doch Herakles' Mühen waren noch nicht beendet; denn als er mit der Herde kurz vor Tiryns war, sandte Hera eine Bremse, die die Tiere auseinandertrieb, so daß er sie erst mühsam alle wieder einfangen mußte. Eurystheus war höchst überrascht, nach so langer Zeit Herakles wiederzusehen, den man schon aufgegeben hatte. Das Vieh wurde Hera geopfert.

XI. Die goldenen Äpfel der Hesperiden. Herakles hatte nun die vom Delphischen Orakel verhängten zehn obligatorischen Arbeiten

Herakles hält mit Athenes Hilfe den Himmel, Atlas bringt die Äpfel der Hesperiden (Relief vom Zeustempel in Olympia; Olympia, Museum)

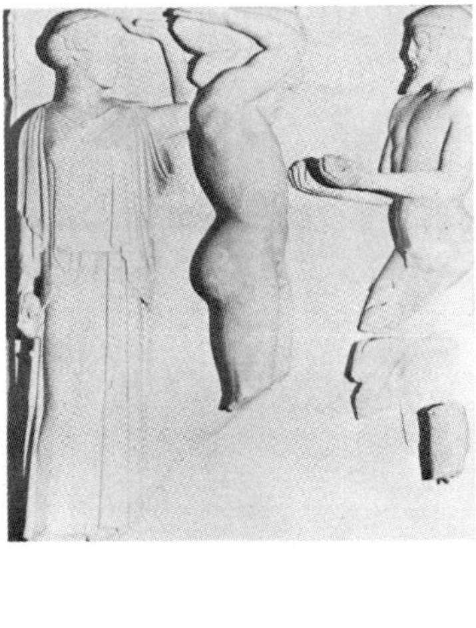

vollbracht; aber da Eurystheus zwei davon nicht gelten ließ, mußte er zwei weitere vollbringen. Als erstes (wie erwähnt, wird die Reihenfolge dieser beiden Arbeiten gelegentlich vertauscht) mußte er Eurystheus die goldenen Äpfel der Hesperiden bringen (»Töchter des Abends«), die oft als Töchter des Titanen Atlas galten, der in der Nähe ihres Gartens den Himmel auf seinen Schultern trug.
Diese Äpfel – ein Hochzeitsgeschenk der Gaia an Hera – befanden sich in einem Garten am Rande der Erde und wurden von den Hesperiden und dem Drachen Ladon bewacht.
Zunächst war es Herakles unmöglich, den Garten zu finden. Er fragte deshalb die Nymphen des Flusses Eridanos, und sie rieten ihm, den Ort von Nereus zu erpressen, einem der Meeresgötter, der sich in phantastische Gestalten zu verwandeln pflegte, wenn man ihn ergreifen wollte. Herakles fand ihn, ließ ihn durch alle Verwandlungen hindurch nicht los und zwang ihm so die ungefähre Richtung des Gartens im fernen Westen ab.
Unterwegs bestand er eine Reihe kleinerer Abenteuer. Er tötete den Adler, der den gefesselten Prometheus peinigte, und befreite den Gefangenen von seinen Ketten; er erschlug Busiris, den König von Ägypten, der ihn dem Zeus opfern wollte; in Libyen rang er mit dem riesigen Antaios dem Sohn der Gaia, und tötete ihn, indem er ihn hoch über der Erde festhielt, und erschlug einen Sohn des Ares, Lykaon, der ihn zu einem Kampf herausgefordert hatte. In Rhodos stahl er einen Ochsen, opferte ihn und verzehrte ihn, während der Eigentümer fluchend dabeistand; und so kam es, daß die rhodischen Herakles-Opfer seither in Begleitung von Flüchen abgehalten wurden.
Es gibt zwei Überlieferungen darüber, wie Herakles an die Äpfel gelangte. Die geläufigere Geschichte erzählt, wie er, vielleicht veranlaßt durch einen Rat von Prometheus, den Titanen Atlas überredet, sie ihm zu holen, während er unterdessen mit Athenes Hilfe den Himmel hielt. Atlas war glücklich über diese Rast, und es fiel ihm nicht schwer, seinen Töchtern die Früchte abzubitten. Zurückgekehrt, wollte er den Himmel nicht wieder tragen, sondern lieber selber dem Eurystheus die Äpfel bringen. Herakles mußte einwilligen, bat aber Atlas, den Himmel wenigstens einen Moment zu halten, damit er seinen Kopf polstern könne. Atlas tat es, und Herakles entschlüpfte, griff sich die Äpfel und eilte mit ihnen nach Griechenland.
In der Darstellung des Euripides tötete Herakles selber den Drachen Ladon und nahm die Früchte vom Baum; und da er durstig war, stieß er mit dem Fuß gegen die Erde und ließ

Herakles ringt mit Antaios (Bronze von Antonio del Pollaiuolo, 1429–1498; Florenz, Bargello)

eine Quelle sprudeln. (Später war dieses Wasser die Rettung der Argonauten, als sie hier vorbeikamen.) Es gibt noch eine Sage, wonach Emathion, ein Sohn der Eos und des Tithonos, zufällig in der Nähe war, als Herakles sich heranschlich, und den Raub der Äpfel verhindern wollte, aber getötet wurde. Hera versetzte Ladon als Sternbild Drache an den Himmel. Dieser Bericht paßt zu der Sage, daß Atlas schon lange vorher in ein großes Steingebirge verwandelt worden war, nachdem Perseus ihm das Haupt der Gorgo gezeigt hatte. Als Eurystheus die Äpfel in Händen hielt, gab er sie unverzüglich dem Herakles zurück, da sie zu heilig waren, um sie zu behalten. Athene nahm sie und brachte sie in den Garten zurück.
XII. Der Abstieg in die Unterwelt. Herakles' letzte Arbeit (nach der üblichen Zählung) war das Herbeischaffen des Höllenwachhundes Kerberos vor dem Tor zum Haus des Hades. Mit dieser Aufgabe hoffte Eurystheus seinen Feind endgültig loszuwerden. Stattdessen besiegte Herakles Hades persönlich und vollendete so seinen Anspruch auf Unsterblichkeit. Zunächst mußte er den Weg in die Unterwelt finden; hierfür ließ er sich durch Eumolpos in die Eleusischen Mysterien einweihen (und

Herakles entführt mit Athenes Hilfe den Höllenhund Kerberos (rotfigurige Vase, 5. Jh. v. Chr.; Paris, Louvre)

mußte dazu als Fremdling von einem eleusischen Bürger namens Pylios adoptiert werden) und von der Tötung der Kentauren reinigen. Nun war er bereit, das Hadesreich zu betreten, gestärkt durch die Riten Persephones. Nach einigen Berichten errettete er jedoch zuvor noch Alkestis vom Tode. – Er begab sich nach Tainaron im südlichen Peloponnes, wo ihn Hermes, der Totenbegleiter, und seine Beschützerin Athene empfingen und ins Land der Toten geleiteten. Als sie an den Styx kamen, war der Fährmann Charon über Herakles so entsetzt, daß er ihn hastig hinüberruderte (ein Vergehen, für das Hades ihn später ein Jahr lang in Ketten legte). Herakles mußte dann mit Hades selbst um den Zutritt kämpfen und verwundete ihn unter dem Tor, so daß Hades auf dem Olymp die Heilsalben Paieons in Anspruch nehmen mußte und Herakles' Wunsch nach Kerberos entsprach – vorausgesetzt, er könne das Tier ohne Waffen einfangen. In der Unterwelt sah Herakles Theseus und Peirithoos auf den Schemeln des Vergessens, wo sie gefangensaßen, weil sie Persephone hatten entführen wollen. Hades war bereit, Theseus freizulassen, weil er nicht selbst hatte Persephone rauben wollen, sondern nur seinem Freund beistand; Peirithoos' Schicksal aber blieb besiegelt. Herakles begegnete auch den Schatten der Gorgo Medusa und des Meleagros. Hermes beruhigte ihn: der Schatten Medusas könne ihm nicht mehr schaden. Der Schatten des Meleagros schilderte Herakles seinen Tod, und als Herakles gerührt versprach, seine Schwester zu heiraten, beschrieb er dem Helden die Schönheit Deianeiras. Herakles hielt später sein Versprechen. Er soll auch Askalaphos unter dem Fels hervorgezogen haben, unter dem er begraben lag (weil er verraten hatte, daß Persephone die Granatapfelkerne gegessen hatte), und eine von Hades' Kühen getötet haben, um damit die Schatten zu nähren. Persephone beschwor ihn, fortzugehen, ohne weiteren Schaden anzurichten, und so fing er Kerberos, nahm ihn auf den Arm und verließ die Unterwelt. Auf dem Weg nach Tiryns kam es wegen des gräßlichen Aussehens des Höllenhundes zu einer Reihe von Zwischenfällen: aus dem Speichel des Hundes entsprang die Pflanze Eisenhut, ein tödliches Gift. Eurystheus war schon in seinem Bronzekrug, bevor Kerberos eintraf. Herakles trug den grauenerregenden Hund auch gleich wieder, wie versprochen, in den Hades zurück.

Obwohl ihm nun die Unsterblichkeit gewiß war, mußte Herakles doch noch sein Leben zu Ende leben und sogar noch weitere Sklavereien erdulden, ehe er in seinen letzten Hafen gelangte. Zunächst einmal trennte er sich von Megara (falls er sie nicht getötet hatte) und verheiratete sie mit seinem Neffen Iolaos, mit der Begründung, er sei ihrer unwürdig, da er ihre Kinder getötet habe. Dann beteiligte er sich an einem Wettbewerb im Bogenschießen, den König Eurytos von Oichalia veranstaltete; der Preis dafür war seine Tochter Iole. Herakles gewann, aber angesichts seiner unglücklichen Vorehe verweigerte Eurytos ihm trotz der Fürsprache seines Sohnes Iphitos, der Herakles' Tapferkeit bewunderte, den Preis. Nachdem der Held wütend abgezogen war, entdeckte man, daß auch einige Pferde und anderes Vieh verschwunden waren (von Autolykos gestohlen, wie sich später herausstellte), und Iphitos eilte Herakles nach, um ihn zu bitten, bei der Suche zu helfen. Herakles nahm den Jungen mit nach Tiryns, aber dann – vielleicht weil er sich über die Unterstellung in dieser Bitte ärgerte – stürzte er ihn vom Dach seines Hauses, oder von der Stadtmauer.

Ob dieser Mordanschlag nun bei klaren Sinnen geschah oder die Folge eines von Hera gesandten Wahnsinnsanfalles war – Herakles wurde von einer ernsthaften geistigen Umnachtung heimgesucht. In seinem Wunsch nach Heilung wandte er sich an König Neleus von Pylos in Messenien, der ihn reinigen sollte, doch als Freund des Eurytos lehnte der König das ab. Herakles suchte dann das Delphische Orakel auf, aber die pythische Priesterin, entsetzt von seinem Zustand, schickte ihn fort. Da stahl Herakles ihren Dreifuß und drohte, Delphi zu zerstören. Apollon eilte herbei, und die beiden rangen, bis Zeus seine Söhne mit einem Donnerkeil trennte. Schließlich gab die Priesterin Herakles den Rat, den er bei ihr gesucht hatte: so mußte er sich erneut einer Sklaverei unterziehen, diesmal für drei Jahre; den Lohn sollte er als Blutgeld Eurytos für den Tod des Iphitos geben – aber Eurytos wies ihn zurück. Hermes nahm nun den Helden und verkaufte ihn an die Königin Omphale von Lydien, die Witwe des Tmolos. In ihren Diensten vollbrachte er viele Heldentaten: er fing die Kerkopen von Ephesos und tötete Syleus, einen Lydier, der Vorübergehende zwang, in seinem Weingarten zu arbeiten; Herakles erschlug ihn mit seiner eigenen Hacke. Ferner vernichtete er Omphales Feinde, die Itoner, und zerstörte ihre Stadt. Nach einigen Geschichtsschreibern mußte Herakles bei Omphale Frauenkleider tragen und spinnen; andere behaupten, sie sei seine Frau geworden und habe ihm Lamos geboren. Als er sie verließ, war er geistig wieder gesund.

Herakles begann jetzt mit allen Menschen abzurechnen, die ihm Unrecht getan hatten. Den Anfang machte er bei seinen Feinden in Troja; er bot eine Armee und eine Flotte von achtzehn Galeeren gegen sie auf; sein Stellvertreter war Telamon von Salamis. Die auf dem Strand liegenden Schiffe übergab Herakles der Obhut des Oikles, doch die Troer töteten ihn und versuchten, die Flotte anzuzünden. Dann belagerte Herakles die Stadt, und Telamon schlug eine Bresche in die Mauer. Dieser Erfolg erzürnte den eifersüchtigen Herakles, der sich erst beruhigte, als Telamon erklärte, er wolle nur einen Altar zu seiner Verehrung errichten. Herakles tötete Laomedon und alle seine Söhne bis auf Podarkes (den Hesione mit ihrem Schleier auslöste) und Tithonos. Dann nahm sich Herakles die Pferde, die Laomedon ihm schuldete, und gab Hesione dem Telamon, dem sie Teuker gebar. Er ließ Podarkes als Herrscher über Troja zurück, der nun den Namen Priamos trug; griechische Mythologen leiteten diesen Namen fälschlich von *priamai* (ich kaufe) ab, weil er »erkauft« worden war.

Herakles verließ Troja und wurde von einem mächtigen Sturm, den Hera sandte, nach Süden auf die Insel Kos getrieben. Diesmal strafte Zeus Hera für ihre Grausamkeit gegen seinen Sohn, indem er sie an den Armen am Olymp aufhängte, die Füße von Ambossen beschwert. Auf Kos wurden die Griechen von den Meropern überfallen, deren König Eurypylos Herakles nun tötete. Athene holte Herakles von dieser Insel fort, um den Göttern im Kampf gegen die Giganten auf den Phlegräischen Feldern beizustehen, weil Herakles bei dieser Auseinandersetzung unentbehrlich war; denn nur ein Sterblicher konnte den Feinden der Götter den Todesstoß versetzen (siehe Giganten).

Als nächsten nahm sich Herakles Augias vor, den König von Elis, der ihm den vereinbarten Lohn für die Reinigung der Ställe (siehe V. Arbeit) vorenthalten hatte. Sein erster Feldzug schlug fehl, weil Augias von den Molionen unterstützt wurde, den Söhnen Aktors, die ausgezeichnete Feldherren waren. Da Eurystheus ihn von der Argolis verbannt hatte, begab Herakles sich nach Pheneus in Arkadien und schlug die Molionen aus einem Hinterhalt, als sie als Abgesandte zu den Isthmischen Spielen unterwegs waren. Nunmehr fiel er erneut über Augias her, besiegte ihn und setzte seinen Sohn Phyleus auf den Thron; dann opferte er seinem Vater Zeus in Olympia und soll die Olympischen Spiele gestiftet haben. Danach wandte er sich nach Pylos, wo er eine alte Rechnung mit König Neleus zu begleichen hatte, der ihn nicht von der Tötung des Iphitos hatte reinigen wollen. Nach einem anderen Bericht hatte er aber Neleus und dessen Söhne zur Zeit von Iphitos' Tod bereits umgebracht, und sein Wahnsinn, der zu der Sklaverei bei Omphale führte, erwuchs aus diesen beiden Taten. Jedenfalls blieb von Neleus' Söhnen nur Nestor am Leben, der fern von Pylos in Gerania weilte.

Dann lenkte Herakles seinen Blick auf Sparta, wo Hippokoon König war. Dieser Mann hatte seinen Bruder Tyndareos vertrieben und sich mit Neleus gegen Herakles verbündet. Außerdem hatten seine Söhne Herakles' Vetter Oionos getötet, weil er mit einem Stein nach einem Hund geworfen hatte. Nachdem Herakles sich der Hilfe des Königs Kepheus von Tegea

versichert hatte, griff er jetzt Sparta an. Im Kampf fielen sein Bruder Iphikles, Kepheus und die meisten von Kepheus' Söhnen. Trotzdem besiegte er seine Feinde und setzte Tyndareos wieder auf den Thron von Sparta. Kepheus' Tochter Sterope wehrte die Feinde von Tegea ab, indem sie die Locke eines Gorgonenhauptes hochhielt, die Athene ihrem Vater geschenkt hatte. Zwischendurch hatte Herakles Kepheus' Schwester Auge verführt, die ihm Telephos gebar.
Nun erinnerte sich Herakles des Versprechens, Deianeira zu heiraten, das er dem Geist des Meleagros gegeben hatte, und wandte sich nach Kalydon, wo Oineus als König herrschte. Er mußte mit dem Flußgott Acheloos um Deianeira kämpfen, doch er siegte und brach das Horn des Gottes ab, und so wurde Deianeira seine Frau. Herakles half den Kalydonern, die Thesproter zu besiegen, und verführte König Phylas' Tochter Astyoche, die ihm Tlepolemos gebar. Jetzt oder zu einem späteren Zeitpunkt ihrer Ehe gebar Deianeira Herakles einen Sohn, Hyllos, und eine Tochter, Makaria. Kalydon mußten sie verlassen, denn in einem Wutanfall hatte Herakles den Knaben Eunomos mit einem Faustschlag getötet, weil er bei Tisch Wein über Herakles verschüttet hatte. Obwohl Oineus Herakles vergab, mußte er doch dem bei Tötungen üblichen Brauch folgen und in die Verbannung gehen; und so machte er sich mit Deianeira auf den Weg nach Trachis. Als sie den Fluß Euenos überquerten, versuchte der Kentaur Nessos, der Deianeira über den Hochwasser führenden Fluß trug, sie zu entehren, und wurde von Herakles mit einem der in Hydragift getauchten Pfeile getötet (nach einer anderen Version erschlug Herakles Nessos mit seiner Keule). Sterbend gebot Nessos Deianeira, sein Blut aufzufangen und als Liebeszauber zu verwenden, wenn Herakles sie einmal nicht mehr lieben sollte; und unbemerkt von Herakles bewahrte sie das Blut in einem Fläschchen auf.
In Trachis angekommen, führte Herakles für Keyx, den König des Landes, mehrere Kriege, besiegte die Dryoper und Lapithen und gab einen Teil ihres Landes dem Aigimios, dem König der Dorer. Als Aigimios ihm daraufhin Land und Heimat in seinem Reich anbot, lehnte Herakles das für sich selber ab, nahm es aber zugunsten seiner Nachfahren an, die sich dementsprechend mit den Dorern verbündet haben sollen.
Herakles zog nach Thessalien, wo ihn in Itonos Kyknos, ein Sohn des Ares, zum Zweikampf forderte, der seinem Vater einen Tempel aus den Schädeln seiner Opfer baute. Er

Herakles tötet Nessos, der sich an Deianeira vergreifen will (rotfigurige Vase, 5. Jh. v. Chr.; London, Britisches Museum)

pflegte Pilgern auf dem Weg nach Delphi aufzulauern, sie zu töten und ihre Opfergaben an sich zu nehmen. Als Ares ihm zu Hilfe eilte, tötete Herakles Kyknos und focht mit Hilfe Athenes gegen den Gott Ares und verwundete ihn. Zeus soll die beiden getrennt haben, indem er einen Donnerkeil zwischen sie schleuderte. Nach einer Überlieferung trug sich dies in Makedonien zu, als Herakles auf dem Weg zum Garten der Hesperiden war.

Der letzte Krieg in Herakles' Leben war sein Rachefeldzug gegen Eurytos, der ihm die Hand seiner Tochter Iole verweigert hatte, die Herakles als Preis im Bogenschießen gewonnen hatte. Herakles ließ Deianeira in Trachis zurück und begab sich mit einer Armee von Verbündeten nach Oichalia (das vermutlich in Thessalien, vielleicht aber auch auf Euböa lag). Es folgte ein wilder Kampf, in dem zwei von Keyx' Söhnen fielen; aber Herakles war siegreich und erschlug Eurytos und alle seine Söhne. Iole versuchte, sich durch einen Sprung von der Festungsmauer zu retten, doch ihr Gewand verfing sich und hielt ihren Sturz auf, und so blieb sie am Leben. Herakles nahm sie zur Konkubine und sandte sie mit anderen Gefangenen nach Trachis. Außerdem ließ er Deianeira ausrichten, sie solle ihm ein reines Gewand schicken, da er am Kap Kenaion auf Euböa dem Zeus ein Dankopfer bringen wolle. Lichas wurde ausgesandt, um das Kleidungsstück zu holen; doch aus Furcht, Herakles liebe Iole mehr als sie, tauchte Deianeira das Gewand in das Blut des Nessos, bevor sie es übergab. Lichas brachte das Kleidungsstück zurück und Herakles legte es an.

Kaum hatte er mit dem Opfer begonnen, verbrannte das giftige Blut Herakles' Haut. In seinem Todeskampf packte er Lichas und schleuderte ihn weit ins Meer hinaus. Er wollte sich das Gewand vom Leibe reißen, aber er riß die Haut mit fort. Man brachte ihn zu Schiff nach Trachis, wo Deianeira erkannte, wie Nessos ihr mitgespielt hatte, und sich vor Gram erhängte. Auch Herakles begriff, was geschehen war, und erinnerte sich einer Weissagung, er werde nicht von den Händen eines Lebenden sterben, sondern von denen eines Toten. Er ließ in Delphi Erkundigungen einziehen, und man gebot ihm, auf dem Berg Oita in Thessalien einen Scheiterhaufen zu errichten, ihn zu besteigen und alles andere Zeus zu überlassen. Er nahm seinen Sohn Hyllos und gehorchte dem Spruch. Als Hyllos aber den Scheiterhaufen errichtet und Herakles ihn bestiegen hatte, brachte es niemand über sich, ihn anzuzünden, bis Poias, ein König der Malier, der gerade mit seinen Schafen des Weges zog, sich dazu bereitfand, weil ihm Herakles seinen Bogen und die als unfehlbar geltenden Pfeile dafür anbot. Als die Flammen das Sterbliche des Helden verbrannt hatten, sah man einen mächtigen Blitz herniederfahren, und danach war Herakles verschwunden. Man glaubte, daß er zum Olymp aufgestiegen sei, wo er weiterhin bei den Göttern wohnte, versöhnt mit Hera und mit ihrer Tochter Hebe verheiratet. Zeus verwandelte ihn in ein Sternbild.

Nach seiner Vergöttlichung erschien Herakles noch zuweilen auf Erden, um seinen Freunden zu helfen. Er veranlaßte seine neue Frau Hebe (deren Name »Jugend« bedeutet), Iolaos die Jugend wiederzuschenken, damit er die Kinder des Herakles in Attika gegen seinen alten Feind Eurystheus verteidigen konnte; und Herakles und Hebe zogen mit Iolaos in den Kampf, in zwei Sterne verwandelt, die am Joch von Iolaos' Wagen blitzten. Später erschien Herakles dem Philoktetes auf Lemnos im Ägäischen Meer und befahl ihm, in den Trojanischen Krieg zu ziehen und den Griechen mit jenem Bogen beizustehen, den Herakles einst seinem Vater Poias gegeben hatte; auch versprach er Philoktetes Heilung für eine schwärende Wunde.

Herakles wurde ein sehr volkstümlicher Gott, der im ganzen Mittelmeergebiet mit fremden Göttern, die ihm glichen, identifiziert wurde; aus diesem Grunde wurde seine Mythologie um zahlreiche Zusätze bereichert. Über seine Taten gibt es kein episches Gedicht, doch ist er eine bedeutende Figur in mehreren Dramen, besonders in Sophokles' ›Trachinierinnen‹ und in Euripides' ›Alkestis‹ und ›Herakles‹.

Seine Mythologie entwickelte sich machtvoll in Rom und Etrurien, zum Teil unter dem Einfluß phönikischer Kaufleute, die ihren Gott Melqart, dem sie Herakles gleichsetzten, nach Italien brachten. Mit den Eigenschaften Melqarts wurde diese italische Gottheit zum Schutzpatron der Händler und der Geschäfte; der Ausschluß von Frauen von ihrem Kult am Großen Altar (Ara Maxima) steht in Einklang mit dieser Deutung, denn Frauen hätten nicht in den phönikischen Kult gepaßt. Bei den Etruskern war Herakles (unter dem Namen Herkle) ein Gott des Krieges, aber auch des Süß- und des Salzwassers. In dem Bestreben, Etrurien mit Griechenland zu verbinden, schrieb man ihm die Vaterschaft an Tyrrhenos zu, dem Eponymen der Etrusker. Daneben galt er, weil er Kerberos aus dem Hades geholt hatte, als bedeutender Gott der Unterwelt. Eine etruskische Überlieferung behauptet im Interesse des Nationalgefühls, es seien nicht die Römer selber, sondern der Gott Herkle gewesen, der Rom von den Tributleistungen an Etrurien befreite.

Bei seinem Aufenthalt auf dem Boden des

Dank an Hercules für die Tötung des Cacus (Medaillon des Antoninus Pius, 2. Jh. n. Chr.; Paris, Bibliothèque Nationale)

Hercules und die Sinnbilder Roms (Medaillon des Antoninus Pius, 2. Jh. n. Chr.; Paris, Bibliothèque Nationale)

künftigen Rom soll dieser Gott, den die Römer Hercules nannten, das Ungeheuer Cacus vernichtet und danach Euanders Tochter Lavinia geheiratet haben, die ihm zwei Söhne schenkte: Pallas (der häufiger als Sohn des Euander bezeichnet wurde) und Latinus (meist der Vater der Lavinia). Er brachte Euanders arkadischen Kolonisten die Kunst des Schreibens – so heißt es – und siedelte einige Griechen, die er mit sich gebracht hatte, auf dem Palatin an. Während er dort weilte, so berichtet es eine Überlieferung, würfelte er einmal mit dem Wächter eines geweihten Tempels. Der Wächter verlor und mußte nun seinem Gebieter eine Mahlzeit, ein Bett und eine Frau stellen: die Frau, die er ihm gab, war Fabula, eine Prostituierte dieses Ortes. In einer anderen Version der Cacus-Episode erscheint dieser als etruskischer Marodeur, der in Kampanien einfiel und von Herakles getötet wurde, der dort die griechischen Siedler beschützte.

Herakles der Daktyle siehe Daktylen.

Hercules siehe Herakles.

Hermaphroditos, Sohn des Hermes und der Aphrodite, aufgewachsen am phrygischen Berg Ida. Er war sehr schön, und als er als Jüngling die Heimat verließ und sich nach Halikarnassos in Karien wandte, verliebte sich die Naiade Salmakis leidenschaftlich in ihn. Er stieß sie zurück; doch als er später einmal versehentlich in ihrer Quelle badete, umarmte sie ihn, zog ihn mit sich auf den Grund und betete zu den Göttern, daß er und sie für immer vereint blieben. Ihre Körper verschmolzen und wurden zu einem Hermaphrodit mit weiblichen Brüsten und Maßen, aber mit männlichen Genitalien. Die Eltern des Hermaphroditos erhörten sein Gebet, daß die Quelle auf alle Menschen, die in ihr badeten, die gleiche Wirkung haben möge.

Hermes (lat. Mercurius), Sohn des Zeus und der Atlas-Tochter Maia. Er war der Bote des Zeus, der Führer der Schatten in das Haus des Hades, der Beschützer der Reisenden, Glücksbringer und Schutzgottheit der Diebe und Kaufleute. Er wurde in der Kunst als Jüngling mit breitrandiger, geflügelter Kappe und geflügelten Sandalen abgebildet, in der Hand den Heroldsstab (lat. *caduceus,* griech. *kerykeion*), den zwei Schlangen zur Erinnerung an jene krönen, die sich einst um den Stab wanden, als Hermes sie kämpfend fand und den Stab zwischen sie legte. Als Gott der Reisenden soll er die Wege von Steinen befreit haben. Zum Gedächtnis daran errichtete man entlang den Straßen Hermen (seine Denkmäler), die man, da er auch ein Fruchtbarkeitsgott war, mit dem Phallus schmückte. Die frühesten Hermen waren einfache Steinhaufen rund um eine Säule. Später bestanden sie oft aus einem viereckigen Sockel mit Büste (des Hermes) und Phallus; diese weiterentwickelten Hermen fanden sich in den Straßen von Städten, in Höfen und auf Versammlungsplätzen. Hermes war auch unter den Sportlern volkstümlich, und die Standbilder, die ihn als athletischen Jüngling zeigen *(ephebos),* waren auf antiken Sportanlagen häufig zu sehen. Sein Geburtsort war Arkadien, wo er immer populär blieb. Die Geschichte seiner Geburt schildert der homerische ›Hymnos auf Hermes‹: Während Hera schlief, pflegte Zeus die Nymphe Maia, die Tochter des Atlas und der Pleione, in einer Höhle des Berges Kyllene zu besuchen. Schließlich gebar sie seinen Sohn Hermes. Das Kind kam im Morgengrauen zur Welt, war aber außerordentlich frühreif, denn gegen Mittag war es schon groß genug, um aus der Höhle hinausgehen zu können. Bei dieser Gelegenheit entdeckte es eine Schildkröte, tötete sie und machte aus ihr die erste Leier; Hermes paßte sie in einen Rahmen ein und gab ihr sieben Saiten aus Schafsdarm oder dem Darm jener Kühe, die er als nächstes stahl. Am Abend des gleichen Tages nämlich zog er nach Pieria in Makedonien und stahl fünfzig Kühe aus der Herde des Apollon (der

Die Verschmelzung des Hermaphroditos und der Salmakis (Jan Gossaert, 1472–1533; Rotterdam, Museum Boymans van Beuningen)

gerade dem Hymenaios, dem Sohn des Magnes, seine Aufwartung machte). Dann zog er sie an den Schwänzen rückwärts nach Pylos im Peloponnes, nahe dem Fluß Alpheios. An seinen Füßen befestigte er Strauchwerk, um die Spuren zu verwischen. Er opferte zwei dieser Kühe den zwölf olympischen Göttern, rührte aber selbst das Fleisch nicht an. Hufe und Köpfe verbrannte er, um die Spuren seiner Tat zu vernichten, dann versteckte er die Tiere, warf seine Sandalen mit dem Strauchwerk in den Fluß, ging in Maias Höhle zurück und legte sich scheinheilig wieder in die Wiege.
Bald kam Apollon und suchte seine Herde (nach dem homerischen ›Apollonhymnos‹ gab ihm Battos einen Fingerzeig und wurde dafür später von Hermes in einen Felsen verwandelt); verwundert sah er Hermes als Säugling in seiner Wiege liegen. Das Kind bestritt, etwas von dem Diebstahl zu wissen, und behauptete sogar, die Bedeutung des Wortes Kuh nicht zu kennen. Apollon durchsuchte die Höhle und fand nichts, zitierte Hermes aber trotzdem vor Zeus' Richterstuhl. Hermes redete sich schlau heraus, stahl dem Apollon aber hinterrücks Köcher und Bogen. Zeus durchschaute die Lügen und forderte Hermes auf, das Vieh herauszugeben. Als Hermes aber Apollon zu dem Versteck geführt hatte, nahm er seine Leier und spielte so meisterlich darauf, daß Apollon begeistert war und das Instrument besitzen wollte. Hermes schlug ein Geschäft vor: Apollon sollte die Leier bekommen und dafür den Diebstahl der Kühe vergessen; Apollon war einverstanden. Als Hermes dann auch noch Köcher und Bogen zurückgab, war Apollon sehr belustigt und wurde Hermes' treuer Freund; er machte ihn zum Beschützer der Hirten, gab ihm Macht über die Steinorakel und überreichte ihm zum Zeichen seiner Kräfte seinen Stab. Hermes wurde oft mit einem Widder auf den Schultern abgebildet und war unter dem Namen Nomios, der Hirte, bekannt.
Natürlich war es wichtig für Hermes, sich mit Hera zu versöhnen, die ja für ihre Behandlung der Kinder des Zeus unrühmlich bekannt war. Und so wickelte er sich, ob mit ihrem Wissen oder nicht, wieder in seine Windeln – wobei er sich nach einigen Berichten als Heras Sohn Ares ausgab – und setzte sich auf ihren Schoß, so daß sie ihm die Brust gab. Auf diese Weise wurde sie seine Ziehmutter und mußte ihn wie ihr eigenes Kind behandeln.
Hermes' Taten als Bote des Zeus und der Götter sind zahlreich. Dionysos errettete er, als der noch ein Säugling war, vor dem Zorn der Hera. Als er Zeus bei dessen Liebschaft mit Io beistand, mußte er dafür sorgen, daß Io dem wachsamen und vieläugigen Argos entkam; er tötete ihn und hieß vermutlich darum auch Argeiphontes. Als Ares von den Aloaden in

Der kleine Hermes liegt nach seinem Viehdiebstahl wieder in der Wiege (schwarzfiguriger Krug, 6. Jh. v. Chr.; Paris, Louvre)

Hermes schläfert Argos mit seinem Flötenspiel ein (Wandgemälde von Bernardino Pinturicchio, 1454–1513; Rom, Vatikanische Museen)

einem Krug gefangengehalten wurde, war es Hermes, der ihn befreite. Er begleitete auch Zeus auf seinen Wanderungen über die Erde und war mit ihm bei Lykaon und bei Philemon und Baukis. Er richtete auch die Schönheitskonkurrenz zwischen Hera, Athene und Aphrodite aus, die vom Urteil des Paris entschieden wurde, begleitete Priamos zum Zelt des Achilleus, um Hektors Leiche zu holen, und half Odysseus gegen die Ränke der Kirke und der Kalypso.

Hermes hatte viele Liebesabenteuer. Unter den Göttinnen liebte er vor allem Aphrodite, die ihm Hermaphroditos und Priapos gebar. Erst wollte sie nichts mit ihm zu tun haben. Zeus aber hatte Mitleid mit ihm und beauftragte seinen Adler, der Göttin eine ihrer goldenen Sandalen zu stehlen, während sie im Acheloos badete. Hermes bot ihr an, die Sandale als Gegenleistung für ihre Gunst zurückzugeben, und sie erklärte sich bereit.

Er war der Vater des Pan, durch eine Nymphe oder eine Tochter des Dryops namens Penelope. Ein anderer Sohn war Daphnis. Hermes verliebte sich auch in einige sterbliche Frauen, darunter Herse, eine Tochter Kekrops', des ältesten Königs in Attika (halb Schlange). Als deren Schwester Aglauros ihm den Zugang zu Herses Schlafgemach verweigerte, verwandelte Hermes sie zu Stein. Herse gebar ihm Kephalos. Außerdem liebte er Apemosyne, die zunächst so schnell davonrannte, daß er sie nicht zu fangen vermochte; doch dann erwischte er sie, weil er auf ihrem Fluchtweg Häute auslegte, auf denen sie ausglitt. Als ihr Bruder Althaimenes aber ihre Schwanger-

Hermes-Merkur mit dem geflügelten Hut (römische Silbermünze, frühes 1. Jh. v. Chr.; London, Britisches Museum)

schaft entdeckte, tötete er sie. Hermes erwies Zeus seinen größten Dienst, nachdem Typhon ihn der Sehnen an Händen und Füßen beraubt und in einer Höhle in Kilikien versteckt hatte, so daß Zeus völlig wehrlos war. Hermes nahm Aigipan mit sich, um die Sehnen zu suchen und sie dem Drachen Delphyne abzujagen, der sie bewachte. Hermes stand auch zur Unterwelt in Beziehung und geleitete die Schatten der toten Sterblichen hinab zum Fluß Styx, wo Charon sie übersetzte; in dieser Eigenschaft nannte man Hermes Psychopompos, den Seelenführer. Auf Geheiß des Zeus verhandelte er mit Hades über die Rückgabe der Persephone; Herakles war er beim Fortschaffen des Kerberos behilflich. Als Orpheus das Recht verwirkt hatte, Eurydike mit in die obere Welt zu nehmen, war es Hermes, der sie ins Haus des Hades zurückbrachte.

Herminius siehe Horatius Cocles.

Hermione, Tochter des Menelaos und der Helena. Mit neun Jahren wurde sie von ihrer Mutter ausgesetzt, als Helena mit Paris nach Troja ging. Euripides berichtet, daß Orestes nach der Ermordung seiner Mutter Klytämnestra und ihres Geliebten Aigisthos im Anschluß an den Untergang Trojas seine Kusine Hermione als Geisel nahm, um Menelaos zu zwingen, ihn vor der argivischen Bevölkerung zu retten, die ihn zum Tode verurteilt hatte. Es heißt auch, Orestes und Hermione seien schon vor der Rückkehr des Menelaos aus Troja verheiratet gewesen, vielleicht durch eine von Tyndareos, dem König von Sparta, veranstaltete Zeremonie. Nach einer anderen Überlieferung war Hermione schon vor dem Zug nach Troja dem Orestes versprochen, Menelaos aber wurde während der Belagerung anderen Sinnes und gab sie Neoptolemos, dem Sohn des Achilleus, den sie nach seiner Rückkehr dann auch heiratete. Einige Zeit später ging Neoptolemos jedoch nach Delphi, um Apollon um Entschädigung für den Tod des Achilleus zu bitten, und wurde dort von Orestes erschlagen. Nach einer weiteren Darstellung versuchte Hermione während ihrer Ehe mit Neoptolemos, Andromache, die trojanische Konkubine ihres Gatten, zu töten, die sie verdächtigte, sie durch Zauberkraft unfruchtbar gemacht zu haben. Als Neoptolemos' Großvater Peleus diesen Versuch vereitelte, floh Hermione nach Sparta zu Orestes, und daraufhin brachte Orestes Neoptolemos in Delphi um. Dann nahm er Hermione zur Frau, und sie gebar ihm einen Sohn, Teisamenos.

Hero und **Leander.** Hero war eine Aphrodite-Priesterin zu Sestos, Leander ein Jüngling aus Abydos an der anderen Seite des schmalen Hellespont (Dardanellen). Sie begegneten einander und verliebten sich, doch weil Hero der Göttin geweiht war, konnte sie nicht heiraten. Um diese Liebe geheimzuhalten, vereinbarte man, daß Leander jede Nacht zu ihr hinüberschwimmen und am Morgen wieder zurückkehren sollte. Zu seiner Orientierung setzte sie ein Licht in das Fenster des Turmes, in dem sie lebte. Als der Winter kam, verlosch das Licht eines Nachts, und er ertrank. Am nächsten Morgen sah sie seinen Leichnam am Gestade unter ihrem Fenster liegen. In großem Kummer stürzte sie sich von ihrem Turm in die Tiefe. Diese Geschichte erzählt der Dichter Musaios.

Herse (Tau), Tochter des Kekrops und der Aglauros. Entgegen Athenes Befehl warfen sie und ihre Schwester Aglauros einen Blick auf den Säugling Erichthonios. Hermes ver-

Hermes verwandelt Aglauros in Stein (Kupferstich von Peter van der Borcht)

Hero entzündet das Licht für Leander (J. M. William Turner, 1775–1851; London, Tate Gallery)

liebte sich in Herse, und sie gebar ihm den Kephalos.

Hersilia, Gattin des Romulus, entführt beim Raub der Sabinerinnen.

Hesione, Tochter des Königs Laomedon von Troja. Als sich Apollon und Poseidon bereit erklärt hatten, Laomedon gegen ein Entgelt die trojanische Stadtmauer zu bauen, verweigerte er ihnen den Lohn. Zur Strafe sandte Apollon eine Pest und Poseidon ein Meeresungeheuer, dem nach Auskunft eines Orakels eine Jungfrau geopfert werden mußte. Als das Los auf Hesione gefallen und sie bereits an den Fels gekettet worden war, um verschlungen zu werden, erbot sich Herakles, das Ungeheuer zu töten, wenn er dafür die zwei göttlichen Pferde bekäme, die Laomedons Großvater Tros von Zeus erhalten hatte. Laomedon willigte ein, und Herakles vernichtete das Untier nach einem wilden Kampf. Erneut weigerte sich Laomedon, zu zahlen. So kehrte Herakles bei nächster Gelegenheit nach Troja zurück, plünderte es mit seiner Armee und nahm Hesione gefangen; er gab sie als Konkubine seinem Verbündeten Telamon, dem sie Teuker gebar. Hesione durfte dann einen troischen Gefangenen zur Freilassung auswählen, und sie bestimmte ihren Bruder Podarkes, den sie symbolisch mit ihrem Schleier auslöste. Aus ihm wurde König Priamos; er verlangte später Hesiones Rückkehr, doch lehnte Telamon ab.

Hesperiden, Töchter des Atlas und der Pleione, oder des Atlas und der Hesperis, oder des Erebos und der Nyx (Nacht). Diese Nymphen, vier oder sieben an der Zahl, lebten in einem Garten weit im Westen und hüteten dort mit Hilfe des Drachen Ladon die goldenen Früchte eines dort wachsenden Apfelbaumes. Die Äpfel waren ein Hochzeitsgeschenk der Gaia an Hera. Die Nymphen vertrieben sich die Zeit mit Singen; sie hießen Aigle, Erytheia, Arethusa, Hestia, Hespera, Hesperusa und Hesperia. Als Herakles bei seiner elften (oder zwölften) Arbeit dem Eurystheus diese Äpfel holen mußte, brachte er Atlas, der an einem nahegelegenen Berg das Himmelsgewölbe trug, durch eine List dazu, sie für ihn zu holen. Nach dem Raub sorgte aber Athene dafür, daß sie wieder in den Garten zurückgebracht wurden.

Hesperos, der Abendstern; ursprünglich ein Sohn des Atlas, den der Wind vom Gebirge des Vaters davontrug und der in einen Stern verwandelt wurde.

Hestia, von den Römern als Vesta verehrt; Göttin des Herdes und der Häuslichkeit. Sie war die älteste der drei Töchter des Kronos und der Rhea. Obwohl sie Apollon oder Poseidon zum Gatten hätte haben können, blieb sie unvermählt; und da sie selber jungfräulich war, verlangte sie dasselbe von ihren Priesterinnen, die in Rom Vestalinnen genannt wurden. Hestia hat keine Mythologie.

Hilaeira, Tochter des Leukippos; dem Lynkeus versprochen und von Kastor entführt.

Der Garten der Hesperiden (Frederick Lord Leighton, 1830–1896; Walker Art Gallery, Liverpool)

Himeros, Personifikation des geschlechtlichen Verlangens; gilt gelegentlich als Jünger Aphrodites.

Hippasos 1, Sohn der Leukippe, einer der Töchter des Minyas. Als diese Frauen mit Wahnsinn geschlagen wurden, weil sie den Dionysos-Kult nicht annehmen wollten, losten sie darum, welche von ihnen dem Gott opfern sollte. Das Los fiel auf Leukippe, und so wurde ihr Sohn Hippasos in Stücke gerissen.

Hippasos 2, Sohn des Königs Keyx von Trachis. Er kämpfte für Herakles gegen Eurytos und kam dabei um.

Hippasos 3, Sohn des Admetos und der Alkestis.

Hippe (Stute), Tochter des Kentauren Chiron. Sie hatte von Aiolos ein Kind empfangen, Melanippe, und schämte sich, es ihrem Vater zu sagen. Einer Überlieferung zufolge soll Artemis sie aus Mitleid in das Sternbild Equus verwandelt haben.

Hippodameia 1 siehe Peirithoos.

Hippodameia 2, Tochter des Königs Oinomaos von Pisa in Elis. Ein Orakel weissagte ihm, der Gatte seiner Tochter werde seinen Tod bewirken, und so machte er bei ihrer Verheiratung zur Bedingung, daß der Freier sie in einem Wagen zu entführen versuchen müsse. Oinomaos selber verfolgte ihn dann in voller Rüstung in seinem eigenen Wagen auf der Straße am Isthmos von Korinth und trachtete danach, ihn mit dem Speer zu durchbohren. Nachdem er auf diese Weise ein Dutzend Freier getötet hatte, kam Pelops und bestach den königlichen Wagenlenker Myrtilos, so daß der die Radpflöcke an Oinomaos' Wagen durch Wachs ersetzte, wofür Pelops ihm eine Nacht in Hippodameias Bett und das halbe Reich versprach. Als der Wagen auseinanderbrach, wurde Oinomaos getötet, entweder durch den Unfall oder anschließend von Pelops, der dann Hippodameia heiratete. Später ermordete er Myrtilos, der ihn noch im Sterben verfluchte.

Hippodameia gebar Pelops mehrere Söhne, darunter Atreus, Thyestes und Pittheus. Den Bastard ihres Mannes aber, Chrysippos, haßte sie, und Laios entführte ihn. Nach der Rettung des Knaben überredete sie ihre Söhne, ihn zu ermorden; als jedoch Pelops von ihrer Mitwirkung bei dem Verbrechen erfuhr, erhängte sie sich oder floh in die Stadt Midea, die damals von Atreus und Thyestes beherrscht wurde.

Hippokoon, König von Sparta, Sohn des Obialos und der Naiade Bateia. Unrechtmäßig verjagte er seinen Bruder Tyndareos vom Thron. Zweimal beleidigte er Herakles: das erste Mal, indem er sich weigerte, ihn vom Mord an Iphitos zu reinigen, und das zweite Mal, indem seine Söhne Herakles' Vetter Oionos töteten, weil er ihren Hund, der ihn angefallen hatte, mit Steinen bewarf. Bei seinen Rachefeldzügen brachte Herakles Hippokoon schließlich um, zusammen mit dessen zwölf Söhnen, und setzte Tyndareos wieder auf den Thron von Sparta.

Hippolochos Lykier; Sohn des Bellerophon und Vater von Glaukos 4.

Hippolyte 1, Königin der Amazonen, deren Gürtel Herakles als neunte Arbeit herbeischaffen mußte. Es gibt zwei Überlieferungen: die erste behauptet, daß sie im Kampf um ihren Gürtel getötet wurde; nach der zweiten lebte sie weiter und führte einen Angriff gegen Athen, um sich für die Entführung der Antiope durch Theseus zu rächen; mitunter hieß es auch, sie sei nach dem Scheitern des Angriffs gefangengenommen und Theseus' Frau geworden; sie wurde von ihm die Mutter des Hippolytos (siehe Hippolytos).

Pelops und Hippodameia (rotfigurige Vase; Arezzo, Museo Civico Archeologico)

Hippolyte 2, Tochter des Kretheus; Gemahlin des Akastos.

Hippolytos 1, Sohn des Königs Theseus von Athen und der Amazonenkönigin Hippolyte oder ihrer Schwester Antiope. Nach dem Tode seiner Mutter heiratete sein Vater Ariadnes Schwester Phädra. Nach einer Überlieferung schickte Theseus, als Erbe des betagten Pittheus von Troizen, zur Zeit seiner Wiederverheiratung Hippolytos dorthin, um die Regierung zu übernehmen. Theseus selber wurde später aus Athen verbannt und ging mit Phädra nach Troizen. Diese verliebte sich in Hippolytos, der jedoch als Anhänger der jungfräulichen Artemis nichts von ihr wissen wollte. In seiner Tragödie ›Hippolytos‹ schildert Euripides Phädra als bescheidene Frau, die sich aber, von ihrer Leidenschaft getrieben, erhängt und ihrem Gatten einen Hippolytos belastenden Brief hinterläßt. In diesem Drama wird die Verbindung zwischen Phädra und Hippolytos noch durch die lange Abwesenheit Theseus' in der Unterwelt erleichtert. Bei seiner Rückkehr schenkte er den Unschuldsbeteuerungen des Hippolytos keinen Glauben, sondern beauftragte Poseidon – der manchmal als sein Vater galt und ihm drei Wünsche gewährt hatte – seinen Sohn zu beseitigen. So wurde Hippolytos getötet; als er entlang der Küste von Troizen ins Exil fuhr, tauchte aus dem Meer ein ungeheurer Stier auf und erschreckte die Pferde vor seinem Wagen, so daß er hinausstürzte und zu Tode geschleift wurde. Danach erfuhr Theseus von Artemis die Wahrheit; nach einigen Darstellungen konnte die Göttin ihren Anhänger sogar von den Toten zurückholen, mußte hierzu aber Asklepios, den Gott der Heilkunde, bestechen. Hippolytos wollte aber nicht bei seinem Vater bleiben, sondern zog, italischen Berichten zufolge, nach Aricia in Latium, wo er König wurde und unter dem Namen eines kleineren Gottes, Virbius, am Nemi-See einen Diana-(Artemis-)Kult stiftete. In Troizen sagte man, Hippolytos sei als Sternbild Fuhrmann (Auriga) verewigt worden; die Mädchen weihten ihm bei ihrer Hochzeit eine Locke von ihrem Haar.

Hippolytos 2 siehe Giganten.

Hippomedon, einer der »Sieben gegen Theben«. Sein Zeichen war Typhon (vielköpfiges Ungeheuer). Hyperbios tötete ihn am Onkai-

Der Tod des Hippolytos (Peter Paul Rubens, 1577–1640; Sammlung Asscher)

ischen Tor. Sein Sohn Polydoros gehörte zu den Epigonen, die später ihre Väter rächten und die Stadt plünderten.
Hippomenes siehe Atalante.
Hippotas siehe Aiolos 1.
Hippotes siehe Temenos.
Hippothoon oder **Hippothoos** siehe Alope.
Horatier und **Curiatier,** zwei Drillingspaare, die zu der Zeit, da Tullus Hostilius römischer König gewesen sein soll, zur Austragung von Zweikämpfen im sagenhaften Krieg zwischen Rom und Alba Longa bestimmt wurden. Da beide Städte fürchteten, eine Entscheidungsschlacht werde die beiderseitigen Möglichkeiten unerträglich strapazieren, kamen sie durch einen Schwur überein, ihre Streitigkeiten durch den Einzelkampf der beiden Brüderparteien zu regeln. Der römische Dichter Livius bezeichnet die Horatier als die römische und die Curiatier als die albische Familie, räumt aber ein, daß die Zuordnung umstritten ist. In voller Rüstung gingen die Drillinge mit dem Schwert aufeinander los. Nicht lange, und die drei Alber waren verwundet, zwei Römer gefallen. Der dritte, Publius Horatius, war (in der Überlieferung, die die Horatier als Römer identifiziert) noch unversehrt und flüchtete. Die Curiatier verfolgten ihn trotz ihrer Wunden, aber unterschiedlich schnell; so war es Horatius möglich, umzukehren und alle nacheinander zu töten. Als er nach Rom zurückkam, beladen mit der Beute der drei Feinde, begegnete ihm seine Schwester, die mit einem der Curiatier verlobt gewesen war. Als sie die Gewänder des Gefallenen erblickte, die sie selber gewoben hatte, brach sie in Tränen aus, worauf ihr Bruder zum Schwert griff und sie mit den Worten durchbohrte: »So mögen alle Römerinnen umkommen, die um einen Feind trauern!« Des Verrats angeklagt, weil er Selbstjustiz geübt hatte, wurde Publius Horatius zum Tode verurteilt. Inzwischen war er jedoch so populär, daß er – angeblich auf Intervention des Volkes, das er angerufen hatte – freigesprochen wurde. Sein Vater reinigte ihn von der Blutschuld: er mußte unter einem Balken hindurchgehen, zum Zeichen seiner Unterwerfung unter das Gesetz.
Horatius Cocles, legendärer Held, der die einzige Brücke über den Tiber hielt, als die junge römische Republik von dem Etrusker Lars Porsenna bedroht wurde, der den verbannten Tarquinius Superbus wieder auf den Thron erheben wollte. Man hielt ihn, nach einigen Überlieferungen, für einen Nachkommen des Publius Horatius (siehe Horatier). Die Landbevölkerung hatte hinter den Stadtmauern Zuflucht gesucht. Der Janiculum, jener Hügel,

der direkt am Tiber lag und Rom überragte, war den Etruskern in die Hände gefallen, so daß keine andere Wahl blieb als die Brücke einzureißen. Horatius Cocles hielt als Anführer der Brückenwache seine fliehenden Gefährten zurück und befahl ihnen, die Stützpfeiler der Brücke zu zerhacken. Zusammen mit Spurius Lartius und Titus Herminius stand er unterdessen am anderen Ende der Brücke und hielt die Feinde in Schach, bis das Bauwerk einstürzte. Seine Gefährten zwang er, sich in Sicherheit zu bringen, und kurz darauf war die Brücke zusammengebrochen. Horatius Cocles aber schickte ein Gebet zum Gott des Flusses und sprang in voller Rüstung ins Wasser; in einem Hagel von Geschossen erreichte er das andere Ufer. Für diese Heldentat ehrte man Horatius Cocles angeblich mit einer Statue auf dem Platz der Volksversammlung (Comitium) und schenkte ihm so viel Land, wie er an einem Tag mit einem Pflug umgrenzen konnte. Der Name Cocles (einäugig) leitete sich offenbar von der Statue einer einäugigen Person (es war der Gott Vulcanus) her, die in historischer Zeit am Kopf der hölzernen Brücke stand.

Horen, Horai, Töchter des Zeus und der Themis. Der Name bedeutet nicht »Stunden des Tages«, sondern »Jahreszeiten«. Die Zahl der Horen oder Jahreszeiten variierte zwischen zwei und vier, betrug gewöhnlich aber drei: Frühling, Sommer und Winter. In Athen unterschied man zwei oder drei: Thallo (Frühling), Karpo (Herbst) und Auxo (Wachstum, d.h. Sommer). In den Werken des griechischen Dichters Hesiod tragen sie ethische Bezeichnungen: Eunomia (Gesetz und Ordnung), Dike (Gerechtigkeit) und Eirene (Friede). Sie waren Himmelswächter; wenn die Götter in ihren Wagen ausfuhren, rollten sie die Wolken vom Olymp-Tor beiseite.

Hostilius siehe Tullus.

Hundertarmige Riesen (Hekatoncheiren) siehe Giganten.

Hyaden, fünf Töchter des Okeanos und der Tethys, oder des Atlas und der Pleione. Zur Belohnung für die Pflege des Gottes Dionysos als Säugling am Berg Nysa wurden sie in eine Gruppe von Sternen (Regensterne) verwandelt. Eine andere Überlieferung der Geschichte besagte, daß sie so sehr über den Tod ihres Bruders Hyas weinten (der beim Jagen in Libyen von einem Eber oder einem Löwen getötet worden war), daß sie zu Sternen wurden.

Hyakinthos, Sohn des Königs Amyklas von Sparta und der Diomede, oder des Pieros und der Muse Klio. Er war ein sehr schöner Jüngling, und Thamyris (der der erste Päderast gewesen sein soll) und später Apollon verliebten sich in ihn. Er zog den Gott vor. Als sich die beiden einmal mit Diskuswerfen vergnügten, traf Apollon Hyakinthos versehentlich mit dem Diskus (nach einer anderen Lesart: der Westwind Zephyros habe ihn aus Eifersucht abgelenkt) und tötete ihn. Apollon, der den Jüngling nicht wieder beleben konnte, ließ aus dem Blut seiner Wunde die Hyazinthe erblühen (nicht die unter diesem Namen bekannte Blume, sondern eine Art Iris), deren Blütenblätter die Klagelaute AI AI bilden, zum Gedächtnis an seinen Geliebten. Der Gott weissagte, es werde einmal ein großer Held ein ähnliches Gedenken erhalten – es war der telamonische Aias –, und bestimmte, Hyakinthos solle in Sparta verehrt werden.

Hyas siehe Hyaden.

Hydra siehe Herakles.

Hylas, Sohn des Theiodamas, des Königs der Dryoper, und der Nymphe Menodike. Herakles focht mit Theiodamas einen schrecklichen Kampf aus, nachdem er ihm einen seiner Ochsen gestohlen hatte. Nachdem er den Vater getötet hatte, nahm er den Sohn mit sich fort, ein schönes Kind, und machte ihn zu seinem Knappen und seinem Geliebten. Bei der Argonautenfahrt zerbrach Herakles' Ruder vor der bithynischen Küste und er mußte an Land gehen, um sich ein neues herzustellen. Hylas, den er zum Wasserholen ausgeschickt hatte, wurde von den örtlichen Wassernymphen in ihren Teich hinabgezogen und nicht mehr gesehen. Herakles, der rasend vor Kummer war, ließ man in Mysien zurück, damit er den Knappen suchen konnte. Der ebenfalls zurückbleibende Lapithe Polyphemos (die Lapithen waren ein Bergvolk in Thessalien), der die Stadt Kios gründete, beruhigte ihn und versprach Herakles, die Suche nach Hylas weiter fortzusetzen, die aber erfolglos blieb.

Hyllos, Sohn Herakles' von Deianeira. Der auf dem Scheiterhaufen sterbende Herakles

Der Horatierschwur (Jacques Louis David, 1748–1825; Paris, Louvre)

gebot ihm – wenn er alt genug sei – Iole zu heiraten, die Herakles beim Bogenschießen gewonnen und um die er gekämpft hatte, als ihr Vater Eurytos sie ihm nicht geben wollte. (Die Eifersucht auf Iole war es, die Deianeira bewogen hatte, Herakles durch das mit dem Nessosblut getränkte Gewand zu töten.) Hyllos und die übrigen Kinder des Herakles standen unter dem Schutz von dessen Freund Keyx, dem König von Trachis, bis Herakles' alter Freund Eurystheus beschloß, sie zu bekriegen. Wegen der Schwäche des Keyx suchten die Kinder des Herakles Zuflucht bei König Theseus von Athen (oder dessen Sohn Demophon). Eurystheus fiel in Attika ein, wurde aber entweder von Hyllos oder von seinem Vetter Iolaos getötet, nachdem sich Herakles' Tochter Makaria aufgrund eines Orakels geopfert hatte, wonach die Athener nur durch den Opfertod einer edlen Jungfrau Eurystheus besiegen könnten. Nach einer Überlieferung wurde Eurystheus nach seiner Gefangennahme auf Geheiß von Herakles' Mutter Alkmene umgebracht.

Hyllos heiratete nun Iole, und sie gebar ihm einen Sohn, Kleodaios. Unter Verkennung eines Delphischen Orakels über sein Recht, das Erbe des argivischen Königreiches anzutreten, drang er im Peloponnes ein. Delphi hatte ihm geboten, auf die »dritte Frucht« zu warten; Hyllos deutete dies als den dritten Herbst und glaubte, nach drei Jahren könne er einmarschieren. Es zeigte sich aber, daß das Orakel die dritte Generation gemeint hatte, d.h. es wurde ein Abwarten von neunzig Jahren erwartet. In diesem Krieg fiel Hyllos im Einzelkampf mit Echemos von Tegea: man war übereingekommen, diesen Zweikampf als Entscheidung anzusehen. Erst als Temenos, der Enkel des Hyllos, hundert Jahre später im Peloponnes einfiel, kamen die Kinder des Herakles zu ihrem Recht, und die Weissagung erfüllte sich.

Hymen oder **Hymenaios,** Personifikation der Ehe; der Name ist gebildet nach dem Ruf der Hochzeitsgäste *o hymen, hymenaie.* Man erfand für Hymen eine Sage, wonach er ein hübscher athenischer Jüngling war, aber zu arm, um das Mädchen, das er liebte, heiraten zu können. Als er aber zusammen mit einer Schar reicher athenischer Mädchen von Seeräubern entführt wurde, unter denen sich auch seine Geliebte befand, gelang es ihm, die Räuber niederzumachen und die Mädchen wohlbehalten zu ihren Familien zurückzubringen. Daraufhin wurde er vom Vater seiner Geliebten als geeigneter Schwiegersohn anerkannt. Ein Sohn des Magnes mit dem Namen Hymenaios wurde von Apollon umworben, als Hermes des Gottes Vieh raubte.

Hyperboreer, mythisches Volk, das fern von Griechenland im Norden, Osten oder Nordwesten lebte. Nach der herkömmlichen Deutung des Namens (jenseits des Nordwindes

Horatius Cocles verteidigt die Tiberbrücke (Kupferstich von S. D. Mirys)

Hylas und die Nymphen (John William Waterhouse; Manchester, City Art Gallery)

wohnend) waren sie im Norden angesiedelt; aber der Name kann auch bedeuten »hinter den Bergen« (Thrakien), oder »jene, die (Waren) hinübertragen«. Apollon soll die Wintermonate bei ihnen verbracht haben, und seine Mutter Leto wurde angeblich im Lande der Hyperboreer geboren. Perseus weilte auf der Suche nach der Gorgo bei ihnen, und Herakles soll die Keryneische Hindin bis zu ihnen gejagt haben. Der griechische Dichter Pindar sah in ihnen ein gesegnetes Volk, unberührt von menschlichen Beschwerden und in einer Art Märchenland wohnend. Man sagte, daß zwei hyperboreische Jungfrauen, Opis und Arge (oder Hyperoche und Laodike), mit Leto, Apollon und Artemis nach Delos gekommen seien, aber auf der Insel starben. Seit die Jungfrauen nicht heimkehrten, brachten die Hyperboreer ihre in Weizenstroh gewickelten Opfergaben nicht mehr selbst nach Delos.

Hyperenor, einer der »Gesäten« von Theben, der aus der Saat der Drachenzähne entsprang (siehe Kadmos).

Hyperion (Sohn der Höhe), ein Titan. Über ihn existieren zwei Überlieferungen. Hesiod berichtet in seiner ›Theogonie‹, daß er ein Sohn der Gaia (Erde) und des Uranos (Himmel) war und seine Schwester Theia heiratete, die ihm Helios (die Sonne), Eos (die Morgenröte) und Selene (den Mond) gebar. Häufiger ist Hyperion aber ein anderer Name für den Sonnengott Helios.

Hypermnestra oder **Hypermestra 1,** älteste Tochter des Königs Danaos von Argos. Als sie und ihre Schwestern mit ihren fünfzig Vettern, den Söhnen des Aigyptos, verheiratet wurden, mißachtete Hypermnestra als einzige der jungen Frauen das Gebot des Vaters, sie sollten alle ihre Gatten ermorden. Sie verhalf Lynkeus zur Flucht, und ihr Vater wollte sie dafür strafen. Später fand er sich jedoch mit ihrer Ehe ab, und Hypermnestras Gatte Lynkeus rächte dann seine ermordeten Brüder an Danaos und an seinen neunundvierzig Schwägerinnen. Er bestieg den Thron von Argos; ihm folgte Abas, sein Sohn von Hypermnestra.

Hypermnestra 2, Tochter des Thestios; die Gemahlin des Oikles und Mutter von Amphiaraos.

Hypnos (lat. Somnus), Schlafgott; der Bruder des Thanatos (Tod) und Sohn der Nyx (Nacht). Seine Heimat war eine Höhle auf der Insel Lemnos, oder er lebte in weiter Ferne in der Nähe des Landes der legendären Kimmerier (im äußersten Westen). Hier war es immer dunkel und neblig; die Wasser des Lethe, des Stromes des Vergessens, flossen durch die Höhle, wo der Gott auf einem weichen Lager ruhte, von einer zahllosen Schar von Söhnen, seinen Träumen, umgeben. Hera sandte Iris zu Hypnos, um ihn zu bitten, daß einer der Söhne, Morpheus, der Alkyone als deren Gatte Keyx erscheine, der im Meer ertrunken war. Und als Hera im Trojanischen Krieg Zeus überlisten wollte, damit Poseidon zugunsten der Griechen eingreifen konnte, nachdem Hektor sie zu ihren gestrandeten Schiffen zurückgetrieben hatte, lieh sie sich Aphrodites Gürtel und begab sich nach Lemnos zu Hypnos, um ihn zu veranlassen, Zeus einzuschläfern. Zunächst lehnte er ab und erinnerte daran, wie Hera schon früher Zeus eingeschläfert hatte, damit sie Herakles angreifen konnte, und Hypnos dabei eine strenge Bestrafung erwarten mußte, vor der ihn nur Nyx bewahrt hatte. Als ihm jedoch die Grazie Pasithea zur Frau angeboten wurde, kam Hypnos Heras Wunsch nach. Er flog zum Berg Ida, wo Zeus saß und dem Kampf zusah, und ließ sich in Gestalt einer Nachtschwalbe auf einer Pinie nieder. Zeus liebte Hera, und dann sang Hypnos ihn in den Schlaf. Bei einer anderen Gelegenheit schickte Apollon die Brüder Hypnos und Thanatos aus, um die Leiche von Apollons Sohn Sarpedon nach Lykien heimzubringen.

Hypseus, Sohn des Flusses Peneios und der Naiade Krëusa; er war ein früher König der thessalischen Lapithen und hatte drei Töchter: Kyrene, Themisto und Astyagyeia. Themisto heiratete Athamas.

Hypsipyle, Königin von Lemnos. Als die übrigen Männer der Insel von den Frauen erschlagen worden waren, rettete Hypsipyle ihren Vater Thoas, den König. Sie versteckte ihn in einer Truhe, die sie am Strand aussetzte; so erreichte er die Insel Oinoi. Als Jason mit den Argonauten auf dem Weg nach Kolchis dort vorbeizog, wurden die Seefahrer von den lemnischen Frauen, die jetzt die männliche Gesellschaft zu vermissen begannen (und inzwischen auch wieder ohne den üblen Geruch waren, mit dem Aphrodite sie geschlagen hatte), ein Jahr lang freundlich aufgenommen. Hypsipyle gebar Jason zwei Söhne, Euneus und Thoas. Nachdem die Argonauten weitergezogen waren, kam der ältere Thoas, Hypsipyles Vater, zurück, nahm sein Königreich wieder ein, – und seine Tochter floh. Sie wurde jedoch von Seeräubern gefangen, die sie an König Lykurgos von Nemea verkauften. Nach einem anderen Bericht fanden die Frauen von Lemnos heraus, daß Hypsipyle ihren Vater gerettet hatte, und verkauften sie für diesen Verrat in die Sklaverei. Lykurgos machte sie zur Amme seines Sohnes Opheltes. Als aber die »Sieben gegen Theben« des Weges kamen, baten sie sie um Wasser. Während sie den Kriegern den Weg zu einer Quelle zeigte, legte sie Opheltes in ein Petersilienbeet; worauf eine Schlange erschien, das Kind biß und sich um seinen Leib ringelte. Als sie wiederkamen, waren die Sieben entsetzt, als ihnen der Seher Amphiaraos eröffnete, dies sei ein Vorzeichen für ihr eigenes Schicksal. Sie töteten die Schlange, begruben das Kind unter dem Namen Archemoros (Schicksalsbeginn) und gründeten ihm zu Ehren die Nemeischen Spiele. Auch bewahrten sie Hypsipyle vor dem Zorn des Lykurgos. Euripides erzählt in der nach Hypsipyle benannten Tragödie (von der man kurz nach dem Ersten Weltkrieg Bruchstücke auf Papyrusrollen fand), wie durch Zufall ihre Söhne Euneus und Thoas nach Nemea kamen, ihre Mutter fanden, sie mit Hilfe des Sehers Amphiaraos erkannten und nach Lemnos in Sicherheit brachten.

Hyria siehe Kyknos 4.

Hyrieus, Gründer und König von Hyria in Böotien. Er war kinderlos; als er die Götter Zeus, Poseidon und Hermes bei sich bewirtete, bat er sie, ihm einen Erben zu schenken. Sie befahlen ihm, das Fell eines Stiers zu nehmen und darauf Wasser zu lassen. Dann gruben sie das Fell ein. Neun Monate später erwuchs aus dieser Stelle Orion.

Hyrtakos, König von Perkote in der Troas. Er heiratete Merops' Schwester Arisbe, die auch als frühere Gemahlin des Priamos von Troja galt, und hatte mindestens zwei Söhne: Asios, der die Mannen Arisbes zur Unterstützung der Troer in den Trojanischen Krieg schickte, und Nisos, der Aeneas nach Italien begleitete.

I/J

Jahreszeiten siehe Horen.
Ialmenos, Sohn des Ares und der Astyoche; siehe Askalaphos 1.
Ialysos, Enkel des Helios. Nach ihm ist eine Stadt auf Rhodos benannt.
Iambe, Magd im Haus des Keleos von Eleusis; siehe Demeter.
Iamos, Sohn des Apollon und der Euadne. Er wurde auf freiem Feld geboren, weil sich Euadne vor dem Zorn ihres Vaters fürchtete, als sie schwanger wurde. Sie verbarg Iamos in einem Dickicht, wo ihm Schlangen Honig brachten. Vom Delphischen Orakel erfuhr Euadnes Vater Aipytos, der König von Phaisane, daß das Kind von Apollon war und die väterliche Kunst der Weissagung erben werde. Iamos gründete das Geschlecht der Iamiden, die alle Seher waren.
Ianthe siehe Iphis 3.
Janus, römischer Gott der Anfänge, Türen, Tore und Durchgänge; in der Kunst mit zwei (in entgegengesetzte Richtung blickenden) oder gar vier Gesichtern dargestellt. In der Sage kam er kaum vor. Ovid erzählt in den ›Metamorphosen‹ die Geschichte von der Nymphe Carna, die sich ihrer Freier dadurch erwehrte, daß sie sie in eine Höhle bestellte und nachzukommen versprach; dann lief sie fort. Als sie das auch bei Janus versuchte, sah er sie mit dem zweiten, rückwärts gewandten Gesicht weggehen; da gewährte sie ihm ihre Gunst, und dafür erhielt sie von ihm die Macht, nächtliche Vampire zu verscheuchen – eine Macht, die sie zur Rettung ihres Sohnes Proca gebrauchte, des späteren Königs von Alba Longa. Als das Mädchen Tarpeia das römische Kapitol angeblich an die Sabiner verriet, hielt Janus den Feind auf, indem er den Durchgang mit einer heißen Schwefelquelle überschwemmte. Man beschrieb ihn auch als frühen König Latiums, dem Land zwischen Tiber und den pontinischen Sümpfen, der Saturn (Kronos) bei sich aufnahm, nachdem Zeus ihn aus Kreta vertrieben hatte. Er soll eine Gemahlin Camise und einen Sohn Tiberinus gehabt haben, der im Tiber ertrank und dem Fluß seinen Namen gab.
Iapetos, Titan; Sohn der Gaia und des Uranos. Die Okeanide Klymene gebar ihm die Titanen Prometheus, Epimetheus, Atlas und Menoitios. Im Krieg zwischen Göttern und Titanen hielt Zeus Iapetos im Tartaros gefangen.

Der doppelköpfige Janus auf einer römischen Bronzemünze aus republikanischer Zeit (London, Britisches Museum)

Iapyx, Illyrer, Sohn des Lykaon. Er half seinem Bruder Daunos bei der Unterwerfung Süditaliens.
Iarbas, numidischer König; siehe Dido.
Iasion oder **Iasios,** Sohn des Zeus oder des Korythos und der Atlastochter Elektra. Homer scheint ihn in seiner ›Odyssee‹ als Sterblichen aufzufassen; denn die Nymphe Kalypso, die sich bei Hermes über Zeus' Befehl beklagt, Odysseus zu seiner Gattin heimsegeln zu lassen, vergleicht sich mit einer anderen Göttin, nämlich Demeter, die mit Iasion in einem dreimal gepflügten Brachfeld lag. Demeter und Iasion sollen sich zuerst auf der Hochzeit von Kadmos und Harmonia begegnet sein; nach einer anderen Darstellung war Harmonia Iasions Schwester. Sie zeugten ein Kind, Plutos (Reichtum); doch als Zeus (nach Homer) von der Verbindung erfuhr, vernichtete er Iasion mit einem Donnerkeil. Der römische Dichter Ovid versichert dagegen, Iasion habe ein hohes Alter erreicht, und daß Demeter sein graues Haar beklagte. Sein Bruder war Dardanos. Ein späterer Autor, Hyginus, erzählt, daß Demeter und Iasion einen weiteren Sohn hatten, Philomelos, der den Wagen erfand und daher in dem gleichnamigen Sternbild verewigt wurde. Der griechische Histori-

Jason bändigt die feuerspeienden Stiere (Jean-François de Troy, 1679–1752; Birmingham University, Barber Institute of Fine Arts)

ker Diodoros Siculus erwähnt, daß Iasion von Zeus in die Mysterien von Samothrake eingeweiht wurde, die Göttin Kybele heiratete, die ihm Korybas gebar und unsterblich gemacht wurde.

Jason (griech.: Iason oder Ieson), thessalischer Heros; der ältere Sohn von Aiolos' Enkel Aison, der rechtmäßig König von Iolkos auf der thessalischen Halbinsel Magnesia hätte werden müssen, und von Alkimede oder Polymede. Als Aisons Vater Kretheus starb, usurpierte Aisons Halbbruder Pelias, der Sohn des Poseidon und der Kretheusgattin Tyro, den Thron und erlaubte Aison, als Privatmann in Iolkos zu bleiben; oder Pelias übernahm, nach einer anderen Überlieferung, nach Aisons Tod die Regentschaft für Jason. In beiden Darstellungen täuschte Jasons Mutter, die Pelias nicht traute, ein Begräbnis des Knaben vor, um ihn heimlich (entweder gleich nach der Geburt oder bald darauf) in die Höhle des Kentauren Chiron zur Erziehung zu geben. Chiron und seine Mutter Philyra scheinen noch andere Zöglinge in ihrer Obhut gehabt zu haben, denn als Jason in spätern Jahren auszog, um das Goldene Vlies zu holen, schlossen sich ihm alte Schulkameraden in beträchtlicher Zahl an. Von Chiron erhielt Jason seinen Namen: er bedeutet wahrscheinlich »Heiler«, in Erinnerung an die Fertigkeit in der Medizin, die der Junge neben vielen anderen Kenntnissen auf dem Berg Pelion erwarb.

Pelias wußte von Jasons Existenz und fand sich mit ihr ab, vorausgesetzt, er blieb unter bescheidenen Umständen in Magnesia. Dann aber warnte ihn das Delphische Orakel vor jenem Nachkommen des Aiolos, der mit nur einer Sandale zu ihm kommen würde. Aus diesem Grund trachtete er danach, die ganze Familie auszurotten, und Jason, der dazugehörte, war in Gefahr. Zur Zeit eines großen religiösen Festes aber, als Pelias sich bereit machte, an der Küste von Iolkos seinem Vater Poseidon zu opfern, entschloß sich der nun erwachsene Jason, zu ihm zu gehen und seine Ansprüche auf den Thron anzumelden. (Nach einer anderen Version lud ihn Pelias, der von Jasons Existenz wußte, zu dem Fest ein.) Auf seinem Weg vom Berg Pelion zu Pelias mußte Jason den Fluß Anauros überqueren, der um diese Jahreszeit Hochwasser führte. Als er gerade den Fluß durchwaten wollte, bat ihn eine alte Frau, sie hinüberzutragen. Obwohl er es eilig hatte, tat er ihr den Gefallen, verlor aber in dem reißenden Wasser eine Sandale. Er ging nun rasch weiter und dachte nicht mehr an die alte Frau, und so erfuhr er nie, daß er der Hera einen Dienst erwiesen hatte, die Pelias wegen der Vernachlässigung ihrer Riten haßte und von nun an bis zum Tage von Pelias' Tod Jason unterstützte. (Es heißt auch, daß sich Hera Jason zu erkennen gab und ihres Beistandes versicherte; oder, es sei magnesischer Brauch gewesen, nur eine Sandale zu tragen, weil man dann leichter durch Schlamm gehen kann.) Nachdem Hera Jason nun dieser Probe unterworfen hatte, kam Jason mit nur einer Sandale mitten während der Festlichkeiten auf dem Marktplatz von Iolkos an und fragte nach Pelias' Palast. Die Diener des Pelias aber, die schon lange einen Mann mit einer Sandale erwarteten, hatten die Ankunft des Fremden bereits gemeldet; und der König eilte auf den Platz und fragte Jason nach Namen und Begehr. Jason antwortete freimütig und erklärte, er sei Aisons Sohn und Erbe und komme, den Thron zu fordern. Pelias sah sich in einem Dilemma; denn einerseits wußte er, daß er dem Jüngling während der Festzeit nichts anhaben konnte und auch nicht gegen die Gesetze der Gastfreundschaft verstoßen durfte; außerdem würden viele den Sohn Aisons gegen den Usurpator unterstützen. Andererseits erkannte er, daß Jason seinen Thron und sein Leben bedrohte und irgendwie beseitigt werden mußte. Dies hoffte er zu erreichen, wenn er Jason vorschlug, ihn zu seinem Nachfolger zu machen, wenn er das Vlies jenes goldenen Widders heimbrächte, der auf magische Weise Phrixos, den Sohn von Kretheus' Bruder Athamas, nach Kolchis getragen hatte. Es heißt auch, er habe Jason gefragt, was er mit einem Mann tun würde, von dem ein Orakel geweissagt habe, er werde kommen, um ihn zu töten. Jason erwiderte, er würde ihn in das Reich Kolchis des Königs Aietes nach dem Goldenen Vlies schicken; und das war es, was ihm dann Pelias auftrug. Oder Pelias verleitete Jason deshalb zu dem Unternehmen, weil er vorgab, er werde vom Geist des (von Aietes getöteten) Phrixos geplagt, der ihm im Traum erscheine und die Rückholung des Vlieses verlange. In dieser Darstellung wurde Jason in seinen Forderungen von Aisons Brüdern Amythaon und Pheres und deren Söhnen Melampus und Admetos unterstützt. Jason verlangte seines Vaters Thron, aber er bot Pelias an, sein Privatvermögen zu behalten. Pelias tat daher so, als sende er Jason in seiner Eigenschaft als Pelias' Stellvertreter und Erbe nach Kolchis.

Nachdem er das Delphische Orakel aufgesucht hatte, schloß sich Jason einer Schar der vortrefflichsten griechischen Helden, darunter Herakles, an. Einige von ihnen waren Fachleute in bestimmten Fertigkeiten, so Argos der Schiffsbauer, Tiphys der Steuermann, Lynkeus mit dem fabelhaften Scharfblick, Orpheus mit den Zauberkräften seiner Musik und Polydeukes der Faustkämpfer. Keine der zwei Listen über die Teilnehmer an diesem Unternehmen stimmen überein. (Über dessen Verlauf siehe Argonauten.) Auf der Fahrt schlief Jason mit der Königin Hypsipyle von Lemnos, die ihm zwei Söhne gebar, Euneus und Thoas. Die Zauberin Medea, Aietes' Tochter, leistete ihm unschätzbare Dienste bei der Eroberung des Vlieses, und er brachte sie aus Kolchis mit sich heim. Er versprach ihr die Ehe und vollzog ihre Verbindung im Land der Phäaken, bis wohin die königliche Flotte des Aietes sie verfolgt hatte. Der Phäakenkönig Alkinoos weigerte sich, sie dem Feind auszuliefern, und so kehrten sie endlich nach Iolkos zurück. Jason soll sich bei dem Unternehmen eher durch Glattzüngigkeit und Erfolg bei Frauen als durch Mut oder besonnenes Urteil ausgezeichnet haben; tatsächlich übernahm meist Medea das Denken für ihn. Hera, der Jason als Werkzeug zur Bestrafung des Pelias diente, suchte ihren Zweck mit Hilfe von zwei weiteren Göttinnen zu erreichen: mit Athene, die Jason bei seinen Kampfestaten beistand, und mit Aphrodite, die Medea so sehr in Liebe zu Jason entbrennen ließ, daß sie ihren Vater Aietes verriet und, in einer anderen Überlieferung dieser Geschichte, auch den Mord an ihrem Bruder Apsyrtos vollzog.

Bei ihrer Rückkehr nach Iolkos entdeckten die Argonauten, daß Pelias auf das Gerücht hin, die ›Argo‹ sei untergegangen, Aison beseitigt hatte. Jason war nun sicher, daß Pelias nicht die Absicht hatte, ihm den Thron abzutreten, und so überlegte man, was zu tun sei. Über das folgende gibt es unterschiedliche Darstellungen. Entweder übergaben die Argonauten Pelias das Vlies und segelten sogleich weiter, um am Isthmus von Korinth dem Poseidon die ›Argo‹ zu weihen, oder sie entledigten sich des Pelias durch Medeas Zauberkünste (siehe Medea). Jedenfalls zerlegten Pelias' Töchter ihren alternden Vater für den »Großen Kessel«, in der Hoffnung, Medeas Zauberkunst könne ihn verjüngen; nach dem Scheitern dieses Planes nahmen die Argonauten die Stadt ein.

Jetzt hätte Jason eigentlich König von Iolkos werden müssen, aber die Überlieferungen sind ziemlich übereinstimmend, daß er es nicht wurde; einige sagen, daß er sich freiwillig nach Korinth zurückzog, wo Medea ein Anrecht auf die Königswürde zustand, weil früher dort Aietes regiert hatte, und Iolkos dem Peliassohn Akastos überließ. Nach einer anderen Version wurde Jason von den Iolkern vertrieben, die über den ruchlosen Mord an Pelias entsetzt waren; und so suchte und fand er mit Medea Zuflucht am Hofe König Kreons von

Medea und Jason machen den Widder wieder lebendig (rotfigurige Vase, 5. Jh. v. Chr.; London, Britisches Museum)

Die Kalydonische Eberjagd (Basrelief an einem Sarkophag, frühes 2. Jh. n. Chr.; Eleusis, Museum)

Korinth. Hier wandte sich Hera, die ihren Zweck erreicht hatte, von ihm ab.

Jason lebte zehn Jahre lang mit Medea in Korinth und hatte Söhne – Thessalos, Alkimenes und Tisandros, oder Mermeros und Pheres – oder einen Sohn und eine Tochter, Medeios und Eriopis, mit ihr. Zuletzt wurde Jason die Hand von Kreons Tochter Glauke angeboten, eine Ehe, die großen Einfluß im Staat versprach. Das bedeutete aber, daß er sich zuvor von Medea trennen mußte, die als Fremde in den Augen der Griechen keine rechtmäßige Ehe mit einem Griechen führen konnte (diese Darstellung ist unvereinbar mit der Geschichte ihres Anrechts auf den korinthischen Thron). Jason trennte sich also von Medea, und Kreon verbannte sie aus Korinth. Wut- und gramerfüllt beschloß sie, sich an ihrem Gatten zu rächen und seine neue Ehe zu zerstören. Durch einen schlau eingefädelten Plan tötete sie Glauke sowie ihre eigenen Kinder und Kreon; dann floh sie – wie es heißt – in dem von geflügelten Drachen gezogenen Wagen des Helios nach Athen (siehe Euripides' Tragödie ›Medea‹). Der Tod ihrer Kinder wird aber manchmal auch den Korinthern angelastet, die sie wegen ihrer offenkundigen Rolle in Medeas Anschlag töteten. Jason war nun ohne Erben, es sei denn, daß – wie eine andere Lesart will – sein Sohn Thessalos entrann und später Akastos als König von Iolkos ablöste.

Eine weitere Überlieferung dieser Sage meint, daß auch Jason in Korinth starb, entweder von Medeas Hand oder durch Selbstmord. Nach einer verbreiteteren Auslegung aber lebte er noch eine Weile als gebrochener Mann dahin, seinem einstigen Ruhme nachträumend. Als er eines Tages im Schatten seines alten Schiffes am Isthmus saß, löste sich ein verfaulter Teil davon – vielleicht der sprechende Balken aus Dodona (Baumorakel des Zeus), der als Bugspriet gedient hatte – und erschlug ihn.

Die Sage von Jasons Leben erzählen Pindar, Euripides und Apollonios Rhodios.

Iasos 1, König von Argos; Sohn des Triopas und Bruder von Agenor und Pelasgos; oder aber der Sohn des allessehenden Argos und Vater der Io.

Iasos 2, Sohn des Lykurgos; König von Arkadien. Nach einer Überlieferung war er der Vater der Atalante.

Icelus siehe Träume.

Idaia 1, Tochter des skythischen Königs Dardanos. Sie heiratete König Phineus von Salmydessos, dem sie zwei Söhne gebar, Thynios und Mariandynos. Ihre Stiefsöhne, die Kinder von Phineus' früherer Gattin Kleopatra, behandelte sie grausam; sie veranlaßte ihn, sie zu blenden und ins Gefängnis zu werfen. Die Argonauten befreiten die Knaben und schickten Idaia zu ihrem Vater zurück, der sie wegen ihrer Grausamkeit zum Tode verurteilte.

Idaia 2, Nymphe vom Berg Ida in Troja. Dem Flußgott vom Skamander gebar sie einen Sohn, Teuker.

Idaios, König Priamos' Herold im Trojanischen Krieg.

Idas und **Lynkeus,** Söhne des Königs Aphareus von Messenien und seiner Gemahlin Arene; für den Vater des älteren, Idas, hielt man auch Poseidon. Die beiden Brüder waren unzertrennlich. Lynkeus war mit einem so scharfen Blick begabt, daß er auch auf große Entfernungen alles deutlich erkennen, ja sogar durch den Boden sehen konnte. Idas war nicht nur der ältere, sondern auch der stärkere. Bemerkenswert an ihm war auch seine Unverschämtheit, die ihn später das Leben kosten sollte. Er heiratete Marpessa, die Tochter des Euenos, um die auch Apollon warb. In einem Wagenrennen, das Euenos zwischen Marpessas Freiern veranstaltete, blieb Idas in einem Flügelwagen, den ihm Poseidon lieh, siegreich. Euenos, der in dem Rennen unterlag, verfolgte Idas noch bis zum Fluß Lykormas, in den er sich dann stürzte; seither heißt der Fluß nach ihm. Später stritt sich Idas mit Apollon wegen Marpessa; in seiner Frechheit schlug er den

Gott sogar, der Marpessa entführt und in einen Eisvogel verwandelt hatte. Zeus trennte die beiden und ließ das Mädchen wählen; sie entschied sich für Idas, weil er als Sterblicher mit ihr alt werden würde.

Marpessa gebar Idas eine Tochter, Kleopatra, die Oineus' Sohn Meleagros heiratete. Infolgedessen nahmen Idas und Lynkeus an der Eberjagd zu Kalydon in Ätolien teil, weil sie jetzt mit Oineus verwandt waren, dem dortigen König. Sie beteiligten sich auch an der Argonautenfahrt. Idas fiel später in Teuthranien, dem Reich des Königs Teuthras, ein, wurde aber von Telephos vertrieben, dem Sohn des Herakles von Teuthras' Gemahlin Auge. Idas und Lynkeus kamen in einem Streit um, den Idas mit den Dioskuren hatte. (Über ihren Tod siehe Kastor und Polydeukes.) Nach Idas' Tod tötete sich Marpessa, und da Aphareus nun ohne Erben war, gab er das Reich Messenien an Nestor von Pylos (oder seinen Vater Neleus).

Idmon (der Wissende), Sohn des Apollon und der Kyrene, angeblich aber der Sohn eines gewissen Abas. Idmon begleitete die Argonauten, obwohl er als Seher seinen eigenen Tod bei dem Unternehmen voraussah. Als die Mannschaft bei den Mariandynen in Bithynien anlegte, wurde er von einem wilden Eber getötet. Die Argonauten trauerten drei Tage um ihn. Bei der Gründung von Herakleia Pontike gebot das Delphische Orakel den Siedlern, die Stadt rings um einen wilden Ölbaum zu erbauen, der auf seinem Grab wuchs.

Idomeneus, König von Kreta und Anführer der kretischen Streitkräfte im Trojanischen Krieg. Sein Vater war Deukalion, der Sohn des Minos. Seine Truppen sollen mit achtzig Schiffen nach Troja gesegelt sein – eine sehr große Streitmacht. Idomeneus hatte auch um Helena gefreit, war aber älter als die übrigen griechischen Führer. Während des Krieges erschien ihm Poseidon in Gestalt von Andraimons Sohn Thoas und trieb ihn zu einem härteren Kampf der Achäer gegen die Troer an, die die gelandeten Schiffe bedrohten. Meriones und er bezogen dann am linken Flügel Stellung, wo er mehrere Troer tötete; doch fürchtete er Aeneas, gegen den er Hilfe anforderte. Er zielte mit dem Speer nach ihm, tötete aber stattdessen Oinomaos. Zusammen mit seinem Knappen Meriones gehörte Idomeneus zu jenen, die sich im Trojanischen Pferd versteckten. Nach einer Überlieferung segelte er danach wohlbehalten heim und regierte friedlich sein Land. Ein anderer Bericht aber erzählt, wie er bei seiner Rückkehr in einen großen Sturm geriet und dem Poseidon gelobte, ihm das erste lebendige Wesen zu opfern, das ihm bei der Landung in Kreta begegne. Das war kein anderer als sein eigner Sohn, der ihn willkommen heißen wollte; doch mußte Idomeneus sein Gelübde erfüllen. Er wurde daraufhin aus seinem Reich verbannt und siedelte sich – nach Vergil – in der sallentinischen Ebene an der Südküste Italiens an. Nach einer anderen Darstellung verführte ein Kreter namens Leukos Idomeneus' Gemahlin Meda auf Anstiftung des Nauplios. Leukos eroberte zehn kretische Städte, tötete Meda und deren Tochter und verjagte Idomeneus; das war der Grund, warum Idomeneus nach Italien zog. Idomeneus soll auch die Kreter in den Ruf geborener Lügner gebracht haben; denn das war der Fluch Medeas über ihn, als er der Thetis und nicht ihr die größte Schönheit zuerkannte.

Ikarios 1, Sohn des Königs Oibalos von Sparta und der Naiada Bateia (galt auch als Sohn des Perieres und der Gorgophone). Er war in die Vertreibung seines Halbbruders Tyndareos aus Sparta durch seinen Bruder Hippokoon verwickelt, obwohl nicht klar ist, wessen Seite er in dem Zwist ergriff. Später wurde Tyndareos von Herakles wieder auf den Thron von Sparta eingesetzt; Ikarios schloß sich ihm dort entweder an oder blieb in Akarnanien, wohin er ins Exil gegangen war. Ikarios heiratete eine Naiade (Wassernymphe) namens Periboia, die ihm zwei Töchter, Penelope und Iphthime, sowie fünf Söhne gebar. Als Odysseus Penelope zur Frau gewonnen hatte, wollte Ikarios sie nicht ziehen lassen. Er versuchte Odysseus dazu zu bewegen, bei ihm zu leben, und eilte sogar hinter dem Wagen her, in dem das Brautpaar davonfuhr, um seine Tochter zum Bleiben zu überreden; aber sie verschleierte ihr Gesicht und deutete damit an, daß sie ihren Gatten nicht verlassen werde. An jener Stelle errichtete Ikarios eine Statue für Aidos (die Bescheidenheit).

Ikarios 2, attischer Bauer; Vater der Erigone. Sie bewillkommneten Dionysos in Attika. Der Gott lehrte zum Dank Ikarios die Kunst des Weinbaues und der Weinreifung in Fässern und schenkte ihm einige gefüllte Weinschläuche, um der Landbevölkerung eine Freude zu machen und die Liebe zum Wein zu verbreiten. Die ersten Menschen aber, die von dem Wein kosteten – einfache Bauern aus der Nachbarschaft –, wurden trunken und glaubten, man habe sie vergiftet. Sie erschlugen Ikarios mit Keulen und vergruben seine Leiche am Berg Hymettos. Erigone suchte nach dem Vater, und als sie ihn schließlich mit Hilfe des Hundes Maira gefunden hatte, erhängte sie sich am nächsten Baum; der Hund sprang vor Kummer in einen Brunnen.

Es heißt auch, daß sich die Mörder auf die Insel Keos geflüchtet hätten, wo bald eine gro-

Die Troer ziehen das Trojanische Pferd in die Stadt (Wandmalerei aus Pompeji; Neapel, Museo Archeologico Nazionale)

ße Trockenheit ausbrach. Der König Aristaios fragte das Delphische Orakel um Rat, das ihm auftrug, den Schatten des Ikarios zu versöhnen und dem Zeus zu opfern, der den Geplagten mit den Etesienwinden (die in den Hundstagen auf dem Ägäischen Meer wehenden Nordwestwinde) Erleichterung brachte. Dionysos, erzürnt über die Behandlung seiner Anhänger, verzauberte in Athen die Mädchen, so daß sie wahnsinnig wurden und sich wie Erigone in den Bäumen erhängten. Die Athener erfuhren vom Delphischen Orakel den Grund für diese Heimsuchung und bestraften die Mörder. Sie stifteten auch ein Feist zur alljährlichen Weinernte, die Aiora, bei denen die Mädchen auf Schaukeln in den Bäumen schwangen. Dionysos machte auch Ikarios, Erigone und Maira als Bootes, Jungfrau und Sirius (Canicula) zu Sternen.

Ikaros siehe Daidalos.

Ikelos siehe Träume.

Ilia siehe Rhea Silvia.

Ilione, älteste Tochter des Königs Priamos von Troja und der Hekabe. Sie heiratete König Polymestor von Thrakien und zog ihren jüngsten Bruder Polydoros auf, der ihr während der Belagerung Trojas anvertraut wurde. Nach einer Überlieferung plante Polymestor, sei es aus Gier oder um den Griechen zu gefallen, ihren Bruder umzubringen, doch rettete sie sein Leben dadurch, daß sie ihren eigenen Sohn von Polymestor, Deipylos, an seine Stelle setzte, den der Vater nun irrtümlich tötete. Später erzählte sie Polydoros von dem Anschlag, und mit ihrer Hilfe erschlug er Polymestor. Als Aeneas durch Thrakien kam, schenkte Ilione ihm ihr Zepter, das er später Dido gab.

Ilos 1. Ob ein »Dardanos-Sohn« Ilos von Ilos 2 zu unterscheiden ist, bleibt unklar. Falls ja, wäre das von Homer bei der Topographie der trojanischen Gegend erwähnte »Grab des Ilos« eher das seine als das seines Großneffen.

Ilos 2, Sohn des Tros und der Kallirhoë, einer Tochter des Flusses Skamandros. Er heiratete Adrastos' Tochter Eurydike, die ihm Laomedon und Themiste gebar. Auf der Wanderschaft von Dardanien – dessen König sein Bruder Assarakos wurde – nach Phrygien nahm er an Spielen teil und gewann dabei fünfzig Männer, fünfzig Mädchen und eine scheckige Kuh, die ihm der dortige König in Befolgung eines Orakelspruches gab. Ilos bekam den Befehl, eine Stadt zu gründen, wo das Tier sich niederlassen würde. Das geschah auf einem Hügel am Berge Ida, der der Göttin Ate (Verblendung) heilig war. Dort gründete Ilos nun die Stadt Troja (Ilion). Als Ilos um ein Zeichen bat, sandte Zeus ihm das Palladion, ein hölzernes Athene-Bildnis, das vom Himmel herab vor sein Zelt fiel. An dieser Stelle stiftete er einen Athenetempel. Man glaubte, daß Troja nicht untergehen könne, solange das Palladion hier gehütet wurde. In Homers ›Ilias‹ wird das Grab des Ilos bei einem wilden Feigenbaum in der trojanischen Ebene erwähnt (siehe Ilos 1).

Ilos 3, König von Ephyra in Thesprotien; Sohn des Mermeros und Enkel der Medea. Er verweigerte Odysseus das Gift für seine Pfeile.

Inachos, der Gott des Flusses Inachos in der Argolis; ein Sohn des Okeanos und der Tethys. Als sich Poseidon und Hera um den Besitz des Landes Argos stritten, schlichteten er und die anderen Flüsse Kephissos und Asterion dadurch den Streit, daß sie Argos der Hera zusprachen; daraufhin nahm Poseidon das Wasser der Flüsse und überflutete das Land – danach waren die Flüsse trocken, außer wenn Regen fiel. Inachos war der sagenhafte erste König von Argos. Er heiratete seine Halbschwester Melia (ihre Mutter hieß Argeia), und zu ihren Kindern gehörten zwei Söhne, Phoroneus (dem auch die Zuweisung des Landes an Hera zugeschrieben wurde) und Aigialeus, und eine Tochter Io. Als Zeus Io liebte, wurde sie von Träumen heimgesucht; und Inachos schickte sie auf Geheiß eines Orakels außer Landes. Nachdem Zeus sie später entführt hatte, soll er ihn (nach einigen Überlieferungen) mit seinen Flüchen verfolgt haben, bis der Gott ihn durch die Furie Tisiphone in den Wahnsinn treiben ließ. Inachos stürzte sich in den Fluß Haliakmon, der seither seinen Namen trägt. Ovid erzählt in seinen ›Metamorphosen‹, daß Inachos Io erkannte, als sie in Gestalt einer Kuh an seinen Strom kam und mit ihrem Huf ihren Namen und ihre Geschichte in den Sand schrieb. Argos vertrieb sie, und Inachos verbarg sich in einer Höhle bei der Quelle seines Flusses, und das Wasser stieg höher und höher von den Tränen, die er um seine Tochter weinte.

Ino, Tochter des Kadmos und der Harmonia; Gattin des Königs Athamas von Orchomenos. Sie hatte zwei Söhne, Learchos und Melikertes. Als ihre Schwester Semele den Knaben Dionysos geboren hatte, ging sie in dem Feuer zugrunde, das sie erfaßte, nachdem sie Zeus in seiner Herrlichkeit erblickt hatte. Obwohl Ino zunächst nicht an die Göttlichkeit des Kindes glauben mochte, bewog Hermes sie dazu, ihren kleinen Neffen aufzuziehen und ihn vor dem Zorn der Hera zu schützen. Ino steckte das Kind in Mädchenkleider, und einige Zeit glückte diese List; dann aber entdeckte Hera die Wahrheit und trieb Ino und Athamas in den Wahnsinn. Zuerst fielen Ino und ihre Schwestern Agaue und Autonoë in einen bacchantischen Taumel (man betrachtete dies auch als Heimsuchung durch Dionysos, weil man seine Göttlichkeit nicht erkannt hatte), in welchem sie Agaues Sohn Pentheus, den König von Theben, in Stücke rissen, weil er sie belauscht hatte. Ino wollte schon früher Phrixos und Helle töten, Athamas' Kinder von seiner ersten Frau, der Nymphe Nephele, doch

Die wahnsinnige Ino stürzt sich mit Melikertes ins Meer, Athamas tötet den Learchos (Kupferstich von Peter van der Borcht)

Zeus naht sich, in einer Wolke verborgen, der Io (Antonio Correggio, 1494–1534; Wien, Kunsthistorisches Museum)

gelang es ihrer Mutter, sie auf dem Widder mit dem goldenen Vlies entkommen zu lassen (siehe Athamas). Schließlich verhängte Hera als schlimmste Strafe über Ino und Athamas, ihre gemeinsamen Kinder zu töten: er durchbohrte Learchos mit Pfeilen, und sie kochte Melikertes entweder in einem Kessel oder eilte zum Meer und sprang mit ihm vom Molurischen Felsen in den Saronischen Golf. Ino wurde dann in die Meeresgöttin Leukothea (Weiße Göttin) verwandelt, die zusammen mit Melikertes, der nun Palaimon hieß, den Schiffern in Seenot beigestanden haben soll.

Eine abweichende Darstellung von Inos Geschichte berichtet, daß sie vor dem Tod ihrer beiden Kinder aus Athamas' Haus fortlief und sich so lange verbarg, daß er Themisto heiratete, die ihm zwei Kinder schenkte. (Hierzu siehe Themisto.) Die Römer identifizierten die Göttin Leukothea mit der Mater Matuta, Göttin des Morgens (der Frühe), und Palaimon mit Portunus, dem Hafengott. Es gibt eine Erzählung, in der Leukothea zu der Göttin Carmenta kam, die ihr geröstete Kuchen zu essen gab, zur Erinnerung an die Saatkörner, die Ino bei ihrem Anschlag gegen Phrixos geröstet hatte.

Io, Tochter des Inachos, des ersten Königs von Argos, eines Flußgottes, und der Melia; oder von Iasos, dem Sohn des Triopas. Obwohl sie eine jungfräuliche Herapriesterin war, zog sie sich Heras Haß zu, weil sie die Aufmerksamkeit des Zeus erregte. Io träumte immer wieder, daß Zeus in der Nacht zu ihr käme und sie flüsternd bat, mitzukommen und ihm auf den lernäischen Gefilden beizuliegen. Als Io ihrem Vater von den Träumen erzählte, fragte er die Orakel von Delphi und Dodona um Rat und erhielt von diesen nach zuerst unbestimmten Andeutungen die Anweisung, die Tochter für immer aus seinem Reich zu verbannen; andernfalls werde sein Volk von den Donnerkeilen des Zeus ausgelöscht. Aus Inachos' Haus vertrieben, wurde Io – von Hera oder von Zeus – in eine schöne weiße Färse verwandelt und ständig von einer Bremse (von Hera gesandt) geplagt, die verhindern sollte, daß sich das Tier längere Zeit niederließ und dabei von Zeus seiner Jungfräulichkeit beraubt werden konnte. Aus dem gleichen Grunde wurde Argos, ein riesenhafter Hirte mit hundert nie schlafenden Augen – von denen nur zwei gleichzeitig schliefen –, von Hera zum Wächter über die junge Kuh bestimmt. Zeus aber wollte weiterhin seinen Willen bei Io haben. Zunächst schickte er Hermes aus, der Argos von der Färse weglocken sollte, doch kam er an dem allessehenden Riesen erst dann vorbei, als er sich in einen Hirten verwandelt und Argos' hundert Augen in Schlaf gelullt hatte, indem er Geschichten erzählte und auf seiner Flöte Wiegenlieder spielte. Sobald alle Augen zugefallen waren, griff Hermes zum Schwert und hieb dem Riesen den Kopf ab. Aber Zeus war damit noch nicht viel gedient, weil die Bremse Io immer noch in Bewegung hielt und Io jetzt außerdem noch vom Geist des Argos verfolgt wurde. Sie wanderte über die Erde und kam durch Dodona, wo die prophetische Eiche sie als künftige Braut des Zeus begrüßte. Dann gelangte sie an jenen Teil des Adriatischen Meeres, der seitdem zu ihrem Gedächtnis »Ionisches Meer« heißt, und wandte sich nordwärts bis zu jener Stelle nahe des Okeanos, wo Prometheus an den Felsen geschmiedet war. Er weissagte ihr die Zukunft. Dann zog sie durch Skythien, den Kaukasus, an der Küste des Schwarzen Meeres entlang und durch den Bosporus (nach ihr »Kuh-Furt« benannt). Von dort wandte sie sich ostwärts, in das Land der Gorgonen und Graien, und kam zuletzt nach Ägypten, wo sich Zeus ihr in der Stadt Kanopos nahte, sie in eine Frau zurückverwandelte und seinen Sohn Epaphos (der von der Berührung) zeugte, indem er ihren Leib mit der Hand berührte. Epaphos herrschte über Ägypten und Afrika, und viele Dynastien stammten von ihm ab, einschließlich das königliche Haus von Argos. – Das ist Aischylos' Darstellung dieser Sage im 1. Teil seiner ›Prometheus‹-Trilogie. Ovids Version weicht in einigen Angaben erheblich ab: Bei ihm erblickte Zeus Io beim Spaziergang an einem Fluß; er verlangte von ihr, mittags in den Wäldern bei ihm zu sein, und während er mit ihr schlief, breitete er eine Wolke über diese Stelle. Hera gewahrte die Schleier der Dunkelheit über Argos und ahnte, was vorgefallen war, doch noch bevor sich die Wolken teilten, verwandelte Zeus Io in eine Färse. Er tat so, als sei das Tier eine ganz gewöhnliche Färse, doch Hera ließ sich nicht betrügen. Sie erbat sich das Tier als Geschenk, was Zeus nicht gut ablehnen konnte. Noch immer mißtrauisch, bestimmte Hera Argos zum Wächter der Färse, die bei der Ankunft an den Ufern des Inachos mit dem Huf ihre Geschichte in den Staub schrieb, damit ihr Vater sie lese; der erkannte, was mit seiner Tochter geschehen war, und weinte. Es gelang dann Hermes, Argos zu überlisten und zu erschlagen, aber Hera, die Argos' Augen in den Pfauenschwanz versetzte, schickte eine Furie in Gestalt einer Bremse, die Io um die Erde treiben sollte. Endlich kam sie nach Ägypten, wo sich Zeus ihrer erbarmte und sie Hera um Vergebung bat. Io wurde in eine Frau zurückverwandelt und als die ägyptische Göttin Isis verehrt. Sie gebar Epaphos, der ebenfalls als Gott verehrt wurde, da man ihn als die Stiergottheit Apis ansah (der heilige schwarze Stier zu Memphis).

Iobates siehe Bellerophon.

Jokaste, Tochter des Menoikeus, Schwester des Kreon. Von Homer wird sie Epikaste genannt. Sie heiratete zuerst König Laios von Theben und dann ihren Sohn Ödipus, nachdem dieser unwissentlich seinen Vater getötet hatte. Sie gebar ihm zwei Söhne, Eteokles und Polyneikes, sowie zwei Töchter, Antigone und Ismene; siehe Ödipus.

Hera übergibt dem Argos die in eine Kuh verwandelte Io (Claude Lorrain, 1600–1682; Dublin, National Gallery of Ireland)

Io und Isis (Wandmalerei aus Pompeji; Neapel, Museo Archeologico Nazionale)

Iolaos, Sohn des Iphikles und der Automedusa, der Tochter des Alkathoos; Neffe und Wagenlenker des Herakles. Er schloß sich seinem Onkel zur Zeit der Zwölf Arbeiten an und erwies sich besonders beim Kampf mit der Lernäischen Hydra als nützlich; er beteiligte sich auch an den Feldzügen gegen Geryon und Laomedon und an der Kalydonischen Eberjagd. Als Herakles der Ehe mit Megara entsagte, deren Kinder er in einem Anfall von Wahnsinn getötet hatte, übergab er sie dem Iolaos zur Frau. Nach dem Tode des Herakles stand der betagte Iolaos seinen Kindern in Attika bei, als Eurystheus sie in einem Krieg zu vernichten suchte. Er betete zu Zeus, Herakles und Hebe, der himmlischen Gattin des Herakles, und erhielt seine Jugend zurück. So vermochte er seine Streitkräfte zum Siege zu führen und Eurystheus eigenhändig gefangenzunehmen oder zu töten, unterstützt von Herakles und Hebe als leuchtende Sterne auf der Deichsel von Iolaos' Wagen.

Nach einer anderen Überlieferung war Iolaos mit Megara und einem Teil von Herakles' fünfzig Kindern von der Tochter des Königs Thespios dazu ausersehen, Sardinien zu besiedeln. Er soll in Theben begraben worden sein, wo der griechische Dichter Pindar seinem Gedächtnis eine Ode weihte.

Iole, Tochter des Königs Eurytos von Oichalia; bei einem Wettstreit im Bogenschießen gewann Herakles sie als Preis; ihr Vater aber wollte sie nicht hergeben. Sie heiratete später Herakles' Sohn Hyllos (siehe Herakles).

Ion, Sohn des Xuthos oder des Apollon von Krëusa, der Tochter des Königs Erechtheus von Athen. Über seine Abstammung liegen zwei verschiedene Überlieferungen vor. Nach der einen begab sich Xuthos, der Sohn des Hellen, eines Thessaliers, nach Athen und heiratete dort die jüngste Tochter des herrschenden Königs, Krëusa. Er hatte zwei Söhne, Achaios und Ion. Xuthos wurde später aufgefordert, unter den Söhnen des Königs Erechtheus den Erben zu bestimmen, und erkor Kekrops, worauf die übrigen ihn aus Athen verjagten. Er fand Zuflucht in Achaia im nördlichen Peloponnes, damals Aigialos (Küstenland) geheißen. Als Xuthos dort starb, kehrte Achaios nach Thessalien zurück, während Ion versuchte, Aigialos zu erobern. Selinos aber, der König des Landes, bot ihm die Hand seiner Tochter Helike an und setzte ihn zum Erben ein. Als Selinos starb, benannte Ion die Bewohner von Aigialos – bis dahin als Pelasger bekannt – nach sich selbst Ioner und gründete am Golf von Korinth an der Mündung des Flusses Selinos die Stadt Helike (nach Selinos' Tochter). Einige Zeit danach brach zwischen Eleusis und Athen Krieg aus, und die Athener baten Ion zurückzukommen und ihr Feldherr zu sein. Die Athener siegten, doch Ion fiel und wurde im attischen Potamos (Fluß) beigesetzt. Später wurden die Ioner von den Nachkommen des Achaios aus Aigialos vertrieben; bei dieser Gelegenheit vollzog sich nach der Legende ihre historische Wanderung über Attika in das Mittelstück der kleinasiatischen Westküste, das sie Ionien nannten.

Die zweite Überlieferung findet sich bei Euripides in seiner Tragödie ›Ion‹. Hier ist Ion ein Sohn Apollons, der Krëusa entehrte, als sie bereits Xuthos' Gemahlin war. Seine Mutter setzte ihn in einer Höhle unter der Akropolis aus. Darauf bat Apollon Hermes, den Säugling nach Delphi zu bringen, wo die pythische Priesterin ihn fand und ihn den Diensten des Gottes weihte. Viele Jahre später kamen Xuthos und Krëusa, die keine Kinder hatten, nach Delphi und baten um Rat, was sie dagegen tun sollten. Xuthos verkündete das Orakel, der erste Mann, der ihm beim Verlassen des Tempels begegnete, würde sein Sohn sein: es war Ion; man glaubte, daß er ein unehelicher Sohn von Xuthos sei, und man bemühte sich, Krëusa diese Neuigkeit schonend mitzuteilen. Xuthos nannte ihn Ion, weil er ihn »auf dem Weg« (griech. *ion*) getroffen hatte. Doch ein alter Knecht und ein paar Frauen hinterbrachten Krëusa Gerüchte, wonach Xuthos das Haus Erechtheus' auf dem athenischen Thron durch seinen Bastard ablösen wolle. Krëusa beschloß deshalb, den vermeintlichen Bastard ihres Gatten zu töten. Xuthos gab zu Ehren Ions ein Fest, und als die Trankopfer dargebracht wurden, vergiftete sie den Wein des Jünglings. Doch Apollon rettete seinen

Sohn: Ion hörte einen Sklaven ein unglückbringendes Wort aussprechen und befahl eine Wiederholung des Trankopfers; als der Wein aus seinem Becher zu Boden floß, trank eine von Apollons heiligen Tauben davon und starb in Qualen. So wurde offenbar, daß Krëusa ihn hatte vergiften wollen. Ion machte sich daran, sie zu töten, als die pythische Priesterin, entsetzt darüber, daß der geweihte Bezirk von einem Muttermord befleckt werden sollte, Ions Windeln vorzeigte und so bewies, daß er Krëusas Sohn war. Ion soll später König von Athen geworden sein und die vier ionischen Stämme geteilt und nach seinen Söhnen benannt haben: Geleontes, Aigikoreis, Argadeis und Hopletes. Xuthos und Krëusa hatten zwei Söhne, Doros und Achaios.

Iphianassa 1 siehe Iphigenie.

Iphianassa 2 siehe Melampus.

Iphigenie, älteste Tochter des Agamemnon und der Klytämnestra. Sie wird im allgemeinen mit der bei Homer erwähnten Iphianassa identifiziert. In den ›Kyprien‹ dagegen (epischer Kyklos verschiedener Sänger und ihrer Schulen wird zwischen beiden unterschieden. – Stesichoros (der in seinen Liedern Stoffe des historischen Epos besang) vermutete, Iphigenie sei in Wirklichkeit das Kind des Theseus und der Helena gewesen und als Säugling der Obhut ihrer Tante Klytämnestra anvertraut worden.

Als Agamemnon seine Armee und seine Flotte zum Angriff gegen Troja im böotischen Aulis gesammelt hatte, war es ihm nicht möglich, die Segel zu setzen, denn Artemis sandte Gegenwind (wie der Seher Kalchas erklärte), weil Agamemnon sie beleidigt oder ihr gegenüber eine Pflicht versäumt hatte. Der genaue Grund wird unterschiedlich angegeben. Einige Überlieferungen besagen, daß sich entweder Agamemnon gebrüstet hatte, ein besserer Jäger zu sein als selbst Artemis; daß er in dem Jahr, als Iphigenie geboren wurde, gelobt hatte, die schönste Frucht des Jahres zu opfern, und das Gelöbnis nicht gehalten hatte, da dies eben Iphigenie war; oder daß Artemis ihn für eine Sünde seines Vaters Atreus strafte, der

Agamemnon opfert Iphigenie (Emailteller; Paris, Musée Jacquemart-André)

den Eid gebrochen hatte, das erste Lamm seiner Herde zu opfern.
Aischylos nimmt an, daß der Grund für Artemis' Feindseligkeit ein von Zeus gesandtes Omen war, das sich für Agamemnons künftigen Sieg in Troja verbürgen sollte: Vor den Augen der griechischen Armee hatten nämlich zwei Adler, die die Atriden, die zwei Söhne des Atreus: Agamemnon und Menelaos, symbolisierten, eine trächtige Häsin in Stücke gerissen, und Artemis war als Beschützerin aller wilden Tiere über das Leiden der unschuldigen Kreatur so erzürnt, daß sie die Abfahrt der Flotte verhinderte. Jedenfalls verlangte Artemis nun das Leben Iphigenies. Um seine Tochter – die in Mykene weilte – herbeizuholen, mußte Agamemnon Klytämnestra hintergehen, und er ließ sagen, das Mädchen solle mit Achilleus verheiratet werden. Klytämnestra vergab Agamemnon niemals diese Tat. (Die ›Ilias‹ dagegen weiß nichts von einer Opferung Iphigenies, denn dort bietet Agamemnon, längst in Troja angekommen, dem Achilleus alle seine drei Töchter zur Frau an.)
Über das, was geschah, als Iphigenie zum Opferaltar geführt wurde, gibt es zwei Darstellungen. Nach der Überlieferung des Aischylos (die der römische Dichter Lukrez übernimmt) wurde sie von den Priestern im Beisein ihres Vaters geopfert. Euripides jedoch, der den ›Kyprien‹ folgt, meint, Artemis habe im letzten Augenblick eine Hindin opfern lassen und die Jungfrau ins Land der Taurer auf der Krim entrückt, wo sie in einem Tempel, in dem Menschenopfer stattfanden, ihre Priesterin sein sollte. In diesem Tempel befand sich ein altes Artemisstandbild, dem alle Fremdlinge, die in das Land kamen, geopfert wurden; Iphigenies Aufgabe war es, diese auf die heilige Handlung vorzubereiten. Viele Jahre danach gebot ein Orakel dem Bruder Iphigenies, Orestes (den die Furien in den Wahnsinn getrieben hatten, weil er an seiner Mutter Klytämnestra die Ermordung seines Vaters gerächt hatte), diese Artemisstatue nach Attika zu bringen, um die Schuld des Muttermordes zu sühnen und sich von seiner Krankheit zu heilen. Als er mit seinem Vetter Pylades im Land der Taurer anlangte, nahm ihn König Thoas gefangen und übergab ihn Iphigenie als Artemisopfer. Als Iphigenie hörte, daß die beiden Griechen waren und aus Argos kamen, versprach sie, einen von den beiden freizulassen, wenn er ihrem Bruder Orestes eine Nachricht überbringen würde. Auf diese Weise erkannten Bruder und Schwester einander. Iphigenie überlegte, wie sie beide retten könnte, und erzählte Thoas von Orestes' Muttermord, der ihn unrein gemacht habe: alle vorgesehenen Opfer, so erklärte sie, wie auch das Arte-

Iphigenie als Artemispriesterin im Land der Taurer (Wandmalerei aus Pompeji; Neapel, Museo Archeologico Nazionale)

misbildnis und sie selber als deren Priesterin müßten im Meer gereinigt werden, wobei die Taurer die Blicke abzuwenden hätten.
Mit Hilfe Poseidons gelang die List, und die drei fuhren mit der Statue auf Orestes' Schiff davon. Athene erschien dem erbosten Thoas und sagte ihm, Apollon und Artemis hätten die Überführung des Bildes nach Attika beschlossen. Es wurde in einem Tempel in Attika aufgestellt – sowohl Halai wie auch Brauron stritten um diese Ehre –, in welchem Iphigenie ewige Artemispriesterin war. Obwohl Menschenopfer für Artemis aufhörten (außer nach einer Überlieferung bei den Taurern), erinnerte zu historischen Zeiten in Halai noch ein leichter Schnitt an sie, den man an der Kehle symbolischer menschlicher »Opfer« vor dem Bild anbrachte. Nach Hyginus begegnete Iphigenie später ihrer Schwester Elektra in Delphi. Elektra glaubte, Iphigenie sei eine taurische Frau, die Orestes umgebracht habe, und wollte sie töten; nur das Eintreffen des Orestes hielt sie davon ab.

In anderen Geschichten über Iphigenie findet sich die Überlieferung, daß sie in Megara starb, wo sie ein Heiligtum besaß; daß Artemis sie unsterblich machte; und daß sie auf Leuke (der Weißen Insel) oder im Elysium mit Achilleus verheiratet war. Im Kult scheint sie eine jungfräuliche Göttin nach Art der Artemis selbst gewesen zu sein.

Iphikles, Sohn des Amphitryon und der Alkmene und angeblich der Zwillingsbruder des Herakles, als dessen Vater aber meist Zeus galt. Daß Iphikles sein eigenes, sterbliches Kind war und nicht der Sohn des Zeus, merkte Amphitryon an der Angst des Kindes, als Hera (oder Amphitryon selber) zwei Schlangen in das Kinderzimmer brachte, denn Herakles griff nach ihnen und erwürgte sie. Durch Automedusa, die Tochter des Königs Alkathoos von Megara, wurde Iphikles Vater des Iolaos, Herakles' Wagenlenker; die übrigen Kinder soll Herakles zusammen mit denen, die er von Megara hatte, in einem Anfall von Wahnsinn getötet haben. Später heiratete Iphikles die jüngere Tochter des Kreon von Korinth und beteiligte sich an der Kalydonischen Eberjagd. Er stand Herakles in den Kämpfen gegen Augias und Laomedon bei und wurde beim Feldzug gegen Hippokoon von Sparta getötet. Sterbend trug man ihn nach Pheneus in Arkadien, wo man sein Grab als das eines Heroen verehrte.

Iphiklos 1, Sohn des Phylakos; siehe Melampus.

Iphiklos 2, Sohn des Thestios; vielleicht von seinem Neffen Meleagros anläßlich der Kalydonischen Eberjagd getötet; soll auch ein Argonaut gewesen sein.

Iphiklos 3, Sohn des Kephalos und der Klymene (wahrscheinlich dieselbe Person wie unter 1).

Iphimedeia siehe Aloeus.

Iphinoe siehe Melampus.

Iphis 1, junger Cypriot; siehe Anaxarete.

Iphis 2, Sohn des Alektor und König von Argos. Um Amphiaraos zur Teilnahme am Zug der Sieben gegen Theben zu gewinnen, gab er Polyneikes den Rat, Amphiaraos' Gemahlin Eriphyle zu bestechen. Sein Sohn Eteoklos und sein Schwiegersohn Kapaneus kamen bei dem Unternehmen um; sein Reich vermachte er Kapaneus' Sohn Sthenelos.

Iphis 3. Ovid erzählt die Geschichte von Iphis, der Tochter des Lygdos aus dem kretischen Knossos und seiner Gemahlin Telethusa. Lygdos wünschte sich einen Sohn und bestimmte, daß eine Tochter ausgesetzt werden würde. Im Traum erschien der Telethusa aber die Göttin Isis und bestimmte sie, ihren Gatten zu überlisten und ihre Tochter als Knaben aufzuziehen. Als Iphis dreizehn Jahre alt war, verlobte Lygdos sie in ihrer Verkleidung als Mann mit der schönen Ianthe. Die beiden verliebten sich; Telethusa aber schob in ihrer Verzweiflung die Zeremonie so lange wie möglich hinaus. Schließlich kam Isis ihr zu Hilfe und verwandelte das Geschlecht ihrer Tochter, so daß das junge Paar endlich heiraten konnte.

Iphitos 1, Sohn des Königs Eurytos von Oichalia. Als Herakles Iole forderte, die er beim Bogenschießen gewonnen hatte, und von Eurytos des Pferde- oder Viehdiebstahls bezichtigt wurde, ergriff Iphitos gegen den Vater Partei; später aber tötete Herakles Iphitos in einem Anfall von Wahnsinn. Auf der Suche nach den Tieren war Iphitos in Messenien Odysseus begegnet; er gab ihm zum Zeichen ihrer Freundschaft den Bogen seines Vaters Eurytos.

Iphitos 2, König von Phokis, der Jason bewirtete, als er das Delphische Orakel befragte. Später schloß sich Iphitos den Argonauten an. Seine Söhne Schedios und Epistrophos führten die Phoker im Trojanischen Krieg an.

Iphitos 3, ein Eleer, den Kopreus tötete.

Iphitos 4, König von Elis, der nach dem Einfall der Dorer die Olympischen Spiele wieder einsetzte.

Iris, Göttin; Tochter des Titanen Thaumas und der Okeanide Elektra. Iris überbrachte die Botschaften der Götter. Iris bedeutet im Griechischen »Regenbogen«, und die Personifizierung dieser Erscheinung dachten sich die Griechen als Bindeglied zwischen Himmel und Erde – daher ihre Tätigkeit als Bote. Der griechische Dichter Kallimachos beschreibt Iris als unter Heras Thron schlafend, immer beschuht, um jederzeit zu Botengängen bereit zu sein; bei Homer dagegen überbringt sie gewöhnlich die Botschaften für Zeus. Ihr Gatte war der Westwind Zephyros.

Iros 1, ein vierschrötiger Bettler in Odysseus' Palast zu Ithaka, dem die Freier ihre Gunst bezeugten und dem Odysseus, selber als Bettler verkleidet, mutig Widerstand bot.

Iros 2, Sohn des Königs Aktor von Phthia und Vater der Argonauten Eurytion und Eurydamas. Als Peleus ihm Blutgeld für die versehentliche Tötung des Eurytion bot, wollte er es nicht nehmen. Peleus ließ daraufhin die Viehherde frei, die er als Buße hatte geben wollen, und ein Wolf, der die Tiere verschlang, wurde in einen Felsen verwandelt, der an der Grenze gegen Phokis zu sehen ist.

Isandros, Sohn des Bellerophon und der Philonoë; kam bei einem Feldzug gegen die Solymer ums Leben.

Ischepolis siehe Alkathoos.

Ischys siehe Koronis.

Isis, große ägyptische Göttin, die in der ganzen Welt der späteren Griechen verehrt und auch als Io bezeichnet wurde.

Ixion, links, auf dem Rad, Hermes und Hera (Wandmalerei im Hause der Vettier, Pompeji)

Ismene, Tochter des Ödipus und seiner Mutter Jokaste, Schwester der Antigone. Als Tragödiengestalt ist sie Gefährtin der Antigone; sie half ihr, als der blinde Ödipus als Flüchtling in Attika weilte, und beteiligte sich nicht, als Antigone ihren toten Bruder Polyneikes begraben wollte. Später wollte Ismene freiwillig mit ihr sterben.

Ismenios, galt in Theben als Vater des Linos.

Itylos siehe Aëdon.

Itymoneus, Eleer, den Nestor bei einem Viehraub tötete.

Itys siehe Tereus.

Julius siehe Proculus.

Iulus siehe Ascanius.

Juno, römische Göttin der Frauen und der Ehe, Gemahlin des Jupiter, seit den frühesten Zeiten mit Hera identifiziert, auch mit Eileithyia in Verbindung gebracht, der Göttin der Geburt, die bei den Römern Juno Lucina war. In der römischen Sage heißt es: Aus Zorn über Jupiter, der ohne Mithilfe einer Mutter aus seinem Kopf Minerva hatte entspringen lassen, soll sie sich bei der Göttin Flora beklagt haben. Nach der Berührung mit einem von Flora hervorgebrachten Kraut wurde Juno schwanger und gebar Mars (Ares), den Gott des Krieges. Im griechischen Mythos ist Hera die Mutter des Ares, obgleich Zeus dessen Vater ist; jedoch gebiert Hera hier den Hephaistos ohne männliche Hilfe. Die römische Legende soll vielleicht nur ein Fest der Juno erklären, die Matronalia am 1. März, dem Monat, der Mars geweiht ist. Es ist möglich, daß der Name Juno verwandt ist mit *iuvenis* »jung« im Sinne von »Braut«; die Römer kannten eine individuelle *iuno* als einen Geist, der die Frau in derselben Weise beschützte, wie der *genius* den Mann. Juno wurde auch, wie Diana, mit dem Mond in Verbindung gebracht.

Jupiter oder **Juppiter,** römischer Hauptgott, ursprünglich eine Himmelsgottheit. Sein Name geht auf den gleichen Ursprung zurück wie der des Zeus, mit dem er identifiziert wurde. *Ju-* ist verwandt mit *dyeu-,* »Himmel«, und *-piter* mit *pater,* »Vater«. Obwohl sein Kult in Italien weitverbreitet und für die Religion des Staates von entscheidender Bedeutung war, hat er kaum Mythen, die nicht von Zeus entlehnt sind. Man dachte ihn sich verantwortlich für Wetter aller Art, besonders für Regen und Blitz. Sein Eigenpriester war der Flamen Dialis, sein Haupttempel stand auf dem Kapitolinischen Hügel. Er wurde vermutlich dem Jupiter Optimus Maximus (Jupiter, dem Größten und Besten) von Marcus Horatius zu Beginn der republikanischen Periode (um 150 v. Chr.) geweiht, obwohl seine Anfänge wahrscheinlich in die früheren Zeiten des römischen Königtums zurückreichen.

Juturna, italische Wassernymphe, die Tochter des Königs Daunus von Ardea in Latium und damit Schwester des Turnus, dem sie im Kampf gegen Aeneas beistand. Jupiter gelüstete es nach ihr, und er stellte ihr lange nach; sie versteckte sich vor ihm in den Wassern des Flusses Tiber. Jupiter bat die Nymphen, sie ihm herauszubringen, und alle willigten ein, mit Ausnahme der Laras, die gerne alles ausplauderte und sogar Jupiters Gemahlin Juno von der Sache erzählte. Jupiter aber bekam seinen Willen bei Juturna, und als Ausgleich für ihre verlorene Jungfräulichkeit machte er sie zu einer Nymphe und gab ihr Macht über Quellen und Flüsse. Nachdem sie ihren Bruder Turnus erfolgreich von Aeneas ferngehalten hatte, der, wie sie wußte, dazu ausersehen war, ihn zu töten, wurde Juturna, die sich als Turnus' Wagenlenker Metiscus verkleidet hatte und ihm sein von Vulcanus geschmiedetes Schwert zurückbrachte, durch eine von Jupiter gesandte Furie gezwungen, den Kampf um die Rettung ihres Bruders aufzugeben, und klagend sank sie in ihre Quelle in Lanuvium zurück. Ein Tümpel oder Sumpf beim Vestatempel auf dem römischen Forum galt auch als diese Quelle, wo Kastor und Polydeukes (die Dioskuren) nach der Schlacht am See Regillus in Latium ihre Pferde getränkt haben sollen.

Der thronende Juppiter (Goldmünze aus der Zeit des Kaisers Nero, 1. Jh. n. Chr.; London, Britisches Museum)

Juno mit Opferschale und Zepter (Blechmünze aus Sabina, 2. Jh. n. Chr.; London, Britisches Museum)

Juventas siehe Hebe.

Ixion, thessalischer König, Sohn des Antion, Phlegyas oder Peision. Der erste Mensch, der seine Hände mit dem Blut eines Verwandten befleckte: der griechische Kain. Er herrschte über die Lapithen und bereitete die Hochzeit mit Dia vor, der Tochter des Eioneus – der vielleicht sein Verwandter war. Sie hatten einen Sohn, Peirithoos (als dessen Vater jedoch auch Zeus galt). Ixion versprach Eioneus einen hohen Brautpreis und lud ihn in die thessalische Hauptstadt Larissa ein, um ihn entgegenzunehmen. Dann legte er eine Fallgrube an, die er mit glühenden Kohlen füllte; Eioneus stürzte hinein und kam um. Niemand mochte die Reinigungsriten bei einem so beispiellosen Verbrechen vollziehen, bis sich Zeus des Ixion erbarmte – vielleicht, weil er dessen Frau Dia liebte –, ihn zu der Zeremonie auf den Olymp lud und ihm einen Platz am Tisch der Götter anwies. Da versuchte Ixion, Zeus' Gattin Hera zu verführen. Hera beklagte sich bei Zeus, und der stellte Ixion in der Weise auf die Probe, daß er eine Wolke baute, die Heras Ebenbild war. Mit dieser Wolke beging Ixion Ehebruch. Zeus ertappte ihn und verbannte ihn auf ewig in den Tartaros, wo er an ein feuriges Flügelrad gebunden wurde, das sich immerfort dreht. Die Wolke, Nephele, gebar das Monstrum Kentauros, der sich später mit den wilden Stuten vom Berg Pelion in Magnesia paarte und das Geschlecht der Kentauren zeugte. Es heißt auch, daß schon Nepheles Ursprung auf die Kentauren zurückzuführen war; und daß Ixions Rad nicht mit Feuer, sondern mit Schlangen behaftet war und sich nicht im Tartaros, sondern im Himmel drehte.

Iynx (griech. Wendehals), Nymphe; Tochter des Pan und der Echo oder Peitho, die mit Zauberei die Liebe des Zeus gewann, sei es für sich selbst oder für Io. Wegen dieser Anmaßung verwandelte Hera sie in einen Wendehals, jenen gesprenkelten Waldvogel, den griechische Zauberinnen an kleine Räder banden und als Liebeszauber gebrauchten, indem sie die Räder unter Beschwörungen drehten.

Iolaos und Athene unterstützen Herakles beim Kampf mit Geryon (rotfigurige Schale; München, Staatl. Antikensammlungen)

K

Kabiren, Kabeiroi, frühe Fruchtbarkeitsgötter des nördlichen ägäischen Meeres und Phrygiens. Sie besaßen auch eine frühe Kultstätte in Theben.
Über ihren Ursprung gibt es zahlreiche Auffassungen. Man nannte sie Kinder des Hephaistos, um sich ihren Kult auf der Insel Lemnos zu erklären, wo sie als Schmiede verehrt wurden; dann wieder bezeichnete man Uranos als ihren Vater, um sich ihre Beihilfe bei der Geburt des Zeus zu deuten; dann hielt man sie wieder für Abkömmlinge des Proteus, des Alten vom Meere, und für Glücksbringer der Seefahrer – in dieser Eigenschaft identifizierte man sie mit den Dioskuren. Auf Samothrake dagegen glaubte man, daß sie die Söhne des Zeus und der Kalliope seien. Orpheus wußte, daß man sie verehrte, und riet den Argonauten, in Samothrake anzulegen, um sich in ihre Mysterien einweihen zu lassen. Man sagte auch, daß die Hermen, das waren Hermesstatuen mit aufgerichtetem Glied, im Zusammenhang mit den Mysterien der Kabiren nach Athen gelangten.
Kadmos, Sohn des Königs Agenor von Tyros und Bruder der Europa; der Gründer Thebens.
Als Zeus in Gestalt eines Stieres Europa entführt hatte, befahl Agenor seinen Söhnen, nach ihr zu suchen und nicht ohne sie zurückzukehren. Kadmos, begleitet von seiner Mutter Telephassa, gelangte nach Thrakien, wo seine Mutter starb. Dann begab er sich nach Delphi, um vom Orakel Anweisungen zu erfragen; er erhielt die Antwort, er solle Europa vergessen und nach einer Kuh mit einem mondförmigen Flecken auf der Seite suchen. Der solle er folgen und an der Stelle, wo sie sich niederlegen würde, eine Stadt erbauen. Schließlich entdeckte er die Kuh in den Herden des Königs Pelagon von Phokis und trieb sie so lange vor sich her, bis sie am Fluß Asopos im Gebiet des späteren Theben zusammenbrach. Als Vorbereitung zum Bau der Zitadelle wollte Kadmos die Kuh der Athene opfern. Er schickte einige Männer aus, die von einer nahegelegenen Quelle das nötige Wasser holen sollten. Doch ein Drache des Ares, der den Ort bewachte, tötete die Männer und begann, sie zu verschlingen. Als Kadmos entdeckte, was ihnen zugestoßen war, focht er mit dem Ungeheuer und erschlug es. Da erschien Athene und befahl Kadmos, dem Drachen die Zähne auszubrechen und die Hälfte davon in den Boden zu säen (die andere Hälfte behielt sie für König Aietes von Kolchis, der sie Jason geben sollte). Als Kadmos dem Befehl folgte, entsprangen dem Boden bewaffnete Männer. Er warf Steine zwischen sie; da verdächtigten sie sich gegenseitig und fingen an, sich abzuschlachten, bis nur fünf Bewaffnete übrig blieben. Diese fünf Männer machte Kadmos zu Bürgern von Kadmeia, wie er die neue Stadt nannte; es handelte sich um die Spartoi oder »Gesäten«, die Ahnherren des thebanischen Adels.
Weil er aber Ares durch die Tötung seines Sohnes, des Drachens, beleidigt hatte, mußte Kadmos dem Gott acht Jahre lang dienen. Als die Zeit seiner Knechtschaft vorüber war, machte Athene ihn zum König von Kadmeia, und Zeus gab ihm Harmonia zur Braut, die Tochter des Ares und der Aphrodite. Da er die Tochter eines der ihren heiratete, waren die Götter bei der Feier persönlich zugegen und brachten auserlesene Geschenke mit (der einzige Sterbliche, dem später eine ähnliche Ehre widerfuhr, war Peleus). Zwei der Gaben jedoch, ein von Hephaistos verfertigtes Halsband und das Brautkleid, waren bestimmt, ihren späteren Eigentümern Unglück zu bringen (siehe Alkmaion). Hermes überreichte eine Lyra, Demeter schenkte ihm Getreide.

Kadmos tötet den Drachen (Becher, 6. Jh. v. Chr.; Paris, Louvre)

Kadmos und Harmonia waren gute Herrscher über Theben (wie man Kadmeia später nannte) und sollen die Böotier auch die Kunst gelehrt haben, mit phönizischen Buchstaben zu schreiben – aus ihnen entwickelte sich das griechische Alphabet. Den Kindern der beiden erging es jedoch. mit Ausnahme des Polydor, nicht gut. Semele wurde die Mutter von Dionysos, ging aber zu Grunde, als sie ihren Geliebten Zeus in seiner ganzen Herrlichkeit zu sehen begehrte. Autonoë, die den Aristaios heiratete, verlor ihren Sohn Aktaion durch den Zorn der Artemis. Agaue ehelichte den Drachen-Menschen Echion. Ihr Sohn Pentheus hatte die bacchischen Orgien belauscht und wurde dafür im Gebirge von Mänaden zerrissen, unter denen sich auch seine Mutter Agaue befand: sie und seine Tanten hatten ihn in ihrem Wahnsinn für einen jungen Löwen gehalten. Eine weitere Kadmos-Tochter, Ino, und deren Gemahl Athamas verdarben es mit der Göttin Hera, weil sie Dionysos als Säugling betreut hatten. Sie verfielen in Wahnsinn, so daß Athamas zwei seiner drei Söhne tötete, während sich Ino mit dem dritten ins Meer stürzte.

Kadmos hatte bereits zugunsten des Pentheus abgedankt und wollte auch nach dessen Tod nicht mehr an die Macht. Um seinen Gram zu lindern, riet ihm Dionysos, die von ihm gegründete Stadt zu verlassen, und so zogen Kadmos und Harmonia nach Norden gen Illyrien, wo sie sich einem unbekannten, zweifelhaften Stamm anschlossen, den Encheleiern (Aalmänner). (Man sagte auch, daß sie sich in viel größerer Nähe zur Heimat aufhielten, am Ufer des Kopaissees in Böotien.) Von einem Ochsenkarren aus führte er sie in den Krieg gegen ihre Feinde und war über das gesamte illyrische Volk siegreich. Die Encheleier aber begingen die Gotteslästerung, ein Apollonheiligtum zu plündern. Ares hatte jedoch Erbarmen mit seiner Tochter Harmonia und seinem Schwiegersohn Kadmos und verwandelte sie in große, harmlose Schlangen (in denen nach griechischem Glauben die Geister der verstorbenen Helden wohnten), und sie wurden in die elysischen Gefilde entrückt. – Nach einer anderen Erzählung gründete Kadmos in Illyrien eine Dynastie mit seinem Sohn Illyrios, den er in hohem Alter noch zeugte.

Kadmos wurde auch in Lakonien verehrt; die Leute von Brasiä auf spartanischem Boden kannten eine andere Überlieferung des Semele-Mythos. Danach kam ihr Kind normal zur Welt, doch warf dann Kadmos Mutter und Kind in einer Kiste ins Meer, die schließlich in Brasiä antrieb.

Kaineus, ursprünglich Kainis, die Tochter des thessalischen Königs Elatos. Trotz ihrer gro-

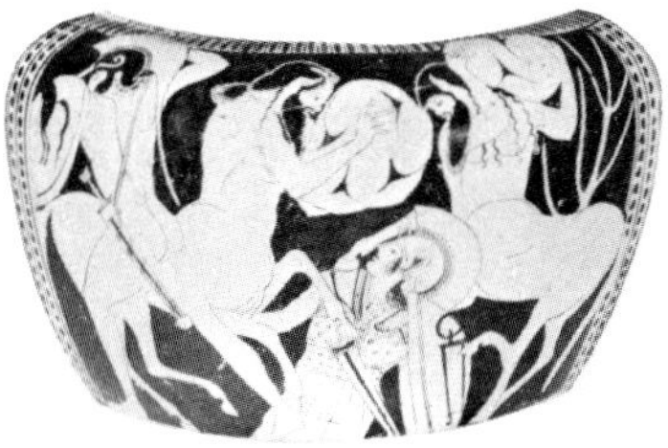

Kaineus wird von den Kentauren erschlagen (rotfigurige Schale, 5. Jh. v. Chr.; London, Britisches Museum)

ßen Schönheit weigerte sich Kainis zu heiraten; doch als sie einmal am Strand entlangging, erblickte Poseidon sie und vergewaltigte sie. Als Sühne versprach er ihr alles, was sie wollte, und sie bat ihn, aus ihr einen Mann zu machen, so daß sie niemals wieder einer solchen Schande ausgesetzt wäre, wie er sie ihr zugefügt hatte. Poseidon erfüllte ihren Wunsch und machte sie außerdem noch unverwundbar gegen den Tod durch das Schwert. Kaineus, wie er nun hieß, wurde einer der Anführer der thessalischen Lapithen. Als bei der Hochzeit des Peirithoos die trunkenen Kentauren die Lapithen überfielen und ihre Frauen rauben wollten, tötete Kaineus sechs Kentauren, darunter auch den gewaltigen Latreus. Darauf fielen die übrigen über ihn her, und nachdem sie ihm mit ihren Waffen nicht beikamen, warfen sie so viele Felsbrocken und Bäume auf ihn, daß er von diesem Gewicht durch die Erde bis in den Tartaros gedrückt wurde. Dort erhielt er Kainis' Gestalt wieder zurück. – Ovid hat eine andere Auffassung über sein Ende und berichtet, der Seher Mopsos habe den Geist Kaineus' in Gestalt eines Vogels aus dem Felsen- und Bäumehaufen gen Himmel steigen sehen; sein Sohn war Koronos.

Kainis siehe Kaineus.

Kalaïs und **Zetes,** die Zwillingssöhne des Boreas, des Nordwindes, und der Oreithyia. Als die Zwillinge, die als die Boreaden bekannt sind, zur Welt kamen, hatten sie in jeder Hinsicht menschliches Aussehen; doch als sie erwachsen geworden waren, sprossen aus ihren Schultern Federn, die zu großen goldenen Schwingen wurden. Sie werden manchmal auch mit geflügelten Füßen dargestellt. Ihr Haar war dunkel, wie das Sturmgewölk ihres Vaters.

Es war beschlossen worden, daß die Boreaden sterben mußten, wenn ihnen jemals ein Flüchtling entkam. Sie begleiteten Jason auf der ›Argo‹, um das Goldene Vlies zu suchen, und erlösten Phineus, den alten, blinden König von Salmydessos und Gemahl ihrer Schwester Kleopatra, der von den Harpyien gepeinigt wurde. Diese Untiere in Gestalt weiblicher Vögel schnappten Phineus die Mahlzeiten weg und verunreinigten seinen Tisch. Die Boreaden verjagten sie, den einen bis zum Fluß Tigres (im Peloponnes), die anderen bis zu den Inseln im Ionischen Meer. Hier gebot ihnen Iris, die Verfolgung aufzugeben, weil die Harpyien Phineus nicht länger belästigen würden; so erhielten diese Inseln den Namen Strophaden, »Inseln der Umkehr«. Die Zwillinge kehrten nun wieder auf die ›Argo‹ zurück und vollendeten ihre Reise. Bei den Begräbnisspielen für König Pelias gewannen die Boreaden den Wettlauf. Auf dem Heimweg jedoch wurden sie von Herakles auf der Insel Tenos getötet, weil sie nach dem Verschwinden des Hylas den Argonauten zugeredet hatten, ohne ihn weiterzusegeln. (Nach einem andern Bericht starben sie auf den Strophaden, weil ihnen die Jagd auf die Harpyien mißlungen war.) Über ihrem Grab errichtete Herakles zwei Säulen, deren eine sich stets bewegte, wenn ihr Vater, der Nordwind, blies; siehe auch Erginos 1.

Kalchas, Seher der griechischen Armee im Trojanischen Krieg. Er war der Sohn des Thestor, eines Mannes aus Megara oder Mykene. Agamemnon persönlich suchte Kalchas auf und überredete ihn zur Teilnahme an dem Unternehmen gegen Troja; und als er einen Tempel zu Ehren der Artemis erbaute, soll es dem Seher zu Gefallen geschehen sein, den man für einen früheren Artemispriester hielt.

Kalchas, der die Zukunft durch die Beobachtung der Vögel weissagte, machte viele wichtige Voraussagen über Ereignisse des Trojanischen Krieges. Als Achilleus erst neun Jahre alt war, erklärte Kalchas bereits, ohne seine und die Hilfe des Philoktetes könnte Troja nicht erobert werden. In Aulis sah er, wie eine Schlange unter dem Altar hervorkroch, eine Platane erklomm und einen Spatz mit dessen acht Jungen verschlang; dann wurde sie zu Stein. Hieraus prophezeite Kalchas, der Krieg werde erst nach neun Jahren enden. Als die Flotte in eine Windstille geriet, verkündete er, daß Iphigenie, die Tochter des Oberbefehlshabers Agamemnon, aus Mykene herbeigeschafft und geopfert werden müßte, um den Zorn der Artemis zu besänftigen. Als das zehnte Jahr kam, sah Kalchas, daß der Zorn Apollons nur durch Rückgabe der Chryseïs an ihren Vater, der Apollonpriester war, zu besänftigen sei. Entweder er oder Helenos, der trojanische Seher, riet den Griechen zum Bau des hölzernen Pferdes, um die Trojaner zu überlisten.

Nicht lange nach dem Untergang Trojas bewahrheitete sich eine Prophetie über Kalchas' eigenen Tod, die ihm von Jugend auf bekannt war. Es war nämlich geweissagt worden, daß er sterben würde, sobald ihm ein besserer Seher begegnen würde. Dies sollte Teiresias' Enkel Mopsos sein, dem Kalchas in Klaros bei Kolophon in Kleinasien begegnete, nachdem er sich geweigert hatte, mit der Flotte nach Griechenland heimzukehren, weil er wußte, daß sie zum Untergang verurteilt war. Die beiden Propheten veranstalteten einen Wettstreit. Zunächst fragte Kalchas den Mopsos nach der Anzahl der Feigen an einem wilden Feigenbaum, der besonders ergiebig war. Mopsos gab die richtige Antwort. Dann fragte Mopsos den Kalchas nach der Zahl der Ferkel im Leib einer bestimmten trächtigen Sau. Kalchas sagte acht, doch Mopsos sagte zutreffend voraus, daß es neun Schweinchen sein würden, die am nächsten Tag um die sechste Stunde geworfen würden. Kalchas war zu Tode getroffen und starb bald danach. Nach einer anderen Überlieferung beobachtete ein Seher, möglicherweise Mopsos, wie Kalchas einen Weingarten pflanzte, und erklärte, er werde es nicht mehr erleben, von seinem Wein zu kosten. Als aus diesen Trauben der Wein bereitet war, bot Kalchas dem anderen den ersten Schluck an, worauf jener die Prophezeiung wiederholte. Kalchas soll dann in ein so unbändiges Gelächter ausgebrochen sein, daß er starb. Seine Gefährten begruben ihn in Notion bei Kolophon.

Kallidike, Königin über Thesprotien in Epirus. Nach seiner Rückkehr nach Ithaka begab sich Odysseus auf eine Reise in das Innere des Landes, um Poseidons Zorn zu besänftigen. Unterwegs kam er nach Thesprotien und heiratete dort Kallidike, die ihm einen Sohn, Polypoites, gebar. Odysseus führte die Thespro-

Hera straft Kallisto (Kupferstich von Peter van der Borcht)

Kalypso und Odysseus (Terrakotte aus Tanagra; Privatsammlung)

ter gegen die benachbarten Bryger, verlor jedoch die Schlacht. Beim Tode Kallidikes kehrte Odysseus zu Penelope zurück und überließ Thesprotien seinem Sohn Polypoites.

Kalliope siehe Musen.

Kallipolis siehe Alkathoos.

Kallirhoë 1 siehe Alkmeon.

Kallirhoë 2, eine Okeanide; siehe Chrysaor.

Kallirhoë 3 siehe Koresos.

Kallisto, entweder Tochter des Königs Lykaon von Arkadien oder eine Nymphe. Ihr Name, von *kalliste* abgeleitet, bedeutet die Schönste. Sie war eine der Gefährtinnen der Artemis und hatte daher Jungfräulichkeit gelobt. Doch Zeus erblickte sie und verliebte sich in sie. Er nahm die Gestalt Apollons oder der Artemis an und lockte sie in seine Arme. Entweder Zeus oder Hera oder Artemis verwandelten Kallisto daraufhin in einen Bären. Wenn Zeus es tat, so geschah es, um sie vor dem Zorn seiner Frau zu schützen; wenn Hera, dann zur Strafe für die Übertretung ihrer ehelichen Rechte; wenn Artemis, dann sollte Kallisto für ihren Wortbruch gestraft werden. In der Überlieferung, wonach Zeus die Verwandlung bewirkte, rächte sich Hera, indem sie Artemis veranlaßte, den Bären zu erschießen, woraufhin Zeus den Hermes ausschickte, der Kallistos Kind Arkas aus ihrem Schoß befreien sollte. In einer anderen Darstellung kam Arkas auf natürliche Weise zur Welt und erschoß später selbst Kallisto, als er erwachsen war und in den arkadischen Bergen jagte. Wieder eine andere Geschichte weiß zu berichten, daß ein paar Hirten Kallisto in Gestalt eines Bären einfingen und sie ihrem Vater Lykaon zum Geschenk machten: doch eines Tages drang der Bär in den geheiligten Bezirk des Zeus Lykaios ein und wurde für diesen Frevel von Arkas getötet. Nach Ovid jedoch fiel Zeus Arkas in den Arm und verwandelte Mutter und Sohn in Sterne, und zwar in den Großen und in den Kleinen Bären. Hera war über diese Auszeichnung Kallistos so empört, daß sie den Ozean überredete, den Bären nicht an seinem Strom zu dulden; so findet Kallisto keine Ruhe, sondern muß ewig um den Polarstern kreisen.

Kalydonische Jagd siehe Meleagros, Atalante.

Kalyke, Tochter des Aiolos und der Enarete; siehe Endymion.

Kalypso, Göttin oder Nymphe; Tochter des Titanen Atlas. Sie lebte auf der sagenhaften Insel Ogygia, auf die Odysseus bei der Heimfahrt von Troja verschlagen wurde. Sie liebte ihn, behielt ihn sieben Jahre bei sich, und bot ihm die Unsterblichkeit an, wenn er bereit sei, bei ihr zu bleiben. Als er sich aber nach seiner Heimat und seiner Frau sehnte, hatte Zeus schließlich Mitleid mit ihm und schickte Hermes, der Kalypso dazu überredete, Odysseus bei der Rückreise zu helfen. Sie verschaffte ihm Zimmermannsgerät und trockenes Holz und gab ihm Reiseproviant. Sie soll ihm auch einen Sohn geboren haben, der mit verschiedenen Namen erwähnt wird.

Kameiros, Enkel des Helios. Nach ihm heißt eine Stadt auf Rhodos.

Kanake, Tochter des Aiolos. Sie liebte ihren Bruder Makareus und beging entweder Selbstmord oder wurde von ihrem Vater umgebracht. Makareus nahm sich das Leben.

Kapaneus, Sohn des Hipponoos und der Astynome; seine Frau war Euadne, die Tochter des Iphis, die ihm Sthenelos gebar. Er war einer der sieben Helden, die für Polyneikes gegen Theben fochten und als die »Sieben gegen Theben« bekannt wurden. Er gelobte, die Stadt zu erstürmen, selbst wenn Zeus es verböte; sein Schild zeigte einen Mann, der eine Mauer erklettert mit den Worten: »Ich werde diese Stadt verbrennen.« Als er jedoch die Stadtmauern zu ersteigen begann, streckte Zeus ihn mit einem Donnerkeil nieder, Euadne stürzte sich in seinen Scheiterhaufen und starb. Nach seinem Tod soll Asklepios ihn zum Leben erweckt haben.

Kaphauros, Sohn des Garamas (Amphithemis) von Libyen; er besaß zahlreiche Schafe und tötete die beiden Argonauten Kanthos und Eribotes, die seine Herde überfallen hatten. Ihre Gefährten nahmen Rache an Kaphauros; sie töteten ihn und trieben seine Schafe fort.

Kapys 1, Sohn des Assarakos; er war Vater des Anchises und Großvater des Aeneas.

Kapys 2, Trojaner, der das hölzerne Pferd für eine List hielt; er setzte sich dafür ein, daß es ins Meer gestürzt oder verbrannt würde. Nach dem Untergang Trojas folgte er Aeneas nach Italien und soll die Stadt Capua in Kampanien gegründet haben.

Kar, Sohn des Königs Phoroneus von Argos und seiner Frau Kerdo. Er wurde König von Megara.

Karme, Kreterin, die von Zeus geliebt wurde und ihm die Göttin Britomartis gebar. Sie wurde später als Sklavin nach Megara verschleppt, wo König Nisos sie zur Amme seiner Tochter Skylla machte.

Karnabon, thrakischer König, der eine der Schlangen tötete, die den Wagen von Demeters Sohn oder Sklaven Triptolemos zogen, weil er neidisch auf den jungen Mann war, der seinem Volk eine Fülle von Wohltaten bescherte. Demeter brachte Triptolemos eine andere Schlange, so daß er fliehen konnte; aus Karnabon aber wurde als Warnung für die Menschen das Sternbild Ophiuchos – Schlangenträger – am Himmel.

Kassandra (auch Alexandra genannt), Tochter des Königs Priamos von Troja und seiner Frau Hekabe. Homer nennt sie die schönste ihrer Töchter und berichtet, Othryoneus von Kabesos sei Priamos' Verbündeter im Trojanischen Krieg geworden, weil er nach Beendigung der Feindseligkeiten Kassandra zur Frau erhalten sollte. Koroibos, der Sohn des Phrygerkönigs Mygdon, kam ebenfalls in der Hoffnung nach Troja, sie zu heiraten. Beide Freier fielen jedoch im Krieg. Spätere Überlieferungen statten Kassandra mit großen prophetischen Gaben aus. Als sie jung war, so hieß es, habe sich Apollon in sie verliebt und sie umworben; als Gegenleistung für die Gunst, die er erhoffte, lehrte er sie die Kunst der Weissagung. Als Kassandra jedoch seine Aufmerksamkeiten verschmähte, verdammte er sie dazu, die Wahrheit immer richtig zu prophezeien und doch niemals Gehör zu finden. Nach einer anderen Darstellung spielten Kassandra und ihr Bruder Helenos, als sie noch Kinder waren, am Festtag des thymbräischen Apollon zusammen in dessen Tempel, und die heiligen Schlangen leckten den Kindern Ohren und Mund und verliehen ihnen so die Gabe der Prophetie.

Bevor sie ihre Weissagungen aussprach, verfiel Kassandra in einen Zustand ekstatischer Trance; ihre Familie hielt sie für wahnsinnig.

Aias zerrt Kassandra von Athenes Bildnis fort (römisches Basrelief nach einem griechischen Original; Rom, Museo Borghese)

Als Paris zum ersten Mal nach Troja kam, wußte sie, wer er war, obwohl er als Kind auf dem Berg Ida ausgesetzt wurde und die Eltern ihn nicht kannten. Sie sagte jenes Übel voraus, das Paris durch seine Reise nach Sparta anrichten würde (von wo er Helena entführte), und sie erkannte die Gefährlichkeit des hölzernen Pferdes. Doch hörten die Trojaner nicht auf ihre Warnungen. Als Troja eingenommen worden war und brannte, ergriff Aias, der Sohn des Oileus, Kassandra, die sich in den Athenetempel gerettet hatte und sich an das heilige Bildnis der Göttin klammerte. Aias zerrte sie fort, stürzte das Standbild um und vergewaltigte Kassandra, während Athenes Bildnis entsetzt den Blick abwandte. Weil die Griechen sie nicht an Aias rächten, tötete Athene viele von ihnen auf der Heimreise. Auch legte sie Aias' Volk, den Lokrern, eine Buße für tausend Jahre auf.

Kassandra fiel dem Agamemnon als Konkubine zu und gebar ihm zwei Söhne, Teledamos und Pelops. Schließlich brachte er sie in seine Heimat Mykene zurück. Dort fiel sie unter dem Schwert von Agamemnons Gemahlin Klytämnestra; aber nicht, ohne das Schicksal geweissagt zu haben, das ihn, sie selber und ihre Kinder erwartete. Sie sprach in voller Kenntnis der Schreckenstaten, die Agamemnons Familie (das Haus des Atreus) in früheren Zeiten befleckt hatten – eine Szene, die in Aischylos' Tragödie ›Agamemnon‹ dargestellt ist.

Kassiopeia siehe Andromeda.

Kastor und **Polydeukes** (lat. Castor und Pollux), die »himmlischen Zwillinge«, Söhne des

Aias der Lokrer reißt Kassandra von der Athenestatue (schwarzfigurige Vase, 5. Jh. v. Chr.; London, Britisches Museum)

Königs Tyndareos von Sparta und der Leda, Brüder der Helena und Klytämnestra.
Homer betrachtet diese vier noch als gewöhnliche Sterbliche, doch gab es später viele verschiedene Berichte über ihre Abstammung. So wurde Polydeukes göttliche Herkunft zugeschrieben, oft ihm und Helena gleichzeitig. Nach einer anderen Auffassung waren sowohl Kastor wie auch Polydeukes Söhne des Zeus; dies besagt auch ihr Name »Dioskuren«. Die beiden wurden als unsterblich angesehen und galten als die besonderen Schutzheiligen der Seeleute, denen sie als Elmsfeuer erschienen. Auch in Sparta und Rom waren sie wichtige Götter.
In ihrer Jugend beteiligten sich die Dioskuren an der Ausfahrt der Argonauten; und obwohl Kastor, dessen Spezialität das Reiten war, seine Fertigkeiten kaum anbringen konnte, vermochte Polydeukes, ein großer Faustkämpfer, den großmäuligen König der Bebryker, Amykos, zu besiegen. Nach der Rückkehr von dieser Reise halfen die beiden Jason und Peleus bei der Zerstörung der Stadt Iolkos als Strafe für Akastos' Verrat an Peleus. Nach Ovid beteiligten sich die Dioskuren auch an der Kalydonischen Eberjagd. Als Theseus und Peirithoos Helena aus Attika entführten, damit Theseus sie zur Frau nehmen konnte, fiel die Stadt Aphidna, in der Theseus sie gelassen hatte, in seiner Abwesenheit den Dioskuren in die Hände. Sie befreiten Helena und entführten Theseus' Mutter Aithra nach Sparta; auf den athenischen Thron setzten sie einen Rivalen, Menestheus.
Kastor und Polydeukes hatten die Idee, Phoibe und Hilaeira zu heiraten, die Töchter ihres Onkels Leukippos, der in Messenien lebte. Die Mädchen waren bereits verlobt, und zwar mit Idas und Lynkeus, den Söhnen des Königs Aphareus von Messenien; doch die Dioskuren entführten sie nach Sparta, und Hilaeira gebar dem Kastor Anogon, Phoibe dem Polydeukes Mnesileos. Das führte zu einer Fehde zwischen den vier Jünglingen (die Vettern waren), bei der drei von ihnen den Tod fanden. Dies trug sich so zu: Als die vier in Arkadien eine Herde geraubt hatten und danach einen Schmaus abhielten, verkündete Idas plötzlich, derjenige, der mit seiner Mahlzeit als erster fertig sei, solle die Hälfte der Herde erhalten, der zweite solle den Rest bekommen. Er hatte die Portionen selber zugeteilt und seine Mahlzeit, wie sein Bruder, schon fast beendet. Die Dioskuren waren über diese Ungerechtigkeit so empört, daß sie sich sogleich nach Messenien aufmachten, die Herde holten und sie zurück nach Sparta trieben. Idas und Lynkeus folgten ihnen, und Lynkeus, der mit wunderbarer Scharfsicht begabt war, erspähte die

Kastor und Polydeukes (Basrelief 600 bis 550 v. Chr.; Sparta, Museum)

Zwillinge vom Berg Taygetos aus, wie sie sich in einer hohlen Eiche verbargen. Idas schlich sich heran und durchbohrte Kastor mit seinem Speer. Polydeukes jagte daraufhin seine Vettern bis nach Messenien zum Grabe ihres Vaters. Idas schleuderte den glattpolierten Grabstein nach ihm, traf ihn aber nicht ernstlich. Dann stach Polydeukes den Lynkeus mit dem Speer durch die Brust, während Zeus den Idas mit einem Donnerkeil niederstreckte. Polydeukes eilte nun zurück zu Kastor, der im Sterben lag. Zeus erhörte die Bitte des Polydeukes, seine Unsterblichkeit mit seinem Bruder teilen zu dürfen, so daß jeder von ihnen einen Tag im Hause des Hades zubrachte und einen Tag auf dem Olymp – in ewigem Wechsel. Laut spätgriechischen Autoren kamen die

Kastor und Polydeukes entführen Phoibe und Hilaeira (Peter Paul Rubens, 1577–1640; München, Alte Pinakothek)

Polydeukes tötet Lynkeus (Basrelief; Rom, Villa Albani)

Zwillinge durch Zeus als Sternbild an den Himmel.
Die Römer übernahmen den Kult der Dioskuren mit Begeisterung, besonders nach der Erscheinung der beiden Heroen in der Schlacht am See Regillus, die zwischen der jungen Republik unter Aulus Postumius und den Streitkräften des Tarquinius Superbus und seinen latinischen Verbündeten ausgetragen wurde. (In ähnlicher Weise sollen sie auch den Streitkräften des epizephyrischen Lokri in Süditalien gegen die Nachbarstadt Kroton geholfen haben.) Am Regillus stellten die Dioskuren den Feind an der Spitze der römischen Reiterei; kurze Zeit später tauchten sie im Forum Romanum, viele Kilometer entfernt, in genau der gleichen Kleidung auf. Dann tränkten sie ihre Pferde an der Quelle beim Vestatempel und verkündeten der Menge den römischen Sieg. Zur Erinnerung an dieses Ereignis wurde auf dem Forum der Castor-und-Pollux-Tempel errichtet, und sie wurden zu Schutzheiligen des römischen Ritterstandes *(equites)*.
Katreus, Sohn des Königs Minos von Kreta und der Pasiphaë. Er hatte vier Kinder: einen Sohn Althaimenes und die Töchter Aërope, Klymene und Apemosyne. Da ihm ein Orakel geweissagt hatte, daß eines seiner Kinder seinen Tod bewirken werde, richtete er es ein, sich ihrer zu entledigen. Althaimenes und Apemosyne flohen nach Rhodos; die anderen beiden sollten von Nauplios in die Sklaverei verkauft werden. Nauplios aber gab Aërope dem Atreus zur Frau und heiratete selber Klymene. Als Katreus alt geworden war, beschloß er, seinen Sohn zu suchen und als Erben einzusetzen. Als er jedoch vor Rhodos erschien, glaubten die Einwohner, es seien Seeräuber, und Althaimenes tötete seinen Vater. Menelaos von Sparta, der Sohn Aëropes und Enkel des Katreus, reiste zu seines Großvaters Begräbnis und überließ sein Weib Helena daheim den Ränken seines Gastes Paris, der sie entführte.
Kaunos siehe Byblis.
Kebriones, unehelicher Sohn des Priamos von Troja; fungierte oft als Hektors Wagenlenker und begleitete ihn in die Schlacht. Patroklos erschlug ihn, und die Griechen zogen ihm die Haut ab.
Kedalion, Sklave des Hephaistos; siehe Orion.
Kekrops 1, schlangenfüßiger, dem Erdboden entsprungener Mensch, der zweite mythische König Attikas. Er heiratete Aglauros, die Tochter des Aktaios, und erbte von seinem Schwiegervater das Königreich Akte, wie Attika damals hieß; Kekrops benannte es in Kekropien um. Er soll den Körper eines Men-

schen und die Füße einer Schlange gehabt haben. Aglauros gebar ihm den Sohn Erysichthon, der seinen Vater nicht überlebte, und drei Töchter Pandrosos, Aglauros und Herse. Als Athene und Poseidon um den Besitz Attikas stritten, sprach Kekrops das Land Athene zu, weil sie auf der Akropolis einen Ölbaum wachsen ließ, während Poseidon lediglich eine Quelle salzigen Wassers zustande brachte. Kekrops soll auch den Gerichtshof auf dem Areopag in Athen gegründet haben, und zwar für eine Verhandlung gegen Ares, der des Totschlags an Halirrhothios angeklagt war und freigesprochen wurde. Kekrops machte auch ein Ende mit den Menschenopfern in seinem Reich und erkannte als erster die Oberhoheit des Zeus über die anderen Götter an: er opferte ihm Kuchen *(pelanoi)* anstelle von Tier- oder Menschenfleisch. Sein Nachfolger war Kranaos.

Kekrops 2, achter König Athens, Sohn des Erechtheus und der Praxithea. Er war der älteste Sohn, wurde aber nicht von seinem Vater zum König auserwählt, sondern erst nach seines Vaters Tod von seinem thessalischen Verbündeten Xuthos dazu gemacht. Kekrops heiratete Metiadusa und hatte einen Sohn Pandion, der ihm nachfolgte.

Kelaino siehe Pleiaden.

Keleos, König von Eleusis in Attika; siehe Metaneira.

Kentauren, ein Geschlecht von Lebewesen mit Pferdekörpern und -läufen, aber dem Kopf und den Armen eines Menschen. Sie waren die Kinder des Kentauros, eines Sohnes von Apollon und Stilbe, oder aber des Ixion und einer Wolke, der Zeus die Gestalt der Hera verliehen hatte, um ihn zu täuschen. Sie lebten auf dem Berg Pelion in Thessalien, nährten sich von Fleisch und waren brutale und lüsterne Gesellen, mit Ausnahme Chirons, der weise und gütig war und Erzieher vieler griechischer Heroen wurde.

Die Hauptmythen über die Kentauren betreffen ihren Krieg mit den Lapithen, einem thessalischen Nachbarvolk, das, wie sie selber, nach einer Überlieferung von Ixion abstammte, aber ebenso kultiviert war, wie die Kentauren wild und zügellos waren. Zum Ausbruch des Kampfes kam es bei der Hochzeit des Lapithenkönigs Peirithoos mit Hippodameia (oder Deidameia). Die Kentauren hatten Peirithoos' Reich mit der Begründung beansprucht, sie seien die wahren Erben Ixions. Peirithoos glaubte, der Streit sei inzwischen gütlich beigelegt worden, und lud sie zur Hochzeit ein. Die Kentauren kamen, aber vom Wein erhitzt, machten sie sich über die lapithischen Frauen her, und einer, Eurytion, wollte sogar die Braut entführen. Es kam zu

Der Kentaur Pholos und Herakles begrüßen sich (Amphore, ca. 6. Jh. v. Chr.; London, Britisches Museum)

einer Auseinandersetzung, bei der viele Kentauren erschlagen wurden.

Die Kentauren wurden nun aus Thessalien hinaus und auf den Peloponnes getrieben; sie suchten Zuflucht in Arkadien oder auf dem Kap Malea. Als Herakles, auf der Jagd nach dem Erymanthischen Eber, vom Kentauren Pholos bewirtet wurde, bekam er zwar gebratenes Fleisch aber keinen Wein vorgesetzt, obwohl sich ein ungeöffneter Krug Wein in der Höhle befand. Herakles beschwerte sich über den anscheinend geizigen Gastgeber, doch Pholos erklärte, daß Dionysos bei einem Besuch in ihrer Gegend diesen Krug dem gesamten Kentauren-Stamm als Gemeineigentum geschenkt habe. Nach einer anderen Überlieferung hatte der Gott befohlen, den Krug erst beim Kommen des Herakles anzubrechen, doch zögerte Pholos trotzdem. Herakles bestand aber darauf, weil Dionysos' Bedingung nunmehr erfüllt sei. Als der Krug aufgemacht war, strömten die übrigen Kentauren, angelockt von dem lieblichen Geruch des Weins, weniger wohlerzogen als Pholos, herbei.

Es gab ein Handgemenge, und Herakles mußte sie mit seinen Pfeilen, die mit dem Gift der Hydra präpariert waren, auseinandertreiben. Im Anschluß daran fanden sowohl Pholos wie Chiron versehentlich den Tod. Pholos starb, als er nach dem Kampf einen der Pfeile ansah und sich darüber wunderte, daß eine derartig kleine Spitze so mächtige Wesen wie die Kentauren töten konnte. Er ließ den Pfeil auf seinen Fuß fallen und starb an dem Gift. Auch Chiron ritzte sich an einem der Pfeile, der den Kentaur Elatos durchbohrt hatte, der zu ihm geflüchtet war und vergeblich um Heilung bat. Seine Artgenossen retteten sich nun nach Eleusis in Attika, wo Poseidon sie im Inneren eines Berges versteckte. Eurytion wurde von Herakles getötet, als er eine Tochter des Dexamenos, des Königs von Olenos, der gerade bei Herakles zu Gast war, entführen und schänden wollte.

Kampf zwischen einem Lapithen und einem Kentaur (Metope vom Parthenon; London, Britisches Museum)

Einer von ihnen aber, Nessos, nahm schreckliche Rache an Herakles für den Schaden, den sein Geschlecht von ihm erlitten hatte. Nach Herakles' Heirat mit Deianeira mußten sie auf ihrem Heimweg über den Hochwasser führenden Euenos in Ätolien, und Nessos erbot sich, Deianeira auf seinem Rücken hinüberzutragen. Anschließend ertappte ihn Herakles, wie er seine Frau vergewaltigen wollte, und erschoß ihn mit einem vergifteten Pfeil. Im Sterben gebot Nessos der Deianeira – scheinbar um seine Tat zu sühnen –, etwas Blut aus seiner Wunde zu nehmen und aufzubewahren. Wenn sie jemals die Liebe des Herakles verlieren sollte, brauchte sie nur ein Gewand in das Blut tauchen und es Herakles zu tragen geben; dann würde sie ihn zurückgewinnen. Doch das Blut war vergiftet, und als viele Jahre später Deianeira die Treulosigkeit ihres Gatten zu beklagen hatte und tat, wie ihr Nessos einst geraten, starb Herakles in dem brennenden Gewand eines gräßlichen Todes.

Kentauros siehe Kentauren.

Kephalos, Sohn des Königs Deion von Phokis und der Diomede; oder von Hermes und Herse, der Tochter des athenischen Königs Erechtheus. Die ursprüngliche Überlieferung der romantischen Liebesgeschichte von Kephalos und Prokris, wie Ovid sie in den ›Metamorphosen‹ erzählt, setzt sich wahrscheinlich aus zwei älteren Berichten über eine Mythengestalt namens Kephalos zusammen, von denen die eine athenisch, die andere phokisch war.

Als Kephalos Prokris heiratete, gelobten sie sich ewige Treue. Kephalos jedoch, der gerne auf die Jagd ging, verließ frühmorgens ihr Bett, um auf dem Berg Hymettos dem Wild nachzustellen. Durch sein gutes Aussehen erregte er die Aufmerksamkeit von Eos, der

Göttin der Morgenröte, die sich in ihn verliebte und ihn entführte – ganz gegen seinen Willen, denn er liebte seine Frau leidenschaftlich. Einigen Autoren zufolge zeugte Kephalos mit Eos einen Sohn namens Phaëthon und blieb acht Jahre bei ihr; Ovid scheint diese Zeitspanne zu kürzen. Bei ihm kehrt Kephalos nach Attika zurück; eine Äußerung von Eos, er werde den Tag seiner Hochzeit bereuen, hatte seine Eifersucht gegen Prokris geweckt. Er beschloß, sich als Fremdling zu verkleiden und seine Frau auf die Probe zu stellen; er wollte ihr eine große Summe Geldes bieten, wenn sie seine Geliebte würde. Eos half ihm, indem sie sein Aussehen veränderte. So unkenntlich gemacht, bedrängte Kephalos Prokris, bis sie in seinen Vorschlag einwilligte, wenn auch sehr widerstrebend. Da gab er sich zu erkennen und schalt sie für ihren Verrat. Sie war über den Streich so entsetzt, daß sie fortlief, der Gemeinschaft mit Männern abschwor und weiter in den Bergen lebte, wo sie als Anhängerin der Artemis der Jagd oblag. Nach einiger Zeit machte Kephalos sie ausfindig und beschwor sie, zu ihm zurückzukommen. Jetzt rächte sich Prokris an ihm. Ovid sagt nicht, wie; doch andere Autoren berichten, daß sie König Minos von Kreta von einer Krankheit heilte, die alle Frauen krank machte, mit denen er schlief, und ihn dann selber zum Geliebten erwählte. Pasiphaë jedoch, die Gemahlin des Minos, wurde eifersüchtig, und so kehrte Prokris nach Athen und zu Kephalos zurück. Sie soll auch für einen anderen das getan haben, wozu Kephalos sie in seiner Verkleidung überreden wollte: sie ließ sich von einem gewissen Pteleon eine goldene Krone schenken und wurde seine Geliebte. – Als sie zu Kephalos zurückkam, brachte sie einen Zauberspeer und einen Jagdhund mit. Nach Ovid, der an ihrer Keuschheit festhält, waren es Geschenke der Artemis; nach einer früheren Überlieferung handelte es sich jedoch um Gaben des Minos, den sie geheilt hatte. Prokris schenkte den Speer und den Hund, der Lailaps hieß, ihrem Mann, der immer noch ein leidenschaftlicher Jäger war.
Unterdessen hatte die Göttin Themis (oder Hera) als Strafe für den Tod der Sphinx die Stadt Theben mit einer Plage in Gestalt der teumessischen Füchsin heimgesucht, einem so schrecklichen Tier, daß die Menschen für sich und für ihr Vieh fürchteten. Die Füchsin war so schnell, daß kein Hund sie einholen konnte. Amphitryon nun, der es auf sich genommen hatte, für eine von König Kreon von Theben erhoffte Gunst das Untier zu erlegen, erbat sich den Hund Lailaps von Kephalos. Als aber der Hund die Füchsin jagte, kam es zu einem unlösbaren Dilemma: denn der Hund, dem

Kephalos, die sterbende Prokris und Erechtheus, oben eine Harpyie (Kelchkrater, 5. Jh. v. Chr.; London, Britisches Museum)

nach dem Spruch der Artemis nichts zu entfliehen vermochte, verfolgte jetzt ein Tier, das aufgrund einer ebenso göttlichen Autorität nicht zu fangen war. Zeus löste das Problem, indem er beide Tiere in Marmor verwandelte. Als Belohnung erhielt Kephalos von Amphitryon eine Insel im Westen Griechenlands, die nach ihm Kephallenia benannt wurde.
Nach diesen Ereignissen (oder nach einigen anderen Auslegungen) sagte man Prokris, die noch immer gegen die Vorliebe ihres Mannes für die Jagd war, Kephalos habe eines Morgens nach anstrengender Jagd mit zärtlichen Worten nach einer gewissen »Aura« gerufen, die seine Erschöpfung lindern sollte. Man nahm an, daß es sich um eine Nymphe handeln müsse, in die Kephalos verliebt war; doch Kephalos rief nur nach kühlendem »Wind« für seinen erhitzten Körper. Prokris ließ sich eines Morgens zu der Stelle führen, wo Kephalos

Eos entführt Kephalos (etruskische Bronzestatue; London, Britisches Museum)

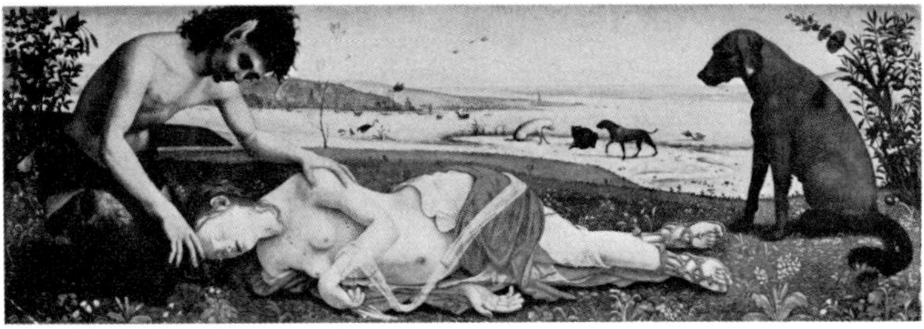

Der Tod der Prokris (Piero di Cosimo, 1462–1521; London, National Gallery)

Eos und Kephalos (Nicolas Poussin, 1593–1665; Yorkshire, Hovingham Hall)

gewöhnlich Rast hielt, und versteckte sich in den Büschen. Als sie ihn hörte, bewegte sie sich auf ihn zu. Er jedoch hielt sie für ein Wild und schleuderte seinen unfehlbaren Speer nach ihr. Als sie sterbend in seinem Arm lag, bat sie noch, er möge nicht Aura heiraten; woraufhin ihm alles klar wurde und er ihr die Wahrheit sagte.
Für den Totschlag an seiner Frau wurde Kephalos vom athenischen Gerichtshof auf dem Areopag für den Rest seines Lebens verbannt. Er ging nach Kephallenia und herrschte dort als König; seine Frau wurde Klymene, eine Tochter des Minyas. Ihr Sohn war Iphiklos 3.

Kepheus 1, Vater der Andromeda und König eines fernen Landes, entweder Palästina oder Äthiopien; siehe Andromeda.

Kepheus 2, König von Tegea in Arkadien, ein Sohn des Königs Aleos und dessen Frau Neaira. Er beteiligte sich an der Argonautenfahrt und an der Kalydonischen Eberjagd. Herakles erbat seine Hilfe für einen Überfall auf Sparta, doch Kepheus befürchtete eine Invasion aus Argos, während er fort war, und lehnte ab. Dann schenkte Herakles der Tochter des Kepheus, Sterope, eine Locke vom Haupt der Gorgo Medusa und versprach, wenn sie diese dreimal hochhebe, könne sie jeden Feind aus Tegea vertreiben. Tegea wurde tatsächlich gerettet, doch kam Kepheus, der sich dem Unternehmen des Herakles angeschlossen hatte, mit allen seinen Söhnen um, mit Ausnahme des Echemos. Dem Kepheus folgte sein älterer Bruder Lykurgos; diesem wiederum folgte Echemos, der über ganz Arkadien herrschte. Nach einem anderen Bericht war es Athene, die den Tegeern die Medusenlocke gab; und deshalb erbauten sie den Tempel der Athene Polias.

Kephissos siehe Inachos; Narkissos.

Ker, Keren (Schicksal, Verderben, Verhängnis), weibliche Todesgeister, den Furien in Aussehen und Funktion ähnlich; sie brachten stets Unheil und Verderben und stürzten alle, mit denen sie in Kontakt kamen, ins Unglück, und schlugen sie mit Blindheit, Alter und Tod. In der ›Ilias‹ wird Ker geschildert, wie sie Tote und Verwundete gleichermaßen ans Tor zur Unterwelt schleppt. Sie hatte scharfe Krallen und trug einen Umhang, der rot vom Blut der fortgetragenen Leichen war. Oft wird das Wort auch im Sinne von Schicksal verwendet: Thetis bietet ihrem Sohn Achilleus die Wahl zwischen zwei *keres* an – entweder ruhmlos heimzukehren oder in Troja zu bleiben und ruhmreich zu sterben. Hesiod nennt Ker eine Tochter der Nyx (Nacht), die ohne männliches Zutun zur Welt kam, gemeinsam mit ihren Brüdern Moros (Los, Geschick), Hypnos (Schlaf) und Thanatos (Tod) sowie einer Reihe weiterer Personifikationen.

Kerberos, Wachhund der Unterwelt, gezeugt von Typhon und Echidna, Bruder der Hydra und der Chimäre; er wird gewöhnlich als dreiköpfig beschrieben. Der Dichter Hesiod läßt ihn fünfzig Köpfe haben. Er hatte den Schwanz einer Schlange, und aus seinem Rükken entsproß eine Reihe von Schlangenköpfen. Seine hauptsächliche Aufgabe bestand darin, jeden zu verschlingen, der aus dem Reich des Hades zu entkommen suchte. Neu angekommene Schatten, die die Unterwelt betraten, wedelte er an, ließ jedoch nicht zu, daß lebendige Sterbliche sein Reich betraten. Orpheus mußte ihn mit Musik verzaubern, und die Cumäische Sibylle warf ihm einen in Wein getauchten Kuchen hin, um an ihm vorbeizukommen. Auch Herakles hatte eine Rauferei mit ihm: seine zwölfte Arbeit bestand darin, Kerberos aus der Unterwelt heraufzuholen. Hades ließ es ihn unter der Bedingung versuchen, daß er keine Waffen benutzte. Doch Herakles vermochte nur durch seine eigene Kraft das Tier bis nach Mykene zu tragen, wo er Eurystheus mit dem Anblick schokkierte; dann brachte er seinen Gefangenen wieder in die Unterwelt zurück.

Kerberos war so gräßlich anzusehen, daß jeder Mensch, der ihn erblickte, sofort zu Stein wurde. Der Speichel, der aus seinem Maul zu Boden tropfte, ließ das tödliche Gift des Eisenhutes entstehen.

Kerkopen, ein Paar schurkischer Zwerge. Sie lebten entweder in der Nähe von Ephesos oder in Thessalien und lauerten den Reisenden auf. Ihre Eltern sollen Okeanos und Theia gewesen sein. Ihre Mutter warnte sie vor einem gewissen Melampygos (gemeint war der Mann mit dem schwarzen Hinterteil). Als er bei Omphale als Knecht war, fing Herakles die beiden, die seine Rüstung stehlen wollten, und hängte sie mit dem Kopf nach unten an einen Stecken, den er sich wie ein Joch über die Schultern legte. So blickten sie genau auf

Kerberos vor dem Eingang zur Unterwelt (William Blake, 1757–1827, Aquarell zu Dantes Inferno; London, Tate Gallery)

Die Kerkopen werden von Zeus in Affen verwandelt (Kupferstich von Briot)

sein Gesäß, das von schwarzen Haaren bedeckt war. Vergnügt über ihre obszönen Kommentare, ließ Herakles sie laufen. Schließlich aber beleidigten sie sogar Zeus mit ihren Schurkereien so sehr, daß er sie in Affen verwandelte, denen sie ohnehin schon ähnelten, oder aber in Stein. Ovid behauptet, die Insel Pithekusa vor Neapel (»Affeninsel«, das heutige Ischia) sei nach ihnen benannt.

Kerkyon, eleusischer König arkadischer Abstammung, der die Vorüberfahrenden zu einem Ringkampf zwang. Er tötete alle, entweder während des Kampfes oder hinterher. Auch Theseus mußte sich ihm stellen, als er vom Isthmos nach Athen unterwegs war, doch er drehte den Spieß um, tötete Kerkyon und erwarb so sein Reich.

Kerynes, Sohn des Temenos; von Deiphontes getötet.

Kestrinos, Sohn des Helenos und der Andromache.

Keto, Tochter des Pontos (Meer) und der Gaia (Erde oder Land); der Name bedeutet »Wal« oder »Seeungeheuer«. Sie heiratete ihren Bruder Phorkys und gebar die drei Graien (Pemphredo, Enyo und Deino, deren Haar von Geburt an grau war) und die drei Gorgonen (Stheno, Euryale und Medusa). In Hesiods ›Theogonie‹ ist sie ferner die Mutter von Echidna und Ladon.

Keyx, Sohn des Morgensterns Eosphoros und Gemahl der Alkyone. Keyx war ein gastfreundlicher Mann. Er bewirtete Herakles, der sich auf der Flucht vor Eurystheus befand, und Herakles half ihm dafür die Dryopen aus dem Reich zu vertreiben. Nach dem Tode des Herakles wurde Keyx mit der Sorge für dessen Kinder betraut, doch da er gegen den feindseligen Eurystheus nicht aufzukommen vermochte, fühlte er sich verpflichtet, sie in die Obhut des Theseus zu geben. Keyx bewirtete auch Peleus, der wegen des Mordes an Phokos aus Ägina verbannt war.

Die bekannteste Sage über Keyx betrifft seinen Tod und die Verwandlung in einen Vogel. Nach einem volkstümlichen Bericht war das die Strafe für ihn und seine Frau Alkyone, weil sie sich gegenseitig vor lauter Glück Zeus und Hera genannt hatten. Ovid erzählt jedoch in den ›Metamorphosen‹, wie Keyx, von bösen Vorzeichen gewarnt – sein Bruder Daidalion war in einen Falken verwandelt worden, ein Wolf hatte seine Ochsen getötet (Strafe für die Gastfreundschaft für den Mörder Peleus) –, sich entschloß, das Orakel in Klaros zu befragen, nachdem das Delphische Orakel von den Phlegyern belagert wurde. Er tat das gegen Alkyones Rat, die ein Verhängnis ahnte. Sie bat ihn, sein Vorhaben aufzugeben oder sie mitzunehmen. Er segelte aber ohne sie fort und versprach, bald heimzukehren.

Es kam ein großer Sturm auf, und Keyx ertrank. Im Sterben dachte er noch an Alkyone und flüsterte ihren Namen. Sie ihrerseits brachte der Hera fortwährend Opfer dar und bat um die Rückkehr des Gatten. Hera vermochte den Anblick der liebenden Frau, die um Rückkehr ihres toten Mannes bat, nicht länger zu ertragen und schickte Iris zu Hypnos, der seinen Sohn Morpheus (dessen Name »Veränderer der Gestalt« bedeutet) beauftragte, der Alkyone im Traum als Keyx zu erscheinen. Triefend vor Nässe beugte er sich über ihr Bett, Tränen strömten über seine Wangen, und er berichtete, wie Keyx im Sturm umgekommen war. Untröstlich eilte Alkyone an den Strand und rief den Namen ihres Gatten. Während sie weinte, spülten ihr die Wellen seinen Leichnam vor die Füße. An dieser Stelle wurde sie in einen Eisvogel verwandelt, und als sie nicht aufhörte, den Leich-

Die Sage von Keyx und Alkyone (bemalter Teller; London, Victoria and Albert Museum)

Kinyras' Tochter Myrrha wird in einen Myrrhenbaum verwandelt (bemalter Teller; Paris, Musée du Petit Palais)

nam zu umflattern, erbarmten sich die Götter und erweckten ihn zum Leben – als Eisvogel, wie seine Frau. Und so lebten sie nun wieder zusammen und paarten sich in jedem Winter während der halkyonischen Tage, an denen Alkyones Vater Aiolos dem Meer sieben Tage lang Stille gebot. Nach einer anderen Überlieferung wurde Keyx kein Eisvogel, sondern eine Möwe.

Kikonen, ein Stamm im südwestlichen Thrakien. Auf dem Heimweg nach Troja verwüstete Odysseus dort die Stadt Ismaros. Als die Kikonen Hilfe vom Landesinneren holten, weigerten sich seine Männer, zu fliehen, und verloren vier ihrer Kameraden in der nachfolgenden Schlacht. Odysseus schonte das Leben des Apollonpriesters Maron, des Sohnes von Euanthes, und erhielt von ihm jenen Wein, mit dem er später den Kyklopen Polyphem betrunken machte. Kikonische Frauen waren es, die in bacchischem Taumel Orpheus zerrissen, nachdem ihm die Entführung der Eurydike aus dem Hades mißlungen war.

Kilix, Sohn des Agenor; Eponyme Kilikiens im südöstlichen Kleinasien.

Kinyras, reicher König auf Cypern, der dem Agamemnon einen herrlichen Brustschild für den Trojanischen Krieg schenkte. Nach einer Überlieferung war Kinyras der Sohn der Pygmaliontochter Paphos, nach der die cyprische Stadt gleichen Namens benannt war. Er heiratete Kenchreis (oder Metharme), die ihm eine Tochter Myrrha gebar. Als Myrrha größer wurde, erfaßte sie eine heftige Zuneigung zu ihrem Vater: eine Strafe von Aphrodite, entweder weil das Mädchen ihren Kult vernachlässigt hatte oder weil ihr Vater geprahlt hatte, daß sie schöner als die Göttin sei. Myrrha bekannte ihre Liebe einer alten Amme, die während eines Festes, bei dem sich die cyprischen Ehefrauen den Betten ihrer Männer fernhalten mußten, Kinyras zum Beischlaf mit seiner Tochter verführte, indem sie vorgab, ein Mädchen in Myrrhas Alter habe sich in ihn verliebt. Nach mehreren Nächten dieses heimlichen Umgangs brachte Kinyras eine Lampe mit ins Zimmer und erblickte das Gesicht des Mädchens. Als er seine Tochter erkannte, wollte er sie umbringen. Doch sie entfloh und gelangte schließlich ins Land der Sabäer in Südarabien, wo die Götter sie in eine Myrrhe verwandelten. Sie war aber schwanger, und die Göttin der Geburt barg ihr Kind, den Adonis, aus dem Baumstamm, – oder ein wilder Eber attackierte den Baum, und der Säugling kam durch den entstehenden Spalt zur Welt.

Eine andere Überlieferung über Kinyras' Abstammung macht ihn zum Sohn des Syrers Sandokes, eines Abkömmlings von Tithonos und Eos. Gelegentlich wird er auch als Kilikier

Kirke (Giovanni di Lutero, gen. Dosso Dossi, 1479–1542; Rom, Galleria Borghese)

bezeichnet, der nach Cypern wanderte. Als Agamemnon Menelaos, Odysseus und Talthybios in die Stadt Paphos schickte, um Kinyras' Unterstützung im Trojanischen Krieg zu gewinnen, versprach er ihnen eine Flotte von fünfzig Schiffen; dann aber versuchte er sie zu betrügen und ließ neunundvierzig davon aus Ton anfertigen und auch mit Schiffern aus Ton bemannen. Ein einziges Schiff, das sein Sohn Mygdalion befehligte, setzte Segel; aber die Tonmodelle gingen natürlich unter, als sie vom Stapel gelassen wurden.

Über Kinyras' Tod existieren zwei Berichte. Entweder nahm er sich nach dem Inzest mit Myrrha das Leben, oder er erreichte, von Apollon begünstigt, ein hohes Alter und widmete sich dem Dienste der cyprischen Aphrodite, deren Priester er war.

Kirke (Habicht, Falke), Tochter des Sonnengottes Helios und der Okeanide Perse, Schwester des Königs Aietes von Kolchis; eine mächtige Zauberin, die auf der Insel Aiaia lebte, die von den klassischen Geschichtsschreibern als Kap Circaeum an der Westküste Italiens bezeichnet wird. Ihre Feinde und jeden, der sie beleidigt hatte, verwandelte sie in Tiere. Picus verwandelte sie in einen Specht, weil er ihre Liebe verschmähte; und als der Meeresgott Glaukos sie um einen Zaubertrunk bat, um die Liebe der Skylla zu erringen, verliebte sie sich selber in Glaukos und verwandelte Skylla in jenes Ungeheuer, das in einer Höhle gegenüber der Charybdis in der Straße von Messina auf der Lauer lag. Aber dennoch trauerte Glaukos um Skylla und lehnte Kirkes Bemühungen ab.

Homer bezeichnet Kirke als Göttin, die in Aiaia in einem Steinhaus lebte, das auf einer Lichtung mitten in einem dichten Wald stand. Um das Haus strichen Löwen und Wölfe, die

Opfer von Kirkes Zauberkunst; sie waren nicht gefährlich und umschmeichelten alle Ankömmlinge. Kirke wob an einem riesigen, von Götterhand gemachten Webstuhl.
Auf der Flucht vor Aietes kamen auch Jason und Medea auf Zeus' Geheiß nach Aiaia, um sich von Kirke für den Mord an Apsyrtos reinigen zu lassen. Kirke vollzog zwar die Reinigung, doch als sie die Art des Verbrechens erfuhr, für das die beiden entsühnt werden wollten, jagte sie sie entsetzt davon, obwohl Medea ihre Nichte war. Als Odysseus nach Aiaia kam, verwandelte Kirke die Männer des Voraustrupps, die die Insel erkunden sollten, in Schweine, mit Ausnahme des Eurylochos, der Verrat gewittert hatte. Odysseus wollte seine Leute retten, wurde aber von Hermes aufgehalten, der ihm zeigte, wie er der Zauberei der Kirke entgehen konnte. Er gab ihm das Kraut Moly und schärfte ihm ein, bevor er mit ihr schlief, sie einen heiligen Eid schwören zu lassen, ihm nichts anzutun. Odysseus verbrachte ein Jahr in Kirkes Gesellschaft, und als er es an der Zeit fand, sie zu verlassen, gab sie ihm wichtige Hinweise für seine Heimreise und zeigte ihm den Weg ins Reich des Hades, wo er die Geister der Toten befragen konnte.
Die Italer kannten noch andere Überlieferungen über Kirke, nach denen sie dem Odysseus drei Söhne gebar, Telegonos, Agrios und Latinus. Sie sandte Telegonos nach Odysseus aus, der schon lange wieder in Ithaka war; bei der Ankunft tötete Telegonos versehentlich seinen Vater. Er brachte den Leichnam zurück nach Aiaia und nahm auch Odysseus' Witwe Penelope und seinen Sohn Telemach mit. Kirke machte sie unsterblich und heiratete Telemach, während Telegonos Penelope zur Frau nahm; siehe auch Canens.
Kithairon siehe Alalkomeneus.
Kleïte, Tochter des Königs Merops von Perkote und Gemahlin des Kyzikos, des Dolionenkönigs in Mysien. Kyzikos wurde versehentlich von den Argonauten getötet. Kleïte war darüber so betrübt, daß sie sich das Leben nahm; die Waldnymphen beweinten sie, und aus ihren Tränen entstand ein Teich, der Kleïtes Namen trug.
Kleitos, Sohn des Mantios. Wegen seiner Schönheit entführte ihn die Göttin der Morgenröte, Eos, zu den Göttern.
Kleobis und **Biton,** zwei junge argivische Brüder. Ihre Mutter, eine Herapriesterin in Argos, mußte einmal zu einem Fest in den Tempel reisen. Da sich die Ochsen verspäteten, zogen ihre Söhne sie im Ochsenkarren in den Tempel; die Entfernung war etwa acht Kilometer. Als sie ankamen, dankte die Priesterin der Göttin Hera für ihre gottwohlgefälligen Söhne und erbat das Beste für sie, was einem sterblichen Menschen zuteil werden kann. Die Nacht verbrachten sie im Tempel in der Absicht, ihre Mutter am nächsten Tag wieder nach Hause zu ziehen – doch die Brüder erwachten nicht mehr. Der athenische Staatsmann Solon beschrieb sie als die glücklichsten aller Sterblichen, und Statuen, die ihnen die Argiver geweiht hatten, entdeckte man in Delphi.
Kleobule siehe Phoinix 2.
Kleodaios, Sohn des Hyllos und der Iole.
Kleopatra 1, Gemahlin des Meleagros; Tochter von Idas und Marpessa. Sie überredete Meleagros, Kalydon von den Kureten zu erretten, als er sich aus Ärger über seine Mutter weigerte, in den Kampf zu ziehen.
Kleopatra 2, Tochter des Boreas, des Nordwindes und der Oreithyia. Kleopatra heiratete König Phineus von Salmydessos in Thrakien. Phineus nahm sich aber später eine zweite Frau, Idaia, und ließ sich von dieser überreden, seine Söhne von Kleopatra, Pandion und Plexippos, zu blenden – oder, nach einer anderen Überlieferung, einzukerkern und auszupeitschen. Die Argonauten blendeten oder töteten Phineus und sein Reich erhielten die beiden Jünglinge, die es an Kleopatra weitergaben, weil sie sich der Argonautenfahrt anschließen wollten.
Kleothera, Tochter des Pandareos. Von Göttinnen erzogen, wurde sie eine Sklavin der Furien.
Klio siehe Musen.
Klotho siehe Fatae.
Klymene 1, Tochter des Katreus; Nauplios heiratete sie, und sie gebar ihm Palamedes, Oiax und Nausimedon.
Klymene 2, Nymphe, mit Merops verheiratet, gebar Helios den Phaëthon.
Klymene 3, Tochter des Minyas; zweite Frau des Kephalos.
Klymenos 1, König von Argos und Vater der Harpalyke, die er schändete. Als das Kind geboren war, zerschnitt Harpalyke es und gab es ihrem Vater zu essen (nach einer anderen Überlieferung brachte sie so ihren Bruder um). Als Klymenos entdeckte, was sie getan hatte, tötete er seine Tochter und sich selbst.
Klymenos 2, Enkel des Phrixos und König von Orchomenos in Böotien; er wurde von einem Stein tödlich getroffen, den Perieres, der Wagenlenker des Thebaners Menoikeus, geschleudert hatte. Bevor er starb, nahm Klymenos seinem Sohn Erginos das Versprechen ab, Rache an den Thebanern zu üben.
Klytämnestra (griech. Klytaimestra), Tochter des Königs Tyndareos von Sparta und der Leda; Schwester von Helena, Kastor und Polydeukes. Sie war zunächst mit Tantalos (dem Sohn des Thyestes) verheiratet, dem sie ein

Klytämnestra erschlägt Kassandra (Ferrara, Museo di Spina)

Kind gebar. Tantalos' Vetter Agamemnon, der König von Mykene, tötete beide und nahm Klytämnestra zur Frau. Ihm gebar sie vier Kinder: Iphigenie, Elektra, Chrysothemis und Orest. Klytämnestra wandte sich von ihrem Gatten ab, als er seine älteste Tochter Iphigenie der Artemis opferte, um günstigen Fahrtwind nach Troja zu bekommen. Mit Tantalos' Bruder Aigisthos, ihrem Geliebten, verabredete sie deshalb, Agamemnon nach seiner Rückkehr aus Troja zu überwältigen. Aigisthos tötete Agamemnon, Klytämnestra die trojanische Prinzessin Kassandra, die sich Agamemnon als Konkubine aus Troja mitgebracht hatte. Orest floh nach dem Mord an seinem Vater nach Phokis. Er kehrte jedoch später nach Mykene zurück und brachte mit Elektras Hilfe seine Mutter und Aigisthos um. Für dieses Verbrechen straften die Furien Orest mit Wahnsinn.

Klytia oder **Klytie** siehe Helios.

Klytios 1, Argonaut, Sohn des Königs Eurytos von Oichalia. Er wurde von Aietes in Kolchis getötet.

Klytios 2, trojanischer Ältester, Sohn des Laomedon und ein Bruder des Priamos.

Klytios 3, Gigant, im Krieg der Götter und Riesen von Hekate mit Fackeln getötet.

Klytoneus, König von Nauplia in der Argolis; Vater des Nauplios 2.

Kodros, König von Athen; Sohn des Melanthos, Nachkomme des Neleus und Mitglied des messenischen Königshauses. Als die Dorer Messenien einnahmen, kam Melanthos nach Athen und wurde König; Kodros erbte den Thron; er heiratete eine Athenerin, um seinen Anspruch zu bekräftigen. Die Dorer begannen eine Attacke gegen Attika, das zum Zufluchtsort aller ionischen Völker geworden war, die sie vertrieben hatten. Das Delphische Orakel verkündete, sie könnten die Athener schlagen, wenn Kodros' Leben geschont würde, und ein befreundeter Mann aus Delphi überbrachte diese Nachricht den Athenern. Daraufhin zog Kodros gegen die Dorer in die Schlacht; er hatte sich als Holzfäller verkleidet und suchte bewußt den Tod, um Attika zu retten. Sein Sohn Medon folgte ihm nach. Seine Familie soll den Thron bis ins achte Jahrhundert innegehabt haben; dann wurde der Monarch (laut einer möglicherweise zutreffenden Überlieferung) durch die drei Archonten der frühen geschichtlichen Zeit ersetzt.

Koios, Titan; Sohn des Uranos und der Gaia. Er zeugte Leto und Asteria mit der Titanin Phoibe, seiner Schwester.

Kokalos, König von Kamikos auf Sizilien. Siehe Daidalos.

Komaitho 1, legendäre Artemispriesterin in Patras. Trotz des göttlichen Verbotes sexueller Beziehungen, schlief Komaitho mit ihrem Geliebten Melanippos im Tempel der Artemis. Die Folge war eine Hungersnot, die Patras heimsuchte; das Paar wurde geopfert, um Artemis zu versöhnen, und Menschenopfer wurden über Jahre hinaus beibehalten, bis Eurypylos, der Thessalier, kam und ein Dionysosbildnis brachte, das er in Troja gefunden hatte. Das Erscheinen des fremden Königs mit einem fremden Gott war das Signal zur Abschaffung des Rituals.

Komaitho 2 siehe Pterelaos.

Kometes, Sohn des Sthenelos 3. Er verführte Diomedes' Gemahlin Aigialeia.

Kopreus (Misthaufen), Sohn des Pelops und Herold seines Neffen, des Königs Eurystheus von Mykene; er hatte Herakles die Gebote seines Herrn zu verkünden und war ein Flüchtling aus Elis, wo er einen Mann namens Iphitos getötet hatte; Eurystheus reinigte ihn von dem Mord. Kopreus' Sohn Periphetes fiel in Troja durch Hektor.

Kore siehe Persephone.

Korkyra, Nymphe, nach der die Insel Korkyra (Korfu) benannt war; eine Tochter des Flußgottes Asopos. Poseidon entführte sie auf eine Insel, die ihren Namen trägt. Es hieß aber auch, ihre Insel sei das schwarze Korkyra gewesen (Korčula).

Koresos. Nach dem griechischen Schriftsteller Pausanias liebte Koresos, ein Dionysospriester in Kalydon, ein Mädchen namens Kallirhoë, das ihn jedoch verschmähte. Daraufhin erhörte Dionysos seine Gebete und schlug das Volk von Kalydon mit Wahnsinn. Ein Orakel verkündete ihnen, daß die Heimsuchung nur dann beendet sein würde, wenn sie Kallirhoë dem Dionysos opferten, es sei denn, diese könne Ersatz für sich selber stellen. Koresos oblag es, das Opfer durchzuführen, und im entscheidenden Augenblick bot er sich selber

Koresos opfert sich für Kallirhoë (Jean-Honoré Fragonard, 1732–1806; Madrid, Akademie San Fernando)

als Ersatz für Kallirhoë an – und stieß sich das Opfermesser in die Brust. Da wurde Kallirhoë, die bis zu diesem Augenblick gleichgültig, ja feindselig gegen Koresos war, von tiefer Reue gepackt und erstach sich ebenfalls.

Korobios siehe Battos 1.

Koroibos, Sohn des Mygdon; siehe Kassandra.

Koroniden, Töchter des Riesen Orion mit den Namen Metioche und Menippe. Ihre Mutter war Side. Als Hungersnot und Dürre über ihre Heimatstadt Orchomenos kamen und das Apollonorakel erklärte, es müßten den Furien zwei Jungfrauen geopfert werden, töteten sich die Koroniden mit den Schiffchen ihrer Webstühle. Die Hungersnot hörte auf, und Hades versetzte die Mädchen als Kometen an den Himmel. Nach Ovids Darstellung haben sie in Theben gelebt und aus ihrer Asche sind zwei Jünglinge, die Coroni, entstanden.

Koronis 1, Tochter des Königs Phlegyas von Orchomenos und Mutter des Asklepios, des Gottes der Heilkunst. Sie wurde von Apollon geliebt; doch als sie bereits mit Asklepios schwanger war, wurde sie dem Gott untreu und heiratete Ischys, den Sohn des Elatos, einen Arkadier. Als Apollon die Neuigkeit von einer Krähe erfuhr, wurde er so wütend, daß er die Farbe des Vogels von Weiß, wie sie bis dahin gewesen war, in Schwarz veränderte. Dann bat er Artemis, Koronis zu erschlagen, barg jedoch ihren ungeborenen Sohn von ihrem Scheiterhaufen (oder Hermes tat es für ihn). Asklepios wuchs bei Chiron auf.

Koronis 2 siehe Butes 1.

Koronos, lapithischer Argonaut, Sohn des Kaineus. Er fiel später bei einem Grenzkrieg mit den Dorern von der Hand des Herakles. Sein Sohn Leonteus kämpfte in Troja; seine Tochter Anaxirhoë heiratete den Epeios.

Korybanten, männliche Anhänger der Kybele, die ihre Riten begingen, indem sie mit ihren Waffen tanzten und sie gegeneinanderschlugen, so daß sie zu Trommel- und Zymbalklängen wurden.

Korynetes siehe Periphetes.

Korythos 1, Sohn des Zeus und König von Lydien; Vater des Dardanos und des Iasion durch die Pleiade Elektra.

Korythos 2, Sohn des Paris und der Nymphe Oinone. Nach Hellanikos kam Korythos, als er erwachsen war, nach Troja, um seine Dienste im Krieg gegen die Griechen anzubieten. Helena verliebte sich in ihn, und Paris erschlug seinen Sohn aus Eifersucht.

Kottos siehe Giganten.

Kranaë siehe Kranaos.

Kranaos, der dritte, sagenhafte König Athens; wie sein Vorgänger Kekrops, entsprang auch er dem Erdboden. Seine Gattin Pedias stammte aus Sparta und gebar ihm zwei Töchter, Atthis und Kranaë. Als Atthis starb, benannte Kranaos sein Königreich Attika nach ihr. Nach athenischer Überlieferung ereignete sich unter seiner Herrschaft die große Flut, bei der Deukalion, der griechische Noah, nach Attika floh. Deukalions Sohn Amphiktyon heiratete Kranaë und vertrieb später Kranaos von seinem Thron.

Krataiïs, Meeresnymphe; von Phorkys Mutter der Skylla.

Kratos siehe Bia.

Kreisos, Sohn des Temenos; er ermordete seinen Vater und verdrängte ihn als König von Argos.

Kreon (als Name nicht selten, er bedeutet auch Herrscher).

Kreon 1, Sohn des Menoikeus (Nachkomme des Kadmos und der »Gesäten Männer«), er heiratete Eurydike oder Enioche und hatte mehrere Söhne. Als der Gatte der Jokaste, König Laios von Theben, nach Delphi ging, blieb Kreon, der Jokastes Bruder war, zurück. Nachdem Laios an einem Kreuzweg auf dem Berg Kithairon von seinem Sohn Ödipus getötet worden war (nach seiner Geburt war Ödipus nach einem Orakelspruch hier ausgesetzt worden und wußte nicht, wer seine Eltern waren), wurde Kreon Regent. Nun begann die Sphinx, das Gebiet Thebens heimzusuchen; sie soll nach einer Überlieferung auch Kreons ältesten Sohn Haimon getötet haben. Kreon versprach nun sein Reich und die Hand der Jokaste demjenigen, der das Rätsel der Sphinx lösen und so das Land von dem Untier befreien konnte. Ödipus, der als Säugling gerettet und im angrenzenden Korinth aufgezogen worden war, kam zu der Zeit in seine Heimat zurück, löste das Rätsel und beanspruchte sein Reich und seine Braut, ohne zu wissen, daß diese zugleich seine Mutter war. Viele Jahre später kam eine weitere Plage über das Land: eine große Unfruchtbarkeit. Das Delphische Orakel verkündete, es müsse etwas Unreines ausgetrieben werden, und Ödipus' Frevel des Vatermordes und der Mutterehe kamen auf. Jokaste erhängte sich, Ödipus stach sich die Augen aus, und Kreon wurde wieder Herrscher über Theben. Er verjagte Ödipus entweder sofort oder erlaubte (nach einer andern Darstellung) dem blinden Exkönig in Theben zu bleiben, wo ihn später seine Söhne Eteokles und Polyneikes vertrieben, die sich eine Zeitlang die Herrschaft über die Stadt teilten. Nach kurzer Zeit gerieten Eteokles und Polyneikes in Streit, und Eteokles, von Kreon unterstützt, verbannte seinen Bruder. Kreon versuchte, Ödipus, der Zuflucht in Kolonos nahe bei Athen gefunden hatte, zur Rückkehr nach Theben zu zwingen, denn ein Orakel hatte geweissagt, der Ort, an dem er lebe und sterbe, sei besonders gesegnet. Ödipus aber weigerte sich, und Theseus, der König von Athen, vertrieb Kreon. Daraufhin führte Polyneikes ein argivisches Heer mit den »Sieben Helden gegen Theben«. Im Gefecht ließ er sein Leben im Einzelkampf gegen Eteokles, der gleichfalls den Tod fand. Einer der Söhne Kreons, Megareus, starb während der Belagerung, während ein anderer, Menoikeus, sich in Befolgung eines Orakels das Leben nahm, um den Sieg der Thebaner zu sichern, indem er von der Stadtmauer in ein Schlangennest sprang.

Den Leichnam des Eteokles ließ Kreon ehrenvoll bestatten; Polyneikes aber ließ er in den Sand der Wüste tragen, verbot seine Beerdigung und ließ Soldaten als Wache zurück. Als Antigone, die Tochter des Ödipus, die mit Kreons jüngstem Sohn Haimon verlobt war, das Verbot übertrat, wurde sie von der Wache ergriffen und vor Kreon gebracht, der sie zur Strafe lebendig einmauern ließ. Teiresias riet Kreon, die Toten zu begraben und die Lebenden aus ihrem Gefängnis zu befreien, doch als er nach der Bestattung von Polyneikes' Leichnam in die Grabkammer Antigones kam, hatte sie sich bereits erhängt. Haimon, der vergebens gegen das Vorgehen seines Vater protestiert hatte, stürzte sich in sein Schwert. Als Kreons Gemahlin Eurydike vom Tode ihres letzten noch lebenden Sohnes hörte, erdolchte sie sich. Kreon lebte weiter und übernahm die Regentschaft für Eteokles' kleinen Sohn Laodamas. In früheren Zeiten hatte Kreon Amphitryon von der Schuld des Totschlags an seinem Schwiegervater Elektryon gereinigt und ihm im Krieg gegen die Tapher beigestanden. Amphitryon hatte dann in Theben gelebt, wo seine Gattin Alkmene Herakles gebar. Kreon verheiratete später seine Tochter Megara mit Herakles, doch während der Abwesenheit des Helden überfiel Lykos die Stadt, tötete Kreon und nahm den Thron ein. Herakles, der zu der Zeit in der Unterwelt weilte, kam zurück und tötete Lykos, doch brachte er in einem Anfall von Wahnsinn auch die Kinder Megaras um. Einer anderen Überlieferung zufolge wurde Kreon von Theseus getötet, der Theben überfallen hatte, um Kreon zur Bestattung der argivischen Toten zu zwingen, die er untersagt hatte.

Von Kreons Geschichte gibt es viele Darstellungen; vgl. außer den drei Theben-Tragödien des Sophokles ›Antigone‹, ›König Ödipus‹ und ›Ödipus auf Kolonos‹ noch Aischylos' ›Sieben gegen Theben‹ (3. Teil einer Trilogie) und Euripides' Dramen ›Die Phönizierinnen‹ und ›Herakles‹.

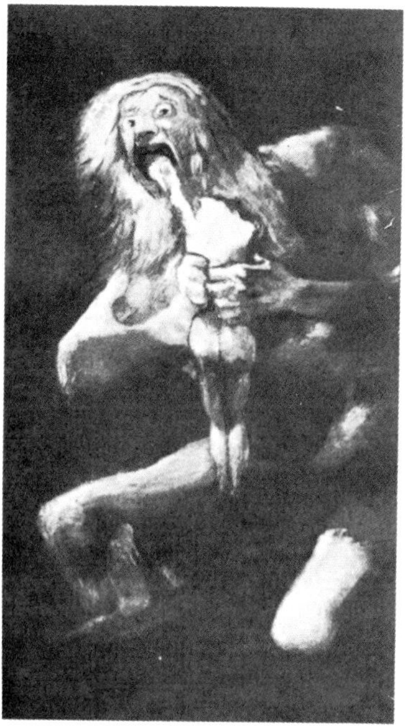

Kronos verschlingt eines seiner Kinder (Francisco Goya, 1746–1828; Madrid, Prado)

Kreon 2, König von Korinth, Sohn des Lykaithos. Alkmeon vertraute ihm Amphilochos und Tisiphone, seine Kinder von Manto, zur Erziehung an. Als aber Tisiphone zu einer Schönheit heranwuchs, verkaufte Kreons eifersüchtige Frau sie in die Sklaverei, und ihr Vater Alkmeon erwarb sie. Als er später erfuhr, wer sie war, gelang es ihm, auch Amphilochos zurückzuholen.
Nach ihrer Rückkehr von Kolchis nach Iolkos kamen auch Jason und Medea nach Korinth. Kreon hieß sie willkommen, und sie konnten zehn Jahre lang friedlich dort leben; sie hatten dort zwei oder drei Kinder. Dann begannen die Korinther (nach Euripides), sich vor Medea zu fürchten, die eine Fremde und eine Zauberin war. Auch Jason wurde ihrer langsam überdrüssig, weil sie eine Fremde war und ihm kein legitimes Kind als gesetzlichen Erben schenken konnte. Da bot Kreon ihm seine Tochter Glauke zur Frau an und schickte Medea in die Verbannung. Vor ihrem Abschied gab Medea der Glauke ein Hochzeitskleid, in welchem sie zu Tode verbrannte, als sie es anlegte; Kreon, der ihr zu Hilfe eilte, verbrannte ebenfalls. Nach einer andern Überlieferung vergiftete Medea Kreon und zündete seinen Palast an, nachdem sie ihre Kinder im Heratempel in Sicherheit gebracht hatte. Kreons Familie rächte sich an ihr, indem sie Medeas Kinder umbrachte und das Gerücht ausstreute, Medea selber habe es getan.

Kresphontes, Abkömmling des Herakles; König von Messenien; sein Vater war Aristomachos. Zusammen mit seinem Bruder Temenos und seinen Neffen, den Aristodemos-Söhnen, eroberte er den Peloponnes; sie losten um die eroberten Königreiche, indem sie Tontäfelchen in einen Krug Wasser warfen. Nach einer der zahlreichen Darstellungen warf Kresphontes ungebrannten Ton (Lehm) hinein, der sich in Wasser auflöste, so daß die andern Tafeln zuerst herausgenommen wurden. Er tat es in der Absicht, Messenien zu bekommen, das demjenigen zufallen sollte, der das letzte Los zog – nach Argos und Sparta. Er heiratete Merope, die Tochter des Königs Kypselos von Arkadien, wurde aber mit zweien seiner Söhne von den reichen Messeniern umgebracht, denen er zu sehr mit dem Volk sympathisierte. Sein dritter Sohn Aipytos wuchs bei Kypselos auf. Aipytos rächte den Tod seines Vaters und erschlug Polyphontes, den Anführer der Mörder, der Merope, die Witwe des Toten, gegen ihren Willen zu seiner Frau gemacht hatte.

Kretheus, Sohn des Aiolos und der Enarete; Gründer des thessalischon Iolkos (Ausgangspunkt von Jasons Argonautenfahrt) und dessen erster König. Er heiratete seine Nichte Tyro, die schöne Tochter seines Bruders Salmoneus. Einer seiner Söhne war Aison, der Vater Jasons.

Krëusa 1 (Königin, Fürstin), jüngste Tochter des Königs Erechtheus von Athen, Gemahlin des Xuthos und Mutter von Ion, Achaios und Doros, den Eponymen der drei griechischen Hauptstämme: der Ionier, Achäer und Dorer; siehe Ion.

Krëusa 2, anderer Name der Glauke, Tochter des korinthischen Königs Kreon 2.

Krëusa 3, Tochter des Priamos und der Hekabe (Hecuba), Gemahlin des Aeneas; in manchen Überlieferungen erscheint sie als Mutter von Aeneas' Sohn Ascanius, der seinen Vater nach Italien begleitete. Vergil erzählt, wie, in dem Durcheinander bei der Plünderung Trojas und der Flucht der Familie aus der brennenden Stadt, Krëusa, die etwas zurückgeblieben war, von den Ihren getrennt wurde und unauffindbar blieb. Aeneas stellte ihr Fehlen beim Heiligtum der Ceres (Demeter) fest, wo man sich treffen wollte. Er eilte in die Stadt zurück, um sie zu suchen, bis sie plötzlich als Erscheinung vor ihm auftauchte. Die Geistergestalt verkündete ihm, daß sie nun in der Ob-

Kronos überfällt Uranos (Zeichnung nach einer griechischen Vase)

hut der Großen Mutter Kybele sei, und weissagte ihm als neue Heimat Italien.

Krëusa 4, Naiade (Wassernymphe), von Peneios Mutter von Hypseus, Kyrene, Daphne und Stilbe.

Krios, Titan, Sohn des Uranos und der Gaia. Mit seiner Schwester Eurybia zeugte er Astraios, Pallas und Perses.

Kronos, Sohn des Uranos (Himmel) und der Gaia (Erde). Ihre begabtesten Kinder waren die Titanen und Titaninnen, deren König Kronos wurde. Er heiratete seine Schwester Rhea. Nach der bekanntesten Überlieferung seiner Geschichte beklagte sich Gaia bei ihm, daß Uranos ihr immer wieder die hundertarmigen Riesen (Hekatoncheiren) und die Kyklopen in den Leib zurückstieß, sobald sie sie hervorbringen wollte (oder daß er sie gefangenhielt). Sie gab Kronos eine Sichel aus Feuerstein, mit der er Uranos, als der das nächste Mal bei Gaia lag, überfiel und entmannte. Kronos warf die abgeschnittenen Genitalien hinter sich, und aus dem Blut entstanden Furien, Giganten und Nymphen. Kronos herrschte nun an Uranos' Stelle; doch bald war er ebenso brutal wie sein Vater und hielt nun wiederum die Giganten und Kyklopen in der Erde fest, und als ihm prophezeit wurde, eines seiner Kinder werde ihn auf dieselbe Weise stürzen wie er seinen Vater gestürzt hatte, verschlang er sie, als sie geboren wurden. Rhea brachte nacheinander Hestia, Demeter, Hera, Hades, Poseidon und Zeus zur Welt. Kronos verschlang alle bis auf Zeus, den Rhea ihrer Mutter Gaia anvertraute; statt seiner umwickelte Rhea einen großen Stein mit Windeln und Kronos fraß auch diesen.

Zeus wurde insgeheim von den Nymphen des Berges Dikte (oder Ida) auf Kreta mit der Milch der Ziege Amaltheia aufgezogen, während die Kureten mit Speeren und Schilden klapperten, damit Kronos nicht das Geschrei des Kindes hörte. Zeus heiratete später die Okeanide Metis, die auf seinen Wunsch dem Kronos ein Brechmittel gab, so daß er die übrigen fünf Kinder wieder ausspie. Es folgte ein Krieg, in dem Kronos von seinen Kindern und mit Hilfe der Giganten und Kyklopen, die Zeus befreit hatte, zugunsten von Zeus abgesetzt wurde. Zusammen mit Iapetos und anderen Titanen stieß man Kronos in den Abgrund des Tartaros, wo die Hekatoncheiren ihn bewachen mußten. Bevor er seine Kinder erbrach, spuckte Kronos den Stein aus, der Zeus ersetzt hatte, und dieser Stein wurde in Delphi aufgestellt und als Nabel der Welt bezeichnet.

Nach einem abweichenden Bericht war Kronos kein grimmiger Tyrann, sondern ein gütiger Herrscher, der in einem gesegneten goldenen Zeitalter regierte; nach seiner Absetzung wurde er Herrscher über die Insel der Seligen im westlichen Ozean. Diese Darstellung verknüpft Kronos mit Saturn, dem römischen Gott, mit dem er gleichgestellt wurde. Einige griechische Geschichtsschreiber brachten seinen Namen fälschlich mit dem Wort *chronos* (Zeit) in Verbindung und schilderten ihn entsprechend als alten Mann mit einer Sense: Vater Zeit. Den ältesten Bericht über Kronos enthält Hesiods Hauptwerk ›Theogonie‹.

Kroton, Eponyme von Kroton in Süditalien. Während Herakles bei ihm zu Gast war, tötete er Kroton versehentlich zusammen mit Lakinios, der Herakles' Herde stehlen wollte.

Krotopos siehe Linos.

Kteatos, einer der Molionen.

Kureten 1, kleinere kretische Götter, die man mit den Nymphen auf dem Berg Dikte oder Ida zusammenbrachte, die den Säugling Zeus betreuten. Während die Nymphen das Kind in einer Höhle fütterten, tanzten die Kureten vor dem Eingang und schlugen Speere und Schilde gegeneinander, damit Kronos, der Vater des Kindes, sein Geschrei nicht hörte. Der Name

Kureten wird vom Griechischen *kouros,* Jüngling, abgeleitet; man nannte sie so, entweder weil sie Zeus in seiner Jugend zu Diensten waren, oder weil man sich die Kureten selbst in Gestalt junger Männer dachte, ähnlich den kretischen Jünglingen bei ihren rituellen Tänzen.
Hesiod berichtet, daß ein gewisser Hekateros fünf Töchter zeugte, die die Mütter der Kureten wie auch der Bergnymphen und der Satyrn wurden. Es gibt eine andere Überlieferung, wonach die Kureten König Minos von Kreta, der seinen kleinen Sohn Glaukos verloren hatte, weissagten, das Kind könnte von dem gefunden und zum Leben erweckt werden, der die beste Metapher für ein gerade geborenes Kalb fand, das fortwährend die Farbe wechselte; Polyeidos verglich es mit der Frucht der Heckenrose.
Zeus vernichtete schließlich die Kureten, als sie mit Hera gegen ihn Partei ergriffen und Epaphos raubten, seinen Sohn von Io.

Kureten 2, ein Stamm, der in Ätolien nahe Kalydon lebte. Homer erzählt, wie sie Kalydon zu plündern versuchten und von Meleagros verjagt wurden; siehe Meleagros.

Kyane 1, sizilianische Nymphe, nach der eine berühmte Quelle und ein Teich benannt waren (ihr Name bedeutet blau, nach der Farbe des Wassers). In seinen ›Metamorphosen‹ berichtet Ovid von ihrer Verwandlung: Als Hades Persephone Blumen pflückend in Henna auf Sizilien sah und sie dann entführte, beobachtete Kyane diesen Raub. Sie entstieg dem Wasser und versuchte ihn aufzuhalten; doch Hades schleuderte voll Wut sein Zepter in den Teich – und es öffnete sich eine Straße in sein eigenes Gebiet, auf der er hinabzog, während Kyane zurückblieb und um Persephone klagte. Sie härmte sich so sehr, daß sie dahinschwand und sich im Wasser ihres Teiches auflöste. Als Demeter kam, um nach ihrer Tochter zu sehen, vermochte sie der Göttin nicht zu sagen, was sie erlebt hatte; jedoch trieb der Gürtel Persephones auf dem Wasser und gab Demeter einen Anhaltspunkt.

Kyane 2, Gemahlin des Aiolos, des Königs der Winde.

Kyanippos 1, jüngerer Sohn des Königs Adrast von Argos.

Kyanippos 2, Sohn des Aigialeus und kurze Zeit König von Argos; er starb ohne Nachkommenschaft.

Kybele oder **Kybebe,** ursprünglich eine phrygische Göttin, wurde Kybele der hellenischen Mythologie etwas gewaltsam angepaßt, so daß sie in den Berichten zahlreiche widersprüchliche Züge erhält. Meist wurde sie mit Rhea identifiziert, der Mutter des Zeus, der größten griechischen Gottheit, und ebenso wie Rhea personifizierte sie die Mutter Erde. Der phrygische Kybele-Mythos lautet folgendermaßen: Als Zeus auf dem Berg Dindymos in Phrygien einmal schlafend am Boden lag, floß sein Samen auf die Erde und es entstand ein unbekanntes Wesen mit männlichen und weiblichen Organen. Die Götter erschraken über die Möglichkeiten einer solchen Gottheit und entmannten das Geschöpf, welches später zur Göttin Kybele wurde. Aus den zu Boden gefallenen männlichen Genitalien jedoch erwuchs ein Mandelbaum, von dem eines Tages

Kybele mit ihren Löwen im Kampf zwischen Göttern und Giganten (aus dem Nordfries des Schatzhauses von Siphnos in Delphi; Delphi, Museum)

der Tochter des Flußgottes Sangarios – Nana – eine Mandel in den Schoß fiel. Die Frucht gelangte in ihren Leib und sie empfing einen Sohn, Attis, den sie im Gebirge aussetzte. Auf wunderbare Weise säugte ein Ziegenbock das Kind, das zu einem schönen Jüngling heranwuchs, in den sich Kybele verliebte. Attis jedoch verschmähte oder verkannte Kybeles Leidenschaft; er hatte die Absicht, um eine Tochter des Königs von Pessinus in Galatien zu werben. Die tobende, eifersüchtige Kybele ließ Attis und seinen Schwiegervater so irrsinnig werden, daß beide sich in ihrem Wahn kastrierten. Attis' Verletzung war so schlimm, daß er daran starb. Da bereute Kybele ihre Grausamkeit und erwirkte von Zeus das Versprechen, daß sein Leichnam niemals verfallen dürfe. Er wurde in Pessinus, dem Hauptsitz des Kybele-Kultes, beigesetzt (wo Kybele als Agdistis bekannt war), aber sein kleiner Finger bewegte sich fortwährend und seine Haare wuchsen weiter. – Nach einer anderen Überlieferung wurde er in eine Pinie verwandelt und dieser Baum wurde ihm geweiht.

In einer anderen Darstellung ist Kybele die Tochter des Königs Meion von Phrygien und seiner Frau Dindyme. Sie wurde auf einem nach ihr benannten Berg ausgesetzt und von Löwen und Leoparden gesäugt, führte auf diesem Berg Tänze und Spiele ein und beschenkte ihre Gefolgsleute, die Korybanten, mit Trommeln und Zimbeln, womit sie die Riten begleiteten. Sie verstand sich auf die Heilkunst und galt als Beschützerin der Kinder und der wilden Tiere. Eines Tages erblickte sie Attis und verliebte sich in ihn, machte ihn zu ihrem Priester und verlangte absolute Treue. Attis jedoch hatte eine Liebschaft mit der Flußnymphe Sagaritis und verletzte dadurch Kybeles Bedingungen; sie machte ihn wahnsinnig, worauf er sich selbst entmannte und an der Wunde starb.

Eine weitere Version dieses Mythos besagt, daß Attis und Kybele ein Kind hatten und ihr Vater Meion das Kind und Attis tötete, sobald er diese Entdeckung gemacht hatte. Die verzweifelte Kybele zog daraufhin durchs Land, schlug die Trommel und beweinte ihre toten Geliebten. Eine Plage fiel über das Land, und ein Orakel verkündete den Phrygern, sie müßten Kybele als Göttin verehren und dem Attis ein ehrenvolles Begräbnis gewähren. Attis wurde im Kybele-Tempel bei Pessinus beigesetzt, dort erweckte die Göttin ihn wieder zum Leben. In einem anderen Bericht wird behauptet, daß Attis Liebesangebote von einem König gemacht wurden, denen er aber nicht nachgab und deshalb von diesem König entmannt wurde. Die Diener Kybeles fanden ihn, wie er sterbend unter einer Pinie lag, und trugen ihn in den Kybele-Tempel, wo er verschied. Kybele führte einen Kult für ihn ein und ordnete an, daß nur Eunuchen seine Priester sein könnten; alljährlich wurde er von ihren Anhängern beweint.

Kybele war auch eng mit Rom verknüpft, wo sie eine sehr volkstümliche Gottheit war, die man mit der Bona Dea identifizierte; ein entsprechender Mythos über sie kam aber erst während des Zweiten Punischen Krieges im Jahre 205 v. Chr. auf. Damals wurde ihr Kult eingeführt, weil die Sibyllinischen Bücher den Römern geweissagt hatten, sie würden siegen, wenn sie die Große Mutter nach Rom brächten. Das Delphische Orakel wies sie nach Pessinus, von wo die Römer einen geweihten Stein mitbrachten, der die Göttin darstellen sollte. Beim Transport des Steines nach Rom jedoch blieb das Schiff in der Tibermündung stecken. Da betete das Mädchen Claudia Quinta, das fälschlich der Unkeuschheit angeklagt war, zu Kybele und zog danach das an einem Seil hängende Schiff ohne große Anstrengung wieder frei. So bewies sie ihre Unschuld.

Ovid flicht Kybele in seinen Bericht über die Irrfahrten des Aeneas ein. Die Schiffe, in denen er von Troja nach Italien segelte, waren aus dem Holz von Pinien des Berges Ida, der der Göttin heilig war. Als Turnus die Schiffe attackierte und anzünden wollte, erschien Kybele in ihrem von Löwen gezogenen Wagen (so wurde sie von den Künstlern fast immer dargestellt) und mit dem Klang von Zimbeln, Trommeln und Pfeifen, gebot Turnus Einhalt und sandte Gewitter und Regen, der das Feuer löschte. Ein Wind kam und zerriß die Taue, mit denen die trojanischen Schiffe im Tiber festgemacht waren; die Schiffe aber verwandelten sich in Nymphen und schwammen ins Meer hinaus.

Kydippe siehe Akontios.

Kyklopen (der Name bedeutet »Rundauge«), Riesen, die herkömmlicherweise, wenn auch nicht immer, als einäugig galten. Über sie existieren widersprüchliche Auffassungen. Hesiodos behauptet in seinem Hauptwerk, der ›Theogonie‹, daß Uranos (Himmel) und Gaia (Erde) drei Kyklopen hervorgebracht hätten: Arges (Lichtstrahl-Werfer), Brontes (Donnererzeuger) und Steropes (der Schleuderer der Blitze). Uranos setzte diese drei zusammen mit anderen seiner Kinder, die er ebenfalls fürchtete, im Tartaros gefangen – oder er stieß sie wieder in Gaias Leib zurück, als diese sie gebären wollte. Kronos, der seinen Vater Uranos entmannt hatte, ließ die Kyklopen zeitweilig frei, sperrte sie aber dann wieder in den Tartaros. Schließlich siegte aber Rhea dadurch über Kronos, daß sie Zeus vor ihm verbarg.

Kyknos wird in einen Schwan verwandelt, links Zeus, in der Mitte Phaëton und seine Schwestern, die in Pappeln verwandelt werden (Paris, Bibliothèque Nationale)

Als Zeus erwachsen war, stürzte er Kronos und befreite die Kyklopen, die seine Diener wurden und ihm als kunstfertige Schmiede seine Keile anfertigten. (Sie stellten auch den Dreizack Poseidons und die Tarnkappe des Hades her.) Apollon tötete sie aus Rache für den Tod seines Sohnes Asklepios, weil sie jenen Donnerkeil geschmiedet hatten, mit dem Zeus Asklepios erschlug.
Homer schildert die Kyklopen als einäugige, ländliche Riesen, die in Höhlen auf der später als Sizilien bezeichneten Insel lebten. Es waren grobe und ungastliche Gesellen, und als Odysseus ihr Land betrat, fraß der Kyklop Polyphem – ein Sohn des Meeresgottes Poseidon und der Nymphe Thoosa – sechs Leute von Odysseus' Mannschaft, die er in seiner Höhle gefangen hatte. Dem Odysseus versprach er eine große Gunst: das Angebot, ihn als letzten zu fressen. Odysseus aber machte ihn trunken, blendete ihn mit der erhitzten Spitze eines Pfahls, trieb seine Schafe davon und ließ ihn hilflos zurück.
Einige Kyklopen im Dienste des Königs Proitos erbauten die Mauern von Tiryns, der Geburtsstadt des Herakles; man spricht von den »Kyklopenmauern«. Sie erbauten auch die Mauern Mykenes sowie das Löwentor und hatten ein Heiligtum auf dem Isthmos von Korinth. Diese Kyklopen hießen auch *encheirogastores* (Handwerker), weil sie für ihren Lebensunterhalt arbeiteten. Vergil versetzt die Schmiede Vulcanus' (Hephaistos'), des Feuergottes, in den Ätna und schildert die Kyklopen als die Gottes-Schmiede, die Rüstungen für Helden wie Aeneas, aber auch Donnerkeile für Jupiter (Zeus) anfertigten.
Kyknos 1, Sohn des Ares. Er lauerte den Reisenden auf, die in Delphi opfern wollten, und begann damit, aus ihren Schädeln einen Ares-Tempel zu bauen. Er forderte auch Herakles, der die Äpfel der Hesperiden holen wollte, zum Einzelkampf heraus, wurde aber von ihm getötet. Ares wollte Herakles dafür bestrafen, doch trennte Zeus die beiden durch einen Donner. Das Duell mit Herakles dachte man sich entweder in Itonos in Phthia oder am Fluß Echedoros in Makedonien. Herakles erhielt in dem Kampf den Beistand Athenes, und es hieß sogar, Ares sei an der Hüfte verletzt worden.
Kyknos 2, Sohn des Poseidon und der Kalyke; er war König von Kolonai bei Troja und im Trojanischen Krieg Verbündeter des Priamos. Poseidon machte Kyknos für menschliche Waffen unverwundbar; als er aber die Landung der Griechen zu verhindern suchte, gelang es Achilleus, ihn zu erwürgen. Poseidon verwandelte seinen Leichnam in einen Schwan (griech. *kyknos*) und gab ihm seinen Platz als Sternbild am Himmel. Kyknos war zweimal verheiratet. Seine zweite Gemahlin Philonome bezichtigte fälschlich Tenes, seinen Sohn aus erster Ehe mit Prokleia, er habe sie vergewaltigen wollen; deshalb sperrte Kyknos Tenes und seine Schwester Hemithea in eine Truhe und setzte sie auf dem Meer aus. Als er die Wahrheit erfuhr, erschlug er Philonome, konnte aber nicht die Vergebung Tenes' gewinnen. Tenes war der Gründer von Tenedos.
Kyknos 3, König der Ligurer in Italien, war mit Phaëthon, dem Lenker des Sonnenwagens, verwandt, der auch sein Geliebter wurde. Als Phaëthon umkam, war Kyknos über den Verlust so sehr betrübt, daß Apollon ihn aus Mitleid in einen Schwan verwandelte; weil aber Zeus die Schuld am Tode des Phaëthon hatte, mied der Schwan den Himmel. Da Kyknos in Klageliedern um Phaëthon getrauert hatte, ist seither den Schwänen ein letzter »Schwanengesang« erlaubt, eine Klage um sich selbst, bevor sie sterben.
Kyknos 4, Sohn des Apollon und der Hyria. Nach Ovid war Kyknos verstimmt, weil sein Geliebter Phyllios ihm nicht den wilden Stier schenkte, den er mit Herakles' Hilfe erlegt hatte. Gewohnt, von Phyllios Geschenke für seine Gunst zu verlangen, hatte Kyknos bei früheren Gelegenheiten wilde Vögel und auch einen Löwen erhalten; nun aber verschmähte Phyllios ihn und verweigerte ihm jenen Stier, der ihm rechtmäßig zustand. Daraufhin stürzte sich Kyknos von einem Felsen und wurde in einen Schwan verwandelt. Er lebte im Hyria-See in Tempe, der so hieß, weil sich seine Mutter Hyria aus Kummer ertränkt hatte.
Kylarabes, Sohn Sthenelos' 3. Er folgte dem Aigialeus-Sohn Kyanippos 2 als König über Argos nach.
Kyparissos, Sohn des Telephos; ein schöner Jüngling von der Insel Keos, den Apollon innig liebte. Es gab dort einen heiligen Hirsch, den die Nymphen von Karthaia gezähmt hatten und an welchem Kyparissos besonders hing; er pflegte ihn immer auf seinen Weidegrund zu führen. Eines Tages aber, als der Hirsch in der Hitze des Mittags ruhte, warf Kyparissos seinen Jagdspeer und tötete ihn aus Versehen. Der Jüngling war so betrübt, daß er – trotz der Vorhaltungen Apollons – sterben wollte. Dann bat er darum, wenigstens ewig trauern zu dürfen, und als sein Körper von dem unablässigen Weinen austrocknete, verwandelte Apollon ihn in eine Zypresse (griech. *kyparissos*), das Symbol der Trauer. Nach einer abweichenden Darstellung handelte es sich um einen kretischen Jüngling, der in eine Zypresse verwandelt wurde, als er vor den Liebesangeboten Apollons floh.
Kypris siehe Aphrodite.

Kyparissos tötet aus Versehen den heiligen Hirsch und wird in eine Zypresse verwandelt (Kupferstich von Peter van der Borcht)

Kypselos, König von Arkadien und Vater der Merope, die er Kresphontes, dem Herakliden-könig von Messenien, zur Frau gab, um ihn als Verbündeten zu gewinnen und die Autonomie Arkadiens gegenüber den Messeniern zu wahren; dafür übernahm Kypselos die Obhut über Meropes Sohn Aipytos, den messenischen Thronerben. Dann tötete jedoch Polyphontes, ein Verwandter des Kresphontes, diesen, bestieg den Thron und zwang Merope zur Ehe mit ihm. Später half Kypselos seinem Enkel Aipytos, Messenien zurückzuerobern.

Kyrene, Nymphe und jungfräuliche Jägerin; Tochter des Lapithenkönigs Hypseues, eines Sohnes des Flusses Peneios und der Naiade Krëusa, in anderen Quellen deren Tochter. Als Apollon sie auf dem Berg Pelion im Ringkampf mit einem Löwen erblickte, war er von ihrer Schönheit und ihrem Mute so überwältigt, daß er sie in seinem Wagen nach Afrika entführte; nach ihr wurde die Stadt Kyrene benannt. Sie gebar Apollon zwei Söhne, Aristaios, den Gott der Herden und der Obstbäume, und den Propheten Idmon.

In einem anderen Bericht heißt es, daß das Land Libyen einmal von einem grimmigen Löwen unsicher gemacht wurde. Der Libyerkönig Eurypylos bot demjenigen sein Reich, der das Land von dem Untier befreite. Kyrene tat es und gründete dann die nach ihr benannte Stadt.

Kytissoros siehe Athamas, Phrixos.

Kyzikos, Sohn des Aineus und der Ainete; König der Dolionen. Er nahm die Argonauten gastfreundlich auf. Als diese jedoch in der Nacht durch Gegenwind wieder an seine Küste zurückgetrieben wurden, hielten die Dolionen sie für Piraten und griffen sie an, wobei Kyzikos versehentlich den Tod fand. Seine Gemahlin Kleïte nahm sich vor Gram hierüber das Leben. Die Argonauten betrauerten ihn mehrere Tage und hielten Trauerspiele für ihn ab. Aber auch dann konnten sie noch nicht weitersegeln, weil erst – wie der Seher Mopsos erklärte – Kybele für Kyzikos' Tod versöhnt werden mußte; darum opferten die Argonauten ihr und tanzten in derselben Art wie die anwesenden Korybanten, ihre Verehrer. Die Stadt Kyzikos am Marmarameer ist nach ihm benannt.

L

Labdakos, Sohn des Kadmossohnes Polydoros und der Nykteïs. Als Labdakos noch ein Kind war, erbte er von seinem Vater den Thron von Theben, und Nykteus, sein Großvater mütterlicherseits, regierte für ihn die Stadt. Nach dem Tode des Nykteus übernahm dessen jüngerer Bruder Lykos die Regentschaft. Als Labdakos erwachsen war, übernahm er selbst die Königsgewalt, trug aber einen erfolglosen Krieg gegen König Pandion von Athen aus und starb kurz darauf. Er hinterließ einen Sohn, Laios, der erst ein Jahr alt war, und so wurde Lykos noch einmal Herrscher.

Lachesis siehe Fatae.

Ladon 1, hundertköpfiger Drache, die Ungeheuer-Frucht des Typhon und der Echidna. Das Untier hatte die Aufgabe, den Baum mit den goldenen Äpfeln der Hesperiden zu bewachen. Herakles soll Ladon, einigen Berichten zufolge, beim Raub der Äpfel getötet haben.

Ladon 2, Gott des Flusses Ladon in Arkadien; Daphne gilt in einigen Überlieferungen als seine Tochter.

Laërtes, Vater des Odysseus; Sohn entweder des Akrisios (Arkcisios) und der Chalkomedusa oder des Kephalos und der Prokris. Er heiratete Antikleia, die Tochter des berühmten Diebes Autolykos. Einige Geschichtsschreiber waren der Ansicht, daß sie bereits bei ihrer Eheschließung von Sisyphos mit Odysseus schwanger war, doch weiß Homer davon nichts. Als Odysseus heranwuchs, übertrug Laërtes ihm die Königsgewalt, – wahrscheinlich wegen seines hohen Alters. Während der Abwesenheit des Odysseus in Troja und der nachfolgenden Irrfahrten vermochte Laërtes Penelope und Telemachos nicht vor den Freiern zu schützen. Nach der Heimkehr seines Sohnes kam er aus seiner kläglichen Zurückgezogenheit hervor und kämpfte in der entscheidenden Schlacht gegen die Familien der Freier mit; mit Hilfe Athenes tötete er deren Anführer Eupithes. Eine spätere Überlieferung macht ihn zum Teilnehmer der Argonautenfahrt und der Kalydonischen Eberjagd.

Laios, Sohn des Labdakos und König von Theben. Sein Vater starb, als er erst ein Jahr alt war, und überließ ihn der Obhut eines Regenten, Lykos, seines Großonkels mütterlicherseits, der schon in der Kindheit des Labdakos die Regentschaft übernommen hatte. Viele Jahre später, als Laios erwachsen war, usurpierten Amphion und Zethos den Thron von Theben und Laios wurde an den Hof des Königs Pelops von Pisa gebracht, wo man gut für ihn sorgte. Als Amphion und Zethos nach kurzer Herrschaft starben, kehrte Laios nach Theben zurück, um den Thron zurückzufordern, und entführte dabei Pelops' jungen Sohn Chrysippos, in den er sich verliebt hatte, unter dem Vorwand, ihm das Wagenlenken beizubringen. Daraufhin verfiel Laios einem Fluch, entweder aufgrund einer Verwünschung durch Pelops oder durch den Zorn der Hera. Das Schicksal des Chrysippos wird unterschiedlich erzählt – entweder erhängte er sich aus Scham, oder er wurde von Pelops zurückgeholt und von seinen Halbbrüdern Atreus und Thyestes auf Anstiften ihrer Mutter Hippodameia getötet, weil sie eifersüchtig auf ihn waren.

Laios, der nun wieder König von Theben war, heiratete Jokaste (oder Epikaste), die Tochter des Menoikeus. Da sie keine Kinder hatten, fragte er das Delphische Orakel um Rat, das ihm jedoch entschieden abriet, ein Kind zu haben, da sein eigener Sohn ihn töten werde. Eine Zeitlang hielt er sich dem Bett seines Weibes fern, doch schließlich zeugte er in trunkenem Zustand den Ödipus. Als der Knabe zur Welt kam, setzte man ihn an einem Berg aus; um seinen Tod zu beschleunigen, wurden seine Füße mit einem Stift durchbohrt. Hirten aber hörten seine Schreie und retteten ihn. Viele Jahre später berichtete man Laios von bösen Vorzeichen, die ihm das Hereinbrechen seines vorbestimmten Schicksals kündeten. Außerdem wurde (nach einigen Berichten) sein Reich von einer Sphinx geplagt, die Hera zur Strafe für Verfehlungen geschickt hatte. Er machte sich nach Delphi auf, um das Orakel zu befragen; an einem Kreuzweg des Berges Parnassos aber begegnete sein Wagen einem wandernden Jüngling, der nicht aus dem Weg gehen wollte. Es kam zu einem Handgemenge, bei dem Laios den jungen Mann mit einem Stecken schlug; daraufhin erschlug der andere ihn und alle Diener, bis auf einen, der flüchtete. So erfüllte sich die Prophezeiung; denn der Totschläger war Ödipus, der – aus Delphi kommend – auf dem Wege in das selbstgewählte Exil war, nachdem er von dem Orakel erfahren hatte, daß er bestimmt sei, seinen Vater zu töten und seine Mutter zu heiraten. Laios wurde von Damasistratos begraben, dem König von Plataä. Die Tragödiendichter Sophokles und Euripides lassen die Sphinx erst nach dem Tod des Laios in Theben erscheinen und erklären seine Reise nach Delphi damit, daß er Grund zu der Vermutung hatte, sein Sohn sei am Leben, und hierüber das Orakel befragen wollte.

Laistrygonen, Geschlecht von menschenfressenden Riesen, die in einer Stadt namens Telepylos lebten, die ein gewisser Lamos, ein Sohn Poseidons, erbaut hatte. Ihr Land zeichnete sich durch die Kürze der Nacht und den bequemen Hafen aus. Als Odysseus' Flotte dort einlief, führte die Tochter des Laistrygonen-Häuptlings, Antiphates, die Abgesandten Odysseus' zu ihrem Vater, der gleich einen von ihnen verspeiste. Die übrigen flüchteten, verfolgt von der gesamten Bevölkerung, die die Schiffe versenkte und die im Wasser treibenden Seeleute mit Speeren durchbohrte und zum Verzehren davontrug. Nur Odysseus' eigenes Schiff kam davon, weil er es klugerweise am Hafenausgang festgemacht hatte.

Lakedaimon, Sohn des Zeus und der Oreade (Bergnymphe) Taygete; mythischer Stammvater der Lakedämonier, die in Lakonien ansässig waren. Er heiratete Sparte, die Tochter des lakonischen Königs Eurotas, und benannte seine Hauptstadt nach ihr. Ihre Kinder waren Amyklas und Eurydike, die den Akrisios heiratete. Amyklas erbte den Thron und gründete die Stadt Amyklai bei Sparta. Sein Sohn war Hyakinthos.

Lakinios. Nach einer Darstellung vom Raub des Viehs von Geryon kam Herakles in die süditalische Stadt Kroton, wo ihn ein betagter Heros (nach dem der Ort benannt war) gastfreundlich aufnahm. Lakinios, ein Räuber aus jener Gegend, versuchte die Herde zu stehlen, und in dem anschließenden Kampf mit ihm tötete Herakles versehentlich Kroton.

Lamia, Tochter des Belos und der Libye. Als Zeus sich in sie verliebte, trieb Hera sie dazu, ihre eigenen Kinder zu verschlingen. Sie wurde immer rasender, bis sie sich, völlig entmenschlicht, in eine Höhle verkroch und von Kindern lebte, die sie raubte und aufaß. In historischer Zeit drohten griechische Mütter ihren ungezogenen Kindern mit dieser Unholdin.

Lamos 1, Sohn des Poseidon und Stammvater der Laistrygonen.

Lamos 2, Sohn des Herakles und der Omphale.

Lampos, Sohn des Laomedon und einer von König Priamos' Brüdern. Im Trojanischen Krieg fiel sein Sohn Dolops.

Die Laistrygonen überfallen die Schiffe des Odysseus (Wandmalerei; Rom, Vatikanische Museen)

Laokoon und seine Söhne (Rhodos, 1. Jh. v. Chr.; Rom, Vatikanische Museen)

Laodamas, Sohn des Königs Eteokles von Theben. Er war noch ein kleines Kind, als sein Vater im Zweikampf mit seinem Bruder Polyneikes starb. Laodamas' Großonkel Kreon wurde Regent oder König von Theben, bis der Knabe erwachsen war. Als die Söhne der Sieben Helden, die Epigonen, Theben überfielen, um Polyneikes' Sohn auf den Thron zu setzen, übernahm Laodamas den Oberbefehl und wurde geschlagen. Mit den Resten seines Volkes zog er in eine neue Heimat nach Illyrien (oder an den Kopais-See in Böotien).

Laodameia 1, Tochter des Akastos und der Astydameia und Gemahlin des Königs Protesilaos von Phylake, des ersten griechischen Kriegers, der trojanischen Boden betrat und sofort von Hektor getötet wurde; damit erfüllte er eine Weissagung und opferte sich für seine Gefährten.

Als Laodameia die Nachricht erfuhr, war sie untröstlich. Durch ihre Gebete gerührt, sandten die Götter ihr Hermes, der ihr den Gatten für drei Stunden wiederzugeben versprach. Nach Ablauf dieser Zeit begleitete Laodameia ihn hinab in die Unterwelt. Eine andere Geschichte behauptet, daß sich Laodameia eine Holzstatue von ihrem Mann machen ließ, die sie beim Trauern zu umarmen pflegte. Als ein Sklave das sah und ihrem Vater Akastos berichtete, sie habe einen Liebhaber, ließ er die

Statue verbrennen; Laodameia aber stürzte sich ebenfalls in das Feuer und kam in den Flammen um.

Laodameia 2, Tochter des Bellerophon und Mutter des Sarpedon. Artemis erschlug sie, als sie noch jung war.

Laodike, die schönste der zahlreichen Töchter des Priamos und der Hekabe. Sie war mit Antenors Sohn Helikaon verheiratet. Als der Grieche Akamas, der Sohn des Theseus, vor dem Ausbruch des Krieges nach Troja abgesandt wurde, um die Rückgabe der entführten Helena zu verlangen, verliebte sich Laodike in ihn und gebar ihm einen Sohn, Munychos, den Akamas' Großmutter Aithra (nunmehr eine Sklavin der Helena) in ihre Obhut nahm. In der Nacht, in der Troja geplündert wurde, öffnete sich vor den Augen vieler Beobachter die Erde und verschlang Laodike, die man niemals wiedersah.

Laokoon 1, Sohn des Kapys und Bruder des Anchises; ein Poseidonpriester zu Troja. Nachdem er die Troer gewarnt hatte, dem »Geschenk« der Griechen, dem berühmten hölzernen Pferd, zu trauen und seinen Speer in die Flanke des Pferde gebohrt hatte, wurden er und seine beiden jungen Söhne von zwei riesigen Seeschlangen getötet, die von der Insel Tenedos kamen. (Diese Szene stellt die Laokoongruppe in den Vatikanischen Museen dar.) In der Annahme, Laokoons Tod sei die von Poseidon oder Athene verhängte Strafe für die Beschädigung des Pferdes, zogen die Dabeistehenden es von der Ebene, wo sie es gefunden hatten, in die Stadt. In ihrem Entschluß bestärkte sie die Lügengeschichte des griechischen Spions Sinon, der erklärte, das Pferd sei ein Opfer für Athene, das den Untergang Trojas bewirken würde, wenn die Troer es zerstörten, jedoch die Sicherheit der Stadt verbürgen werde, sobald es hinter den Stadtmauern stehe.

Für den gewaltsamen Tod des Laokoon und seiner Söhne gab es zwei Erklärungen. Die eine, der Vergil den Vorzug gibt, war, daß Athene die Troer von der Richtigkeit der Sinonschen Lügen überzeugen wollte, damit sie sich von dem Pferd täuschen ließen und selbst ihr Schicksal besiegelten. Hyginus dagegen gibt als Grund an, daß Laokoon ein Apollonpriester war und daß seine Bestrafung nichts mit dem Krieg zu tun hatte, sondern über ihn verhängt wurde, weil er gegen den Willen des Gottes, dem er diente, geheiratet hatte. In dieser Version verbargen sich die Schlangen nach Laokoons Tod im Apollontempel, während sie in der Vergilschen Fassung dem Athenetempel zustrebten, wo sie sich hinter dem Schild, den ihre Statue trug, verbargen.

Laokoon 2, Sohn oder Bruder des Königs Oineus von Kalydon. Er begleitete die Argonauten und beschützte seinen Neffen oder Halbbruder Meleagros auf der Fahrt.

Laomedon, Sohn des trojanischen Königs Ilos und der Eurydike. Seine Gemahlin war Strymo, die Tochter des Flusses Skamandros. Seine Söhne waren Tithonos, Priamos, Lampos, Klytios und Hiketaon. Als Laomedon seinem Vater als König folgte, kamen die Götter Apollon und Poseidon zu ihm, weil sie gegen Zeus aufbegehrt hatten und dafür ein ganzes Jahr in den Diensten eines Sterblichen verbringen mußten, und erboten sich, für eine bestimmte Summe eine Mauer um Troja zu bauen. Man sagte auch, die Götter hätten dieses Angebot gemacht, um Laomedon, dessen Verschlagenheit bereits sprichwörtlich war, auf die Probe zu stellen. Entweder baute Poseidon die Mauer und Apollon hütete die königlichen Herden auf dem Berge Ida, oder sie bauten die Mauer gemeinsam. Als Laomedon die Zahlung verweigerte und sogar drohte, die Götter in Fesseln zu legen, ihnen die Ohren abzuschneiden und sie in die Sklaverei zu verkaufen, schickte Apollon eine Pest über Troja, und Poseidon einen riesigen Meeresdrachen, der nur durch das Opfer von Laomedons Tochter Hesione zu versöhnen war. Man gebot ihm, sie an einen Felsen zu schmieden. Laomedon gehorchte; – nach einer Überlieferung hatte man dem Ungeheuer bereits eine Reihe von Mädchen geopfert. Zu diesem Zeitpunkt tauchte zufällig Herakles in Troja auf, tötete den Drachen und rettete Hesione (siehe Herakles). Für seine Dienste hatte Herakles zur Bedingung gemacht, daß er die Stuten bekäme, die Zeus dem Laomedon als Ersatz für seinen Mundschenk Ganymed geschenkt hatte; nach anderen Berichten hatte er auch Hesione selber gefordert. Aber wieder trat Laomedon von dem Handel zurück. Herakles kam erst nach vielen Jahren wieder, nachdem er seine Arbeiten vollbracht hatte. Aber sobald er konnte, segelte er mit achtzehn Schiffen nach Troja und belagerte, nach einem anfänglichen Fehlschlag, die Stadt. Telamon von Salamis schlug eine Bresche in die Stadtmauer, und Herakles tötete Laomedon. Er wurde vor dem Skäischen Tor begraben, und es hieß, Trojas Sicherheit hänge von der Unversehrtheit des Grabes ab. Herakles behielt Hesione nicht, sondern gab sie Telamon zur Konkubine; die Söhne Laomedons tötete er alle, bis auf Podarkes, den er auf Bitten Hesiones freiließ. Der junge Mann erhielt den neuen Namen Priamos und erbte den Thron. Auch der Sohn Tithonos überlebte, weil Eos ihn zu ihrem Gatten machte und entführte. Im Trojanischen Krieg zerstörten die Griechen Laomedons Grab.

Herakles rettet Laomedons Tochter Hesione vor dem Meeresungeheuer (Kupferstich von Charles Le Brun)

Laothoë, Geliebte des Priamos von Troja und Mutter von Lykaon und Polydoros.

Lapithen, ein im Norden Thessaliens ansässiger griechischer Stamm (siehe Aigimios, Kaineus, Kentauren, Peirithoos). Unter Polypoites und Leonteus sandten sie vierzig Schiffe in den Trojanischen Krieg.

Lara, Nymphe, die Tochter des Flusses Tiber; sie weigerte sich, Jupiter die Juturna, in die er verliebt war, auszuliefern, warnte diese und informierte sogar Hera von der Angelegenheit. Empört über diese Einmischung, riß Jupiter ihr die Zunge heraus und gebot seinem Sohn Merkur (Hermes), sie in die Unterwelt zu bringen, wo sie sich für immer in das Schweigen fügen mußte. Es heißt, daß sich Merkur, bevor er seine Mission beendigte, in Lara verliebte und ihr in einem Hain beilag. Sie gebar ihm die Laren, die römischen Schutzgottheiten des Hauses.

Lars siehe Porsenna.

Lartius, Spurius siehe Horatius Cocles.

Latinus, nach Hesiod der Sohn des Odysseus und der Kirke; andere Griechen machen aus ihm einen Sohn des Herakles oder des Odysseussohnes Telemachos. Vergil dagegen betrachtet den Gott Faunus und eine lokale Nymphe, Marica, als seine Eltern. Als Aeneas in Italien ankam, war Latinus Herrscher über Laurentum in Latium. Nach Vergil war er zu der Zeit ein kraftloser alter Mann (andere römische Autoren halten ihn für jünger). Seine Gattin Amata wollte ihr einziges Kind Lavinia mit Turnus vermählen, dem Fürsten der Rutuler von Ardea; und obwohl Latinus Aeneas vorzug und auch durch ein Orakel die Vermählung seiner Tochter mit einem fremden Ankömmling geraten worden war, mußte er sich in den Plan seiner Gattin fügen. Nach Beendigung des Krieges, als sich Amata in dem Glauben getötet hatte, Turnus sei gefallen, gab Latinus die Hand seiner Tochter Aeneas. Die Stadt Laurentum wurde in geringer Entfernung wieder aufgebaut und hieß nach dem Mädchen Lavinium. Nach Livius aber versprach Latinus Aeneas Lavinias Hand und focht an seiner Seite gegen Turnus, bis er selber fiel, wenn auch Aeneas siegreich blieb. Man sagte aber auch, Latinus sei bei dem Kampf gar nicht getötet worden, sondern einfach verschwunden und als Jupiter Latiaris unter die Götter versetzt worden. Das römische Stammland Latium soll nach diesem legendären König benannt sein.

Latona siehe Leto.

Latreus, Kentaur, von Kaineus beim Kampf gegen die Lapithen erschlagen.

Lausus, Sohn des Mezentius.

Lavinia siehe Latinus, Aeneas.

Leander siehe Hero.

Learchos siehe Ino, Athamas.

Leda, Tochter des Königs Thestios von Ätolien und Gemahlin des Königs Tyndareos von Sparta. Sie war die Mutter der Dioskuren Kastor und Polydeukes, ferner der Helena (der Frau des Menelaos), der Klytämnestra (der Frau von dessen Bruder Agamemnon), Timandra, Philonoë und Phoibe. Trotzdem herrscht keine Einigkeit über den Vater der Dioskuren. Polydeukes galt oft als Helenas Zwillingsbruder von Zeus, und Kastor als deren Halbbruder, der in der gleichen Nacht von Tyndareos gezeugt wurde; doch galt auch er oft als »Sohn des Zeus« (was der Name Dioskuren bedeutet). Über Helenas Eltern

Leda mit dem Schwan (Kopie eines verlorenen Gemäldes von Leonardo da Vinci, 1452–1519; Rom, früher in der Spiridon-Sammlung)

herrschte ebenfalls Uneinigkeit, denn auch sie soll ein Kind des Zeus gewesen sein – aus einem Ei geboren, denn der Gott hatte sich ihrer Mutter in Gestalt eine Schwans genähert. Helenas Geburt aus einem Ei war im Altertum eine wohlbekannte Geschichte (wenn Homer sie auch nicht erwähnt) und wurde gerne künstlerisch dargestellt. Manche sagten auch, Helena sei aus einem von der Göttin Nemesis gelegten Ei hervorgegangen und von Leda nur aufgezogen worden.

Leiriope (Lilienstimme), Nymphe; durch den Fluß Kephissos Mutter des Narkissos.

Lelex, Name eines frühen Königs von Sparta oder Megara. Nach ihm heißen die Leleger.

Leonteus, Lapithenführer im Trojanischen Krieg.

Leto (lat. Latona), Titanin, Tochter des Koios und der Phoibe. Bevor Zeus Hera heiratete, schlief er mit Leto, die ihm die beiden großen Götter-Bogenschützen Apollon und seine Schwester Artemis gebar. Falls »Leto«, wie man angenommen hat, aus lykisch *lada,* »Frau«, stammt, würde dies den nichtgriechischen Ursprung der Göttin verraten. Die Geschichte ihrer Mutterschaft ist folgende: Als Leto schwanger war, mußte sie durch viele Länder irren, weil keines ihr einen Platz zum Rasten gönnen wollte. Das kam daher, weil die eifersüchtige Hera, die wußte, daß Letos Kinder größer werden würden als ihre eigenen, jedem Land verboten hatte, Leto aufzunehmen. Außerdem hatte sie verfügt, daß Letos Kinder nirgends geboren werden dürften, wo die Sonne schien; und als Leto sich Panopeus und Delphi näherte, merkte sie, daß das Drachenungeheuer Python von Hera ausgeschickt worden war, um sie zu verfolgen. Es hieß auch manchmal, viele Orte hätten sich vor der schwangeren Titanin wegen ihrer gigantischen Größe oder der schrecklichen Natur der Götter gefürchtet, die geboren werden sollten.

Leto mit Apollon und Artemis auf der Insel Delos (florentinischer Wandteppich nach Alessandro Allori, um 1579; Florenz, Museo Civico Bardini)

Als Letos Zeit herankam, befahl Zeus dem Nordwind Boreas, sie zu Poseidon zu tragen, der sie nach der Insel Ortygia (»Wachtelinsel«; erschaffen, als Letos Schwester Asteria in Gestalt einer Wachtel ins Meer stürzte, während sie vor Zeus in Gestalt eines Adlers floh) brachte, die im Meer trieb und daher nicht mit »Land« bezeichnet werden konnte; er ließ auch eine Welle über die Insel rollen, so daß sie vor der Sonne verborgen war. Dort brachte, an eine Palme geklammert, Leto ihre Kinder zur Welt. Man sagte auch, daß Leto auf der nahegelegenen Insel Delos niederkam (die einst auch im Meer geschwommen und ursprünglich Ortygia geheißen haben soll), denn durch einen Eid versprach Leto der Insel, daß ihr Sohn dort seinen Tempel bauen werde. Nach dieser Überlieferung lehnte Leto mit dem Rücken an dem Berg Kynthos auf Delos; aus diesem Grunde waren Apollon und Artemis nicht nur als Delios und Delia, sondern auch als Kynthios und Kynthia bekannt. Nach der Geburt des göttlichen Paares befestigte Poseidon Delos mit einer Säule am Meeresboden. In einer abweichenden Version wurden die Kinder nacheinander auf verschiedenen Inseln geboren, Artemis auf Ortygia (d.h. auf der Insel, auf die Asteria gestürzt war) und danach Apollon auf Delos. Dort versorgten alle Göttinnen mit Ausnahme von Hera und Eileithyia (der Göttin der Geburt) neun Tage lang die in den Wehen liegende Titanin, bis sie endlich Iris zu Eileithyia schickten und sie bestachen, so daß sie ohne Heras Wissen kam und das Kind Apollon entband. Man glaubte, daß Leto dann mit ihren Säuglingen nach Lykien ging, um sie im Fluß Xanthos zu waschen, jedoch von Hirten daran gehindert wurde, bis Wölfe sie vertrieben. Nach diesen Wölfen nannte Leto das Land Lykien (diese Geschichte basiert auf einer falschen Etymologie des Wortes Lykien aus *lykos,* Wolf); die Hirten verwandelte sie in Frösche.

Zwischen Leto und ihren Kindern herrschte ein starker Familiengeist. Apollon nahm Rache an Python, dem Drachen, der seine schwangere Mutter verfolgt hatte. Er tötete auch den euböischen Giganten Tityos, der versucht hatte, Leto zu entehren, und sorgte dafür, daß sein Schatten im Tartaros ewige Pein litt. Außerdem erschlugen Apollon und Artemis Niobe und die meisten ihrer Kinder, weil sie sich gegenüber Leto vorlaut ihrer Überlegenheit als Mutter gerühmt hatte.

Leukippe, eine der Töchter des Minyas. Als sie die Riten des Dionysos versäumte und daraufhin in den Wahnsinn getrieben wurde, wurde ihr Sohn Hippasos in Stücke gerissen. Leukippe und ihre Schwestern wurden in Fledermäuse verwandelt.

Leukippos 1, Sohn des Perieres und der Gorgophone; gemeinsam mit seinem Bruder Aphareus König von Messenien. Seine Töchter waren Arinoë, Phoibe und Hilaeira.

Leukippos 2, Sohn des Oinomaos von Pisa; siehe Daphne.

Leukothea siehe Ino.

Leukothoë siehe Helios.

Leukos siehe Idomeneus.

Liber, italischer Gott der Ländlichkeit, gewöhnlich in Verbindung mit Ceres und Libera verehrt. Entsprechend benannte man die drei auch als Dionysos (Bacchus), Demeter und Persephone. Aus einer über Liber erzählten Geschichte wird seine Gleichsetzung mit Dionysos klar. Als er einmal durch Kampanien in Süditalien zog, wurde er von Falernus bewirtet, einem armen Bauern am Berg Massicus. Die Kost war ländlich, und es gab keinen Wein. Liber füllte die Becher mit rotem Wein; Falernus schlief ein, und als er erwachte, war der Berg mit Weinstöcken übersät. Das ist die Sage von der Entstehung des Falerner Weines, den die Römer so hoch schätzten.

Libera siehe Liber.

Libitina, römische Todes- und Begräbnisgöttin.

Libye, Tochter des Epaphos und der Memphis. Poseidon gebar sie die Zwillinge Belos und Agenor sowie Lelex. Nach ihr war Libyen benannt, der griechische Name für weite Teile Afrikas.

Lichas, Herold des Herakles, der ihn, als er am Kap Kenaion auf Euböa opfern wollte, zu Deianeira schickte, um eine saubere Tunika zu holen. Deianeira gab Lichas ein in das tödliche Nessosblut getauchtes Gewand, das Lichas Herakles brachte. Als das ätzende Gift zu wirken begann, schleuderte Herakles Lichas ins Meer, wo er in einen Felsen verwandelt wurde.

Likymnios, Sohn des König Elektryon von Argos und der Sklavin Midea. Der Knabe wurde von Amphitryon und Alkmene aufgezogen und war ein Freund und Anhänger des Herakles. Er heiratete Amphitryons Schwester Perimede, die ihm drei Söhne gebar, Oinos, Argeios und Melas. Oinos wurde in Sparta von seinen Vettern, den Söhnen des Hippokoon, gesteinigt; Herakles rächte ihn. Argeios und Melas fielen für Herakles in Oichalia. Likymnios kämpfte noch im Alter in Argos für die Kinder des Herakles und wurde von einem von ihnen, Tlepolemos, versehentlich getötet, der daraufhin in die Verbannung ging.

Linos, Musiker, über den verschiedene widersprüchliche Berichte überliefert sind, was wohl auf die unterschiedlichen Ursprünge jener Sagen schließen läßt, mit denen man das Erntelied *ailinon* (das gewöhnlich als Klage um das

Iphikles, der Halbbruder des Herakles, wird von Linos unterrichtet (rotfiguriger Becher, 5. Jh. v. Chr.; Schwerin)

dahinscheidende Jahr aufgefaßt wurde und sich vielleicht vom phönikischen *ai lani,* »weh uns«, ableitet) als *ai Linon,* »weh dem Linos«, deutete. Nach einer argivischen Geschichte war Linos der Sohn der Psamathe, einer Prinzessin von Argos und Tochter des Königs Krotopos. Der Vater des Kindes war Apollon. Nach seiner Geburt setzte ihn seine Mutter aus, und er wurde von Krotopos' Hunden verschlungen. (In einer anderen Version wurde er gerettet und von Hirten aufgezogen.) Apollon sandte eine Pest über Argos, bis Krotopos deren Ursache entdeckte und den Gott durch die Einrichtung jenes Klagegesanges versöhnte, der alljährlich zum Gedächtnis des Kindes erklang. Man sagte auch, Krotopos habe Psamathe getötet, weil sie ihm von der Geburt ihres Sohnes erzählte. Außerdem wurde erzählt, daß die von Apollon gesandte Pest alle argivischen Kinder dahinraffte.
In Mittelgriechenland gab es eine Geschichte, wonach Linos der Sohn des Amphimaros und der Muse Urania war und den Apollon tötete, weil er ebenso gut zu singen behauptete wie der Gott: worauf dann das Linos-Lied von den um seinen Tod trauernden Menschen gesungen wurde. Er soll auch der Sohn des Apollon oder des Oiagros und einer Muse gewesen sein. Man glaubte, daß er die Gesetze der Harmonie entdeckt, das phönikische Alphabet nach Griechenland gebracht und Herakles im Leierspiel unterrichtet habe. Es wird auch behauptet, er habe Herakles züchtigen wollen und sei daraufhin von dem jungen Helden mit der Leier erschlagen worden. In Theben galt er als Sohn des Ismenios und soll Thamyris und Orpheus in der Ausübung der Musik unterrichtet haben.
Lityerses siehe Daphnis.
Lotis siehe Driope; Priapos.
Lotosesser. Nachdem er auf der Heimreise von Troja Kap Malea bei Lakonien umrundet hatte, landete Odysseus bei diesem legendären Volk. Einige der Seeleute kosteten vom Lotos, vergaßen alles um sich her und man mußte sie mit Gewalt zurück auf die Schiffe treiben.
Lua siehe Saturn.
Lucina, römische Göttin der Geburt, auch als Eileithyia bezeichnet.
Lucretia, Gemahlin des römischen Führers Lucius Tarquinius Collatinus. Als die römischen Streitkräfte Ardea, die Stadt der Rutuler in Latium, belagerten, unterhielt er sich mit den anderen Feldherren über die Vorzüge der betreffenden Ehefrauen; Tarquinius schlug vor, nach Rom zu reiten und zu sehen, womit die Frauen sich gerade beschäftigten. Lucretia war die einzige, die den Erwartungen ihres Gatten entsprach: sie saß still zu Hause und wob, während die anderen die Abwesenheit ihrer Gatten zu Zechgelagen mißbraucht hatten. Einer der Männer, Sextus Tarquinius, der Sohn des römischen Königs Tarquinius Superbus, war von Lucretias Schönheit und Tugend so angetan, daß er ein paar Tage später heimlich nach Collatia zurückkehrte, wo sie ihn ehrenhaft empfing. In der Nacht brach er in ihr Schlafgemach, bedrohte sie mit einem Dolch und vergewaltigte sie. Daraufhin schrieb sie an ihren Vater und an ihren Mann, die zusammen mit Valerius Poplicola und Lucius Brutus kamen. Sie nahm ihnen das Versprechen ab, ihre Ehre zu rächen, und erdolchte sich. Nach der römischen Sage gab dieser Vorfall den Ausschlag zur Erhebung der römischen Adligen gegen den König und zur Gründung der Republik, deren erste Konsuln, nach der Geschichte, Tarquinius Collatinus und Brutus waren.
Lucumo siehe Tarquinius Priscus.
Luna siehe Selene.
Luperca, Valeria C., Schwester des frühen und vielleicht legendären römischen Konsuls Valerius Poplicola oder Publicola. Nach einem Historiker der valerischen Familie soll sie in späteren Jahren die Gemahlin und die Mutter des Coriolanus, der Rom zu vernichten drohte, bewogen haben, bei ihm Fürsprache für Rom einzulegen.
Lykaon 1, Sohn des Pelasgos und der Meliboia; früher König Arkadiens. Er hatte von mehreren Frauen fünfzig Söhne; von seinen Töchtern war eine Kallisto. Über seinen Charakter gibt es zwei Überlieferungen: die einen sagen, er sei der tugendhafte Vater lasterhafter Söhne gewesen, die anderen, daß er genau so schlimm war wie sie. Wie das alles auch gewesen sein mag, Lykaon mußte für die Verkommenheit an seinem Hof büßen, als Zeus und Hermes durch Arkadien kamen. Um Zeus zu versuchen, soll Lykaon ihm Menschenfleisch vorgesetzt haben, das Fleisch seines Enkels Arkas oder eines molossischen Sklaven. Zeus zerschmetterte alle Söhne des Lykaon mit ei-

nem Donnerkeil, mit Ausnahme des Nyktimos, verwandelte den König in einen Wolf (griech. *lykos*) und ließ, nachdem er Philemon und Baukis in Sicherheit gebracht hatte, die Sintflut kommen. Nach einer anderen Überlieferung verwandelte Zeus Lykaon in einen Wolf, weil er am Altar des Lykäischen Zeus, den Lykaon einst stiftete, ein Kind geopfert hatte. Von da an verwandelte sich, so oft am Altar des Lykäischen Zeus in Arkadien geopfert wurde, ein Mensch in einen Wolf; wenn er aber nach Ablauf von acht Jahren kein Menschenfleisch verzehrt hatte, erhielt er wieder seine menschliche Gestalt. (Diese Version gehört zur Werwolf-Tradition.) Siehe auch Kallisto.

Lykaon 2, Sohn des Königs Priamos und der Laothoë. Als er einmal Wagenteile aus Feigenholz schnitzte, entführte ihn Achilleus und verkaufte ihn nach Lemnos in die Sklaverei; doch kaufte ihn sein Freund Eëtion zurück. Es gelang Lykaon, nach Troja zurückzukehren, doch zwölf Tage später entführte Achilleus den Unbewaffneten erneut und ließ ihn trotz seines Flehens und seiner Lösegeldangebote hinrichten.

Lykaon 3, illyrischer König, Vater des Daunos und des Peuketios.

Lykaon 4, Sohn des Ares; er forderte Herakles zu einem Kampf heraus und kam dabei um.

Lykaon 5, König von Zeleia in Lykien; siehe Pandaros.

Lykomedes, König von Skyros. Theseus, der aus Athen verbannt worden war, begab sich an seinen Hof ins Exil, weil er auf der Insel Ländereien besaß. Lykomedes empfing ihn höflich, fürchtete aber, Theseus könne ihn als König verdrängen, und stieß ihn über eine Klippe in den Tod. Man behauptete auch, er habe dies dem Menestheus zu Gefallen getan, der in Athen Theseus' Thron usurpiert hatte. Auch Thetis, die Mutter des Achilleus, brachte ihren jugendlichen Sohn aus Angst zu Lykomedes, weil sie befürchtete, er könne in den Trojanischen Krieg beordert und dort getötet werden; sie ließ ihn in Mädchenkleider stecken und vor den griechischen Hauptleuten verstecken. Nachdem die List entdeckt worden war und Achilleus sich nach Troja aufgemacht hatte, gebar Lykomedes' Tochter Deidameia dem abwesenden Helden einen Sohn, Neoptolemos.

Lykos 1, König oder Regent von Theben; Sohn des Chthonios, einer der »Gesäten Männer«. Lykos und sein Bruder Nykteus wurden in Euböa aufgezogen; wegen ihres Mordes an König Phlegyas von Orchomenos in Böotien wurden sie aber in die böotische Stadt Hyria verbannt. Danach gingen sie nach Theben, wo König Pentheus sie einbürgerte. Nach einer anderen Überlieferung stammten sie nicht aus

Lucretia wird von Sextus Tarquinius überfallen (Guido Cagnacci; Rom, Galleria dell'Accademia Nazionale di S. Luca)

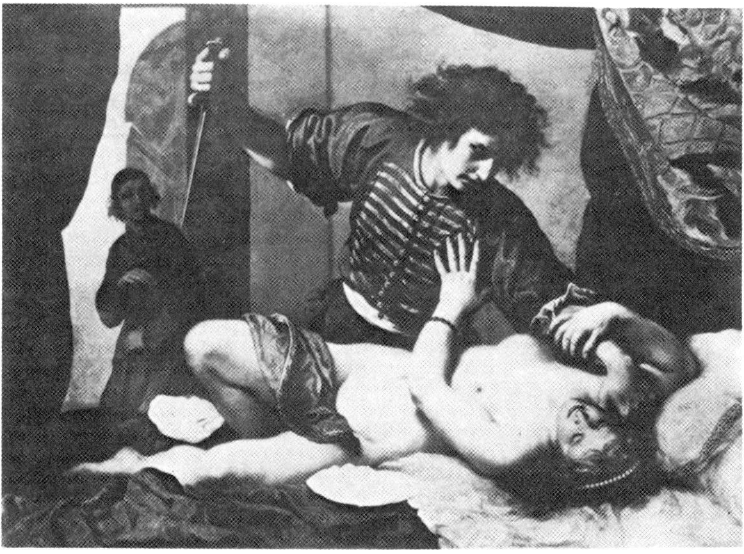

Theben, sondern aus Hyria oder Euböa und waren Söhne Poseidons von der Pleiade Kelaino.

In Theben brachten sie es rasch zu hohen Ehren. Nykteus' Tochter Nykteïs heiratete König Polydoros, den Sohn des Kadmos, und als der König starb, übernahm Nykteus für den Sohn des Toten, Labdakos, die Herrschaft. Nykteus' Tochter Antiope wurde von Zeus verführt und floh aus Angst vor ihrem Vater nach Sikyon bei Korinth, wohin Nykteus sie dann verfolgte. Bei dem Versuch sie zurückzuholen, kam er um, oder er beging aus Scham über ihre Schande Selbstmord; vor seinem Tod nahm er Lykos das Versprechen ab, König Epopeus von Sikyon zu strafen, der ihr Schutz gewährt hatte. Lykos, der von seinem Bruder die Regentschaft über Theben erbte, marschierte nach Sikyon, stürzte Epopeus und schleppte Antiope zurück nach Theben. Unterwegs gebar sie am Berg Kithairon die Söhne des Zeus, Amphion und Zethos. Lykos zwang sie, die Säuglinge in einer Höhle des Berges auszusetzen, wo sie von Hirten gefunden und aufgezogen wurden. Lykos lieferte Antiope dann seiner Frau Dirke aus, die sie wie eine Sklavin behandelte und in einem Verlies gefangenhielt.

Als Labdakos erwachsen war, übergab Lykos ihm die Herrschaft, doch er hatte kaum ein oder zwei Jahre regiert, als er in einem Krieg mit Pandion von Athen ums Leben kam. Lykos wurde wieder Regent, dieses Mal für Labdakos' Sohn Laios, und es hieß, daß er sich an dessen Stelle zum König machen wollte. Viele Jahre später kamen Antiopes nun erwachsene Söhne Amphion und Zethos nach Theben und richteten Lykos hin (nach einer anderen Darstellung rettete ihn Hermes). Ihre Mutter war Dirke entronnen, und nun ließen sie dieser dieselbe Strafe zuteil werden, die sie der Antiope zugedacht hatte (sie fesselten sie an einen Stier, der sie aufspießte), und machten sich zu den Herren Thebens. Lykos und Dirke hatten einen Sohn, Lykos 2.

Lykos 2, Sohn des obigen und der Dirke. Nach dem Tod seines Vaters entfloh er auf die Insel Euböa. Einige Zeit nach dem Untergang der »Sieben«, aber noch vor dem Angriff auf die Stadt durch deren Söhne, die Epigonen, riß er die Macht in Theben an sich, indem er den betagten Kreon tötete, der für Laodamas, den Sohn des Eteokles, regierte. Herakles, der Kreons Tochter Megara geheiratet hatte, war zu dieser Zeit nicht in Theben. Als er aber zurückkam, war Lykos eben dabei, Megara und Herakles' Kinder (sowie Herakles' Stiefvater Amphitryon) umzubringen, da er He-

Achilleus zwischen den Töchtern des Lykomedes (römisches Basrelief; Paris, Louvre)

rakles tot glaubte und den Einfluß seiner Familie in Theben fürchtete. Nach Euripides' Tragödie ›Herakles‹ trug sich dies bei der Zwölften Arbeit zu, bei der Herakles in die Unterwelt ging, um Kerberos zu holen. Nach der geläufigeren Version der Geschichte fanden diese Ereignisse jedoch vor den Zwölf Arbeiten statt, die auf Geheiß des Delphischen Orakels deren Folge sind. Herakles tötete in seinem Zorn Lykos, setzte Laodamas wieder auf den Thron und rettete Frau und Kinder vor dem Henker. Dann aber tötete er selbst in einem Anfall von Wahnsinn seine eigenen Kinder (vielleicht auch Megara), weil er glaubte, Eurystheus sei ihr Vater.

Lykos 3, König der Mariandyner in Bithynien. Er oder sein Vater Daskylos bewirteten die Argonauten, die auf dem Wege nach Kolchis durch sein Reich kamen. Er schickte ihnen seinen Sohn Daskylos zum Empfang bis nach Thermodon entgegen.

Lykos 4, Sohn des Königs Pandion von Athen. Nach Pandions Tod teilten seine drei Söhne das Reich zunächst unter sich, doch dann vertrieb Aigeus die beiden andern. Lykos wandte sich nach Messenien, wo er die Verehrung Demeters und Persephones in deren geheiligtem Hain in Andania förderte. Er entwickelte auch prophetische Kräfte. Nach den ›Historien‹ des Herodot suchte Lykos im südlichen Teil Kleinasiens Zuflucht und nannte das Land, dessen Bevölkerung bis dahin als Termilai bekannt war, nach sich selber Lykien. Auch soll er sich dort gemeinsam mit dem kretischen Verbannten Sarpedon angesiedelt haben. Die athenische Familie der Lykomeder, aus der Demeter- und Persephone-Priester hervorgingen, nannte ihn ihren Stammvater.

Lykurgos 1, Sohn des Dryas und König der thrakischen Edoner. Als der jugendliche Dionysos mit seinen Ammen bei ihm Zuflucht suchte, vertrieb Lykurgos ihn und sein Gefolge mit einem Ochsenstachel und warf ihm vor, er begünstige unsittliches Verhalten. Daraufhin sprang Dionysos ins Meer, wo ihn Thetis willkommen hieß und die Nereïden ihm Schutz gewährten. Lykurgos nahm die Ammen des Dionysos, oder seine Mänadenschar, gefangen und mußte es später büßen. In den Heldenliedern Homers blendete Zeus ihn und bereitete ihm ein rasches Ende. Nach anderen Überlieferungen wurde er wahnsinnig; die gefangenen Frauen kamen auf wunderbare Weise frei; oder auch, Dionysos kehrte zurück und machte Lykurgos mit Wein betrunken, so daß er seine eigene Mutter nicht mehr erkannte und sich an ihr vergehen wollte. Als er erkannte, wer sie war, eilte er aufs Land hinaus und begann, die Weinstöcke mit einer Axt abzuhauen. Dabei tötete er seinen Sohn Dryas,

Lykurgos, der Sohn des Dryas, erschlägt die Seinen (rotfigurige Vase; London, Britisches Museum)

dessen Beine er für Rebstöcke hielt. Infolge dieser Verbrechen wurde Thrakien von einer Hungersnot heimgesucht, von der es sich nach einem Orakelspruch nur durch die Hinrichtung des Lykurgos befreien konnte. So fesselte man ihn und führte ihn auf den Berg Pangaios, wo ihn wilde Pferde verschlangen. Nach anderen Darstellungen dieser Sage tötete Lykurgos sich selbst; oder er tötete seine Frau und seinen Sohn, und Dionysos ließ ihn dafür den Panthern auf dem Berg Rhodope vorwerfen; siehe Butes 1.

Lykurgos 2, siehe Hypsipyle.

Lykurgos 3, König von Arkadien und Sohn des Aleus. Als seine Brüder Kepheus und Amphidamas mit der ›Argo‹ davonsegelten, blieb Lykurgos in Arkadien und regierte für seinen Vater. Lykurgos tötete König Areithoos auf einem engen Paß, wo ihm sein großer eiserner Streitkolben nichts nützte. Später gab er Areithoos' Rüstung seinem Knappen Ereuthalion. Da Lykurgos' Sohn Ankaios vom Kalydonischen Eber getötet worden war, folgte ihm sein Neffe Echemos nach, der Sohn des Kepheus. Lykurgos galt auch als Vater des Iasos, des Vaters von Atalante.

Lynkeus 1, einziger der Söhne des Aigyptos, der in der Hochzeitsnacht von seiner Braut nicht umgebracht wurde. Er war König von Argos; sein Nachfolger wurde sein Sohn Abas; siehe Hypermnestra.

Lynkeus 2 siehe Idas.

Lynkos, skythischer König, der nach den ›Metamorphosen‹ des römischen Dichters Ovid den Triptolemos töten wollte, um selber als Bringer des Getreides zu gelten. Demeter, die Göttin des Ackerbaues, verwandelte ihn zur Strafe in einen Luchs.

Lysimache, Gemahlin des Königs Talaos von Argos; ihr Vater war Abas, der Sohn des Melampus, oder Polybos 2.

Lysippe siehe Melampus.

M

Machaon (Krieger), Sohn des Asklepios durch Epione. Er und sein Bruder Podaleirios herrschten über Trikka, Ithome und Oichalia in Thessalien und erbten die väterliche Kunst des Heilens. Machaon heiratete Antikleia, und sie gebar ihm drei Söhne, die ebenfalls die Medizin ausübten: Nikomachos, Gorgasos und Alexanor. Entweder weil sie zu Helenas Freiern gehört hatten oder aufgrund ihres Ansehens in der Heilkunst, bat man Machaon und Podaleirios, am Zug nach Troja teilzunehmen, zu dem sie mit einer Streitmacht von dreißig Schiffen aus ihrem thessalischen Reich beitrugen. Während des Krieges dienten sie dem griechischen Heer als Wundärzte. Machaon heilte Menelaos, wurde aber selber von Paris verwundet und von Nestor gepflegt; später wurde er von Eurypylos oder Penthesilea getötet; Nestor brachte seine Gebeine nach Griechenland zurück und begrub sie in Geraneia, wo ein Heiligtum mit wundertätiger Heilkraft errichtet wurde.

Mänaden (die Rasenden), Frauen im Gefolge des Dionysos (Bacchus), die auf den Bergen in einem Zustand der Ekstase mit Gesang, Tanz und Musik seine Riten begingen, den Thyrsos trugen (mit einem Pinienzapfen gekrönter Stab), in Reh- oder Pantherfelle gekleidet und mit Efeu, Eichenlaub oder Föhren bekränzt waren. Sie führten auch Fackeln, Schlangen und Weinreben bei sich. Unbekümmert um Anstand und Sitte, betätigten sie ihre großen Körperkräfte und waren imstande, wilde Tiere zu zerreißen und zu verschlingen. Dionysos wurde auf seinem Triumphzug von Lydien nach Griechenland von asiatischen Mänaden begleitet, wo sich ihnen griechische Frauen anschlossen – sehr zum Mißvergnügen ihrer Männer, die sich oft einzumischen suchten. Pentheus von Theben wurde getötet, weil er die Mänaden belauscht hatte. Man nannte sie auch Thyiaden (die Rasenden) und Bakchen oder Bacchantinnen (Frauen des Bacchus).

Magnes, Sohn des Zeus und der Thyia; nach ihm ist die thessalische Halbinsel Magnesia in Thessalien benannt.

Maia 1, die älteste der Pleiaden, der Töchter des Atlas und der Pleione, und Mutter des Hermes. Sie lebte in einer Höhle des arkadischen Berges Kyllene. Zeus liebte sie und besuchte sie zu später Stunde, wenn seine Frau Hera schon schlief. Sie gebar ihm Hermes, der

Machaon wird von Nestor gepflegt (römisches Basrelief, 1. Jh. n. Chr.; London, Britisches Museum)

so schnell wuchs, daß er bereits an seinem ersten Lebenstag die Herde Apollons raubte. Maia blieb von Heras üblicher Eifersucht anscheinend verschont; ja sie schützte sogar die weniger glückliche Kallisto vor ihr, oder vielmehr deren Kind Arkas, das sie Zeus gebar, und das Hermes seiner Mutter zur Erziehung übergab (Maia bedeutet »Mutter, Amme«).

Maia 2, eine italische Quellengöttin unbekannter Herkunft, nach der der Monat Mai benannt ist.

Maion, Sohn des Haimon. Eteokles sandte ihn mit fünfzig Thebanern aus, um dem Tydeus aufzulauern, doch der tötete alle bis auf Maion, den er aufgrund eines Omens verschonte.

Makar oder **Makareus** (der Glückselige) **1,** Sohn des Aiolos. Er beging mit seiner Schwester Kanake Inzest und verübte Selbstmord, als sie von ihrem Vater getötet wurde.

Makar 2, Gefährte des Odysseus, der sich bei Caieta in Latium ansiedelte. Nach Ovid erkannte er in der trojanischen Flotte des Aeneas seinen verlorenen Kameraden Achaimenides wieder, dem er die Geschichte von Odysseus' Fahrten erzählte.

Makaria, jungfräuliche Tochter des Herakles und der Deianeira, die sich opferte, um für Iolaos und die Kinder des Herakles in Attika den Sieg zu sichern, als Eurystheus, der König von Mykene, in das Land einfiel, um sich an ihnen für die Demütigung durch ihren Vater zu rächen.

Makris, Tochter des Aristaios; sie war die Amme des Säuglings Dionysos in Euböa. Als Hera sie aus ihrer Heimat vertrieb – eifersüchtig auf diesen Sohn des Zeus von einer anderen Frau – suchte sie Zuflucht in einer Höhle auf der Insel Drepane oder Scheria, die später (oder schon damals) von den Phäaken bewohnt wurde. Hier lehrte Demeter um Makris' willen die Menschen, Getreide zu säen.

Manes, römischer Name für die Geister der Toten in der Unterwelt, gewöhnlich *di manes* genannt. In späteren Zeiten gebrauchte man das Wort Manes auch im topographischen Sinn für die »Unterwelt« und gelegentlich auch zur Bezeichnung von deren Göttern Hades (Pluto) und Persephone (Proserpina). Die Römer glaubten, daß jedes Jahr an einigen Tagen des Februar (*parentalia,* Allerseelen, *feralia,* Opfertag) die Manen ihrer Vorfahren *(di parentes)* aus den Gräbern stiegen und mit Opfergaben versöhnt werden mußten.

Manlius. Marcus Manlius Capitolinus, ein Römer im Konsulsrang – vielleicht eine Sagengestalt –, soll jene Garnison befehligt haben, die 387 v. Chr. auf dem Kapitol aushielt, nachdem das übrige Rom von Galliern eingenommen worden war. (Geschichtliche Tatsache dürfte gewesen sein, daß nach Einnahme der Stadt auch das Kapitol fiel.) Als Camillus aus Ardea einen Botschafter aussandte, um den Senat von seinen Plänen zu verständigen, sah ein Gallier, wie er den Hügel erklomm und in der Zitadelle verschwand; und auf dem selben Weg planten die Gallier einen nächtlichen Überfall. Die heiligen Gänse im Tempel der Juno Moneta begannen zu schnattern und Manlius und die Seinen erwachten und schlugen die Gallier zurück. Am nächsten Tag stürzten die Römer den wachhabenden Hauptmann, der die Angreifer nicht gehört hatte, vom Felsen und belohnten Manlius, der wegen seiner Tat als Capitolinus bekannt wurde.

Manto, Tochter des thebanischen Sehers Teiresias, die selbst mit prophetischen (mantischen) Kräften begabt war. Als die Epigonen, die Söhne der Sieben gegen Theben, die Stadt einnahmen, weihten sie Manto, zusammen mit einer Anzahl weiterer Thebaner, dem Delphischen Apollon als das beste Beutestück. In Delphi gebar Manto dem Alkmeon (dem Anführer der Epigonen) zwei Kinder, Amphilochos und Tisiphone, die beide von König Kreon in Korinth aufgezogen wurden. Manto führte später die übrigen thebanischen Gefangenen aus Delphi nach Kleinasien, wohin ein Orakel sie beschieden hatte, um eine Kolonie zu gründen. Manto selber soll das Apollonorakel von Klaros bei Kolophon gestiftet haben, wo sie auch die Frau des Kreters Rhakios wurde. Sie hatten einen Sohn, den berühmten Seher Mopsos 2.

Marathon, Sohn des Königs Epopeus von Sikyon. Er gründete die Stadt Marathon in Attika, um dem schlechten Regiment seines Vaters zu entgehen. Als Epopeus starb, teilte Marathon sein Reich zwischen seinen Söhnen Sikyon und Korinthos, nach denen die Städte Asopia und Ephyra umbenannt wurden.

Marcius, Ancus, der teilweise oder ganz der Legende angehören mag, soll der vierte König Roms gewesen sein. Es hieß, daß er der Tochtersohn von König Numa Pompilius war. Die Überlieferung berichtet, daß Ancus Marcius, im Gegensatz zu seinem Vorgänger Tullus Hostilius, ein friedfertiger Herrscher war. Er soll die erste (hölzerne) Brücke über den Tiber erbaut und den Hafen von Ostia besiedelt haben. Auch erweiterte er die Stadtgrenzen. Seine Nachkommen, die Marcii, waren in historischen Zeiten eine außerordentlich bedeutende Familie, aber plebejischen Ursprungs, was sie veranlaßt haben mag, einen königlichen Ahnen zu erfinden oder seine Bedeutung zu übertreiben.

Tanzende Mänade (Brunnenrelief, römische Kopie eines attischen Originals aus dem 5. Jh. v. Chr.; Rom, Palazzo dei Conservatori)

Ancus Marcius (Silbermünze, 1. Jh. v. Chr.; London, Britisches Museum)

Marica, italische Wassernymphe. Von Faunus wurde sie Mutter des Latinus.

Maron, Sohn des Euanthes und Apollonpriester im thrakischen Ismaros. Er war der einzige Bewohner von Ismaros, den Odysseus bei dem Überfall auf die Kikonen verschonte. Zum Dank schenkte Maron ihm den starken Wein, mit dem er später den Kyklopen Polyphem betrunken machte.

Marpessa siehe Idas.

Mars, der römische Gott des Krieges, mit Ares identifiziert; ursprünglich war er ein Gott von weniger charakteristischer Eigenart, oder nur für die Landwirtschaft. Sein Name, dessen Bedeutung unbekannt ist, hatte früher die Form Mavors, in einigen Dialekten Mamers (etruskisch Maris). Seine Wirksamkeit scheint sich in dem Maße ausgebildet zu haben, in dem die Römer von einem agrarischen zu einem kriegerischen Volk wurden. Er hatte in Rom einen hochentwickelten Kult und galt nächst dem Jupiter als oberster Schutzgott des Staates; er

Mars, auf der rechten Hand die Göttin des Sieges und links eine Trophäe tragend (Messingmünze des Vespasian, 1. Jh. n. Chr.; London, Britisches Museum)

wurde besonders von der Armee verehrt, weswegen er den Beinamen Gradivus (der Vorausschreitende) trug. Nach ihm ist der Monat März benannt (Martius mensis), in dem die Priester der Salier einen Kriegstanz aufführten und rituelle Gesänge abhielten. Es entsprach seiner Wirksamkeit in der Natur, daß seine Hauptfeste im Frühling und Frühsommer begangen wurden. In einem alten Lied, das die Fratres Arvales (zwölfköpfiges Priesterkollegium) bei den Ambarvalien im Mai sangen, wurde sein Schutz für Menschen und Felder angerufen. In frühesten Zeiten wurde er dem Hirtengott Silvanus gleichgesetzt. Die Römer glaubten, daß Mars von der Göttin Juno geboren wurde, nachdem sie eine Blume geliebt hatte; bei den Griechen dagegen war Zeus der Vater des Ares. Mars war mit einer geringeren Göttin namens Nerio verheiratet (das Wort bedeutet Stärke, Kraft, auch Heeresmacht). Auch in der Religion des römischen Staates kam seiner Verehrung eine hohe Bedeutung zu, weil man glaubte, daß er als Vater des Romulus durch die Vestalin Rhea Silvia die römische Rasse gegründet hatte. Er habe sich ihr, so hieß es, im Schlaf genähert, und sie gebar ihm die Zwillinge Romulus und Remus. Deren Großonkel Amulius wollte die Säuglinge im Tiber ertränken lassen, doch eine Wölfin rettete sie; und als er erwachsen war, gründete Romulus die Stadt Rom.

Der Wolf und auch der Specht, der ebenfalls bei der Rettung der Kinder mitgewirkt hatte, waren dem Mars heilig; Picus, der Specht, war ein alter römischer Gott in der Begleitung des Mars.

Ebenso unabhängig von den griechischen Aresmythen waren zwei andere Geschichten über Mars. Die eine bezieht sich auf den heiligen Schild *(ancile)*, der unter Numa Pompilius, dem zweiten römischen König, vom Himmel fiel. Da das Schicksal Roms von diesem Schild abhängen sollte, ließ Numa elf weitere, gleichartige Schilde anfertigen und alle zwölf im Mars-Tempel aufhängen, so daß niemand das Original erkannte, wenn er es rauben wollte. Die als Salier bekannte Priesterschaft (Kollegien, die Waffentänze abhielten) mußte das Original und die Duplikate bewachen. In der anderen Geschichte verliebte Mars sich in Minerva und bat die betagte Göttin Anna Perenna, zu vermitteln. Schließlich teilte Anna ihm mit, daß Minerva ihn heiraten wolle. Er eilte zu seiner Braut, aber als er den Schleier der Göttin hob, war es nicht Minerva, sondern die alte Anna Perenna selber. Die anderen Götter lachten über den Spaß.

Nach Mars ist der Campus Martius benannt, auf dem die römischen Männer sich in ihren Kriegskünsten übten. Zu Zeiten des Augustus

Mars nähert sich der schlafenden Rhea Silvia (Relief aus Aquincum; Budapest, Nationalmuseum)

erhielt Mars den Beinamen Ultor, »Rächer«, zur Erinnerung an den Anteil des Kaisers beim Sieg über die Mörder Caesars. Soldaten opferten Mars vor und nach der Schlacht, daneben auch der Göttin Bellona, die als seine Frau, Schwester oder Tochter beschrieben wird.

Marsyas, phrygischer Satyr. Athene fertigte eine Doppelflöte an, um die Klagen der Gorgonen um ihre Schwester Medusa nachzuahmen. Da aber das Spielen auf dem Instrument ihr Gesicht entstellte, warf sie es mit einer Verwünschung beiseite. Daraufhin fand Marsyas die Flöte, spielte auf ihr, unbeeindruckt von den Schlägen, die ihm Athene gab, und errang eine solche Meisterschaft, daß er Apollon zu einem Wettstreit herausforderte. Bedingung war, daß der Gewinner nach Belieben mit dem Verlierer verfahren durfte; Schiedsrichter sollten die Musen sein. Die beiden waren sich ebenbürtig, bis Apollon Marsyas aufforderte, sein Instrument verkehrt herum zu spielen – was mit der Leier möglich ist, aber nicht mit der Flöte. Marsyas hatte also verloren, und Apollon hängte ihn an eine Pinie und zog ihm die Haut ab; und aus seinem Blut, oder aus den Tränen seiner Freunde, der Nymphen und Satyrn, entsprang der Fluß Marsyas. Die Flöte, die Apollon in den Fluß Maiandros warf, fand man in Sikyon, wo sie Sakadas, ein Hirte oder Musiker, dem Apollon weihte.

In römischer Zeit standen Kopien einer Statue des Marsyas (auf dem Forum in Rom) in Provinzstädten als Zeichen besonderer Privilegien.

Mastarna, etruskischer Heros; von Kaiser Claudius mit dem sechsten König von Rom, Servius Tullius, identifiziert. Mastarnas Taten spielten in den Sagen Etruriens eine große Rolle. Man vermutete, daß er zur etruskischen Stadt Vulci gehörte, aber zusammen mit Caeles und Aulus Vibenna aus Etrurien vertrieben wurde, in deren Begleitung er dann den Mons Caelius in Rom besetzte. Nach einer auf Gemälden in Vulci erhaltenen etruskischen Überlieferung rettete Mastarna den Caeles Vibenna vor »Tarquinius dem Römer« (einem der gleichnamigen Könige Roms?), der ums Leben kam. Es ist möglich, daß er, sollte es sich um eine historische Gestalt handeln, seinerseits König von Rom wurde, obwohl er in diesem Fall nicht zu den traditionellen »Sieben« zählen würde.

Mastusios. Als König Demophon von Elaios auf der thrakischen Halbinsel das alljährliche Opfer einer Jungfrau von adliger Herkunft anordnete, um eine Pest abzuwenden, vor der ein Orakel ihn gewarnt hatte, pflegte er die Opfer auszulosen, ohne jedoch seine eigene Tochter mit einzubeziehen. Mastusios protestierte gegen diese Verfahrensweise des Königs, woraufhin dann seine eigene Tochter geopfert wurde. Er tat, als füge er sich in diese Entscheidung, und lud Demophon und seine Töchter zu einem Opfer, wobei sich der König, wie er wußte, verspäten würde. Als er eintraf, waren seine Töchter schon umgebracht worden; man bot ihm einen Becher ihres mit Wein vermischten Blutes, den er ahnungslos leerte. Demophon warf Mastusios dann in den Hafen, zusammen mit dem Krug, aus dem das Sternbild Crater (Mischkrug) wurde.

Medea, Tochter des Königs Aietes von Kolchis (des Sohnes von Helios, dem Sonnengott) und der Okeanide Eidyia, deren Name, wie der Medeas, »die Wissende« bedeutet. Von frühester Jugend an war Medea, die nach ihrer Tante Kirke geriet, eine geschickte Zauberin und Anhängerin der Hekate. Als Jason mit den Argonauten nach Kolchis kam, um das Goldene Vlies zu holen, ließ Aphrodite auf Veranlassung der Hera, die König Pelias von Iolkos strafen wollte, Medea sich heftig in Jason verlieben, der ebenso schön wie redegewandt war. Aphrodite sandte Eros aus, der mit einem Pfeil nach ihr schoß und ihr in Gestalt der Kirke erschien, um ihre Skrupel zu beseitigen. Als dann Aietes dem Jason scheinbar unerfüllbare Bedingungen für die Überlassung des Vlieses stellte, bat Jason Medea um Hilfe, und diese sagte (nach Ovid) zu, als ihr Jason die Ehe versprach, weil sie wußte, daß ihr Vater die Argonauten vernichten wollte und nicht daran dachte, das Vlies herzugeben. Sie führte komplizierte Rituale aus, um Hekate zu versöhnen, gab Jason eine Zaubersalbe, die ihn gegen die feuerspeienden Stiere schützte, erklärte ihm, wie er die Kämpfer besiegen konnte, die aus den Drachenzähnen erstehen würden, und tötete oder vergiftete den Drachen, der in einem heiligen Hain das Vlies bewachte. Als sie merkte, daß Aietes die Argonauten bei Nacht umbringen wollte, schlich sich Medea zu ihnen und beschwor sie, sofort zu fliehen. Während jene zu ihren Schiffen eilten, führte sie Jason zu dem Hain, und er entwendete das Vlies.

Über Medeas Behandlung ihres Bruders Apsyrtos gibt es zwei Darstellungen. Nach der einen Geschichte war er ein kleiner Junge, den sie als Geisel mitnahm, beim Herannahen der

Apollon und Marsyas (Pietro Perugino, 1446–1524; Paris, Louvre)

Mastarna befreit Caeles Vibenna (Wandmalerei aus der Tomba François, Vulci; Rom, Palazzo Corsini)

väterlichen Flotte in Stücke schnitt und gut sichtbar ans Ufer legte, so daß Aietes Zeit damit verlieren mußte, die Teile aufzulesen. Oder er war bereits erwachsen und leitete selbst die Verfolgung Medeas durch das Schwarze Meer und die Donau hinauf. Auf einer Insel im Adriatischen Meer überlistete sie ihn zu einem Gespräch mit Jason, der ihn heimtückisch tötete. Kirke reinigte das Paar später von der Schuld, belegte die beiden aber mit einem Fluch, als sie die Einzelheiten des Verbrechens erfuhr. Im sagenhaften Land der Phäaken entrann Medea schließlich ihrem Vater, indem sie in einer Höhle die Ehe mit Jason vollzog und damit den Phäakenkönig Alkinoos bewog, ihr Schutz zu gewähren. Gegen Ende der Reise half Medea Jason, indem sie den »Bronzemann«, den ehernen Riesen Talos, tötete, der für Minos dreimal am Tag die Insel Kreta umrundete und alle Eindringlinge von der Landung abhielt; er verbrannte seine Opfer oder versenkte ihre Schiffe mit Steinen. Medea lockerte den in seiner Ferse steckenden Nagel, der die Hauptschlagader abdichtete, und so verblutete er.

Als die Argonauten wieder in Iolkos waren, soll Medea Jasons Vater Aison verjüngt haben. Sie bediente sich dazu eines Zaubers, indem sie seine Venen mit einem Kräutergebräu füllte oder aber Aison selber kochte. Sie wünschte dasselbe mit Pelias zu tun, dem Onkel Jasons, der Aisons Thron usurpiert hatte, und veranlaßte seine Töchter, ihn zum Kochen zu zerschneiden, nachdem sie ihnen den Vorgang an einem Widder demonstriert hatte; so wurden die Mädchen überlistet, ihren Vater zu ermorden, und die Argonauten konnten Iolkos einnehmen.

Wegen dieses Verbrechens begaben sich Jason und Medea, von denen sich Hera nun abgewendet hatte, von Iolkos nach Korinth, wo Medea (einer Überlieferung zufolge) ein Anrecht auf den Thron hatte, da ihr Vater dort in früheren Jahren König gewesen war. Sie hatten mehrere Kinder; doch dann wollte sich Jason mit dem korinthischen König Kreon gutstellen und sich wegen der Zukunft der Kinder von Medea trennen, um neu zu heiraten, und zwar die Königstochter Glauke. Medea wußte sich zu rächen; Glauke verbrannte bei lebendigem Leibe an einem vergifteten Hochzeitsgewand, das sie ihr durch ihre Kinder bringen ließ. Auch die Kinder kamen zu Tode, entweder von Medea oder von den Korinthern getötet, weil sie ihrer Mutter bei dem Anschlag geholfen hatten. König Kreon kam ebenfalls durch das Hochzeitsgewand um, als er Glauke zu Hilfe eilte. Über Namen und Zahl von Medeas Kindern gehen die Angaben auseinander: einige Berichte sprechen von zwei Söhnen, Mermeros und Pheres, andere von dreien, Thessalos, Alkimenes und Tisandros, von denen Thessalos nicht getötet worden sein soll.

Medea entkam aus Korinth in dem von geflügelten Drachen gezogenen Zauberwagen ihres Großvaters Helios. Sie wandte sich nach Athen, wo König Aigeus ihr verpflichtet war; er hatte gelobt, wenn es notwendig sein sollte, ihr Schutz zu gewähren, – als Dank für die Zusicherung, daß der König, der für kinderlos galt (obwohl er in Wirklichkeit den Theseus gezeugt hatte), Kinder haben werde. Medea heiratete ihn nun und gebar ihm einen Sohn, Medos. Als einige Jahre später Theseus in Athen erschien und sein Erbe beanspruchte, erkannte Aigeus ihn nicht, wohl aber Medea, die Aigeus gegen ihn einnahm und ihn veranlaßte, den Jüngling gegen den gefährlichen Stier des Minos kämpfen zu lassen, der Marathon heimsuchte. Als Theseus diese Aufgabe erfolgreich bewältigte, suchte Medea ihn durch einen Becher vergifteten Weins zu töten, doch nun erkannte ihn Aigeus an den Zeichen, die ihm seine Mutter Aithra mitgegeben hatte, und er schlug Medea den Becher aus der Hand. Medea floh oder wurde verbannt und kehrte mit ihrem Sohn Medos nach Kolchis zurück. Sie schickte Medos voraus.

In Kolchis aber hatte Perses seinen Bruder Aietes getötet und den Thron bestiegen; er setzte den Jüngling gefangen, weil er ihn für einen Abkömmling des Aietes hielt, der ihn töten würde, obwohl Medos sich als Korinther ausgab: als der Kreonssohn Hippotes. Infolge dieses Ereignisses kam es in Kolchis zu einer Mißernte. Nun traf Medea ein, als Artemispriesterin verkleidet; sie bot sich an, die Trockenheit zu beenden, wenn Perses ihr erlauben würde, einen Ritus zu begehen, bei dem der Knabe getötet werden mußte. Es wurde sogar behauptet, daß Medea den Knaben (bevor sie ihn sah) tatsächlich für einen Sohn des Kreon hielt und ihn beseitigen wollte, weil sie seiner Familie schon allzuviel Unglück gebracht hatte. Sie plante nun ein vollständiges Ritual, erkannte aber inzwischen den jungen Mann als ihren Sohn Medos, gab ihm ein Schwert, und er erschlug damit Perses und rächte so seinen Großvater Aietes. Nach anderen Berichten tötete Medea selber den König. Medos bestieg den Thron und eroberte das Land der Meder, das er nach sich benannte (Medien). Medea erwarb Unsterblichkeit und genoß göttliche Verehrung.

Medon 1, Sohn des Kodros, König von Athen.

Medon 2, Sohn des Königs Oileus von Lokris und der Rhene. Da er wegen Totschlags verbannt wurde, wandte er sich nach Phylake und kämpfte im Trojanischen Krieg. Er übernahm den Befehl über die Streitmacht aus Methone, als Philoktetes auf Lemnos ausgesetzt wurde, doch fiel er später im Kampf durch Aeneas.

Medon 3, ithakischer Herold; dem abwesenden Odysseus ergeben.

Medos siehe Medea.

Medusa siehe Gorgonen; Perseus.

Megaira siehe Furien.

Megapenthes 1, Sohn des Proitos. Er übergab den Thron von Tiryns, den er von Proitos ge-

Medea bereitet Jason ein Zaubermittel (Macchietti; Florenz, Palazzo Vecchio)

Medea und ihre Kinder (Wandmalerei aus Pompeji; Neapel, Museo Archeologico Nazionale)

erbt hatte, an Perseus und erhielt dafür den Thron von Argos. Später tötete er Perseus, um den Tod des Proitos zu rächen, der durch den Anblick des Gorgonenhauptes versteinert worden war.

Megapenthes 2, unehelicher Sohn des Menelaos von einer Sklavin. Menelaos liebte den Jungen innig und gab ihm eine Tochter des Alektor zur Frau. Nach Menelaos' Tod vertrieb er Helena aus Sparta, errang aber doch nicht den Thron, der Orestes gegeben wurde.

Megara, Tochter des Kreon von Theben. Sie war mit Herakles verheiratet und schenkte ihm zwei oder drei Kinder, die Herakles in einem Anfall von Wahnsinn erschlug. Nach einigen Darstellungen tötete er dabei auch Megara, nach anderen gab er sie, da er ihrer unwürdig war, dem Iolaos zur Frau.

Megareus 1, König von Onchestos, der dem Nisos in seinen Kriegen gegen Minos von Kreta beistand. Er fiel entweder in einer Schlacht bei Megara oder überlebte Nisos, heiratete dessen Tochter Iphinoë und folgte ihm als König von Megara, dem er seinen Namen gab. Nachdem seine Söhne gestorben waren, machte er Alkathoos zu seinem Erben, der den Löwen aus dem Kithairongebirge (zwischen Attika und Böotien) erlegt hatte.

Megareus 2, Sohn des Kreon von Theben. Er verteidigte beim Angriff der Sieben gegen Theben das Neistische Tor gegen Eteoklos. Nach Sophokles kam er ums Leben, als er ein von Ares gefordertes Selbstopfer vollzog und von der Stadtmauer sprang; Euripides schreibt diese Tat einem anderen Kreonssohn zu, dem Menoikeus.

Meges, Sohn des Königs Phyleus von Dulichion (heute Leukas). Er gehörte zu den Freiern um Helena und führte vierzig Schiffe in den Trojanischen Krieg, erlitt aber auf der Heimreise vor Euböa Schiffbruch.

Mekisteus, argivischer Krieger (Sohn des Talaos), den der griechische Komödiendichter Apollodoros als einen der Sieben gegen Theben nennt. Obwohl er beim Sturm auf das Proitidische Tor gefallen sein soll, das von Melanippos gehalten wurde, berichtet eine widersprüchliche Überlieferung, daß er später an den Begräbnisspielen für Ödipus von Theben teilnahm und viele Preise gewann.

Melampus (Schwarzfuß), großer Seher, der ein bedeutendes Prophetengeschlecht begründete. Melampus war der Sohn der Thessaler Amythaon und Idomene, die nach Messenien übersiedelten: er und sein Bruder Bias wurden in Pylos aufgezogen. Als Melampus einmal mit König Polyphantes aufs Land fuhr, biß eine Schlange einen königlichen Sklaven, und der König tötete sie. Melampus aber fand das Nest mit den Schlangenjungen in einer Eiche. Pietätvoll verbrannte er die Elterntiere und zog die Jungen auf, die ihm, als er schlief, zum Dank die Ohren leckten, so daß er die Sprache der Vögel und der Tiere verstehen konnte. Melampus hatte auch Beziehungen zu Apollon, dem er am Fluß Alpheios begegnete, und zu Dionysos, dessen Kult er verbreiten half. Infolgedessen wurde er ein hervorragender Prophet.

Als sein Bruder Bias sich in Pero, die schöne Tochter des Königs Neleus von Pylos, verliebte, wollte Neleus der Verbindung nur zustimmen, wenn Bias als Brautpreis die Herde des thessalischen Königs Phylakos von Phylake mitbrächte. Nach Homer hatte Neleus diesen Preis schon vorher für jeden Freier um Pero bestimmt. Aus Liebe zu Bias versuchte Melampus, die Herde wegzutreiben, die von einem wilden, nie schlafenden Hund gehütet wurde, doch man ertappte ihn und er wurde für ein Jahr eingesperrt. Nach einer anderen Überlieferung hatte Phylakos aber die Herde jedem versprochen, der ein Jahr Gefangenschaft auf sich nehmen wollte. Und Homer erzählt in einer abweichenden Darstellung der Geschichte, daß Neleus das Hab und Gut des Melampus nahm und ihn außer Landes jagte, und daß er es war, und nicht Bias, der Pero liebte. Als das Jahr fast um war, hörte Melampus eines Tages die Holzwürmer in seiner Zellendecke zueinander sagen, daß sie in der kommenden Nacht den Stützbalken durchgefressen hätten. Melampus ließ sich von seinem Wärter eine andere Zelle anweisen – und das Dach brach tatsächlich zusammen. Phylakos war von diesen prophetischen Gaben so beeindruckt, daß er Melampus wegen der Impotenz seines Sohnes Iphiklos um Rat fragte (oder Iphiklos kam selber zu ihm.) Melampus war bereit, das Problem zu lösen, wenn er die Herde bekäme. Das wurde bewilligt, und nun opferte er zwei Stiere und lud die Vögel zu dem Fest ein. Der letzte Vogel, der herbeiflog, war ein alter Geier, der sich erinnerte, daß Phylakos seinem Sohn, als er klein war, einmal einen großen Schrecken einjagte: er hatte Widder verschnitten und war, das blutige Messer in der Hand, auf den Knaben zugekommen. Der schrie auf, und Phylakos, der ihn trösten wollte, versenkte die Messerklinge in einer heiligen Eiche, wo er sie vergaß. Das Messer wurde jetzt tief in der Baumrinde gefunden, und auf Melampus' Anordnung trank Iphiklos zehn Tage lang ein wenig Wein, vermischt mit dem Rost des Messers. So wurde er kuriert und zeugte zwei Söhne, Podarkes und Protesilaos.

Melampus trieb nun seine Herde nach Pylos, wo er für Bias die Hand der Pero forderte. Er soll sich auch an Neleus gerächt haben (in der

Darstellung, in der Neleus seinen Besitz beschlagnahmte).
Zu den weiteren Taten des Melampus gehört die Heilung der Töchter des Proitos von ihrem Wahnsinn. Homer erzählt, wie der Seher seinen Aufenthalt in Argos, dem Königreich des Proitos, nahm und sich erbot, für ein Drittel des Reiches die Töchter zu kurieren; Proitos aber lehnte ab. Ihr Wahnsinn ging vielleicht auf ihre Ablehnung des Dionysoskultes zurück. Jedenfalls steckte er jetzt auch die anderen Frauen im Land an, die durch die Berge tobten, sich für Vieh hielten und ihre Kinder umbrachten. Proitos ging nun auf Melampus' Angebot ein, doch der erhöhte den Preis und verlangte ein weiteres Drittel des Reiches für seinen Bruder Bias. Proitos willigte ein, und die Brüder trieben die besessenen Frauen nach Arkadien oder Sikyon und reinigten sie im dortigen Artemistempel. In dem Aufruhr war eines der Mädchen, Iphinoë, gestorben, aber Bias (dessen Frau Pero ebenfalls umgekommen war) und Melampus heirateten die beiden anderen, Iphianassa und Lysippe. Melampus hatte drei Söhne, Abas, Mantios und Antiphates (Großvater des Amphiaraos). Nach Pindar endete Melampus seine Seherlaufbahn, indem er König von Argos wurde. Bias und Pero hatten einen Sohn, Talaos; seine zweite Frau Iphianassa gebar ihm Anaxibia, die König Pelias von Iolkos heiratete.

Melanippe (schwarze Stute), Tochter des Aiolos und der Hippe; dem Poseidon gebar sie zwei Söhne, Aiolos und Boiotos. Daraufhin blendete ihr Vater sie und setzte die Kinder aus, die von einer Kuh gesäugt und von Hirten aufgezogen wurden. Sie gaben die Kinder der Theano, die kinderlos war und aus diesem Grund von ihrem Mann, dem ikarischen König Metapontos, verbannt werden sollte. Theano gebar dann noch zwei eigene Söhne. Als die vier Knaben heranwuchsen, bevorzugte Metapontos das ältere Brüderpaar, worauf Theano ihre eigenen Söhne veranlaßte, die beiden zu töten, da es in Wirklichkeit nicht ihre Brüder, sondern Findlinge seien; es kam zu einem Kampf, in dem Poseidon den Theanosöhnen den Tod brachte. Darauf tötete sich Theano, und Melanippes Söhne kehrten zu den Hirten zurück, die sie in der Kindheit gerettet hatten. Poseidon gab sich den Jünglingen zu erkennen und befahl ihnen, ihre Mutter zu befreien, die von ihrem Vater Aiolos eingekerkert worden war. Sie töteten Aiolos, Poseidon schenkte Melanippe das Augenlicht wieder, und Metapontos heiratete sie und adoptierte seine »Söhne«, die er schon immer seinen eigenen Söhnen von Theano vorgezogen hatte.

Melanippos (schwarzes Pferd) **1** siehe Komaitho.

Melanippos 2, thebanischer Edelmann. Er war ein Sohn des Akastos und focht gegen die »Sieben«, wobei er Mekisteus und Tydeus tötete. Tydeus aber versetzte ihm gleichzeitig ebenfalls den Todesstreich und schlürfte sterbend sein Hirn aus.

Melanippos 3, Sohn des Theseus und der Perigune, der Tochter des Wegelagerers Sinis. Melanippos war ein berühmter Schnelläufer und gewann bei den Nemeischen Spielen, die die Epigonen abhielten, einen Preis. Er hatte einen Sohn namens Ioxos, dessen Nachkommen »keinen Spargel vernichteten«; siehe Sinis.

Melanthios oder **Melantheus** (der Schwarze), Ziegenhirt, der in Ithaka in den Diensten Odysseus' stand. Er verriet die Interessen seines Herrn und diente den Freiern der Penelope. Als Odysseus als Bettler verkleidet heimkehrte, waren Melanthios und seine Schwester Melantho unverschämt zu ihm; Melanthios starb eines qualvollen Todes in den Händen des Eumaios und Philoitios. Sein Vater war Odysseus' treuer Diener Dolios.

Melantho, Sklavin im Haus des Odysseus und Geliebte des Eurymachos, eines der Freier; siehe Melanthios.

Melanthos, Nachkomme des Königs Neleus von Pylos. Er brachte eine große Schar von Messenern, die die Dorer aus ihrer Heimat vertrieben hatten, nach Attika. Dort ver-

Meleagros, Atalante und zwei Jäger ruhen sich von der Jagd aus (Wandmalerei aus Pompeji; Neapel, Museo Archeologico Nazionale)

drängte er die Nachfahren des Theseus vom Thron und wurde selber König. Sein Sohn und Erbe war Kodros.

Melas 1, Sohn des Königs Portheus von Kalydon, der Hauptstadt Ätoliens. Seine acht Söhne kamen durch seinen Neffen Tydeus um, der daraufhin Kalydon verlassen mußte.

Melas 2 siehe Phrixos.

Meleagros, Fürst von Kalydon; Sohn des Oineus und der Althaia oder des Ares und der Althaia. Er soll an der Argonautenfahrt teilgenommen haben, während der sich sein Onkel oder Halbbruder Laokoon um ihn kümmerte. Er kam zurück, nachdem er – nach einer Überlieferung – Aietes getötet hatte, und heiratete Kleopatra, die Tochter des Idas. Wenig später sandte Artemis einen großen, wilden Eber, der das Land um Kalydon heimsuchte, weil Oineus versäumt hatte, ihr zu opfern. Meleagros lud alle griechischen Heroen ein, den Eber zu erlegen – er zwang sie zur Teilnahme an der Jagd, nachdem sie seine Gastfreundschaft angenommen hatten –, und Oineus sammelte viele weitere Helfer und versprach das Fell des Ebers demjenigen, der ihn tötete. Nach einem neuntägigen Fest begann die Jagd. Der Arkader Ankaios und viele andere wurden von dem Tier getötet. Dann verletzte die jungfräuliche Jägerin Atalante den Eber mit einem Pfeil, und auch Amphiaraos erzielte einen Treffer. Meleagros aber war es, der das Tier tötete und so das Anrecht auf die Beute erwarb.

Danach brach ein Streit aus, bei dem Meleagros einen oder mehrere seiner Onkel, der Brüder Althaias, tötete; und die benachbarten Kureten überfielen Kalydon. In den nicht-homerischen Quellen lautet die Erklärung, Meleagros habe den Preis an Atalante abgetreten (die viele Heroen aufgrund ihres Geschlechts als Jagdteilnehmerin ablehnten), weil er sie liebte und weil sie als erste den Eber zum Bluten brachte. Althaias Brüder Toxeus und Plexippos wollten ihr dann den Preis wegnehmen, woraufhin Meleagros einen oder beide umbrachte. Seine Mutter verfluchte ihn dafür und betete, er möge in der Schlacht fallen, und so blieb Meleagros in dem Krieg gegen die Kureten zu Hause und legte sich ins Bett. Wegen seines Fernbleibens waren die Kureten dabei, den Krieg zu gewinnen, sie belagerten und brandschatzten Kalydon, bis schließlich Kleopatra Meleagros verzweifelt anflehte, nachzugeben. Er kam gerade noch zur Rettung Kalydons zurecht, erntete aber keinen Lohn, weil er sich zu spät besonnen hatte.

Nach Homer starb Meleagros noch vor dem Trojanischen Krieg, vielleicht in eben dieser Schlacht. Andere Autoren – Aischylos, Bakchylides und Ovid – erzählen in ihrer Darstellung seines Todes, daß bei der Geburt des Meleagros die Parzen (Schicksalsgöttinnen) an seiner Wiege standen: die ersten beiden weissagten dem Knaben Tapferkeit und Ruhm, aber die dritte sagte, er werde sterben, sobald ein Holzscheit, das im Herd brannte, verglüht sei. Althaia hatte das Holzscheit an sich genommen, das Feuer gelöscht und das Scheit verwahrt. Als sie nun vom Tode ihrer Brüder erfuhr, erinnerte sie sich der Weissagung. Sie holte das Scheit hervor und warf es ins Feuer, und so bewirkte sie Meleagros' Tod. Seine Schwestern, die ihn beim Begräbnis beweinten, wurden in Perlhühner *(meleagrides)* verwandelt. Althaia aber soll sich aus Reue erhängt haben.

Eos mit dem toten Memnon (rotfigurige Schale, frühes 5. Jh. v. Chr.; Paris, Louvre)

Meles siehe Eros.

Melia, Tochter des Okeanos und der Argeia; sie heiratete Inachos.

Meliai, Eschennymphen; geboren aus den Blutstropfen, die bei der Entmannung des Uranos durch Kronos vergossen wurden.

Melikertes siehe Ino.

Melpomene siehe Musen.

Memnon, Sohn der Eos und des Tithonos. Sein Bruder war Emathion. Ihre Haut war schwarz, wahrscheinlich wegen ihrer Mutter, der Göttin der Morgenröte; in ihrer Kindheit waren sie mit ihr dauernd in der Gesellschaft des Sonnengottes gewesen und hatten seinen Wagen Tag für Tag über den Himmel begleitet. Memnon und sein Bruder kamen so zu den heißesten Zonen der Welt, wo Memnon König von Äthiopien, und Emathion König von Ägypten wurde. Nach einem Feldzug in Persien, wo er Susa eroberte, kam Memnon im zehnten Jahr des Trojanischen Krieges mit einer äthiopischen Streitmacht nach Troja, um seinem Onkel Priamos zu helfen. In einer Rüstung, die ihm Hephaistos geschmiedet hatte, tötete er Achilleus' Freund Antilochos, den Sohn des Nestor, und viele andere. Schließlich stellte sich Achilleus ihm entgegen, und sie fochten miteinander, während ihre Mütter – beide Göttinnen – bei Zeus um ihr Leben baten. Memnon fiel jedoch, und Eos bat Zeus, ihm eine besondere Ehre zu erweisen. Nach einigen Überlieferungen machte Zeus ihn unsterblich; nach anderen verwandelte er den Rauch von Memnons Scheiterhaufen in Vögel, die sich in zwei Gruppen teilten, die Flammen umkreisten und sich gegenseitig töteten, so daß sie als Opfer für den Geist des Helden ins Feuer zurückfielen. Jedes Jahr kamen nun neue Scharen dieser Vögel, die man Memnoniden nannte, zu seinem Grab und vollführten dasselbe Todesritual, bis sie tot auf den Grabhügel fielen.

Memphis, Tochter des Nilgottes; sie heiratete Epaphos.

Menelaos, jüngerer Sohn des Königs Atreus von Mykene und der Aërope (oder, nach einem weniger bekannten Bericht, des Atreussohnes Pleisthenes). Er und sein Bruder Agamemnon verbrachten ihre Jugend in Sikyon bei Korinth und in Ätolien, während Atreus' Bruder Thyestes über Mykene in Argolis herrschte. Als sie alt genug waren, selber zu regieren, vertrieben sie Thyestes mit Hilfe des Tyndareos von Sparta. Agamemnon heiratete Tyndareos' Tochter Klytämnestra und benutzte seinen Einfluß auf seinen Schwiegervater, um ihm Menelaos als geeignete Partie für Klytämnestras Halbschwester Helena zu empfehlen, die eine Zeustochter war. Die übrigen Freier um Helena waren zahlreich und streitsüchtig, stimmten aber dem Vorschlag des Odysseus zu, einen Eid zu leisten, daß sie jedem beistehen würden, den sich Helena schließlich zum Gatten wählen werde. Die Wahl fiel auf Menelaos, und sie hatten eine Tochter, Hermione. Menelaos hatte auch zwei uneheliche Söhne, Megapenthes von einer Sklavin und Nikostratos von einer Nymphe. Im Alter vermachte Tyndareos dem Menelaos den Thron von Sparta und dankte zu seinen Gunsten ab. Zehn Jahre später kam Paris, der Sohn des Königs Priamos von Troja, nach Sparta und Menelaos nahm ihn großzügig auf. Trotz einer Orakelwarnung, die er mißdeutet hatte, ließ Menelaos Paris mit seiner Frau allein und wohnte dem Begräbnis seines Großvaters Katreus auf Kreta bei. Da entfloh Paris mit Helena und nahm zugleich reiche Schätze mit. Nach seiner Rückkehr begab sich Menelaos mit Odysseus nach Troja und verlangte Helena zurück, doch man beleidigte die beiden nur und lehnte ab. Nun sammelte Menelaos' Bruder Agamemnon, der inzwischen König von Mykene war, in ganz Griechenland eine gewaltige Armee, erinnerte die einstigen Freier Helenas an ihren Eid und machte geltend, daß die Ehre Griechenlands beleidigt worden sei.

Menelaos im Zweikampf mit Paris, dem Artemis beisteht (rotfiguriger Becher, frühes 5. Jh. v. Chr.; Paris, Louvre)

In dem Krieg, der im ganzen zehn Jahre dauerte, kam Menelaos nur eine zweitrangige Bedeutung neben Agamemnon und den übrigen hervorragenden Helden zu. Er war ein braver Soldat, aber ohne besonderes Geschick. Im zehnten Jahr des Krieges trug er einen vereinbarten Zweikampf mit Paris aus, um die Angelegenheit ein für allemal abzutun, und würde seinen Gegner getötet haben, wenn nicht Aphrodite, die auf Seiten Paris' stand, diesen gerettet und in das Schlafgemach Helenas getragen hätte. Nach Paris' Tod gaben die Troer Helena an seinen Bruder Deiphobos, in dessen Haus Menelaos sie auch nach dem Untergang Trojas fand. Er hatte sie auf der Stelle töten wollen, doch ihre Schönheit und Aphrodites Macht hielten ihn ab. Er versprach den gefangenen trojanischen Frauen, Helena zu töten, wenn sie wieder in Griechenland seien – doch schon lange vorher hatte er seinen Zorn vergessen. Menelaos' und Helenas Rückreise nach Griechenland gestaltete sich schwierig, weil er es versäumt hatte, die Götter des besiegten Troja zu besänftigen. Er verlor alle fünfzig Schiffe bis auf fünf, und Apollon erschoß seinen Steuermann; sie wurden in viele Länder und zuletzt nach Ägypten verschlagen. Hier konnte Menelaos endlich erfahren, was er tun mußte, um glücklich heimzukehren, denn er bemächtigte sich auf der Insel Pharos des prophetischen Alten vom Meere, Proteus, brachte die verlangten Opfer dar und segelte dann mit günstigem Wind unverzüglich nach Griechenland – mit den vielen Schätzen, die er auf der Reise angehäuft hatte. Auf dem Wege nach Sparta kam er durch Mykene, wo gerade das Begräbnis des Aigisthos und der Klytämnestra stattfand, die ihr Sohn Orestes erschlagen hatte, um seinen Vater Agamemnon zu rächen. Orestes sollte für den Mord zum Tode verurteilt werden und bat Menelaos um Hilfe. Als Menelaos ablehnte, brachten Orestes und seine Schwester Elektra Helena und Hermione in ihre Gewalt; sie wollten Helena töten, doch sie wurde von Aphrodite gerettet. Menelaos überredete dann das Volk, aus dem Todesurteil eine einjährige Verbannung zu machen. Nachdem sich Menelaos und Helena wieder friedlich in Sparta niedergelassen hatten, kam Telemachos, der seinen Vater Odysseus suchte. Menelaos ließ ihn wissen, was er von Proteus über Odysseus erfahren hatte. Menelaos wurde nach seinem Tode, wie Proteus vorausgesagt hatte, unsterblich und kam zusammen mit Helena in die Elysischen Gefilde. Orestes wurde König von Sparta. – Über andere Darstellungen dieser Sage siehe Helena.

Menestheus, Sohn des Peteos und Urenkel des Erechtheus. Als König Theseus von Athen in der Unterwelt von Hades festgehalten wurde, nahm Menestheus seinen Thron ein. Er überredete das Volk, seine Herrschaft anzuerkennen, weil Theseus dem Tyndareos Helena entführt hatte und deren Brüder, die Dioskuren (Kastor und Polydeukes) in Attika eingefallen waren, um sie zurückzuholen; nach einer Überlieferung wurden sie sogar von Menestheus zu diesem Überfall ermutigt und setzten ihn dafür auf den Thron.

Als Theseus, von Herakles befreit, auf die Erde zurückkam, vertrieb Menestheus ihn aus Attika und stiftete König Lykomedes von Skyros an, ihn zu töten. Die Söhne des Theseus suchten Zuflucht in Euböa. Menestheus war einer der Freier um Helena und führte fünfzig athenische Schiffe in den Trojanischen Krieg, in dem er – nach einem bekannten Bericht – fiel. Meist wird aber erzählt, daß er den Krieg überlebte, daß aber der Theseussohn Demophon als König nach Athen zurückkehrte und Menestheus sich mit der Insel Melos begnügen mußte, deren König Polyanax ohne Nachkommen gestorben war.

Menippe siehe Koroniden.

Menodike, Nymphe, die dem Dryoperkönig Theiodamas den Hylas gebar.

Menoikeus 1, ein Nachkomme der thebanischen »Gesäten« und Vater des Kreon und der Jokaste. In einigen Nachweisen erscheint er auch als Vater der Hippomene (der Mutter des Amphitryon und der Anaxo).

Menoikeus 2, Enkel des obigen; Sohn des Kreon und der Eurydike. Nach Euripides opferte sich Menoikeus bei der Belagerung der Stadt, indem er sich von der Stadtmauer in das Drachennest stürzte, um Ares' Zorn gegen Kadmos zu besänftigen, der das Tier, das ein Sohn des Gottes war, getötet hatte. Das geschah während des Angriffs der »Sieben« auf Theben, weil Teiresias geweissagt hatte, die Stadt könne nur durch das Selbstopfer eines reinen Jünglings gerettet werden, der von den Gesäten Männern abstamme. Kreon versuchte nach Kräften, ihn von dem Opfer abzuhalten, doch Menoikeus bestand darauf, weil er in Theben als einziger für die Tat in Betracht kam. (Sophokles schreibt sie dem Megareus zu, einem anderen Sohn des Kreon.)

Menoites, Viehhirte des Hades; siehe Herakles (Zehnte Arbeit).

Menoitios 1, Titan; Sohn des Iapetos und der Klymene.

Menoitios 2, Vater des Patroklos; er war ein Sohn des Aktor und der Aigina; einer der Argonauten. Seine Gemahlin war die Akastostochter Sthenele. Als der Knabe Patroklos beim Würfelspiel im Streit einen Spielgefährten erschlug, flohen seine Eltern mit ihm nach Phthia, wo ihnen der Argonaut Peleus Schutz gewährte. Patroklos lernte dort Achilleus kennen und wurde sein Freund.

Mentes, taphischer Häuptling, Sohn des Anchialos; Odysseus kannte ihn gut. Athene verwandelte sich in seine Gestalt, um Odysseus' Sohn Telemachos zum Verlassen Ithakas und zur Suche nach dem Vater zu bewegen.

Mentor, alter Ithaker von adliger Herkunft, den Odysseus dazu bestimmte, in seiner Abwesenheit Telemachos zu erziehen und seinem Haushalt vorzustehen. Er war Telemachos' ständiger Gefährte und Helfer. Athene verwandelte sich einmal in ihn.

Meriones, Kreter; Sohn von König Idomeneus' Bruder Molos; des Königs Knappe und nach ihm der Ranghöchste. Bei der nächtlichen Erkundung im trojanischen Lager gab er dem Odysseus einen Helm, den Odysseus' Großvater von Amyntor gestohlen hatte. Meriones half dem Menelaos bei der Bergung von Patroklos' Leiche vom Schlachtfeld und gewann bei den Begräbnisspielen für Patroklos den Preis im Bogenschießen.

Merkur (lat. Mercurius), römischer Gott des Handels (lat. *mercatura* Handel); siehe Hermes.

Mermeros siehe Jason; Medea.

Merope 1, eine der Pleiaden; die Gemahlin des Sisyphos.

Merope 2, Tochter des Oinopion; siehe Orion.

Merope 3, Gemahlin des Königs Polybos von Korinth und Ziehmutter des Ödipus.

Merope 4, Tochter des Kypselos und Gemahlin des Königs Kresphontes von Messenien.

Merope 5, Tochter des Pandareos.

Merops 1, ägyptischer König, der die Nymphe Klymene heiratete.

Merops 2, Seher aus Perkote bei Troja. Seine Schwester Arisbe heiratete König Hyrtakos von Perkote. Die Söhne Merops', Adrastos und Amphios zogen mit Truppen aus Apaisos in den Trojanischen Krieg – trotz der Bitten ihres Vaters, der durch seine Sehergabe wußte, daß sie sterben würden; sie wurden von Diomedes erschlagen.

Mestor, Sohn des Perseus und der Andromeda. Seine Tochter Hippothoë heiratete Pterelaos.

Mestra, Tochter des Erysichthon, den Demeter mit einem unstillbaren Hunger geschlagen hatte; er verschaffte sich Nahrung, indem er Mestra immer wieder in die Sklaverei verkaufte. Da sie ihre Gestalt verändern konnte – eine Gabe, die ihr Poseidon für ihre Gunst verliehen hatte –, entfloh sie immer wieder und konnte neu verkauft werden. Nach Ovid heiratete sie Autolykos, den Räuber.

Metabus, König der Volsker; siehe Camilla.

Metaneira, Gemahlin des Königs Keleos von Eleusis in Attika. Als Demeter nach Persephone suchte, kam sie als alte Frau verkleidet nach Eleusis und setzte sich auf einem Stein nieder, um zu rasten. Keleos' Tochter bat sie zu einem Trunk und zu einer Ruhepause ins Schloß, und Metaneira stellte sie als Amme ihres kleinen Sohnes Demophon an. Als man ihr Wein bot, wollte Demeter lieber *kykeon* trinken, ein Gemisch aus Gerstenmehl, Minze und Wasser. Sie versuchte, Demophon unsterblich zu machen, und legte ihn deshalb zu nächtlicher Stunde ins Feuer und salbte ihn mit Ambrosia, doch Metaneira überraschte sie dabei und schrie entsetzt auf, worauf Demeter das Kind auf den Boden fallen ließ. Dann nahm sie ihre wahre Gestalt an und schalt Metaneira; siehe Demeter.

Metapontos siehe Melanippe.

Metioche siehe Koroniden.

Metion. Als Xuthos den Kekrops zum Nachfolger des Erechtheus auf dem athenischen Thron bestimmte, sollen ihn Metion und Pandoros, die jüngeren Söhne des Erechtheus, in die Verbannung gejagt jaben. Die Söhne Metions lehnten sich dann gegen Kekrops' Sohn Pandion auf, wurden aber ihrerseits von Pandions Söhnen vertrieben.

Metis (Klugheit, kluger Rat), Tochter des Okeanos und der Tethys; erste Gattin des Zeus. Zeus veranlaßte sie, seinem Vater Kronos das Brechmittel einzugeben, woraufhin er Zeus' Brüder und Schwestern ausspie. Obwohl Metis zunächst ihre Gestalt verwandelt hatte, um dem Bett des Zeus zu entgehen, wurde sie dann doch seine erste Frau. Gaia aber weissagte ihm, wenn Metis eine Tochter bekäme, wäre sie ihm an Weisheit ebenbürtig, aber wenn sie danach noch einen Sohn gebären würde, so wäre der mächtiger als Zeus selbst und würde ihn entthronen. Deshalb überlistete er Metis und verschlang sie, während sie schwanger war – und ihr Kind entsprang voll erwachsen seinem Haupt: Athene. Außerdem ging die Weisheit Metis' auf ihn über, die nun in ihm selber steckte und ihm half, sich nicht stürzen zu lassen.

Metope, Flußnymphe, Tochter des Flusses Ladon. Sie heiratete den Fluß Asopos.

Mettius Fufetius siehe Tullus Hostilius.

Mezentius, etruskischer König aus Caere in Etrurien, der sich den Truppen des Turnus gegen Aeneas anschloß. Nach Vergil war er ein gottloser, unbarmherziger Geselle, den das Volk von Caere wegen seines tyrannischen Verhaltens verjagt hatte. Aeneas tötete ihn, nachdem er zuerst seinen Sohn Lausus getötet hatte. Der römische Staatsmann und Schriftsteller Cato meint, Mezentius habe allen Latinern eine Weinabgabe auferlegt, und in dem Krieg seien Turnus und Aeneas gefallen, nicht aber Mezentius; Aeneas' Sohn Ascanius habe ihn schließlich besiegt, woraufhin Mezentius ein Verbündeter der Troer und Latiner wurde.

Midas, Sohn des Gordios und der Kybele oder einer Seherin von Telmessos. Midas soll von seinem Vater den phrygischen Thron ererbt haben. Mehrere Sagen existieren über ihn. In der einen wurde einmal der alte Silenos, der Erzieher des Dionysos, von lydischen Bauern in betrunkenem Zustand aufgefunden und mit Blumenketten gefesselt vor König Midas gebracht. Der erkannte in ihm den Gefährten des Dionysos, behandelte ihn höflich und bewirtete ihn zehn Tage und Nächte aufs beste. Dann brachte Midas ihn nach Lydien zurück und gab ihn dem Gott wieder. Dionysos bot Midas in seiner Freude über die Rückkehr des Silenos alles, was er wollte; und der König wünschte sich, daß alles in Gold verwandelt würde, was er berühre. Midas war mit dem Ergebnis zuerst sehr zufrieden, bis er zu seinem Entsetzen feststellen mußte, daß sich auch seine Nahrung in Gold verwandelte. Schließlich betete er darum, das Geschenk wieder loszuwerden, und erhielt von dem Gott die Weisung, sich im Fluß Paktolos in Lydien zu waschen, der seither reich an Goldstaub ist. Eine Variante hiervon erzählt, daß Silenos nachts heimlich aus König Midas' Brunnen trank; als dieser das bemerkte, pumpte er Wein in das Wasser, so daß Silenos betrunken wurde. Midas ergriff ihn dann, begierig, seine Weisheit zu lernen, die ihm auch zuteil wurde. Eine andere Sage betrifft einen musikalischen Wettstreit zwischen Apollon und Pan (oder, nach einer anderen Überlieferung, Marsyas, dem Repräsentanten des phrygischen Flötenspiels). Als Tmolos, der Schiedsrichter war, den Preis Apollon zuerkannte, äußerte Midas seine Unzufriedenheit. Daraufhin versah Apollon ihn für seine Torheit mit Eselsohren. Midas vermochte diese Demütigung zwar vor

Midas hat bei Dionysos einen Wunsch frei, weil er Silenos (links) zurückgebracht hat (Nicolas Poussin, 1593–1665; München, Alte Pinakothek)

jedermann zu verbergen, indem er eine phrygische Mütze trug, aber seinem Barbier mußte er die Ohren zeigen. Diesem Mann war es bei Todesstrafe verboten, das Geheimnis auszuplaudern; aber er war nicht imstande, es für sich zu behalten, und so grub er ein Loch in die Erde, flüsterte die Kunde hinein und schaufelte es wieder zu. Zu Midas' Verzweiflung brachte der Boden aber Schilf hervor, das die Wahrheit in alle Welt hinausflüsterte, wenn es der Wind bewegte: »König Midas hat Eselsohren!«

Midea, phrygische Sklavin; durch Elektryon Mutter des Likymnios.

Miletos, Sohn des Apollon von einer seiner Geliebten – meist wird Akakallis genannt. In ihn waren die drei Söhne des Zeus und der Europa verliebt, Sarpedon, Minos und Rhadamanthys; Miletos entschied sich für Sarpedon, worauf Minos das Liebespaar aus Kreta verjagte. Unterwegs trennten sie sich. Sarpedon ging nach Lykien, Miletos wandte sich zu der karischen Stadt Anaktoria, die er eroberte und in Miletos umbenannte. Von der Nymphe Kyaneia hatte er zwei Kinder, einen Sohn Kaunos und eine Tochter Byblis.

Mimas siehe Giganten.

Minerva, italische Göttin der Hauswirtschaft, möglicherweise etruskischen Ursprungs. Sie wurde früh mit Athene gleichgesetzt; Roma wurde in ihrer Gestalt dargestellt.

Minos, Sohn des Zeus und der Europa. Nach einem Streit mit seinen Brüdern Rhadamanthys und Sarpedon, die außer Landes gingen, wurde er König von Kreta. Sarpedon ging nach Lykien und Rhadamanthys nach Böotien. (Nach einer Überlieferung hatten die drei um den hübschen Miletos gestritten, den jeder von ihnen liebte.) Die drei Brüder waren von dem früheren König Asterios adoptiert worden, den Zeus mit Europa verheiratete, nachdem er mit ihr geschlafen hatte. Der Streit um die Erbfolge wurde beigelegt, nachdem Minos den Gott Poseidon um ein würdiges Opfertier gebeten hatte und dieser ihm einen herrlichen Stier aus dem Meere sandte. Minos' Anspruch auf den Thron war damit erhärtet, aber der Stier war ein so prächtiges Tier, daß Minos ihn nicht opfern mochte. Seine Gemahlin, die Heliostochter Pasiphaë, verliebte sich sogar in das Tier und ließ sich durch den am kretischen Hof lebenden athenischen Handwerker Daidalos eine hohle Kuh bauen, in der sie sich verbarg und die der Stier dann bestieg. Es heißt auch, dies sei die Rache des Poseidon dafür gewesen, daß Minos das Tier nicht geopfert hatte; oder daß Aphrodite Pasiphaë zu dieser unnatürlichen Leidenschaft verführte, weil Helios sie und Ares heimlich belauscht und verraten hatte. Pasiphaë hatte viele Kinder von Minos: Katreus, Deukalion, Glaukos, Androgeos, Akakallis, Ariadne, Phädra und

Pasiphaë und Daidalos mit der künstlichen Kuh (römisches Relief; Rom, Palazzo Spada)

Xenodike. Jetzt aber gebar sie ein Ungeheuer – einen Sohn von dem Stier, mit Menschenleib und Stierkopf; er hieß Minotauros, Stier des Minos. Minos beauftragte Daidalos, in Knossos ein unterirdisches Labyrinth zu bauen. Dort wurde der Minotauros versteckt.
Minos machte sich zum Herrscher der Meere und unterwarf sich weite Teile Griechenlands. Er soll engen Kontakt zu seinem Vater Zeus gehalten haben, der ihn alle neun Jahre auf dem Berg Ida empfing und ihm Gesetze für Kreta gab. (Die prähellenische Kultur der Insel heißt nach dieser Sagengestalt die minoische.) Er soll Kriege gegen Megara und Athen geführt und beide Städte besiegt haben. Den Sieg über König Nisos von Megara verdankte er dem Verrat der Königstochter, die sich in ihn verliebt hatte und ihrem Vater das glückbringende Haar abschnitt. Trotzdem verschmähte Minos das Mädchen und ertränkte es. Über Athen war Minos beleidigt, weil dort sein Sohn Androgeos umgekommen war – entweder durch den Verrat des athenischen Königs Aigeus oder weil ihn der marathonische Stier durchbohrte. Minos konnte die Stadt zwar nicht einnehmen, aber aufgrund seiner Gebete wurde sie von einer so schweren Pest heimgesucht, daß Aigeus einwilligen mußte, alljährlich oder alle neun Jahre sieben Jünglinge und sieben Jungfrauen nach Kreta zu senden, wo sie vom Minotauros verschlungen wurden. Nur durch diesen Tribut, so verkündete das Delphische Orakel, könne sich die Stadt von der Plage befreien.
Wegen seiner Liebesabenteuer verabreichte Pasiphaë, die als Heliostochter familiäre Beziehungen zu Zauberinnen wie Kirke und Medea hatte, ihrem Mann Gift, so daß er jede Frau, mit der er schlief, gefährlich ansteckte. Minos soll von Prokris geheilt worden sein, die er mit einem Zauberhund und einem immer treffenden Speer belohnte.
Als schließlich Theseus als Vertreter einer Gruppe von Minos-Opfern nach Kreta kam, tötete er den Minotauros und entführte Minos' Tochter Ariadne, die ihm geholfen hatte. Auch Daidalos war in das Unternehmen verwickelt, denn er hatte die Idee mit dem Faden, der Theseus den Rückweg aus dem Labyrinth ermöglichte; Minos sperrte ihn mit seinem Sohn Ikaros dort ein. Daidalos fertigte aus Wachs und Federn Flügel an. Ihm gelang die Flucht, Ikaros aber stürzte ab.
Minos verfolgte Daidalos in westlicher Richtung, hatte aber große Mühe, ihn zu finden. Jenen Königen, von denen er glaubte, daß sie den Flüchtling beherbergen würden, ließ er eine Spiralmuschel überbringen und forderte sie auf, einen Faden hindurchzuziehen. Als Kokalos von Kamikos in Sizilien mit der aufgefädel-

Das Labyrinth des Daidalos (Münze aus Knossos, 4. Jh. v. Chr.; London, Britisches Museum)

ten Muschel wiederkam, wußte Minos, daß Daidalos sich dort verbarg – denn kein anderer hätte die Aufgabe lösen können –, und verlangte seine Auslieferung. Kokalos tat, als ob er einwilligte, und bot Minos unterdessen ein Bad an. Durch heimlich installierte Röhren verbrühte Daidalos Minos dann mit kochendem Wasser und war seinen Feind los. Während ihm auf Kreta sein Sohn Deukalion nachfolgte, wurde Minos selbst Richter im Hadesreich, zusammen mit seinem Bruder Rhadamanthys. Dieses Privileg erhielt er deshalb, weil er von Zeus Gesetze empfangen hatte.

Minotauros, Mißgeburt mit Stierkopf und Menschenleib; Sohn der Pasiphaë und eines Stiers. Das Wort bedeutet Minos' Stier; siehe Minos; Pasiphaë; Theseus.

Minthe oder **Menthe,** Naiade (Wassernymphe), die die Geliebte des Gottes Hades wurde. Persephone erfuhr von der Verbindung und trat Minthe zu Tode, worauf sich das Mädchen in die aromatische Minze verwandelte (wie ihr Name besagt), die um so süßer riecht, je fester sie getreten wird.

Minyas, sagenhafter Gründer von Orchomenos in Böotien; nach ihm heißt die böotische oder thessalische Familie der Minyer, der die Argonauten wahrscheinlich angehört haben. Er soll ein reicher Mann gewesen sein und ein Schatzhaus erbaut haben. Er hatte drei Töchter, Alkithoë, Leukippe und Arsippe, die es ablehnten, an den Dionysosriten teilzunehmen. Am Festtag des Gottes aber, als sie sich die Zeit mit Geschichtenerzählen vertrieben, verwandelten sich urplötzlich die Webstühle, vor denen sie saßen, in Weinstöcke und die Fäden in Ranken. Rauch und Feuerschein erfüllten den Raum, unsichtbare Zecher lärmten durch das Haus, und die Mädchen flohen entsetzt in die entferntesten Winkel und wurden zu Fledermäusen. Nach anderen Berichten erschien Dionysos selber und trieb sie in den Wahnsinn, so daß sie Leukippes Sohn Hippasos als Opfer darbrachten und sich dann dem wilden Treiben anschlossen. Die Mänaden, entsetzt über die Mordtat, ließen die Mädchen sterben. Eine andere Tochter, Klymene, heiratete nach dem Tod der Prokris den Kephalos.

Misenos. Nach Vergil trug das Kap Misenum im Golf von Neapel den Namen des Troers Misenos, der zunächst einer der Mannen Hektors war, bevor er Aeneas' Trompeter wurde. Er hatte die Eifersucht des Meeresgottes Triton erregt; als die Troer bei Cumae landeten, wurde er in die Fluten gezogen und ertrank. Aeneas begrub ihn an dem nach ihm benannten Kap.

Misme siehe Demeter.

Mnemosyne, Titanin; durch Zeus Mutter der Musen.

Mnesimache siehe Dexamenos.

Moiren siehe Fatae.

Molionen oder **Molioniden,** zwei Söhne des Aktor und seiner Gemahlin Molione oder – nach Homer – des Poseidon und der Molione. Sie hießen Eurytos und Kteatos und waren nach einigen Überlieferungen siamesische Zwillinge. Berühmt wegen ihrer Körperkraft und Tapferkeit, beteiligten sie sich an einer Belagerung von Pylos und an der Kalydonischen Eberjagd. Ihre größte Leistung war der Krieg zugunsten ihres Onkels, des Königs Augias von Elis gegen Herakles, der den Augias wegen einer nicht eingelösten Schuld strafen wollte. Sie zerschlugen Herakles' Armee und töteten seinen Bruder Iphikles sowie den Phliossohn Dameon. Herakles, der zu der Zeit vermutlich krank war, mußte zurückweichen. Er tötete sie später hinterrücks, indem er ihnen auflauerte, als sie auf dem Weg zu den Isthmischen Spielen waren; damit brach er den Gottesfrieden, der für die Dauer derartiger Wettspiele herrschte.

Molorchos siehe Herakles (Erste Arbeit).

Molossos, Sohn des Neoptolemos und der Andromache. Nach ihm hießen die Molosser in Epirus.

Momos, Sohn der Nyx (Nacht); er verkörperte den Geist des Nörgelns. In einigen Geschichten taucht er als ständiger Kritiker der Götter und ihrer Verfügungen auf; so tadelte er Zeus, weil er die Hörner des Stiers am Kopf und

Theseus erschlägt den Minotauros (schwarzfigurige Vase, 6. Jh. v. Chr.; Rom Museo Capitolino)

Die drei Grazien Aglaia, Euphrosyne und Thalia (rotfigurige Schale aus Etrurien, 4. Jh. v. Chr.; London, Britisches Museum)

nicht an den Schultern angebracht hatte, wo das Tier am kräftigsten ist.

Mond siehe Selene.

Mopsos 1, thessalischer Seher, Sohn des Ampykos (oder Ampyx) oder des Apollon und der Chloris. Er beteiligte sich an mehreren Heldenzügen: dem Kampf zwischen Kentauren und Lapithen, der Kalydonischen Eberjagd und der Argonautenfahrt, wobei er Jason nach dem Flug der Vögel beriet. Bei der Rückreise der Argonauten kam er in Libyen ums Leben, als er auf eine Schlange trat.

Mopsos 2, Sohn des Kreters Rhakios und der Teiresiastochter Manto. Als Theben von den Epigonen eingenommen wurde, wandten sich Manto und ihre Anhänger, die zu Delphi geweiht worden waren, nach Kleinasien, wo sie das Orakel von Klaros bei Kolophon gründeten. Manto heiratete dort Rhakios, der in der Gegend bereits ansässig war. Als ihr Sohn Mopsos herangewachsen war, übernahm er den Schutz des Orakels und besiegte die benachbarten Karer. Nach dem Trojanischen Krieg kam der griechische Seher Kalchas mit Amphilochos, dem Sohn Mantos durch Alkmeon, nach Klaros, und zwischen den beiden Wahrsagern fand ein berühmt gewordener Wettstreit statt (siehe Kalchas). Mopsos und sein Halbbruder Amphilochos gründeten dann das Traumorakel im kilikischen Mallos; als aber Amphilochos nach Epirus zog und das amphilochische Argos gründete, wollte Mopsos ihn in Mallos nicht mehr dulden, und so töteten die beiden sich gegenseitig in einem Zweikampf.

Morgenröte siehe Eos.

Moros, Personifikation des Schicksals; Sohn der Nyx.

Morpheus, Sohn des Hypnos (Schlaf); Traumgott, der den Träumenden menschliche Gestalten erscheinen ließ. Der Name ist von *morphé* (Gestalt) abgeleitet.

Mucius siehe Scaevola.

Mulios, Schwiegersohn des Königs Augias von Elis, von Nestor getötet.

Munychos, unehelicher Sohn des Akamas und der Laodike. Er wuchs bei Aithra auf.

Musaios, sagenhafte Mythengestalt; soll der Sohn oder der Schüler des Orpheus und auch mit den Eleusischen Mysterien verbunden gewesen sein, und Orakel verkündet haben.

Musen, Töchter des Zeus und der Titanin Mnemosyne, die Göttinnen der schönen Künste, der Musik und Literatur, später auch der geistigen Beschäftigungen im weiteren Sinne, wie der Geschichte, der Philosophie und Astronomie. Die Bedeutung der Musen ergibt sich aus ihrer Beliebtheit bei den Dichtern, die ihnen ihre Inspiration zuschrieben und um ihren Beistand zu bitten pflegten. Ihr Name (vielleicht mit dem lat. *mens* und dem englischen *mind* verwandt) bedeutet »Erinnernde« oder »Sinnende«, da die Dichter sich in den frühesten Zeiten in Ermangelung von Büchern auf ihr Gedächtnis verließen.

Die Musen, die allgemein als geflügelt geschildert wurden, wohnten hauptsächlich auf den Bergen, vor allem auf dem böotischen Helikon (bei Askra) und in Pierien am Olymp. Ursprünglich waren es drei, *Melete* (Übung, Praxis), *Mneme* (Gedächtnis, Erinnerung) und *Aoëde* (Lied). Pausanias berichtet, daß die Aloaden sie zunächst auf dem Helikon ansiedelten. In Delphi benannte man sie nach den drei Seiten der frühen Leier: Unten, Mitte, Oben *(Nete, Mese, Hypate).* Von Hesiod dagegen rührt die traditionelle Neunzahl her; er gab ihnen auch Namen, während ihre Funktionen erst viel später und auch dann nicht völlig einhellig festgelegt wurden. Man unterscheidet meist folgende Musen: *Kalliope* »die Schönstimmige« (epische Dichtung), *Klio* »Ansehen, Ruf« (Geschichte), *Euterpe* »Frohsinn« (Flötenspiel), *Terpsichore,* »Freude am Tanz« (Chordichtung, Tanz), *Erato* »die Liebliche« (Gesang und Tanz), *Melpomene* »die Singende« (Tragödie), *Thalia* »Fülle, froher Mut« (Komödie), *Polyhymnia* »viele Lieder« (Pantomime) und *Urania* »die Himmlische« (Astronomie). Die Musen waren mit Apollon verbunden, der als Gott der Musik und der Weissagung ihr Führer war. Man glaubte, daß die Musen bei göttlichen Festlichkeiten im Olymp mit ihm und anderen Gottheiten – den Grazien, den Horen – tanzten. Sie waren bei der Hochzeit von Kadmos und Harmonia und von Peleus und Thetis zugegen.

In der Sage treten die Musen kaum hervor. Als sich der thrakische Sänger Thamyris ihnen gegenüber seiner Überlegenheit rühmte, suchten sie ihn im messenischen Dorion auf, blendeten ihn und raubten ihm das Gedächtnis. Anderen, z.B. Demodokos, verliehen sie als Ersatz für seine Blindheit die Kunst des Gesanges. Einmal forderten die Pieriden (die neun Töchter des Makedonen Pieros und seiner Frau Euippe) die (mitunter ebenfalls als Pieriden bekannten) Musen zu einem Wettstreit auf und verloren; Schiedsrichter war eine Schar von Nymphen. Zur Strafe für ihre Überheblichkeit wurden die Pieriden in Dohlen verwandelt. Einen ähnlichen Vorstoß der Sirenen bestraften die Musen damit, daß sie ihnen die Federn rupften. Klio gebar dem Pieros Hyakinthos, und Kalliope dem Apollon Orpheus und Linos (oder aber Linos war der Sohn der Urania und des Amphimaros). Auch die Mutter des Königs Rhesos war eine Muse; und die Korybanten sollen Kinder der Thalia gewesen sein. Die Römer identifizierten die Musen mit gewissen italischen Wassergöttinnen, den Camenae (weissagende Quellennymphen).

Mutto, König von Tyros; siehe Dido.

Mygdalion, Sohn des Königs Kinyras von Cypern.

Mygdon, phrygischer König. König Priamos von Troja war sein Verbündeter in einem Krieg, den er und Otreus am Fluß Sangarios in Kleinasien gegen die Amazonen führten. Während der Plünderung Trojas kam sein Sohn bei einem aussichtslosen Gegenangriff um.

Myrrha, Smyrna oder **Zmyrna** siehe Kinyras.

Myrtilos, Wagenlenker des Königs Oinomaos von Pisa. Pelops bestach ihn, um Hippodameia zur Frau zu gewinnen. Myrtilos war der Sohn des Hermes und der Aiolostochter Kleobule, oder des Hermes und der Danaïde Phaëthusa. (Über die Sage siehe Pelops.) Das Sternbild Fuhrmann wird mitMyrtilos identifiziert, den Hermes an den Himmel versetzte.

N

Naiaden siehe Nymphen.
Nais siehe Daphnis.
Nana siehe Attis.
Narkissos, Sohn des böotischen Flusses Kephissos und der Nymphe Leiriope. Als er klein war, fragte seine Mutter den Seher Teiresias, ob ihr Sohn ein langes Leben haben werde. Die Antwort lautete: »Ja – wenn er niemals sich selber erkennt« – eine rätselhafte Antwort, die niemand verstand. Als Jüngling war Narkissos so schön, daß ihn viele Menschen, Männer wie Frauen, liebten; doch er verschmähte sie alle. Dann verliebte sich die Nymphe Echo in ihn; doch da sie durch ihr ständiges Plappern Zeus, der sich mit anderen Nymphen vergnügte, vor dem Herannahen der Hera gewarnt hatte, hatte diese ihr zur Strafe die Sprache genommen: nur die letzte Silbe eines Wortes, das sie hörte, konnte sie wiederholen. Narkissos ignorierte sie, und sie verkümmerte, bis sie nur noch Stimme war. Der Jüngling aber mußte für seine Grausamkeit büßen. Ein von ihm verschmähter Liebhaber betete zur Nemesis, und diese verdammte ihn dazu, sein schönes Spiegelbild in einem Teich des Berges Helikon zu begrübeln. Je länger er es ansah, desto mehr verliebte er sich in sich selbst. Diese Leidenschaft ließ ihn nicht mehr los, Tag für Tag lag er an dem Weiher, bis er endlich dahinschwand und starb. Die Götter verwandelten ihn in die Narzisse; siehe Ameinias.
Nauplios 1, Sohn des Poseidon und der Amymone; ein früher Seefahrer, der den Hafen Nauplia bei Argos gründete. Ägyptische Seeleute, die mit seinem Großvater Danaos nach Argos kamen, lud er ein, sich in seiner Stadt anzusiedeln.
Nauplios 2, Nachkomme von Nauplios 1 und in antiken Quellen oft mit ihm verwechselt; Sohn des Klytoneus. Er war ein Argonaut und später als König von Nauplia ein bekannter Sklavenhändler. Als Aleus' Tochter Auge von Herakles schwanger wurde, übergab er sie dem Nauplios mit der Anweisung, sie entweder zu ertränken oder zu verkaufen. Er verkaufte sie an König Teuthras von Mysien. Der Minossohn Katreus übergab dem Nauplios seine Töchter Aërope und Klymene, weil ihm ein Orakel verkündet hatte, eines seiner Kinder werde seinen Tod bewirken. Nauplia verkaufte Aërope an Atreus und behielt Klymene

Narkissos verliebt sich in sein Spiegelbild (Bertucci; Paris, Musée Jacquemart-André)

als seine Frau. Sie schenkte ihm drei Söhne, Palamedes, Oiax und Nausimedon. Palamedes wurde später in Troja gesteinigt – ein Opfer von Odysseus' Rachsucht –, und Nauplios segelte dorthin, um Genugtuung zu fordern. Als die Griechen nicht darauf eingingen, suchte Nauplios die Ehefrauen der griechischen Hauptleute auf und beredete sie, ihre Männer zu betrügen. Außerdem entzündete er falsche Leuchtzeichen am Kap Kaphereus, als die Griechen heimsegelten, so daß viele auf den Felsen zerschellten, als ein Sturm aufzog. Wegen dieser Tat mußte er aus seinem Königreich fliehen und soll in Chalkis auf Euböa Zuflucht gesucht haben. Nach einer Überlieferung starb er auf die gleiche Weise, wie er andere getötet hatte: durch ein trügerisches Feuerzeichen.
Nausimedon siehe Nauplios 2.
Nausikaa, junge Tochter des Phäakenkönigs Alkinoos, die Odysseus mit Kleidern und Ratschlägen versorgte, als er an den Strand gespült wurde; sie spielte gerade mit ihren Freundinnen Ball. Alkinoos hätte sie ihm zur Frau gegeben, wenn Odysseus nicht lieber heim zu Penelope gewollt hätte.

Odysseus überreicht Neoptolemos die Rüstung des Achilleus (rotfigurige Schale, frühes 5. Jh. v. Chr.; Wien, Kunsthistorisches Museum)

Neaira 1, eine Nymphe; Gemahlin des Helios.
Neaira 2, Tochter des Pereus, Gemahlin des Aleos und Mutter von Auge und Kepheus.
Neïs siehe Aëdon.
Neleus, Sohn des Poseidon durch Tyro. Zusammen mit seinem Zwillingsbruder Pelias setzte seine Mutter ihn aus, als entschieden war, daß sie ihren Onkel Kretheus heiraten mußte, oder wegen der Grausamkeit ihres Vaters Salmoneus und ihrer Stiefmutter Sidero. Pferdezüchter entdeckten die Knaben und zogen sie auf. Pelias tötete schließlich Sidero, während er Neleus nach einem Streit aus Iolkos vertrieb. Neleus suchte Zuflucht bei seinem Vetter Aphareus, dem König von Messenien, der ihm einen Streifen Küstenland unter der Voraussetzung gab, er könne es sich gewinnen. Er eroberte Pylos und vertrieb dessen gleichnamigen Gründer. Neleus heiratete Chloris, die einzige Niobetochter, die den Pfeilen der Artemis entrinnen konnte. Neleus und Chloris hatten zwölf Söhne und eine Tochter, Pero, die die Frau des Bias wurde. Herakles geriet mit Neleus in Streit, weil dieser ihn nicht von der Tötung des Iphitos reinigen wollte, denn er war ein Freund des Eurytos, des Vaters des Ermordeten. Auf seinem Rachefeldzug kam Herakles auch nach Pylos, plünderte es, und tötete Neleus und dessen gesamte Familie, mit Ausnahme Nestors, der im lakonischen Gerania weilte und später zurückkam, um König von Pylos zu werden. Homer berichtet die Geschichte anders; danach überlebte Neleus den Überfall des Herakles, griff später das Volk von Elis an und machte reiche Beute. Die Korinther behaupteten, er sei unter König Sisyphos in Korinth gestorben und in einem geheimen Grab auf dem Isthmos beigesetzt worden.

Nemesis, Göttin; Tochter der Nyx (Nacht); sie entwickelte sich zur Verkörperung der Vergeltung für böse Taten und galt auch als Rächerin für herzlose Liebende. Als Zeus sich in Nemesis verliebte und ihr nachstellte, verwandelte sie sich in eine große Anzahl von Tieren. Schließlich wurde sie eine Gans und er ein Schwan, worauf er sie begattete; sie legte dann das Ei, aus dem Helena entstand. In einer anderen Version dieser Geschichte bewirkte Aphrodite Nemesis' Fehltritt, indem sie die Gestalt eines Adlers annahm und den Zeus-Schwan scheinbar angriff; dieser rettete sich in Nemesis' Schoß und begattete sie, als sie schlief, worauf sie das Ei legte. Es gab außerdem eine Überlieferung, wonach die Sternbilder Schwan und Adler an diese Tat des Zeus erinnern sollten. Auf welche Art sie nun auch schwanger wurde, das Ei der Nemesis wurde von einem Hirten, der es fand (oder von Hermes) zu Leda gebracht, der Gemahlin des Tyndareos, die Helena aufzog, als sie aus dem Ei geschlüpft war. (Es wurde aber auch gesagt, daß das Ei von Leda war, nicht von Nemesis.)
Neoptolemos, auch **Pyrrhos** genannt. Sohn des Achilleus durch Deidameia. Als Thetis ihren Sohn Achilleus vor dem Kampf in Troja bewahren wollte und bei König Lykomedes von Skyros versteckte, schwängerte Achilleus, der Mädchenkleider trug und in den Frauengemächern wohnte, die Königstochter Deidameia. Ihr Kind bekam den Namen Pyrrhos (rothaarig), entweder weil er rote Haare hatte oder weil der verkleidete Achilleus an Lykomedes' Hof Pyrrha hieß. Deidameia erzog den Jungen, bis er erwachsen war. Als Achilleus tot war, erfuhren die griechischen Führer vor Troja von dem gefangengenommenen Propheten Helenos, daß die Stadt nur fallen könne, wenn gewisse Voraussetzungen erfüllt würden; dazu gehörte die Anwesenheit von Pyrrhos und Philoktetes in der griechischen Armee. Odysseus und Phoinix holten Pyrrhos aus Skyros, und Phoinix verlieh ihm wegen seiner Jugend den Namen Neoptolemos (junger Krieger). Odysseus schenkte ihm Achilleus' Rüstung, die ihm trotz der Einwände des telamonischen Aias zuerkannt worden war.
Der Jüngling machte bald von sich reden, weil er zahlreiche Troer tötete, darunter den Telephossohn Eurypylos. Dagegen war es schwierig, Philoktetes, der, unheilbar verwundet, auf Lemnos ausgesetzt worden war, zum Mitkämpfen zu bewegen. In den Werken des Sophokles versucht Odysseus, den widerstrebenden Philoktetes mit Hilfe des Neoptolemos, den er mit nach Lemnos genommen hatte, zu überlisten; Neoptolemos ist aber zu anständig, um mitzumachen. Das unerwartete Erschei-

Der Tod des Neoptolemos (Wandmalerei im Hause des Lucretius Fronto in Pompeji)

nen des Herakles bestimmt dann Philoktetes, nach Troja mitzugehen.
Neoptolemos war einer der im Trojanischen Pferd versteckten Griechen. Bei der Plünderung Trojas schlachtete er mitleidlos den Priamos auf dem Zeusaltar; und später opferte er die Priamostochter Polyxena am Grabe seines Vaters Achilleus, weil dessen Geist sie als Beute verlangt hatte. Neoptolemos' eigener Preis war Hektors Witwe Andromache und deren Bruder Helenos. Er kehrte wohlbehalten nach Griechenland zurück, doch ist seine Reiseroute umstritten. Einige Geschichtsschreiber behaupten, daß er nach Phthia segelte, wo Achilleus' Vater Peleus regierte (obwohl Peleus, nach einem anderen Bericht, von den Söhnen des Akastos vertrieben worden war und nun von seinem Enkel Neoptolemos wieder eingesetzt wurde). Jedenfalls entkam er dem Sturm, mit dem Athene die übrigen griechischen Schiffe verderben wollte, indem er auf Anraten Thetis' einige Tage mit der Abfahrt wartete. Andere Quellen wieder sagen, Thetis habe ihm geboten, das Meer zu meiden und den Landweg zu wählen, da sie wußte, daß Apollon wegen der Entweihung des Zeusaltars im Palastgarten durch Priamos' Blut zürnte. Es gab noch eine weitere Überlieferung, nach der Neoptolemos wegen des Zorns Apollons nicht mehr nach Hause gelangte, sondern nach Epirus ging – entweder auf dem Landweg, oder durch einen Sturm dorthin verschlagen, wo er sich ein Königreich schuf und Ephyra zur Hauptstadt wählte; He-

lenos ließ er die Stadt Buthroton gegenüber von Korfu gründen.
Eine Überlieferung wollte, daß Neoptolemos, als er zum Schiedsrichter zwischen Odysseus und den Verwandten von Penelopes ermordeten Freiern bestellt wurde, dem Odysseus die Insel Kephallenia ablistete. Auch soll er zu einem bestimmten Zeitpunkt Menelaos' Tochter Hermione gefordert haben, die zu der Zeit schon dem Orestes versprochen war. Als Neoptolemos sie sich holte, überließ er Andromache dem Helenos.
Die Art seines Todes ist sehr umstritten. Nach einigen Berichten hat Orestes ihn getötet, nach anderen die Bevölkerung von Delphi, nachdem er ihr Heiligtum entweiht hatte, oder sogar auf Anstiften Hermiones, obwohl er eine solche Entweihung nicht begangen hatte. Die Geschichte seines tödlichen Streites mit Orestes lautete folgendermaßen: Hermione war ihrem Vetter nicht nur versprochen gewesen, sondern hatte ihn im Verlauf des Trojanischen Krieges auch wirklich geheiratet. Ihr Vater Menelaos aber suchte die Gunst des Neoptolemos (ohne dessen Hilfe Troja nicht zu nehmen war) dadurch zu gewinnen, daß er ihm Hermione als Frau vorschlug. Als nach dem Krieg Orestes infolge des Mordes an seiner Mutter wahnsinnig wurde, ging Neoptolemos nach Sparta und forderte seine Braut, worauf Hermione dem Orestes fortgenommen und ihm zur Frau gegeben wurde.
Dann wandte sich Neoptolemos nach Delphi; verschiedene Gründe wurden hierfür angegeben. Entweder wollte er Apollons Vergebung für die Tötung des Priamos und das damit verbundene Sakrileg erlangen; oder er wollte erforschen, warum Hermione ihm keine Kinder gebar; oder er wollte Apollon für die Tötung des Achilleus strafen, indem er seinen Tempel zerstörte. Nach einer anderen Darstellung nutzte Orestes Neoptolemos' Abwesenheit, um Hermione zu befreien; dann begab er sich ebenfalls nach Delphi, verschwor sich mit einigen Delphern und tötete Neoptolemos (oder überredete die Delpher dazu) auf die nämliche Weise, wie Neoptolemos Priamos getötet hatte: an dem Altar eines Gottes (daher die griechische Redensart »Neoptolemos-Strafe« für einen Akt poetischer Gerechtigkeit). Manchmal heißt es auch, Hermione habe Orestes zu dem Mord gedrängt, weil sie Neoptolemos wegen seiner rohen Behandlung der Andromache haßte und fürchtete. Es gab auch die Überlieferung, daß Neoptolemos den Apollontempel ausraubte und in Brand steckte und für diesen Frevel von einem Apollonpriester oder vom delphischen Volk getötet wurde. Von Andromache hatte Neoptolemos drei Söhne, Molossos, Pielos und Pergamos; nach dem Tode ihres Vaters heiratete Helenos die Andromache und wurde ihr Vormund. Helenos erhielt auch einen Teil von Neoptolemos' Reich. Molossos herrschte über ein eigenes Königreich und nannte sein Volk »Molosser«. Die beiden anderen Söhne des Neoptolemos emigrierten. Dieser selbst wurde in Delphi beigesetzt (man sagte auch, daß seine Asche in Ambrakia in Epirus verstreut wurde). Die Delpher schmähten das Grab, bis sein Geist sie vor einem gallischen Überfall bewahren half, wonach sie ihm die einem toten Heros gebührenden Ehren erwiesen.

Der Kentaur Nessos wird von Herakles getötet (rotfigurige Vase, 5. Jh. v. Chr.; Athen, Nationalmuseum)

Nephele siehe Athamas.
Neptun siehe Poseidon.
Nereïden, Meeresnymphen; die fünfzig Töchter des Nereus und seiner Frau Doris. Zu ihnen gehörte Thetis, eine Göttin, die Zeus und Poseidon gleichzeitig heiraten wollten; Am-

Herakles und Nereus (rotfigurige Vase, 5. Jh. v. Chr.; London, Britisches Museum)

phitrite, die Gattin des Poseidon; Psamathe; Galatea.

Nereus, Meeresgottheit; noch älter als Poseidon. Seine Eltern waren Pontos (das Meer) und Gaia (die Erde). Wie andere Meeresgötter auch, besaß er die Gabe der Weissagung und die Fähigkeit, seine Gestalt zu verändern. Der zweiten Fertigkeit bediente er sich, um die erste nicht offenbaren zu müssen. Herakles zwang ihn, ihm den Weg zum Garten der Hesperiden zu beschreiben. Mit Nereus wird auch Proteus verwechselt, ein ebenfalls vielgestaltiger, weissagender Meergott auf der Insel Pharos.

Nerio siehe Mars.

Nessos, Kentaur, der lange nach seinem eigenen Tod denjenigen des Herakles bewirkte: Als Nessos Deianeira über den Hochwasser führenden Euenos trug, versuchte er sie dabei zu vergewaltigen; Herakles erschoß ihn mit einem vergifteten Pfeil. Während er sein Leben aushauchte, gebot er Deianeira mit erheuchelter Reue, Herakles' Gewand mit seinem Blut zu tränken; dieser mächtige Zauber, so ließ er sie wissen, werde ihr die Liebe des Herakles zurückgewinnen, wann immer sie schwinden sollte. Als Herakles viele Jahre später in Oichalia Iole gefangennahm, glaubte Deianeira, Herakles bevorzuge Iole, und sandte ihm ein in das Nessosblut getauchtes Gewand; durch das in ihm enthaltene Gift der Hydra starb Herakles unter Qualen – und Nessos hatte seine Rache.

Nestor, Sohn von König Neleus, der Herakles' Sturm auf Pylos als einziger der Söhne überlebte, weil er gerade in der lakonischen Küstenstadt Gerania weilte. So wurde er Erbe des Throns von Pylos. Unter König Neleus soll es zwischen Elis und Pylos nicht wenige Viehdiebstähle gegeben haben; in seinen Erinnerungen in der ›Ilias‹ beschreibt Nestor seine Verdienste bei diesen Kämpfen. Bei einem Überfall auf Elis tötete er Itymoneus und raubte dessen Herden, darunter fünfzig Stück Vieh und einhundertfünfzig Pferde. Dieser Überfall war die Vergeltung dafür, daß König Augias von Elis ein für die Olympischen Spiele bestimmtes Wagengespann gestohlen hatte. Neleus versuchte dadurch Nestor von der Teilnahme an dem Unternehmen abzuhalten, indem er ihm die Pferde versteckte; doch der Jüngling kämpfte zu Fuß und überragte alle Wagenkämpfer: er tötete Augias' Schwiegersohn Mulios und viele andere. Dann fiel er über das Volk von Elis her und erbeutete fünfzig Wagen. Er war in vielen Sportarten geschickt und gewann bei den Begräbnisspielen für Amarynkeus zahlreiche Preise. Ein weiteres Heldenstück war die Tötung eines arkadischen Kämpen namens Ereuthalion in einem

Nereide auf einem Seepferd, mit der Beinschiene des Achilleus in der Hand (rotfigurige Schale, 5. Jh. v. Chr.; London, Britisches Museum)

Einzelkampf am Fluß Keladon. An der Kalydonischen Eberjagd nahm er ebenfalls teil, mußte sich aber auf einen Baum retten.

In Homers ›Ilias‹ tritt er als angesehener, verdienter Staatsmann auf, den übrigen Führern an Jahren weit überlegen: geduldig hört man ihn an, obwohl er gern sehr langsam und ausführlich über die alten Zeiten berichtet und Ratschläge erteilt, die meist überflüssig oder nutzlos sind. Aus Pylos brachte er neunzig Schiffe in den Trojanischen Krieg mit; seine Söhne Antilochos und Thrasymedes begleiteten ihn. Er war es, der die Ausspähung von Hektors Lager vorschlug, bei der Dolon fiel. Sein Plan jedoch, Achilleus auf diplomatische Weise zur Rückkehr in den Kampf zu bewegen, schlug fehl. Als die Griechen nach dem Tode des Achilleus den fremdartigen Klagegesang der Thetis und der Nereïden um den Gefallenen vernahmen, wollten sie in panischer Angst fliehen, bis Nestor ihnen das Geschrei erklärte. Beim Angriff Memnons auf die griechische Armee wäre Nestor beinahe getötet worden; seine Rettung verdankte er seinem Sohn Antilochos, der dabei ums Leben kam. Zur Zeit der Abreise der Griechen, nach dem Untergang Trojas, war Nestor von tiefem Mißtrauen gegen die Führer und ihre Art, die Dinge zu handhaben, erfüllt; deshalb segelte er allein davon und entging mit knapper Not dem großen Sturm, durch den Athene viele seiner Gefährten umkommen ließ. So kehrte er wohlbehalten heim nach Pylos zu seiner betagten Frau Anaxibia (oder Eurydike). Als zehn Jahre später Telemachos kam und nach seinem Vater fragte, empfing Nestor ihn und verwies ihn an Menelaos. Über den Tod des Alten ist nichts bekannt. Er hatte sieben Söh-

Apollon und Artemis töten Niobes Kinder (römischer Sarkophag; Rom, Vatikanische Museen)

ne – von denen einer, Peisistratos, den Telemachos nach Sparta begleitete – und zwei Töchter.

Nike, Göttin des Sieges, dessen Verkörperung sie ist. Sie soll eine Tochter des Titanen Pallas und des Flusses Styx gewesen sein, beim Kampf zwischen Göttern und Titanen aber ihren Vater verlassen haben. Sie geleitete Herakles auf den Olymp. Auf Abbildungen trägt sie Flügel und hält einen Siegeskranz über das Haupt der Sieger.

Nikostratos, Sohn des Menelaos. Nach dem Tod seines Vaters vertrieb er Helena aus Sparta.

Niobe 1, Tochter des lydischen Königs Tantalos und der Dione. Sie heiratete Amphion von Theben und gebar ihm sechs Söhne und sechs Töchter (nach abweichenden Quellen jeweils sieben). Am Festtag der Leto in Theben zeigte Niobe Hochmut gegenüber der Göttin, deren zwei Nachkommen, Apollon und Artemis, sie unvorteilhaft mit ihrem eigenen Dutzend Kindern verglich. Leto war über diesen Affront beleidigt und forderte ihre Kinder auf, sie zu rächen. Apollon und Artemis überfielen daher Niobes Kinder mit ihren Pfeilen und töteten sie alle; sie wurden in Theben von den beiden Göttern bestattet. (Nach einer anderen Überlieferung wurden zwei verschont: Chloris, weil sie um Gnade flehte, und Amyklas.) Niobe war vom Schmerz überwältigt und bereute die Beleidigung gegen Leto bitterlich, doch es war zu spät. Sie lebte noch so lange, daß sie eine Mahlzeit zu sich nahm; dann verwandelten die Götter sie aus Mitleid in einen Marmorblock, aus dem Wasserströme wie Tränen flossen. Dieser Block stand auf dem lydischen Berg Sipylos.

Niobe 2, die erste Frau, eine Tochter des Phoroneus, der nach argivischer Tradition der erste Mensch war. Sie war die erste sterbliche Geliebte des Zeus und gebar ihm Argos, den König von Phoronea, nach dem die Stadt in Argos umbenannt wurde.

Nisos, König der später als Megara bekannt gewordenen Stadt; Sohn des Königs Pandion

Sterbende Tochter Niobes (römische Kopie eines griechischen Originals, 5. Jh. v. Chr.; Rom, Thermenmuseum)

von Athen, der aus seinem Reich vertrieben wurde und den Thron von Megara bestieg. Nisos und seine Brüder Pallas und Lykos waren ihrem Halbbruder Aigeus behilflich, den athenischen Thron zurückzugewinnen. Nisos hatte eine Strähne roten Haares oder ein einzelnes rotes Haar, von dem sein Leben abhing. Als Minos zur Strafe für den Tod seines Sohnes Androgeos die Familie des Pandion in Athen und Megara angriff, wurde Nisos von seiner Tochter Skylla verraten: entweder weil sie in Minos verliebt war oder weil er sie bestochen hatte, schnitt sie ihrem Vater das Haar ab, während er schlief – und dadurch tötete sie ihn. Sie rechnete mit Minos' Dankbarkeit; doch Minos, entsetzt über die Tat, ertränkte sie (oder sie ging selber ins Wasser). Nisos wurde in einen Fischadler und Skylla in einen Meeresvogel verwandelt. Außer ihr hatte Nisos noch zwei andere Töchter, Euronyme, die Mutter des Bellerophon, und Iphinoë, deren Gatte Megareus dem Nisos nachfolgte und Megara seinen Namen gab. Der Hafen Nisaia war nach Nisos benannt.

Nisus, Nisos, Sohn des Hyrtakos und Gefährte des Aeneas auf dem Zug nach Italien. Er und sein Geliebter Euryalus versuchten, als Aeneas einmal nicht im Lager war, den regelmäßigen Wechsel der Ablösungen zu durchbrechen: sie zogen nachts ohne Befehl aus und töteten einige ihrer italischen Gegner; dabei verirrten sie sich und bei Tagesanbruch wurde Euryalus gefangengenommen. Nisus versuchte, den Freund zu befreien, doch er mußte mit ansehen, wie man ihn umbrachte. Dann wurde auch er getötet.

Notos, der Südwind; galt gewöhnlich als Bruder von Boreas und Zephyros. Obwohl er im allgemeinen als lieblich und warm vorgestellt wurde, brachte er auch die Herbststürme und war als Vernichter der Ernte gefürchtet.

Numa Pompilius, legendärer zweiter König Roms, den man einlud, Nachfolger des Romulus zu werden; nach der Überlieferung regierte er von 715 bis 673 v.Chr. Er soll sabinischer Abstammung gewesen sein; seine Gottesfurcht veranlaßte die Römer, ihn zum Herrscher zu machen. Ihm schrieben sie die Gründung und Formulierung fast aller ihrer religiösen Zeremonien einschließlich des Januskultes zu; auch soll er die Vestalinnen eingesetzt haben. Man glaubte, daß Numa mannigfachen Rat über religiöse und juristische Dinge von seiner Geliebten empfing, der Wassergöttin Egeria, die in einem Hain am Capena-Tor lebte. Als seine Frau Tatia starb, heiratete Numa die Nymphe. Numa kontrastierte in der Vorstellung der Römer mit Romulus, denn er war ebenso friedfertig, wie sein Vorgänger kriegerisch gewesen war. Spätere Autoren schrieben die Weisheit Numas gelegentlich dem Einfluß des griechischen Philosophen Pythagoras zu (der trotz sagenhafter Züge eine historische Gestalt war und lange nach der überlieferten Zeit Numas lebte). Dies erklärt sich vielleicht aus der starken Wirkung der pythagoreischen Mystik in Süditalien.

Zur Zeit des Numa ließ Jupiter das *ancile,* den heiligen Schild in Gestalt einer Acht, als Garant der Sicherheit Roms vom Himmel fallen. Numa ließ elf gleiche Schilde anfertigen und im Königspalast, der Regia, aufstellen; seine Priester (die Salier) mußten sie bewachen. Auch soll er Jupiter durch einen Zauber vom Himmel herabgerufen haben, den ihm Faunus und Picus verrieten, zwei Götter des Landlebens, denen er listigerweise Wein in das Wasser mischte. Nachdem er für Jupiters Erscheinen gesorgt hatte, listete er ihm den Verzicht auf Menschenopfer ab (siehe Faunus).

Numitor, Sohn des Proca; ein König von Alba Longa in Latium und Vater der Rhea Silvia. Sein Bruder Amulius usurpierte den Thron, doch Rheas Söhne Romulus und Remus setzten Numitor wieder in seine Königswürde ein, nachdem sie ihre wirkliche Abstammung entdeckt hatten.

Nykteïs, Tochter des Nykteus und Gemahlin des Königs Polydoros von Theben.

Nykteus, König von Theben; ältester Sohn des Chthonios (einer der »Gesäten«) und Bruder des Lykos. Nykteus und Lykos wuchsen in Euböa auf. (Nach einem zeitgemäßen Bericht waren sie keine Thebaner, sondern Euböer, Söhne des Poseidon von Kelaino, die später durch Pentheus in Theben eingebürgert wurden.) Wegen der Tötung des Königs Phlegyas von Orchomenos in Böotien gingen sie nach Hyria in die Verbannung. Nykteus' Tochter Nykteïs heiratete den Kadmossohn Polydoros – den dritten König von Theben – und gebar ihm Labdakos. Als Polydoros starb, wurde Nykteus zum Regenten und Vormund für seinen kleinen Enkel bestellt.

Nykteus hatte noch eine andere Tochter, Antiope, der Zeus in Gestalt eines Satyrs den Hof machte. Als sie merkte, daß sie schwanger war, floh sie aus Angst vor ihrem Vater nach Sikyon. Nykteus starb aus Gram über ihr Weggehen oder (nach einer anderen Überlieferung) tötete sich aus Scham über ihre Schande, oder er wurde in einem Krieg gegen König Epopeus von Sikyon getötet, Antiopes Beschützer und späteren Ehemann, an dem sich Lykos dann rächte.

Nyktimene, Tochter des Königs Epopeus von Lesbos. Von ihrem Vater entehrt, ging sie in die Wälder und verbarg sich. Athene aber sah sie und verwandelte sie in den »Nachtvogel«,

Numa Pompilius (römische Silbermünze, Mitte 1. Jh. v. Chr.; London, Britisches Museum)

Numa Pompilius und die Nymphe Egeria (Rollin, Istoria Romana, 1816)

d. h. in eine Eule, um ihre Scham zu enden; ihr Name kommt von *nyx,* Nacht.

Nyktimos, Sohn des Königs Lykaon von Arkadien. Er war der einzige Lykaonsohn, der den Donnerkeilen des Zeus entrinnen konnte.

Nymphen (griech. *nymphe,* junge Frau, Braut). Weibliche Geister göttlichen oder halb-göttlichen Ursprungs – oft Töchter des Zeus –, deren Wohnsitz nach griechischem Glauben bestimmte Naturerscheinungen waren; es ist möglich, daß es sich am Anfang um lokalisierte Naturgöttinnen handelte. Sie galten als unsterblich oder hatten jedenfalls ein langes Leben. Sie waren der Liebe geneigt und sollen viele Liebesabenteuer mit Göttern und Menschen gehabt haben, aus denen zahlreiche Kinder entsprangen. Man stellte sich die Nymphen als jugendliche schöne Frauen vor, die oft in Gesellschaft von Göttern (vor allem mit Pan, Hermes, Apollon, Dionysos und Artemis) und in Verbindung mit Satyrn und Silenen anzutreffen waren. Generell spielen sie in der Sage eher eine beiläufige als eine zentrale Rolle. Sie ähneln den Feen der späteren Volkssagen und konnten wie diese grausam oder freundlich sein (siehe z. B. Daphnis).

Die Griechen haben den Glauben an diese Wesen nicht systematisiert, doch wurden bestimmte breitgefaßte Gruppen unterschieden. Es gab *Dryaden,* Baumnymphen; *Hamadryaden,* von denen man glaubte, daß sie in einzelnen Bäumen wohnten und mit diesen starben; *Meliai,* die Eschennymphen, die aus den Blutstropfen des entmannten Uranos entsprossen sein sollen; *Oreaden* oder Bergnymphen; *Naiaden,* Wassernymphen; *Nereïden,* Meeresnymphen (Töchter des Meeresgottes Nereus); *Okeaniden* (Töchter des Okeanos und der Tethys); und andere, die nach geographischen Merkmalen wie Sand, Wiesen, Quellen und Flüssen benannt wurden, von denen einige genau lokalisiert waren: z. B. die *Acheloiden* als Nymphen des Flusses Acheloos in Ätolien.

Nyx (griech. Nacht), Göttin der Nacht. Sie gehörte zu den ersten Gottheiten, die es überhaupt gab, und entstammte mit Erebos, Gaia, Tartaros und Eros dem Urchaos. Nyx gebar einige der mächtigsten und verhängnisvollsten personifizierten Wesen: Thanatos (Tod), Hypnos (Schlaf), Moros (Geschick), Ker (Verhängnis), Oneiroi (Träume), Momos (Spott und Tadel), Nemesis (Vergeltung), Oizys (Weh), Eris (Zwist), Geras (Alter), die drei Parzen und andere. Diese gebar sie ohne männliche Mitwirkung; ihrem Bruder Erebos gebar sie Hemera (Tag) und Aither (Luft). Als Zeus beabsichtigte, Hypnos aus dem Olymp zu verstoßen, stellte sich Nyx schützend vor ihren Sohn – und selbst der König der Götter mußte nachgeben.

O

Ocrisia oder **Ocresia,** nach der Sage Mutter des sechsten Königs von Rom, Servius Tullius (578–534 v. Chr.). Man hielt sie für eine Sklavin, die beim Fall der Stadt Corniculum in Latium gefangengenommen wurde. In den Geschichten, die sich um die Herkunft des Königs rankten, erhob man seine Mutter schließlich zu königlicher Abstammung. Seinen Vater aber umgab ein Geheimnis, das auf göttlichen Ursprung schließen ließ. Ocrisia soll in ihrem Herdfeuer einen aufgerichteten Phallus gesehen und die Erscheinung ihrem Herrn, dem König Tarquinius Priscus von Rom, gemeldet haben. Nachdem er sich mit seiner Frau Tanaquil beraten hatte, gebot der König Ocrisia, sich in einem bräutlichen Gewand vor dem Herd aufzustellen; so wurde sie auf geheimnisvolle Weise schwanger und gebar den Servius Tullius.

Odysseus, König von Ithaka; eine der führenden Gestalten der ›Ilias‹ und Hauptperson der ›Odyssee‹ des Homer.

Odysseus gilt als der einzige Sohn des Laërtes und der Antikleia; seine väterliche Abstammung wurde jedoch gelegentlich angezweifelt, da Antikleia zur Zeit ihrer Verheiratung von Sisyphos schwanger gewesen sein soll – womit man auch Odysseus' Listigkeit erklärte, denn Sisyphos konnte sogar Autolykos betrügen, den Vater Antikleias, der ein berühmter Dieb und Schwindler war. Zufällig kam Autolykos ein oder zwei Tage nach Odysseus' Geburt nach Ithaka. Eurykleia, die Amme, setzte ihm den Säugling auf den Schoß und bat ihn, sich einen Namen für das Kind auszudenken, da keinem ein Name eingefallen war. Er schlug Odysseus (griech. *odyssesthai* hassen, zürnen) vor, entweder weil er sich selber in seinem Leben so viele Feinde gemacht hatte, oder weil er so viele Menschen haßte. Autolykos versprach Odysseus auch reiche Geschenke, sobald er in der Lage wäre, sie auf dem Parnaß abzuholen. Als bei einem Aufenthalt dort Odysseus sich mit seinen Onkeln auf der Jagd befand, versetzte ein Eber ihm eine lange Wunde an der Hüfte. Später schickte man Odysseus nach Messenien, um einige Schafe zurückzuholen, die aus Ithaka gestohlen worden waren. Er begegnete dort dem Iphitos, dem Sohn des Eurytos, der nach den Stuten suchte, die seit Herakles' Abschied aus Oichalia verschwunden waren. Die beiden wurden Freunde und tauschten Geschenke aus. Iphitos schenkte Odysseus den großen Bogen, der Eurytos berühmt gemacht hatte – jene Waffe, mit der Odysseus später die Kraft von Penelopes Freiern erprobte. Odysseus hat diesen Bogen nie im Krieg verwendet, obwohl er Gift zum Vergiften seiner Pfeile bekam; zwar verweigerte ihm Ilos, der Enkel Medeas, das erforderliche Gift, doch Anchialos, ein taphischer Fürst, gab ihm alles, was er brauchte.

Als für Odysseus die Zeit kam, sich eine Frau zu suchen, fiel sein Auge auf Penelope, die Tochter des Königs Ikarios von Sparta. Mit der Gewinnung Penelopes zur Frau bewies Odysseus zum ersten Mal seine sprichwörtliche List. Er gesellte sich zu den Freiern Helenas, der schönen Tochter des Tyndareos, dem Bruder des Königs (der auch selber einmal König gewesen war); doch weil er wußte, daß er für eine erfolgreiche Werbung viel zu arm war, brachte er ihr keine Geschenke mit. Statt dessen bot er Tyndareos seinen klugen Rat an. Die Freier befeindeten sich gegenseitig und es sah aus, als ob es zu einem Aufruhr käme, sobald Tyndareos einen aus ihrer Mitte wählen würde. Odysseus' Rat war es, alle Freier einen Eid schwören zu lassen, daß sie den von Tyndareos erwählten Bräutigam Helenas – wer es auch sei – gegen jedes Übel beschützen würden, das aus der Ehe erwachsen könne. Das bedeutete, daß sie alle Menelaos anerkennen mußten, als Tyndareos sich für ihn entschied. Als später Paris Helena entführt hatte, sahen sie sich deshalb verpflichtet, den Trojanischen Krieg zu beginnen, um sie zurückzugewinnen. Zur Belohnung für den guten Rat sprach Tyndareos mit Ikarios, und Odysseus bekam Penelope – wenn Ikarios sie auch ungern gehen ließ. (Nach einer anderen Darstellung dieser Geschichte veranstaltete er einen Wettlauf, um den Gatten seiner Tochter zu bestimmen, und Odysseus wurde Sieger.) Als das Brautpaar Lakonien verließ, fuhr Ikarios ihnen nach, holte sie ein und bat Penelope, zu ihm zurückzukommen; auch Odysseus sollte mitkommen und mit ihm in Sparta leben. Odysseus wurde zornig und lehnte ab; Penelope stellte er vor die Wahl, worauf sie schweigend ihren Schleier herabließ und so ihren Gehorsam gegen den Gatten bekundete. Ikarios stiftete an jener Stelle später ein Heiligtum und weihte es Aidos (der Züchtigkeit). Pene-

lope gebar Odysseus nur ein Kind, den Telemachos, der ohne seinen Vater aufwachsen mußte.
Als es an der Zeit war, dankte Laërtes ab und überließ den Thron seinem klugen Sohn Odysseus. Als König von Ithaka wurde er der Liebling der Athene, die seine List und seine Gottesfurcht bewunderte. Als Paris Helena nach Sparta entführt hatte und sich weigerte, sie Menelaos zurückzugeben, wollte Agamemnon im Interesse seines Bruders die einstigen Freier – unter ihnen viele griechische Fürsten – an ihr Versprechen erinnern, die Gattenrechte und die Ehre Griechenlands zu schützen, und man sandte daher Menelaos und den verschlagenen Naupliossohn Palamedes zu den Herrschern der einzelnen Staaten, um sie an ihre Pflicht zu mahnen. So erreichten sie auch Ithaka. Als sie aber zu Odysseus kamen, stellte er sich verrückt: er tat, als wollte er im Sand Salz säen, spannte ein Pferd und einen Ochsen unter ein Joch und begann zu pflügen. Palamedes entlarvte ihn, als er den kleinen Telemachos vor den Pflug in den Sand legte, worauf Odysseus gesunden Sinn bewies und den Pflug schnell hochhielt. Daraufhin mußte er mit nach Troja, doch hegte er ewigen Groll gegen Palamedes. Wegen seiner Listigkeit (auch wenn sie diesmal versagt hatte) wurde Odysseus von Agamemnon zusammen mit Nestor zu Achilleus geschickt, um ihn zur Teilnahme am Kampf zu überreden; und nur durch eine Falle des Ithakers wurde Achilleus in den Frauengemächern von Lykomedes' Palast entdeckt. Odysseus, zu dessen Reich außer Gebieten auf dem Festland auch die Inseln Kephallenia und Zakynthos im Ionischen Meer gehörten, brachte zwölf Schiffe mit Soldaten gegen die Troer mit. Als die Flotte in Aulis in eine Flaute geriet, veranlaßte Odysseus Klytämnestra durch eine List, ihre Tochter Iphigenie zu schicken, die angeblich Achilleus heiraten sollte; in Wirklichkeit wurde sie aber (nach einer Überlieferung, die Euripides seiner Tragödie zugrunde legte) der Artemis geweiht, um deren Zorn zu besänftigen. Odysseus war es auch, der die Griechen bewog, den Bogenschützen Philoktetes auf Lemnos zurückzulassen (weil er von einer Schlange gebissen worden war), und der die Bedeutung des Orakels erkannte, das den Achilleus veranlaßte, die Wunde des Telephos zu heilen.
Als die Griechen schließlich vor Troja ankamen, setzte Odysseus seine Schiffe in der Flot-

Odysseus entdeckt den verkleideten Achilleus (Anton van Dyck, 1599–1641; Toulouse, Musée des Augustins)

tenmitte auf den Strand; vom Schiffsbug aus sprachen die Herolde zur Armee. Zunächst wurde Odysseus mit Menelaos abgesandt, um Helenas Rückkehr zu verlangen. Die beiden wären jedoch fast umgebracht worden, wenn Antenor, der für die Versöhnung war, sie nicht beschützt hätte. Odysseus' bester Freund in der Armee war Diomedes, der König von Argos, mit dem zusammen er manche tapfere Taten vollbrachte. Eine hinterhältige Angelegenheit war jedoch die Ermordung des Palamedes, den die Armee nach einem Ränkespiel von Odysseus steinigte (von dem Diomedes wußte, oder auch nicht); nach einer abweichenden Überlieferung ertränkten Odysseus und Diomedes ihn beim Fischen.

In Homers ›Ilias‹ ragt Odysseus nicht so sehr durch seine Kampfestaten wie durch seine Reden und Pläne hervor, die als überragend geschildert werden. Obwohl er klein und untersetzt war und steif und leblos wirkte, wenn er zum Reden ansetzte, hing doch jeder an seinen Lippen. Als er mit dem telamonischen Aias und Phoinix, dem Lehrer des Achilleus, dazu bestimmt wurde, Achilleus zur Rückkehr in den Kampf zu bewegen, bot er seine ganze Redekunst auf; doch diesmal verfehlte sie bei allem Einfallsreichtum den Zweck. Mindestens zweimal nahm Odysseus an Ausspähungen des Gegners teil. Einmal, als Hektor die Initiative gewonnen hatte und ein trojanisches Lager in der Ebene errichtete; bei Nacht zog Odysseus mit Diomedes aus, um die trojanischen Pläne auszukundschaften. Sie stießen auf den trojanischen Spion Dolon, den sie ausfragten und töteten; dann metzelten sie heimtückisch den neu eingetroffenen thrakischen König Rhesos und viele seiner vornehmsten Gefolgsleute nieder. Ein anderes Mal ging Odysseus (mit Diomedes oder ohne ihn) in Bettlerlumpen gehüllt nach Troja hinein. Als er in der Stadt war, erkannte Helena ihn, verriet ihn aber nicht. Sie badete ihn, gab ihm Kleider und schwor, ihn nicht preiszugeben; zum Dank enthüllte er ihr die griechischen Absichten, und sie war froh, so bald schon gerettet zu werden. Bei seinem Aufenthalt tötete er eine Reihe von Troern und erfuhr die feindlichen Pläne, die er später seinen Landsleuten entdecken konnte. Es wurde auch behauptet, daß er das Athenebildnis, das Palladion, stahl; und daß ihn Hekabe ebenfalls erkannte, die Frau des trojanischen Königs Priamos, ihn aber, wie Helena, nicht verriet.

Als Achilleus durch einen Pfeil des Paris fiel, barg der telamonische Aias seine Leiche vom Schlachtfeld, während Odysseus ihm Rückendeckung gab. Dann kam es zwischen beiden Kriegern zum Streit, wer von ihnen Achilleus' Rüstung bekommen sollte. Da Odysseus von

Odysseus und Diomedes überraschen Dolon (rotfigurige Vase im lukanischen Stil; Britisches Museum)

beiden der bessere Redner war, überzeugte er die Armee mühelos, daß er der griechischen Sache besser gedient habe als sein Widersacher, und gewann die Abstimmung. Aias, der seine Ehre verletzt fand, verfiel in einen Anfall von Wahnsinn und versuchte, die griechischen Führer zu töten; dann beging er Selbstmord.

Als Paris schließlich umkam, verließ der trojanische Seher Helenos die Stadt; er fühlte sich zurückgesetzt, weil nicht er, sondern Deïphobos der neue Gatte Helenas werden sollte. Als daher Helenos auf dem Gebirge Ida dem Odysseus in die Hände fiel, machte er gerne von seinen prophetischen Gaben Gebrauch, und sagte Odysseus die Bedingungen, unter denen Troja fallen würde. Die Erfüllung dieser Bedingungen ließ sich Odysseus sehr angelegen sein. Er überredete den Achilleussohn Neoptolemos zum Eintritt in die Armee und schenkte ihm seines Vaters Rüstung; und er leitete eine Fahrt nach Lemnos, wo er mit Hilfe des Neoptolemos den Philoktetes, den Besitzer von Herakles' großem Bogen, nach Troja zu holen versuchte. Zum Glück erschien der vergöttlichte Herakles und gebot Philoktetes, zu gehorchen – trotz seines Zornes auf Odysseus, der ihn einst auf dieser Insel ausgesetzt hatte.

Nachdem sich dies alles abgespielt hatte, verfiel Odysseus auf den Gedanken, die Troer durch ein hölzernes Pferd zu überlisten, das als religiöses Opfer getarnt in die Stadt geschleust werden sollte; in seinem Inneren mußten sich griechische Krieger verbergen, die unter Odysseus' Kommando bei Nacht herausklettern und die Stadt einnehmen sollten. Epeios

Odysseus macht Polyphem trunken (Mosaik aus Piazza Armerina, Sizilien, 4. Jh. n. Chr.)

baute das Pferd; es wurde wie vorgesehen auf der Ebene vor Troja abgestellt, und die griechische Flotte segelte scheinbar ab. Durch eine Bresche in der Stadtmauer (oder durch ein erweitertes Tor) zogen die Troer das Pferd in die Stadt hinein. Helena und Deïphobos betrachteten es, und Helena redete zu den Männern, die sich darin befanden, wobei sie die Stimmen von deren Frauen vollkommen imitierte, um eine mögliche Falle aufzudecken. Odysseus mußte seinen ganzen Einfallsreichtum aufbieten, damit die Gefährten im Stillschweigen verharrten. Als die Griechen später aus dem Pferd hervorbrachen, vergaß Odysseus nicht, was er Antenor schuldete, und hängte daher vor dessen Tür ein Pantherfell, um anzuzeigen, daß er zu verschonen sei, während die übrigen Troer niedergemacht wurden.
Jedoch war Odysseus die treibende Kraft bei der Tötung von Hektors kleinem Sohn Astyanax; er sagte, niemand dürfe am Leben bleiben, der Anspruch auf den trojanischen Thron erheben und an den Griechen Rache üben könne. Außerdem war er bestrebt, den Zorn Athenes von den Griechen fernzuhalten, nachdem der andere Aias (der Oileussohn) Kassandra vor dem Standbild dieser Göttin geschändet hatte – die sich schutzsuchend an die Statue klammerte –; Odysseus bestand darauf, daß Aias gesteinigt wurde. Als Athene später zur Strafe einen Sturm über die griechischen Schiffe sandte, befand sich Odysseus nicht unter den Getöteten. Trotzdem erfuhr er die Feindschaft der Götter, besonders – wie sich noch zeigen wird – die des Poseidon; und er kam erst nach zehnjähriger Irrfahrt als letzter der Griechen lebend nach Hause.
Seine Erlebnisse hierbei und die Ereignisse nach seiner Rückkehr sind Gegenstand von Homers ›Odyssee‹, die neben der ›Ilias‹ zu den ersten und bedeutendsten altgriechischen Heldenliedern gehört. Von Troja segelte er zur thrakischen Halbinsel Chersonesos, wo Hekabe, die nach Priamos' Tod Odysseus' Sklavin geworden war, entdeckte, daß der Bistonenkönig Polymestor ihren Sohn Polydoros ermordet hatte. Sie rächte sich an dem thrakischen Herrscher, indem sie mit ihren Wärterinnen einen Anschlag auf ihn verübte, seine beiden Söhne erdolchte und ihn mit Nadeln blendete. Dann verwandelte Hekabe sich in eine Hündin und rannte in einem Anfall von Tollheit ins Meer.
Odysseus segelte zu einem anderen Teil Thrakiens weiter und eroberte die Stadt der Kikoner, verlor aber in dem anschließenden Gefecht viele seiner Leute. Der Apollonpriester Maron, den er als einzigen verschonte, beschenkte ihn reich und gab ihm auch den Wein, mit dem er später den Kyklopen Polyphemos betrunken machte. Auf dem Rückweg in seine Heimat Ithaka wurde er vor Kap Malea von einem Sturm überrascht und ins Land der Lotosesser verschlagen. Danach landete er auf der Insel der gigantischen Kyklopen (die man später mit Sizilien bezeichnete). Dort begehrte er mit zwölfen seiner Leute die Gastfreundschaft des Polyphemos, bei dem er sich als Outis (niemand) ausgab; der Riese schloß sie jedoch in seiner Höhle ein, die er mit einem mächtigen Felsen verschloß, und verzehrte sechs von Odysseus' Gefährten. Da er den Fels nicht zu bewegen und also die Höhle nicht zu verlassen vermochte, verfiel Odysseus darauf, Polyphemos mit einem glühenden Stekken zu blenden, nachdem er ihn zuvor mit Marons Wein eingeschläfert hatte. Keiner der Kyklopen kam Polyphemos zu Hilfe, weil er immer nur mit lauter Stimme schrie, daß »niemand« ihn töte! Bei Tagesanbruch öffnete Polyphemos die Höhle, um seine Schafherden hinauszulassen, und Odysseus rettete sich mit den sechs Überlebenden dadurch, daß sie sich an die Unterseite der Tiere klammerten. Wieder auf seinem Schiff, konnte Odysseus es sich nicht versagen, dem Polyphemos seinen wirklichen Namen zuzurufen, worauf der Riese einen schweren Felsen schleuderte, der das Fahrzeug beinahe versenkt hätte. Wegen der Blendung des Polyphemos zog Odysseus sich den Zorn Poseidons zu, der der Vater des Riesen war; und ohne den Beistand Athenes hätte er Ithaka nie wieder gesehen. Doch kam er wegen dieses Zorns erst nach vielen Jahren heim – allein, und in einem Schiff, das ihm nicht gehörte.
Nachdem er dem Polyphemos entronnen war

gelangte er zuerst nach Äolien, der Insel des Aiolos, des Herrn der Winde, der ihm in einem Sack alle Winde mit Ausnahme des Westwindes mitgab, den er wehen ließ, so daß Odysseus nach Hause treiben konnte. Die Gefährten jedoch, die in dem Sack Gold vermuteten, öffneten ihn unterwegs, während Odysseus schlief, und der sich erhebende Sturm blies sie den ganzen Weg nach Äolien zurück. Dieses Mal wurden sie aber von Aiolos davongejagt, der den Fluch der Götter über Odysseus befürchtete. Die nächste Landung war bei den Laistrygonen, wilden, menschenfressenden Riesen. Odysseus' Schiffskapitäne gingen vertrauensselig im Hafen vor Anker, wo die Laistrygonen die Schiffe mit großen Felsbrokken zerschmetterten und die Mannschaft verzehrten. Nur Odysseus' Schiff konnte sich retten.

Er segelte nun weiter und kam nach Aiaia, der Insel der Kirke. Als große Zauberin verhexte Kirke die Männer, die die Insel erkunden sollten, und verwandelte sie in Schweine; nur Eurylochos war mißtrauisch genug, nicht bei ihr einzutreten, und kehrte zu dem Schiff zurück. Odysseus überwand Kirke jedoch mit Hermes' Hilfe, der ihm ein Kraut gab, das ihn gegen Zaubersprüche feite. Er überwältigte sie und erreichte, daß sie seine Männer in Menschen zurückverwandelte. Sie schwor ihm auch, ihm nichts Böses zu tun und ihn im Bett nicht zugrunde zu richten; und so verbrachte er ein ganzes Jahr mit ihr.

Seine Männer überredeten ihn schließlich zur Weiterreise, und mit Kirkes Rat und Hilfe bestand er die schreckliche Fahrt an den Rand des Okeanos, wo ihn die Schatten der Toten grüßten und wo ihm der Prophet Teiresias als Geist den Heimweg erklärte. An der Küste des Okeanos zog Odysseus einen Graben und brachte Opfertränke dar; dann tötete er einen Widder und ein Mutterschaf und opferte sie Hades und Persephone. Das Blut floß in den Graben und die Schatten eilten herbei, um davon zu trinken, doch Odysseus wehrte sie mit dem Schwert ab, bis Teiresias getrunken und gesprochen hatte. Elpenor erschien, der durch einen Unfall in Aiaia umgekommen und unbeerdigt gelassen worden war, und auch Odysseus' Mutter Antikleia, die aus Gram über seine lange Abwesenheit und wahrscheinlichen Tod gestorben war; aber entschlossen hielt er sie von dem Blut fern. Schließlich kam Teiresias, trank das Blut und gab Odysseus den erbetenen Rat. Er war der einzige Schatten in der Unterwelt, der sich seine geistigen Fähigkeiten uneingeschränkt bewahrt hatte. Er gab Odysseus noch eine spezielle Warnung mit: sie bezog sich auf das Vieh des Helios auf der Insel Trinakria, das unter keinen Umständen angerührt werden dürfe, andernfalls Odysseus' Rückkehr fast unmöglich werde und seine Männer umkämen. Teiresias weissagte noch anderes über seine Zukunft und berichtete ihm, daß eine große Anzahl von Penelopes Freiern sein Schloß belagerten. Dann er-

Die Laistrygonen greifen die Schiffe des Odysseus an (Wandmalerei, 1. Jh. v. Chr.; Rom, Vatikanische Museen)

Odysseus am Eingang zur Unterwelt (Wandmalerei, 1. Jh. v. Chr.; Rom, Vatikanische Museen)

zählte ihm der Schatten seiner Mutter Antikleia über den weiteren Stand der Dinge daheim. Danach unterhielt sich Odysseus noch mit den Schatten vieler Helden, die einst in Troja seine Gefährten waren, und auch mit den Schatten vieler schöner Frauen. Agamemnon riet ihm, eingedenk seines eigenen schrecklichen Endes, nach der Rückkehr äußerste Vorsicht walten zu lassen. Zuletzt begegnete er noch dem Schatten des Herakles. Odysseus verließ das Totenreich und kehrte nach Aiaia zurück, wo er Elpenor begrub und weitere Ratschläge von Kirke erhielt; dann segelte er in Richtung Heimat. Als sie sich der Insel der Sirenen näherten, verstopfte er seinen Männern die Ohren mit Wachs, damit sie sich von dem Gesang nicht betören ließen; er selbst lauschte ihm, ließ sich aber vorher am Mast festbinden. Seinen vorherigen Anweisungen gemäß, band ihn die Mannschaft sogar noch fester, als er – begeistert von dem Gesang – verlangte, losgebunden zu werden. Dann mußte er Skylla und Charybdis passieren (Klippen, die man später in der Straße von Messina lokalisierte) und er entschloß sich, näher an Skylla (personifiziert als bellendes Ungeheuer) vorüberzufahren, die daraufhin sechs seiner Leute von Deck holte. Auf Trinakria (später Sizilien), wo ihn seine Leute zur Landung drängten, lag er durch einen widrigen Wind einen Monat fest. Dem Wahnsinn nahe vor Hunger, wagten es seine Leute trotz seiner vielen Ermahnungen, einige Stück Vieh von Helios zu töten, während Odysseus schlief. Nachdem sie sechs Tage von dem Fleisch gezehrt hatten, setzten sie die Segel und waren vom Wind begünstigt; sobald sie aber das Land aus den Augen verloren hatten, erlitten sie in einem furchtbaren Sturm, den Zeus auf Bitten des Helios sandte, Schiffbruch. Nur Odysseus blieb am Leben. Er band Mast und Kiel zusammen und trieb bis zur Charybdis, wo sein Fahrzeug verschlungen wurde. Er klammerte sich an einen überhängenden Baum, bis die Reste seines Schiffes wieder auftauchten. Dann ruderte er mit den Händen, rittlings auf einem Balken sitzend, neun Tage durch das Meer, bis er auf Ogygia an Land gespült wurde, der Insel der schönen Okeanide Kalypso, die ihn heiraten und unsterblich machen wollte. Sieben Jahre lang lebte er bei Kalypso, bis seine Sehnsuchtstränen nach der Heimat und nach seinem Weib die Götter rührten; sie sandten Hermes zu Kalypso und geboten ihr, Odysseus ein Floß bauen und ziehen zu lassen. Sie fand Odysseus am Strand sitzend und verloren über das Meer schauend, wie er es immer tat. Zunächst glaubte er ihr nicht und ließ sie schwören, daß sie ihn nicht nur quälen wollte. Während sein unversöhnlicher Feind Poseidon bei den fernen Aithiopiern weilte, sorgte Athene dafür, daß Odysseus davonsegeln konnte. Als der Gott jedoch nach siebzehn Tagen zurückkehrte, schickte er einen mächtigen Sturm, der Odysseus' Floß zerschmetterte. Da kam die Meeresgöttin Leukothea in Gestalt einer Möwe und hieß ihn um sein Leben schwimmen. Sie gab ihm auch einen Schleier, mit dem er sich umhüllte, um nicht zu ertrinken. Auf hohen Wogen trieb er zwei Tage lang im Meer, bis Athene sie schließlich glättete und er an den Strand von Scheria geworfen wurde, dem Land der Phäaken, wo er (wie ihm Leukothea geboten hatte) den Schleier mit abgewandtem Blick ins Meer zurückwarf und sich im Gebüsch zur Ruhe legte.

Am nächsten Morgen entdeckte ihn dort Nausikaa, die Tochter des Phäakenkönigs Alkinoos. Sie war mit ihren Gespielinnen ans Wasser gekommen, um das königliche Linnen zu waschen; und als die Mädchen Ball spielten, kroch Odysseus hervor, seine Nacktheit mit einem Zweig verhüllend, und bat die Prinzessin mit flehenden Worten um Hilfe. Sie lieh

Oben: Odysseus und Leukothea (rotfigurige Vase, 5. Jh. v. Chr.; London, Brit. Museum)

Unten: Odysseus, angebunden an den Mast seines Schiffes (Terrakottarelief aus Myrina, 2. Jh. n. Chr.; Paris, Louvre)

ihm Kleider und zeigte ihm den Weg zum Palast. Unerkannt trat er dort ein und warf sich schutzsuchend vor Königin Arete nieder. Alkinoos und sein Hof folgten Odysseus' Bitten und nahmen ihn ehrenvoll auf. Sie waren auch bereit, ihn in seine Heimat Ithaka zu bringen.

Am folgenden Tag fanden Spiele statt, und beim abendlichen Festmahl gab Odysseus sich zu erkennen und erzählte seine Geschichte. Nausikaa warf ihm bewundernde Blicke zu, doch mochte er nun nicht länger von Penelope getrennt sein. Schließlich brachte ihn ein phäakisches Schiff bei Nacht nach Ithaka, wo die Mannschaft den schlafenden Odysseus in den Sand bettete und neben ihm reiche Geschenke von Alkinoos niederlegte. Auf der Rückfahrt nach Scheria wurde das Schiff durch Poseidons Zorn versteinert. Da erinnerte sich Alkinoos einer Weissagung: eines Tages würde Poseidon die Gastfreundschaft der Phäaken gegenüber Schiffbrüchigen strafen.

Als Odysseus aufwachte, befand er sich in dichtem Nebel und argwöhnte eine List. Athene aber, die den Nebel zu seinem Schutz geschickt hatte, erschien und gab sich ihm zu erkennen. Sie verkleidete ihn als alten Bettler und gebot ihm, zunächst seinen alten Sauhirten Eumaios aufzusuchen. Unterdessen geleitete sie Odysseus' Sohn Telemachos aus Sparta heim, wohin er gegangen war, um nach seinem Vater zu forschen. Eumaios war seinem Herrn ergeben geblieben und nahm (nach dessen Vorbild) den »Bettler« gastfreundlich auf, wobei er ihm ausführlich die in Ithaka herrschende Lage schilderte. Mehr als hundert Freier um Penelopes Hand vertrieben sich in Odysseus' Palast die Zeit, zehrten sein Gut auf und beleidigten Weib und Kind. Viele seiner Sklaven leisteten ihren Wünschen und Unmäßigkeiten Vorschub. Odysseus' Vater Laërtes hatte aus Abscheu den Hof verlassen, vor allem aber auch aus Kummer über den Verlust seiner Frau Antikleia und seines Sohnes; der Greis lebte recht und schlecht in einer elenden Hütte auf dem Land. Odysseus gab sich Eumaios nicht zu erkennen, sondern behauptete, ein Kreter zu sein, der in Troja mitgekämpft und einiges über den ithakischen König gehört hatte.

Von Athene geleitet, kam dann Telemachos zurück und trat in Eumaios' Hütte. Er bot dem vermeintlichen Bettler ein freundliches Willkommen, konnte ihn aber nicht in den väterlichen Palast einladen, weil er die Reaktion der Freier fürchtete. Eumaios ging nun, um Penelope die Ankunft des Telemachos zu melden – und jetzt gab sich Odysseus seinem Sohn zu erkennen und gemeinsam entwarfen sie einen Schlachtplan gegen die Freier.

Am nächsten Morgen machten sich Odysseus

Penelope und Telemachos vor dem Webstuhl (rotfiguriger Becher aus Chiusi, Mitte 5. Jh. v. Chr.)

und Eumaios zum Palast auf, wobei sie unterwegs Streit mit dem abtrünnigen Ziegenhirten Melanthios bekamen. Im Palast erkannte der Hund Argos seinen Herrn: er war zu schwach, um sich von dem Kothaufen zu erheben, in dem man ihn liegen ließ, doch er wedelte mit dem Schwanz und starb.

Odysseus trat in seiner Bettlerkleidung in die große Palasthalle und bettelte reihum die Freier an, die ihm zu essen gaben; nur Antinoos schlug mit einem Schemel nach ihm. Iros, ein vierschrötiger junger Bettler, versuchte ihn einzuschüchtern, doch Odysseus fällte ihn mit einem einzigen Hieb. Penelope ließ die Freier wissen, sie werde sich nun bald für einen zweiten Gatten entscheiden, denn nach zwanzigjähriger Abwesenheit sei mit der Rückkehr des Odysseus nicht mehr zu rechnen. Sie tadelte sie aber für ihre Frechheit und Gier – und Bewunderung für seine Frau erfüllte Odysseus. Melanthios' Schwester Melantho beleidigte Odysseus und es wäre zu einem Handgemenge gekommen, wenn nicht Amphinomos, einer der Freier, die anderen beredet hätte, nach Hause zu gehen.

Das war das Signal für Odysseus' Vorkehrungen; zusammen mit seinem Sohn sammelte er sämtliche Waffen ein, die in der Halle lagen, und stapelte sie im Vorratsraum. Penelope erzählte dem Bettler, wie sie sich drei Jahre lang die Freier dadurch vom Leib gehalten hatte, daß sie vorgab, ein Leichentuch für Laërtes zu weben, und es heimlich des Nachts wieder auftrennte. Sie hatte gehört, daß der »Bettler« etwas über ihren Mann wußte, und Odysseus, der sich noch immer als Kreter ausgab, sagte seine unmittelbar bevorstehende Rückkehr voraus. Eurykleia, seine alte Amme, wusch ihm die Füße und erkannte ihn an der Narbe auf der Hüfte. Sie mußte ihm schwören, das Geheimnis nicht zu verraten, auch nicht Penelope. Odysseus vernahm dann Penelopes Entschluß, unter den Freiern einen Wettbewerb abzuhalten: sie mußten mit dem Bogen ihres Mannes einen Pfeil durch zwölf hintereinander aufgestellte Axtringe schießen, wie er es selbst oft getan hatte; wem das gelänge, der würde sie zur Frau gewinnen. Odysseus drängte sie, sich mit dem Wettbewerb zu beeilen, und versicherte ihr, daß ihr Mann zurück sein werde, bevor einer der Freier die Aufgabe gelöst haben könnte. Am nächsten Morgen traf man Anstalten zu einem großen Bankett in der Halle; zahlreiche Tiere wurden herbeigeschafft, die für das Fest geschlachtet werden sollten. Telemachos wies dem Odysseus eine strategisch günstige Stellung bei der Tür zu; als die Freier den neuen Mentor des Jünglings bemerkten, kam es zu einem häßlichen Auftritt; und der Seher Theoklymenos weissagte den Anwesenden baldiges Unglück.

Nach dem Mahl holte Penelope den Bogen, den Odysseus von Eurytos erhalten hatte, und rief zum Wettkampf auf. Die Freier, und vor ihnen Telemachos, versuchten vergeblich, den schweren Bogen zu spannen. Unterdessen gab sich Odysseus dem Eumaios und dem Kuhhirten Philoitios zu erkennen; Eurykleia und Philoitios verbarrikadierten die Tore, und Odysseus ging mit Eumaios in die Halle. Nach langen Gesprächen setzte Telemachos es durch, daß auch Odysseus an dem Wettstreit teilnehmen durfte, und schickte Penelope in ihre Gemächer. Zur Verblüffung der Freier spannte

dann der »Bettler« den Bogen und schoß im Sitzen einen Pfeil durch die Äxte.
Danach begann Odysseus zusammen mit Telemachos und Eumaios die Freier niederzumetzeln; nur den Sänger Phemios und den Herold Medon verschonte er. Athene selber stand Odysseus in Gestalt von Telemachos' Lehrer Mentor bei. Während des Kampfes brachte Melanthios den Freiern Rüstungen, denn Telemachos hatte vergessen, den Lagerraum abzuschließen. Aber Eumaios und Philoitios ertappten Melanthios im Lagerraum und hängten ihn dort auf. Bald waren alle Freier tot, und ihre Leichen häuften sich im Palast.
Als Eurykleia das sah, begann sie zu jubeln, doch Odysseus verbot es ihr. Er beauftragte sie, die untreuen Mägde zu rufen, die dann die Leichen in den Garten hinausschaffen und die Halle säubern mußten. Danach wurden sie von Telemachos aufgehängt. Eurykleia weckte die schlafende Penelope, um ihr die freudige Nachricht von Odysseus' Rückkehr zu bringen, doch Penelope wollte es lange Zeit nicht glauben. Erst ein Geheimnis, von dem nur sie und Odysseus wußten, überzeugte sie: der Fuß ihres Bettes, das Odysseus selbst gezimmert hatte, war ein Baumstumpf, der noch im Erdboden wurzelte, so daß das Bett nicht zu verrücken war.
Am nächsten Tag gab Odysseus sich seinem Vater Laërtes zu erkennen; er ging zu dem Obstgarten hinaus, wo der Alte seine freudlosen Tage zubrachte. Dort traf er noch weitere treue Diener und man überlegte, wie dem zu erwartenden Gegenangriff durch die Familien der ermordeten Freier zu begegnen sei. Laërtes legte ein passendes Gewand an, und Athene ließ ihn größer und stärker werden. Dann bewaffneten sich alle einschließlich der Sklaven, und waren so für die heranrückende Freiersippe gerüstet. Deren Anführer Eupithes, der Vater des anmaßenden Antinoos, fiel mit Athenes Hilfe durch einen Speer des Laërtes. Es wäre beinahe zum Kampf gekommen, doch die Göttin erschien wieder in Gestalt des Mentor und trennte die streitenden Parteien. Sie ließ ihre Stimme erschallen, worauf die Ithaker flohen; Odysseus wollte sie verfolgen, doch Zeus schleuderte einen Blitz, um ihn davon abzuhalten. Der Friede zog ein – und an dieser Stelle endet die ›Odyssee‹.
Auf weitere Abenteuer des Odysseus deuten Weissagungen hin, die im Werk enthalten sind. Er tat, wie ihm Teiresias geboten hatte, um sich ein unbeschwertes Alter zu sichern. Das heißt, er zog auf das Festland und ins Landesinnere, auf den Schultern ein Ruder, bis ein Vorübergehender ihn fragte, warum er denn eine Ackerschaufel trage. An jener Stelle, weit vom Meer entfernt, rammte er das Ruder in den Boden und opferte einen Widder, einen Stier und einen Eber für Poseidon. Mit dem Gott versöhnt, kehrte er dann nach Ithaka zurück und lebte noch lange an der Seite Penelopes; zuletzt ereilte ihn ein sanfter Tod »aus dem Meer«. Doch werden über die letzten Jahre des Odysseus auch ganz andere, widersprüchliche Geschichten erzählt. Er wandte sich, so wird gesagt, nach Thesprotien und heiratete die dortige Königin Kallidike, während Penelope noch lebte. Als er die Thesproter gegen die Bryger führte – auf deren Seite Ares kämpfte –, verlor er eine Schlacht und wurde als Thesproterkönig von Polypoites abgelöst, seinem Sohn von Kallidike. Oder Telegonos soll ihn getötet haben, sein Sohn von Kirke, der von seiner Mutter ausgeschickt wurde, um nach ihm zu forschen, und der ihn bei einem Überfall auf Ithaka unwissentlich mit einem Speer tötete, dessen Spitze aus einem Stechrochen gefertigt war – so brachte er ihm den Tod »aus dem Meer«, wenn auch keinen sanften. Als Penelope (nach dieser Überlieferung) erfuhr, wer Telegonos war, begleitete sie ihn nach Aiaia, wo sie Odysseus begruben. Es gab sogar Berichte, nach denen Penelope den Telegonos heiratete und Kirke den Telemachos.
Eine andere Darstellung behauptet, daß es der Sippe der Freier gelang, Odysseus unter An-

Ödipus und die Sphinx (rotfiguriges Salbgefäß, etwa 5. Jh. v. Chr.; Tarento, Museo Nazionale)

klage zu stellen, und daß der als Schiedsrichter waltende Neoptolemos ihnen Recht gab und Odysseus in die Verbannung schickte, in der Hoffnung, sich die Insel Kephallenia aneignen zu können. Odysseus soll nach Ätolien gegangen sein und sich König Thoas angeschlossen haben; er heiratete dessen Tochter – sie gebar ihm einen Sohn, Leontophonos – und verbrachte den Rest seines Lebens in Ätolien.

Ödipus (Schwellfuß), König von Theben, Sohn des Laios und seiner Frau Jokaste (bei Homer Epikaste). Die homerische Darstellung des Stoffes weicht von der Überlieferung ab, die später die Tragiker benutzten: Sophokles in seinen drei thebanischen Dramen ›König Ödipus‹, ›Ödipus auf Kolonos‹ und ›Antigone‹, Aischylos in den ›Sieben gegen Theben‹ und Euripides in den ›Phönizierinnen‹ und anderen, nicht mehr vollständig erhaltenen Stücken.

Während König Laios als Flüchtling am Hof des Pelops von Pisa lebte, entführte er den Sohn seines Gastgebers, Chrysippos; aus dieser Tat entsprang nach der Meinung vieler Historiker der Fluch des Hauses Laios. Nach Theben zurückgekehrt, heiratete Laios Jokaste, die Tochter des Menoikeus, eines der »Gesäten«. Bald darauf weissagte ihm ein Orakel, ein von Jokaste geborener Sohn werde ihn töten. Als seine Frau dann einen Knaben gebar, nahm er das Kind, durchbohrte seine Füße (um seinen Tod zu beschleunigen, oder damit nach seinem Tod sein Geist nicht laufen könne) und setzte es auf dem Berg Kithairon aus. Der thebanische Hirte, den er mit der Aufgabe betraut hatte, folgte jedoch nicht seinem Befehl, sondern übergab den Säugling einem korinthischen Schafhirten, der damit zu seinem König Polybos ging; dieser war kinderlos und beschloß, das Kind, das er Ödipus nannte, als sein eigenes anzunehmen.

Als Ödipus herangewachsen war, verspottete man ihn einmal bei einem Bankett wegen seiner unehelichen Herkunft. Er begab sich nach Delphi, um die Wahrheit zu erfahren, und das Orakel weissagte ihm, es sei ihm bestimmt, seinen Vater zu töten und seine Mutter zu heiraten; und die entsetzten Priester trieben ihn aus Delphi fort. Da er immer noch glaubte, daß König Polybos und Königin Merope seine Eltern waren, beschloß er, nie mehr nach Korinth zurückzukehren, und machte sich auf den Weg nach Böotien. An einem Kreuzweg begegnete ihm ein Fremder in einem Wagen – König Laios, der ihm unbekannt war. Der Wagenlenker rief Ödipus zu, auf der schmalen Straße Platz zu machen. Ödipus weigerte sich, doch der Wagenlenker raste weiter vorwärts und überrollte einen Fuß des Ödipus. Außerdem versetzte ihm der Reisende im Wagen einen Hieb mit dem Stock, und der erzürnte Ödipus tötete ihn und die übrige Gesellschaft bis auf einen Knecht, der davonlief.

Ödipus blendet sich, Jokaste erdolcht sich (Illustration einer Ausgabe der Tragödien des Seneca, 1475; Venedig, Biblioteca Marciana)

Ödipus setzte seinen Weg fort und kam nach Theben; dort befand sich das Volk in großer Trauer: König Laios – so hieß es – war auf dem Weg nach Delphi ermordet worden, wo er das Orakel über die Sphinx, ein gefährliches Ungeheuer, das die Stadt heimsuchte, befragen wollte. Sie hatte bisher jeden Einwohner gefressen, der ihr Rätsel nicht zu lösen vermochte: »Was läuft am Morgen auf vier, am Mittag auf zwei und am Abend auf drei Beinen und ist am schwächsten, wenn es auf den meisten läuft?« Schon viele Menschen waren von ihr verschlungen worden, darunter angeblich auch Haimon, der Sohn des Herrschers Kreon (in anderen Überlieferungen des Stoffes gehört er einer späteren Zeit an und wird mit Antigone verlobt; man konnte aber auch annehmen, daß Kreon zwei Söhne des gleichen Namens hatte). Nach dem Todes des Laios bot Kreon jedem den Thron und die Hand seiner Schwester Jokaste an (der Witwe des Laios), der Theben von dieser Plage befreite. Das gelang Ödipus, denn er fand für das Rätsel die richtige Antwort: »der Mensch«, denn er geht als Säugling auf allen vieren, und im Alter auf den Stock gestützt. Auf diese Weise erfüllte sich das Orakel; denn nachdem er bereits unabsichtlich seinen Vater Laios ge-

tötet hatte, heiratete er nun auch seine Mutter Jokaste.
Bei Homer wird Jokaste, die unerkannt ihren Sohn geheiratet hat, sich bald ihrer Sünde bewußt und erhängt sich, während Ödipus, trotz des Grams über seine beiden unwissentlich begangenen Verbrechen, noch viele Jahre lang über Theben herrscht. Der griechische Schriftsteller Pausanias schloß heraus, daß Ödipus' Söhne von einer anderen Frau stammten, die er Euryganeia, Tochter des Hyperphas, nennt; Töchter des Ödipus werden bei Homer nicht erwähnt. Er weiß auch nichts von seiner Verbannung und läßt ihn in einer Schlacht sterben.
Die sophokleische Darstellung ist völlig anders: Ödipus und Jokaste regierten, unterstützt von Jokastes Bruder Kreon, viele Jahre lang Theben glücklich; sie hatten zwei Söhne, Polyneikes und Eteokles, und zwei Töchter, Antigone und Ismene. Dann wurde Theben wieder einmal von einer Plage heimgesucht, das Land wurde unfruchtbar und nichts wurde mehr geboren. Kreon ging nach Delphi, um Rat zu holen, und kehrte mit der Anweisung zurück, die Mörder des Laios zu vertreiben. Der Seher Teiresias bestätigte das Orakel und erzürnte Ödipus mit der Behauptung, er sei der Schuldige. Zur selben Zeit starb König Polybos von Korinth, und da die Korinther Ödipus für seinen Erben hielten, ließen sie ihn benachrichtigen und bitten, ihr König zu werden. Ödipus erklärte dem Boten die Unmöglichkeit, diesem Ansinnen nachzukommen, weil er die Nähe seiner Mutter Merope, der Frau des Polybos, scheue. Der Bote – es war jener korinthische Hirte, der einst dem König Polybos den kleinen Ödipus gebracht hatte –, bestritt, daß Ödipus der Sohn Meropes sei. Ödipus ging der Behauptung dieses Hirten nach und ließ jenen anderen thebanischen Hirten suchen, dem Laios einst den kleinen Ödipus übergeben hatte. Trotz der Warnungen dieses Mannes ließ er sich von ihm die ganze schreckliche Wahrheit sagen. Jokaste erhängte sich, und Ödipus blendete sich mit ihrer Schmuckspange. Kreon übernahm die Regentschaft und verbannte Ödipus (auf seinen eigenen Wunsch), – wie es das Orakel geboten hatte.
Wieviel Zeit verstrich, bevor er außer Landes ging, wird unterschiedlich erzählt. Nach einer Überlieferung verbrachte er viele Jahre in Theben, während seine Kinder zu Männern heranwuchsen und Jokastes Bruder Kreon als Regent herrschte. In dieser Zeit soll er einen heftigen Streit mit Eteokles und Polyneikes bekommen und die beiden feierlich verflucht haben, weil sie ihm ein Mahl auf Laios' königlichem Geschirr vorsetzten, von dem er glaubte, daß böse Verwünschungen auf ihm ruhten; auch gaben sie ihm einmal das zweitbeste Stück Fleisch, was er eines Königs für unwürdig hielt, und deshalb betete er, sie möchten einander umbringen. Schließlich soll Kreon ihn hinausgeworfen haben – vielleicht zu der Zeit, als Eteokles thebanischer König wurde –, und so zog Ödipus aus der Stadt fort, begleitet von seiner älteren Tochter Antigone, die mit Kreons Sohn Haimon verlobt war.
In ›Ödipus auf Kolonos‹ jedoch läßt Sophokles Ödipus klagen, daß Polyneikes ihn aus der Stadt verjagt habe.
Der Fluch, den Ödipus über seine beiden Söhne gesprochen hatte, wurde schon bald darauf wirksam: beide beanspruchten den Thron von Theben; eine Abmachung, sich jährlich in der Regentschaft abzulösen, scheiterte, als Eteokles nach Ablauf seiner Regierungszeit den Thron nicht räumen wollte. Daraufhin zog König Adrastos von Argos, der Vater von Polyneikes' Frau, mit einer Armee vor Theben auf, und attackierte alle sieben Tore der Stadt, um dem Schwiegersohn zu seinem Recht zu verhelfen. Vor dem Angriff eilte Polyneikes nach Kolonos bei Athen, wo Ödipus Zuflucht gefunden hatte, und bat um den väterlichen Segen – denn ein Orakel hatte jener Seite den Sieg verheißen, die Ödipus unterstützen würde –, erhielt aber stattdessen einen Fluch. Aufgrund desselben Orakels versuchte Kreon, der auf Seiten Eteokles' stand, Ödipus aus Kolonos zu entführen, um später seine Leiche in Theben begraben zu können; denn dies, so lautete die Weissagung, würde die Stadt retten. Kreon wurde jedoch von den athenischen Truppen des Theseus davongejagt. Aus Dankbarkeit versprach Ödipus dem Theseus, daß durch seine Anwesenheit die Sicherheit Athens gegen alle künftigen thebanischen Überfälle verbürgt würde. Dann starb er auf Kolonos und segnete Attika, jenes Land, in dem er seine letzte Zuflucht gefunden hatte. Nur Theseus kannte seine Grabstätte.
Eine andere Überlieferung, die Homers Fassung des Ödipus-Stoffes nahekommt, stellt fest, daß die Thebaner ihren König im Anschluß an großartige Begräbnisspiele außerhalb der Stadt in Keos begruben, daß aber dann eine Pest den Ort heimsuchte, woraufhin seine Gebeine heimlich bei Nacht nach Eteonos geschafft wurden. Die Eteoner waren wenig erfreut und befragten das Delphische Orakel, das sie anwies, das Grab nicht anzutasten, da Ödipus nun ein Gast der Demeter war, in deren Hain er ruhte.

Ogygos, sehr früher König Böotiens oder Lykiens oder des ägyptischen Theben. Er soll, wie Deukalion, eine Sintflut überlebt haben. Auch soll er eine große Anzahl von Nachkom-

Oineus ehrt Dionysos (Kupferstich von B. Picart; Paris, Bibliothèque Nationale)

men gezeugt haben, nach denen attische und böotische Städte benannt waren.

Oiagros, thrakischer König; gilt auch als Vater des Orpheus und des Linos.

Oiax (Steuerruder), Sohn des Nauplios. Aus Schmerz darüber, daß sein Bruder Palamedes in Troja gefallen war, suchte Oiax Klytämnestra in Mykene auf und erzählte ihr, Agamemnon werde mit einer trojanischen Konkubine zurückkommen, die er ihr vorziehe. Klytämnestra nahm sich daher Aigisthos zum Geliebten, und gemeinsam planten sie die Ermordung Agamemnons (der mit der gefangengenommenen trojanischen Prinzessin Kassandra heimkehrte). Oiax befehdete auch Agamemnons Sohn Orestes und bedrängte die Argiver, ihn wegen der Tötung seiner Mutter Klytämnestra zu verbannen.

Oibalos, König von Sparta; durch Gorgophone oder die Nymphe Bateia Vater von Tyndareos, Hippokoon und Ikarios.

Oikles, arkadischer Seher; Vater des Amphiaraos. Er half Herakles bei seinem Zug gegen Troja.

Oileus, Sohn des Hodoidokos; seine Mutter war Agrianome, eine Tochter des Poseidon. Er war als lokrischer König einer der Argonauten und hatte zwei Söhne: Aias und – unehelich von Rhene – Medon.

Oineus, König von Kalydon in Ätolien; Sohn des Portheus und der Euryte. Seine Frau, die Thestiostochter Althaia, gebar ihm viele Kinder, darunter auch Meleagros. Als Dionysos durch Kalydon zog, erlaubte ihm der gastfreundliche Oineus, mit Althaia zu schlafen, und die Frucht dieser Verbindung war Deianeira, die die Gemahlin des Herakles wurde. Zum Dank schenkte Dionysos dem Oineus die Kunst des Weinbaus und benannte – manchen Geschichtsschreibern zufolge – auch den Wein nach ihm (griech. *oinos*). Andere berichteten, daß Ares der Vater des Meleagros war. Oineus bewirtete Bellerophon und Alkmaion, und mag auch Agamemnon und Menelaos während ihrer Verbannung Zuflucht gewährt haben. Oineus war ebenso gottesfürchtig wie gastfreundlich. Einmal aber gedachte er bei den Ernteopfern nicht der Artemis; daraufhin sandte die Göttin einen riesigen Eber, der Kalydon heimsuchte – jenes Tier, das schließlich Meleagros, der Sohn des Oineus, mit einer Schar vortrefflicher Krieger erlegte. Nach der Jagd kam es zu einem bösen Streit, aufgrund dessen seine Mutter Althaia, erzürnt über seinen Anteil bei der Ermordung ihrer Brüder Toxeus und Plexippos, seinen Tod verursachte (siehe Meleagros). Danach nahm sie sich aus Gram selber das Leben.

Oineus gewann sich eine neue Gemahlin: Periboia, die Tochter des Hipponoos. Entweder fiel er im Königreich ihres Vaters, in Olenos (Achäa), ein, oder er verführte sie. Es heißt aber auch, daß Hipponoos seine Tochter zu Oineus schickte, der sie beseitigen sollte, weil sie von einem andern Mann schwanger war. Sie gebar ihm zwei Söhne, Tydeus und Olenias. Tydeus erwies sich wegen seiner Unerschrockenheit im Krieg als große Hilfe für Oineus, bis er wegen eines Totschlags verbannt wurde. Danach wurde Kalydon von Oineus' Bruder Agrios oder von dessen Söhnen erobert und der greise König verjagt. Tydeus fiel bei der Belagerung Thebens, doch seinem Sohn Diomedes gelang es nach dem Trojanischen Krieg, die Agriossöhne davonzujagen und den kalydonischen Thron zurückzugewinnen. Oineus war zu dieser Zeit bereits zu alt zum Regieren, und so wurde Andraimon König, der Gatte seiner Tochter Gorge. Oineus ging mit Diomedes nach Argos, wo er in hohem Alter starb. Nach anderen Überlieferungen ist er in Arkadien hinterrücks von den Agriossöhnen ermordet worden, die nach Rache für die Vertreibung aus Kalydon dürsteten.

Oino siehe Anios.

Oinomaos 1, König von Pisa in Elis; siehe Hippodameia; Pelops.

Oinomaos 2, Trojaner; von Idomeneus erschlagen.

Oinone, Nymphe des Berges Ida bei Troja; Tochter des Flusses Kebren. Sie heiratete Paris, bevor er wußte, daß er ein trojanischer

Prinz war. Unter dem Eindruck ihrer prophetischen Kräfte, die ihr Rhea verliehen hatte, riet sie Paris später ab, nach Sparta zu gehen und Helena zu suchen. Obwohl er es nicht hören wollte, sagte sie zu ihm, wenn er je verwundet würde, sollte er zu ihr kommen, weil sie die Kunst des Heilens verstand. Als Paris viele Jahre später von dem berühmten Bogenschützen Philoktetes verwundet wurde, brachte man ihn zu Oinone, doch nun weigerte sie sich, ihm zu helfen, weil er sie verlassen hatte. Paris wurde zurück nach Troja getragen; sie bereute ihre Haltung und eilte ihm nach, aber als sie eintraf, war er bereits tot. Aus Gram erhängte sie sich.

Oinopion (Weinfarbiger), Sohn des Dionysos und der Ariadne. In Kreta erlernte er die Kunst des Weinbaues. Später schenkte ihm Rhadamanthys die Insel Chios an der ionischen Küste. Er heiratete die Nymphe Helike, und versprach seine Tochter Merope dem Riesen Orion zur Frau, wenn dieser die Insel von den wilden Tieren befreien würde. Er zog jedoch sein Wort zurück, worauf sich Orion betrank und Merope entehrte. Während der Riese vom Rausch betäubt war, blendete Oinopion ihn und verjagte ihn von der Insel. Später kam Orion mit zurückgewonnenem Augenlicht wieder, um sich zu rächen, doch konnte er Oinopion nicht finden, der sich in einer unterirdischen Behausung versteckt hielt, die ihm Hephaistos gebaut hatte. Orion segelte wieder ab, und Oinopion regierte bis ans Ende seiner Tage.

Oionos, Freund und Vetter des Herakles; in Sparta von den Hippokoonsöhnen getötet. Herakles rächte später seinen Tod.

Okeaniden, Meeresnymphen; die dreitausend Töchter des Okeanos und der Tethys; Schwestern der Flußgötter. Sie waren nach altem Glauben für die Wasser auf der Erde – aber auch unter der Erde zuständig, denn Styx, der Fluß der Unterwelt, gehörte dazu. Eine von ihnen, Doris, heiratete Nereus, den weissagenden Meeresgott, und gebar ihm die 50 Nereïden. Ihre Schwester Amphitrite (nach anderen Darstellungen selber eine Nereïde) ragte unter den Okeaniden besonders hervor, denn sie heiratete Poseidon. Vergleichbare Bedeutung erlangte Metis, die die erste Gattin des Zeus wurde und die Mutter seiner Tochter Athene war. Klymene ging eine Verbindung mit dem Sonnengott Helios ein und gebar ihm Phaëthon; ihre Schwester Perseïs schenkte demselben Gott Aietes, Kirke und Pasiphaë. Kalypso, die über die Insel Ogygia herrschte, verliebte sich in Odysseus; aber schließlich verließ er sie. Gemeinsam mit Apollon hatten die Okeaniden die Aufgabe, Jünglinge zur höchsten Vollkommenheit des Lebens zu bringen.

Okeanos, Titan, Sohn der Gaia und des Uranos; Homer nennt ihn den Vater der Götter. Er herrschte über den Okeanos, jenen breiten Sagenstrom, der sich kreisförmig um die Erdscheibe schlang, wie man glaubte. Okeanos und seine Gattin (und Schwester) Tethys beteiligten sich nicht am Aufstand der Titanen gegen Zeus, und so durften sie weiter friedlich über ihr weites Reich herrschen. Sie erzeugten die Götter und Nymphen aller Flüsse, Seen und Meere, einschließlich der dreitausend Okeaniden. Bei dem großen Kampf zwischen Zeus und den Titanen brachte Rhea ihre Tochter Hera zu Okeanos und Tethys in Sicherheit. Okeanos bekam aber Streit mit Tethys, und Hera versuchte, die beiden zu versöhnen. Okeanos entlieh sich von seinem Schwiegersohn Helios dessen goldene Schale, und gab sie an Herakles weiter, der damit den Weltstrom überquerte und das Vieh Geryons holte.

Olus siehe Vibenna.

Omphale, Tochter des Jardanos und Königin von Lydien, denn sie heiratete Tmolos, einen frühen lydischen König. Nach dessen Tod regierte sie alleine weiter. Sie kaufte Herakles, als er in die Sklaverei mußte, und ließ ihn

Oinone mit Paris, darunter der Flußgott Kebren (römisches Relief; Rom, Palazzo Spada)

Omphale und Herakles (rotfigurige Vase; London, Britisches Museum)

Frauenkleider tragen. Er vollbrachte viele große Taten für sie; so tötete er den Wegelagerer Syleus, erschlug einen Drachen, der das Land heimsuchte, und plünderte die Stadt der feindlichen Itoner. Sie gebar ihm einen Sohn, Lamos.

Onkios, arkadischer König; siehe Despoina.

Opheltes siehe Hypsipyle.

Ophion siehe Eurynome 1.

Opis oder **Upis,** eines von den zwei hyperboreischen Mädchen (das andere hieß Arge), die mit Leto und ihren Kindern Apollon und Artemis nach Delos zogen. Nachdem man sie dort sehr in Ehren gehalten hatte, starben die zwei schließlich und wurden im heiligen Bereich der Artemis begraben. Weil sie aber nicht nach Hause zurückkamen, schickten die Hyperboreer keine Abgesandten mehr nach Delos. In einer Überlieferung tötet Artemis den Riesen Orion deshalb, weil er Opis vergewaltigt hatte.

Ops, römische Göttin der Fülle; mit Rhea, der Gemahlin des Kronos, identifiziert und daher gelegentlich mit Saturn, häufiger aber mit Consus verehelicht gedacht.

Orakel, Delphisches, siehe Apollon; Python; Gaia.

Orchomenos, Eponyme zweier griechischer Städte dieses Namens.

Orchomenos 1 in Böotien; Sohn des Zeus und Vater des Minyas (er wurde auch als Sohn des Minyas bezeichnet).

Orchomenos 2 in Arkadien; einer der Söhne des Königs Lykaon, die Zeus in der Sintflut umkommen ließ.

Orcus siehe Hades.

Oreaden siehe Nymphen.

Oreithyia, attische Prinzessin, Tochter des Königs Erechtheus von Athen und der Königin Praxithea. Als sie einmal am attischen Fluß Ilissos tanzte, ergriff der Nordwind Boreas sie und entführte sie nach Thrakien, wo er sie zwang, seine Frau zu werden. Sie gebar ihm das geflügelte Brüderpaar Kalais und Zetes, die sich den Argonauten anschlossen, und zwei Töchter, Kleopatra und Chione.

Orestes, Sohn des Agamemnon und der Klytämnestra, König von Mykene, Argos und Sparta. Als sein Vater von seiner Mutter und Aigisthos ermordet wurde, war Orestes noch ein Knabe. Um ihn zu retten, brachte ihn seine Schwester Elektra oder seine Amme nach Phokis, wo ihn König Strophios, ein alter Freund und Schwager Agamemnons, zusammen mit seinem eigenen Sohn Pylades aufzog. Die beiden wurden unzertrennlich und bestanden gemeinsam die schrecklichen Abenteuer, die auf sie warteten. In Aischylos' Tragödie ›Agamemnon‹ sagt Klytämnestra, daß Strophios schon vor der Ermordung Agamemnons nach Orestes sandte, für den Fall, daß er bei einem Volksaufstand zu Schaden käme. Neun Jahre später fragte der nun völlig erwachsene Orestes das Delphische Orakel, was er wegen des Mordes an seinem Vater tun solle. Das Orakel gebot ihm, Klytämnestra und ihren Geliebten zu töten. Heimlich ging er mit Pylades nach Mykene und gab sich Elektra zu erkennen (die Aigisthos in Euripides' Tragödie an einen Bauern verheiratet hatte, um sie zu demütigen). Daraufhin unterstützte Elektra den Orestes und half ihm sogar, seine Eltern zu töten. Es gibt mehrere Darstellungen des Stoffes, der den Hintergrund für drei attische Tragödien abgibt: für die ›Orestie‹ des Aischylos, für die ›Elektra‹ des Sophokles und für die ›Elektra‹ des Euripides.

Über die anschließenden Ereignisse gibt es unterschiedliche Versionen. Homer lobte die Tat des Orestes und erwähnte (wie auch Sophokles) keine bösen Folgen. Aber die altgriechische Sage kannte auch die Erinnyen oder Furien – urtümliche Erdgeister, deren Aufgabe es war, schwere Sünden zu strafen, vor allem den Vatermord. Der griechische Dichter und Chorlyriker Stesichoros, der in seiner ›Oresteia‹ die Szene nach Sparta verlegt, behauptet, daß Orestes von Apollon einen Bogen erhalten hatte, mit dem er die Furien vertrieb.

Aischylos und Euripides folgen einer Überlieferung, in der die Furien Orestes unmittelbar nach dem Muttermord mit Wahnsinn schlagen und ihn durch ganz Griechenland und weiter hetzen. Zunächst aber wurde er (nach einigen Versionen) von Klytämnestras Vater Tyndareos in Mykene vor Gericht gestellt. Euripides sagt in seinem Drama ›Orest‹ (408 v. Chr.),

Orestes befragt das Delphische Orakel (rotfigurige Vase, spätes 5. Jh. v. Chr.; Neapel, Museo Archeologico Nazionale)

daß Orestes und Elektra bereits zum Tode verurteilt waren, aber durch Menelaos gerettet wurden, der ihnen ursprünglich nicht hatte helfen wollen. Er wurde aber von Apollon veranlaßt, auf die Mykener einzuwirken, so daß sie sich mit einer einjährigen Verbannung begnügten. Orestes soll versucht haben, Menelaos zu erpressen, indem er Helena und ihre Tochter Hermione (die mit ihm verlobt war) in seine Gewalt brachte. Helena wurde von Zeus gerettet – er entführte sie in die Lüfte –, doch Hermione blieb noch als Geisel zurück.
Aischylos' Darstellung des Stoffes besagt, daß Orestes sich nach Delphi um Hilfe wandte, weil Apollon den Tod seiner Mutter befohlen hatte. Das Orakel beschied ihn im Schutze des Hermes nach Athen, wo er sich dem Areopag stellen mußte, einem Ältestengericht, das die Götter eingerichtet hatten, als Ares wegen des Totschlags des Halirrhothios angeklagt wurde. Sowohl Athene und Apollon wie auch die Furien nahmen an der Verhandlung teil. Apollon war Orestes' Verteidiger, die Furien seine Ankläger. Als unter den athenischen Geschworenen Stimmengleichheit erreicht wurde, gab die Stimme der Göttin, die den Vorsitz führte, den Ausschlag. Sie stimmte zu Gunsten des Orestes, da ein Vater gegenüber einer Mutter den Vorrang habe.
Aber selbst jetzt ließen die Furien Orestes nicht in Frieden – wenn Aischylos dies auch andeutet. Einer Überlieferung zufolge erklärte Apollon dem Orestes, um wirklich Ruhe zu finden, müsse er in das Land der Taurer auf die kimmerische Chersonesos (Krim) reisen und ein besonders heiliges Bildnis der Artemis holen.
Diese Abenteuer umfaßt der Stoff von Euripides' Tragödie ›Iphigenie auf Tauris‹: Als Orestes und Pylades in das Land der Taurer kamen, wurden sie, wie alle fremden Gäste, als Opfer für Artemis eingefangen. Im letzten Augenblick erfuhren sie jedoch, daß die Priesterin, die sie zum Opfer bereitete, Orestes' langverlorene Schwester Iphigenie war. Als sie hörte, daß die Fremden aus Argos kamen, versprach sie, einen von ihnen zu verschonen, wenn er dem Orestes einen Brief überbringen würde. Iphigenie überredete nun die Taurer, ihr den Rücken zuzukehren, während sie vorgab, die Opfer im Meer waschen zu müssen, um sie von dem Muttermord reinzuwaschen. Dabei eilten sie mit dem heiligen Bildnis auf Orestes' Schiff. Auf dem Rückweg nach Griechenland sollen Orestes und Iphigenie auf der Insel Zminthe noch ein weiteres Mitglied der Familie entdeckt haben; denn Chryseïs hatte dem Agamemnon einen Sohn Chryses geboren. Der taurische König Thoas verfolgte Orestes bis hierhin, wurde aber nun von Orestes und dem jungen Chryses zurückgeschlagen und vielleicht getötet.
In Griechenland heiratete Pylades Elektra, während Iphigenie wiederum Artemispriesterin wurde. Orestes bestieg den Thron von Mykene und Argos – nach einigen Überlieferungen tötete er einen mykenischen Usurpator, seinen Halbbruder Aletes, den Sohn des Aigisthos und der Klytämnestra –, und als Menelaos starb, wurde er auch noch König von Sparta. Ferner eroberte er weite Teile Arkadiens. Er nahm Hermione zur Frau, die während des Trojanischen Krieges mit ihm verlobt war und ihm während der Zeit seines Wahn-

Orestes und Pylades (links), Klytämnestra und Aigisthos (rechts) (Wandmalerei aus Herculaneum; Neapel, Museo Archeologico Nazionale)

sinns von Neoptolemos weggenommen wurde, dem Menelaos sie bei der Rückkehr von Troja zur Gattin gab. Orestes soll auch Neoptolemos' Tod herbeigeführt haben, als er versuchte, seine Frau zurückzugewinnen; denn als Neoptolemos in Delphi weilte, tötete Orestes ihn entweder selber am Apollonaltar oder überredete die delphischen Bürger, es zu tun, weil Neoptolemos den Tempel ausrauben wolle. Hermione scheint jedenfalls Orestes lieber gehabt zu haben und gebar ihm einen Sohn, Teisamenos, der sein Erbe wurde.

An verschiedenen Orten wurden Heiligtümer zur Erinnerung an Orestes' Heilung vom Wahnsinn errichtet. In Megalopolis soll das bemerkenswerteste dort gewesen sein, wo Orestes, von Furien bedrängt, sich einen Finger abbiß. Die Furien waren dadurch versöhnt und er wurde wieder gesund.

Orestes starb als alter Mann an einem Schlangenbiß und wurde im arkadischen Tegea beigesetzt. Nach einer Überlieferung soll Jahrhunderte später ein vom Delphischen Orakel geführter Spartaner Orestes' Gebeine unter einer Schmiede in Tegea entdeckt haben. Die Spartaner holten diese Reliquien in ihre eigene Stadt und blieben seitdem in den Kriegen gegen Tegea stets siegreich.

Orestheus, ätolischer König, Sohn des Deukalion und ein Vorfahre des Oineus. Eine Hündin von ihm wurde einst trächtig und gebar ein Stück Holz. Orestheus grub es ein, und es entsprang ein Weinstock daraus. Die ozolischen Lokrer sollen nach seinen Zweigen *(ozoi)* benannt sein.

Orion, Riese und Jäger, nach dem schon zu Zeiten Homers ein Sternbild benannt war. Über seine Geburt erzählte man folgendes: Hyrieus, der Gründer des böotischen Hyria, hatte keine Kinder; so lud er Zeus, Hermes und Poseidon zu Gast und bat sie um ein Mittel dagegen. Sie ließen ihn das Fell des Stieres holen, den er ihnen geopfert hatte; dann mußte er darüber sein Wasser lassen, und sie gruben das Fell ein. Neun Monate später erwuchs an der Stelle ein Knabe, den Hyrieus Orion nannte (von *ourein,* urinieren). Er entwickelte sich zu einem Riesen. Nach einer anderen Überlieferung waren Poseidon und die Minostochter Euryale seine Eltern. Er war so groß, daß er über den Meeresboden gehen konnte und Kopf und Schultern trotzdem noch aus dem Wasser ragten, und er hatte mehrere Geliebte. Seine Frau Side (Granatapfel) gebar ihm die Koroniden Menippe und Metioche. Sie war hochmütig und verglich ihre eigene Schönheit mit derjenigen Heras, und deshalb mußte sie in den Hades hinab. Orion zog dann nach Chios, wo ihm König Oinopion seine Tochter Merope versprach, wenn er die Insel von den wilden Tieren befreien würde; später aber trat der König von dem Handel wieder zurück.

Orion betrank sich und vergewaltigte Merope, worauf Oinopion ihn blendete und auf den Strand warf. Orion erhob sich und watete zu der Insel Lemnos im Ägäischen Meer hinüber, wo er sich in Hephaistos' Schmiede den Knaben Kedalion holte und als Führer auf seine Schultern setzte. Dann stieg er wieder ins Meer und watete ostwärts, dem Sonnenlicht entgegen, das seine Augen heilte. Nun begab er sich wieder nach Chios und wollte Oinopion töten, doch der König hatte sich mit Hilfe Hephaistos' in einem unterirdischen Raum versteckt. Orion wandte sich nun nach Kreta, wo er im Gefolge der Artemis jagte; doch Eos, die Göttin der Morgenröte, verliebte sich in ihn und entführte ihn. Die Götter und besonders Artemis waren eifersüchtig, daß eine Göttin einen sterblichen Geliebten haben sollte, und so tötete Artemis Orion mit ihren Pfeilen auf der Insel Delos, wo sie geboren war. Sie wird auch mit verschiedenen anderen Berichten über Orions Tod in Verbindung gebracht; einem von ihnen zufolge, soll Orion umgekommen sein, als er die Göttin vorwitzig zum Diskuswerfen herausforderte; eine andere Geschichte erzählt, daß sie ihn erschoß, weil er Opis hatte entehren wollen. Oder er soll, als er Chios von wilden Tieren befreite, versucht haben, Artemis selber zu vergewaltigen, aber sie ließ einen riesigen Skorpion entstehen, an dessen Stich er starb; oder sie tat es, weil sie fürchtete, Orion werde alle Tiere auf Erden ausrotten; oder aber sie dachte wirklich an eine Ehe mit Orion, doch durch eine List ihres Bruders Apollon tötete sie ihn: er zeigte auf ein weit draußen im Meer sichtbares Objekt und wettete, daß sie es nicht treffen könnte. Sie legte an und zielte, doch das Ziel, das sie traf, war Orions Kopf, denn er schwamm gerade oder watete draußen im Meer. Aus Schmerz über den Unglücksfall versetzte sie ihren Geliebten zu den Sternen. Eine andere Erklärung für das Sternbild Orion lautete, daß

Orion wird von Kedalion der Sonne entgegengeführt (Nicolas Poussin, 1593–1665; New York, Metropolitan Museum of Art)

Orion mit Apollon und Artemis auf der Jagd (Schule von Fontainebleau; Rennes, Musée des Beaux-Arts)

der Riese die Atlastöchter – die Pleiaden – in Böotien erblickte und ihnen liebestoll nachstellte. Sie flohen mit ihrer Mutter Pleione, und alle wurden in Sterne verwandelt; deshalb scheint Orion am Himmel die Pleiaden zu jagen.

Ormenos, Name mehrerer Sagengestalten, deren bedeutendste der Stadt Ormenion im thessalischen Magnesia den Namen gab. Es waren auch zwei trojanische Krieger dieses Namens bekannt und ein syrischer König, der Vater des Eumaios.

Orneus, Sohn des Erechtheus. Sein Sohn Peteos war der Stammvater von athenischen Königen.

Ornytion, Sohn des Sisyphos; Vater des Phokos 2.

Orpheus, der größte Sänger der griechischen Mythologie; sein Verlust der Eurydike stellt die berühmteste aller romantischen Sagen dar. Er war der Sohn oder der Schüler des Apollon (oder des Königs Oiagros von Thrakien), seine Mutter war die Muse Kalliope. Er war auch ein Anhänger des Dionysos, eines Gottes, dessen Kult ebenfalls eng mit Thrakien verknüpft ist. Die mystisch-religiöse Orphik wurde nach Orpheus benannt und möglicherweise von ihm gestiftet, sofern er eine historische Gestalt war, was neben den vielen Sagen um ihn sehr gut denkbar ist. Nach den überlieferten Geschichten war Orpheus ein so wunderbarer Musiker, daß ihm die ganze Natur verzückt beim Singen und Leierspiel lauschte und alle Geschöpfe ihm folgten. Selbst Bäume und Steine kamen – so glaubte man –, um seine Musik zu hören. Er begleitete die Argonauten nach Kolchis, besänftigte unterwegs das Meer und die unbotmäßigen Geister der Mannschaft. Er brachte sie nach Samothrake und weihte sie in die Mysterien der Kabiren ein; manche behaupteten, nach der Ankunft in Kolchis habe er den Drachen eingeschläfert, der jenen Baum im Areshain bewachte, von dem Jason das Goldene Vlies stahl. Auch übertönte er den Sirenengesang mit seiner Leier und verhinderte so, daß die Sirenen die Argonauten von ihrer Bestimmung abbrachten.

Wieder in Thrakien, heiratete Orpheus eine Naiade oder Dryade Eurydike, die er leidenschaftlich liebte. Bald darauf stellte Aristaios ihr nach, und als sie vor ihm durch die Wiesen floh, trat sie auf eine Schlange und wurde gebissen, so daß sie starb. Untröstlich vor Schmerz, gab Orpheus seine Musik auf und lebte in schwermütigem Schweigen. Schließlich wanderte er in das lakonische Tainaron und machte sich auf den Weg in die Unterwelt. Als er an den Styx und das von Kerberos bewachte Tor kam, spielte er noch einmal so herrlich die Leier, daß selbst Charon und Kerberos ihn gerührt hineingehen ließen. Die

Schatten wurden von seiner Musik verzaubert, und auch Hades und Persephone ließen sich erweichen. Sie gewährten ihm seine Bitte und ließen Eurydike mit ihm ziehen – unter einer Bedingung: er mußte vorangehen und durfte sich erst dann nach ihr umsehen, wenn sie beide wieder in der Oberwelt waren. In der ältesten Überlieferung des Stoffes erfüllte Orpheus die Bedingung und bezeugte so die Macht seines Herren Dionysos selbst über den Tod. Bei Vergil und Ovid jedoch dreht sich Orpheus, als schon das Ende des Weges erreicht und der Schein des Lichts zu sehen war, nach seiner Gattin um; und so verliert er sie durch seine übergroße Liebe, denn sie verwandelt sich in einen Schemen aus Nebel und verschwindet wieder im Reich des Hades. Er will ihr folgen, doch diesmal bleibt der Weg versperrt und all seine Musik verhallt ungehört. Und nun war Orpheus' Seele von Trauer erfüllt, er zog sich von der Welt zurück und mied vor allem die Gesellschaft der Frauen. Bald aber grollten ihm die thrakischen Mänaden, mit denen er oft die Dionysosorgien gefeiert hatte, weil er sie gänzlich vernachlässigte. Sie machten ihn eines Tages ausfindig und rissen ihn in Stücke, so wie die Titanen Zagreus zerrissen hatten. Nach einigen anderen Berichten gelüstete es sie alle nach ihm, und während sie um ihn zankten, zerrissen sie ihn. Nur sein Kopf blieb verschont. Er fiel in Thrakien in die Fluten des Hebros und wurde ins Meer gespült, rollte hin und her und rief unaufhörlich weinend nach Eurydike. Schließlich trug ihn das Wasser in Lesbos an Land, wo er begraben wurde. Die Bewohner stifteten ein Heiligtum und ein Orakel und wurden dadurch mit der Gabe der Dichtkunst gesegnet. Die Musen sammelten die Reste von Orpheus' Körper auf und bestatteten sie in Pieria. Seine Leier wurde als Sternbild an den Himmel versetzt.

Orpheus soll der Lehrer der griechischen Sänger Musaios, Eumolpos und Linos gewesen sein.

Orseïs, Nymphe; Gemahlin des Hellen und Mutter von Doros, Aiolos und Xuthos.

Orthros oder **Orthos** siehe Herakles (Zehnte Arbeit); Geryon.

Othryoneus siehe Kassandra.

Otreus, phrygischer König, dem Priamos in seiner Jugend bei einer Schlacht am Fluß Sangarios im Kampf gegen die Amazonen beistand.

Otos und **Ephialtes.** Diese beiden Giganten, »Aloaden« oder »Söhne des Aloeus« genannt, waren die Kinder des Poseidon und der Triopstochter Iphimedeia. Ihre Mutter verliebte sich nach der Heirat mit Aloeus in den Meeresgott und saß sehnsüchtig am Strand,

Boreas verfolgt Oreithyia (rotfigurige Vase, 5. Jh. v. Chr.; Rom, Vatikanische Museen)

Die Tiere lauschen Orpheus' Gesang und Leierspiel (Mosaik aus Tarsos, 3. Jh. v. Chr.; Antiochia, Hatay-Museum)

Otos im Kampf mit Artemis (Fries von Pergamon-Altar, 2. Jh. v. Chr.; Berlin, Staatliche Museen, Pergamon-Museum)

Die Tiere lauschen Orpheus, rechts: Eurydike wird wieder in die Unterwelt hinabgezogen (Baldassare Peruzzi, 1481–1536; Rom, Farnesina)

um ihren Leib von den Wellen bespülen zu lassen, bis sie endlich die beiden Giganten empfing. Sie wuchsen so schnell, daß sie mit neun Jahren bereits sechzehn Meter groß waren. Noch als Kinder vollbrachten sie ihre erste Tat: sie bemächtigten sich des Gottes Ares und sperrten ihn in einen großen Bronzekrug. Dort blieb er dreizehn Monate lang, bis die Stiefmutter der Giganten, Eriboia, dem Hermes seinen Verbleib verriet. Hermes befreite ihn, als er bereits dem Tode nahe war. Man sagte aber auch, Aphrodite habe Adonis in die Obhut von Otos und Ephialtes gegeben, und sie hätten Ares eingekerkert, weil er Adonis getötet hatte.

Die beiden verliebten sich dann in zwei Göttinnen, Artemis und Hera, und überlegten, wie sie sie fangen könnten. Noch nicht einmal ganz erwachsen, beschlossen sie, den Himmel zu stürmen, indem sie Berge auftürmten, den Ossa auf den Olymp und den Pelion auf den Ossa; so wollten sie in den Himmel steigen. Apollon und Artemis brachten die beiden zu Fall, entweder, indem sie sie mit Pfeilen töteten, oder indem sie eine Hirschkuh (nach einigen Berichten Artemis selber) zwischen den beiden hindurchlaufen ließen; jeder der Zwillinge warf einen Speer nach dem Tier und traf seinen Bruder. Das soll sich auf Naxos zugetragen haben, doch die Überlieferung hielt daran fest, daß die Leichen in das böotische Anthedon gebracht und dort begraben wurden.

Zwar sollen Otos und Ephialtes, wie es gelegentlich heißt, den Kult der Musen eingeführt und die Stadt Askra in Böotien am Helikon gegründet haben, wo man sie auch verehrte, doch wurden sie im Tartaros für ihr unverschämtes Betragen gestraft: zusammen mit sich windenden Schlangen wurden sie Rücken an Rücken an eine Säule gefesselt.

Oxylos, Sohn des Andraimon oder des Andraimonsohnes Haimon; König von Elis. Als Oxylos wegen der versehentlichen Tötung seines Bruders Thermios aus dem heimatlichen Ätolien nach Elis verbannt worden war, begegnete er auf dem Heimweg den Herakliden (Nachkommen des Herakles), die sich – getreu dem Orakelspruch von Delphi, drei Generationen zu warten – zum Einfall im Peloponnes rüsteten. Oxylos trieb damals ein einäugiges Maultier neben sich her, und die Herakliden, denen das Orakel geboten hatte, den »Dreiäugigen« zu ihrem Führer zu machen, baten ihn, das Unternehmen zu leiten. Er führte sie nach Süden durch Arkadien und nicht durch das fruchtbare Elis, das er sich selber vorbehielt. Die Herakliden besiegten unter Temenos den Orestessohn Teisamenos; Oxylos kehrte nach Ätolien zurück und führte ein Heer seiner Landsleute gegen Elis. König Dios leistete Widerstand, und so wurde der Streit durch einen Einzelkampf zwischen zwei Kämpen entschieden: dem eleischen Bogenschützen Degmenos und dem ätolischen Steinschleuderer Pyraichmes. Der Ätoler siegte, und Oxylos herrschte friedlich über Elis. Er teilte sich in die Herrschaft mit Agorios, da einer von dessen Vorfahren, Pelops, ein früher eleischer König gewesen war.

P

Paieon 1. Homer kennt einen Gott der Heilkunst mit Namen Paieon; er heilte Hades, als dieser bei der Verteidigung des Tores zur Unterwelt durch einen Pfeil des Herakles verletzt wurde. Hades begab sich auf den Olymp, um sich in Zeus' Palast pflegen zu lassen, wo Paieon seine Wunden salbte. Den gleichen Dienst erwies er auch Ares, der im Kampf von Diomedes verwundet wurde. Später war »Paieon« ein Beiname für Götter, die sich auch mit der Heilkunst befaßten, u. a. Apollon und Asklepios.

Paieon 2, Sohn des Königs Endymion von Elis.

Palaimon 1 siehe Ino.

Palaimon 2, Sohn des Hephaistos; einer der Argonauten.

Palamedes, Sohn von Nauplios durch die Katreus-Tochter Klymene. Sein Name bedeutet »geschickt« oder »findig«. Er soll das Damespiel und verschiedene Würfelspiele, außerdem mehrere Buchstaben des griechischen Alphabets erfunden haben. Palamedes war ein nützlicher Diener des Agamemnon und mußte zusammen mit Menelaos die einstigen Freier der Helena zum Waffendienst nach Troja holen, denn sie hatten geschworen, dem Gatten Helenas, wer es auch sein möge, zu Hilfe zu kommen. Odysseus, der diesen Schwur angeregt hatte, versuchte aber listig, durch einen Trick dem Krieg fernzubleiben, doch Palamedes durchschaute den Betrug und nötigte ihn, mitzugehen. Odysseus empfand deswegen unversöhnlichen Haß gegen Palamedes und rächte sich an ihm, als sie Troja erreicht hatten. Zunächst versteckte er eine größere Menge Gold unter Palamedes' Zelt (oder erzählte Agamemnon einen Traum, der es erforderlich machte, das griechische Lager für einen Tag zu verlegen, und versteckte das Gold an der Stelle, wo Palamedes' Zelt gestanden hatte). Dann fälschte er einen Brief im Namen von Priamos und sandte ihn an Palamedes, in welchem man dem Palamedes eben diesen Goldbetrag als Belohnung für den Verrat des griechischen Lagers anbot. Der Brief wurde aus den Händen eines phrygischen Sklaven abgefangen – von Agamemnon, der eine Durchsuchung anordnete. Als man das Gold fand, überantwortete Agamemnon Palamedes der Armee, die ihn steinigte. Nach einer anderen Überlieferung erzählten Odysseus und Diomedes dem Palamedes, in einem bestimmten Brunnen sei Gold zu finden, und als er hinabstieg, um nachzusehen, warfen sie von oben Steine auf ihn. In einer dritten Darstellung ertränkten sie ihn, als er am Meer saß und fischte. Achilleus und Aias ließen ihm ein ehrenvolles Begräbnis zuteil werden. Palamedes' Vater Nauplios kam nach Troja und verlangte Genugtuung für den Tod seines Sohnes, mußte aber unverrichteter Dinge wieder abziehen. Er rächte sich dann damit, daß er die Frauen der griechischen Führer bei ihrer Rückkehr gegen sie aufhetzte und viele Schiffe zum Scheitern brachte, als die Griechen heimsegelten.

Paliken, göttliches Zwillingspaar auf Sizilien. Zeus stellte der Nymphe Thalia nach, doch diese fürchtete Hera; so flehte sie ihren Geliebten an, der Erdboden möge sie verschlingen. Einige Zeit später entstanden an derselben Stelle ihre Zwillinge, die man Paliken nannte (Wiedergekommene). Nach einer anderen Version waren sie die Söhne des Hephaistos und der Aitna. An der Stelle, wo sie entstanden sein sollen, gab es Teiche, aus denen Naturgase entwichen. Dort errichtete man ein Heiligtum für Menschen, die eines Verbrechens bezichtigt wurden. Jedem, der hier seine Unschuld beschwor, wurde geglaubt; denn – so hieß es – wenn er log, würden die Paliken ihn auf der Stelle strafen.

Palinurus, Aeneas' Steuermann auf der Fahrt von Troja nach Italien. Nachdem sie Karthago verlassen hatten, legten die Troer wegen eines Sturmes in Elyma auf Sizilien an und warteten ab, bis er sich legte. Da aber Juno den Sturm geschickt hatte, um die Troer zu verderben, zürnte sie, weil sie ihr entronnen waren, und forderte das Leben wenigstens eines Mannes. So schickte sie Somnus (Hypnos, Schlaf) aus, der Palinurus einschläferte, so daß er von Bord fiel. Er wurde an den Strand gespült und von den Lukaniern erschlagen. Aeneas begegnete seinem Schatten in der Unterwelt und versprach ihm ein Begräbnis; er führte sein Versprechen auch zu einer späteren Zeit aus und bestattete ihn am Kap Palinurus (südlich von Paestum), das noch heute seinen Namen trägt.

Pallas, Beiname der Athene, dessen ursprüngliche Bedeutung verloren ging. Geschichten wurden erfunden, um ihn zu erklären. Nach einer von ihnen war Pallas ein kleines Mäd-

Palinurus fällt im Schlaf über Bord (Majolikateller aus Urbino, 16. Jh.; London, Victoria and Albert Museum)

Pan mit der Syrinx (bemalter Teller aus Gubbio, 16. Jh.; Paris, Musée du Petit Palais)

chen, die Tochter des Triton und Athenes Mündel. Eines Tages bekamen die beiden Streit, Pallas schlug mit dem Speer nach Athene, doch Zeus fing den Schlag mit seinem magischen Brustpanzer oder *aigis* auf. Athene schlug zurück und tötete Pallas; doch hinterher reute sie die Tat. Sie nahm den Namen des Mädchens an und verfertigte ein Bildnis von ihr in der Darstellung, wie sie die *aigis* trug. Das war das Palladion, das unter der Regentschaft des Ilos vom Himmel herab in die Stadt Troja fiel. Zeus soll das Bildnis vom Olymp geworfen haben, weil die Pleiade Elektra, von Zeus verfolgt, sich daran festgeklammert hielt; und als Ilos um ein Zeichen des Zeus bat, fiel das Bildnis in sein Lager. Das Palladion brachte Troja Glück; das war auch der Grund, weshalb Odysseus es im Trojanischen Krieg raubte.

Nach einer anderen Version nahm sie den Namen Pallas von einem Giganten an, den sie erschlagen hatte; siehe Pallas 2.

Pallas 1, Titan, Sohn des Krios und der Eurybia. Von Styx wurde er Vater von Kratos, Bia, Zelos und Nike; und vielleicht auch des Mondes, Selene.

Pallas 2, von Athene im Krieg mit den Göttern getöteter Gigant; sie zog ihm die Haut ab und überzog damit ihren Schild. Aus diesem Grund soll – wie es heißt – Athene den Namen Pallas angenommen haben.

Pallas 3, Sohn des athenischen Königs Pandion 2. Anfänglich half er seinem älteren Halbbruder Aigeus, den Thron zu gewinnen, doch dann bekamen die beiden Streit. Seine fünfzig Söhne, die Pallantiden, wurden später von Theseus ermordet.

Pallas 4 siehe Euander.

Pamphylos, Sohn des Königs Aigimios von Doris.

Pan, Gott des Weidelandes, besonders der Schaf- und Ziegenweide. Wie sein Vater Hermes besaß Pan enge Verbindungen zu Arkadien. Der Name hängt mit seinem Amt als Hirte zusammen, denn er bedeutet »Schafhirt« oder wörtlich »Nährer« (frühgriechisch Paon). Das Altertum schrieb ihm eine Vielzahl von Eltern zu. Als seinen Vater nannte man Hermes, Zeus, Apollon, Kronos und andere; als seine Mutter Kallisto, Penelope (wahrscheinlich der Name einer Dryopstochter), Hybris oder eine Ziege. Als seine Mutter sah, was sie in die Welt gesetzt hatte, sprang sie auf und verließ ihn; statt ihrer zogen ihn Nymphen auf. Er hatte nämlich Bocksfüße und auf dem Kopf kleine Hörner. (Die mittelalterlichen Teufelsdarstellungen leiten sich von diesem Pansbild ab.) Doch trotz des seltsamen Äußeren führte Hermes seinen Sohn stolz in die olympische Götterrunde ein. Als agrarischer Gott war Pan liebestoll und jagte dauernd den Nymphen nach. Man glaubte, daß er auch für die Fruchtbarkeit der Herden verantwortlich war. Wenn sie sich nicht vermehrten, wurde sein Standbild mit Meerzwiebeln geschlagen.

Wie Apollon war er Musiker, wenn auch nicht so hervorragend. In Lydien veranstalteten sie einmal einen Wettstreit, bei dem der Schiedsrichter Tmolos dem Apollon den Preis zuerkannte; für seine törichten Einwände bekam Midas die Eselsohren. Pans Instrument war die Syrinx oder Pansflöte, zu der die Nymphen und Satyrn tanzten. Seine Flöte stammte von einem seiner Liebesabenteuer, als er der Nymphe Syrinx oder Nonakris nachstellte. Sie erreichte den Fluß Ladon, und als sie verzweifelt erkannte, daß sie nicht hinüber konnte, bat sie die Nymphen, sie in Schilf zu verwandeln. Die Nymphen erfüllten die Bitte. Pan aber schnitt das Schilf ab und setzte Rohre verschiedener Länge zu einer Flöte zusammen. Pan liebte auch die Mondgöttin Selene, die er mit einem schönen weißen Wollvlies in den Wald lockte. Pan war gelegentlich auch ein furchterregender Gott, wie die Wortableitung panisch und Panik erkennen läßt. Am meisten zürnte er, wenn man ihn im Schlaf störte, sei es nachts oder mittags. Er war ein Lieblingsgegenstand der Schäferdichtung, ähnlich wie sein Halbbruder Daphnis, den er zärtlich liebte und dessen Tod er heftig beklagte. Pan bewies auch den Athenern seine Gunst; als Pheidippides zur Zeit der Schlacht bei Marathon (490 v. Chr.) von Athen nach Sparta eilte, um Hilfe anzufordern, soll ihn beim Überqueren des arkadischen Grenzgebirges Parthenion der Gott beim Namen gerufen und gefragt haben, warum er von den Athenern nicht verehrt würde, denen er schon so oft zu Hilfe gekommen sei. Als daher nach dem Sieg bei Marathon die Perser in »Panik« ausgebrochen und geflohen waren, stiftete Athen Pan zu Ehren ein Heiligtum, Opfer und Umzüge. Pan soll auch die gegen die Götter kämpfenden Giganten in Panik versetzt haben, und zwar durch einen mächtigen Ruf, der sie mit Schrecken erfüllte. Die Römer setzten ihn mit ihrem Waldgott Silvanus oder mit Faunus gleich.

Panakea (Allesheilerin), Tochter des Asklepios.

Pandareos, König der Stadt Milet. Aus dem Zeusheiligtum auf Kreta stahl er einen goldenen Hund und lieh ihn dem König Tantalos von Lydien, der ihn aber nicht zurückgab, sondern bestritt, ihn zu besitzen. Da der Hund aber nicht nur den Zeustempel, sondern zur Zeit von Zeus' Geburt auch Amaltheia bewacht hatte, strafte Zeus Pandareos und seine Frau Hermothoe und tötete sie. Aphrodite und die übrigen Göttinnen nahmen sich seiner zwei jüngeren Töchter Kleothera und Merope an und zogen sie auf. Athene unterrichtete sie in häuslichen Fertigkeiten, Artemis machte sie größer, Hera gab ihnen Schönheit und Verstand, und schließlich besorgte Aphrodite ihre Heiraten. Während sie aber noch auf dem Olymp mit Zeus darüber beriet, wurden die Mädchen von Sturmwinden entführt und mußten den Furien als Sklavinnen dienen. Die älteste Schwester Aëdon, die mit Zethos verheiratet war, fand ebenfalls ein trauriges Ende, denn sie tötete versehentlich ihren eigenen Sohn Itylos. Aus Mitleid mit ihrem Gram verwandelte Zeus sie in eine Nachtigall, die dann immer nur noch den Namen ihres Sohnes sang.

Pandaros, Sohn des Königs Lykaon im lykischen Zeleia und Verbündeter der Troer. In den Krieg zog er als Bogenschütze; er hatte diese Kunst von Apollon selbst gelernt. Pandaros gehorchte Athenes Befehlen, verkleidete sich als Laodokos, Sohn des Antenor, und schoß mit einem Pfeil auf Menelaos; damit war jener Waffenstillstand gebrochen, in dem Paris und Menelaos den Streit durch Einzelkampf beilegen wollten. Später wurde er von Diomedes getötet.

Pandion 1, Sohn des Erichthonios und der Naiade Praxithea; der sechste der sagenhaften Könige Athens. Er heiratete seine Tante, Praxitheas Schwester Zeuxippe. Seine Söhne waren Erechtheus und Butes, seine Töchter Prokne und Philomele. Unter seiner Regentschaft soll es zu einem Krieg gegen das von König Labdakos beherrschte Theben gekommen sein. Pandion verbündete sich mit dem thrakischen König Tereus und gab ihm Prokne zur Frau. Während Pandions Herrschaft besuchten Dionysos und Demeter Attika, und dort wurde ihr Kult gestiftet. Dem Pandion folgte Erechtheus, den spätere Darstellungen als seinen Sohn bezeichnen, der aber in früheren Überlieferungen als autochthon (erdentsprungen) erscheint.

Pandion 2, Sohn des Kekrops und der Metiadusa; Urenkel des obigen. Nachdem er seinem

Pandora (Harry Bates; London, Tate Gallery)

Der Raub der Helena (Schule des Fra Angelico, um 1430; London, National Gallery)

Vater als König von Athen nachgefolgt war, verdrängten ihn die Söhne seines Onkels Metion. Er suchte Zuflucht in Megara und heiratete König Pylas' Tochter Pylia. Als Pylas seinen Onkel Bias erschlug, wurde er aus Megara verbannt, und Pandion wurde König. Sein Sohn Aigeus vertrieb schließlich mit Hilfe seiner Brüder Pallas und Lykos Metion aus Athen. Ein weiterer Sohn, Nisos, erbte den Thron von Megara.

Pandion 3, Sohn des Phineus und der Kleopatra.

Pandora, die erste Frau, die Zeus als Plage der Menschheit erschaffen hatte, um Prometheus in Verruf zu bringen, der sich als Freund der Menschen erwiesen hatte, denen er als kostbares Geschenk das Feuer vom Himmel holte – und Zeus bekam so die ersehnte Rache. Der Name Pandora bedeutet »Allbegabte«. Hephaistos modellierte sie aus Lehm, Athene hauchte ihr Leben ein und bekleidete sie, Aphrodite schenkte ihr Schönheit (so daß die Männer diese neue Plage liebten), und von Hermes lernte sie List und Verrat; er brachte sie zu Epimetheus, dem närrischen Bruder des Prometheus, und sie wurde seine Braut. Die Götter hatten ihr einen versiegelten Krug oder eine Büchse mitgegeben; dieses Gefäß (»Büchse der Pandora«) enthielt alle Übel, die die Menschheit jemals plagen sollten; das einzig Gute darin war die Hoffnung – ganz unten auf dem Boden. Prometheus hatte Epimetheus davor gewarnt, jemals ein Geschenk von Zeus anzunehmen, und nun brachte Pandora das Verderben über die ganze Menschheit. Mit echt weiblicher Neugier öffnete sie die Büchse, und heraus kamen alle Sorgen und Schmerzen, Streit und Leid, die die Menschen seither anfechten. Sie verschloß das Gefäß schnell wieder, doch es war nicht mehr zu verhindern, daß alle Übel in die Welt kamen. Der Geist der Hoffnung, der noch in der Büchse gefangen war, schrie und wollte herausgelassen werden, um das Leid zu lindern, das nun auf die Sterblichen zukam. So waren nun die Männer, aus denen das Menschengeschlecht bis dahin bestanden hatte, und deren Leben frei von Mühe und Sorgen war, genötigt, zu

arbeiten und zu dulden, um ihren Lebensunterhalt zu verdienen.
Nach einer andern Überlieferung des Stoffes gehörte das Gefäß Prometheus und enthielt alle guten Gaben, die Prometheus der Menschheit erobert hatte und für sie in Verwahrung hielt. Pandora entdeckte es im Haus und öffnete den Deckel, worauf die Wohltaten entflohen und unwiederbringlich dahin waren; nur die Hoffnung, die langsamer als die anderen war, blieb zurück.
Pandora gebar dem Epimetheus eine Tochter, Pyrrha, die Deukalion heiratete und mit ihm die Sintflut überlebte.

Pandoros, Sohn des Erechtheus und der Praxithea; er half seinem Bruder Metion, Xuthos aus Athen zu vertreiben.

Pandrosos (»die alles Betauende«). Weil sie dem Gebot Athenes gehorcht und sich nicht den kleinen Erichthonios angesehen hatte, wurde Pandrosos auf der Akropolis geehrt und Athenes Ölbaum in ihrem heiligen Bezirk angepflanzt; siehe Aglauros 2.

Panthoos, Sohn des Othrys; trojanischer Ältester und Apollonpriester; seine Söhne – sämtlich trojanische Krieger – waren Polydamas, Euphorbos und Hyperenor.

Paphos, Tochter des Pygmalion und Mutter oder Gemahlin des Kinyras.

Paraibios, armer Mann aus dem thrakischen Thynia, der trotz aller harten Arbeit immer ärmer wurde. Der Seher Phineus, König von Salmydessos, sagte ihm, daß er unwissentlich eine Hamadryade (Baumnymphe) getötet hatte, als er ihren Baum fällte, und daher unter einem Fluch stand. Er opferte, um den Geist der Nymphe zu versöhnen, und sein Glück wendete sich. Als Phineus von den Harpyien (Göttinnen, die den Menschen Plagen brachten) heimgesucht wurde, half ihm der dankbare Paraibios.

Paris, Sohn des Königs Priamos von Troja und seiner Gemahlin Hekabe. Homer nennt ihn vorzugsweise Alexandros. Über Paris bestand in der Reihenfolge der Priamossöhne Uneinigkeit. Bei Homer ist er jünger als Hektor, doch war Paris schon neunzehn Jahre vor Hektors Tod als Abgesandter nach Sparta beordert worden, und Hektor erscheint als der erheblich Jüngere. Auch waren es Erstgeburtsrechte, die es Paris erlaubten, gegen hartnäckigsten Widerstand Helena behalten zu können. Die Auffassung, daß er zu den jüngeren Söhnen zählte, sollte vermutlich den Eindruck seines ungewöhnlich guten Aussehens unterstreichen.
Paris' Geburt und Erziehung wird bei Homer nicht erwähnt; die Berichte hierüber mögen spätere Erfindungen sein. Kurz vor seiner Geburt träumte seine Mutter, sie bringe einen Feuerbrand zur Welt, der die Stadt vernichte, oder ein hundertarmiges Ungetüm, das den Ort niederreiße. Ein Seher (Aisakos, Priamos' Sohn von der Nymphe Alexirrhoë) oder eine Sibylle sagte, der Traum künde Unheil an, und das Kind müsse sterben. Deshalb übergab Priamos das Kind nach der Geburt dem Hirten Agelaos, der es auf dem Berg Ida aussetzte, nach fünf Tagen aber noch immer lebend vorfand, weil eine Bärin es gesäugt hatte. Agelaos hatte Mitleid mit dem Kind und zog es als sein eigenes auf.
Es wuchs zu einem unvergleichlich schönen Jüngling heran und versöhnte sich zur gegebenen Zeit mit seiner Familie: Priamos ließ auf dem Berg einen Stier fangen, den er als Preis für Begräbnisspiele aussetzte, die er gerade abhielt. Der Stier, auf den die Wahl fiel, war der Liebling des Paris, und so begab sich dieser nach Troja, entschlossen, bei den Spielen mitzumachen und den Stier zurückzugewinnen. Er schnitt so gut ab, daß er den Neid der anderen Priamossöhne erregte. Als Deiphobos das Schwert gegen ihn zog, suchte Paris Zuflucht am Zeusaltar im Hofe des Palastes. Kassandra sah ihn und erkannte in ihm Priamos' verlorenen Sohn; Hekabes Traum war vergessen. Er war bereits mit der Nymphe Oinone verheiratet, der Tochter des Flusses Kebren, und verbrachte seine Zeit weiterhin bei ihr auf dem Ida, wo er in der Gesellschaft seiner Jugendfreunde die Schafe seines Vaters hütete.
Hierher führte nun Hermes auf Zeus' Geheiß Hera, Athene und Aphrodite, die sich wegen des goldenen Apfels mit der Aufschrift »der Schönsten« stritten, den bei der Hochzeit von Peleus und Thetis die Göttin Eris (Hader) unter die Gäste geworfen hatte. Die drei Göttinnen versuchten nun, den schönen Schiedsrichter zu bestechen, indem sie ihm die Herrschaft über die Erde, Sieg in der Schlacht und die schönste Frau der Welt versprachen. Das letztere reizte Paris am meisten, und so sprach er den Preis Aphrodite zu, die ihn seitdem beschützte und seine Ehe mit Helena stiftete. Dann schickte Priamos – zweifellos unter dem Einfluß Aphrodites – Paris in einer Mission zu König Menelaos von Sparta. Paris ließ vielleicht verlauten, daß er beabsichtige, Helena mitzubringen, denn ihre Schönheit wurde weithin gerühmt und alle heiratsfähigen Prinzen Griechenlands hatten um sie geworben. Helenos und Kassandra sollen Unheil für Troja prophezeit haben, wenn Paris nach Sparta ginge; und Oinone, die voraussah, daß er sie verlassen würde, sagte, wenn er jemals verwundet würde, solle er zu ihr auf den Ida kommen, wo sie ihn mit ihrer Heilkunst gesund machen würde.

Paris reicht Aphrodite den goldenen Apfel; rechts segelt er mit Helena fort (florentinisches Tafelbild des 15. Jh.; New York, Metropolitan Museum of Art)

In Sparta wurde Paris von Menelaos gastfreundlich empfangen, während sich dessen Frau Helena (von Aphrodite beeinflußt) heftig in den Gast verliebte. Nach neun Tagen aber mußte Menelaos nach Kreta segeln, um seinen Großvater Katreus zu begraben, und Paris entfloh mit Helena und nahm noch beträchtliche Schätze aus Menelaos' Truhen mit. Über die Zeit für den Heimweg herrschte Uneinigkeit. Es hieß, sie seien durch einen von Hera geschickten Sturm ins phönikische Sidon verschlagen worden, wo Paris bei dem dortigen Aufenthalt die Stadt einnahm. Nach einer anderen Überlieferung war er nach drei Tagen wieder in Troja. Diejenigen, die Helena in Schutz nehmen wollten, erklärten dagegen, Hera habe eine helenaförmige Wolke erschaffen, die Paris liebte und nach Troja brachte, während Hermes die echte Helena nach Ägypten entführte. Als sich nach einigen Jahten zeigte, daß Helena auf dem friedlichen Wege der Verhandlungen nicht zurückzubekommen war, wurde Troja von einer riesigen Streitmacht aus vielen griechischen Königreichen und Fürstentümern unter dem Oberkommando von Menelaos' Bruder Agamemnon angegriffen.

Homers ›Ilias‹ berichtet von mythischen Ereignissen aus dem zehnten Jahr der Belagerung. In dieser Darstellung spielt Paris trotz seines ausgezeichneten Äußeren eine etwas unrühmliche Rolle. Homers Name für Paris, Alexandros, bedeutet »Beschützer der Männer«, was große Tapferkeit voraussetzt. Aber es ist gerade so, als habe Paris, indem er den von Aphrodite gebotenen Preis wählte, nach dem Urteilsspruch alle Männlichkeit verloren, mit der ihn Hera und Athene ausgestattet hatten. Der einzige Zweikampf, den er während des Krieges der Griechen gegen die Troer austrug und der über den Ausgang des ganzen Krieges entscheiden sollte, richtete sich gegen Menelaos. Hierbei erscheint Paris als Feigling; als er besiegt von Menelaos am Helm hinweggeschleift wurde, ließ Aphrodite das Kinnband reißen und entführte ihn in einer Nebelwolke in Helenas Schlafgemach. Nur wenige respektierten ihn, und Hektor war über seine unmännliche Art sehr sarkastisch. Immerhin war es Paris, der schließlich Achilleus tötete, wenn auch der entscheidende Pfeil von Apollon gelenkt wurde. Bald darauf ereilte Paris selbst der Tod, wiederum durch einen Pfeilschuß, den diesmal Philoktetes mit dem Bogen des Herakles abgab. Als Paris verwundet dalag, bat er, man möge ihn zum Ida bringen, wo Oinone ihn zu heilen versprochen hatte. Nachdem er sie aber neunzehn Jahre alleingelassen hatte, war sie inzwischen anderen Sinnes geworden, und man brachte ihn wieder nach Troja zurück. Bald darauf reute es Oinone, doch es war zu spät – Paris war bereits tot, und sie erhängte sich aus Gram.

Parthenopaios, Sohn der Atalante; sein Vater war Meilanion oder Meleagros, oder der Gott Ares oder Talaos. Sein Name wurde mit Atalantes langer Jungfräulichkeit erklärt (griech. *parthenos,* Jungfrau); oder damit, daß sie ihn als Kind auf dem Parthenon ausgesetzt hatte; oder weil sie dies getan hatte, um den Verlust ihrer Jungfräulichkeit zu verbergen. Er war ein enger Freund des Heraklessohnes Telephos, den er nach Teuthrania begleitete. Beim Sturm auf Theben durch die Sieben, zu denen er gehörte (auf seiner Fahne prangte eine Sphinx), wurde er am Borrheischen Tor von Periklymenos getötet, der ihn durch einen Steinwurf zerschmetterte. Sein Sohn Promachos rächte im Kampf gegen die Epigonen seinen Tod.

Parthenope 1, Tochter des Stymphalos; sie gebar Herakles einen Sohn, Eueres.

Parthenope 2, Sirene; nach ihr war die kampanische Stadt Neapel benannt (die früher Parthenope hieß).

Parzen siehe Fatae.

Pasiphaë, Tochter des Sonnengottes Helios und der Okeanide Perseïs. Sie wurde die Frau des Königs Minos von Kreta, fiel jedoch schließlich in leidenschaftliche Liebe zu einem Stier – Poseidons Strafe für ihren Mann, der es versäumt hatte, ihm das Tier zu opfern. Der Bildhauer Daidalos baute eine hölzerne Kuh, in der sie sich verbergen und mit dem Stier sexuelle Beziehungen pflegen konnte. Nachdem ihrer Lust genüge getan war, gebar sie den Minotauros. Aus Wut über Minos' ständige Liebesabenteuer hexte sie ihm dann eine schmerzhafte Krankheit an, die er auf die Frauen, die er besaß, übertrug. Prokris heilte ihn wieder.

Pasithea siehe Grazien.

Patroklos, Sohn des Menoitios von Opos. Als Jüngling ließ sich Patroklos beim Streit im Würfelspiel die fahrlässige Tötung des Amphidamassohnes Klitonymos zu schulden kommen. Er mußte ins Exil gehen, und sein Vater brachte ihn nach Phthia, wo ihn König Peleus reinigte. Dort begann die enge Freundschaft des Patroklos zu Achilleus, der damals noch ein Knabe war, ihn jedoch später als anhänglichen Gefährten schätzte. Als Peleus beschloß, Achilleus nach Troja zu entsenden, wies Menoitios seinen Sohn ausdrücklich an, den ungestümen Prinzen unter Beobachtung zu halten. Nachdem sich Achilleus im letzten Kriegsjahr aus Protest gegen Agamemnons Verhalten zurückgezogen hatte, dankte auch Patroklos als zweithöchster Befehlshaber der Myrmidonenstreitmacht ab. Als er aber erkannte, daß die Griechen am Unterliegen waren, bekam er Mitleid. Einem Rat Nestors folgend, entlieh er sich Achilleus' Rüstung, führte die Myrmidonen zurück in den Kampf und vertrieb die Troer von den griechischen Schiffen. Dann befahl ihm Achilleus, auch in das Lager zurückzukehren, doch er verweigerte nun den Gehorsam, tötete den Lyker Sarpedon und rückte gegen die Mauern Trojas vor. Euphorbos brachte ihm eine Wunde bei und Hektor gab ihm mit dem Speer den Todesstoß. Um den Leichnam entbrannte ein langes Ringen, bei dem sich Hektor schließlich Achilleus' Rüstung sicherte, während Menelaos und der telamonische Aias die Leiche bargen. Als Achilleus vom Tode des Patroklos erfuhr, schwor er, seinen Freund nicht eher zu begraben, als bis er sich an den Troern gerächt habe. Beim Begräbnis des Patroklos, bei dem die Leiche (die Thetis mit Ambrosia einbalsamiert hatte) verbrannt wurde, tötete Achilleus zwölf trojanische Gefangene. Nachdem auch Achilleus gefallen war, wurden beide im selben Grab beigesetzt; ihre Asche mischte man.

Patron siehe Smikros.

Pedias siehe Kranaos.

Pegasos siehe Bellerophon.

Peirithoos, König der thessalischen Lapithen und guter Freund des Theseus. Er war Sohn des Zeus durch Ixions Gemahlin Dia, folgte dem Ixion auf dem thessalischen Thron, wurde jedoch bald in einen Krieg gegen die Kentauren verwickelt, die als Söhne Ixions einen Teil des Reiches beanspruchten. Nach erbittertem Kampf wurde der Streit gütlich beigelegt: die Kentauren erhielten den Berg Pelion für sich. Dem Peirithoos war schon der Ruhm des Königs Theseus von Athen zu Ohren gekommen; er stellte den Helden auf die Probe und beging

Pasiphaë und der Stier (Wandmalerei; Rom, Vatikanische Museen)

Achilleus verbindet die Wunde des Patroklos (rotfigurige Schale aus Vulci, Etrurien, um 500 v. Chr.; Berlin, Staatliche Museen)

einen Viehraub in Marathon. Theseus verfolgte ihn und holte ihn ein, es schien zu einem Kampf zu kommen, doch plötzlich lagen sich die beiden in den Armen und schworen sich lebenslange Freundschaft. Sie beteiligten sich an der Kalydonischen Eberjagd und nach einigen Berichten auch an der Argonautenfahrt. Sie führten außerdem gemeinsam eine Expedition gegen die Amazonen durch, bei der Theseus eine Amazonenkönigin erbeutete.

Peirithoos hatte nun vor, Hippodameia (oder Deidameia) zu heiraten, die Tochter des Butes. Er lud eine große Hochzeitsgesellschaft ein, darunter auch Theseus und Nestor von Pylos. Außerdem lud er auch die Kentauren vom Pelion ein, die er jetzt für seine Freunde hielt. Die Kentauren jedoch, des Weines ungewohnt, betranken sich mächtig und wollten die Braut und deren thessalische Brautjungfrauen entführen. Es kam zu einem schrecklichen Kampf mit vielen Toten auf beiden Seiten, doch behielten die Lapithen schließlich die Oberhand. Die Kentauren wurden aus Thessalien vertrieben und fanden im Peloponnes Zuflucht, mit Ausnahme des Chiron, der sich an dem Kampf nicht beteiligt hatte und bis zu seinem Tod auf dem Pelion wohnte.

Hippodameia gebar dem Peirithoos einen Sohn, Polypoites, der eine Streitmacht von vierzig Schiffen nach Troja führte. Als Hippodameia und Theseus' Frau Phädra tot waren, beschlossen die beiden Witwer, sich nun mit Zeustöchtern zu vermählen. Theseus entschied sich für Helena, und Peirithoos half ihm dabei, sie aus Sparta zu entführen. Weil sie aber für die Ehe noch zu jung war, schlossen sie sie unter der Obhut Aithras in der attischen Festung Aphidna in Attika ein. Dann machten sie sich auf die Suche nach einer Braut für Peirithoos. Dieser wählte – den Göttern zum Trotz – Persephone, die Frau des Hades. Peirithoos und Theseus machten sich am lakonischen Tainaron an den Abstieg in die Unterwelt. Sie zwangen den Fährmann Charon, sie über den Styx zu setzen, und kamen auch irgendwie am Höllenhund Kerberos vorbei. Dann begehrten sie ganz offen Persephone. Hades bot ihnen Stühle an, doch nachdem sie einmal saßen, blieben sie sitzen und rührten sich nicht mehr, denn es waren die Stühle des Vergessens. Es heißt, daß später Herakles den Theseus befreite und zur Oberwelt zurückbrachte; doch als er Peirithoos ergriff, erzitterte die Erde, und er mußte von ihm ablassen.

Pelagon, König von Phokis; siehe Kadmos.

Pelasgos, König von Argos; siehe Danaos.

Peleus, Sohn des Königs Aiakos von Aigina und der Endeïs. Als er bei seinem Bruder Telamon ihren Halbbruder Phokos mit einem Diskus erschlug – weil sie eifersüchtig auf ihn waren oder um ihrer Mutter zu Gefallen zu sein –, verbannte ihn Aiakos aus Aigina. Peleus wandte sich nach Phthia, wo König Aktor (oder sein Sohn Eurytion) ihn reinigte, ihm einen Teil seines Reiches schenkte und ihm die Hand seiner Tochter Antigone gab, die ihm Polydora gebar.

Peleus nahm dann am Argonautenzug teil und ging nach Kalydon, um Meleagros beim Erlegen des großen Ebers zu helfen. Unglücklicherweise tötete er Aktors Sohn Eurytion und wurde erneut verbannt, diesmal aus Phthia. Er ging nach Iolkos, wo ein anderer Argonaut, Akastos, König war; dort beteiligte er sich an den Begräbnisspielen für Akastos' Vater Pelias und rang dabei mit Atalante. Dann ereilte ihn ein weiteres Unglück: Akastos' Gemahlin Astydameia verliebte sich in ihn. Peleus wollte seinen Gastgeber nicht betrügen und wies ihr Ansinnen zurück. In ihrer Wut ließ sie Antigone wissen, Peleus werde ihre Tochter Sterope heiraten. Antigone erhängte sich vor Kummer. Astydameia war immer noch nicht zufrieden und sagte zu Akastos, daß Peleus ihr Anträge gemacht habe. Akastos, der Peleus von der Tötung des Eurytion gereinigt hatte, mochte seinen Gast nicht töten und beschloß, ihn durch eine List loszuwerden.

Er nahm deshalb Peleus zu einer Jagd auf dem Pelion mit und forderte ihn auf, an diesem Tag mehr Wild zu erlegen als er selber; dadurch hoffte er, Peleus zu erschöpfen. Peleus schnitt seiner Beute die Zunge heraus, um seinen Sieg zu beweisen, als Akastos ihm vorhielt, nichts erlegt zu haben. In der Nacht versteckte Akastos das Schwert des Peleus, eine von Hephaistos angefertigte Waffe, unter einem Haufen

Kuhmist und ließ den Schlafenden auf dem Berg zurück in der Hoffnung, die wilden Kentauren würden ihn töten. Chiron verhinderte das jedoch und gab Peleus sein Schwert wieder zurück. Als Peleus diese Sache durchschaute, sammelte er einige alte Kameraden von der Argo um sich und überfiel Akastos. Er tötete Astydameia und marschierte mit seiner Streitmacht durch die gespaltenen Hälften ihres Körpers hindurch und es hieß, daß er auch Akastos getötet habe. Dann übergab er Iolkos den Thessaliern und ging nach Phthia zurück, wo er ein Königreich besaß. Weil er den Annäherungen von Akastos' Gemahlin so tugendhaft widerstanden hatte, belohnte Zeus ihn mit dem außerordentlichen Vorrecht einer Ehe mit der Göttin Thetis. Diese Belohnung war aber nicht ganz ohne Hintergedanken; denn Zeus, der ursprünglich selber eine Verbindung mit Thetis eingehen wollte, hatte zu seinem Schrecken von Prometheus erfahren, daß Thetis' Sohn dazu bestimmt sei, größer zu werden als sein Vater. Er beeilte sich daher, sie an einen Sterblichen zu verheiraten. Um sich seine Braut zu verdienen, mußte Peleus mit ihr in einer Meereshöhle bei Magnesia ringen und sie besiegen oder sie festhalten, während sie sich in eine Vielzahl von Gestalten verwandelte. Die Hochzeitsfeier war prächtig, und alle Götter, mit Ausnahme von Eris (Hader), waren geladen. Jeder brachte ein Geschenk mit, darunter die unsterblichen Pferde Xanthos und Balios und eine von Hephaistos geschaffene Rüstung. Eris kam ungeladen und warf als Geschenk den berühmten goldenen Apfel in die Menge, den Paris später der Aphrodite zuerkannte. Thetis gebar einen Sohn, Achilleus, und bemühte sich darum, ihm die Unsterblichkeit zu sichern: Sie hielt ihn nachts in ein Feuer und salbte ihn mit Ambrosia. Als jedoch Peleus seinen Sohn im Feuer liegen sah, schrie er laut auf. Zur Strafe für diese Störung verließ Thetis ihn und kehrte zurück ins Meer. Nach anderen Überlieferungen hat sie ihr Kind in den Styx gehalten, um es unverwundbar zu machen, aber vergessen, auch die Ferse zu benetzen, bei der sie Achilleus gehalten hatte und die deshalb verwundbar blieb – die sprichwörtliche Achilleusferse. Peleus, dem nun die Erziehung des Knaben überlassen war, gab ihn seinem alten Freund, dem Kentauren Chiron, der in den Bergen eine »Schule« unterhielt, wo er schon Jason erzogen hatte. Thetis aber liebte ihren Sohn weiterhin zärtlich, besuchte ihn oft und sprach ihm Mut zu. Nach anderen Berichten war Chi-

Peleus erwählt Thetis zur Frau (Ritzzeichnung auf einer Schwertscheide aus Bronze, 7. Jh. v. Chr.; New York, Metropolitan Museum of Art)

Wagenrennen zwischen Pelops und Oinomaos (römischer Sarkophag; Rom, Vatikanische Museen)

ron zu dieser Zeit bereits tot. Bei Homer ist Phoinix mit der Erziehung des Achilleus beauftragt, ein Flüchtling vom Hofe seines Vaters Amyntor von Ormenion; Peleus machte ihn zum König der Doloper. Auch andere Flüchtlinge kamen an Peleus' Hof, so Epigeus von Budeon und Patroklos mit seinem Vater Menoitios.

Nachdem Achilleus im Trojanischen Krieg gefallen war, wurde der schon bejahrte Peleus von den Akastossöhnen aus Phthia vertrieben und suchte Zuflucht auf der Insel Kos. Nach dem Krieg eroberte sein Enkel Neoptolemos Phthia zurück und regierte es eine Zeitlang. Als Neoptolemos in Epiros weilte, beschützte Peleus seine Konkubine, die trojanische Prinzessin Andromache, vor Hermione und Menelaos, die ihr Böses wollten. Schließlich holte Thetis Peleus zu sich ins Meer, wo er sich an ihrer Seite der Unsterblichkeit erfreuen sollte.

Pelias und Neleus waren Zwillingssöhne des Poseidon und der Salmoneustochter Tyro. Weil sie Angst vor ihrer Stiefmutter Sidero hatte, setzte Tyro die beiden Säuglinge aus. Ein Pferdezüchter fand sie und zog sie auf, und Pelias erhielt seinen Namen von einem blutunterlaufenen Mal *(pelios),* das er von einem ausschlagenden Pferd erhalten hatte. Als sie zu Männern heranwuchsen, entdeckten die beiden, wer ihre Mutter war. Tyro erkannte sie an dem Korb, in dem sie die Kinder ausgesetzt hatte. Zur Strafe für die Mißhandlung ihrer Stieftochter Tyro, ergriff Pelias Sidero – obwohl sie an einem Heraaltar Zuflucht gesucht hatte – und gab ihr den Tod. Niemals vergab Hera dem Pelias diese Beleidigung ihrer Ehre, zumal er seitdem nie wieder der Hera opferte.

Nach ihrer Verbindung mit Poseidon hatte Tyro König Kretheus von Iolkos geheiratet und ihm drei Söhne geboren: Aison, Pheres und Amythaon. Pelias aber eignete sich den Thron an, obwohl sein Halbbruder Aison als Kretheussohn ein Anrecht auf die Königswürde von Iolkos hatte, Pelias jedoch nicht. Pelias heiratete die Biastochter Anaxibia, die ihm Akastos und eine Reihe von Töchtern gebar, darunter Alkestis. Unterdessen lebte Aison zurückgezogen in Iolkos, und als seine Frau ihm seinen Sohn Jason gebar, gab er ihn für tot aus; der Knabe wurde dem Kentauren Chiron anvertraut.

Viele Jahre später warnte ein Orakel aus Delphi Pelias vor einem Fremden aus dem Hause Aiolos', der nur eine Sandale tragen würde und seinen Tod bewirken wolle. In der Tat kehrte Jason später mit nur einer Sandale bekleidet nach Iolkos zurück; die andere hatte er verloren, als er die als altes Weib verkleidete Göttin Hera über den Hochwasser führenden Fluß Anauros getragen hatte; und so bestimmte die Göttin ihn zur Mithilfe bei der Vernichtung des Pelias. Jason verlangte nun den Thron von Iolkos, der rechtmäßig seinem Vater zustand. Mit erheuchelter Freundlichkeit fragte Pelias, was Jason tun würde, wenn er von einem Menschen wüßte, der ihn verderben wolle; und Jason erwiderte, er würde den Betreffenden aussenden, das Goldene Vlies aus dem Reich des Aietes in Kolchis zu holen. Und so erklärte Pelias, wenn Jason König von Iolkos werden wolle, dann müsse er eben dies tun; wenn er mit dem Vlies heimkehre, würde er Pelias' Erbe werden. Während Jason fort war und das scheinbar Unmögliche versuchte, tötete Pelias seinen Vater Aison und seinen Bruder Promachos; seine Mutter nahm sich das Leben. Nach mehreren Jahren jedoch kehrte Jason unvermutet zurück und brachte die Zauberin Medea als seine Frau mit. Sie war es, die Heras Zwecken dienstbar wurde; denn sie überredete die Pelias-Töchter dazu, ihren Vater zu zerschneiden und in einen Kessel zu tun in der Hoffnung, er würde dadurch auf zauberische Weise seine Jugend wiedererlangen. Jason hatte nun Iolkos in seiner Gewalt, doch mußte er wegen des Mordes an Pelias zusammen mit Medea die Stadt verlassen, und der Pelias-Sohn Akastos bestieg den Thron. Bei den Begräbnisspielen, die er für seinen Vater abhielt, war eine der Attraktionen Peleus' Ringkampf mit Atalante.

Pelops, Sohn des Lyderkönigs Tantalos durch die Göttin Dione oder durch eine Pleiade.

Eine Geschichte über seine Kindheit erzählt, daß Tantalos einmal von den olympischen Göttern eines Besuches gewürdigt wurde und sie gastlich bewirtete. Um die Allwissenheit seiner Gäste auf die Probe zu stellen, zerschnitt er seinen Sohn Pelops, kochte ihn und trug ihn als Mahlzeit auf. Die göttlichen Gäste aber erkannten den Inhalt ihrer Speise, bis auf Demeter, die ein Stück von der Schulter aß. Die Götter erweckten das Kind wieder zum Leben, und Demeter verlieh ihm eine elfenbeinerne Schulter; seit der Zeit war auf der Schulter seiner Nachkommen ein weißes Mal zu sehen. Der Dichter Pindar dagegen verwirft diese Darstellung und sagt, die Götter hätten kein Interesse daran gehabt, mit Tantalos zu speisen, und es auch nicht getan, sondern Poseidon habe sich in Pelops verliebt und auf den Olymp entführt. Als Tantalos' Herrschaft an ihr ruchloses Ende kam, brachten die Götter Pelops nach Lydien zurück und schenkten ihm ein legendäres Gespann geflügelter Pferde, womit umzugehen sie ihm beibrachten. Indessen vertrieb ihn König Ilos von Troja aus seinem Reich, und er zog mit seinem Gefolge nach Griechenland.

Dort beteiligte er sich an dem Wettstreit um die Hand der pisanischen Prinzessin Hippodameia. Ihr Vater Oinomaos hatte verfügt, daß jeder, der sie zur Frau gewinnen wollte, sie erst in einem Wagen davonführen mußte. Er selber aber pflegte den Freiern nachzujagen und mit einem Speerstich durch die Schulter zu töten. Entweder war er selbst in Hippodameia verliebt, oder er war gewarnt worden, daß er von der Hand ihres Gatten sterben würde. Er trug eine Rüstung, die ihm Ares geschenkt hatte; die Rennstrecke maß die ganze Entfernung von Pisa nach Korinth, etwa 150 Kilometer. Hinzu kam noch, daß seine Pferde als ein Geschenk des Ares unsterblich waren.

Pelops gewann Hippodameia durch eine List; er bestach Oinomaos' Wagenlenker Myrtilos, und versprach ihm eine Nacht in Hippodameias Bett und das halbe Reich, wenn er die Achsstifte am Wagen seines Herrn gegen wächserne austauschen würde. (Nach einer andern Überlieferung war Hippodameia in Pelops verliebt und traf die Vereinbarung mit Myrtilos um seinetwillen.) Pelops hatte einen guten Start, während der Vater seiner zukünftigen Braut noch seinem Schutzpatron Ares opferte. Sobald dann Oinomaos auf den Wagen stieg, brachen die Räder, und er wurde zu Boden geschleudert. Pelops hatte damit gerechnet, kehrte nun um und durchbohrte Oinomaos mit seinem Speer. Der Sterbende erkannte, daß Myrtilos den Unfall veranlaßt hatte, verfluchte ihn und weissagte, auch er werde von Pelops umgebracht werden. Dies geschah auch, denn Pelops, der nun König von Pisa und möglicherweise eifersüchtig auf Myrtilos war, lud diesen zu einer Fahrt in seinem Zauberwagen ein; und während sie über das Meer brausten, stieß er ihn ins Wasser. Während Myrtilos ertrank, verfluchte er Pelops, so wie er selber einst verflucht worden war, und bezog auch Pelops' Nachkommen in den Fluch mit ein.

Pelops verspürte Reue über den heimtückischen Mord an Myrtilos. Im Stadion zu Olympia ließ er zu Ehren seines Opfers ein Mahnmal errichten, das den Namen »Taraxippos« (Pferdeschreck) trug, weil es vom Geist des Myrtilos heimgesucht sein sollte und die Pferde vor ihm scheuten. Er war auch bestrebt, Myrtilos' Vater Hermes zu versöhnen, indem er dessen Kult in seinem ganzen Reich einführte.

Pelops wurde ein sehr mächtiger König, der Elis, Arkadien und weitere Ländereien seinem Reiche einverleibte, so daß man ganz Südgriechenland »Insel des Pelops« nannte – Peloponnes. Arkadien gewann er durch List: er heuchelte zunächst Freundschaft mit dessen König Stymphalos und ermordete ihn dann. Daraufhin überfiel eine Hungersnot das Land, die nur durch Aiakos' Gebete gelindert werden konnte.

Pelops soll eine große Familie besessen haben, zu der die Söhne gehörten, nach denen Epidauros, Sikyon und Troizen benannt wurden. Bekannter sind Pittheus, Alkathoos (König von Megara), Letreus und Skeiron (der auch als Nachkomme des Poseidon betrachtet wurde). Pelops' berühmteste Söhne jedoch waren Atreus und Thyestes, auf die sich Myrtilos' Fluch am schlimmsten auswirkte. Er hatte auch von einer Nymphe einen unehelichen Sohn, Chrysippos. Dieses Kind war besonders hübsch und war der Liebling seines Vaters, so daß Hippodameia und ihre Söhne eifersüchtig wurden. Laios von Theben, der als Flüchtling an Pelops' Hof weilte, entführte den Jüngling sogar eine Zeitlang. Chrysippos aber fiel in einen Hinterhalt und wurde von Atreus und Thyestes auf Anstiften ihrer Mutter getötet. Als Pelops entdeckte, was geschehen war, floh Hippodameia nach Midea in der Argolis, wo ihre Söhne jetzt herrschten. Seine Töchter Astydameia, Nikippe und Lysidike gab er den Perseussöhnen zur Frau, die über Argos herrschten; sie heirateten Alkaios, Sthenelos und Mestor.

Über Pelops' Tod weiß man nichts. Man ehrte

ihn an einer heiligen Stätte in Olympia, die nach einer Überlieferung sein Nachkomme Herakles gestiftet haben soll. Trotz des Mordes an Myrtilos stand Pelops im Ruf eines gastfreundlichen und gottesfürchtigen Mannes, und an seiner geweihten Stätte brachte man ihm Opfer dar. Viele Griechen glaubten, er habe die Olympischen Spiele gegründet, obwohl man diese Ehre auch Herakles zuschrieb.

Peloros, einer der thebanischen »Gesäten«; siehe Kadmos.

Pemphredo siehe Graien.

Penaten. Penates waren die römischen Götter der Vorratskammer *(penus)* und schon sehr früh Gegenstand der Familienverehrung. Später erhob man die Penaten des römischen Staates zu besonderer Bedeutung. Diese Staats-Penaten wurden im Vestatempel auf dem Forum gehalten und galten als Beschützer des ganzen Volkes. In der Sage waren sie

Penaten (römische Silbermünze, Mitte 1. Jh. v. Chr.; London, Britisches Museum)

mit dem angeblich trojanischen Ursprung Roms verknüpft und sollen die Haushaltsgötter des Aeneas – oder die Götter der Zitadelle von Ilion – gewesen sein, die er auf dem Arm aus dem brennenden Troja hinaustrug, zu Schiff nach Italien brachte und in einem Tempel jener Stadt aufstellte, die er in Lavinium in Latium gründete. Als dann später Rom selber gegründet wurde, sollen seine Nachfahren die Götter dorthin gebracht haben. Die staatlichen Penaten hatten die Gestalt sitzender Krieger mit Speeren in der Hand, ursprünglich waren es auch nur Heroldstäbe aus Eisen oder Tonkrüge. Gelegentlich wurden sie mit anderen Götterpaaren identifiziert, den Dioskuren und den Kabiren.

Peneios, Gott jenes Flusses, der durch das Tempetal in Nordthessalien fließt. Er war ein Sohn des Okeanos und der Tethys; eine Nymphe namens Krëusa gebar ihm einen Sohn, Hypseus, und drei Töchter, Kyrene, Daphne und Stilbe.

Peneleos, thebanischer Führer während des Trojanischen Krieges. Er war stellvertretender Regent für Teisamenos, den König von Theben, dessen Vater, der Polyneikessohn Thersandros, im Trojanischen Krieg bei einem Angriff auf die Mysier gefallen war. Er selber starb im Kampf durch Eurypylos.

Penelope 1, Tochter des spartanischen Königs Ikarios und seiner Gemahlin, der Nymphe Periboia. Ihr Vater ließ sie nur widerwillig gehen, als Tyndareos ihm riet, das Mädchen mit Odysseus zu verheiraten, und bemühte sich, den jungen Mann bei sich in Sparta zu halten. Als das fehlschlug und das junge Paar Abschied nahm, ritt er ihnen nach, und Odysseus forderte Penelope auf, sich zu entscheiden. Indem sie schweigend das Gesicht verschleierte, wählte sie den Gatten. Für die mit ihrem Eheleben verknüpften Sagen siehe Odysseus.

Penelopes Name ist sprichwörtlich für eheliche Geduld und Treue. Mehr als zwanzig Jahre lang wartete sie auf Odysseus' Heimkehr, wobei sie sich die Freier drei Jahre lang dadurch vom Leibe hielt, daß sie für ihren Schwiegervater Laërtes ein Leichentuch zu weben vorgab, das sie nachts heimlich immer wieder auftrennte. Als sie nicht mehr ein noch aus wußte, kehrte Odysseus heim und tötete die Freier. Er gab sich ihr erst zu erkennen, als er es für gefahrlos hielt; und selbst dann glaubte sie ihm erst, als er ihr die besondere Konstruktion ihres Ehebettes beschrieb. Sie hatten einen Sohn, Telemachos, der bei Odysseus' Rückkehr etwa zwanzig Jahre alt war, und bekamen nun noch einen weiteren Sohn mit Namen Ptoliporthes (Verheerer der Städte). Nach Odysseus' Tod heiratete Penelope (nach späteren Berichten) Telegonos, einen Sohn des Odysseus durch Kirke, und gebar ihm den Italos, nach dem Italien benannt ist. Kirke machte Penelope und Telemachos, den sie ihrerseits heiratete, unsterblich.

Der Name Penelope (griech. »Ente« oder auch »Weberin«) wird oft durch eine Geschichte erklärt, wonach Nauplios, aus Zorn über den Tod seines Sohnes Palamedes, den Odysseus heimtückisch umgebracht hatte, das Gerücht ausstreute, Odysseus sei tot; woraufhin Penelope sich ins Meer stürzte, aber von Enten gerettet wurde.

Penelope 2, Tochter des Dryops; durch Hermes wurde sie Mutter des Pan.

Penthesilea, Amazonenkönigin; Tochter des Ares und der Amazonenkönigin Otrere. Nachdem sie versehentlich einen Verbündeten – oder ihre Schwester Hippolyte – getötet hatte, wurde sie von König Priamos von Troja gereinigt. Infolgedessen kam sie ihm im Trojanischen Krieg zu Hilfe. Die Amazonen töteten im Kampf viele Griechen, doch schließlich fand Penthesilea selbst durch Achilleus den Tod. Nachdem er ihr die Rüstung abgenom-

Penelope am Webstuhl mit den Freiern (Bernardino Pinturicchio, ca. 1454–1513; London, National Gallery)

men hatte, fiel sein Blick auf ihren Körper und er verliebte sich in sie. Thersites verspottete Achilleus und seine leidenschaftlichen Gefühle, worauf der Held ihn mit einem einzigen Hieb niederstreckte. Die spätere Sage kennt einen Sohn Kaistos, den Achilleus und Penthesilea hatten.

Pentheus, zweiter (nach Pausanias' ›Beschreibung Griechenlands‹ der dritte) König von Theben. Pentheus war der Sohn der Kadmostochter Agaue und des Echion, eines der »Gesäten«. Seine Regierungszeit war kurz, weil er sich bald mit Dionysos befehdete, dessen Göttlichkeit er nicht anerkennen mochte. In seiner Tragödie ›Bakchen‹ zeigt Euripides, wie der junge Pentheus hochmütig den Dionysos ins Gefängnis wirft, dann aber von diesem dazu verleitet wird, auf den Kithairon zu gehen und die Mänaden zu belauschen, die er der sexuellen Freizügigkeit verdächtigt. Während die Frauen seiner Familie, erfüllt von bacchantischem Rasen, mit den Mänaden über den Berg tobten, erkletterte Pentheus als Frau verkleidet einen Baum und beobachtete das wüste Gelage. Seine Mutter und seine Tanten erblickten ihn, hielten ihn in ihrem Wahn für einen Löwen und rissen ihn in Stücke, die sie weit und breit verstreuten. So rächte sich Dionysos an dem ungläubigen Pentheus und an der Mutter und den Tanten, weil sie ihre Schwester Semele verachtet hatten, die Dionysos' Mutter war. Die Frauen wurden aus Theben verbannt.

Penthilos, Sohn des Orestes und der Erigone.

Perdix siehe Daidalos.

Pergamos, jüngster Sohn des Neoptolemos und der Andromache; Eroberer des mysischen Teuthrania und Gründer der Stadt Pergamon.

Periboia oder **Eriboia 1,** Tochter des Alkathoos; durch Telamon war sie Mutter des Aias 1.

Periboia 2 siehe Ikarios 1.

Periboia 3, Tochter des Hipponoos; sie war die zweite Frau des Oineus und Mutter von Tydeus und Olenias.

Perieres 1, Sohn des Aiolos und der Enarete. Nach dem Tod Polykaons wurde er König von Messenien. Er heiratete die Perseustochter

Penelope am Webstuhl (Stradano; Florenz, Palazzo Vecchio)

Gorgophone und hatte zwei Söhne, Aphareus und Leukippos.

Perieres 2, Wagenlenker des Menoikeus; siehe Klymenos 2.

Perigune. Als Theseus Perigunes Vater Sinis getötet hatte, wurde sie seine Geliebte und gebar ihm Melanippos.

Periklymenos 1, Sohn des Poseidon, der ihm bei der Verteidigung Thebens gegen die »Sieben« half. Einen von ihnen, Parthenopaios, tötete er durch einen Felsen, den er auf ihn schleuderte, doch als er einen weiteren töten wollte, Amphiaraos, wurde dieser von der Erde verschlungen.

Periklymenos 2, Sohn des Neleus; ein Argonaut. Sein Großvater Poseidon verlieh ihm die Fähigkeit, seine Gestalt zu verwandeln. Als Herakles Pylos angriff, machte sich Periklymenos diese Gabe zunutze und nahm die Gestalt eines Adlers an, der dem Heros das Gesicht zerkratzte. Herakles erlegte ihn jedoch mit einem vergifteten Pfeil.

Perimede, Schwester Amphitryons und Gemahlin des Likymnios.

Periphetes, Sohn des Hephaistos oder des Poseidon. Er war gelähmt und wurde zum Wegelagerer, der die Reisenden in der Gegend von Epidauros mit seiner Bronzekeule in Schrekken versetzte, weswegen er auch Korynetes, Knüppler, genannt wurde. Theseus tötete ihn und danach führte er Periphetes' Keule selber.

Pero siehe Melampus.

Perseïs oder **Perse** siehe Helios.

Persephone oder **Persephassa** (lat. Proserpina), Tochter des Zeus und der Demeter; später einfach als Kore (Jungfrau) bekannt. Als Frau von Zeus' Bruder Hades wurde sie zur Herrscherin der Unterwelt, doch war sie ursprünglich, wie ihre Mutter, eine Göttin des Wachstums. Für die Griechen stand die Fruchtbarkeit des Bodens in enger Beziehung zum Tod, und das Saatgut wurde vor der Herbstaussaat in den Sommermonaten im Dunkeln aufbewahrt. Das Wiedererstehen des Lebens nach dem Begräbnis wird in der Sage von Persephones Entführung und Wiederkunft symbolisiert und gab zu dem Ritual bei den Eleusischen Mysterien Anlaß, bei dem die Gläubigen überzeugt waren, daß die Rückkehr der Göttin zur Oberwelt für sie die Auferstehung nach dem Tode bedeutete.

Persephone war außergewöhnlich schön, und ihre Mutter Demeter hielt sie auf ihrer Lieblingsinsel Sizilien versteckt, um sie in Sicherheit zu haben. Dort in den Wäldern bei Henna pflegte sich Persephone mit den Okeaniden die Zeit zu vertreiben. Eines Tages aber waren sie zusammen beim Blumenpflücken, als sich Persephone von den anderen trennte, weil sie eine große, dunkelblaue Narzisse sah, die Zeus dort erblühen ließ; er hatte die Bitte seines Bruders Hades erhört, der das Mädchen heiraten wollte, und hoffte Demeters Einwilligung trotz der ihm bekannten Einwände durch einen vollendeten Tatbestand zu erwirken. Als Persephone jetzt mutterseelenallein war, tauchte Hades in seinem Wagen aus der Erde auf, ergriff sie trotz ihrer Schreie und zog mit ihr davon. Die Nymphe Kyane, die die Entführung mit angesehen hatte, protestierte vergeblich und schmolz in ihrem Kummer zu

Achilleus mit der toten Penthesilea (schwarzfigurige Vase, 6. Jh. v. Chr.; London, Britisches Museum)

Pentheus wird von den Frauen seiner Familie in bacchantischem Rasen zerrissen (Wandmalerei im Hause der Vettier, Pompeji; Neapel, Museo Archeologico Nazionale)

Wasser. Als Demeter schließlich Persephones Verbleib ausgeforscht hatte, konnte sie sie nur unter der Bedingung zurückgewinnen, daß Persephone während der Zeit in Hades' Haus noch nichts gegessen hatte. Askalaphos jedoch wußte dem Hades zu berichten, daß Persephone einige Granatapfelkerne verzehrt hatte – und so machte Hades seine Rechte als Ehemann geltend. Man fand jedoch einen Kompromiß: Hermes führte Demeter und Persephone vor den Thron des Zeus, und der entschied, daß Persephone vier Monate des Jahres (oder sechs, wie man auch sagte) als Königin der Unterwelt bei Hades verbringen müsse, den Rest der Zeit aber auf Erden.

Persephone scheint sich mit ihrer Rolle als Königin der Toten abgefunden zu haben, denn in den Sagen handelt sie stets in Übereinstimmung mit ihrem Mann. Nach manchen Berichten war sie überhaupt nicht die Tochter Demeters, sondern das Kind des Styx und von jeher Königin über die Toten gewesen. In anderen Sagen spielt sie kaum eine Rolle (siehe auch Adonis, Peirithoos, Zagreus), erfüllte aber eine wichtige Funktion im religiösen Ritual vieler Kultstätten, so in Eleusis, Theben und Megara, ferner in Sizilien und Arkadien.

Perses 1, Titan von hervorragender Weisheit; Sohn des Krios und der Eurybia; er heiratete Asteria, die ihm die Göttin Hekate gebar.

Perses 2, Sohn des Helios. Nach dem Raub des Goldenen Vlieses aus Kolchis nahm er Aietes' Thron ein. Später wurde er jedoch von seiner Nichte Medea oder von deren Sohn Medos getötet.

Perses 3, ältester Sohn des Perseus und der Andromeda, den diese in die Obhut des Kepheus und der Kassiopeia gaben. Erwachsen geworden, gewann er sich ein mächtiges Reich, und das persische Volk wurde nach ihm benannt.

Perseus, Sohn des Zeus und der Danaë. Perseus kam in einem Bronzeturm (oder einem Turm mit Bronzetüren) zur Welt, in welchen sein Großvater, König Akrisios von Argos, seine Mutter eingesperrt hatte, weil ihm ein Orakel weissagte, daß deren Sohn seinen Tod bewirken werde. Zeus erblickte Danaë und begehrte sie. Um sie besitzen zu können, verwandelte er sich in einen Goldregen, der in ihren Schoß fiel und ihn fruchtbar machte. Als der kleine Perseus geboren war, wollte der entsetzte Akrisios seine Tochter und deren unheildrohendes Kind ums Leben bringen und setzte beide in einer Truhe auf dem Meer aus. Zeus aber beschützte sie, und so landeten sie wohlbehalten auf der Insel Seriphos. Dort fand sie ein freundlicher Fischer namens Diktys (Netz), der zufällig der Bruder des örtlichen Königs Polydektes war. Perseus wuchs im Haus des Fischers heran; Polydektes verliebte sich in Danaë und überhäufte sie mit Heiratsanträgen. Perseus, zum Jüngling herangewachsen, erwies sich als ernstzunehmender Beschützer seiner Mutter, und Polydektes suchte nach einer Möglichkeit, ihn aus dem Weg zu schaffen. Sein Plan war, von den Inselbewohnern die Abgabe von Pferden zu fordern (nach anderen Überlieferungen waren die Pferde als Brautgeschenk gedacht, das er für die Hand der Hippodameia von Pisa zu bieten gewillt war). Nun besaß Perseus keine Pferde, aber er erbot sich, irgend etwas anderes zu geben. Das paßte in Polydektes' Plan, den lästigen Störenfried loszuwerden, und so

Hades entführt Persephone (Gian Lorenzo Bernini, 1598–1680; Rom, Galleria Borghese)

Hades und Persephone (rotfigurige Schale, 5. Jh. v. Chr.; London, Britisches Museum)

gebot er Perseus, das Haupt der Gorgone Medusa zu bringen – eine scheinbar unmögliche Aufgabe.
Athene aber, die Medusa haßte, weil sie in einem der Athene geweihten Tempel mit Poseidon geschlafen hatte, erschien dem Perseus, schenkte ihm einen Bronzeschild und sagte ihm, wie er vorgehen sollte. Zunächst mußte er die Höhle der Graien aufsuchen, dreier alter Weiber, die in den Bergen Afrikas hausten und zusammen nur ein Auge und einen Zahn besaßen, die sie sich reihum teilten. Da sie die Schwestern der Gorgonen waren, mußte sich Perseus ihrer Hilfe versichern, und dazu bediente er sich einer List: er griff sich das Auge, als es gerade weitergereicht wurde, und ließ sich dann den Weg zu den Gorgonen und zu den Nymphen erklären, deren Hilfe er nach Athenes Anweisung bei seinem Vorhaben brauchte.
Als die Graien ihr Wissen widerwillig herausgerückt hatten, warf Perseus ihr Auge in den Tritonissee, um zu verhindern, daß sie ihre Schwestern von seinem Kommen informierten. Die Nymphen, die in der Nähe lebten, gaben Perseus drei wichtige Hilfsmittel für seine Aufgabe mit: eine Tarnkappe, ein Paar Flügelschuhe und einen Mantelsack, in dem er das Medusenhaupt bergen konnte. Als er die Nymphen verließ, begegnete ihm Hermes, der ihm, sein schönes Aussehen bewundernd, ein Extrageschenk machte: ein Sichelschwert aus einem harten, eisenartigen Metall; nach einigen Berichten war es auch Hermes, der ihm die Flügelschuhe gab – nicht die Nymphen.
Mit Hilfe der Schuhe und der Tarnkappe flog nun Perseus über den Okeanosstrom an jenes Ufer, wo die Gorgonen lebten. Er überraschte sie im Schlaf, nahm sich vor Stheno und Euryale in acht, die unsterblich waren, und näherte sich Medusa, wobei er sich an ihrem Spiegelbild in seinem Bronzeschild orientierte; denn wenn er der Gorgone direkt ins Gesicht gesehen hätte, wäre er auf der Stelle versteinert worden. Dann schlug er ihr mit Hermes' Schwert den Kopf ab und verbarg ihn in dem Mantelsack. Medusas Schwestern erwachten und jagten ihm nach, doch er täuschte sie, indem er sich unsichtbar machte; und so entrann er ihnen.
In den ›Metamorphosen‹ des römischen Dichters Ovid muß sich Perseus gegen Stürme behaupten, ehe er nach Griechenland zurückkehren kann, und kommt dabei durch das Gebiet des Atlas, der ihn gewaltsam vertreiben wollte, als er hörte, daß Perseus ein Sohn des Zeus sei; denn Themis, die Göttin des Rechts, einst das Orakel von Delphi, hatte ihm prophezeit, daß ein Zeussohn eines Tages die Äpfel der Hesperiden stehlen würde. Ovid fügt hinzu, daß der erzürnte Perseus Atlas durch den Anblick des Medusanhauptes versteinerte und in ein großes Gebirge verwandelte, auf dem noch heute der Himmel ruht (eine Darstellung, die sich im Widerspruch zu der gewöhnlichen Geschichte vom Raub der Hesperidenäpfel befindet, in der Atlas noch lebte).
Perseus kam nach Ägypten, wo er in Chemmis die Heimat seiner Vorfahren sah. Als er dann an der Küste Phönikiens entlangflog, erblickte er die an einen Felsen gekettete Andromeda, die auf Geheiß des Orakels des Zeus Ammon von einem Meeresungeheuer verschlungen werden sollte, als Strafe für die Prahlerei ihrer Mutter Kassiopeia.
Andromedas Vater, König Kepheus von Ioppe, versprach sie dem Perseus zur Frau und bot sein Reich als Mitgift an, wenn er das Untier beseitigen würde. Und so griff Perseus die Bestie an, als sie auf Andromeda zuschwamm, um sie zu verschlingen, erschlug sie mit Hermes' Schwert – und die Hochzeitsvorbereitungen schritten voran. Phineus, der Bruder des Königs und Andromedas früherer Verlobter, versuchte die Feierlichkeiten zu stören, und Perseus mußte ihn und seine Leute mit Hilfe des Medusenhauptes in Stein verwandeln. Andromeda gebar ihm einen Sohn, Perses, den Perseus, als er ein Jahr später mit Andromeda auf die Insel Seriphos zurückging, bei Kepheus ließ und als Erben des Ioppeschen Thrones bestimmte.
In der Heimat waren Danaë und Diktys von Polydektes gezwungen worden, in einem Tempel Zuflucht zu suchen. Perseus trat Polydektes entgegen, der ihn auslachte, als er behauptete, das Medusenhaupt erobert zu haben: daraufhin zeigte Perseus es ihm, und er

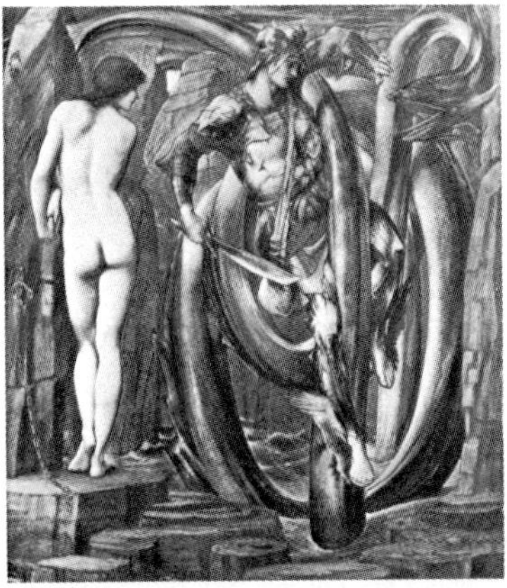

Perseus flieht mit dem Haupt der Medusa; Perseus rettet Andromeda vor der Seeschlange (Gouachen von Edward Burne-Jones, 1833–1898; Southampton, Art Gallery)

wurde versteinert. Nun, da seine Aufgabe vollendet war, verließ Athene Perseus und wies ihn an, die Waffen Hermes zurückzugeben, damit die verschiedenen Besitzer sie wiederbekämen. Perseus ließ Diktys als König auf Seriphos und wandte sich mit Andromeda nach Argos, dem Königreich seines Großvaters Akrisios. Akrisios aber, der von seinem Herannahen hörte, floh in das thessalische Larissa, damit sich die Weissagung nicht erfüllen konnte, daß ein Sohn seiner Tochter ihn töten würde. Perseus folgte ihm – ohne böse Absichten – und kam gerade zurecht, um sich an den Begräbnisspielen zu beteiligen, die der thessalische König Teutamides für seinen Vater abhielt. Beim Diskuswerfen aber traf Perseus versehentlich seinen Großvater, und so erfüllte sich das Orakel. Bei seiner Rückkehr nach Argos stellte Perseus fest, daß Proitos (der Zwillingsbruder des Akrisios und nach einer anderen Überlieferung der wirkliche Vater des Perseus) den Thron seines Bruders widerrechtlich eingenommen hatte; Perseus tötete ihn, indem er ihn in Stein verwandelte, und wurde selber König von Argos. Weil er aber dessen früheren Monarchen getötet hatte, wollte er das Reich lieber nicht selbst regieren, sondern tauschte es gegen Tiryns aus, das Reich des Megapenthes. Hyginos gibt eine andere Darstellung dieser mythischen Ereignisse; danach war Polydektes ein freundlicher Mann, der Danaë heiratete und Perseus im Dienst der Athene aufzog, und Akrisios wurde von Perseus zufällig bei den Begräbnisspielen für Polydektes auf Seriphos getötet. Hyginos berichtet auch, übereinstimmend mit Ovid, daß Perseus von Megapenthes aus Rache für den Tod seines Vaters Proitos getötet wurde. In der Erzählung der allgemein bekannten Sage sollen aber Perseus und Andromeda viele Jahre über Tiryns geherrscht und in den angrenzenden Gebieten der Argolis – in Mykene und Midea – neue Städte gegründet haben. Andromeda gebar fünf weitere Söhne, Alkaios, Sthenelos, Heleios, Mestor und Elektryon, und eine Tochter Gorgophone (Gorgotöterin).

Obwohl Berichte über das Leben des Perseus sehr bekannt waren und in einer Reihe verlorener Dramen mythisch behandelt wurden, sind nur spärliche Überlieferungen über sein Ende auf uns gekommen. Es hieß, daß Perseus Streit mit den Anhängern des Dionysos bekam, dessen Kult zu der Zeit die Argolis erreicht haben soll. Demnach hatte er ein Dionysosbildnis in den Lernäischen See geworfen und mit gewissen »Frauen aus dem Meer« einen Kampf ausgetragen. Athene versetzte Perseus und Andromeda sowie das Seeungeheuer, und auch Kepheus und Kassiopeia als Sternbilder an den Himmel.

Peteos, Sohn des Orneus; siehe Menestheus.

Peuketios, Illyrer; Sohn des Lykaon; er eroberte Süditalien.

Pferd, hölzernes siehe Epeios; Odysseus.

Phädra, Tochter des Minos und der Pasiphaë. Obwohl Theseus die ältere Minostochter Ariadne verlassen oder verloren hatte, machte ihr Bruder Deukalion nach dem Tode des Minos ein Bündnis mit dem athenischen König und gab ihm eine andere seiner Schwestern, Phädra, zur Frau. Einige Zeit später verliebte

Perseus befreit Andromeda (Malerei aus dem Haus der Dioskuren, Pompeji; Neapel, Museo Archeologico Nazionale)

sich Phädra heftig in Hippolytos, den Sohn des Theseus aus einer früheren Ehe mit einer Amazonenkönigin, der über Troizen herrschte, jenes Reich, das Theseus von seinem Großvater Pittheus ererbt hatte. Als Phädra erkannte, daß Hippolytos über ihre Liebeserklärungen entsetzt war, verklagte sie ihn bei seinem Vater und behauptete, er habe sie verführen wollen. Danach erhängte sie sich; und auch Hippolytos, von Theseus verflucht, fand bald den Tod. Phädra gebar Theseus zwei Söhne, Demophon und Akamas.

Phaëthon 1, Sohn des Sonnengottes Helios und der Okeanide Klymene. Als Jüngling neckte ihn sein Freund Epaphos mit der Behauptung, Helios sei gar nicht sein Vater. Klymene, zu dieser Zeit mit König Merops von Ägypten verheiratet, schickte ihn zu Helios' Palast im Osten, gegen Sonnenaufgang. Nach langer Reise gelangte er dorthin. Um seine väterliche Liebe zu beweisen, versprach Helios, Phaëthon jeden Wunsch zu erfüllen; und so wünschte er sich, einen Tag lang den Sonnenwagen über den Himmel zu lenken. Helios war über die vorwitzige Forderung entsetzt, doch mußte er sich fügen.

Die vier Pferde wurden vor den strahlend leuchtenden Wagen gespannt, und Phaëthon ergriff die Zügel. Sein Vater hatte ihm genaueste Anweisungen gegeben, doch einmal am Himmel, verlor der Jüngling den Kopf und die Pferde gingen durch. Sie rissen zuerst eine große Wunde in den Himmel, aus der die Milchstraße wurde. Phaëthon wurde immer unsicherer, und nun tauchten die Pferde hinab und verbrannten die Erde, verursachten eine Dürre und schwärzten die Haut der Äquatorbewohner. Von den Zerstörungen alarmiert, die Phaëthon anrichtete, schleuderte Zeus einen Donnerkeil, der den Jüngling aus dem Wagen warf. Sein brennender Körper stürzte in den Eridanos. Dort standen seine Schwestern, die Nymphen, die seinen Sturz beobachtet hatten, am Flußufer und beweinten ihn. Sie wurden in Pappeln verwandelt, wie sie noch heute an den Ufern dieses Flusses (heute der Po) häufig sind. Kyknos, der ligurische König, der ein Verwandter des Phaëthon war, kam ebenfalls, um zu trauern, und wurde in einen Schwan verwandelt (wie sein Name besagt); von seiner Totenklage wird der »Schwanengesang« abgeleitet. In einigen Überlieferungen heißt es, Zeus habe die Sintflut geschickt, um die Erde nach dieser Katastrophe wieder abzukühlen, außerdem glaubte man, daß das Sternbild Fuhrmann (Auriga) an Phaëthon erinnere.

Phaëthon 2, Sohn der Eos (Morgenröte). Aphrodite entführte ihn und machte ihn in einem syrischen Tempel zu ihrem Priester. Zu seinen Nachkommen gehörte Adonis.

Phaëthusa 1, Tochter des Helios.

Phaëthusa 2, Tochter des Danaos und durch Hermes Mutter des Myrtilos.

Phaia siehe Theseus.

Phainon, schöner, von Prometheus geschaffener Jüngling. Zeus versetzte ihn als Planeten (Jupiter) an den Himmel.

Phaistos, Kreter; Sohn des Bronzemannes (des ehernen Riesen) Talos. Nach ihm heißt eine kretische Stadt.

Phegeus 1, König im arkadischen Psophis (seine Stadt war vorher unter dem Namen Erymanthos bekannt). Er hatte zwei Söhne, Temenos und Axion, und eine Tochter, Arsinoë oder Alphesiboia. Als Alkmeon zu Phegeus kam und Zuflucht suchte, nachdem er seine Mutter Eriphyle umgebracht hatte, reinigte dieser ihn und verheiratete ihn mit Arsinoë, der Alkmeon die Hochzeitsgeschenke der Harmonia überreichte. Später mußte Alkmeon wegen des Zorns der Furien Psophis und Arsinoë verlassen; als er Harmonias Hochzeitsgeschenke dem Phegeus wieder ablisten wollte, lauerten dessen Söhne ihm auf und töteten ihn. Arsinoë, die ihn noch immer liebte, verfluchte ihren Vater für diese Tat, und Alkmeons Söhne von seiner letzten Frau Kallirhoë rächten ihren Vater, indem sie Phegeus mit Weib und Söhnen umbrachten.

Phegeus 2, Troer; Sohn des Dares. Diomedes tötete ihn.

Phemios, Sänger im Hause des Odysseus in Ithaka.

Pheres 1, Sohn des Königs Kretheus von Iolkos und der Tyro. Als Pelias den Thron von

Iolkos usurpierte, flüchtete Pheres mit seinem Bruder Amythaon und gründete in der Nähe von Iolkos eine neue Stadt, die er Pherai nannte. Von der Minyastochter Periklymene hatte er zwei Söhne, Admetos und Lykurgos. Er unterstützte Jason gegen Pelias und entsandte Admetos auf die ›Argo‹. Nach der Rückkehr der ›Argo‹ dankte er zugunsten des Admetos ab, doch als für diesen die Zeit zu sterben kam, war Pheres nicht bereit, an seiner Stelle den Tod zu erleiden. Sein Sohn Lykurgos wurde König von Nemea.

Pheres 2, Sohn des Jason und der Medea.

Philammon, berühmter Sänger, Sohn des Apollon und der Daidaliontochter Chione, ein Halbbruder des Autolykos. Philammon diente im Heiligtum seines Vaters in Delphi und gewann dort viele musikalische Wettbewerbe. Er liebte eine Nymphe vom Parnass mit Namen Argiope, doch als sie von ihm schwanger wurde, nahm er sie nicht in sein Haus auf. Nachdem ihr Sohn Thamyris geboren war, brachte sie ihn deshalb weit fort und zog ihn in Thrakien auf. Als die Streitmacht des Königs Phlegyas von Orchomenos Delphi angriff, stand Philammon an der Spitze der argivischen Verteidigung und fand in der Schlacht den Tod.

Philemon siehe Baukis.

Die liebeskranke Phädra mit Eros (rotfigurige Vase; London, Britisches Museum)

Phaëton stürzt aus dem Sonnenwagen (bemalter Teller aus Faënza, 16. Jh.; Paris, Musée du Petit Palais)

Philoitios, treuer Kuhhirt des Odysseus in Ithaka, der dem Eumaios bei der Vernichtung der Freier half.

Philoktetes, Sohn des Poias (*poia, poa* »Gras«), eines Schafhirten oder Königs auf der Halbinsel Magnesia, und der Demonassa. Entweder Poias oder Philoktetes kamen, während sie nach den Schafen sahen, am Berg Oita vorüber, wo der sterbende Herakles in Todesqualen auf dem Scheiterhaufen lag, den er dort hatte errichten lassen. Weil keiner seiner Anhänger bereit war, den Scheiterhaufen des noch lebenden Herakles zu entzünden, bot dieser dem Vorüberkommenden zum Lohn für diesen Dienst seinen Bogen und die vergifteten Pfeile an. Poias war vielleicht mit Herakles zusammen Argonaut.

Philoktetes, der zu den Freiern um Helena gehört hatte, brachte sieben Schiffsladungen von Bogenschützen aus Methone (oder Malis) in den Trojanischen Krieg. Als die Flotte Tenedos erreichte, wurde entschieden, daß auf der Insel Chryse dem Apollon geopfert werden müsse, und Philoktetes geleitete die Anführer des Unternehmens zu dem Ort. Während sie jedoch dort opferten, wurde Philoktetes von einer Wasserschlange in den Fuß gebissen, und die Wunde begann zu eitern und wollte nicht heilen. Nach einigen Berichten war die Schlange die Wächterin des Heiligtumes, oder Hera hatte sie gesandt, weil Philoktetes dem Herakles geholfen hatte; auch heißt es, daß es nicht eine Schlange war, sondern daß einer der mit Hydrablut vergifteten Pfeile auf seinen Fuß fiel. Philoktetes' Schmerzen waren so groß, daß er laut heulte und Flüche und Verwünschungen ausstieß, die seine Leute entsetzten; zudem verbreitete die eitrige Wunde einen unerträglichen Geruch. Auf Vorschlag des Odysseus ließ man dann Philoktetes auf der Insel Lemnos zurück; die Flotte aber segelte weiter nach Troja, auch seine Streitmacht, über die nun Medon, ein natürlicher Sohn des Oileus, das Kommando übernahm. In seiner Einsamkeit auf Lemnos hielt sich Philoktetes nur dank des Bogens und der Pfeile am Leben, die niemals ihr Ziel verfehlten. Er nährte sich von den erlegten Vögeln und wilden Tieren; aber seine Wunde heilte nicht. Zehn Jahre später nahm Odysseus den trojanischen Seher Helenos gefangen, der ihm u.a. erzählte, daß Troja so lange nicht fallen würde, wie die Griechen ohne Philoktetes und dessen Herakles-Bogen kämpften. Da sich Odysseus denken konnte, wie zornig Philoktetes auf ihn sein mußte, weil er seine Aussetzung angeregt hatte, verfiel er auf eine List. Er nahm den Achilleussohn Neoptolemos mit sich nach Lemnos, der ursprünglich nicht in der griechischen Armee gewesen war, und richtete es ein, daß dieser Jüngling Philoktetes sicheres Geleit heim nach Griechenland anbot. Philoktetes übergab ihm zum Dank den Bogen, worauf Neoptolemos ihm eröffnete, daß man ihn nach Troja bringen wolle. In Sophokles' Drama ›Philoktet‹ (409 v. Chr.) schämt sich Neoptolemos seiner Rolle bei dieser List und will den verletzten Philoktetes schließlich doch (wie versprochen) nach Griechenland bringen, doch Herakles, inzwischen zum Gott geworden, erscheint und befiehlt dem Philoktetes, mit nach Troja zu gehen und dort zu kämpfen; dort würde er auch genesen. In anderen Überlieferungen des Stoffes erscheint Diomedes als Begleiter des Odysseus, und ein Eingreifen des Herakles wird nicht erwähnt.

In Troja wurde Philoktetes von dem Arzt Machaon oder von Podaleirios, oder von beiden, kuriert, und er tötete Paris mit einem der vergifteten Pfeile. In Homers ›Odyssee‹ kehrt Philoktetes wohlbehalten heim, während er nach anderen Quellen von Stürmen nach Süditalien verschlagen wurde, wo er die Stadt Krimissa bei Kroton gründete; dort weihte er auch in einem selbsterbauten Heiligtum seine Waffen Apollon als dem Beschützer der Reisenden.

Philomele, Tochter des Königs Pandion von Athen; siehe Tereus.

Philomelos siehe Iasion; Demeter.

Philonoë, Gattin des Bellerophon.

Philonome siehe Kyknos 2; Tenes.

Philyra, Tochter des Okeanos und der Tethys. Kronos erblickte sie in Thessalien, als er nach dem Säugling Zeus suchte, den seine Frau Rhea vor ihm versteckt hatte. Kronos nahm die Gestalt eines Pferdes an, entweder um von

Philoktetes fällt, von der Schlange gebissen, zu Boden (rotfigurige Vase, 5. Jh. v. Chr.; Paris, Louvre)

Rhea nicht bemerkt zu werden, oder weil sich Philyra, um ihm zu entkommen, in eine Stute verwandelt hatte. Als ihr Kind zur Welt kam, war sie über das kentaurenhafte Geschöpf so entsetzt, daß sie die Götter bat, sie in eine andere Gestalt zu verwandeln. Darauf verwandelte Zeus sie in eine Linde, was auch ihr Name bedeutet. Ihr Sohn aber war Chiron, der erste und der beste der Kentauren. In einer anderen Darstellung dieser Sage wurde Philyra nicht zu einem Baum, sondern zog schließlich zu Chiron in seine Höhle am Berg Pelion und half ihm bei der Erziehung der griechischen Heroen.

Phineus 1, Bruder des Kepheus; Andromedas Onkel; siehe Perseus.

Phineus 2, König im thrakischen Salmydessos; ein Prophet. Er wird als Sohn des Poseidon oder des Königs Agenor von Tyros oder von dessen Sohn Phoinix bezeichnet. Als ihn die Argonauten auf ihrer Fahrt nach Kolchis aufsuchten, bot er einen bemitleidenswerten Anblick: er war nicht nur blind, sondern auch halbverhungert, weil ihm die Harpyien seine Mahlzeiten wegschnappten und seinen Tisch verunreinigten. Kalais und Zetes (die Boreaden) befreiten ihn von diesen Plagegeistern und verjagten die Harpyien; zum Dank weissagte er den Argonauten, wie ihr Unternehmen ausgehen werde.

Warum Phineus in dieser Weise heimgesucht wurde, ist nicht bekannt. Nach einer verbreiteten Version war er mit Kalais und Zetes verwandt, da er in erster Ehe ihre Schwester Kleopatra geheiratet hatte. Nach ihrem Tod heiratete er eine skythische Frau, Idaia, die Tochter des Königs Dardanos, die Kleopatras

Philoktetes auf der Insel Lemnos (David Scott; Edinburgh, National Gallery of Scotland)

Söhne Pandion und Plexippos sogleich schlecht behandelte und die sie fälschlich beschuldigte, sie verführt zu haben. Daraufhin wurden die Knaben von Phineus oder von Idaia geblendet und eingekerkert; im ersteren Fall strafte Zeus Phineus für das Unrecht und ließ ihn zwischen Blindheit und Tod wählen. Phineus wählte die Blindheit, und Helios, der als Sonnengott die Bevorzugung eines langen Lebens gegenüber dem Sehvermögen bedauerte, setzte Phineus noch weiter zu, indem er ihn von den Harpyien plagen ließ. (Nach anderen Überlieferungen war Helios, nicht Zeus, für die Blendung verantwortlich – oder die Argonauten.) Manche erzählten, die Argonauten hätten zwar die Kleopatrasöhne befreit, aber nicht selber Idaia bestraft, sondern sie in ihre skythische Heimat zurückgeschickt, wo ihr Vater, dem ihr schändliches Verhalten zu Ohren kam, sie umbrachte.

Eine andere Geschichte spricht von der Bestrafung des Phineus durch Poseidon, weil er Phrixos den Weg nach Kolchis verraten habe. Auch wurde behauptet, die Harpyien hätten nicht Phineus' Speisen fortgetragen, sondern ihn selber nach Skythien entführt und dort abgesetzt. Wieder ein anderer Bericht wußte, daß seine erste Frau Kleopatra vor seiner Wiederverheiratung gar nicht tot war, sondern zusammen mit ihren Söhnen eingekerkert wurde. Kalais und Zetes befreiten alle und töteten Phineus, der Widerstand zu leisten suchte. Danach schickte Kleopatra, die nun Königin von Salmydessos war, Idaia zu ihrem Vater zurück. In einer weiteren Version erschien Phineus als Diener des Apollon und als Prophet (Blindheit und Sehergabe gingen oft zusammen), der Zeus beleidigt hatte, weil er den Menschen mehr offenbarte, als gut für sie war, und der darum von den Harpyien geplagt wurde.

Phlegyas, Sohn des Ares. Nachdem Eteokles kinderlos gestorben war, wurde er König des böotischen Orchomenos, nach dem ein kriegerischer Stamm dieser Gegend benannt wurde. Er hatte zwei Kinder, Ixion und eine Tochter Koronis, die durch Apollon Mutter des Asklepios wurde. Als sich der Ruhm des Asklepios als eines Heilkundigen verbreitete, stellte sein Großvater Phlegyas ihm nach, spähte seinen Geburtsort in Epidauros aus und attackierte Delphi, weil das Orakel Asklepios' Behauptung, von göttlicher Abstammung zu sein, bestätigt hatte. Phlegyas tötete dort den Philammon, wurde aber selber von Nykteus und Lykos umgebracht, die entweder Thebaner oder Hyrier waren. Nach einer anderen Überlieferung war es Apollon persönlich, der ihn erschoß, als er sein Heiligtum überfiel. In dem Hauptwerk des römischen Dichters Vergil begegnet Aeneas dem im Tartaros gepeinigten Phlegyas, der seine Warnung an die Menschen hinausheult: »Seid wachsam, lernt Rechtschaffenheit und verachtet die Götter nicht!«

Phlegyer, kriegerische Nation in Böotien; siehe Phlegyas.
Phlogios siehe Autolykos 2.
Phobos siehe Deimos.
Phoibe (Helle, Strahlende) **1,** Titanin; Tochter des Uranos und der Gaia. Durch Koios wurde sie Mutter von Leto und Asteria. Bei Aischylos war sie die dritte Beschützerin des Delphischen Orakels – nach Gaia und Themis.
Phoibe 2, Tochter des Leukippos; siehe Kastor und Polydeukes.
Phoibe 3, Tochter des Tyndareos und der Leda.
Phoibe 4, ein später Beiname der Artemis.
Phoibos (der Strahlende), Beiname des Apollon.
Phoinix 1, Eponyme Phönikiens; ein Sohn des Agenor und der Telephassa. Gelegentlich galt er als Vater von Phineus, Adonis und Europa.
Phoinix 2, Sohn des Königs Amyntor von Ormenion. Seine Mutter Kleobule überredete Phoinix, die Geliebte seines Vaters zu verführen und sie so dem Amyntor abspenstig zu machen. Als Phoinix jedoch eine Nacht bei dem Mädchen verbrachte, entdeckte Amyntor es; er verfluchte Phoinix und bat die Furien, ihm Kinder zu versagen, was auch eintraf. Phoinix wollte zuerst den Vater umbringen, nahm aber davon Abstand, floh aus dem Raum, in dem seine Angehörigen ihn bewachten, und verließ das Land. (Euripides behauptete in einem verlorengegangenen Werk, daß Phoinix, obwohl an der Verführung des Mädchens unschuldig, von seinem Vater geblendet, später aber auf Bitten des Peleus von Chiron geheilt wurde.) Er ging an den Hof des Königs Peleus in Phthia, wo er freundlich empfangen und zum König der Doloper gemacht wurde. Nachdem er an der Kalydonischen Eberjagd teilgenommen hatte, beauftragte Peleus ihn mit der Ausbildung des jungen Achilleus im Waffengebrauch. Später begleitete er Odysseus nach Skyros, um den Jüngling zur Teilnahme am Trojanischen Krieg zu bewegen, und nahm dann selbst trotz seines vorgeschrittenen Alters als Achilleus' Statthalter an dem Unternehmen teil. Als Achilleus sich wegen seiner Fehde mit Agamemnon vom Kampf zurückzog, blieb Phoinix aktiv und gehörte jener Abordnung an, die Achilleus volle Entschädigung und eine Entschuldigung von Agamemnon anbieten sollte. Daß Achilleus hierauf nicht einging, schmerzte ihn tief, da er ihn stets wie einen Sohn gehalten hatte. Nach der fruchtlosen Mission blieb er bei Achilleus und kehrte nach dem Krieg mit Achilleus' Sohn Neoptolemos heim, verstarb jedoch auf der Reise.
Phokos 1, natürlicher Sohn des Königs Aiakos von Ägina mit der Nereïde Psamathe, die dem Aiakos in Gestalt einer Robbe *(phoke)* begegnete, woher der Sohn seinen Namen hatte. Da Phokos ein schöner junger Mann von hervorragender Körperkraft war, überredete Aiakos' Frau Endeïs ihre Söhne Telamon und Peleus, ihn umzubringen. Die beiden warfen das Los, und Telamon erschlug ihn auf dem Sportfeld; daraufhin verbannte Aiakos die beiden. Dieser Phokos wird in antiken Quellen nicht selten mit Phokos 2 verwechselt.
Phokos 2, Sohn des Ornytion (eines Sisyphossohnes) oder des Poseidon. Er zog aus Korinth fort und gründete und benannte das Königreich Phokis am Parnaß. Als Antiope, von Dionysos in den Wahnsinn getrieben, durch sein Reich zog, heilte er sie von ihrer Besessenheit und machte sie zu seiner Frau. Vermutlich waren diese beiden die Eltern von Panopeus, Krisos und Naubolos, obwohl diese Elternschaft auch dem anderen Phokos zugeschrieben wurde. Er und Antiope wurden in Tithorea beigesetzt, wo die Menschen eine gute Ernte erhofften, wenn sie über das Grab Erde von den Gräbern des Amphion und des Zethos streuten.
Pholos siehe Kentauren.
Phorbas 1, ein Lapithe, Sohn des Lapithes oder von dessen Sohn Triopas, oder eines anderen. Seine Heimat suchte man in Nordthessalien oder in Elis. Er war am Kampf mit den Kentauren beteiligt, der bei der Hochzeit des Peirithoos ausbrach. Auch soll er nach Rhodos gezogen sein und die Insel von Schlangen befreit haben. Elis als seine Heimat begünstigte den Glauben, daß er der Vater des Augias war.
Phorbas 2, Phlegyer aus dem böotischen Panopeus, der die Reisenden nach Delphi zu einem Faustkampf zu fordern pflegte und sie dabei tötete. Apollon aber kam ebenfalls in Gestalt eines Reisenden zu ihm und streckte ihn nieder.
Phorkys, einer der »Alten vom Meer«. Als seine Eltern nannte man Pontos (Meer) oder Nereus und Gaia (Erde). Seine unförmige Riesenschwester Keto gebar ihm eine seltsame Nachkommenschaft: die Gorgonen, die Graien, die Schlangenjungfrau Echidna, den hundertköpfigen Drachen Ladon, vielleicht auch die Sirenen, Tritonen und Hesperiden. Er soll auch der Vater der Skylla (durch Krataïs) und der Thoosa gewesen sein.
Phoroneus, Sohn des Flusses Inachos und der Okeanide Melia. Phoroneus soll der sagenhafte Gründer von Argos gewesen sein, das er Phoronea nannte. Die Nymphe Teledike, die auch von Zeus geliebt wurde, gebar ihm Apis und Niobe (nach einer anderen Überlieferung war Niobe die Frau, nicht die Tochter des Phoroneus), und seine Frau Kerdo schenkte ihm einen Sohn Kar, der König von Megara

wurde. Die Argiver schrieben Phoroneus die Entdeckung des Feuers zu und unterhielten zu seinem Gedächtnis eine ewige Flamme. Auch soll er nahe der Stadt das große Hera-Heiligtum, das Heraion, gestiftet haben.

Phosphoros (Lichtbringer), der personifizierte Morgenstern; Sohn der Eos (Morgenröte) und des Astraios oder Kephalos.

Phrasios, cypriotischer Seher; siehe Busiris.

Phrixos und Helle waren die Kinder des Königs Athamas von Orchomenos und der Wolkennymphe Nephele. Als Nephele ihn verließ, heiratete Athamas Ino, die ihren Gatten bat, seinen Sohn Phrixos dem Zeus zu opfern, um einem Orakelspruch zu folgen, der angeblich aus Delphi kam. Athamas war nicht bereit, seinen Sohn zu opfern. Nach einer Überlieferung war jedoch Phrixos bereit, zu sterben. Als der König seinem Sohn die Kehle durchschneiden wollte, tauchte ein sagenhafter Widder auf, den Nephele zur Rettung ihrer Kinder geschickt hatte. Der Widder besaß ein Vlies von gesponnenem Golde und konnte sprechen. Er gebot Phrixos, auf seinen Rücken zu steigen und Helle, der Ino ebenfalls übelwollte, kam mit. Dann erhob sich das Tier in die Lüfte und flog davon.

Als der Widder das Meer überflog, das Europa von Asien trennt, stürzte Helle über der Meerenge ab, die seitdem Hellespont heißt. Der Widder trug Phrixos weiter gen Osten, bis er endlich in Aia landete, der Hauptstadt von Aietes' Königreich Kolchis, das am Ostende des Schwarzen Meeres lag. Aietes hieß Phrixos willkommen und verheiratete ihn mit seiner Tochter Chalkiope. Phrixos opferte Zeus den Widder, entweder auf dessen eigenen Wunsch oder auf Befehl seiner Mutter. Das Vlies hängte er im Areshain auf, wo ein feuerspeiender Drache es bewachte. Als jedoch ein Orakel Aietes vor einem griechischen Fremdling warnte, der seinen Tod bewirken werde, ließ er Phrixos hinrichten (nach einer anderen Überlieferung jedoch starb er an Altersschwäche). Seine vier Söhne von Chalkiope, Argos, Phrontis, Melas und Kytissoros, entrannen dem Aietes auf einem Floß, und nachdem es als Wrack auf der sagenhaften Insel des Ares oder der Dia gelandet war, wurde es bald darauf von den Argonauten entdeckt, die die Männer als ortskundige Helfer mit nach Kolchis nahmen. Als Jason mit seiner Flotte davonfuhr, entkamen sie dem Aietes ein zweites Mal.

Phronime siehe Battos 1.

Phrontis siehe Phrixos.

Phylakos, König von Phylake im südlichen Thessalien. Seine Eltern waren Deion von Phokis und Diomede; er heiratete Klymene, die ihm Iphiklos und Alkimede, die Mutter des Jason, gebar; siehe Melampus.

Phylas 1, König der Thesprotier. Als sich Herakles bei seinem Schwiegervater König Oineus in Kalydon aufhielt, führte er im Interesse Oineus' Krieg gegen Phylas und eroberte die Stadt Ephyra. Dort verführte Herakles die Phylastochter Astyoche oder Astydameia, die ihm Tlepolemos gebar, der später König auf Rhodos wurde.

Phylas 2, Dryopenkönig vom Parnaß, der wegen seiner Überfälle auf das Delphische Orakel von Herakles angegriffen und besiegt wurde. Herakles machte die Dryopen dann zu Sklaven Apollons, doch gelang vielen von ihnen die Flucht nach Asine im östlichen Peloponnes. Phylas' Tochter gebar Herakles einen Sohn, Antiochos.

Phylas 3, Vater der Polymele; ob er Phylas 1 oder Phylas 2 zugeordnet werden kann, ist ungewiß.

Phyleus, Sohn des Augias; er überwarf sich mit seinem Vater zu der Zeit, als Herakles die berühmten Ställe reinigte, und mußte aus Elis fliehen. Er wandte sich zur Insel Dulichion (heute Leukas) und gründete dort ein Königreich. Viele Jahre später kam Herakles nach Elis zurück, setzte den greisen Augias ab und übergab Phyleus seines Vaters Thron; doch blieb Phyleus nicht lange, sondern ging wieder nach Dulichion zurück. Er heiratete die Tyndareostochter Timandra, die ihm zuliebe Echemos verlassen hatte und ihm den Sohn Meges gebar.

Phyllis, Tochter eines thrakischen Königs; in der Sage wird sie in Verbindung mit den beiden Söhnen des Theseus genannt; siehe Akamas; Demophon.

Phyllios siehe Kyknos 4.

Phytalos, Athener, der Demeter während ihrer Wanderungen über die Erde bei sich aufnahm und zur Belohnung mit dem Feigenbaum beschenkt wurde.

Picus. Von Picus gibt es zwei verschiedene Überlieferungen. Man sah in ihm einen alten italischen König, der Laurentum gründete. Er soll der Sohn des Saturn (oder Stercutus), der Gatte der Nymphe Canens und der Vater des Faunus gewesen sein und in einen Waldspecht (dies die Bedeutung seines Namens) verwandelt worden sein, weil sich die eifersüchtige Zauberin Circe (»Falke«) darüber ärgerte, daß er auf ihre Anträge nicht einging.

Nach der anderen Überlieferung war Picus ein agrarischer Gott, der die Gabe, seine Gestalt zu verändern, dazu benutzte, als Lieblingsvogel des Mars zu erscheinen, als Specht. Er besaß prophetische Gaben, die er als Orakelsprüche von einer Holzsäule herab in einem der Mars-Heiligtümer weitergab. Picus und Faunus wurden einmal von König Numa Pompilius in eine Falle gelockt, der unter ihr

Trinkwasser Wein mischte. Sie wurden stark betrunken und ließen sich mühelos gefangennehmen; sie verwandelten zwar ihre Gestalt, um ihn zu täuschen, doch schließlich verrieten sie ihm, wie er Jupiter vom Himmel herabholen könne (siehe Faunus). Picus soll auch den ostitalischen Stamm der Picenter zu neuen Wohnstätten geführt haben – so erklärte man sich ihren Namen. In einer weiteren Überlieferung half er der Wölfin bei der Aufzucht von Romulus und Remus.

Pielos, Sohn des Neoptolemos und der Andromache.

Pieriden siehe Musen, Pieros.

Pieros, makedonischer König, nach dem der Berg Pieros im Norden des Olymp benannt ist. Er war König von Pella; sein Vater war der Thessalier Magnes. Ein thrakisches Orakel kündete ihm von den Musen, und er führte in seiner Gegend ihren Kult ein. Seine Frau Euippe hatte neun Töchter (die Pieriden); diese Mädchen übten die schönen Künste aus und brachten es zu solcher Vollkommenheit, daß sie die Musen zu einem Wettstreit herausforderten. Für diesen Vorwitz verwandelten die Musen sie in Dohlen. Und die Muse Klio gebar dem Pieros einen Sohn, Hyakinthos. Sein Sohn Oiagros heiratete ebenfalls eine Muse, Kalliope, die ihm Orpheus und Linos gebar; nach einer anderen Überlieferung aber waren deren Eltern umstritten.

Pilumnus siehe Daunus.

Pimplea siehe Daphnis.

Pitane, spartanische Nymphe; von Poseidon entführt; sie gebar Euadne 2.

Pittheus, Sohn des Pelops und der Hippodameia aus Elis. Er und sein Bruder Troizen siedelten sich in der Argolis an, wo der Poseidonenkel Aitios Herrscher war. Nach dessen Tod teilten sich Pittheus und Troizen in die Herrschaft, bis nach einiger Zeit auch Troizen starb, und der als alleiniger König zurückbleibende Pittheus eine Stadt gründete, die er nach dem toten Bruder benannte. Pittheus war ein gebildeter und scharfsinniger Mann, und als einmal König Aigeus von Athen mit einem ihm unverständlichen Orakel zu Pittheus kam, erkannte dieser, daß Aigeus' Sohn ein großer Held werden würde. Er machte ihn daher betrunken und legte ihn in das Bett zu seiner Tochter Aithra. Zu ihrer Zeit gebar Aithra dann den Theseus (obwohl man häufig auch sagte, daß Poseidon Theseus' wirklicher Vater war). Theseus wuchs an Pittheus' Hof auf und wurde zum Thronerben bestimmt. Als er stattdessen später König von Athen wurde, schickte er seinen Sohn Hippolytos zu Pittheus, der dann sein Thronfolger wurde.

Pityreus, König von Epidauros; siehe Deiphontes.

Pleiaden, die sieben Töchter des Titanen Atlas und der Okeanide Pleione. Ihre Namen wa-

Peirithoos hält Wache, während Theseus Helena entführt (rotfigurige Vase, 6. Jh. v. Chr.; München, Staatliche Antikensammlungen)

ren: Maia (Mutter des Hermes durch Zeus), Elektra (Mutter des Dardanos und des Iasion durch Zeus), Taygete (Mutter des Lakedaimon durch Zeus), Kelaino (Mutter des Lykos durch Poseidon), Alkyone (durch Poseidon Mutter von Hyrieus, Hyperenor und Aithusa), Sterope (Mutter des Oinomaos durch Ares) und Merope (die dem Sterblichen Sisyphos den Glaukos gebar). Nach manchen Überlieferungen heiratete auch Elektra einen Sterblichen, den Korythos, der der Vater ihrer Söhne gewesen sein soll. Nach einer anderen Erzählung verwandelte Artemis die Taygete in eine Hindin, um ihr gegen die Nachstellungen des Zeus beizustehen, und dies war eben die Keryneische Hindin, die Herakles ein Jahr lang jagte und dann dem Eurystheus brachte.
Die Pleiaden waren über den Tod ihrer Schwestern, der Hyaden, so verzweifelt, daß sie sich alle das Leben nahmen und von Zeus als eine Gruppe von sieben Sternen an den Himmel versetzt wurden. Oder man sagte, Zeus habe sie verstirnt, um sie und ihre Mutter Pleione vor Orion zu retten, der sie sieben Jahre lang verfolgt hatte. Auch er wurde zum Sternbild, das für immer den Pleiaden nachzujagen scheint. Einer der sieben Sterne leuchtet schwächer als die anderen; entweder – so glaubte man – ist es Merope, die sich ihrer Leidenschaft für einen Sterblichen schämt; oder Elektra, die sich um das Schicksal Trojas härmt, der Stadt ihres Sohnes. Der Name Pleiaden leitet sich von einem griechischen Wort für »Taube« oder für »segeln« ab. Die sieben Sterne sind in den Sommermonaten sichtbar, jener Zeit also, die die Griechen und Römer der Schiffahrt vorbehielten.
Pleisthenes, Sohn des Pelops oder des Pelopsenkels Atreus (in diesem Falle galt er, eher als Atreus, als Vater von Agamemnon und Menelaos); seine Gattin war entweder Aërope oder die Diastochter Kleola.
Pleisthenes galt auch als natürlicher Sohn des Thyestes und der Aërope und als Bruder des Tantalos. Ein anderer Pleisthenes, ein Atreussohn, soll von Thyestes getötet worden sein.
Plexippos 1, Sohn des Thestios; von seinem Neffen Meleagros erschlagen.
Plexippos 2, Sohn des Königs Phineus von Salmydessos.
Pluto 1, Name für den Hades (wörtlich »der Reiche«).
Pluto 2, Titanin; Mutter des Tantalos.
Plutos, Sohn der Demeter und des Iasion. Nach der Hochzeit von Kadmos und Harmonia liebte Iasion die Göttin in einem kretischen Felde. Plutos' Name bedeutet »Reichtum«, und er schützte die Fülle der fruchtbaren Felder. Plutos wurde zusammen mit seiner Mutter in Eleusis verehrt. Es gab eine Überlieferung, nach der Zeus Plutos geblendet hatte, um ihn bei der Zuteilung der Güter unparteiisch zu machen und zu verhindern, daß die Reichen noch reicher würden. In Aristophanes' ›Plutos‹ benannter Komödie hat er das Augenlicht zurückgewonnen, um die ehrlichen von den unehrlichen Menschen unterscheiden zu können.
Podaleirios (Lilienfuß), Sohn des Asklepios und der Epione; Bruder des Machaon. Podaleirios und Machaon zogen mit dem griechischen Heer nach Troja, wo sie sich als Wundärzte betätigten. Sie brachten auch eine Streitmacht aus ihrem thessalischen Königreich mit. Podaleirios galt oft als der tüchtigere von beiden; er soll sein Handwerk von Machaon gelernt haben, der älter war, und sich auch auf die Heilkunde spezialisiert haben, während sein Bruder mehr ein Chirurg war. Als Eurypylos, der Sohn des Euaimon, beim Kampf auf den griechischen Schiffen verwundet wurde, konnte Podaleirios ihm nicht beistehen, weil er selber gerade allzuviel zu tun hatte. Podaleirios oder Machaon heilten dann Philoktetes' Wunde an seinem Bein und ermöglichten es ihm so, Paris zu töten. Dann gehörte Podaleirios auch noch zu den im hölzernen Pferd versteckten Griechen.
Den Trojanischen Krieg überlebte er. Zusammen mit dem Propheten Kalchas reiste er nach Klaros bei Kolophon und wandte sich später nach Delphi, um das pythische Orakel zu befragen, das ihm gebot, sich eine Wohnstätte zu suchen, wo ihm der Einsturz des Himmels nichts anhaben könnte. Er entschied sich für die karische Chersonesos (Halbinsel) – wo er schiffbrüchig geworden war –, weil sie rings von hohen Bergen umgeben war. Aus dem Wrack hatte ihn ein Ziegenhirte namens Bybassos befreit, nach welchem er eine Stadt benannte, die er dort gründete. Podaleirios heiratete Syrna, eine Königstochter, die von einem Dach gefallen war und die er von ihren Verletzungen geheilt hatte. Er gründete auch eine Stadt, die er nach ihr Syrnos nannte.
Podarkes 1, jüngerer Sohn des Iphiklos. Als zu Beginn des Trojanischen Krieges sein Bruder Protesilaos fiel, übernahm Podarkes das Kommando über die Streitmacht aus Phylake in Thessalien.
Podarkes 2, ursprünglicher Name des Priamos.
Poias siehe Philoktetes.
Polites 1, Sohn des Priamos und der Hekabe. Er beteiligte sich am Trojanischen Krieg als Soldat und Kundschafter. Neoptolemos tötete ihn vor den Augen seiner Eltern am Zeusaltar in Priamos' Hof. Vergil schildert den Tod des Jünglings in seinem Hauptwerk, dem römischen Nationalepos ›Aeneis‹.

Polites 2, ein Gefährte des Odysseus; siehe Euthymus.

Pollux siehe Kastor und Polydeukes.

Poltys, König im thrakischen Ainos; er bewirtete Herakles, der dann seinen Bruder Sarpedon umbrachte.

Polyanax siehe Menestheus.

Polyboia, anderer Name für Merope, die Gemahlin des Königs Polybos von Korinth.

Polybotes siehe Giganten.

Polybos 1, korinthischer König (vielleicht der gleiche wie Polybos 2), der kinderlos war und daher Ödipus adoptierte, als ein Schafhirte den Findling nach Korinth brachte. Seine Frau hieß Merope.

Polybos 2, König von Sikyon; Sohn des Hermes und der Chthonophyle, der Tochter des Eponymen von Sikyon. Er erbte den Thron Sikyons von seinem Großvater; seine Tochter mit dem Namen Lysimache oder Lysianassa verheiratete er mit Talaos von Argos. Nach langer Regentschaft folgte ihm Talaos' Sohn Adrastos nach, der an seinem Hof Zuflucht gesucht hatte.

Polydamas, Sohn des trojanischen Priesters Panthoos; er war ein geschickter Redner und Kämpfer auf trojanischer Seite und gab Hektor mehrere Male gute Ratschläge. Als Achilleus am Kampf wieder teilnahm, riet Polydamas Hektor, sich in die Stadt zurückzuziehen. Hektor hörte nicht auf ihn und starb.

Polydamna, Ägypterin, Gemahlin des Thon, des Herrschers im Nildelta; sie soll Helena in der Medizin unterwiesen haben.

Polydektes, König auf Seriphos (Insel westlich von Paros), der Perseus nach dem Gorgonenhaupt ausschickte. Seine Eltern waren der Aiolossohn Magnes und eine Naiade; sein Bruder Diktys war der Beschützer der Danaë; siehe Perseus.

Polydeukes siehe Kastor.

Polydora, Tochter des Peleus und der Antigone. Dem Fluß Spercheios gebar sie Menesthios; dann heiratete sie Boros, den Sohn des Perieres.

Polydoros 1, König von Theben; er soll der einzige Sohn von Kadmos und Harmonia gewesen sein. Nach den mythographischen Aufzeichnungen des griechischen Gelehrten Apollodoros folgte er seinem Neffen Pentheus und überließ nach kurzer Regentschaft seinem kleinen Sohn Labdakos, den ihm seine Frau, die Nykteustochter Nykteïs, geboren hatte, den Thron. Pausanias dagegen bezeichnet ihn in seinen mythologischen Erzählungen als Kadmos' direkten Erben.

Polydoros 2, Epigone; Sohn des Hippomedon.

Polydoros 3, jüngster Sohn des Priamos. In der ›Ilias‹ ist seine Mutter Laothoë, die Tochter des Lelegerkönigs Altes. Er war ein ausgezeichneter Schnelläufer, doch Priamos, der ihn am liebsten hatte, verbot ihm die Teilnahme am Trojanischen Krieg. Achilleus jedoch erschlug ihn und weckte damit Hektors furchtbaren Zorn. Nach einer andern Überlieferung, der Euripides in seiner Tragödie ›Hekabe‹ folgt, war Polydoros ein Sohn der Hekabe. Weil seine Eltern wünschten, daß wenigstens ein trojanischer Prinz den Krieg überleben sollte, schickten sie ihn zu Polymestor, dem König der thrakischen Bistonen, mit der Bitte, sich des Knaben anzunehmen, und gaben Polydoros sein Erbteil in Gold mit. Als jedoch Troja unterging, ermordete Polymestor den Jungen und nahm den Schatz an sich. Die Tat wurde aber von Hekabe entdeckt, die von Odysseus auf dessen Heimweg in Polymestors Reich gebracht worden war. In der Tragödie des Euripides erscheint Polydoros' Geist und verkündet den Mord; daraufhin findet Hekabe dann seine Leiche an der Küste. Um ihren Sohn zu rächen, lockt sie Polymestor mit dem

Hekabe mit dem toten Polydoros (Relief von André Allar; Marseille, Musée de Longchamp)

Odysseus blendet Polyphemos (rotfigurige Vase, um 530–510 v. Chr.; London, Britisches Museum)

Versprechen in ihr Zelt, ihm eine weitere Goldsumme zu geben – und tötet seine Kinder und blendet ihn. Als Aeneas auf die thrakische Chersonesos (Gallipoli) kam, um dort seine Stadt zu gründen, wurde das Grab des Polydoros entdeckt, als einige Zweige, die seine Leute abgerissen hatten, zu bluten begannen – und eine Stimme warnte ihn vor dieser ungastlichen Stätte. So fuhren die Troer wieder weiter, nachdem sie für ihn Opfer dargebracht hatten.

Nach einer andern Version wurde Polydoros von seiner Schwester Ilione – die mit Polymestor verheiratet war – mit deren eigenem Sohn Deipylos aufgezogen. Nach dem Krieg bestachen dann die Griechen Polymestor mit einer großen Summe Geldes und der Hand der Agamemnontochter Elektra, damit er Polydoros töte. Ilione aber hatte die Kinder, als sie noch klein waren, vertauscht und das Geheimnis für sich behalten: und so tötete Polymestor seinen eigenen Sohn. Zu einem späteren Zeitpunkt begab sich Polydoros, der sich ja für Deipylos hielt, zum Delphischen Orakel, wo ihm offenbart wurde, daß seine Heimatstadt verbrannt, sein Vater getötet und seine Mutter in der Sklaverei sei. Zu Hause aber fand er alles wohlauf, doch als er seine Mutter mit dem Orakelspruch auf die Probe stellte, erfuhr er seine wahre Identität; danach brachten sie gemeinsam Polymestor um.

Polyeidos, argivischer Seher, von Melampus abstammend. Er half Bellerophon bei der Zähmung des Pegasos und heilte auf wunderbare Weise Minos' Sohn Glaukos (siehe Glaukos). Von Kreta wandte sich Polyeidos nach Megara, wo er Alkathoos von der Tötung seines Sohnes Kallipolis reinigte. In einer anderen Überlieferung überfiel Minos Megara, weil dort Polyeidos beherbergt wurde, gegen den er einen Groll hegte, weil er Glaukos nicht ebenfalls Seher werden ließ. Polyeidos hatte einen Sohn, Euchenor.

Polykaste, Tochter des Nestor; sie badete Telemachos bei seiner Reise nach Pylos und heiratete ihn später.

Polymele, Geliebte des Gottes Hermes, dem sie Eudoros gebar; sie heiratete Echekles.

Polymestor, König der Bistonen; siehe Polydoros 3.

Polymnia oder **Polyhymnia** siehe Musen.

Polyneikes (viel Hader), älterer Sohn des Ödipus und der Jokaste; über die mit seinem Leben verknüpften Sagen siehe Eteokles. In Sophokles' Drama ›Ödipus auf Kolonos‹ versuchte Polyneikes, die Unterstützung seines blinden und verbannten Vaters für den Angriff auf Theben zu finden, indem er behauptete, Eteokles habe die Thebaner auf unlautere Weise für seine Sache gewonnen. Ödipus aber verfluchte ihn, weil es Polyneikes gewesen sei, der als erster der beiden in Theben regierte und für Ödipus' Vertreibung verantwortlich war; und er bat die Götter, daß Theben bei dem bevorstehenden Angriff der argivischen Anhänger des Polyneikes geschont werden möge, seine beiden Söhne sich aber gegenseitig töten sollten. Polyneikes und Argeia hatten einen Sohn, Thersandros, und vielleicht noch zwei weitere, Adrastos und Timeas.

Polyphantes, König von Messenien; siehe Melampus.

Polyphemos, Kyklop, Sohn des Poseidon von der Meeresnymphe Thoosa. Als Odysseus auf seine Insel kam, die in der späteren Literatur mit Sizilien gleichgesetzt wird, und Polyphemos um Gastfreundschaft bat, wobei er sich als Outis (niemand) vorstellte, da lachte ihn der Riese nur aus und schloß ihn dann mit seinen Gefährten in derselben Höhle ein, in der er mit seinen Schaf- und Ziegenherden hauste. Dann begann er, nach und nach die griechischen Gefangenen zu verspeisen. Odysseus wagte aber nicht, ihn zu töten, weil es den Griechen völlig unmöglich war, den Stein vor dem Eingang wegzuwälzen. Doch hatte er den Einfall, ihn zu blenden, nachdem er ihn zuvor mit starkem Wein betrunken gemacht hatte. Polyphemos rief die anderen Kyklopen zu Hilfe, weil »niemand« ihm nach dem Leben trachte, sie aber lachten nur. Als der blinde Riese am nächsten Morgen die Höhlentür öffnete, entkamen die Griechen, indem sie sich an die Unterseite der Schafe klammerten. Wieder auf seinem Schiff, verhöhnte Odysseus den Polyphemos, während sie davonsegelten, und er wäre fast von einem riesigen Felsbrokken getroffen worden, den der Riese in ihre Richtung schleuderte.

Vor seiner Blendung hatte Polyphemos eine tragikomische Liebe zu der Nymphe Galatea. Damals warnte ihn der Seher Telemos, daß er sein Augenlicht durch einen Mann mit Namen Odysseus verlieren würde. Unbekümmert erklärte er, er habe sein Herz schon an jemand anderes verloren.

Polyphontes, Nachkomme des Herakles, der den Thron von Messenien usurpierte; siehe Aipytos 1.

Polypoites 1, ältester Sohn des Peirithoos und der Hippodameia; er und der Kaineusenkel Leonteus führten eine Streitmacht von vierzig Schiffen aus Thessalien in den Trojanischen Krieg.

Polypoites 2, König von Thesprotien; der Sohn des Odysseus und der Kallidike.

Polyxena, Tochter des Königs Priamos von Troja und der Hekabe. Als nach dem Fall Trojas die Troerinnen gefangengenommen und auf die griechischen Anführer verteilt wurden, stand der Geist des Achilleus aus dem Grabe auf und verlangte als seinen Anteil an der Beute, daß Polyxena auf seinem Grab geopfert würde, so daß ihr Schatten dem seinen in der Unterwelt Gesellschaft leisten könnte. Daraufhin brachte Neoptolemos, der Sohn des Achilleus, sie um. In späteren Zeiten wurde eine romantische Geschichte erzählt, nach der sich Achilleus schon zu seinen Lebzeiten in Polyxena verliebte, als er sie im Tempel des tymbräischen Apollon das Opfer vollziehen sah; Hektor hatte die Heirat verhindert, doch nachdem Achilleus ihn getötet hatte, begab sich Polyxena auf Verabredung in den Tempel und traf sich mit Achilleus. Dort erschoß ihn Paris aus dem Hinterhalt, hinter einer Statue versteckt, und rächte damit Hektor. Auf diese Sage bezieht sich Euripides in einer Szene der ›Troerinnen‹.

Polyxenos, Sohn des Agasthenes; Anführer der Eleer im Trojanischen Krieg.

Polyxo 1, alte Amme der Königin Hypsipyle von Lemnos, erfahren in der Weissagung. Sie war es, die die Frauen der Insel anstiftete, ihre Männer zu töten; denn diese hatten sich den Frauen wegen eines üblen Geruchs, mit dem Aphrodite sie wegen der Vernachlässigung ihres Kultes gestraft hatten, ferngehalten. Als jedoch die Argonauten nach Lemnos kamen, erkannte Polyxo, daß die lemnischen Frauen auf die Dauer nicht ohne männlichen Nachwuchs die Insel halten konnten, und so wurden auf ihren Vorschlag hin die Argonauten willkommen geheißen, und sie blieben ein ganzes Jahr und versorgten die Insel mit Kindern.

Polyxo 2, Witwe des Heraklessohnes Tlepolemos, des Königs von Rhodos, der im Trojanischen Krieg durch Sarpedon fiel. Als Menelaos und Helena auf ihrer Rückfahrt von Ägypten in Rhodos anlegten, gebot Polyxo, die der Helena als Ursache des Trojanischen Krieges die Schuld am Tode ihres Gatten gab, den rhodischen Frauen, das Schiff in Brand zu stecken. Menelaos aber verkleidete eine Sklavin als Helena und stellte sie auf das Deck; da töteten die Frauen sie und ließen deshalb von dem Überfall ab. Nach einer anderen Überlieferung suchte Helena nach dem Tode des Menelaos in Rhodos Zuflucht und wurde von den rhodischen Frauen, die sich auf Polyxos Veranlassung als Rachefurien verkleidet hatten, an einem Baum erhängt.

Pomona, römische Göttin der Früchte und des Obstbaues (*pomum,* Apfel, Frucht). Der Gott Vertumnus verliebte sich in sie, doch wies sie ihn zurück. Er aber hatte die Macht, seine Gestalt zu verändern (sein Name kommt von *vertere,* wenden), und so erschien er ihr als alte Frau und sprach so beredt für sich selber, daß sich Pomona ihm schließlich, als er seine wahre Gestalt wieder angenommen hatte, ergab.

Pompilius siehe Numa.

Porphyrion siehe Giganten.

Porsenna, Lars P., etruskischer Fürst, nach allgemeiner Überzeugung Herrscher von Clusium (dem heutigen Chiusi); er dürfte eher eine Sagen- als eine historische Gestalt sein, da sein Name eine Zusammensetzung aus zwei Adelsprädikaten ist: *larth* (Kämpe) und *purthna* (oberster Bürger). In den Sagen um die Anfänge der römischen Republik erscheint er als der Hauptverbündete des Tarquinius Superbus, ebenfalls ein Etrusker, der aus dem Königsamt verjagt worden war und mit der militärischen Unterstützung seiner Landsleute den Thron zurückerobern wollte. Nach diesen Berichten belagerte Porsenna an der Spitze einer großen Streitmacht Rom vom Janiculus-Hügel aus, wo man vom rechten Tiberufer über die Stadt sieht. An der Einnahme Roms hinderte ihn allein die Unerschrockenheit des Horatius Cocles, der die Brücke über den Tiber verteidigte. Später verübte Mucius Scaevola im Verlauf einer langwierigen Belagerung ein Attentat auf Porsenna, brachte aber den Falschen um, weil ihm das Aussehen des Königs nicht bekannt war. Porsenna war jedoch von Scaevolas Mut und Entschlossenheit so beeindruckt, daß er mit den Römern einen Vertrag schloß, die Belagerung aufhob und die Sache des Tarquinius Superbus verloren gab; als Gegenleistung verlangte er eine Gruppe römischer Geiseln, und zwar die Kinder der hervorragendsten Bürger. Ein römisches Mädchen namens Cloelia erreichte später durch einen weiteren Akt beispielhaften Mutes die völlige Versöhnung Porsennas mit den Römern, und so zog er mit seinem Heer wieder nach Clusium ab.

Portheus oder **Porthaon,** König von Kalydon, Sohn des Agenor und der Epikaste. Seine Gemahlin Euryte gebar ihm Oineus, Alkathoos, Melas und Agrios. Laokoon soll ein unehelicher Sohn gewesen sein.

Portunus siehe Ino.

Poseidon, griechischer Hauptgott der Meere und Gewässer, den die Römer mit der alten italischen Wassergottheit Neptun(us) identifizierten, die sie mit Poseidons Mythologie ausschmückten. Der Name Poseidon (dorisch Poteidan) scheint »Herr (oder Gatte) der Erde«

Odysseus blendet Polyphemos (Pellegrino Tibaldi, 1527–1596; Bologna, Palazzo Poggi)

Die Hochzeit von Pomona und Vertumnus (Wandmalerei von Pierin del Vaga; Rom, Galleria Borghese)

zu bedeuten, was mit seiner ebenfalls üblichen Bezeichnung *gaieochos,* Erd-Halter, übereinstimmen würde. Er wird auch mit Erdbeben in Verbindung gebracht, daher seine weiteren Beinamen *enosichthon, enosigaios,* Erd-Erschütterer. Die hauptsächlich mit ihm in Verbindung gebrachten Tiere sind Pferde und Stiere. In Kult und Sage war Poseidon einer der größten Götter. Die bildende Kunst nahm sich seiner oft an und zeichnete ihn als große, bärtige Gestalt mit Dreizack (einem Gerät zum Thunfischfang, das die Kyklopen oder die Telchinen geschaffen hatten) und manchmal auch mit einem Fisch. Er scheint eine Reihe früherer und friedlicherer Meeresgötter – Nereus, Phorkys und Proteus, – die »Alten vom Meere« – verdrängt und viele ihrer Attribute übernommen zu haben; doch bringt Poseidon eine in deren Sagen nicht vorhandene Eigenschaft des Gewaltsamen hinzu: er wird oft als übellaunig, rachsüchtig und gefährlich dargestellt; das heißt, er verkörperte die Gewalt des Meeressturmes, und seine Taten bekunden dessen zerstörerische Macht.

Poseidon war ein Sohn von Kronos und Rhea und nach der ›Theogonie‹ von Hesiod der ältere Bruder des Zeus. Wie alle seine Brüder und Schwestern (bis auf Zeus), wurde Poseidon nach seiner Geburt von seinem Vater verschlungen, der für die Zukunft die Rivalität seiner Kinder fürchtete. (Die Arkadier behaupteten jedoch, Rhea habe dem Kronos statt des Poseidon ein Füllen untergeschoben; auch gab es eine Geschichte, nach der Rhea ihn nach Rhodos brachte, wo die Okeanide Kapheira ihn mit Hilfe der Telchinen aufzog.) Nachdem die Okeanide Metis dem Kronos jenes Brechmittel verabreicht hatte und er die Kinder wieder von sich geben mußte, half Poseidon dem Zeus, die Titanen zu überwinden und im Tartaros gefangen zu halten. Dann teilten die zwei Kronossöhne das Universum unter sich auf, wobei die Erde und der Olymp gemeinsamer Grund und Boden für alle blieben: dem Poseidon fiel durch das Los das Meer zu, in das ihn (eine Variante der üblichen Geburts-Erzählung) Kronos sogleich nach seinem Austritt aus dem Schoße Rheas geschleudert hatte. Zeus bekam den höchsten Rang – Homer nennt ihn den ältesten Bruder –, doch Poseidon begehrte häufig auf und gab sich nur im äußersten Notfall geschlagen. Einmal schmiedete er sogar mit Hera und Athene ein Komplott, um Zeus zu stürzen, und sie hielten ihn in Fesseln gefangen, doch Thetis holte Briareos, den Riesen mit hundert Armen, aus dem Tartaros, und der befreite Zeus. Die meisten der Kinder Poseidons, menschliche und göttliche, erbten seine Heftigkeit. Seine Frau soll Amphitrite gewesen sein, eine Tochter des Nereus oder des Okeanos. Als Poseidon um sie warb, bekam sie Angst und flüchtete zu Atlas. Delphinos aber, ein delphinartiges Meereswesen, machte sie ausfindig und überredete sie zur Heirat mit Poseidon, wofür er als Sternbild an den Himmel versetzt wurde. Amphitrite schenkte ihrem Gatten drei Kinder, Triton, Rhode und Benthesikyme. Er hatte aber eine große Anzahl weiterer Kinder von Göttinnen, Nymphen und sterblichen Frauen. Er besaß auch Demeter in Gestalt eines Pferdes, da sie sich, um ihm zu entgehen, in eine Stute verwandelt hatte (vielleicht war sie sogar seine ursprüngliche Gattin, wie die Verwandtschaft ihrer Namen vermuten läßt), und sie gebar ihm das göttliche Pferd Areion und die Tochter Despoina. Poseidon liebte auch die Gorgone Medusa, als sie noch eine schöne Frau war; er vollzog den Liebesakt mit ihr in einem Athenetempel, daraufhin verwandelte die jungfräuliche Göttin sie in ein abstoßendes Scheusal und war Perseus behilflich,

Mucius Scaevola vor Lars Porsenna (Paolo Veronese, 1528–1588, und G. B. Zelotti; Thiene, Castello di S. Maria Colleoni)

sie zu töten. Aus dem abgetrennten Haupt der Medusa, die von Poseidon schwanger war, entsprangen Chrysaor und das Flügelpferd Pegasos. Poseidon zeugte mit seiner Großmutter Gaia auch den Riesen Antaios; andere Giganten, die er zeugte, waren Otos und Ephialtes, die den Olymp stürmen wollten, und der Kyklop Polyphemos, dessen Blendung durch Odysseus Poseidon mit unversöhnlichem Haß gegen den Übeltäter erfüllte. Andere Kinder Poseidons waren von natürlicher Größe, aber von gewalttätiger Art: Kerkyon und Skeiron, zwei Übeltäter, die ein weiterer Poseidon-Sohn, Theseus, umbrachte; Amykos, den der Zeussohn Polydeukes tötete; und Busiris, den Herakles erschlug.

Zu den gewöhnlicheren Sterblichen, die Poseidon ihren Vater nannten, gehörten seine Söhne von der Epaphostochter Libye: Belos, Agenor und Lelex; Theseus, der berühmteste von allen, dessen Mutter Aithra und angeblicher Vater Aigeus war; der große Seefahrer Nauplios, ein Sohn der Amymone; Pelias und Neleus, Söhne der Tyro; Kyknos, Sohn der Kalyke und König von Kolonai; und viele andere. Poseidon war in der ›Ilias‹ des Homer von großer Bedeutung. Das lag vor allem an seiner Feindseligkeit gegen die Troer, die ihn veranlaßte, auch gegen das ausdrückliche Gebot des Zeus zugunsten der Griechen einzugreifen. Dieser Haß rührte noch von der einstigen Knechtschaft Poseidons und Apollons bei König Priamos' Vater Laomedon her. Sie hatten mit ihm vereinbart, für eine bestimmte Summe die Stadtmauern Trojas zu bauen, doch am Ende hatte er sich geweigert, zu zahlen. Apollon war dann wohl der Ansicht, die Pest, die er sandte, sei Strafe genug; denn in dem folgenden Krieg stand er auf Seiten der Troer. Poseidon dagegen war unerbittlich. Nicht genug mit dem Meeresungeheuer, das beinahe Laomedons Tochter Hesione verschlungen hätte, er verfolgte die Troer während des ganzen Kampfes unerbittlich. Sein Zorn machte selbst nicht vor den Griechen halt; denn er half seiner Nichte Athene, die Griechen für den Frevel zu strafen, den Aias, der Kleine, Sohn des Oileus, durch die Schändung Kassandras im Athenetempel begangen hatte. Ja, er tötete den Frevler persönlich, indem er den Felsen zerschmetterte, an dem er sich nach seinem Schiffbruch auf der Rückreise angeklammert hatte und die Götter schmähte, weil er sich aus eigener Kraft gerettet habe; die übrigen griechischen Anführer aber wurden dem gnadenlosen Meeressturm überlassen, weil sie Aias für seine Tat nicht gestraft hatten. Odysseus, der vorgeschlagen hatte, Aias für sein Verbrechen zu steinigen, blieb zunächst verschont, bekam aber später ebenfalls Poseidons Zorn zu fühlen, als er dessen Sohn Polyphemos geblendet hatte. Danach verzögerte sich seine Heimkehr beträchtlich, und er sah schließlich erst nach dem Verlust aller Gefährten seine Heimat wieder. Während dieser Zeit strafte Poseidon auch die seefahrenden Phäaken für ihre Hilfe, die sie Odysseus und anderen Reisenden angedeihen ließen, indem er ihren Hafen mit einer gewaltigen Gebirgskette abschnitt und das Schiff versteinerte, in dem sie Odysseus befördert hatten. Doch liebte es Poseidon auch, wenn er gerade gut aufgelegt war, seine ihm treu ergebenen Aithiopier aufzusuchen, die ihm reichlich opferten; und dieser Umstand erlaubte es Odysseus, der Aufmerksamkeit des Poseidon mehr als einmal zu entgehen.

Poseidon lebte unter dem Meere in einem Palast bei Aigai (es gab zwei Orte dieses Namens, in Achaia und in Euböa). In seinem Streitwagen durchkreuzte er die Meere in unglaublicher Geschwindigkeit – mit vier langen Schritten kam er von Samothrake nach Aigai –, und wenn er sich an einem Kampf beteiligte, bangte Hades, der Boden könnte durch seine Erdbeben einstürzen und das Gewölbe der Unterwelt zusammenfallen. Poseidon beanspruchte eine Reihe von Ländern für sich allein, stritt sich mit anderen Göttern um ihren Besitz und zog bei diesen Auseinandersetzungen oft den kürzeren. So zankte er sich etwa mit Athene um Athen und Troizen. Im ersteren Fall entschied ein Wettstreit: Athene ließ einen Ölbaum wachsen, während alles, was Poseidon zuwege brachte, eine Quelle mit fauligem Wasser war, die er mit seinem Dreizack dem Akropolisfelsen entlockte. Die Bevölkerung sah Athenes Geschenk als das nützlichere an, und zur Strafe für diese Entscheidung überflutete Poseidon die angrenzende Ebene von Attika. Später versöhnte Zeus ihn mit den Athenern, und danach ehrten sie ihn hoch. Im Falle Troizens gab Zeus weder seinem Bruder Poseidon noch seiner Tochter Athene den Vorzug. Auch dort überflutete Poseidon das Land, bis ihm das Volk von Troizen den Beinamen Phytalmios verlieh, der »Ernährer«. Bei Troizen war es auch, wo er Theseus' Sohn Hippolytos durch den Meeresstier tötete. In Argos bekam Poseidon Streit mit Hera, doch wurde Hera von den örtlichen Flußgöttern geschätzt, weil sie die ursprüngliche Schutzherrin der Stadt gewesen war. In seinem Zorn ließ Poseidon die Flüsse austrocknen und überflutete das Land mit Meerwasser. (Doch begegnete er trotzdem in Argos später der Danaostochter Amymone und war von ihr so entzückt, daß er ihr die besten Quellen zeigte und sie liebte; und sie gebar ihm Nauplios.) Eine Stadt aber gewann Poseidon doch noch für sich: Mit Helios stritt er um den Besitz Korinths, und der Streitfall wurde dem Briareos vorgetragen, der mit unparteiischer Entscheidung den luftigen Hügel über der Stadt (Akrokorinth) dem Sonnengott zusprach, den ganzen Isthmus aber, der auf beiden Seiten von Wasser eingesäumt war, dem Poseidon. Poseidon hatte auch einen heftigen Streit mit König Minos von Kreta. Als der König ihn um einen Opferstier bat, schickte er ihm ein so prächtiges Exemplar aus dem Meer, daß Minos sich entschloß, es zu behalten und nicht zu opfern. Daraufhin ließ Poseidon in seinem Zorn Minos' Gattin Pasiphaë in eine widernatürliche Leidenschaft zu diesem Stier verfallen. Als dann Theseus nach Kreta kam, um die monströse Frucht dieser Liebe, den Minotauros, zu töten, warf Minos seinen Ring ins Meer und befahl Theseus, ihn zurückzuholen und so zu beweisen, daß Poseidon wirklich sein Vater war. Als Theseus hinabtauchte, brachten ihm die Nereïden (Meeresnymphen) unverzüglich den Ring, und Amphitrite legte eine goldene Krone dazu, die Theseus aber für sich behielt. Poseidon belohnte Ehrenbezeigungen im Landesinneren ebenso wie auf dem Meer. Das zeigte sich an dem Rat, den Teiresias' Schatten dem Odysseus gab: er sollte den Gott durch ein Opfer so fern vom Meer versöhnen, daß die Menschen nicht einmal mehr das Ruder auf seinen Schultern erkennen konnten. Poseidon wurde im Landesinneren, in Böotien und in Delphi verehrt – wo es sogar hieß, er habe sich das Delphische Orakel mit Gaia geteilt, bevor Apollon es übernahm. (In Delphi pflegten die Leute von der Insel Korkyra dem Poseidon einen Bronzestier zu opfern, in Erinnerung an einen Stier, der bei ihnen an der Küste gestanden und den Fischern den Standort von Thunfischschwärmen gezeigt hatte – aber erst, nachdem ihnen Delphi geboten hatte, dem Gott ein Zehntel ihres Fanges zu opfern, wenn die Fische ihnen ins Netz gingen.) Außer seinen zerstörerischen Taten vollbrachte Poseidon aber auch einige barmherzige Werke. So verwandelte er Thessalien, das einst ein riesiger See gewesen war, in trockenes Land. Er schaffte das mit Hilfe eines mächtigen Erdbebens, das das Tempetal aushöhlte, durch welches der Peneios floß. Auch rettete er Ino und ihren Sohn Melikertes, als die beiden sich ins Meer stürzten, und verwandelte sie in die Meeresgötter Leukothea und Palaimon. Ka-

Poseidon und Amphitrite (römischer Sarkophag; München, Staatliche Antikensammlungen)

stor und Polydeukes, die Dioskuren, setzte er zu Beschützern der Seeleute ein und gab ihnen die Macht, Stürme zu bändigen. Man rief seinen Beistand gegen Erdbeben an, weswegen die Griechen ihn auch Asphalios nannten, den »Standfesten, Sicheren«.
In seiner Eigenschaft als Gott der Pferde war Poseidon als Hippios (Herr der Pferde) bekannt; in Athen war Athene unter dem Beinamen Hippia mit ihm verbunden. Mehreren seiner Günstlinge schenkte er Pferde. So gab er dem Pelops, den er liebte, die Pferde, mit denen er Hippodameia gewann; dem Idas jene, mit denen er die Euenostochter Marpessa entführte; dem Thraker Rhesos jene, die dann Odysseus und Diomedes raubten; und dem Peleus bei der Hochzeit mit Thetis jene unsterblichen Pferde, Xanthos und Balios, die Achilleus erbte. Poseidon wurde auch mit Widdern in Verbindung gebracht, weil er bei der Entführung der Theophane die Gestalt dieses Tieres annahm und auch sie in ein Schaf verwandelte, um ihren Freiern zu entgehen, die ihnen beiden nachjagten. Danach soll Theophane jenen Widder mit dem Fell aus Gold geboren haben, den Nephele ihrem Sohn Phrixos schickte, um ihn vor der Opferung durch Athamas zu retten.
Alle Meeresgötter besaßen die Fähigkeit, ihre Gestalt zu ändern, während Poseidon außerdem auch viele Menschen verwandelte. Nachdem er Kainis geschwängert hatte, verwandelte er sie auf ihren eigenen Wunsch in einen Mann, und Alope verwandelte er in eine Wasserquelle. Seinem Enkel Periklymenos gab er Macht, seine Gestalt nach Belieben zu ändern; und der Mestra, die er verführt hatte, gab er die gleiche Fähigkeit. Seinen Sohn Kyknos machte er unverwundbar.

Praxithea, Gemahlin des Königs Erechtheus von Athen.

Priamos, König von Troja zur Zeit des Trojanischen Krieges. Ursprünglich Podarkes geheißen, war er ein Sohn des Laomedon von Troja und (neben anderen Darstellungen) der Strymo, einer Tochter des Flusses Skamandros. Als Herakles Troja zerstörte, weil sich Laomedon weigerte, ihm den versprochenen Lohn für die Rettung Hesiones zu geben, da verschonte er auf ihre Bitten Podarkes. Sie löste ihn mit ihrem Schleier aus, woraufhin der Ausgelöste den neuen Namen Priamos bekommen haben soll, nach dem griechischen Verbum *priamai* »ich kaufe« (das ist nicht der wirkliche Ursprung des Namens, der nichtgriechischer Herkunft ist). Als einzig überlebender Sohn des Laomedon erbte Priamos das Reich und regierte es viele Jahre lang. Es wurde eine blühende Gegend, und seine Herrschaft reichte weit. Als die Stadt den Griechen

Poseidon und das Schiff des Odysseus (Pellegrino Tibaldi, 1527–1596; Bologna, Palazzo Poggi)

Poseidon verfolgt Amymone (Mosaik aus der Römischen Villa in Paphos, Cypern, 3. Jh. n. Chr.)

zum Opfer fiel, war er schon ein sehr alter Mann. Seine Hauptfrau war Hekabe, die Tochter des Phryger- oder Kisseer-Königs Dymas, aber er besaß auch eine große Anzahl von Konkubinen und hatte fünfzig Söhne, von denen der älteste Paris oder Hektor war (zu den übrigen zählen Deiphobos, Helenos, Troilos, Polites und Polydoros), und fünfzig Töchter, darunter Kassandra, Krëusa, Laodike und Polyxena. Die Nymphe Alexirrhoë, eine Tochter des Flusses Granikos, gebar ihm den Propheten Aisakos.

Die wesentlichen Sagen über Priamos' Leben bezogen sich auf einen Kampf gegen die Amazonen am Fluß Sangarios; die Aussetzung des kleinen Paris – von dem Hekabe geträumt hatte, sie gebäre einen Feuerbrand – und seine Wiedererkennung durch Kassandra; Paris' Entführung der Helena vom Hofe des Menelaos und die folgende Verheiratung des Paares durch Priamos; die Weigerung seiner Söhne und Ratgeber, Helena zurückzugeben, und den folgenden Krieg und die Belagerung Trojas; den Tod seines Lieblingssohnes Hektor und die Befreiung seiner Leiche aus den Händen Achilleus'; und beim Untergang Trojas seinen eigenen Tod am Zeusaltar im Hofe seines Palastes. Die meisten seiner Söhne hatte er im Krieg verloren, und in seinen letzten Lebensstunden mußte er den Tod eines weiteren Sohnes, des Polites, miterleben; er unter nahm noch einen schwachen Versuch der Gegenwehr, wurde aber von Neoptolemos erbarmungslos niedergemacht.

In der ›Ilias‹ erscheint Priamos als freundlicher und liebenswerter Greis, der Helena zugetan war. Er war der einzige Troer, dem die Griechen trauten, und deshalb wurde er zum Schwurzeugen vor dem Zweikampf zwischen Menelaos und Paris berufen. Als er vor Achilleus erschien und um die Leiche Hektors bat, war er zwar angesichts seines größten Feindes innerlich erregt, aber er bewahrte seine Selbstachtung und Würde. Wegen seiner großen Gottesfurcht beschützten ihn die Götter auf diesem Gang, obwohl ihm schon lange vorher bestimmt war, mit Troja unterzugehen.

Priapos, Gott der Gärten; erscheint erst spät in der griechischen Welt und kommt wahrscheinlich aus Phrygien. Es hieß, Aphrodite habe ihn dem Dionysos oder dem Hermes geboren, ihn aber wegen seiner Häßlichkeit verstoßen, denn er besaß einen seltsam verzerrten kleinen Körper, an dem ein mächtiger Phallus prangte. Er wuchs bei Schafhirten auf und schloß sich dann dem Gefolge des Dionysos an. Priapos liebte die Nymphe Lotis und schlich sich an ihre Seite, als sie schlief; aber kaum lag er neben ihr, da schrie ein Esel und weckte sie auf; sie bemerkte Priapos' Absicht und rannte entsetzt davon. Er verfolgte sie gierig, bis die Götter schließlich ein Einsehen hatten und sie in einen Baum verwandelten, den Lotos. Von da an waren dem Priapos die Esel verhaßt, und er freute sich, wenn sie ihm zu Ehren geopfert wurden. Eine andere Erklärung für seinen Haß auf Esel führt auf einen Streit zurück zwischen Priapos und jenem

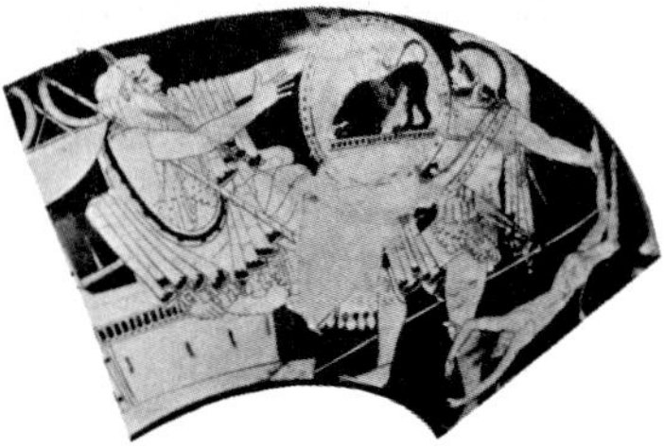

Priamos wird von Neoptolemos, der den toten Astyanax mitschleppt, überfallen (rotfiguriger Becher, frühes 5. Jh. v. Chr.; Paris, Louvre)

Esel, dem Dionysos zum Dank für einen Gefallen die Sprache verliehen hatte. Der Wortwechsel drehte sich um die beiderseitige Größe der Geschlechtsteile; Priapos zog den kürzeren und schlug das Tier tot.

Proca, König von Alba Longa und Vater von Numitor und Amulius.

Proculus, Julius P., legendärer Bewohner Roms aus Alba Longa, zur Zeit der Gründung Roms durch Romulus; er schwor einen Eid, daß er den vergöttlichten Romulus nach dessen Tod mit eigenen Augen gesehen habe. Romulus, so sagte er, sei größer und schöner als zu Lebzeiten gewesen und habe eine schimmernde Rüstung getragen. Er habe Proculus geboten, den Römern zu sagen, daß er nun ein Gott sei, den sie hinfort unter dem Namen Quirinus verehren sollten, und daß Rom die ruhmreichste und mächtigste Stadt der Erde werden würde. In historischer Zeit bezeichnete die Familie der Julier ihn als ihren Ahnherrn, während Cicero behauptete, er sei ein Mann bäurischer Abstammung (also kein Patrizier, wie behauptet wurde) gewesen, der seine Geschichte nur wegen einer Bestechung durch die Senatoren erzählt habe, die Romulus hingerichtet hatten.

Proitos, König von Tiryns; Sohn des Königs Abas von Argos und der Aglaia, und Zwillingsbruder des Akrisios. Schon im Mutterleib fingen die Zwillinge an zu streiten und hörten ihr Leben lang damit nicht auf. Als Abas ihnen gemeinsam das Reich hinterließ, kämpften sie miteinander um dessen Besitz. Akrisios jagte Proitos schließlich unter dem Vorwand davon, er habe seine Tochter Danaë verführt, obwohl Danaë selber erklärt hatte, Zeus sei ihr Geliebter gewesen. Proitos nahm in Lykien Zuflucht, wo ihn König Iobates willkommen hieß und ihm seine Tochter Stheneboia (oder Anteia) zur Gemahlin gab. Er stattete ihn auch mit einem Heer aus, das in Epidauros über Akrisios herfiel. Da ein Einzelkampf zwischen den Zwillingen keine Entscheidung brachte, kamen sie überein, das Reich zu teilen: Akrisios nahm den Süden und behielt Argos als Hauptstadt; Proitos erbaute weiter nördlich eine neue Stadt, die er Tiryns nannte. Nach einer Überlieferung wurden die Mauern dieser Stadt von Kyklopen erbaut.
Proitos verlor, nach einigen Sagen, sein Weib Stheneboia, weil sie sich aus Liebe zu Bellerophon erhängte. Sie hatte Proitos drei Töchter geschenkt, Iphinoë, Lysippe und Iphianassa, und einen Sohn, Megapenthes, der das Königreich erbte. Die Töchter wurden von Dionysos oder von Hera in den Wahnsinn getrieben, weil sie den Kult der betreffenden Gottheit versäumten; sie rasten über das Land und begingen alle Arten von Unziemlichkeiten. Proitos versuchte schließlich, mit Melampus einig zu werden, der sie heilen sollte – aber der Preis des Sehers, ein Drittel des Reiches, erschien ihm zu hoch. Die Lage verschlimmerte sich indessen, da nun auch andere argivische Frauen von diesem Wahnsinn angesteckt wurden. Proitos war nunmehr bereit, sogar einen höheren Preis, nämlich zwei Drittel des Reiches, zu zahlen, wenn Melampus die Frauen heilte. Das tat er dann auch mit Erfolg; nur Iphinoë kam versehentlich um. Proitos soll später Akrisios vom argivischen Thron vertrieben und ihn sich selber angeeignet haben, wofür Proitos von Akrisios' Enkel Perseus mit Hilfe des Gorgonenhauptes versteinert wurde. Megapenthes soll seinen Vater gerächt und Perseus getötet haben.

Prokleia, Gemahlin von Kyknos 2 und Mutter von Tenes.

Prokles, spartanischer König; Sohn des Aristodemos und Zwillingsbruder des Eurysthenes. Die Zwillinge unterstanden in der Jugend der Obhut des Theras, und als sie volljährig waren, teilten sie das Reich unter sich auf und stifteten so das Doppelkönigtum.

Prokne siehe Tereus.

Prokris, Tochter des Königs Erechtheus von Athen; siehe Kephalos.

Prokrustes (griech. *prokroustes* Strecker), angeblich ein Sohn des Poseidon. Ein notorischer Schurke, dessen wirklicher Name Polypemon war; er hatte noch einen weiteren Spitznamen, nämlich Damastes, der Bändiger. Er lebte an der Straße von Eleusis nach Athen und pflegte den des Weges Kommenden seine Gastfreundschaft anzubieten, sie dann zu überwältigen, in einem Bett zu fesseln, ein langes für kurze Menschen und ein kurzes für lange, und ihre Gliedmaßen je nachdem abzuhacken oder langzuzerren. Theseus ließ ihm dieselbe Behandlung zuteil werden und paßte ihn in das Bett ein, indem er ihm den Kopf abschlug.

Promachos 1, jüngerer Sohn des Aison.
Promachos 2, Epigone; Sohn des Parthenopaios.
Prometheus, Titan; Sohn des Iapetos und der Themis (oder der Okeanostochter Klymene). Er war der mythische Ur-Rebell und Vorkämpfer der Menschheit gegen die Feindseligkeit der Götter; sein Name bedeutet »der Vorausdenkende« und kennzeichnet seinen Charakter. In der frühesten Gestalt des Stoffes war er vermutlich kaum mehr als ein trickreicher Schlaukopf, der Zeus überlistete. Griechische Autoren jedoch, allen voran Hesiod in seinem Hauptwerk, der ›Theogonie‹, und Aischylos in seiner Tragödie ›Der gefesselte Prometheus‹, stilisierten ihn zum Menschen-Schöpfer und Erlöser empor, während Zeus (in der restlichen Prometheus-Trilogie, die aber nicht erhalten geblieben ist) als grausamer Tyrann erschien.
Im Kampf der Götter und Titanen, der mit der Verbannung von Zeus' Feinden in den Tartaros endete, riet Prometheus, der – wie sein Name schon sagt – das Kommende ahnte, den Titanen zur List; als sie seinen Rat in den Wind schlugen, ging er auf Zeus' Seite über. Nach dem Kampf jedoch hatten Prometheus und Zeus wegen der Menschheit große Auseinandersetzungen. Nach Hesiods Darstellung schuf Prometheus selber das Menschengeschlecht, und zwar aus Ton, den er im böotischen Panopea fand; als geschickter Bildhauer vermochte er die Gestalten zu formen, denen dann Athene Leben einhauchte. (Nach manchen Überlieferungen ließ er die einzelnen Modelle zunächst von Zeus begutachten und billigen, unterließ dies aber im Falle eines besonders schönen Jünglings mit dem Namen Phainon, der Glänzende. Als Zeus die Unterlassung entdeckte, trug er den Knaben gen Himmel und verwandelte ihn in den Planeten, den wir heute als Jupiter kennen.) Wegen der Gebrechlichkeit des Menschengeschlechts jedoch beschloß Zeus, es zu vernichten (jedenfalls glaubte Prometheus das) und statt dessen neue und bessere Geschöpfe zu schaffen. Zeus versuchte, die Menschen auszuhungern, indem er die besten Teile der menschlichen Nahrung als Opfer verlangte; Prometheus verhinderte diesen Plan durch folgenden Trick: In Mekone (dem späteren Sikyon) wurde eine Zusammenkunft zwischen Göttern und Menschen vereinbart, um festzulegen, welche Teile der Nahrung den Göttern vorbehalten sein sollten. Prometheus, der Schiedsrichter war, schaffte einen Ochsen herbei und nahm ihn aus, wobei er das Fleisch in zwei Teile auseinanderlegte. Den einen, der die Innereien enthielt, umgab er mit dem Fett des Ochsen; den anderen und wertvolleren Teil stopfte er in den Magen.

Prokrustes kämpft mit Theseus (rotfigurige Vase, 5. Jh. v. Chr.; London, Britisches Museum)

Dann forderte er Zeus auf, zu wählen. Zeus glaubte, den Betrug zu durchschauen, und fiel herein: er wählte den fettigen Teil, und seitdem bestehen die Opfer für die Götter immer aus Fett und Innereien.
Jetzt beschloß Zeus in seinem Zorn, den Menschen das Feuer vorzuenthalten. Prometheus lehnte sich gegen diese Verfügung auf, und so brachte er den Menschen heimlich das Feuer, entweder in einem Narthexstengel vom Olymp herab oder aus der Schmiede des Hephaistos (er lehrte die Menschen viele andere Kunstfertigkeiten, z.B. die Metallverarbeitung); gleichzeitig nahm er ihnen das Wissen um die Zukunft, dessen sie bis dahin mächtig waren, weil es ihnen das Herz gebrochen hätte. In der Nacht sah Zeus auf Erden Tausende von Lichtern glühen und verfiel in heftige Wut; so gebot er seinen Knechten Kratos und Bia und auch dem Hephaistos, Prometheus gefangen zu nehmen und an eine Felsspitze (vielleicht im Kaukasus) am Rande des Weltstroms Okeanos zu schmieden, weit weg von den Menschen. Sein Adler aber mußte Tag für Tag die Leber des Gefesselten fressen, die des Nachts wieder nachwuchs; denn als Titan war Prometheus unsterblich (nach einer anderen Überlieferung hatte Chiron ihm bei seinem Tod seine Unsterblichkeit vermacht). Als Zeus hörte – so erzählt Aischylos –, wie Prometheus ihn verlachte und sein Geheimnis der Unverletzlichkeit nicht verraten wollte, schleuderte er einen Donnerkeil nach dem Felsen, an den sein Gefangener geschmiedet war, und Prometheus stürzte mitsamt dem Felsen in den Tartaros.
Nach langer Zeit erlaubte Zeus schließlich, daß Prometheus freigelassen wurde als Dank für das lebenswichtige Geheimnis: der Sohn der Thetis (um die sowohl Zeus als auch Poseidon lange geworben hatten) würde nach dem Willen der Vorsehung einst größer sein

als sein Vater. Nun kam Herakles, der Sohn des Zeus, erlegte den Adler und befreite den Gefangenen von seinen Fesseln. Es hieß, daß Prometheus zum Dank hierfür dem Herakles sagte, wie er sich am besten die Äpfel der Hesperiden beschaffen konnte, die er unbedingt in seinen Besitz bringen wollte: er mußte sie durch Atlas holen lassen und sich anbieten, inzwischen für ihn das Himmelsgewölbe zu tragen. Zeus aber hätte ohne Prometheus' Angaben Thetis geheiratet und wäre dann von seinem mächtigeren Sohn gestürzt worden, – ebenso wie er Kronos gestürzt hatte.
Von der Grausamkeit der Götter gegen die Menschen zeugt auch die Geschichte, wonach sie die erste Frau, Pandora, erschufen (bis dahin hatte es nur die von Prometheus aus Ton geformten Männer gegeben) und mit allen nur denkbaren Fehlern ausstatteten, sie aber schön und begehrenswert machten. Sie gaben sie dem gutmütigen Bruder des Prometheus, Epimetheus, der sie auch trotz wiederholter Warnung von Prometheus annahm. Ihre Tochter Pyrrha heiratete Deukalion, den einzigen Mann, der jene Sintflut überlebte, mit der Zeus die restlichen Geschöpfe des Prometheus auslöschte. Es hieß auch, Prometheus habe Deukalion und Pyrrha angewiesen, die Knochen ihrer Mutter hinter sich zu werfen, um so ein neues Menschengeschlecht zu gründen; nach anderen Berichten gab seine Mutter Themis diese Weisung; von ihr soll Prometheus auch ursprünglich sein Wissen erlernt haben.
Prometheus wurde in Attika als Gott des Handwerks und als Erfinder aller Künste, die das Leben der Menschen verschönen, verehrt. Der Name seiner Gemahlin wird sehr unterschiedlich angegeben.

Protesilaos, König im thessalischen Phylake; Sohn des Iphiklos. Schon kurz nach seiner Hochzeit mit der Akastostochter Laodameia – sein neues Haus war noch gar nicht ganz eingerichtet – wurde er zur Teilnahme an dem griechischen Unternehmen gegen Troja beordert, wozu er eine Streitmacht von vierzig Schiffen beisteuerte. Ein Orakel hatte geweissagt, daß der erste Grieche, der trojanischen Boden betreten würde, auch als erster dort sterben werde; und infolgedessen zögerte die übrige Armee mit der Ausschiffung. Protesilaos aber sprang an Land und tötete eine Anzahl von Feinden, bevor Hektor ihn niederstreckte. (Der römische Lyriker Catull führt seinen Tod darauf zurück, daß er es beim Bau seines Hauses versäumte, ordnungsgemäß den Göttern zu opfern.) Über das Schicksal seines gramgebeugten Weibes siehe Laodameia.

Proteus, ein früher Meeresgott, einer der »Alten vom Meer«; gelegentlich wird er als Sohn des Poseidon bezeichnet, wahrscheinlich handelt es sich aber um eine ältere Gottheit. Er hütete Poseidons Robben und Meeresgeschöpfe und besaß die Gabe der Prophetie, war aber abgeneigt, zu offenbaren, was er wußte, und suchte den Fragern zu entkommen, indem er eine Vielzahl von Gestalten annahm, auch die des Feuers und Wassers und der wilden Tiere; er soll verschiedene Wohnstätten gehabt haben, darunter auch die Inseln Karpathos (zwischen Kreta und Rhodos) und Pharos (vor Alexandria). Menelaos befolgte

Vor den Augen der Götter beseelt Prometheus den ersten Menschen (Basrelief an einem römischen Sarkophag; Neapel, Museo Archeologico Nazionale)

Prometheus formt einen Menschen; rechts ist er an einen Baum gefesselt, den Adler des Zeus über sich (Piero di Cosimo, 1462–1521; Straßburg)

auf der Rückkehr von Troja den Rat von Proteus' Tochter Eidothea und begegnete ihm als Robbe. So war es ihm möglich, Proteus im Schlaf zu überwältigen und zu fesseln und ihm Auskunft über den rechten Heimweg abzutrotzen. Ähnlich verfuhr Aristaios, der Sohn des Apollon, der Orpheus und die Nymphen beleidigt hatte, so daß seine Bienen auf geheimnisvolle Weise starben: er überraschte Proteus, als er inmitten seiner Robben in der Mittagssonne lag, und ließ sich erklären, durch welches Vergehen er den Schaden verursacht hatte. Proteus erläuterte ihm daraufhin, wie er die Nymphen versöhnen und seine Bienen am Leben erhalten konnte.
In der Tragödie ›Helena‹ des Euripides erscheint Proteus als König von Ägypten, Sohn des Pharo, dessen Ehrbarkeit und Gerechtigkeit Hermes veranlaßte, ihm Helena zu bringen, während die Helena, die Paris mit sich nach Troja nahm, nur ihr Trugbild war. Nach dieser Darstellung starb Proteus nach einiger Zeit, und Theoklymenos, sein Sohn von der Nereïde Psamathe, suchte Helena zu bewegen, in eine Heirat mit ihm einzuwilligen. Helena konnte sich nur durch ihre Geschicklichkeit und das rechtzeitige Eintreffen des Menelaos davor bewahren. Herodot behauptet, daß Paris selber es war, der Helena nach Ägypten brachte, wo Proteus ihn davonjagte, um später Helena ihrem Gatten zurückzugeben.
Psamathe, Nereïde; siehe Aiakos; Proteus.
Psyche. Das Märchen von ›Amor und Psyche‹ aus den ›Metamorphosen‹ des römischen Schriftstellers Apuleius (etwa 125–180 n. Chr.) ist eine romantische Erzählung mit vielen vertrauten Elementen der Volkssage und der Feengeschichte:
Es war einmal ein König, der hatte drei Töchter. Die jüngste, Psyche, war so schön, daß sich die Menschen vom Kult der Venus (Aphrodite) abwandten und das Mädchen zu verehren begannen, das jedoch lieber Heiratsanträge bekommen hätte, statt wie eine Göttin geehrt zu werden. Venus war so verbittert über diese, wenn auch unfreiwillige Aneignung ihres Kultes, daß sie beschloß, das Königskind zu strafen. Sie befahl ihrem Sohn Amor, Psyche in das häßlichste Geschöpf verliebt zu machen, das er je finden würde. Als er sie jedoch erblickte, verliebte er sich selber so sehr, daß er dem Befehl nicht gehorchen konnte. Und er bat Apollon, Psyches Vater durch ein Orakel zu sagen, daß sie sich zur Ehe bereit machen und in ihr Hochzeitsgewand gehüllt auf eine einsame Bergspitze steigen sollte, wo ein böser Geist sie zur Frau nehmen würde. Schweren Herzens gehorchte der König. Psyche aber wurde von einer sanften Zephyros-Brise vom Berg gehoben und in ein verborgenes Tal geweht, wo sie vor einem Feenpalast mit Toren aus Edelsteinen und Fußböden aus Gold stand. Sie ging hinein, und unsichtbare Geister waren ihr dienstbar. Eine freundliche Stimme führte sie umher und gebot ihr, sich nicht zu fürchten. Als es Nacht wurde, ging sie zu Bett, und Amor legte sich in menschlicher Gestalt zu ihr. Er sagte, daß er

Zeus' Adler frißt die Leber des Prometheus (Gustave Moreau, 1826–1898; Paris, Musée Gustave Moreau)

Psyches Vater opfert dem Apollon (Claude Lorrain, 1600–1682; Anglesay Abbey, Fairhaven-Sammlung)

nun ihr Mann sei und daß sie glücklich und in Frieden leben werde, solange sie nicht herauszufinden versuche, wer er sei und wie er aussähe; wenn sie aber ungehorsam sei, werde ihr Kind die Unsterblichkeit verlieren, die sonst sein Teil sei.

Sie begann, ihn herzlich zu lieben. Nach ein paar Tagen aber fühlte sie sich allein – sie sah ja niemanden – und bat ihren unsichtbaren Gatten, ihre Schwestern einladen zu dürfen. Nur widerwillig war er bereit, sie zu holen, gebot Psyche jedoch, keine Fragen über ihn zu beantworten. Der Westwind Zephyros trug sie herbei – wie er Psyche getragen hatte –, doch kaum erblickten die Schwestern den Palast, da wurden sie unvorstellbar neidisch. Bei ihrem zweiten Besuch erfuhren die Schwestern, daß Psyche ihren Gatten noch nie gesehen hatte, und schreckten sie mit der Vorstellung, er werde sich in eine Schlange verwandeln, in ihren Bauch kriechen und ihr Kind auffressen. Hin- und hergerissen zwischen der Warnung ihres Gatten und der Zudringlichkeit ihrer Schwestern, erlag Psyche schließlich ihrer Neugier und Angst, und als sie sich das nächste Mal in ihr Bett begab, nahm sie eine Lampe und einen Dolch mit. Nachdem Amor eingeschlafen war, entzündete sie die Lampe und beleuchtete sein Gesicht, den Dolch stoßbereit in der Hand. Beim Anblick der schönen Züge des Liebesgottes erschrak sie so heftig, daß ein Tropfen des heißen Öls von der Lampe auf seine Schulter fiel und er erwachte. Er erkannte, daß Psyche nun wußte, wer er war, und daß sein Geheimnis verraten war. Amor erhob sich und flog davon. Psyche suchte verzweifelt überall nach ihm, aber umsonst. Als die Schwestern erfuhren, wer ihr Gatte gewesen war, wollten auch sie ihn heiraten; doch als sie es Psyche gleichtaten und in ihren Hochzeitsgewändern vom Berg sprangen, stürzten sie sich auf den Felsen in der Tiefe zu Tode. Inzwischen zog Psyche umher und suchte nach Amor; als ihr weder Juno (Hera) noch Ceres (Demeter) helfen konnten, weil sie mit ihrer Mit-Göttin Venus verfeindet war, gelangte sie schließlich auch zu dem Palast, wo Venus lebte.

Die Göttin nahm sie auf, machte sie aber zu ihrer Magd und stellte ihr unlösbare Aufgaben: Zuerst mußte sie vor Einbruch der Nacht ein ganzes Zimmer voll verschiedener Getreidekörner verlesen; aber ein Heer von Ameisen kam ihr zu Hilfe und teilte die Körner in Häufchen. Als nächstes verlangte Venus eine Strähne Wolle vom Fell menschenfressender Schafe; diesmal verriet ein Schilfrohr Psyche, wie sie des Nachmittags die Schafe scheren

Psyche erblickt Amor (Mosaik aus Samandag/Antiochia)

konnte, wenn sie schliefen. Dann mußte Psyche aus einem gebirgigen Teil Arkadiens einen Krug Wasser vom Flusse Styx holen; aber ein Adler erschien, der Amor einen Dienst schuldete, und holte das Wasser für sie. Zuletzt aber mußte sie ein Gefäß, gefüllt mit Schönheit, von Proserpina (Persephone) holen. Psyche erkannte, daß dieser Auftrag ihr Verderben bedeuten würde, denn Proserpina war die Königin der Unterwelt. Deshalb erstieg sie einen hohen Turm und wollte sich hinabstürzen. Der Turm aber redete zu ihr und erteilte ihr sorgfältige Anweisungen, wie sie die schwere Aufgabe meistern könnte. So betrat sie das Haus des Hades über Tainaron im Peloponnes. Sie hatte zwei Oboli und zwei Kuchen bei sich; damit besänftigte sie zweimal Charon und Kerberos und vermied außerdem einige Fallen, die ihr Venus gestellt hatte. Proserpina bot ihr einen Stuhl und ein Mahl an – doch sie setzte sich weise auf den Boden und aß nur Brot. Die Göttin gab ihr auch den von Venus verlangten Krug mit der Schönheit, sorglich versiegelt. Zu dieser Zeit erschien Amor, der seine verlorene Gemahlin schmerzlich vermißte, vor Jupiters Thron, beichtete seinen eigenen Ungehorsam, verwendete sich für Psyche, die nun gestraft genug sei, und bat den Gott, sie seine rechtmäßige Gattin werden zu lassen. Jupiter willigte ein. Unterdessen befand sich Psyche schon wieder auf dem Weg in die Oberwelt; aber die Neugier plagte sie so heftig, und sie wünschte so sehr, Amors Liebe zurückzugewinnen, daß sie es nicht lassen konnte, in den versiegelten Krug zu schauen, obwohl der Turm ihr geboten hatte, nichts derartiges zu tun. Daraufhin wurde sie von tödlichem Schlaf übermannt – denn nichts anderes enthielt das Gefäß. In dieser Verfassung fand Amor sie, doch er erweckte sie wieder zum Leben und trug sie empor zum Olymp. Alle Götter feierten die Hochzeit von Amor und Psyche. Venus vergaß ihren Zorn, und Jupiter selbst reichte ihr einen Becher Nektar, der sie unsterblich machte. Sie gebar Amor eine Tochter, Voluptas (Göttin der Lust).

Für Apuleius war sein Märchen eine Allegorie der Seele *(psyche)* auf der Suche nach der göttlichen Liebe *(amor, eros)*.

Pterelaos, König der Taphischen Inseln nahe der Mündung des Golfs von Korinth. Pterelaos war ein Sohn des Taphios und Enkel von

Poseidon, der ihn mit einem goldenen Haar auf dem Haupt versehen hatte, das ihm die Unsterblichkeit oder seiner Stadt die Uneinnehmbarkeit verbürgte, solange es nicht entfernt wurde. Pterelaos erhob Anspruch auf das Land von Tiryns wegen seiner Großmutter (Hippothoë, Tochter des Mestor und Enkelin des Perseus) und schickte seine sechs Söhne dorthin, um das Vieh des mykenischen Königs Elektryon zu rauben. Bei dem Überfall kamen alle Söhne des Pterelaos bis auf einen und sämtliche Söhne des Elektryon um. Als Elektryons Schwiegersohn Amphitryon heranrückte, um den Viehraub zu rächen, verliebte sich Pterelaos' Tochter Komaitho in ihn und riß ihrem Vater das goldene Haar aus, so daß er starb und die Stadt eingenommen wurde. Amphitryon aber tötete Komaitho für ihren Verrat.
Publicola oder **Poplicola** siehe Valerius.
Pygmalion 1 siehe Dido.

Amor trägt Psyche fort (Kleinplastik aus Tanagra; Privatbesitz)

Apollon tötet die Python (Silbermünze, spätes 5. Jh. v. Chr.; Berlin, Staatliches Münzkabinett)

Pygmalion 2, cyprischer König, der sich nach den ›Metamorphosen‹ des Ovid von seinem Frauenideal eine lebensechte Statue aus Elfenbein anfertigen ließ, weil keine wirkliche Frau seinen Ansprüchen genügte. Er verliebte sich in die Statue, und Aphrodite hatte Mitleid mit ihm und erweckte sie zum Leben (der ihr zugeschriebene Name Galatea ist im Altertum nic ht bekannt). Pygmalion heiratete sie, und sie schenkte ihm eine Tochter Paphos, die die Mutter oder die Gemahlin des Kinyras wurde. Nach anderen Quellen hieß ihre Tochter nicht Paphos, sondern Metharme und wurde die Braut des Kinyras.
Pylades, Sohn des Königs Strophios von Phokis und seiner Gattin Anaxibia, der Schwester Agamemnons. Sein Vetter Orestes wurde von Elektra am Hofe des Strophios vor dem Usurpator Aigisthos in Sicherheit gebracht, und Pylades wuchs mit ihm als Kameraden auf. Pylades war Orestes bei der Tötung der Klytämnestra behilflich und wurde für seinen Anteil an ihrem Tod von Strophios aus Phokis verbannt. Nach einer anderen Überlieferung holte Pylades Iphigenie (die in dieser Darstellung nicht in Aulis geopfert worden war) von der taurischen Chersonesos heim. Er war auch am Mord an Neoptolemos in Delphi beteiligt und heiratete Elektra, die ihm zwei Söhne gebar, Medon und Strophios.
Pylas oder **Pylos,** Leleger, der wegen der Tötung seines Onkels Bias aus seinem Königreich Megara verbannt worden sein soll. Sein Schwiegersohn Pandion übernahm Megara, während sich Pylas zum Peloponnes wandte und Pylos gründete, von wo ihn jedoch Neleus vertrieb. Die Leleger waren die frühesten einheimischen Bewohner Griechenlands.
Pylia, Tochter des Pylas und Gemahlin des Pandion.
Pyraichmes siehe Oxylos.
Pyramus und **Thisbe.** Nach einer Sage, die

Pygmalion bewundert seine Statue (Godfried Schalcken, 1643–1706; Florenz, Uffizien)

Ovid in den ›Metamorphosen‹ erzählt, waren Pyramus und Thisbe Nachbarskinder und Spielkameraden in Babylon, die dann ein Liebespaar wurden, aber ihre Liebe geheimhalten mußten, weil ihre Eltern von einer Heirat nichts wissen wollten. Nun gab es in der Wand zwischen den Häusern einen kleinen Spalt, den nur die Liebenden kannten; und hier flüsterten sie miteinander und tauschten Seufzer und Küsse aus. Schließlich beschlossen sie, sich des Nachts am Grabe des Ninos vor der Stadt zu treffen. Thisbe, das Gesicht verschleiert, war als erste da. Als aber eine Löwin daherkam, das Maul noch blutig vom letzten Fraß, und an einer nahegelegenen Quelle trinken wollte, suchte das Mädchen Schutz in einer Höhle, doch verlor sie dabei ihren Schleier, den die Löwin zerfetzte und mit Blut befleckte. Als Pyramus kam, erblickte er den blutgetränkten Schleier und die Fußstapfen des Tieres. In der irrigen Annahme, seine Geliebte sei tot, stürzte er sich unter einem Maulbeerbaum in sein Schwert. Das Blut strömte aus seiner Seite und färbte die Früchte, die vorher weiß waren, dunkelrot, wie sie seither sind. Thisbe fand seinen leblosen Körper und folgte ihm in den Tod, indem sie sich ebenfalls in sein Schwert stürzte. Die Eltern begruben die Asche der beiden in einer einzigen Urne. Zwei Flüsse in Kilikien (südöstliches Kleinasien) waren nach Pyramus und Thisbe benannt.

Pyrrha, Tochter des Epimetheus und der Pandora; siehe Deukalion.

Pyrrhos siehe Neoptolemos.

Pythia siehe Apollon.

Python, riesiger Drache, der vor dem Einzug Apollons Delphi bewohnte und dem Ort seinen ersten Namen gab: Pytho. Er soll weiblichen Geschlechts gewesen sein und das ursprüngliche Orakel bewacht haben, das zuerst in Händen der Gaia (Erde), dann der Themis und Phoibe war. Python wurde gelegentlich mit der Schlange identifiziert, die Hera auf die Göttin Leto ansetzte, als diese mit Apollon und Artemis schwanger war. Deshalb scheuchte der eben geborene Apollon Python nach Delphi und erschlug die Schlange dort; danach versöhnte er Gaia, indem er sie bestattete und zu ihren Ehren die Pythischen Spiele stiftete. Zur Erinnerung an die ursprüngliche Besitzerin des Orakels (Gaia) blieb Apollons Prophetin in Delphi stets eine Frau und hieß immer Pythia. Nach anderen Überlieferungen hat Apollon die Schlange Python getötet, weil sie jene delphische Schlucht bewachte, in der er sein eigenes Orakel errichten wollte.

Q

Quirinus, hoher frühitalischer Gott oder Kriegsgott, in etwa dem Mars gleichzusetzen. Nach ihm ist der Quirinal benannt, einer der sieben Hügel Roms, weil dort sein Tempel stand. Quirinus war ursprünglich vielleicht ein sabinischer Gott, denn der Quirinal ist – nach einer sich oft wiederholenden Überlieferung – zuerst von Sabinern besiedelt worden. Sein Name leitet sich vielleicht von der sabinischen Stadt Cures ab, und nach einigen Interpretationen geht das lateinische Wort »Quiritis« (Bürger) auf denselben Ursprung zurück. – Wegen der Gleichsetzung von Quirinus mit dem vergöttlichten Romulus siehe Proculus; Romulus.

Hirten entdecken Romulus und Remus (Altarrelief; Arezzo, Museo Archeologico)

R

Racilia, Gemahlin des Cincinnatus.

Rea siehe Rhea Silvia.

Remus, Sohn des Mars und der Rhea Silvia. Zu den Sagen über seine Geburt und ersten Lebensjahre siehe Romulus. Die Zwillinge wurden von ihrem Großvater Numitor erkannt, weil dessen Bruder, der König Amulius von Alba Longa, den Remus dabei ertappte, wie er Numitors Herden entführen wollte, und ihn diesem übergab. Als sich Romulus und Remus später entschlossen, eine eigene Stadt zu gründen, konnten sie sich nicht einigen, wer von ihnen das Unternehmen leiten sollte, und sie beschlossen, die Entscheidung einem Vogel-Omen zu überlassen. Remus sah von seinem Standort auf dem Aventin nur sechs Geier, während Romulus vom Palatin aus zwölf erblickte und herrschen durfte. Als die Mauern Roms auf dem Palatin errichtet wurden, sprang Remus in einem Anfall von Neid mit verächtlichem Lachen über die Fundamente und wurde von Romulus oder einem seiner Gefolgsleute, Celer, mit dem Spaten niedergeschlagen. Remus starb an der Verletzung, und Romulus, der zunächst Remus' Frechheit verurteilt hatte, war jetzt doch der Verzweiflung nahe und weinte beim Begräbnis seines Bruders. Eine andere Überlieferung von Remus' Tod besagte dagegen, er sei in einem Handgemenge zwischen den Anhängern der Zwillinge umgekommen, da jede Seite behauptete, das Vogelomen sei zu ihren Gunsten ausgefallen.

Rhadamanthys, Totenrichter; er war entweder ein Sohn des Zeus und der Europa und ein Bruder von Minos und Sarpedon oder aber ein Sohn des Phaistos, des Sohnes des ehernen Riesen Talos auf Kreta. Nach einer anderen Darstellung herrschte Rhadamanthys vor Minos über Kreta und gab der Insel einen ausgezeichneten Rechtskodex, den später die Spartaner abgeschrieben haben sollen. Als sich jedoch die drei Brüder um den schönen Jüngling Miletos stritten, verjagte Minos Rhadamanthys und Sarpedon. Rhadamanthys begab sich zu den südlichen Ägäischen Inseln und herrschte dort, nachdem deren Bewohner ihn bereits aus Respekt vor seinen Gesetzen zu ihrem König gemacht hatten.
Nach seinem Tode, so glaubte man, wurde er Richter oder Herrscher in der Unterwelt. Andererseits wurde er auch als König des Ely-

Mars nähert sich Rhea Silvia (Kupfermünze des Antoninus Pius, 2. Jh. n. Chr.; London, Britisches Museum)

siums geschildert, jenes Teiles der Unterwelt, in dem die Schatten der Seligen ihre Zeit in Wonne dahinbrachten. Nach Homer fungierte Rhadamanthys nicht als Richter über diejenigen Taten, die die Menschen zu ihren Lebzeiten begangen hatten, sondern als Schiedsrichter bei Streitigkeiten der Schatten untereinander. Vergil aber stellt ihn als den Bestrafer des Bösen im Tartaros dar.

Rhadamanthys soll Alkmene nach dem Tode ihres Gatten Amphitryon geheiratet haben – entweder in Böotien, als beide noch auf Erden lebten, oder im Elysium. Nach den Söhnen des Rhadamanthys, Gortys und Erythros, waren kretische Städte benannt.

Rhea, Titanin, Tochter des Uranos und der Gaia und Gattin des Kronos. Sie gebar Kronos sechs göttliche Kinder: Hestia, Demeter, Hera, Hades, Poseidon und Zeus; ihr Gatte aber, der von Gaia erfahren hatte, daß eines seiner Kinder ihn stürzen und an seiner Statt herrschen werde, versuchte sie alle nach der Geburt zu verschlingen; das gelang ihm, bis auf Zeus, für den ihm Rhea einen großen, wie einen Säugling gewickelten Stein unterschob. Nach einigen anderen Darstellungen wurde auch Poseidon gerettet, an dessen Stelle ein Füllen trat. Nachdem Zeus seine Brüder und Schwestern befreit hatte, weil er die Okeanide Metis veranlassen konnte, Kronos ein Brechmittel zu geben, brachte Rhea ihre Tochter Hera in das Haus des Okeanos und der Tethys, um sie vor dem Krieg zwischen Göttern und Titanen in Sicherheit zu bringen.

Rhea war eine wichtige Göttin in Kreta, wo die Geburt des Zeus gewesen sein soll, und ebenso in Arkadien, wo man die Sage von der Rettung Poseidons erzählte. In Phrygien setzte man sie oft mit Kybele gleich. Wie Gaia scheint sie eine Muttergottheit gewesen zu sein. Die Römer identifizierten sie mit Ops, einer altitalischen Göttin des Überflusses.

Rhea (oder **Rea**) **Silvia** oder **Ilia** war die Mutter der Zwillinge Romulus und Remus. Sie war das einzige Kind ihres Vaters, des Königs Numitor von Alba Longa, den sein Bruder Amulius abgesetzt hatte. Wegen seiner eigenen Sicherheit zwang Amulius ihr ewige Keuschheit auf, indem er sie Vestalin werden ließ. Der Gott Mars jedoch nahte sich ihr, als sie an einer Quelle seines heiligen Haines Wasser schöpfte, und machte sie zur Mutter seiner Zwillingssöhne, deren einer, Romulus, dazu bestimmt war, Rom zu gründen. Als sie die Kinder zur Welt gebracht hatte, setzte Amulius sie aus und warf Rhea ins Gefängnis; viele Jahre später wurde sie von ihren Söhnen befreit. Nach einer abweichenden Überlieferung wurde sie enthauptet oder ertränkt. Der Name Ilia rührt von einer frühen Fassung des Stoffes her, in der sie eine Tochter des Aeneas ist und daher nach dessen Heimat Ilion (Troja) benannt war.

Rhesos, thrakischer König und Verbündeter des Königs Priamos von Troja. Homer nennt ihn einen Sohn des Eioneus; doch in dem Drama ›Rhesos‹ von Euripides (?) ist der Flußgott Strymon sein Vater und die Muse Euterpe seine Mutter. In einer späteren Darstellung der Sage (die bei Homer nicht vorkommt) wurde geweissagt, daß Troja niemals an die Griechen fallen werde, wenn Rhesos' herrliche Pferde (ein Geschenk des Poseidon) auf den trojanischen Weiden grasen oder vom Fluß Skamandros trinken würden.

Rhesos traf erst im zehnten Kriegsjahr in Troja ein, einen Tag vor Hektors großem Sturmangriff auf die griechischen Schiffe. Seine Verspätung wird in einer Überlieferung auf eine skythische Streitmacht zurückgeführt, die in Thrakien eingefallen war. Auf dem Weg nach Troja hatte Rhesos Kios in Bithynien besucht und Arganthoë geheiratet, die wie er die Jagd liebte. Er landete in der Nähe Trojas und schlug seine Zelte in der Ebene vor der Stadt auf, am äußersten Rand des trojanischen Lagers. In dieser Nacht nun spähten Odysseus und Diomedes die Trojaner aus. Mit Hilfe Athenes und des gefangengenommenen trojanischen Spions Dolon überraschten sie die Truppe des Rhesos, machten ihn und zwölf seiner Leute im Schlaf nieder und trieben seine Pferde auseinander. Rhesos' Leiche wurde von seiner Mutter, der Muse, davongetragen und nach Thrakien gebracht, wo sein Geist in einer Höhle des Berges Rhodope hauste und Weissagungen verkündete. Es hieß auch, daß Arganthoë bei der Nachricht von seinem Tod nach Troja eilte und vor Gram bei seiner Leiche starb.

Rhexenor, ältester Sohn des Phäakenkönigs Nausithoos; er starb kurz nach der Hochzeit. Seine Tochter Arete heiratete seinen jüngeren Bruder Alkinoos.

Rhode oder **Rhodos** (Rose), Tochter des Poseidon und der Amphitrite oder Aphrodite; die Nymphe, nach der die Insel Rhodos ihren Namen haben soll. Sie gebar Helios, dem Schutzgott der Insel, sieben Söhne, von denen einer, Kerkaphos, der Vater jener Männer wurde, nach denen die Hauptorte der Insel hießen: Ialysos, Kameiros und Lindos.

Rhoitos, Kentaur; er wurde bei der Hochzeit des Peirithoos getötet.

Rhome (Kraft, Stärke), nach frühgriechischer Tradition die Eponyme Roms. Ein griechischer Autor nennt sie die Schwester des Königs Latinus von Laurentum. Nach dem griechischen Geschichtsschreiber Hellanikos von Mytilene (5. Jh. v. Chr.) war Rhome eine griechische Sklavin, die Aeneas mit nach Latium brachte und die seine Schiffe verbrannte, so daß es ihm unmöglich war, wieder fortzusegeln. Sie wurde aber auch als trojanische Gefangene griechischer Siedler bezeichnet.

Rhomos, griechischer Name für den Gründer Roms, der als Sohn des Aeneas galt; wurde gelegentlich mit Romulus gleichgesetzt.

Romulus, mythischer Gründer Roms im Jahre 753 v. Chr. Die verschiedenen Formen, die der Romulus-Stoff angenommen hat, wurzeln in der griechischen Mythologie.

Romulus und Remus waren die Zwillingssöhne der Rhea Silvia, des einzigen Kindes des Numitor (eines Nachkommen des Aeneas), der als König von Alba Longa von seinem jüngeren Bruder Amulius verdrängt wurde. Um zu verhindern, daß Numitor Enkel und Erben bekäme, zwang Amulius Rhea Silvia, eine ewig jungfräuliche Vestalin zu werden; doch Mars liebte sie in seinem heiligen Hain. Als Amulius entdeckte, daß sie schwanger war, kerkerte er sie ein (oder ertränkte sie) und gebot seinen Knechten, ihre Zwillingssöhne im Tiber auszusetzen, um sie zu töten. Die Knechte aber waren großherziger als ihr Herr und setzten die Wiege mit den Kindern auf ein Brett, das sie dann auf den Hochwasser führenden Fluß hinaustreiben ließen. Als das Wasser zurückging, blieb die Planke im Uferschlamm unter einem Feigenbaum liegen (dessen Name Ruminal soll von *ruma,* Brust, herrühren). Die heiligen Tiere des Mars, eine Wölfin und ein Specht, kamen herbei und sorgten für die Kinder; und nach kurzer Zeit

Rhesos mit zweien seiner Pferde (schwarzfigurige Vase aus Vulci, 6. Jh. v. Chr.; London, Britisches Museum)

Die Kapitolinische Wölfin (5. Jh. v. Chr.) mit Romulus und Remus (Antonio Pollaiuolo, ca. 1429–1498; Rom, Palazzo dei Conservatori)

fand sie ein königlicher Schafhirt, Faustulus, der sie zu sich nahm, aber nichts davon seinem königlichen Herrn verriet. Seine Frau Acca (oder Acca Larentia) zog die Knaben auf. Sie wuchsen zu klugen und kräftigen Jünglingen heran, die an der Spitze der Hirtensöhne die örtlichen Räuber davonjagten – und sogar Numitors Herden überfielen. Eines Tages aber, bei den Lupercalia, den Festlichkeiten des Herdengottes Pan (15. Februar), fielen die jungen Leute in einen Hinterhalt und Remus wurde gefangen und König Amulius vorgeführt, der den Jüngling, als er hörte, daß man ihn des Raubes von Numitors Vieh beschuldigte, seinem Bruder zur Bestrafung übergab. Numitor verhörte Remus und kam aus den Antworten zu demselben Schluß wie schon Faustulus, daß nämlich die Zwillinge seine verlorenen Enkel waren; und seine Vermutung erhärtete sich, als er sich die Wiege der Zwillinge ansah. Bald darauf wurde Numitor wieder auf den Thron erhoben; die beiden Jünglinge organisierten einen Aufstand, überfielen Amulius' Palast und töteten ihren Großonkel.

Romulus und Remus mochten aber auf die Dauer nicht unter ihrem Großvater in Alba Longa leben und so beschlossen sie, obwohl sie erst achtzehn Jahre alt waren, sich ihre eigene Stadt zu gründen. Ihre Wahl fiel auf ein nicht weit entferntes Gelände am Tiber, wo man sie einst ausgesetzt hatte. Dann gerieten sie aber über die Frage in Streit, wer die Oberaufsicht über die Bauarbeiten übernehmen sollte – und damit der offizielle Gründer der Stadt würde. So beschlossen sie, die Streitfrage durch Vogelschau (die Beobachtung vom Flug der Vögel) zu regeln. Romulus, der auf dem Palatin stand, erblickte zwölf Geier – doppelt so viele, wie Remus vom Aventin aus sah. Jetzt brach aber die Kontroverse erneut aus, da die Anhänger des Remus erklärten, er habe das Zeichen als erster empfangen. Romulus ließ sich nicht beirren und markierte mit dem Pflug auf dem Palatin den Verlauf seiner Stadtmauern; am Tage der Parilia, dem Fest der Hirtengöttin Pales am 21. April, begann er mit dem Bau. Remus aber war zornig und kränkte seinen Bruder, indem er über die halbfertige Stadtmauer sprang und höhnisch fragte, wie eine so kümmerliche Wehr jemals die Stadt schützen solle. Daraufhin griff Romulus oder, nach einer anderen Überlieferung, sein Vorarbeiter Celer (der Geschwinde) zum Spaten und erschlug Remus (nach einer weiteren Darstellung versuchte Faustulus, seine Pflegekinder zu trennen, und wurde ebenfalls getötet). Romulus verkündete: »So soll jeder Feind verderben, der die Mauern meiner Stadt überquert!« Beim Begräbnis des

Romulus und Remus bei der Vogelschau (Handschriftenillustration aus einer Geschichte Roms, 14. Jh.; Paris, Bibliothèque St. Geneviève)

Remus auf dem Aventin aber – so sagt man – ließ Romulus seine herzlose Maske fallen und weinte bitterlich um seinen Bruder.

Er bevölkerte zunächst seine neue Stadt dadurch, daß er sie zum Zufluchtsort für Flüchtlinge und entlaufene Übeltäter machte. Bald aber war ein großer Überschuß an Männern bemerkbar. Zum Unglück für die neuen Siedler hatten aber ihre Nachbarn eine so wenig vorteilhafte Meinung von ihnen, daß es ganz unmöglich war, im Umland auf Brautschau zu gehen. Da verfiel Romulus auf einen geistreichen Ausweg: er lud die Sabiner und die Bewohner anderer Städte der Gegend ein, seine neue Stadt zu besichtigen und an den Consualia, einem großen Fest, teilzunehmen, wo es Spiele (Pferderennen) und Theatervorführungen geben würde. Als die Besucher es dann am wenigsten erwarteten, fielen die Römer über Frauen und Töchter her (»Raub der Sabinerinnen«) und jagten die Männer davon. Die Frauen hatten zunächst große Angst vor ihren Entführern, doch überzeugte Romulus sie mit schönen Worten, sich in ihre neue Lage zu finden. Doch bald darauf kamen die Nachbarn wieder und wollten die Herausgabe ihrer Frauen erzwingen. Zuerst waren es unbedeutende, schlecht organisierte Überfälle. Mit seinem Sieg über Acro, den König der Leute von Caenina (Stadt nördlich von Rom), soll Romulus der erste Römer gewesen sein, der die *spolia opima* opferte (Beutestücke, die einem König von einem gegnerischen König zufielen, den er im Einzelkampf tötete; die Feldherrnausrüstung). Die Sabiner aus Crustumerium und Antemnae wurden mit Leichtigkeit niedergeworfen, und Hersilia, die Gemahlin des

Romulus tötet Remus (Kupferstich von S. D. Mirys)

Romulus, redete ihm zu, die Bevölkerung dieser latinischen Städte – wenn sie es wünschte – nach Rom einwandern zu lassen. Schließlich kamen die Sabiner unter ihrem König Titus Tatius und belagerten die Stadt; durch den Verrat der Tarpeia gelang es ihnen, den kapitolinischen Vorposten zu nehmen, und dann griffen sie die Römer auf dem Feld (dem späteren Forum Romanum) unterhalb von Kapitol und Palatin an. Als die Sabiner die Römer bereits gezwungen hatten, den Rückzug anzutreten, flehte Romulus zu Jupiter, den Angriff aufzuhalten und die Lage zu retten und er gelobte ihm, an dieser Stelle einen Tempel für Jupiter Stator (den »Standhaltenden«) zu stiften. Seine Bitte wurde erhört. Während noch heiß gekämpft wurde, warfen sich die Frauen zwischen die Kämpfenden und riefen, sie könnten nicht müßig dastehen und zusehen, wie ihre Ehemänner und ihre Väter sich abschlachteten. Und so wurde dann in einem Vertrag beschlossen, daß Römer und Sabiner sich zu einem einzigen Verband vereinigen sollten, um Rom zu ihrer Hauptstadt, Romulus und Titus Tatius aber zu gemeinsamen Herrschern zu machen.

Vierzig Jahre später wurde Romulus nach friedlicher und fruchtbarer Herrschaft der Erde entrückt. Während er seine Armee auf dem Campus Martius (Marsfeld) inspizierte, zog ein Gewitter auf und Romulus entschwand – in eine Wolke gehüllt – den Blicken der Menschen. Seine Göttlichkeit wurde von allen, die das Wunder miterlebt hatten, sofort bejubelt. Bald darauf erschien Romulus in übermenschlicher Gestalt einem gewissen Julius Proculus und versicherte ihm, es stehe alles zum Besten mit der Stadt. Er ließ den Römern ausrichten, sich in den Waffen zu üben und ihn hinfort als den Gott Quirinus zu verehren.

Das ist aber nur eine der kanonischen römischen Überlieferungen über sein Lebensende. Es gab noch viele abweichende Gestaltungen über diese und andere Stationen seines Lebenslaufes (so soll er von Senatoren ermordet worden sein); sie entsprangen oft den politischen und Familieninteressen späterer, historischer Zeiten.

Oben: Der Raub der Sabinerinnen (römische Silbermünze, frühes 1. Jh. v. Chr.; London, Britisches Museum)

Rechts: Der Raub der Sabinerinnen (Jacques Louis David, 1748–1825; Paris, Louvre)

S

Sabinerinnen siehe Romulus.
Sagaritis siehe Attis.
Sakadas siehe Marsyas.
Salmakis, Naiade; siehe Hermaphroditos.
Salmoneus, Sohn des Aiolos und der Enarete. Salmoneus wurde von seinem Bruder Sisyphos aus Thessalien vertrieben und wanderte nach Elis aus, wo er eine Stadt gründete und nach sich selbst Salmonia nannte. Seine erste Frau war die Aleustochter Alkidike, die ihm Tyro gebar. Nach Alkidikes Tod heiratete er Sidero, die mit Tyro grausam verfuhr, nachdem diese behauptete, von Poseidon schwanger zu sein. In der ›Aeneis‹ des Vergil wird Salmoneus nach seinem Tod in den tiefsten Tiefen des Tartaros angesiedelt, und zwar aufgrund seiner gotteslästerlichen Überheblichkeit: er soll vorgegeben haben, Zeus gleich oder gar überlegen zu sein, und zum Beweise dessen Fackeln als Blitze geschleudert und in wilder Wagenfahrt mit Pfannen und getrockneten Häuten wie Donner geklappert haben. Er

Hypnos (Schlaf) und Thanatos (Tod) bringen den toten Sarpedon nach Lykien (rotfigurige Vase; Paris, Louvre)

nahm beim Opfer sogar den Teil des Zeus für sich. Schließlich zerschmetterte Zeus ihn und seine Stadt mit einem Donnerkeil und tilgte König und Volk vom Erdboden.

Sandokes, Syrer, von Tithonos abstammend; siehe Kinyras.

Sarpedon 1, Sohn des Zeus und der Europa und Bruder von Minos und Rhadamanthys. Als sich alle drei Brüder in denselben Jüngling, Miletos, verliebten und Sarpedon seine Gunst gewann, vertrieb Minos seine Brüder aus Kreta und regierte die Insel allein. Sarpedon und Miletos wandten sich gegen das südliche Kleinasien, trennten sich aber nach einiger Zeit. Miletos zog an die Westküste und gründete die nach ihm benannte Stadt; Sarpedon dagegen blieb mit einer Schar kretischer Anhänger im Süden der Halbinsel und begegnete dort seinem Onkel Kilix, dem Bruder Europas, der in Kilikien ein Königreich gegründet hatte. Die beiden überzogen die Solymer mit Krieg und warfen sie nieder, woraufhin Sarpedon mit seinen Kretern (die Termilen hießen) in ihr Land einzog. Zu Sarpedon gesellte sich dann Lykos (den sein Bruder Aigeus aus Athen verbannt hatte), mit dem er das Reich teilte; Lykos gab dem Volk, das er beherrschte, seinen Namen, und so wurden sie als Lykier bekannt. Sarpedons Sohn Euander heiratete Bellerophons Tochter Deidameia und wurde lykischer Thronfolger.

Sarpedon 2, lykischer König und im Trojanischen Krieg der tapferste Krieger unter Trojas Verbündeten. Frühe Geschichtsschreiber setzten ihn mit Sarpedon 1 gleich und erklärten die nicht übereinstimmende Zeit damit, daß Zeus ihn drei Menschengenerationen lang leben ließ (obwohl die Differenz, gemessen an den üblichen Genealogien der Sage, eher sechs Menschenleben ist). Andere machten aus ihm lieber den Sohn des Euander und der Deidameia und damit den Enkel von Sarpedon 1. Bei Homer dagegen ist er der Sohn des Zeus und der (wahrscheinlich mit Deidameia gleichzusetzenden) Laodameia, einer Tochter Bellerophons. Nach dieser Aufstellung müßte sein Vorgänger auf dem lykischen Thron Iobates oder einer seiner Söhne gewesen sein. Sein Vetter Glaukos, der ihn als sein stellvertretender Befehlshaber nach Troja begleitete, war der Sohn von Laodameias einzig noch lebendem Bruder Hippolochos. Sarpedon tötete den Heraklessohn Tlepolemos und leitete den Sturmangriff gegen den Wall um die griechischen Schiffe. Als aber die Reihe an ihm war, zu sterben – von einem Speer des Patroklos durchbohrt –, da wünschte Zeus den Tod seines geliebten Sohnes hinauszuzögern. Hera tadelte ihren Gatten dafür, und so mußte auch er sich dem unabänderlichen Geschick fügen. Doch gebot er Apollon, Sarpedons Leiche vom Schlachtfeld fortzutragen und durch »Schlaf« und »Tod« nach Lykien bringen zu lassen, wo er ein ehrenvolles Begräbnis erhielt.

Sarpedon 3, Bruder des Königs Poltys im thrakischen Ainos; siehe Herakles (neunte Arbeit).

Saturn, altitalischer Agrargott, der meist mit dem griechischen Kronos gleichgesetzt wurde;

doch unterscheidet er sich von Kronos dadurch, daß man in ihm einen frühen König von Latium sah, dessen Herrschaft ein Goldenes Zeitalter in Glück und Zufriedenheit war. Von ihm lernten die Menschen, den Boden zu bestellen und sich der Segnungen der Zivilisation zu erfreuen. Nach römischem Glauben war er nicht in Italien geboren, sondern hatte als Fremdling auf der Flucht vor Jupiter (Zeus) Zuflucht in Latium gesucht. Sein Fest, die Saturnalia, vom 17. Dezember an durch mehrere Tage, war das ausgelassenste des ganzen Jahres (man beschenkte einander und bewirtete die Sklaven am eigenen Tisch). Die Römer bezeichneten Lua als seine Frau, doch wurde er in späteren Zeiten mit Ops verbunden, die mit der griechischen Rhea gleichgesetzt wird.

Satyrn, Geschöpfe des Waldes; bei den Dionysos-Gelagen im Gefolge der Mänaden. In der ›Theogonie‹ des Hesiod stammen sie von den fünf Töchtern eines gewissen Hekateros ab, der eine argivische Prinzessin, die Tochter des Königs Phoroneus, heiratete; ihre Schwestern waren die Oreaden (Nymphen). Ihre Lüsternheit und ihr Mutwille waren berüchtigt. In späteren Zeiten erhielten sie bestimmte Tierattribute, z.B. Spitzohren, Pferdefüße, Hufe und kleine Hörner auf dem Kopf. Sie verkörperten anscheinend die hemmungslose Fruchtbarkeit der ungebändigten Natur; was sie besonders ergötzte, war die Jagd auf Nymphen, an denen sie ihre Lust zu stillen hofften. In der Literatur erschienen die Satyrn, wie die Silenen, als komische Figuren, denn es war Brauch bei den Dichtern der Tragödie, daß sie bei den Festen des Dionysos eine Dramentrilogie über einen der ernsten mythologischen Stoffe mit der Aufführung einer leichten Komödie abschlossen, in der diese wenig tragischen Gestalten auftraten; siehe auch Silenos.

Scaevola, Gaius Mucius S., sagenhafter römischer Held, der während einer Belagerung Roms durch die Etrusker deren König, Lars Porsenna aus Clusium, umbringen wollte. Mucius kleidete sich wie ein Etrusker und schlich sich in das gegnerische Lager ein; als er aber in der Schar der Soldaten stand, wurde gerade der Sold ausgeteilt, und an einem Pult saß ein Schreiber mit den Zeichen der Amtsgewalt. Irrtümlicherweise hielt Mucius diesen Mann für den König und erdolchte ihn. Man nahm Mucius fest, entwaffnete ihn und brachte ihn zum Verhör zu Lars Porsenna. Enttäuscht über seinen Fehlschlag, legte Mucius, dem König unverwandt ins Gesicht sehend, seine rechte Hand in das Feuer eines dort stehenden Altars. Betroffen von seinem Mut, ließ Porsenna dem Mucius sein Schwert wiedergeben. Er nahm es mit seiner Linken entgegen – und seitdem war er als Scaevola bekannt (von *scaeva,* die Linke). Zum Dank sagte Mucius dem König, was keine Folter aus ihm hätte herauspressen können: dreihundert Römer, jeder einzelne so fanatisch entschlossen wie er sel-

Gaius Mucius Scaevola legt seine Hand ins Feuer (Rollin, Istoria Romana, 1816; Paris, Bibliothèque Nationale)

ber, seien im Lager verborgen und lauerten darauf, Porsenna zu ermorden; das Los hatte ihm bestimmt, den Anfang zu machen, doch wäre er froh, daß es ihm mißglückte, denn Porsenna verdiene, der Freund Roms zu heißen, und nicht sein Feind. Es wurde ein Waffenstillstand zwischen Römern und Etruskern geschlossen, und die Belagerung aufgehoben.

Schedios, Sohn des Iphitos und Anführer der Phoker im Trojanischen Krieg.

Schlaf siehe Hypnos.

Schoineus, König von Orchomenos in Böotien; er war der Sohn des Athamas und der Themisto. In der bötischen Darstellung des Atalante-Stoffes galt er als deren Vater; seine Frau war Klymene.

Selene (Mond), Göttin des Mondes; bei den Römern als Luna bekannt. Hesiod nennt als ihre Eltern Hyperion und Theia; sonst werden Pallas oder Helios und Euryphaëssa genannt. Dem Zeus gebar sie zwei Töchter, Herse (Tau) und Pandia; und Pan wußte sie mit einem schönen weißen Wollvlies zu verführen. Ihre bekannteste Sage verbindet sie mit Endymion, dem sie ewigen Schlaf schenkte. Als man in späteren Zeiten Artemis mit dem Mond in Zusammenhang brachte, erlosch das Interesse der Mythographen an Selene.

Selinos, König von Aigialos (Achaia); er vermählte seine Tochter Helike mit Ion.

Semele oder **Thyone,** Tochter des Kadmos und der Harmonia und Mutter des Gottes Dionysos. Das Wort Semele ist nicht griechischen Ursprungs und scheint aus dem thrakischen Zemelo (Erde) zu sein, was vielleicht bei den Thrakern der Name für die Mutter des Diounsis (Dionysos) war. Nach griechischer Überlieferung erschien Zeus der Semele in Theben als Sterblicher, um ihr Geliebter zu werden, und sie empfing ein Kind von ihm. Daraufhin verkleidete sich Hera, die davon wußte und eifersüchtig war, in Semeles alte Amme Beroë und setzte Semele den Verdacht in den Kopf, ihr Geliebter sei gar nicht Zeus; um seine Identität zu beweisen, sollte sie ihn dazu bewegen, sich in seiner wahren Gestalt zu zeigen. Semele überredete nun ihren Geliebten, ihr einen Wunsch zu erfüllen, – und sie bat ihn dann, er möge ihr in seiner ganzen Herrlichkeit erscheinen. Er versuchte nach Kräften, sie davon abzubringen, mußte aber schließlich sein Versprechen halten, worauf Semele von seinem strahlenden Glanz verzehrt wurde. Das Kind in ihrem Leib erhielt jedoch die Unsterblichkeit, denn Hermes holte es heraus, und Zeus ließ es sich in seine Hüfte einnähen. Drei Monate später kam Dionysos zur Welt. Semeles Grab in Theben schwelte noch viele Jahre lang. Ihre Schwestern Agaue, Ino und Autonoë aber wollten

Semele wird von Dionysos als Stier aus der Unterwelt geholt (rotfigurige Vase aus Nola/Kampanien; London, Britisches Museum)

nicht glauben, was vorgefallen war, und die Göttlichkeit des Dionysos nicht anerkennen, und wurden daraufhin für ihren Unglauben bestraft. Als Dionysos ein Mann geworden war, holte er Semele aus der Unterwelt herauf und brachte sie zum Olymp, damit sie von Zeus die Unsterblichkeit empfange. Sie hieß nun Thyone.

Über die orphische Darstellung dieser Sage siehe Zagreus und auch Dionysos.

Semnai Theai (ehrwürdige Göttinnen), oft gleichgesetzt mit den Furien (die auch als Eumeniden, die Freundlichgesinnten, bekannt waren); es handelte sich um zwei oder drei, die in einer Höhle des athenischen Areopag verehrt wurden.

Servius Tullius, sechster in der traditionellen Reihe der legendären Könige Roms (dem sechsten Jh. v.Chr. zugeschrieben). Er war aber vielleicht auch eine historische Gestalt, und wie die bekannteste Überlieferung behauptet, ein lateinischer Außenseiter unter jenen etruskischen Monarchen (Tarquiniern), die die römische Königsreihe abschlossen. Seine Geschichte ist aber fast ausschließlich Sage. Es gibt zwei Berichte über ihn. Eine etruskische Darstellung, die von Kaiser Claudius berichtet wird, setzt ihn mit Mastarna gleich. Die aus ›Ab urbe condita libri‹, dem Lebenswerk des Historikers Livius, und anderen Autoren bekannte römische Sage über ihn lautete folgendermaßen: Am Hofe des Königs Tarquinius Priscus lebte eine Sklavin, Ocrisia, die einen Knaben gebar. Über seinen Vater gab es unterschiedliche Versionen. Die erste behauptete, daß sein Vater Servius Tullius war, der Fürst der jüngst eroberten Stadt Corniculum, und daß die Mutter, jetzt eine Sklavin, seine Frau gewesen war. Nach einer anderen Erklärung war Ocrisia von dem Gott Vulkan geliebt worden, der in Gestalt eines Phallus aus dem Herdfeuer kam. Auf die Bestimmung des Kindes wurde man bei Hofe aufmerksam, als man in der Wiege ein unschädliches Feuer um seinen Kopf spielen sah. Tarquinius' Frau Tanaquil befahl, den Knaben nicht zu stören; als er erwachte, war die Flamme verschwunden. Dann beschloß das Königspaar unter dem Eindruck dieses Omens, das Kind als ihren eigenen Sohn aufzuziehen, und als er erwachsen war, verheirateten sie ihn mit ihrer Tochter. Obwohl Tanaquil eigene Söhne hatte, hielt sie weiter zu ihm; und als Tarquinius Priscus von den Söhnen seines Vorgängers Ancus Marcius ermordet wurde, verheimlichte sie den Tod ihres Gatten und behauptete, er sei lediglich verwundet, bis Servius seine Macht gefestigt hatte. Als dann die Wahrheit ans Licht kam, vermochte er ohne Schwierigkeiten den Thron einzunehmen, und seine Rivalen mußten aus dem Lande fliehen.

Nach der römischen Historie war Servius' Regentschaft sehr erfolgreich. Er soll Veii in Etrurien besiegt haben und teilte die Bürgerschaft in Klassen und Centurien, die sich nach dem Eigentum richteten. Er erweiterte die Stadtgrenzen und ließ die berühmte »Servische Mauer« bauen (jedoch stammen die erhaltenen Reste dieser Mauer erst aus dem vierten Jh. v.Chr.); er führte den Kult der italischen Göttin Diana ein, und er festigte seine Herrschaft durch eine überwältigende Volksabstimmung. Die Patrizier dagegen sollen von Anfang an gegen ihn gewesen sein. Doch waren es die Enkel (oder nach Livius die Söhne) seines Vorgängers Tarquinius Priscus, die Servius mit seinen Töchtern verheiratet hatte, die schließlich seinen Sturz und seinen Tod bewerkstelligten. Zunächst faßte (nach Livius) eines dieser Mädchen, die besonders ehrgeizige Tullia, den Plan, ihre Schwester und Tarquinius' meist passiven Enkel Arruns zu ermorden; dann heiratete sie ihren Schwager Lucius Tarquinius, später Superbus genannt. Sodann ermordeten die beiden Servius nach vierundvierzigjähriger Regentschaft. Tarquinius verhinderte ein rituales Begräbnis, und Tullia überfuhr mit ihrem Wagen die Leiche ihres Vaters, die blutend am Weg lag.

Sibylle, Name einer sagenhaften Frau, die in Marpessos bei Troja lebte; sie weihte sich dem Dienste des Apollon, der ihr die Gabe der Weissagung verlieh. Sie soll ihre Orakel in Rätselform ausgedrückt und sie auf Blättern niedergeschrieben haben. Aufgrund des Ruhmes, den sie erwarb, wurde ihr Name bald zur Gattungsbezeichnung, und viele Orte rühmten sich einer Sibylle. Am berühmtesten waren die Sibyllen von Erythrai, Libyen und Cumae in Kampanien.

Der Sibylle von Cumae, Deïphobe, versprach einmal Apollon alles, was sie wollte, wenn sie seine Geliebte würde. Sie willigte ein und verlangte so viele Lebensjahre, wie ein Kehrichthaufen Staubkörner enthielt; die Zahl belief sich auf tausend. Leider hatte sie nicht zugleich auch um ewige Jugend gebeten; und da sie Apollon trotzdem verschmäht hatte, hörte sie nicht auf, zu altern. Schließlich war sie so

Das Meeresungeheuer Skylla (Münze aus Akragas/Agrigent, 5. Jh. v. Chr.)

Luna (Selene) in ihrem Mondwagen (römische Silbermünze der Julia Domna, frühes 3. Jh. n. Chr.; London, Britisches Museum)

alt, daß sie, völlig eingeschrumpft, in einer von der Höhlendecke herabhängenden Flasche hockte, und wenn ihre Kinder sie nach ihren Wünschen fragten, sagte sie nur: »Ich will sterben.«

Vergil beschreibt Aeneas' Abstieg zur Unterwelt in Begleitung der Cumäischen Sibylle, die ihm zu dem glückbringenden Goldenen Zweig verholfen hatte, mit dem er sich das Hadesreich öffnete; er fand den Zweig in den Wäldern am Averner See. Auch präsentierte sie dem letzten römischen König Tarquinius Superbus neun Bücher mit rätselartigen Prophetien und forderte einen hohen Preis dafür. Er lachte sie aus und schickte sie weg; da verbrannte sie drei der Bücher und bot ihm die restlichen sechs für dieselbe Summe. Als er erneut ablehnte, verbrannte sie wieder drei und bot ihm die letzten drei noch einmal zum ursprünglichen Preis an. Diesmal beriet sich Tarquinius mit einem Priesterkollegium, den Auguren, die den Verlust der sechs Bücher beklagten und zum Kauf der noch übrigen drei rieten. Die Bücher, die er dann erwarb, identifizierte man überlieferungsgemäß mit einer Orakelsammlung, die noch in historischer Zeit existierte; sie war viele Jahre lang im Tempel des Capitolinischen Jupiter aufbewahrt worden, wo sie bei staatlichen Notständen befragt werden konnte. 83 v. Chr. verbrannte sie bei einer Feuersbrunst, die auch den Tempel zerstörte.

Sicelus siehe Siculus.

Die Sibylle Deïphobe von Cumae (Michelangelo Buonarroti, 1475–1564; Rom, Vatikan, Sixtinische Kapelle)

Siculus, Eponyme der sizilischen Rasse; einem Bericht zufolge soll er auch, noch vor der Ankunft des Aeneas, in Rom eine Stadt gegründet haben.

Side (Granatapfel), erste Gemahlin des Riesen Orion; weil sie sich an Schönheit mit Hera maß, warf Zeus sie in die Unterwelt.

Sidero (Weib aus Eisen), Gemahlin des Salmoneus und hartherzige Stiefmutter der Tyro, deren Söhne Pelias und Neleus (nachdem sie ausgesetzt und von Pferdehändlern aufgezogen worden waren) später entdeckten, wer ihre Mutter war und wie grausam Sidero sie behandelt hatte. Sie nahmen Rache, indem sie Sidero bis in einen Heratempel verfolgten, wo Pelias sie erdolchte.

Sieben gegen Theben, argivische Helden, die für Polyneikes Theben belagerten. Als der Ödipussohn Eteokles sich weigerte, den thebanischen Thron, wie vereinbart, nach einjähriger Herrschaft seinem Bruder Polyneikes zu übergeben, suchte dieser Zuflucht in Argos, wo Adrastos König war. Wegen eines Lagerplatzes in der Vorhalle des Palastes bekam er Streit mit Tydeus, der wegen Totschlags aus Kalydon verbannt worden war und hier ebenfalls Zuflucht gesucht hatte. Adrastos trennte die beiden; als er aber erkannte, daß sie ein Löwen- bzw. ein Eberfell trugen oder ein Löwe bzw. ein Eber ihr Schildzeichen war, erinnerte er sich eines Orakels, das ihm geboten hatte, seine Töchter »mit einem Löwen und einem Eber« zu vermählen. Außerdem gelobte er, den beiden jungen Prinzen in ihrer Heimat wieder zur Macht zu verhelfen, und zwar zuerst dem Polyneikes. Zu seiner Unterstützung sammelte Adrastos ein großes Heer. Die sieben Anführer der Hauptstreitmacht waren Adrastos, Polyneikes, Tydeus, Parthenopaios (aus Arkadien), die beiden Argiver Kapaneus und Hippomedon sowie der sehr widerstrebende Argiver Amphiaraos. Häufig wurden auch zwei andere Namen genannt: statt des Adrastos der Iphissohn Eteoklos und statt des Polyneikes der Adrastosbruder Mekisteus.

Allzu siegessicher marschierte die Armee gegen Theben; man ignorierte sowohl die unheilvollen Weissagungen des Amphiaraos wie auch des Ödipus Fluch über seine Söhne: er hatte sie verflucht, sich gegenseitig umzubringen. Tydeus unternahm eine erfolglose Mission nach Theben, um eine Regelung auszuhandeln. Auf dem Rückweg fiel er in einen Hinterhalt von fünfzig Thebanern, von denen er neunundvierzig vernichtete. Die Thebaner dagegen hatten Grund zur Zuversicht; denn Teiresias hatte ihnen den Sieg verheißen, wenn sich ein keuscher, männlicher Abkomme der Gesäten Männer für die Stadt opfern würde; dieses Selbstopfer vollzog einer der Söhne

Amphiaraos, mit Schwert, schließt sich den Sieben gegen Theben an, links Eriphyle mit dem Halsband (korinthische Vase, 6. Jh. v. Chr.)

Kreons, Menoikeus oder Megareus. Nachdem man zu Ehren des Opheltes (siehe Hypsipyle) die Nemeischen Spiele gegründet hatte, belagerte die Armee Theben, und jeder der Kämpfer versuchte eines der sieben Tore zu erobern. Nach Aischylos' Drama ›Sieben gegen Theben‹ (467 v.Chr. in Athen aufgeführt) attackierte Tydeus das Proitidische Tor, verteidigt von Melanippos; Kapaneus das Elektrianische Tor, verteidigt von Polyphontes; Eteoklos das Neistische Tor, verteidigt vom Kreonsohn Megareus; Hippomedon das Onkaiische Tor, verteidigt von Hyperbios; Parthenopaios das Borrheische Tor, verteidigt von Aktor; Amphiaraos das Homoloidische Tor, verteidigt von Lasthenes, und Polyneikes das Hypsistische Tor, verteidigt von Eteokles. Kapaneus erklomm die Mauer und rief, nicht einmal Zeus könne ihn hindern, in die Stadt zu gelangen, worauf dieser ihn mit einem Donnerkeil erschlug. Parthenopaios wurde von einem Stein erschlagen, den Periklymenos von der Mauer auf ihn herabwarf. Mekisteus und Eteoklos fielen im Einzelkampf. Als Tydeus – selber schon schwer verwundet und im Sterben liegend – seinen Gegner Melanippos getötet hatte, bat seine Beschützerin Athene Zeus, ihn unsterblich machen zu dürfen. Amphiaraos aber, der seinen Verbündeten grollte, schnitt Melanippos den Kopf ab und stieß ihn Tydeus zu, der begann, das Hirn auszuschlürfen, womit er die Sympathie Athenes verscherzte, so daß er nicht vom Tod verschont wurde. Amphiaraos versuchte, in seinem Wagen dem Periklymenos zu entkommen, doch durch einen Donnerkeil des Zeus tat sich die Erde auf und verschlang ihn. Da man wußte, daß der Sieg auf jener Seite war, die Ödipus unterstützen würde, hatte Polyneikes ihn zu gewinnen versucht, und um des Eteokles willen hatte auch Kreon versucht, die Rückkehr des Ödipus nach Theben sicherzustellen. Der aber blieb beiden Seiten fern und erneuerte die Verwünschung, die sich dadurch erfüllte, daß seine beiden Söhne sich im Einzelkampf umbrachten. Als einziger der Sieben rettete sich Adrastos auf seinem Pferd Areion, dem Fohlen von Poseidon und Demeter.

Kreon wurde nunmehr König oder Herrscher über Theben und verweigerte die Bestattung der umgekommenen Eindringlinge einschließlich des Polyneikes. Nach einem historischen Bericht schleppte seine Frau Argeia gemeinsam mit Antigone Polyneikes' Körper auf den Scheiterhaufen des Eteokles. Sophokles schildert in der Tragödie ›Antigone‹, wie Antigone die Begräbnisriten für ihren Bruder Polyneikes ohne fremde Hilfe vollzog, indem sie den verwesenden Leichnam mit einigen Handvoll Erde bedeckte. Nach einer anderen Darstellung, wie sie Euripides in seiner Tragödie ›Die Phönizierinnen‹ (Uraufführung 409 v.Chr.) gibt, fiel König Theseus von Athen in Theben ein und zwang Kreon, den toten Feind zu begraben, als Antwort auf das Flehen des Adrastos und der argivischen Frauen am eleusischen Demeteraltar, wo sich ihnen noch Theseus' Mutter Aithra anschloß. Zehn Jahre später rächten die Epigonen, die Söhne der Sieben, den Tod ihrer Väter.

Sikinos, Sohn des Königs Thoas von Lemnos und der Oinoë.

Silenos, älterer Begleiter der Mänaden bei den Umzügen des Dionysos, Sohn des Pan oder des Hermes und einer Nymphe. Er hatte eine Stupsnase und Schwanz und Ohren eines Pferdes, war glatzköpfig und dickbäuchig und ritt gern auf einem Esel. Ursprünglich ein Wassergeist, war er berühmt für seine praktische Lebensweisheit und seine prophetischen Gaben. In dieser Gestalt galt er als Mentor des jungen Dionysos und soll König des legendären Landes Nysa gewesen sein, wo der Gott von Nymphen aufgezogen wurde. Vergil erzählt, wie Silenos einmal von zwei Hirten gefangen wurde und wie er ihnen Begebenheiten aus der Sage

Silenos (Neapel, Museo Archeologico Nazionale)

vorsang. Einst wurde er auch von dem phrygischen König Midas gefangen, der an seiner Weisheit teilhaben wollte. Der König mischte Wein mit dem Wasser eines Waldquells, und als Silenos davon trank, schlief er ein. Die Knechte des Königs packten ihn und brachten ihn vor ihren Herrn, und er verriet ihm das Geheimnis des menschlichen Lebens: daß es das Beste sei, niemals geboren zu sein, und das Zweitbeste, so bald wie möglich zu sterben.
Silenos hatte mit den Nymphen eine große Anzahl Söhne. Diese Geschöpfe, die Silene, die äußerlich ihrem Vater glichen, hatten in den Satyrspielen (siehe Satyrn) der Tragiker wenig Ähnlichkeit mit dem eben geschilderten weisen alten Propheten. Wie aus ihrem Vater, wurden auch aus ihnen trunksüchtige, feige Gesellen, die es immer mit der stärkeren Partei hielten; wie die Satyrn, vergriffen auch sie sich immer wieder an den Nymphen.
Sokrates wurde mit Silenos verglichen – wegen seines Aussehens und seiner Argumentationsweise.

Silvanus, italische Waldgottheit; von klassischen Autoren der Lateiner gelegentlich mit Pan und den Satyrn oder aber mit Mars, in seiner Eigenschaft als agrarische Gottheit, gleichgesetzt.

Sinis, Beiname Pityokamptes, Tannenbieger; denn er hatte eine schlimme Gewohnheit: er war ein Wegelagerer und machte den Isthmos von Korinth unsicher, hielt die Vorübergehenden auf und fesselte sie mit Armen und Beinen an einige Tannen, die er zur Erde gebogen hatte; dann ließ er die Bäume los, so daß seine Opfer zerrissen wurden. (Nach einer anderen Überlieferung bat er seine Opfer, ihm beim Herniederbiegen der Tanne behilflich zu sein, und ließ dann plötzlich los, so daß der andere in die Luft geschleudert wurde.) Theseus aber tötete ihn auf eben die Weise, in der er die andern zu behandeln pflegte. Dann entdeckte er Sinis' schöne Tochter Perigune, die sich unter den Pimpinellen und Spargeln ihres Gartens versteckt und gelobt hatte, die Pflanzen nicht zu roden noch zu verbrennen, wenn sie sie nur verbargen. Es dauerte aber nicht lange, da war sie in Theseus verliebt, schlief mit ihm und gebar ihm einen Sohn, Melanippos. Später verheiratete Theseus sie aber mit dem Eurytossohn Deioneus.

Sinon. Als die Griechen sich von dem auf der Ebene vor Troja stehenden Trojanischen Pferd zurückzogen, blieb einer von ihnen, Sinon, absichtlich etwas zurück und ließ sich von den Troern gefangennehmen. Obwohl mit Odysseus verwandt (Autolykos war ihr gemeinsamer Großvater), erzählte er den Troern, er habe zum Gefolge des Palamedes gehört, den Odysseus hinterrücks ermordet hatte. Er lieferte sich den Troern bedingungslos aus, behauptete, daß Odysseus ihn hasse, und erklärte, die Griechen hätten ihn aufgrund eines Orakels von Apollon als Opfer ausersehen, um sich eine günstige Heimreise zu sichern. Er erläuterte auch den angeblichen Zweck des hölzernen Pferdes und versicherte den Troern, es sei ein Opfer, um Athene für den Verlust des Palladion zu entschädigen, jenes Bildnisses, das Odysseus und Diomedes aus der trojanischen Zitadelle geraubt hatten. Der Prophet Kalchas, so sagte Sinon, habe verkündet, daß die Troer verderben würden, wenn sie das Pferd verbrannten; wenn sie es dagegen in die Stadt brächten, wären sie vor jeder weiteren Belagerung sicher, weil die Stadt dann uneinnehmbar würde. Aufgrund dieser Lügen brachen die Troer eine Bresche in die Stadtmauer oder erweiterten das Tor und zogen das Pferd in die Stadt, nicht ohne Sinon Zuflucht zu gewähren. Später in der Nacht gab er den Griechen auf der Insel Tenedos ein Feuerzeichen und öffnete dann das Pferd, um die Krieger herauszulassen. So wurde Troja von den Griechen eingenommen.

Sirenen, vogelartige Frauen, den Harpyien, jenen geflügelten Göttinnen des Sturmes und des Todes, an Gestalt und Wirkung nicht unähnlich. Ihre Anzahl schwankt in den verschiedenen Berichten. Wo es drei sind, heißen sie Leukosia (weiß), Ligeia (laut) und Parthenope (Mädchenstimme); wo es zwei sind, Himeropa (sanfte Stimme) und Thelxiëpeia (Zauberrede); wo es vier sind, Thelxiëpeia, Aglaopheme (süße Rede), Peisinoë (überredend) und Molpe (Lied, Gesang). Über ihre

Eltern wurde viel gestritten; sie sollen die Töchter einer Muse und des Phorkys oder eines Flußgottes, des Acheloos, gewesen sein. Sie hausten auf der Insel Anthemoissa (blumig), nahe der Straße von Messina, wo auch Skylla und Charybdis lauerten, und sangen so süß, daß alle Schiffer, die sie hörten, an Land gingen und ewig lauschten; der Boden ringsum war weiß von den bleichen Gebeinen der Seeleute. Nach einem anderen Bericht zerschellten ihre Opfer an den Felsen.

Es gab eine Weissagung, daß die Sirenen sich ins Meer stürzen und ertrinken würden, sobald ein Schiffer ihre Insel passierte, ohne ihnen zu erliegen. Seltsamerweise trat dieser Fall zweimal ein. Zuerst war es Orpheus, der in der ›Argo‹ an ihnen vorbeisegelte und ihren Gesang mit seiner Musik zu übertönen wußte, so daß nur ein einziger, Butes, den Gesang vernahm und über Bord sprang. Aphrodite, die ihn liebte, rettete ihm das Leben. Als nächster entrann ihnen Odysseus; denn gemäß dem Ratschlag Kirkes verstopfte er seinen Männern mit Bienenwachs die Ohren und ließ sich selbst am Mast festbinden, so daß ihn der Sirenengesang nicht fortziehen konnte. Als er losgebunden werden wollte, hatte die Mannschaft Weisung, ihn noch fester zu binden.

Die Sirenen sollen Weissagungen und Lieder gesungen haben, die sich auf das Hadesreich bezogen. Sie standen mit Persephone in Beziehung; denn nach einer Überlieferung waren sie die Gespielinnen der Göttin gewesen und hatten zugelassen, daß Hades sie entführte;

Die Taten des Theseus: in der Mitte: mit dem Minotauros, im Kreis: mit Prokrustes, Skeiron, dem wilden Stier, Sinis, der Sau Phaia und Kerkyon (Schale aus Vulci, 5. Jh. v. Chr.; London, Britisches Museum)

zur Strafe für dieses Verbrechen wurden sie in ihre groteske Vogelgestalt verwandelt. Einmal ließen sie sich verleiten, mit den Musen im Gesang zu wetteifern; sie verloren, und die Musen rupften ihnen die Federn aus und machten sich daraus Kränze. Eine der Sirenen, Parthenope, soll in die Gegend von Neapel gelangt sein, das ursprünglich ihren Namen trug.

Sisyphos, Sohn des Aiolos und der Enarete. Er gründete die Stadt Korinth, die er anfangs Ephyra nannte. Seine Schlauheit und Geschicklichkeit waren sprichwörtlich; aus diesem Grunde brachte man ihn manchmal (unbekümmert um die Sagen-Chronologie) mit dem Meisterdieb Autolykos in Verbindung. Spätere Geschichtsschreiber behaupteten, Autolykos habe ihm seine Herde gestohlen, doch habe er sie zurückgewonnen. Er hatte zuvor Kerben in die Hufe geritzt und konnte so den leugnenden Autolykos widerlegen. Dann rächte er sich an dem Dieb, indem er seine Tochter Antikleia verführte – so ging gelegentlich das Gerücht, daß er und nicht ihr Gatte Laërtes der Vater des Odysseus war, den sie später gebar.

Als Sisyphos Ephyra gründete, stiftete er zu Ehren des Melikertes, dessen Leiche er dort vorgefunden und begraben hatte, die Isthmischen Spiele; auch befestigte er die angrenzende Anhöhe des Akrokorinth zu einer Zitadelle und einem Wachtturm. Eines Tages erblickte er zufällig Zeus, wie er gerade die Flußnymphe Aigina entführte, die Tochter des Flußgottes Asopos und der Metope; Zeus trug sie zur Insel Oinone, wo er sie entehrte. Asopos nahm die Verfolgung auf und bat Sisyphos um Auskunft; der versprach, zu sagen, was er wußte, wenn er dafür auf dem Akrokorinth eine Frischwasserquelle bekäme, die Asopos auch sogleich hervorbrachte (die Quelle Pirene). Zeus war zornig über Sisyphos' Enthüllung und wollte ihn strafen; er schickte Thanatos (Tod) aus, um ihn ins Haus des Hades zu bringen. Sisyphos, der Schlaue, überlistete Thanatos auf irgendeine Weise, band ihn und warf ihn in ein Verlies, worauf die Sterblichen nicht mehr starben. Die Götter, von dieser unnatürlichen Erscheinung verunsichert, sandten Ares zur Befreiung des Thanatos aus, der nun ein zweites Mal Sisyphos aufsuchte. Für diesen Fall hatte Sisyphos seiner Gemahlin, der Pleiade Merope, genaue Anweisungen erteilt: sie ließ seinen Körper unbeerdigt liegen und brachte dem Toten auch keine der üblichen Opfer dar. Damit überlistete Sisyphos Hades; denn der Gott war über Meropes Nachlässigkeit so erzürnt, daß er oder seine Gemahlin Persephone Sisyphos in die Oberwelt zurückkehren ließen, um Merope zu strafen und zur Beisetzung der Leiche zu veranlassen. Nach Korinth zurückgekehrt, tat jedoch Sisyphos nichts dergleichen, sondern erfreute sich seines Lebens und wurde sehr alt, die Götter der Unterwelt verlachend. Wohl wegen dieser

Odysseus und die Sirenen (rotfigurige Vase aus Vulci, 5. Jh. v. Chr.; London, Britisches Museum)

Sisyphos mit Persephone und Hades (schwarzfigurige attische Vase, 6. Jh. v. Chr.)

Gottlosigkeit, wie auch wegen des Verrates gegen Zeus, wurde – so nahm man an – sein Schatten nach seinem Tod im Tartaros gepeinigt: er mußte unablässig einen großen Stein einen Hügel hinaufrollen; wenn er ihn fast bis zur Spitze gebracht hatte, rollte er immer wieder hinunter.
Nach langer Herrschaft wurde Sisyphos auf dem Isthmos beigesetzt. Er hinterließ vier Söhne: Glaukos (Vater des Bellerophon), Ornytion (Vater von Phokos), Thersandros und Almos.
Skamandrios siehe Astyanax.
Skamandros, Gott des nahe Troja fließenden Stromes; die Götter nannten diesen Xanthos (gelb). Er stand im Trojanischen Krieg auf seiten der Troer, und als Achilleus nach dem Tode des Patroklos seine Wasser mit den Leichen von Troern füllte, wurde er zornig. Es kam zu einem Kampf zwischen ihm und Achilleus, und Achilleus wäre ertränkt worden, wenn Hera nicht ihren Sohn, den Feuergott Hephaistos, gesandt hätte, der den Fluß mit einem Feuerbrand entzündete und austrocknete; siehe Teuker 1.
Skeiron, Sohn des Poseidon oder des Pelops; er machte den Skeironischen Weg unsicher, die Straße zwischen Megara und Eleusis. An einer Stelle mit steilen Felsen über dem Meer hielt er die Reisenden an und ließ sich von ihnen die Füße waschen. Wenn sie sich dann niederbeugten, pflegte er sie über die Klippe zu stoßen; unten verzehrte eine Riesenschildkröte ihre Überreste. Theseus aber schlug ihn mit seinen eigenen Waffen. Nach einem abweichenden megarischen Bericht war Skeiron ein Sohn des Königs Pylas von Megara und stritt mit dem Pandionsohn Nisos um die Thronfolge. König Aiakos von Aigina schlichtete den Streit, machte Nisos zum König von Megara und Skeiron zum Befehlshaber seiner Armee, Endeïs, die Tochter Skeirons, heiratete Aiakos.
Skylla 1, Tochter des Königs Nisos von Megara; siehe Nisos.
Skylla 2, Meeresungeheuer in der Straße von Messina. Ursprünglich war Skylla eine schöne Nymphe; sie soll die Tochter von Phorkys und Krataïis gewesen sein (obgleich über ihre Abstammung viel gestritten wurde). Sie brachte ihre Tage im Meer zu, spielte mit den Meeresnymphen und verschmähte alle Liebhaber. Als sich der Meeresgott Glaukos in sie verliebte, bat er die Zauberin Kirke um einen Liebestrank, doch Kirke verliebte sich sogleich selber in ihn. Als er sie verschmähte, verwandelte sie in ihrer Eifersucht ihre Rivalin Skylla in jene abstoßende Gestalt, die sie später zeigte, mit sechs Köpfen und einer dreifachen Reihe Zähnen in jedem Maul, und zwölf Füßen; nach einem anderen Bericht trug sie auch noch rund um ihren Leib Hundeköpfe, die bellten und nach Beute schnappten. Skylla war unsterblich; das einzige Schutzmittel gegen sie war, den Beistand ihrer Mutter, der Meeresnymphe Krataïis, anzurufen. Sie suchte sich ihr Lager in einer Höhle gegenüber dem Strudel der Charybdis, und sobald Schiffer (z.B. auch Odysseus) die Meeresenge durchfuhren, benutzte sie ihre vielen Mäuler, um möglichst viele Männer von Deck zu holen. Schließlich wurde sie in einen Felsen verwandelt, und so fand auch Aeneas sie vor, als er jenes Weges kam.
Skyrios, König auf der Insel Skyros; nach einer Überlieferung war er der Vater des Aigeus, des Königs von Athen.
Skythes, legendärer Stammvater der Skythen; siehe Herakles (Zehnte Arbeit).
Smikros (klein), ein verlorenes Kind, von Apollon abstammend, das der wohlhabende Patron als Knecht in sein Haus aufnahm. Als Smikros und die übrigen Knechte des Patron einen Schwan fingen, wickelten sie ihn in ein Tuch und schenkten ihn ihrem Herrn. Als er ihn auswickelte, sah er, daß sich der Schwan in eine Frau verwandelt hatte. Sie riet Patron, auf Smikros besonders aufzupassen, weil er ihm Glück bringen werde, und so verheiratete Patron ihn mit seiner Tochter. Ihr Sohn war Branchos, der Gründer des Branchiden-Orakels.
Smyrna, Myrrha siehe Kinyras.
Somnus siehe Hypnos.
Sonne siehe Helios.
Sosipolis, göttliches Kind, das eine unbekannte Frau nach Olympia brachte und der Bevölkerung von Elis schenkte, die gerade von den Arkadiern angegriffen wurde. Sie behauptete, im Traum sei ihr befohlen worden, das Kind den Eleern als Verbündeten zu überbringen. Als nun die eleische Schlachtordnung aufgebaut wurde, setzte man das nackte Kind an die

Spitze der Armee; und als der arkadische Feind heranrückte, verwandelte es sich in einen Drachen, vor dem die Gegner entsetzt davonliefen. Dann verschwand der Drache im Erdboden. Die Eleer weihten dem Kind einen Tempel mit dem Namen Sosipolis, Stadtretter.

Sparte, Gemahlin des Lakedaimon und Eponyme Spartas.

Spartoi siehe Gesäte.

Spermo siehe Anios.

Sphairos (Gewölbe, Kreis), Wagenlenker des Pelops, der auf einer Insel bei Troizen beigesetzt wurde, die nach ihm Sphairia hieß. Aithra, die auf dieser Insel den Theseus empfing, benannte sie in Hiera (heilig) um.

Sphinx oder **Phix** (Würger), geflügeltes Ungeheuer mit Frauenkopf und Löwenkörper. Sie war die Tochter von Echidna und Typhon (oder dem Hund Orthros) und war von Hera geschickt worden, um Theben als Strafe für die Entführung des Chrysippos durch Laios heimzusuchen, eine Beleidigung gegen die Göttin der Ehe. Nach einem anderen Bericht schickte Apollon oder Dionysos sie – letzterer, um die Thebaner für die Vernachlässigung seines Kultes zu bestrafen. Sie lauerte jungen Thebanern an einer einsamen Stelle vor der Stadt auf oder flog auf die Zitadelle und fing sich dort ihre Opfer. Auf einer Mauer oder einem Felsen sitzend, forderte sie diese dann auf, ihr berühmtes Rätsel zu lösen. Es lautete: »Es gibt auf Erden etwas, das hat zwei Füße, vier Füße und drei Füße, und es hat ein und denselben Namen – von allen Wesen, die auf der Erde, in der Luft oder im Meer leben, das einzige, das seine Natur ändert; aber die Geschwindigkeit seiner Glieder ist am geringsten, wenn es auf den meisten Füßen läuft.« Wenn die Befragten nicht zu antworten wußten, was unvermeidlich der Fall war, sprang die Sphinx auf sie herab, trug sie davon und verschlang sie. Einer der Söhne Kreons (gelegentlich mit Haimon gleichgesetzt) kam auf diese Weise um. Es war aber bestimmt, daß die Sphinx bei der richtigen Antwort sich zu Tode stürzen oder jedenfalls das Land für immer verlassen würde. Nach dem Tode des thebanischen Königs Laios bot der Herrscher Kreon verzweifelt demjenigen das Reich als Lohn, der Theben von der Sphinx befreien konnte. Das brachte Ödipus fertig, dem das Untier auf seinem Weg in die Stadt auflauerte. Seine Antwort auf das Rätsel lautete: »Du meinst den Menschen; wenn er auf Erden geht, ist er zuerst ein Säugling auf allen vieren; und wenn er alt wird, ist er gebeugt und vermag kaum den Kopf zu heben, wenn er sich auf seinen Stock stützt als seinen dritten Fuß.« Als sie diese richtige Antwort vernahm, stürzte sich die Sphinx in den Tod.

Staphylos (Weintraube) **1,** Sohn des Dionysos und der Ariadne. Zusammen mit seinem Bruder Phanos begleitete er die Argonauten. Seine Tochter Rhoio gebar dem Apollon den Anios.

Staphylos 2, Ziegenhirt im Dienste des Oineus von Kalydon. Er entdeckte den Wein, als eine seiner Ziegen sich an den Früchten eines wilden Weines gütlich tat, und brachte seinem Herrn eine Rebe; der preßte den Saft aus den Früchten und trank ihn. Dann zeigte Dionysos dem Oineus, wie man aus dem Saft Wein gewinnt.

Stentor, sprichwörtlicher Herold, dessen Stimme nach Homer so laut war wie die von fünfzig Männern zusammen. Er erfand die Trompete und starb, als er Hermes in einem Wettbewerb nicht an Lautstärke übertrumpfen konnte.

Ödipus und die Sphinx (rotfigurige Schale, 5. Jh. v. Chr.; Rom, Vatikanische Museen)

Odysseus und die Sirenen (Mosaik aus Thugga, um 300 n. Chr.; Tunis, Bardo-Museum)

Stercutus, römischer Gott des Düngens; siehe Picus.
Sterope 1 siehe Pleiaden.
Sterope 2 siehe Kepheus 2.
Sterope 3 siehe Akastos; Antigone 2.
Steropes siehe Kyklopen.
Stheneboia siehe Bellerophon.
Sthenelos 1, Sohn des Perseus und der Andromeda; er war König von Mykene und heiratete die Pelopstochter Nikippe oder Menippe die ihm Eurystheus, Alkyone und Medusa gebar. Als Amphitryon versehentlich den früheren mykenischen König Elektryon tötete, eignete sich Sthenelos, ein Bruder des verstorbenen Herrschers, den mykenischen Thron und auch Tiryns an. Er schenkte seinen Schwagern Atreus und Thyestes die Stadt Midea.
Sthenelos 2, Gefährte des Herakles bei dessen Zug gegen die Amazonen. Apollonios Rhodios macht ihn in seinem Epos ›Argonautika‹ zu einem Sohn des Aktor und will wissen, daß er bei dem Feldzug umkam und daß sein Geist später den Argonauten erschien. Der Mythograph Apollodoros (um 180–110 v. Chr.) bezeichnet ihn als Sohn des Androgeos und Bruder von Alkaios 2 und behauptet, er habe auf der Insel Paros gelebt, auf der Androgeos König war. Die beiden Brüder gelangten als Geiseln in die Hände des Herakles, der die Stadt belagert hatte. Er nahm sie mit auf die Suche nach dem Amazonengürtel und schenkte ihnen nach der Rückkehr die Insel Thasos, die er für sie erobert hatte.
Sthenelos 3, Sohn des Kapaneus und der Euadne; er war eng mit Diomedes befreundet, den er beim Angriff der Epigonen gegen Theben begleitete. Als einer der Freier um Helena (die ja gelobt hatten, jedem beizustehen, der ihr Ehegatte würde) war er zur Teilnahme am Trojanischen Krieg verpflichtet. Obwohl er König über ein Drittel der Argolis war (und mehr Anspruch auf den Thron hatte als Diomedes), konnte er wegen einer Verletzung, die er sich bei der Belagerung Thebens durch einen Sturz von der Mauer zugezogen hatte, nicht zu Fuß am Kampf teilnehmen. Daher zog er als Diomedes' Wagenlenker in die Schlacht. Dagegen war er an der List mit dem hölzernen Pferd beteiligt und kehrte mit Diomedes nach Argos zurück. Dort stellte sich heraus, daß sein Sohn Kometes Aigialeia verführt hatte, die Gattin des Diomedes. Ein anderer Sohn, Kylarabes, wurde König über die gesamte Argolis.
Stheno oder **Sthenno** siehe Gorgonen.
Stilbe, Nymphe; Tochter des Flusses Peneios und der Naiade Krëusa. In einer Überlieferung ist sie durch Apollon die Mutter der Kentauren und Lapithen.
Strophios siehe Pylades.
Strymo, Tochter des Flusses Skamandros; Gattin des Laomedon.
Stymphalische Vögel siehe Herakles (Sechste Arbeit).
Stymphalos, Sohn des Arkassohnes Elatos; König von Arkadien. Er gründete in Nordostarkadien die Stadt Stymphalos. Als König Pelops von Elis Arkadien zu erobern suchte, heuchelte er Freundschaft mit Stymphalos und brachte ihn dann hinterrücks um; seine Gebeine verstreute er weit übers Land. Dieser Frevel brachte eine Dürre über ganz Griechen-

land; nur durch die Gebete des Aiakos wurde sie gelindert. Seine Tochter Parthenope gebar dem Herakles einen Sohn mit Namen Eueres.

Styx (Grausen), älteste Tochter des Okeanos und der Tethys; sie herrschte über jenen Fluß, der vom Okeanos abzweigte und sich vom arkadischen Berg Chelmos durch eine wilde Schlucht in die Unterwelt ergoß. Dort teilte er sich in mehrere Arme, darunter den Kokytos (der Heulende), und wand sich neunmal um des Hades' Reich der Toten.

In der Unterwelt wohnte Styx in einem Palast, der durch silberne Säulen ausgezeichnet war. Sie heiratete den Titan Pallas und gebar Kratos (Stärke), Bia (Kraft), Zelos (Eifer) und Nike (Sieg). Als Zeus gegen Kronos und die Titanen kämpfte, kam sie als erste Zeus zu Hilfe, und ihre Kinder trugen zu seinem Sieg maßgeblich bei. Zeus machte sie zu seinen engsten Begleitern und verfügte, daß ein beim Wasser der Styx geschworener Eid selbst von den Göttern niemals gebrochen werden solle: immer wenn ein Gott einen Eid schwor, holte Iris einen Krug mit diesem Wasser und brachte ein Opfer daraus dar, während der Schwur gesprochen wurde. Wer einen solchen Eid brach, verfiel ein Großes Jahr lang (man schätzte dies für gewöhnlich auf neun normale Jahre) in eine totenähnliche Starre und wurde anschließend weitere neun Große Jahre lang vom Olymp verbannt.

Sychaeus siehe Dido.

Syleus, lydischer Wegelagerer, der die Vorüberkommenden zwang, seinen Weingarten zu bearbeiten. Herakles tötete ihn mit seiner Hacke, während er in Omphales Diensten stand.

Symaïthis, Nymphe; Mutter von Akis.

Syrinx (auch Nonakris genannt), arkadische Nymphe, die ihre Zeit damit verbrachte, im Gefolge der Artemis zu jagen. Eines Tages stellte der verliebte Pan ihr nach. Um ihre Jungfräulichkeit zu retten, bat sie die Nymphen des Flusses Ladon, den sie nicht überqueren konnte, um Hilfe: und sie verwandelten sie in Schilf. Als Pan an den Fluß kam, machte er sich aus eben diesem Schilfrohr eine Flöte und nannte sie Syrinx nach seiner Geliebten.

Syrna siehe Podaleirios.

Die Ermordung des Lucius Tarquinius Priscus (Rollin, Istoria Romana, 1816; Paris, Bibliothèque Nationale)

T

Tages, göttliches Kind in der etruskischen Mythologie. Eines Tages pflügte ein etruskischer Ackersmann sein Feld in der Gegend um Tarquinii, als er einen Kopf bemerkte, der aus der Ackerfurche ragte; er grub den Körper aus und fand ein kleines Kind – Tages – mit dem grauen Haar eines Greises. Das Kind wurde zu den zwölf Fürsten der zwölf etruskischen Städte gebracht, wo man es mit großen Ehren empfing und seinen Lehren lauschte. Seine Worte wurden in den Büchern des Tages (Libri Tagetici) festgehalten, aus denen die etruskischen Wahrsager ihr Wissen bezogen. Der oberste der zwölf Fürsten war Tarchon – nach einigen Berichten handelte es sich um den Pflüger, der Tages entdeckte. Als das Kind seine Aufgabe erfüllt hatte, verschwand es wieder im Erdreich; siehe Tarchies.

Talaos, ältester Sohn von Bias und Pero; er erbte seines Vaters Reich in der Argolis und war einer der Argonauten. Seine Frau war Lysimache, und einige seiner Söhne schlossen sich auch dem Zug der Sieben gegen Theben an. Eriphyle, seine Tochter, unterstützte sie gegen den ausdrücklichen Wunsch ihres Gatten Amphiaraos. Die Söhne des Talaos hießen Adrastos, Mekisteus, Pronax, Aristomachos, vielleicht auch Hippomedon und Parthenopaios.

Talos 1, eherner Riese auf Kreta und der letzte aus dem Bronzegeschlecht. Er besaß eine einzige Vene, die vom Kopf bis zu den Knöcheln lief und das Götterblut enthielt; unten war sie durch einen bronzenen Nagel oder eine Hautmembran verschlossen. Manche sagten, Zeus habe ihn Europa zum Schutz der Insel geschenkt, andere, Hephaistos habe ihn für Minos geschaffen. Seine Aufgabe war es, dreimal am Tag rund um die Insel zu rennen und auftauchende Eindringlinge zu verjagen. Zu diesem Zweck bewarf er ihre Schiffe mit Felsbrocken oder machte sich selber glühend heiß und schloß sie in seine Arme. Zuletzt erlag er Medea, die den Riesen in Schlaf sang, als die Argonauten landen wollten; dann zog sie den Nagel aus seinem Fuß – oder zerschnitt die Membran –, und er starb. Darüber, wie Medea ihn tötete, gibt es noch andere Darstellungen. So soll sie ihm einen Zaubertrank verabreicht haben; oder sie erschlich sein Vertrauen, als sie versprach, ihn unsterblich zu machen; oder sie überredete ihn einfach dazu, sich selbst am Fuß zu verletzen, so daß das Götterblut ausfloß. Andererseits soll der Argonaut Poias die Membran mit einem Pfeil durchbohrt haben.

Talos 2 siehe Daidalos.

Talthybios, Spartaner; der Herold Agamemnons im Trojanischen Krieg. Er war ein Kollege des Eurybates, doch machen die nachhomerischen Autoren Talthybios zum bedeutenderen der beiden. Für seinen Herrn erledigte er eine Reihe unerfreulicher Aufgaben: er holte Briseïs aus dem Zelt des Achilleus, entführte Astyanax von der Seite Andromaches, so daß er hingerichtet werden konnte, und bereitete Hekabe darauf vor, daß Polyxena geopfert werden müsse, um Achilleus' Geist zu versöhnen. Auch half er Odysseus, Iphigenie nach Aulis zu holen, wo sie geopfert werden sollte. Später kehrte er wieder in das heimatliche Sparta zurück und starb dort.

Tanaquil, etruskische Adlige der römischen Sage; jedoch ohne ihre Mythen mag sie auch eine historische Gestalt gewesen sein. Sie soll Tarquinius Priscus – den Sohn eines Griechen, der in Etrurien seßhaft geworden war – geheiratet und zur Übersiedlung vom etruskischen Tarquinii nach Rom bewogen haben, wo er sich den Thron eroberte. Bei der Durchsetzung der Interessen des Servius Tullius war sie entscheidend beteiligt, und als Tarquinius Priscus von den Söhnen seines Vorgängers Ancus Marcius getötet wurde, sicherte sie Servius den Thron. Andere historische Quellen geben den Namen von Tarquinius' Frau mit Gaia Caecilia an; ob man sie für identisch mit Tanaquil hielt, ist unsicher.

Tantalos 1, Sohn des Zeus und der Titanin Pluto. Er stammte aus Lydien, wo er das Gebiet um den Berg Sipylos beherrschte. Wie der Name seiner Mutter und die griechische Redensart von den Tantalostalenten *(Tantalou talanta)* andeuten (*talanton* ist ein großes Goldmaß), war er wegen seiner Reichtümer berühmt. Er heiratete Dione, eine Tochter des Atlas, oder Euryanassa, eine Tochter des Flusses Paktolos. Ihre Kinder waren Pelops, der ins griechische Elis zog, Niobe, die den Amphion heiratete, und der Bildhauer Broteas, der das erste Rhea- oder Kybele-Bildnis schuf. Tantalos beleidigte die Götter und mußte im Tartaros ewige Pein erleiden. Er aß am Tisch der Götter und lauschte ihren Gesprächen und

Die Qualen des Tantalos (französischer Kupferstich)

wurde dadurch unsterblich. Wodurch er sich das schlimme Geschick zuzog, das über ihn hereinfiel, wurde unterschiedlich erklärt: er lud die Götter zum Mahl ein und versuchte vorwitzig ihre Allwissenheit zu erproben, indem er seinen Sohn Pelops tötete, dieses Fleisch kochte und es den Göttern vorsetzte. Alle Götter durchschauten die grausige Beschaffenheit des Essens, bis auf Demeter, die – geistesabwesend in ihrem Kummer um den Verlust der Persephone – eine Schulter Pelops' verspeiste. Hermes holte dann Pelops wieder aus der Unterwelt und die Götter erweckten ihn zum Leben und ersetzten seine beschädigte Schulter durch Elfenbein; aber seitdem war Tantalos ihnen verhaßt. Auch soll er vom Tisch der Götter Nektar und Ambrosia gestohlen und seinen Freunden vorgesetzt und außerdem den Sterblichen die dort vernommenen Geheimnisse verraten haben. Wieder ein anderes Beispiel seiner Verruchtheit erzählt, daß Pandareos aus einem Zeusheiligtum einen wunderbaren goldenen Wachhund entwendete und dem Tantalos zur Aufbewahrung gab. Zeus schickte Hermes, um den Hund zurückzuverlangen, und auch Pandareos wollte ihn später wiederhaben, doch schwor Tantalos beide Male einen Eid, er wisse von keinem Hund und habe ihn nie gesehen.

Für einige oder alle diese Freveltaten mußte Tantalos im Tartaros büßen. Er litt ewig Hunger und Durst, obwohl er bis ans Kinn im Wasser stand und über seinem Kopf schwer beladene Obstbaumzweige hingen; aber er kam nicht an das Wasser heran, um zu trinken, und die Obstbaumzweige wichen vor seiner Hand zurück. (Die Tantalusqualen sind seit diesen Strafen sprichwörtlich.) Über seinem Kopf hing (zusätzlich oder stattdessen) an einem Faden ein großer Stein, so daß er in steter Angst lebte.

Tantalos 2, Sohn des Thyestes; er war der erste Gemahl der Klytämnestra, doch Agamemnon tötete ihn und sein Kind und heiratete die Witwe.

Tarchetius. In einer etruskischen Darstellung der Geburtssage von Romulus und Remus, die von der römischen Überlieferung abweicht, erzählt der griechische Philosoph und Schriftsteller Plutarch (um 46–120 n. Chr.), daß Tarchetius, ein verruchter etruskischer König von Alba Longa, vom Herd seines Palastes ein männliches Geschlechtsorgan emporsteigen und mehrere Tage dort stehen sah. Ein von Tethys verkündetes Orakel weissagte ihm, wenn eine Jungfrau mit diesem Phallus verkehren würde, dann werde ihr Sohn hohe Bedeutung erlangen. Tarchetius befahl seiner Tochter, dies zu tun; doch sie schämte sich und schickte stattdessen eine junge Sklavin. Als Tarchetius das erfuhr, kerkerte er beide Frauen ein – ein Traum, in dem ihm die Göttin des Herdes, Vesta, erschien, hielt ihn ab, sie zu töten – und ließ sie am Tage einen Teppich weben, den er dann in der Nacht wieder auseinanderriß. Die Sklavin gebar schließlich Zwillingssöhne, die Tarchetius dem Knecht Teratius übergab, der sie aussetzen sollte. Der Knecht legte sie neben dem Fluß nieder, wo eine Wölfin sie säugte und Vögel ihnen Lekkerbissen brachten. Schließlich erspähte sie ein Kuhhirte und rettete sie. Er zog sie auf, und als sie erwachsen waren, töteten sie Tarchetius. Ähnliche Geschichten erzählte man von der Geburt des Servius Tullius, des sechsten Königs von Rom.

Tarchies, etruskischer Seher (vielleicht mit Tages gleichzusetzen), der Tarchon die Kunst der Weissagung aus den Eingeweiden der Tiere lehrte.

Tarchon, Sohn des Tyrrhenos, des legendären Anführers der Lyder – der späteren Etrusker – auf ihrem Zug nach Mittelitalien. Tarchon (sein Name ist gleichen Ursprungs wie Tarquinius und Tarpeia) soll die Stadt Tarquinii gegründet haben und ermutigte seine Gefolgschaft, die übrigen elf Städte Etruriens zu gründen. Als Cacus, der in einigen Berichten ebenfalls als Lyder erscheint, der sich der Wanderung nach Etrurien angeschlossen hatte, Tarchons Herrschaft an sich zu reißen versuchte, setzte Tarchon ihn gefangen, doch entkam er und stiftete in Kampanien Unruhe, bis ihn Hercules zum Schutz der Griechen tötete. Tarchon hatte auch Schwierigkeiten mit seinem Vasallen Mezentius, der die Stadt Caere tyrannisierte und verbannt wurde; als Mezentius sich der Ansiedlung des Aeneas am Tiber widersetzte, sah Tarchon dies als Zeichen an, sich selber den Verbündeten des Aeneas anzuschließen, da Mezentius nur unter fremder Führerschaft wirksam geschlagen werden konnte. Von Tages und Tarchies erlernte Tarchon die Kunst des *haruspicium* (Eingeweideschau der Opfertiere) der etruskischen Wahrsager.

Tarpeia, Tochter des Spurius Tarpeius, des Befehlshabers der kapitolinischen Festung zu Beginn der Herrschaft des Romulus zur Zeit des Sabinerüberfalls unter Titus Tatius. Über ihre mythische Sage gibt es viele verschiedene Berichte, und man schrieb ihr sehr unterschiedliche Motive zu. Sie soll um eine Unterredung mit Tatius nachgesucht und ihm vorgeschlagen haben, sie werde sich die Schlüssel der Festung besorgen und ihm diese öffnen – nach einer Überlieferung zum Dank für seine Liebe, nach einer andern verlangte sie dafür alles, was seine Soldaten am linken Arm trugen – das heißt, sie hatte es auf die goldenen

Tarpeia wird mit Schilden überschüttet (römische Silbermünze, frühes 1. Jh. v. Chr.; London, Britisches Museum)

Armreife und Ringe abgesehen. Nach einer weiteren Darstellung wollte sie die Männer in Wirklichkeit ihrer Schilde berauben, denn das war es, was sie am linken Arm trugen. Nachts ließ sie die Sabiner durch das Tor ein und rief den römischen Verteidigungstruppen zu, sie sollten fliehen. Als die Sabiner den Hügel unter Kontrolle hatten, lieferten sie bei Tarpeia – nach der bekanntesten Version – ihre Schilde ab: sie überschütteten sie mit denselben und töteten sie auf diese Weise; nach einem anderen Bericht war sie es, die auf der Herausgabe der Schilde bestand. Ihre Absicht war es dieser Auffassung zufolge, die Schilde des Feindes in ihren Besitz zu bringen, und als sie diese hatte und die Sabiner in ihrer Gewalt waren, ließ sie Romulus eine Botschaft überbringen, er solle mit einer Streitmacht anrücken. Der Bote jedoch lief zum Feind über, und als die Sabiner von dem Anschlag erfuhren, richteten sie Tarpeia hin. Daher blieb es bei den römischen Mythologen umstritten, ob sie eine Heldin oder eine Verräterin war. Der frühere Name des Kapitols war Tarpeiischer Hügel, und Verräter wurden über den Rand des Tarpeiischen Felsens hinabgestürzt; dies geschah angeblich zur Erinnerung an die Erzverräterin Tarpeia.

Tarquinius, Arruns 1, Sohn oder Enkel des römischen Königs Tarquinius Priscus; er wurde auf Anstiften seiner Frau Tullia von seinem Bruder Lucius Tarquinius Superbus (letzter römischer König, vertrieben 510 v. Chr.) ermordet – bei einer politischen Intrige zum Sturz von Tullias Vater, König Servius Tullius, und zur Rückgewinnung des Thrones für die tarquinische Familie.

Tarquinius 2, Sohn des Tarquinius Superbus. In dem Krieg, der mit Hilfe der Stadt Veii in Etrurien geführt wurde, um das abgesetzte tarquinische Haus wieder auf den Thron Roms zu heben, focht er im Einzelkampf gegen Lucius Junius Brutus, wobei beide Kämpfer ihr Leben ließen.

Tarquinius Collatinus, Lucius, Großneffe des Tarquinius Priscus, der ihn zum Gouverneur der kleinen albanischen Stadt Collatia einsetzte. Als sich die römischen Anführer während der Belagerung Ardeas in Latium über die Vorzüge ihrer Frauen gestritten hatten, beschlossen sie, ihre Gattinnen überraschend aufzusuchen, um festzustellen, welche von ihnen ohne Tadel lebte – eine Konkurrenz, in der Collatinus' Frau Lucretia gewann. Danach wurde sie von Sextus Tarquinius brutal geschändet. Nach einer Überlieferung schloß sich Collatinus der Bewegung unter der Führerschaft des Lucius Junius Brutus an, die Lucretia rächen und eine Republik errichten wollte. Collatinus wurde einer der Konsuln des ersten Jahres, mußte aber wegen der Voreingenommenheit der Bevölkerung gegen seinen Namen, der mit der königlichen Familie in Zusammenhang gebracht wurde, zurücktreten. Auf Anraten des Brutus ging er nach Lanuvium, südlich vom Albaner See, ins Exil.

Tarquinius Priscus, Lucius, fünfter König Roms, der – nach der Überlieferung – von 616–579 v. Chr. regierte. Ob er eine Sagengestalt oder aber, wenigstens bis zu einem gewissen Grad, historisch ist, bleibt unklar. Nach dem römischen Historiker Titus Livius war er der Sohn eines griechischen Einwanderers in Tarquinii namens Demaratos, eines Korinthers, der ihm große Reichtümer vermachte; seine Mutter war eine Etruskerin, und er selber hieß ursprünglich Lucumo (etruskische Bezeichnung für Fürst). Obwohl die Etrusker ihn als Fremdling verachteten, heiratete auch er eine Etruskerin, die ehrgeizige Tanaquil (oder Gaia Caecilia, die mit Tanaquil vielleicht gleichzusetzen ist), die ihn überredete, nach Rom zu ziehen. Als sie am Janiculus-Hügel am rechten Tiberufer ankamen, empfing Lucumo ein Zeichen seiner künftigen Größe: ein Adler nahm ihm die Mütze vom Kopf und setzte sie ihm wieder auf. Tanaquil deutete dies als Vorzeichen seiner einstigen Königswürde. In Rom angekommen, legte er sich den römischen Namen Lucius Tarquinius Priscus zu (Priscus bedeutet hier »der Eigentliche«, »der Erste«). Er machte sich durch seine Dienste dem König Ancus Marcius unentbehrlich, und als dieser starb, wurde er zum König gewählt, obwohl Ancus selber zwei Söhne hinterließ. Er baute dann, wie es heißt, seine Position dadurch aus, daß er hundert seiner Anhänger in den Senat einschleuste.

Priscus soll 38 Jahre lang regiert haben; während dieser Zeit gründete er angeblich den

Circus Maximus, erbaute eine Stadtmauer aus Stein, brachte mehrere latinische Städte unter seine Herrschaft und besiegte die Sabiner. Ferner schrieb man ihm die Trockenlegung des Sumpfgeländes zwischen Palatin und Kapitol zu – wo dann das Forum Romanum entstand –, ferner die Errichtung des Tempels für den Kapitolinischen Jupiter. Zwei Schafhirten im Sold der Ancus-Marcius-Söhne ermordeten ihn, indem sie ihm mit einer Axt den Schädel spalteten. Es folgte ihm jedoch sein Schwiegersohn Servius Tullius, den Königin Tanaquil zu einer hohen Stellung gebracht hatte. Sie hielt die Nachricht vom Tode des Priscus zunächst geheim und ließ verbreiten, er sei nur verwundet. Erst nachdem Servius' Nachfolge gefestigt war, die Mörder hingerichtet worden und die Ancussöhne ins Exil gegangen waren, ließ sie die Wahrheit bekannt machen.

Tarquinius Superbus, Lucius, siebenter und letzter der sagenhaften Könige Roms; vielleicht an eine historische Gestalt erinnernd (einen letzten König Roms muß es ja gegeben haben), aber mit vielen Mythen in Verbindung gebracht. Er soll ein Sohn oder Enkel des Tarquinius Priscus gewesen sein, der durch den Ehrgeiz der Tullia (Tochter des Königs Servius Tullius, des Priscus-Nachfolgers) an die Macht gelangte, die ihn zur Ermordung seiner früheren Frau und des Arruns Tarquinius (sein Bruder und ihr erster Gemahl) anstiftete, so daß er Tullia heiraten konnte; sie verachtete die niedere Herkunft ihres Vaters und erblickte in Lucius Tarquinius einen Mann, der gerade das rechte Format zum römischen Despoten besaß. Als sie dann Mann und Frau geworden waren, veranlaßte sie ihn, ihren Vater auszuschalten und den Thron zu übernehmen. Mit einer Anzahl junger Anhänger besetzte Lucius Tarquinius das Senatsgebäude und bestieg den königlichen Thron. Als Servius Tullius erschien und ihn hinauswies, wurde Tarquinius gegen den alten Mann tätlich, warf ihn zur Tür hinaus und ließ ihn von seinen Leuten auf der Straße erstechen. Als Tullia daraufhin triumphierend durch Rom fuhr, überrollte sie mit ihrem Wagen die Leiche ihres Vaters. Tarquinius verhinderte ein Begräbnis des Toten und ließ seine Anhänger umbringen. Als Superbus (der Hochmütige) begann er nun eine Schreckensherrschaft und eignete sich durch erlogene Anschuldigungen das Vermögen und den Grundbesitz der Senatoren an; er war ebenso gerissen wie grausam – was durch seine kampflose Eroberung der Stadt Gabii in Latium bezeugt wird. Er schickte seinen Sohn Sextus Tarquinius als Flüchtling und Bittsteller in die Stadt, wo Sextus behauptete, von seinem Vater verfolgt

Tullia lenkt ihren Wagen über die Leiche ihres Vaters, den Tarquinius Superbus ermordet hat (Paris, Bibliothèque Nationale)

worden zu sein, und sich sofort das Vertrauen der führenden Bürger erwarb. Er drängte sie zu einem Krieg gegen Rom und wurde bald zum Oberbefehlshaber gemacht. Nun schickte er einen Geheimbotschafter zu seinem Vater, um weitere Anweisungen zu erfragen. Tarquinius führte den Boten in den Garten und köpfte mit einem Stock die Mohnblumen. Sextus verstand den Wink, ermordete die führenden Männer Gabiis und hatte weiter keine Schwierigkeiten, seinem Vater eine eroberte Stadt zu präsentieren.

Tarquinius Superbus war ein ausgezeichneter Feldherr und brachte auch jene lateinischen Staaten unter den Einfluß Roms, die sich dieser Sphäre bisher entzogen hatten. Er soll den Tempel des Kapitolinischen Jupiter vollendet und – nach einer Überlieferung – auf dem Forum die Cloaca maxima (großer Entwässerungskanal, der in den Tiber führte) angelegt haben. Zu der Zeit, als er Ardea, die Stadt der Rutuler in Latium, belagerte, verging sich in der Stadt Collatia am Anio sein Sohn Sextus an Lucretia, der Gemahlin seines Vetters Lucius Tarquinius Collatinus: eine Tat, die den Untergang der römischen Monarchie und in dessen Folge die Errichtung der Republik beschleunigt haben soll. Geführt (wie eine Version behauptet) von Lucius Junius Brutus, verschlossen die führenden Bürger Roms, aufgebracht und angewidert von Sextus' Schandtat und von der Grausamkeit seines Vaters, vor den Augen der aus Ardea herbeieilenden königlichen Familie die Stadttore. Tarquinius Superbus floh nach Caere und bewog die Etrusker von Veii und Tarquinii, Rom in seinem Interesse anzugreifen. Inzwischen hatte in Rom der Senat überlegt, was mit dem Eigentum der königlichen Familie geschehen sollte, und da man es weder zurückgeben noch konfiszieren wollte, ermunterte man das Volk, nach Belieben zuzugreifen. Das Marsfeld (Campus Martius) entstand auf königlichem Boden. Der Versuch einiger junger Patrizier, darunter der Söhne des Brutus, Tarquinius wieder an die Macht zu bringen, wurde von einem Sklaven aufgedeckt.

Den Krieg mit Veii und Tarquinii gewann Rom unter Schwierigkeiten. Tarquinius suchte Zuflucht bei dem König einer weiteren etruskischen Stadt, bei Lars Porsenna von Clusium, doch auch dieser konnte ihm nicht wieder zur Macht verhelfen, worauf er sich nach Tusculum zurückzog. Die Römer aber, so heißt es, befürchteten weiterhin seine Rückkehr; er bekriegte sie auch in der Schlacht am Regillussee in Latium, wo er verwundet wurde. Ein paar Jahre später soll er im kampanischen Cumae gestorben sein.

Tarquinius, Sextus, jüngster der drei Söhne des Tarquinius Superbus. Er brachte für seinen Vater die Stadt Gabii in seine Gewalt, provozierte aber durch die Schändung der Lucretia den Sturz der Monarchie. Nach der Vertreibung der Tarquinier aus Rom suchte er in Gabii Zuflucht, wo er ermordet wurde; siehe Tarquinius Superbus.

Sextus Tarquinius schändet Lucretia (Teller aus Gubbio, 1538; Paris, Musée du Petit Palais)

Tatia, erste Frau des Numa Pompilius.

Tatius, Titus siehe Romulus.

Taygete, Pleiade (Tochter des Atlas), war die Nymphe des westlich von Sparta gelegenen Taygetos-Gebirgszuges. Sie stand im Dienst der Artemis und jagte mit ihr; Zeus jedoch liebte sie und sie gebar Lakedaimon, den Stammvater der Spartaner. Artemis soll Taygete vergeblich in eine Hindin verwandelt haben, um sie vor Zeus' Nachstellungen zu schützen. Der Dichter Pindar gibt zu verstehen, daß diese Hindin (oder eine andere, die Taygete der Artemis zum Dank für ihre Mühe opferte) identisch mit der Keryneischen Hindin war, die Herakles als dritte seiner zwölf Arbeiten einfangen mußte.

Tegyrios, thrakischer König, der Eumolpos Schutz gewährte.

Teiresias, großer blinder Seher aus Theben. Er war der Sohn des Eueres (eines thebanischen Adligen, der von dem »Gesäten« Udaios abstammte) und der Nymphe Chariklo. Zur Erklärung seiner Blindheit gab es zwei unterschiedliche Sagen. Nach der einen war seine Mutter der Liebling Athenes und badete mit dieser in einer Quelle. Eines Tages jagte der junge Teiresias in der Nähe und erblickte Athene nackt. Auf der Stelle bedeckte die Göttin seine Augen mit der Hand und blendete ihn. Um aber die über die Bestrafung ihres Sohnes bekümmerte Chariklo zu trösten, ver-

edelte Athene seine Ohren, so daß er die Sprache der Vögel verstand. Ferner schenkte sie ihm einen Stab aus Kornelholz (Hartholz), der ihn ebenso sicher führte, als wenn er gesehen hätte, und verlieh ihm ein sieben Generationen langes Leben; außerdem verlieh sie ihm die Gabe der Prophetie.
Die andere Erklärung war, daß Teiresias einmal auf dem Gebirge Kithairon zwischen Attika und Böotien zwei Schlangen sich begatten sah (oder auf dem arkadischen Berg Kyllene). Er packte seinen Stock und hieb auf sie ein, wobei er das Weibchen tötete. Auf der Stelle wurde er in eine Frau verwandelt, bis er sieben Jahre später zufällig wieder ein kopulierendes Schlangenpaar erblickte. Diesmal erschlug er das männliche Tier und wurde wieder zum Mann. (Nach einer anderen Überlieferung dieser Sage hatte er die erste Schlange nicht getötet, und es handelte sich bei der zweiten Gelegenheit um dieselben Schlangen.) Als sich nun einmal Zeus und Hera darüber stritten, ob der Mann oder die Frau größeren Genuß beim Liebesakt empfinden, da befragten sie Teiresias als das einzige Lebewesen, das hierüber aus eigener Erfahrung urteilen konnte. Hera hatte behauptet, ein Mann empfinde bei weitem größeres Vergnügen als eine Frau; als daher Teiresias erklärte, das Vergnügen der Frau sei neunmal größer als das des Mannes, da schlug sie ihn in ihrer Wut mit Blindheit. Zeus konnte das nicht ungeschehen machen, doch er entschädigte den erblindeten Mann durch die Gabe der niemals irrenden Weissagung, die auf das Verstehen der Vogelsprache begründet war. Teiresias hatte einen besonderen Aufenthaltsort bei Theben, wo er in Gesellschaft eines Knaben, der ihm bei den Opfern half, die Weissagung ausübte.
Teiresias spielt in vielen Sagen eine Rolle. Als Dionysos erstmals nach Theben kam und von dem gottlosen Pentheus zurückgewiesen wurde, schlossen sich Teiresias und Kadmos seinen Umzügen an. Pentheus hörte nicht auf Teiresias' Rat, den Gott anzuerkennen, und wurde für seinen Unglauben von einer Schar Mänaden, unter denen sich auch seine Mutter befand, in Stücke gerissen. Teiresias war es auch, der dem Ödipus sagte, daß er seinen Vater Laios getötet und seine Mutter Jokaste geheiratet hatte. Als Theben von den Sieben angegriffen wurde, erklärte Teiresias dem Kreon, das einzige, was die Stadt vor der Eroberung bewahren würde, wäre das freiwillige Selbstopfer eines unverheirateten thebanischen Edlen zu Ehren des Gottes Ares: daraufhin sprang Kreons Sohn Menoikeus von der Stadtmauer in die Tiefe, wo der von Kadmos erschlagene Ares-Drache sein Lager gehabt hatte. Nach dem Fehlschlagen des Angriffs beschwor Teiresias Kreon feierlich, die Leiche des Polyneikes zu begraben; es war aber zu spät, dem Rat zu folgen, und deshalb verlor Kreon seinen Sohn Haimon, seine

Telamon und Herakles im Krieg gegen die Amazonen (rotfigurige Vase, um 500 v. Chr.; Arezzo, Museo Archeologico)

Schwiegertochter Antigone und seine Gemahlin Eurydike.
Bei dem späteren, erfolgreichen Überfall auf Theben durch die Söhne der Sieben, die Epigonen, sah Teiresias den Untergang der Stadt vorher und riet dem König, dem Eteoklessohn Laodamas, den nächtlichen Auszug der Bevölkerung aus der Stadt anzuordnen. Nach einer abweichenden Sage starb Teiresias auf diesem Zug, als er Wasser aus der Telphusa-Quelle in Haliartos trank. In einer anderen Version starb er dort, nachdem ihn die Epigonen gefangengenommen hatten und mit seiner Tochter Manto nach Delphi bringen wollten, wo beide als Kriegsbeute dem Apollon geopfert werden sollten. Teiresias wurde an der Telphusaquelle beigesetzt. Wieder eine andere Geschichte weiß zu berichten, daß er Manto auf ihrem Zug in das kleinasiatische Kolophon begleitete und dort starb; Kalchas und andere Seher, die ihm die letzte Ehre erwiesen, begruben ihn.
Odysseus wurde von Kirke bis an den Rand der Erdscheibe geschickt, um Teiresias' Schatten zu befragen. Als einziger Schatten bewahrte Teiresias nach seinem Tode das Denkvermögen – ein Vorrecht, das ihm Athene oder Zeus oder Persephone eingeräumt hatten: er war immer noch zu Weissagungen fähig, und nachdem er das Blut des schwarzen Schafes getrunken hatte, das ihm Odysseus schlachtete, prophezeite er diesem neben vielen Ratschlägen alles, was ihn erwartete: zuerst auf der Heimreise, dann in seinem von den Freiern um Penelope belagerten Haus und schließlich, nach dem Sieg über die Störenfriede, sein weiteres Leben.

Teisamenos 1, Sohn des Thersandros und der Amphiaraostochter Demonassa. Als sein Vater im Trojanischen Krieg umkam, erbte Teisamenos den thebanischen Thron; sein Sohn Autesion wurde sein Nachfolger.

Teisamenos 2, Sohn des Orestes und der Hermione. Nach dem Tode seines Vaters regierte er die Königreiche von Sparta und Argos, bis die Nachkommen des Herakles (die Herakliden) im Peloponnes einfielen und ihn vom Throne jagten. Er suchte Zuflucht in Achaia im nördlichen Peloponnes und fiel dann entweder im Kampf gegen die Herakliden oder in einer späteren Schlacht zwischen seinen Anhängern und den Ioniern, als diese ihn aus Achaia zu verdrängen suchten. Seine Leute besiegten die Ionier und siedelten sich dort an; Teisamenos begruben sie in Helike (Küstenstadt von Achaia, 373 bei einem Erdbeben versunken).

Tekmessa, Tochter des phrygischen Königs Teleutas; sie war die Geliebte des telamonischen Aias, dem sie Eurysakes gebar.

Telamon (Schildriemen), Sohn des Königs Aiakos von Ägina und der Endeïs. Er und sein Bruder Peleus ermordeten auf Anstiften seiner Mutter (aber wohl auch aus persönlichen Motiven des Neides) ihren außerehelichen Halbbruder, den Athleten Phokos. Obwohl sie die Leiche versteckten, kam Aiakos hinter das Verbrechen und verbannte seine beiden Söhne. Telamon machte die vor der Küste Attikas gelegene Insel Salamis zu seiner neuen Heimat. Die Brüder behaupteten später, die Tötung sei ein Versehen gewesen; oder Telamon erklärte, er für seinen Teil sei an dem Mord selbst nicht beteiligt gewesen. Er sandte einen Boten zu Aiakos und bat um die Erlaubnis zur Rückkehr. Aiakos gestattete ihm, sich mit einem Schiff der Küste zu nähern und von Deck aus sein Begehren vorzutragen, doch verwarf er dann die Bitte und ließ Telamon nicht landen. Telamon heiratete Glauke, die Tochter des Königs Kychreus von Salamis, und erbte, als der König ohne Sohn starb, seinen Thron. Glauke scheint bald darauf gestorben zu sein; denn erst Telamons zweite Frau, die Alkathoostochter Eriboia oder Periboia, gebar ihm seinen Sohn Aias (Ajax).
Telamon gehörte zu den Argonauten und nahm an der Kalydonischen Eberjagd teil. Er half auch Herakles bei der Plünderung Trojas, als Laomedon für seine Ehrlosigkeit bestraft wurde. Telamon war entscheidend am Durchbrechen der Stadtmauer beteiligt und betrat die Stadt als erster – eine Tat, über die Herakles heftig gegrollt hätte, wenn ihm Telamon nicht unverzüglich einen Altar errichtet und erklärt hätte, er sei Herakles, dem Sieger, geweiht. Für seinen Anteil am Sieg gab Herakles ihm Laomedons Tochter Hesione zur Sklavin. Auch bat Herakles seinen Vater Zeus, Telamon einen tapferen Sohn zu schenken; daraufhin erschien als günstiges Omen ein Adler. Das Kind wurde nach dem Adler *(aietos)* Aias genannt. Als Herakles nach Salamis kam, legte er das Fell des Nemeischen Löwen um den Knaben und machte ihn dadurch unverletzbar. Auch Hesione gebar Telamon einen Sohn, nämlich Teuker, der mit Aias in den Trojanischen Krieg zog. Möglicherweise war Telamon auch bei dem Krieg gegen die Amazonen dem Herakles behilflich. Über seinen Tod wird unterschiedlich berichtet; während die Leute von Elis behaupteten, ihn getötet zu haben, als er auf Seiten des Herakles gegen sie kämpfte, starb er – nach der üblichen Überlieferung – erst viel später in Salamis, nachdem er Teuker verbannt hatte, weil er es nicht vermochte, Aias in Troja vor dem Tod zu bewahren.

Telchinen, Zauberwesen auf der Insel Rhodos. Bei dem griechischen Geschichtsschreiber Diodoros (1. Jh. v. Chr.) erscheinen sie als

Telemachos und Mentor (Giovanni Battista Tiepolo, 1696–1770; Amsterdam, Rijksmuseum)

Kinder des Meeres und sollen die Ureinwohner von Rhodos gewesen sein. Sie halfen Kapheira, den kleinen Poseidon aufzuziehen, vielleicht zu der Zeit, als Kronos ihn verschlingen wollte, und konnten das Wetter beeinflussen, Krankheiten heilen und kunstvolle Gegenstände aus Metall anfertigen. So schufen sie angeblich Poseidons Dreizack (was aber meist den Kyklopen zugeschrieben wird, mit denen sie gelegentlich verwechselt wurden) und die Sichel des Kronos, außerdem die ersten Bildnisse der Götter. Von ihren Schmiedekünsten zeugen die Namen dreier Telchinen: Chryson (Goldwerker), Argyron (Silberwerker) und Chalkon (Bronzewerker). Zugleich galten sie aber auch als bösartig. Die Menschenwerke sahen sie gern mit dem bösen Blick an: so zerstörten sie beispielsweise die Ernte, indem sie das Wasser des Styx mit Schwefel mischten und mit dieser giftigen Lösung die Insel besprengten. Zeus begann daher, sie zu hassen, und überschwemmte alles in einer Sintflut – sie hatten sie aber vorhergesehen und waren vor den steigenden Wassern nach Kleinasien geflohen.
Nach einem abweichenden Bericht wurden sie dagegen von den Söhnen des Helios, des Gottes dieser Insel, von Rhodos vertrieben.

Teledike siehe Phoroneus.

Telegonos siehe Odysseus.

Telemachos, Sohn des Odysseus und der Penelope. Homers ›Odyssee‹ schildert seine Entwicklung vom zaghaften Jüngling zum selbstbewußten und erfinderischen Mann. Als sein Vater zur Teilnahme am Trojanischen Krieg gerufen wurde, war Telemachos noch ein Säugling. Odysseus hatte versucht, dem Kriegsdienst zu entgehen, indem er Irrsinn vorschützte und auf der von ihm gepflügten Meeresküste Salz säte. Palamedes jedoch hatte ihn entlarvt, als er Telemachos vor den Pflug legte, worauf Odysseus seine Verstellung aufgab und Vernunft bewies, indem er das Kind nicht überrollte.
Während der neunzehnjährigen Abwesenheit seines Vaters sah Telemachos seine Mutter von einer Schar von Freiern bedrängt, gegen die er nicht ankam. Doch Athene erschien ihm, zuerst als der Tapher Mentes und dann als Mentor – jener Ithaker, der mit seiner Erziehung betraut war –, verlieh ihm Entschlußkraft und riet ihm, auszusegeln und nach seinem Vater zu suchen. Er war bei Nestor in Pylos im südlichen Elis und bei Menelaos in Sparta; letzterer konnte ihm Hoffnungen machen. Inzwischen hatten die Freier, seiner Kritik überdrüssig, beschlossen, ihm auf der Heimreise aufzulauern; doch Athene führte ihn auf einem anderen Weg nach Ithaka zurück. Als er die Heimat erreichte, befand Odysseus sich bereits auf der Insel. Von nun an bewies Telemachos Mut und Einfallsreichtum. Zunächst suchte er den Sauhirten Eumaios auf, in dessen Hütte er seinem Vater begegnete. Nach einem bewegenden Wiedersehen schmiedeten Vater und Sohn einen Plan, um die Freier zur Strecke zu bringen. Telemachos entfernte aus der Palasthalle die an den Wänden hängenden Waffen, so daß die Freier nach dem Bogenschießen dem von Odysseus eingeleiteten Gemetzel wehrlos ausgeliefert waren. Bei diesem Kampf focht Telemachos tatkräftig an der Seite seines Vaters. Nach dem Sieg über die Freier jedoch gehen die Überlieferungen über ihn auseinander. Nach einem Bericht heiratete er die Nestortochter Polykaste, die ihn in Pylos gebadet hatte – oder Nausikaa, der Odysseus in Scheria begegnet war. Eine spätere Überlieferung erzählt, wie Telemachos von Odysseus aufgrund eines Orakels verbannt wurde, das verkündet hatte, sein Sohn würde ihn töten. Nach dem Tod des Odysseus von der Hand des Kirkesohnes Telegonos kehrte er heim und begab sich mit Penelope nach Aiaia, wo er Odysseus begrub und Kirke heiratete. Die Zauberin machte ihn unsterblich und gebar ihm einen Sohn, Latinus.

Telemos, kyklopischer Prophet, der Sohn des Eurymos; er weissagte die Blendung des Polyphemos von der Hand des Odysseus.

Telephassa, Gemahlin des phönikischen Königs Agenor; sie gebar Kadmos und Europa sowie eine Reihe weiterer Kinder. Als ihr Gatte seine Söhne ausschickte, um die von Zeus entführte Europa zu suchen, verließ sie ihn und begleitete Kadmos nach Theben.

Telephos, Sohn des Herakles und der Auge, der Tochter des Königs Aleus von Tegea. Ein Orakel hatte dem Aleus geweissagt, wenn Auge einen Sohn haben würde, so würde dieser den Tod eines seiner eigenen Söhne bewirken; so machte er Auge zur Priesterin im Athenetempel – eine Aufgabe, die ewige Keuschheit verlangte. Als jedoch Herakles nach Tegea kam, verführte er sie. Als er ihre Schwangerschaft entdeckte, geriet Aleus in Wut und ließ seine Tochter ans Meer schaffen, wo sie ertränkt werden sollte; unterwegs jedoch gebar sie einen Sohn, Telephos. Als sie nach Nauplia kamen, setzte König Nauplios Mutter und Kind in einer Truhe auf dem Meere aus; sie gelangten aber schließlich nach Mysien, wo Auge Telephos aufzog. Nach einer anderen Überlieferung des Stoffes gebar sie das Kind im Athenetempel, versteckte es dort und erregte dadurch den Unwillen der Göttin, die daraufhin das Land mit Unfruchtbarkeit schlug. Auges Vater forschte nach der Ursache dieser Heimsuchung und entdeckte den

Frevel seiner Tochter. Er verstieß daher das Kind und setzte es auf dem Gebirge Parthenion aus; Auge schickte er zu Nauplios, der sie als Sklavin verkaufen sollte. Er wurde an König Teuthras von Teuthranien am mysischen Fluß Kaikos verkauft. Den Telephos entdeckten einige Schafhirten in der Obhut einer Hindin *(elaphos),* die ihn säugte *(thele,* Zitze), und so nannten sie ihn Telephos. Sie zogen ihn gemeinsam mit Parthenopaios auf, der in der Nähe ebenfalls ausgesetzt worden war. Die beiden wurden gute Freunde. Es hieß aber auch, Auge selber habe aus Scham Telephos auf dem Parthenion ausgesetzt oder ihn dort auf dem Wege nach Nauplia geboren.

Als Telephos heranwuchs, wollte er wissen, wer seine Eltern waren – angeblich, weil man ihn am Hofe des Aleus damit neckte, daß er eigentlich ein Niemand sei. Als man ihn auf diese Art kränkte, tötete er den betreffenden Spötter, und es stellte sich heraus, daß es einer der Söhne des Aleus war. Jedenfalls ist unbestritten, daß Telephos das Delphische Orakel befragte und die Weisung erhielt, in Mysien nach seinem Ursprung zu forschen. Von Parthenopaios begleitet, segelte er nach Teuthranien und half an der Spitze einer angreifenden griechischen Streitmacht, den Idas zu verjagen. Teuthras, der keinen Sohn hatte, machte ihn zu seinem Erben. In einer Darstellung des Stoffes heiratete Teuthras Auge; in einer anderen dagegen hatte er sie als Tochter adoptiert und bestand darauf, sie mit Telephos zu verheiraten. Auge wußte zwar nicht, daß sie dessen Mutter war, war der Verbindung aber trotzdem abgeneigt; manchen Berichten zufolge – weil sie dem Gedächtnis des Herakles treu bleiben wollte. So nahm sie ein Schwert mit in ihr Bett, entschlossen, den jungen Mann zu durchbohren. Auf einmal kam eine riesige Schlange zwischen den beiden im Bett zum Vorschein, und die verängstigte Auge gestand ihren Plan. Telephos, begreiflicherweise außer sich, schickte sich an, Auge zu töten; worauf sie Herakles um Hilfe anrief und Telephos sie fragte, warum sie sich gerade an diesen wandte. Sie erzählte ihm die Geschichte ihrer Verführung, und so kam es, daß sich die beiden erkannten. In dieser (von Hyginus erzählten) Version des Stoffes heiratete Telephos dann die Teuthrastochter Argiope. Als seine Frau wird auch Astyoche (oder Laodike) angegeben, eine Tochter des Priamos.

Telephos mit dem kleinen Orestes (rotfigurige Vase, 5. Jh. v. Chr.; London, Britisches Museum)

Während Telephos auf dem teuthranischen Thron saß, begannen die ersten Unternehmungen des Trojanischen Kriegs; als Schwiegersohn des Priamos hielt er es mit der Trojanischen Seite. Die Griechen landeten irrtümlicherweise in Mysien, weil sie es für trojanisches Gebiet hielten. Telephos wehrte sie ab und tötete Polyneikes' Sohn Thersandros, wurde selber jedoch von Achilleus verwundet, als er sich mit dem Fuß in einem Weinstock verfing. Die Griechen waren bereits wieder in der Heimat, aber Telephos' Wunde war noch immer nicht geheilt. Er befragte ein Orakel und erhielt zur Antwort: »Der die Wunde schlug, wird sie auch heilen.« Daraufhin begab er sich, in Bettlerlumpen verkleidet, nach Mykene, wo die griechischen Hauptleute neuerlich zum Zug gegen Troja rüsteten. Er vertraute sich Klytämnestra an, die ihm den Rat gab, den kleinen Orestes zu entführen und seine Bitte Agamemnon vorzutragen, wenn er bei den Königen zum Ziel kommen wollte. Er befolgte den Rat und verlangte, von Achilleus geheilt zu werden. Die griechischen Anführer, denen ein Orakel geweissagt hatte, daß sie nur nach Troja gelangen würden, wenn ihnen Telephos den Weg wiese, unterstützten sein Begehren. Achilleus erklärte, er verstünde sich nicht auf die Heilkunst; Odysseus aber erkannte eine tiefere Bedeutung in dem Orakel und war der Meinung, es beziehe sich auf den Speer des Achilleus, nicht auf Achilleus selbst. So versorgte man die Wunde täglich mit ein wenig Rost von dem Speer, und nach einigen Tagen war sie verheilt. Telephos führte die

Telephos wird von einer Hirschkuh gesäugt (Wandmalerei aus Herculaneum; Neapel, Museo Archeologico Nazionale)

griechische Flotte nach Troja, schloß sich den Griechen aber nicht an. Nach seinem Tod führte sein Sohn Eurypylos im zehnten Kriegsjahr dem Priamos mysische Verstärkungstruppen zu.
Der Sage von Telephos bedienten sich später die attalidischen Könige im mysischen Pergamon.

Telethusa siehe Iphis 3.

Tellus oder **Terra,** Mutter Erde; siehe Gaia.

Telphusa, Nymphe einer Orakelquelle im böotischen Haliartos. Als Apollon auf dem Wege nach Delphi war, um sein eigenes Orakel zu gründen, machte er in Haliartos Halt, um die Nymphe um Rat zu fragen. Als sie von seinem Plan erfuhr, wollte Telphusa ihn so schnell wie möglich loswerden und schickte ihn nach Delphi, geradewegs in die Höhle der dort lauernden Python. Als Apollon die Falle erkannte, kehrte er nach Haliartos zurück und schüttete Telphusas Quelle mit Felsbrocken zu. Teiresias starb später am Genuß dieses Wassers.

Temenos 1, Sohn des Pelasgos und König des arkadischen Stymphalos. In dieser Stadt stiftete er drei Tempel für Hera: als Jungfrau, als Eheweib und als Witwe. Nach einer örtlichen Überlieferung zog er selber die Göttin dort auf, und sie begab sich später, nach einem Zank mit Zeus, für einige Zeit dorthin zurück.

Temenos 2, Sohn des Königs Phegeus von Psophis.

Temenos 3, ein Nachkomme des Herakles; der Sohn des Aristomachos und älterer Bruder von Kresphontes und Aristodemos. Als das Delphische Orakel weissagte, die Kinder des Herakles (die Herakliden) würden den Peloponnes »in der dritten Reife« erobern, da tadelte Temenos das Orakel wegen seiner scheinbaren Ungenauigkeit. Die pythische Priesterin jedoch erklärte, daß der Fehler auf seiner Seite läge, da Reife nicht Jahre bedeutet habe, sondern Generation. Infolgedessen unternahm Temenos, drei Generationen nach dem ersten Angriff auf den Peloponnes unter Hyllos, mit einer großen Schar von Herakles-Abkommen einen neuen, von Anfang an glücklosen Versuch, bei dem Temenos' Vater Aristomachos getötet wurde, als er, getreu einem an Hyllos ergangenen Orakelspruch, den Engpaß zu überqueren, über den Isthmos von Korinth setzen wollte; man versuchte es erneut und überschritt diesmal den Golf von Korinth, die Meerenge zwischen Naupaktos und Rhion. Weil er es versäumt hatte, zu Beginn des Unternehmens das Delphische Orakel zu befragen, wurde Aristodemos durch einen Blitz oder von den Pfeilen Apollons getötet. (Seine Zwillingssöhne Prokles und Eurysthenes nahmen seinen Platz ein und gründeten später das Doppelkönigtum in Sparta.) Danach erlitt die Flotte Schiffbruch, weil ein Mann aus der Armee namens Hippotes einen Wahrsager getötet hatte, den man irrtümlicherweise für einen Spion oder feindlich gesonnenen Zauberer hielt. Beim letzten Versuch aber gelangten sie wohlbehalten über den korinthischen Golf von Rhion. Die Führer befolgten auch die delphische Weisung, sich einem Dreiäugigen anzuvertrauen. Dies war der Ätolier Oxylos, der einen einäugigen Esel mit sich führte, als sie ihm begegneten: Oxylos geleitete die Heraklidenarmee nach Argos, wo der Orestessohn Teisamenos von Temenos vernichtend geschlagen wurde.

Bei der folgenden Landverteilung fiel Argos an Temenos. Er verheiratete seine Tochter Hyrnetho mit einem anderen Herakliden namens Deiphontes: wegen seiner Vorliebe für diesen Schwiegersohn aber stürzten ihn seine eigenen Söhne und ermordeten ihn. Einer von ihnen, Kreisos, wollte sich zum König machen und schickte seine Brüder nach Epidauros, um Hyrnetho zum Verlassen ihres Mannes zu bewegen. Als sie ablehnte, wollten sie sie entführen, und in dem Handgemenge kam sie um. Die Argiver erwählten sich Deiphontes zu ihrem König und jagten die Söhne des Temenos davon; einer von ihnen soll dann die makedonische Königsfamilie gegründet haben.

Tenes, Sohn des Königs Kyknos von Kolonai bei Troja und der Prokleia. Später gab er Apollon als seinen Vater an. Nach dem Tod seiner Mutter mußte Tenes eine böse Stiefmutter, Philonome, aushalten, die ihn erst verführen wollte und ihn dann, als er sich wehrte, bei seinem Vater anschwärzte, er habe ihr Gewalt antun wollen (die Geschichte von Phädra und Hippolytos ist ähnlich). Als ein Flötenspieler namens Eumolpos ihre Lügen durch falsches Zeugnis bestätigte, setzte Kyknos Tenes und seine Schwester Hemithea in einer Kiste auf dem Meer aus; doch mit Poseidons Hilfe trieben sie zu der Insel Leukophrys. Die Bewohner machten Tenes zu ihrem König, und er benannte die Insel in Tenedos um. Kyknos entdeckte später die Wahrheit und wollte sich mit seinem Sohn wieder versöhnen. Philonome ließ er zur Strafe lebendig begraben und Eumolpos steinigen. Dann segelte er nach Tenedos, wo sein Sohn, wie er wußte, nun König war. Als er jedoch landen wollte, hieb Tenes das Ankertau des Schiffes mit einer Axt durch und ließ seinen Vater ins Meer treiben, so wie dieser es mit ihm gemacht hatte (das erklärt die griechische Redensart von der Tenesaxt für eine unbedachte Handlung).

Thetis warnte Achilleus davor, dem Tenes etwas zuleide zu tun; sonst werde Apollon seinen Sohn rächen. Gleichwohl landete er auf Tenedos und brachte Tenes um, als dieser Hemithea vor Achilleus' Begehrlichkeit schützen wollte (oder sein Schiff bei der Landung mit Steinen bewarf). Darauf wurde der Tote auf Tenedos als Heros verehrt; an seinem Schrein waren Flötenspieler nicht zugelassen, und Achilleus' Name durfte nicht genannt werden. Als Paris später Achilleus mit dem Bogen erschoß, führte ihm Apollon die Hand.

Teratius siehe Tarchetius.

Tereus, thrakischer (vielleicht auch daulischer) König; Sohn des Ares. Er stand dem athenischen König Pandion in dessen Krieg gegen König Labdakos von Theben bei. Zum Dank gab Pandion ihm seine Tochter Prokne zur Baut. Die Hochzeitsfeier stand unter einem bösen Omen; doch zu ihrer Zeit gebar Prokne einen Sohn, den sie Itys nannte. Nach fünf Jahren bat Prokne ihren Gatten, ihre Schwester Philomele in Athen besuchen zu dürfen oder zu erlauben, daß sie Philomele zu sich an den Hof holte. Tereus war für das letztere und holte persönlich Pandions Erlaubnis für den Besuch Philomeles ein. Philomele war sehr schön, und als Tereus sie erblickte, war er entzückt; doch fürs erste ließ er sich nichts anmerken. Philomele, die sich darauf freute, Prokne wiederzusehen, überredete ihren Vater, sie nach Thrakien ziehen zu lassen.

Als Tereus wieder in seinem Reich war, brachte er Philomele in eine Burg in einem tiefen Wald und sperrte sie dort ein. Dann vergewaltigte er sie und riß ihr die Zunge heraus, damit sie nicht mehr schreien und auch nichts verraten konnte. Danach blieb sie ein ganzes Jahr lang seine Gefangene; unterdessen versicherte Tereus seiner Gemahlin Prokne, daß ihre Schwester tot sei. Philomele aber verfiel auf den Gedanken, ihre Leidensgeschichte auf einem Teppich darzustellen, den sie wob und durch einen Knecht an Prokne in den Palast schickte. Prokne studierte das Gewebe und durchschaute alles.

Als ein Dionysosfest bevorstand, begab sie sich als Bacchantin verkleidet zu der Burg, wo ihre Schwester gefangengehalten wurde, und kleidete Philomele ähnlich, so daß sie mit ihr zurück in den Palast konnte. Zornerfüllt sann Prokne auf Rache. Sie zerrte ihren Sohn Itys, der dem Tereus sehr ähnlich sah, in einen abgelegenen Raum und erdolchte ihn, so daß Tereus nun ohne Erben war. Philomele half Prokne, die Leiche zu zerschneiden und zu kochen und dem Tereus als Mahlzeit vorzusetzen. Als der König erkannte, was er gegessen hatte – Philomele war nach dem Essen hereingekommen und hatte ihrem Peiniger das blutige Haupt des Knaben zugeworfen –, wollte er sie und ihre Schwester umbringen. Als er sie aber jagte, verwandelten sich beide in Vögel: Prokne in eine Nachtigall und Philomele, weil sie keine Zunge hatte, in eine Schwalbe, die nur zwitschert. (Lateinische Autoren aber machten, umgekehrt, aus Philomele die Nachtigall, vielleicht weil ihnen der Name besser gefiel.) Die Sage erklärt, warum die Nachtigall *ityn, ityn* um ihren toten Sohn singt. Auch Tereus wurde in einen Vogel verwandelt, und zwar in einen Wiedehopf. Diese Version erzählt Ovid in seinen ›Metamorphosen‹.

Terpsichore siehe Musen.

Terra, Mutter Erde; siehe Gaia.

Tethys, Titanin; Gemahlin des Okeanos, mit dem sie in den entferntesten Winkeln der Erde hauste. Sie schenkte ihrem mächtigen Gatten unzählige Söhne, die Flußgötter, und dreitausend Töchter, die Okeaniden – Nymphen, die unter Anleitung Apollons junge Männer in ihrer Obhut hatten und sie beschützten, bis sie ganz erwachsen waren. Als Zeus mit den Titanen kämpfte, unterstützten ihn Okeanos und Tethys gegen ihr eigenes Geschlecht und sorgten für die Dauer des Krieges für Hera. Als Tethys später einmal mit ihrem Gatten Streit bekam, versuchte ihr Pflegekind Hera die beiden auszusöhnen. Tethys mochte Hera gern und verbannte, um ihr zu gefallen, Kallistos Sternbild, den Großen Bären, vom Okeanosstrom, so daß sie ewig rund um den Polarstern kreiste. Das war die Strafe, weil sie sich erdreistet hatte, Zeus zu lieben; siehe auch Aisakos.

Teuker, Teukros 1, erster legendärer König des Landes Troja, dessen Bewohner auch als Teukrier bekannt waren; er war der Sohn des lokalen Flußgottes Skamandros und der Nymphe Idaia. Seine Tochter Bateia gab er dem eingewanderten Anführer Dardanos, der zur gegebenen Zeit den Thron erbte. – Vergil dagegen kennt eine andere Überlieferung über Teukers Ursprung: In der ›Aeneis‹ ist er ein gebürtiger Kreter, der während einer Hungersnot auf der Insel mit seinem Vater und einem dritten Kreter nach Troja auswanderte. Er erkannte seine neue Heimat durch eine Prophezeiung des Sminthischen Apollon, der ihm geboten hatte, sich dort niederzulassen, wo ihn die Einwohner bei Nacht überfallen würden. Zu diesem Überfall kam es am Fluß Xanthos, den Teuker daraufhin nach seinem Vater, dem Kreter Skamandros, benannte.

Teuker 2, der uneheliche Sohn des Telamon und der Laomedontochter Hesione. Im Trojanischen Krieg war er ein tüchtiger Kämpfer, der Bogen und Speer geschickt zu handhaben wußte. Meist stand er neben seinem Halbbruder Aias und benutzte dessen Schild als Dekkung. Er tötete eine große Anzahl von Troern und hätte sich dem Hektor wohl als ebenbürtig erwiesen, wenn dieser ihn nicht als erster mit einem Felsbrocken beworfen hätte. Später fügte er Sarpedon eine ernstliche Verletzung zu. Bei den Begräbnisspielen für Patroklos wurde Teuker nach Meriones zweiter im Bogenschießen. Als Aias sich mit den Waffen des Achilleus den Tod gab, befand sich Teuker mit einer Erkundungsschar in Mysien. Nach seiner Rückkehr protestierte er gegen Agamemnons Entschluß, die Leiche seines Halbbruders nicht zu begraben. Odysseus rettete die heikle Lage, indem er Agamemnon und Menelaos zum Nachgeben bewog. – Teuker war auch im Trojanischen Pferd und kehrte unversehrt nach Salamis heim. Als er jedoch ankam, wollte sein Vater ihn nicht landen lassen, weil er den Selbstmord seines Bruders nicht verhindert hatte. Teuker vertrat seine Sache vom Schiff aus, doch Telamon blieb hart. Auf Anweisung eines Orakels segelte Teuker weiter nach Cypern, wo er ein neues Salamis gründete und eine Tochter des Königs Kinyras heiratete. Nach einer abweichenden Geschichte eroberte König Belos von Syrien Cypern und schenkte es dann Teuker.

Teuthras, Gründer des Königreichs Teuthranien am mysischen Fluß Kaikos. Er kaufte Auge als Sklavin und machte sie entweder zu seiner Frau oder adoptierte sie. Telephos, ihren Sohn von Herakles, machte er zu seinem Erben.

Thalia 1 siehe Musen.

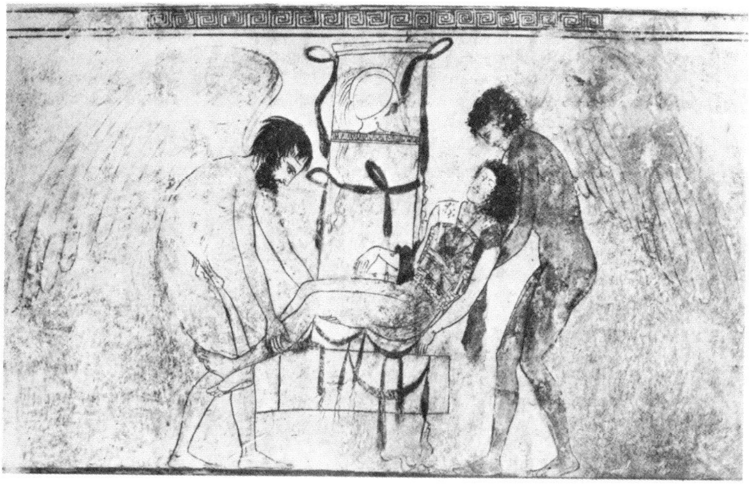

Thanatos und Hypnos betten einen toten Krieger (Sarpedon?) ins Grab (weißfigurige Vase, 5. Jh. v. Chr.; London, Britisches Museum)

Thalia 2, Nymphe, Tochter des Hephaistos, durch Zeus Mutter der Paliken.

Thamyris oder **Thamyras,** thrakischer Sänger; Sohn des Philammon und der Nymphe Argiope. Als seine Mutter mit ihm schwanger war, wurde sie von Philammon verstoßen; und so ging sie weit fort, – bis nach Thrakien –, um zu entbinden. Thamyris war der erste Mann, der sich in einen Knaben verliebte: er faßte Zuneigung zu Hyakinthos. Er hatte manchen Sängerwettstreit in Delphi gewonnen und wagte es, die Musen herauszufordern; diese Konkurrenz aber, die im messenischen Dorion stattfand, verlor er. Die Musen zahlten ihm seine Dreistigkeit heim, indem sie ihn mit Blindheit schlugen und ihm das Gedächtnis für den Gesang nahmen; nach seinem Tode büßte er mit anderen Überheblichen im Tartaros.

Thanatos, personifizierter Tod; er war ein Sohn der Nyx (Nacht) und der Bruder des Hypnos (Schlaf). In der Mythologie erfüllte er die Funktion eines Todesengels, suchte die Sterblichen auf, wenn ihre Zeit abgelaufen war, schnitt ihnen eine Haarlocke ab, die er dem Hades überreichte, und führte sie dann fort. Mit Hypnos' Hilfe barg er Sarpedons Leiche vom trojanischen Schlachtfeld und holte Alkestis in Pherai, die sich für ihren Gatten auf die Totenbahre gelegt hatte. Wie Euripides in dem Satyrspiel ›Alkestis‹ (Uraufführung 438 v. Chr. in Athen) diese letztere Geschichte darstellt, trat Thanatos in einen schwarzen Umhang gekleidet und ein Schwert in der Hand auf die todgeweihte Frau zu. Herakles aber rang mit ihm und trotzte ihm Alkestis wieder ab. Ein anderer Sterblicher, der sich mit Thanatos einließ, war Sisyphos, der ihn einmal überlistete, zur Strafe aber ewige Pein erdulden mußte.

Thaumas, alter Meeresgott oder Titan (sein Name bedeutet Wunder), Sohn des Pontos (Meer) und der Gaia (Erde); er heiratete die Okeanide Elektra, die ihm Iris und die Harpyien gebar.

Theano 1 siehe Melanippe.

Theano 2 siehe Antenor.

Thebe, böotische Nymphe, die mit Zethos verheiratet war und der Stadt Theben, die vorher Kadmeia hieß, ihren Namen gab.

Theia (göttlich), Titanin, Tochter des Uranos und der Gaia. Dem Hyperion soll sie Helios (der gelegentlich mit Hyperion bezeichnet wird), Eos und Selene geboren haben. Durch Okeanos wurde sie Mutter der Kerkopen. Sie wurde auch Euryphaëssa genannt.

Theias siehe Adonis.

Theiodamas, König der Dryoper und Vater des Hylas. Herakles fing mit ihm Streit an, als er einen schönen Ochsen begehrte, den jener zum Pflügen auf dem Feld verwandte. Als Theiodamas ihn zurückwies, tötete Herakles ihn und entführte Hylas.

Thelxiëpeia siehe Sirenen.

Themis (Gerechtigkeit, Ordnung), Titanin, Tochter des Uranos und der Gaia. Sie war die zweite Gemahlin des Zeus (nach Metis) und schenkte ihm die Horen und die Schicksalsgöttinnen. Ihr ursprünglicher Gatte war jedoch Iapetos, dem sie Prometheus gebar. Ihrem Sohn übertrug sie vieles von ihrer Weisheit, denn sie kannte die Zukunft, und auch solche Geheimnisse, die sogar Zeus verborgen waren, – so wußte sie, daß Thetis' Sohn größer werden würde als sein Vater. Aufgrund dieses Wissens entging Prometheus wahrscheinlich der Bestrafung durch Zeus. Themis war nach Gaia Besitzerin des Delphischen Orakels und stattete Deukalion und Pyrrha mit dem geheimen Wissen aus, das es ihnen ermöglichte, nach der Sintflut die Erde wieder zu bevölkern. Sie warnte auch Atlas vor einem Zeussohn, der eines Tages kommen und die goldenen Äpfel der Hesperiden stehlen würde – und aus diesem Grund ging Atlas nicht auf Perseus' Bitte um Hilfe ein. Später übertrug sie ihrer Schwester Phoibe das Delphische Orakel (oder dem Apollon selber, nachdem er aus Tempe wiederkam, wo er für die Tötung der Python gereinigt worden war).

Themison siehe Battos 1.

Themiste, Tochter des trojanischen Königs Ilos 2; von Kapys Mutter des Anchises, des Vaters von Aeneas.

Themisto, Tochter des Lapithenkönigs Hypseus. Nachdem seine wahnsinnige Gemahlin Ino so lange fort war, daß er sie für tot hielt, heiratete König Athamas von Orchomenos Themisto. Sie gebar ihm viele Kinder (als ihre Söhne wurden Leukon, Erythrios, Schoineus und Ptoos genannt; es wurden aber auch die Namen Presbon, Sphinkios und Orchomenos angegeben). Nach längerer Zeit jedoch kam Ino, von ihrer Krankheit geheilt, wieder zurück. Daraufhin überkam Themisto eine grausame Eifersucht auf Inos Kinder Learchos und Melikertes und sie plante ihre Ermordung: der Amme gebot sie, ihre eigenen Kinder in Weiß und diejenigen Inos in Schwarz zu kleiden, damit sie, wenn sie nachts das gemeinsame Schlafzimmer betrat, die Kinder mühelos unterscheiden konnte. Ino aber vertauschte die Farben, und Themisto brachte zwei ihrer eigenen Söhne um. Danach beging sie, entsetzt über ihren Irrtum, Selbstmord. Diese Darstellung des Stoffes (die die Beziehung zwischen Ino und Athamas' erster Frau Nephele wiederholt) gab Euripides in seinem nur unvollständig überlieferten Drama ›Ino‹. Siehe Athamas.

Theoklymenos 1, von Melampus abstammender argivischer Prophet. Als Theoklymenos vor seinen Verwandten floh, von denen er einen getötet hatte, gewährte ihm Odysseus' Sohn Telemachos freie Fahrt von Pylos nach Ithaka. Nach der Ankunft in Ithaka weissagte Theoklymenos den Freiern ihren baldigen Tod, doch sie verhöhnten ihn nur.

Theoklymenos 2, ägyptischer König, Sohn des Proteus. In Euripides' Tragödie ›Helena‹ begräbt er seinen Vater neben seinem Palast, um stets den Anblick des Grabes zu haben, wenn er durch das Tor ging. Er versuchte Helena, der sein Vater Zuflucht gewährt hatte, zur Ehe zu zwingen; Menelaos kam gerade noch rechtzeitig, um sie zu befreien.

Theophane, die schöne Tochter des Bisaltes, der seinen Namen einem thrakischen Stamm am Fluß Strymon gab. Poseidon verliebte sich in sie und entführte sie, weil sie viele Freier hatte, auf eine Insel. Die Freier jedoch machten sich auf die Suche nach ihr und erkundeten ihren Verbleib. Um ihre Pläne zu durchkreuzen, verwandelte Poseidon daher das Mädchen und alle Bewohner der Insel in Schafe und die Freier, als sie die Schafe zu verzehren begannen, in Wölfe. Er selber verwandelte sich in einen Schafbock, paarte sich mit Theophane und zeugte ein Lamm, welches ein goldenes Vlies besaß. Aus diesem Lamm wurde jener sprechende und fliegende Widder, der auf Geheiß Nepheles Phrixos und Helle vor den Launen Inos rettete; das Vlies aber erbeuteten später die Argonauten und Jason in Kolchis.

Theras, Sohn des Königs Autesion von Theben. Als sein Schwager Aristodemos bei der dorischen Invasion im Peloponnes umkam, war er zum Vormund seiner Neffen Prokles und Eurysthenes geworden, deren Mutter seine Schwester Argeia war. Aristodemos hätte Anspruch auf ein Drittel der Eroberungen der eindringenden Streitmacht gehabt, und Theras sorgte dafür, daß die Zwillinge ihres Erbes nicht verlustig gingen. Als man loste, war Messenien das begehrteste Gebiet, und Kresphontes bekam es durch eine List. Prokles und Eurysthenes zogen nach Sparta, das Theras viele Jahre für sie regierte. Als die Zwillinge heranwuchsen, entschloß sich Theras, auszuwandern und eine Kolonie in Kalliste (die Schönste) zu gründen, einer baumlosen, vulkanischen Insel nördlich von Kreta, die damals von Nachkommen der Phönikier bewohnt war. In der Kolonie schlossen sich ihm einige Bewohner des Berges Taygetos an, die »Minyer« hießen, weil sie von den Kindern der Argonauten und den Frauen von Lemnos abstammten. Aus Lemnos waren sie von ihren dortigen Nachbarn vertrieben worden. Diese Leute waren nur knapp der Ermordung durch die Spartaner entgangen, die sich über ihre Überheblichkeit ärgerten; nur der Weitblick ihrer spartanischen Frauen rettete sie, die sie, als Frauen verkleidet, aus Sparta hinaus in die Berge schickten. Theras brachte drei Schiffe mit

Aithra zeigt Theseus den Stein (Nicolas Poussin, 1593–1665; Chantilly)

Spartanern und Minyern nach Kalliste. Die Inselbewohner erkannten ihn als König an und hießen die Siedler willkommen, und die Insel war seither als Thera bekannt. Nach einer anderen Darstellung war die Insel aus einem Erdklumpen entstanden, den der Argonaut Euphemos vom Gott des Tritonis-Sees empfangen und bei der Heimreise ins Meer geworfen hatte. Nach dieser Version befanden sich unter der minyischen Streitmacht des Theras auch Abkömmlinge des Euphemos, und einer von ihnen, Battos, gründete im libyschen Kyrene eine Kolonie. Theras' Enkel kamen später um, weil die Rachefurien des Laios und des Ödipus (die schon Theras' Vater Autesion zur Aufgabe des thebanischen Thrones gezwungen hatten) nicht aufhörten, die Nachkommen des von Ödipus verfluchten Polyneikes zu verfolgen. Daher wurden, wie die Orakel es geboten, Opfer gebracht und Tempel erbaut, und endlich wurde der Fluch aufgehoben.

Thermios, Sohn des Andraimon; sein Bruder Oxylos tötete ihn versehentlich und wurde daraufhin aus Ätolien verbannt.

Thersandros 1, Sohn des Polyneikes und der Argeia; König von Theben. Um Eriphyle dazu zu bringen, daß sie ihrem Sohn Alkmeon zu einem weiteren Feldzug gegen Theben zuredete – dem Zug der Epigonen (Nachfolger jener Sieben, die zehn Jahre zuvor gescheitert waren) –, bediente sich Thersandros des göttlichen Hochzeitsgewandes seiner Ahnin Harmonia. Obwohl die Epigonen gewannen, zerstörten sie viel von der Stadt, so daß Thersandros, als er thebanischer König wurde, ein geschwächtes Reich übernahm. Er forderte die geflohenen Thebaner auf, zurückzukehren, und baute den unteren Teil der Stadt wieder auf. Seine Gemahlin war Demonassa, eine Tochter des Amphiaraos und der Eriphyle; sie gebar ihm seinen Nachfolger Teisamenos. Später zog Thersandros mit in den Trojanischen Krieg und führte die irrtümliche Landung in Mysien (nachdem sich die Griechen verirrt hatten); doch Telephos streckte ihn mit einem Speer nieder, und er kam ums Leben. In Elaia wurde er begraben.

Thersandros 2, Sohn des Sisyphos; seine Söhne Koronos und Haliartos wurden von ihrem Onkel Athamas adoptiert und waren die Eponymen der böotischen Städte Koronea und Haliartos.

Thersites. In der ›Ilias‹ ist Thersites unter den geschilderten Griechen der einzige von niedriger Abkunft; später erhielt er jedoch einen vornehmen Stammbaum und wurde als Sohn des Oineusbruders Agrios ausgegeben. Homer beschreibt ihn als unansehnlich: lahm,

Theseus bestraft Sinis (rotfigurige Schale, 5. Jh. v. Chr.; London, Britisches Museum)

krummbeinig, mit eingefallenen Schultern, fast kahl und mit eiförmigem Kopf. Er hatte ein loses Mundwerk und neckte gerne die Anführer. Als er Agamemnon tadelte, weil er Achilleus Briseïs weggenommen hatte und vorschlug, die Armee solle nach Griechenland zurückkehren, versetzte ihm Odysseus für diese Unverschämtheit einen Schlag über den Rücken. In der späteren griechischen Literatur heißt es, daß Achilleus ihn totschlug, als er ihn wegen seiner Liebe zu der toten Amazonenkönigin Penthesilea verspottete. Achilleus mußte sich für diesen Mord in Lesbos reinigen lassen. Er opferte der Leto und ihren Kindern Apollon und Artemis, und Odysseus vollführte die erforderliche Zeremonie.

Theseus, größter Heros Athens, der Sohn des Aigeus oder des Gottes Poseidon und der Pittheustochter Aithra. Als Aigeus das Delphische Orakel um ein Heilmittel gegen seine Kinderlosigkeit befragte, gebot ihm das Orakel, seinen Weinschlauch nicht zu öffnen, bevor er nicht wieder in Athen sei. Da er diesen Spruch nicht verstand, begab sich Aigeus zu seinem Freund, dem König Pittheus von Troizen, und wiederholte ihm die Orakelworte; Pittheus erkannte in ihnen die Weissagung, daß Aigeus auf der Heimreise einen Sohn zeugen würde, und nahm ihn mit sich auf die kleine Insel Sphairia, wo er ihn mit Wein betrunken machte und dann zu Aithra ins Bett legte. Aigeus merkte bald, was geschehen war, und erfuhr auch, bevor er von Troizen wieder nach Athen aufbrach, daß Aithra ein Kind erwartete. Er führte sie dann zu einem großen Stein, unter dem er seine Sandalen und sein Schwert versteckte. Dann sagte er zu Aithra, wenn das Kind ein Junge werden sollte, müsse sie warten, bis er stark genug sei, den Stein zu heben, und den Jüngling dann nach Athen schicken, um ihm das Schwert und die Sandalen zurückzubringen; er würde ihn an diesem Tag als seinen Sohn anerkennen und ihn zum Erben des athenischen Thrones machen – wenngleich Aigeus' Anspruch auf den Thron problematisch war, da sein Halbbruder Pallas und dessen fünfzig Söhne ihn lediglich als adoptiertes Kind des Pandion betrachteten und die Herrschaft für sich selbst beanspruchten. In Troizen streute Pittheus inzwischen das Gerücht aus, der Liebhaber seiner Tochter sei Poseidon, und das Kind, das sie erwarte, sei seines. In späterer Zeit war der Glaube, daß Theseus ein Sohn des Poseidon sei, in Athen weit verbreitet; er selber soll sich ebenfalls dieser Abstammung gerühmt haben.

Als Theseus zum Manne heranwuchs, zeigte Aithra ihm den Stein und verriet ihm das Geheimnis seiner königlichen Geburt. Er hob den Stein mühelos hoch, zog Schwert und Sandalen hervor und machte sich auf den Weg nach Athen, wobei er den umständlichen Landweg um den Saronischen Golf der schnelleren und bequemen Schiffsfahrt vorzog. Der Jüngling hatte nämlich von den zahlreichen Wegelagerern gehört, die den Landweg unsicher machten, und in grenzenloser Verehrung für seinen Verwandten Herakles wollte er sich ehrenvoll bewähren.

Bei Epidauros geriet er an Periphetes, den Sohn des Hephaistos, der auch Korynetes, Knüppler, genannt wurde, weil er die Vorbeikommenden mit seiner riesigen Keule totzuprügeln pflegte. Theseus, ein geschickter Rin-

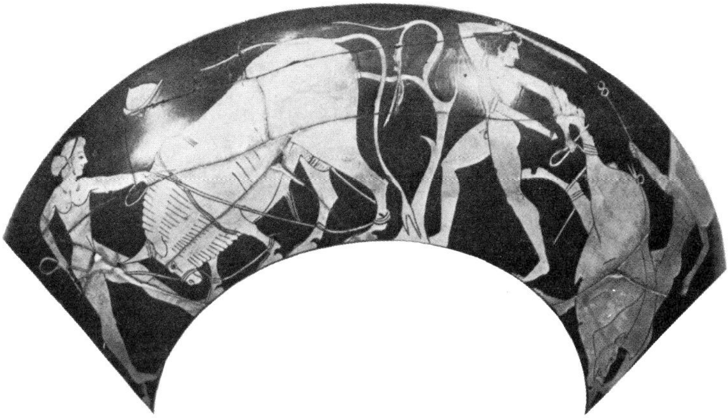

Theseus fängt die Sau Phaia und erlegt den Marathonischen Stier (rotfigurige Schale aus Vulci, 5. Jh. v. Chr.; London, Britisches Museum)

ger, wand ihm die Keule aus der Hand und verfuhr mit ihm so, wie er mit so vielen anderen verfahren war. Die Keule behielt Theseus, und sie wurde zu seinem Sinnbild, wie das Löwenfell das Sinnbild des Herakles war. Am Isthmos von Korinth kam Sinis auf ihn zu, ein Geächteter, der sich von seinen Opfern beim Niederbiegen eines Baumes helfen ließ (deshalb hatte er den Spitznamen Pityokamptes, Tannenbieger), den er dann plötzlich losließ, so daß sie in die Höhe schnellten; oder er fesselte sie an zwei Tannen, die er selber herabgebogen hatte, und ließ die Bäume los, so daß sie zerrissen wurden. Theseus tötete Sinis mit seinen eigenen Bäumen. Danach entdeckte er Sinis' schöne Tochter Perigune, die sich hinter Spargelgestrüpp versteckt hatte, und wurde ihr Geliebter. Sie gebar ihm Melanippos und heiratete später Deioneus, den Sohn des Eurytos von Oichalia.

In Krommyon, südwestlich von Megara, befreite Theseus die Menschen von einer berüchtigten Plage in Gestalt einer grauen Sau namens Phaia, einem Untier von Ungeheuer-Eltern, Echidna und Typhon, das die Gegend heimsuchte. Nach anderen Überlieferungen handelte es sich hier ebenfalls um einen Räuber, oder um eine böse Frau mit dem Spitznamen »Die Sau«.

Als Theseus in das Gebiet von Megara kam, führte die Straße an einer Stelle zwischen einem Berg und steilen Klippen hindurch, die die Skeironischen Felsen hießen und über eine Meeresbucht hinausragten. Hier lauerte Skeiron, ein Schurke, der die Wanderer ausraubte und dann zwang, ihm die Füße zu waschen; wenn sie vor ihm knieten, stieß er sie über die Klippe, worauf sie von einer Riesenschildkröte gefressen wurden, die auf dem Strand an der Bucht lebte. Theseus ging zum Schein auf die Fußwaschung ein, doch als er vor Skeiron kniete, packte er ihn an den Beinen und schleuderte ihn über die Felsen, der Riesenschildkröte zum Fraß. (In Megara galt Skeiron nicht als Räuber, sondern als großer Krieger.)

Der nächste Kampf, den Theseus zu bestehen hatte, fand in Eleusis statt, das damals von Athen unabhängig war. Der dortige König, ein Arkadier namens Kerkyon, zwang Fremde, mit ihm unter der Bedingung zu ringen, daß der Verlierer getötet wurde. In Theseus fand Kerkyon jedoch seinen Meister: Theseus tötete ihn und gewann so den eleusischen Thron, den er später dem athenischen Königreich hinzufügte, und setzte Kerkyons Enkel Hippothoon zum Statthalter ein.

In Erineus beim Berg Aigaleos wurde Theseus von Prokrustes (dem Strecker) aufgehalten, der die Reisenden in sein Gasthaus zu bitten pflegte; waren sie bei ihm eingekehrt, dann mußten sie sich auf ein langes Bett, wenn sie klein, auf ein kurzes, wenn sie groß waren, legen; dann fesselte er sie und paßte sie durch Zuschneiden oder Zerren genau in das Bett ein. Theseus tötete ihn auf dieselbe Weise und schnitt ihm den Kopf ab, da Prokrustes sehr groß war. Prokrustes war auch als Damastes (der Bändiger) und Polypemon (der Unheilvolle) bekannt. Als Theseus danach an den Fluß Kephissos kam, wurde er zum ersten Mal auf seiner Reise freundlich willkommen geheißen; die Nachkommen des Phytalos, von Demeter mit dem Feigenbaum beschenkt, reinigten ihn von den begangenen Morden und ge-

Theseus erschlägt den Minotauros (rotfigurige Vase, 5. Jh. v. Chr.; London, Britisches Museum)

währten ihm großzügige Gastfreundschaft. Theseus machte sie daraufhin zu Priestern.

Als er nach Athen gelangte, fand er alles im Aufruhr, denn Aigeus hatte keinen rechtmäßigen Sohn, und die fünfzig Söhne des Pallas schmiedeten Pläne, um sich den Thron anzueignen. Aigeus lebte mit Medea zusammen, die sich in der Hoffnung wog, ihr eigener Sohn Medos werde, trotz der fremden Herkunft der Mutter, den athenischen Thron erben. Theseus wurde aufgrund seiner auf der Reise vollbrachten Taten mit Jubel empfangen, verriet jedoch nicht, wer er war. Medea aber erkannte ihn und ließ sich im Interesse ihres eigenen Sohnes die Erlaubnis von Aigeus geben, Theseus beim Gelage zu vergiften; sie erzählte dem alten Mann, Theseus stehe mit den Söhnen des Pallas im Bunde. Gerade noch rechtzeitig erkannte Aigeus seinen Sohn, als Theseus begann, das Fleisch mit dem aus Troizen mitgebrachten Schwert zu zerteilen, wobei er die Waffe in einer für den Vater unverkennbaren Weise hielt. Der Alte schleuderte Theseus' Becher zu Boden, und Theseus erkannte die Gefahr, in der er geschwebt hatte. Medea floh aus Athen und wurde dort nie mehr gesehen. Aigeus schloß seinen Sohn in die Arme und ernannte ihn zu seinem Nachfolger. Als nächstes mußte Theseus mit der Bedrohung fertig werden, die die fünfzig Pallassöhne für die Macht seines Vaters und für sein eigenes Anrecht auf den Thron darstellten; denn nun, wo Theseus zum Erben proklamiert worden war, rebellierten sie offen. Die Hälfte von ihnen zog nach Athen, die andere Hälfte lauerte den Hilfstruppen des Theseus auf. Leos jedoch, ein Herold, verriet Theseus diesen Plan, so daß er die Leute im Hinterhalt überraschen und gefangennehmen konnte; als die andere Streitmacht dies erfuhr, ergriff sie die Flucht. Hiernach begab sich Theseus nach Marathon im östlichen Attika, um den wilden Stier zu töten, der das Land verwüstete. Ob er diese Tat vollbrachte, bevor Medea ihn zu vergiften suchte, und von seinem Vater auf ihren Wunsch hin zu dem gefährlichen Abenteuer ausgeschickt wurde, oder ob er sich erst nach Medeas Verschwinden auf den Weg machte, ist in den Quellen umstritten. Es handelte sich um den Stier, den Minos von Kreta von Poseidon erhalten hatte und in den sich Minos' Gattin Pasiphaë verliebte. Herakles hatte ihn bei seiner siebenten Arbeit nach Griechenland gebracht, und der Stier war nach Attika gezogen. Minos' Sohn Androgeos war schon gegen das Untier von Aigeus ausgeschickt und bereits von ihm getötet worden. Jetzt versuchte es Theseus, der unterwegs von einer kleinen alten Frau namens Hekale gastfreundlich aufgenommen wurde. Sie gelobte, dem Zeus ein Dankopfer darzubringen, wenn der junge Mann wohlbehalten zurückkehrte, doch während Theseus noch fort war, starb sie. Nachdem er den Stier gefangen hatte und sich auf dem Rückweg befand, stiftete er zu Ehren ihres Gedächtnisses einen örtlichen Kult. Dann trieb er den Stier nach Athen und opferte ihn Apollon.

Im Anschluß an dieses Abenteuer erfuhr Theseus die Geschichte vom Tode des Androgeos und von dem Tribut, den Minos den Athenern zur Strafe dafür auferlegt hatte. Nach einem erfolgreichen Krieg gegen die Stadt, bei dem die Athener von einer Pest heimgesucht wurden, hatte Minos sie genötigt, ihm jedes Jahr (nach Plutarch alle neun Jahre) sieben Jünglinge und sieben Jungfrauen zu senden, die in dem Labyrinth, das der aus Athen verbannte Daidalos auf Anweisung des Minos für den Minotauros (der Frucht Pasiphaës von dem Stier: mit Menschenleib und Stierkopf und -hörnern) erbaut hatte, diesem Wesen geopfert werden sollten. Zu der fraglichen Zeit war der Tribut erneut fällig geworden; nach einer Überlieferung verlangte Minos, daß auch Theseus unter den zu Opfernden sei. Die meisten Geschichtsschreiber, darunter auch Plutarch, geben aber zu verstehen, daß der größte Teil des Volkes seinen Unwillen äußerte, weil allein der Sohn des Königs von der Verlosung

Theseus empfängt den Dank der als Opfer des Minotauros ausersehenen Athener (Wandmalerei aus Pompeji; Neapel, Museo Archeologico Nazionale)

verschont bleiben sollte, durch die die Opfer bestimmt wurden, und weil Theseus freiwillig darauf bestand, mit nach Kreta geschickt zu werden. (Nach einer anderen Darstellung bestand Theseus aber nur darauf, daß sein Name mit in die Verlosung kam, und daraufhin wurde sein Name dann auch gezogen.) Betrübt über die bevorstehende Trennung von seinem Sohn, gab Aigeus ihm den Auftrag, falls er doch noch lebendig zurückkehren sollte, bei der Heimreise die Farbe seines Segels von Schwarz in Weiß (oder Scharlachrot) zu ändern.

Nach einigen Berichten verschlang der Minotauros seine Opfer in dem Labyrinth; andere wollten wissen, daß die Opfer so lange durch das Labyrinth irrten, bis sie vor Hunger starben. Sie mußten unbewaffnet nach Kreta kommen; es war aber auch verfügt worden, daß der Tribut künftig abgeschafft werden würde, wenn es einem gelänge, das Ungeheuer zu töten und den Ausweg aus dem Labyrinth zu finden.

Ob die Opfer in einem athenischen oder in einem kretischen Schiff nach Kreta geschafft wurden, war umstritten. In der ersteren

Theseus landet auf Delos (Detail von der Françoisvase, frühes 6. Jh. v. Chr.; Florenz, Museo Archeologico)

Version hätte Theseus bei der Rückkehr sein eigenes Fahrzeug benutzen und daher die Farbe der Segel verändern können; die letztere Version stimmt dagegen zu einer Überlieferung, nach der Minos sich bei der Abfahrt an eins der Mädchen heranmachte – eine Tochter des Königs Alkathoos von Megara –, worauf Theseus das Mädchen gegen die Belästigung schützte und Minos zornig wurde. Man warf sich gegenseitig die uneheliche Abstammung vor; doch beide bewiesen ihre Herkunft; Minos, indem er seinen Vater Zeus um einen Donnerschlag aus heiterem Himmel bat; Theseus, indem er ins Meer tauchte und auf wunderbare Weise einen Ring zurückbrachte, den Minos verächtlich in das Reich des Poseidon geschleudert hatte. Poseidon händigte nicht nur Theseus den Ring aus, sondern seine Gemahlin Amphitrite schenkte ihm auch eine goldene Krone, die er trug, während er triumphierend aus dem Wasser stieg. Dann überreichte Theseus dem erstaunten Minos den Ring.

Theseus war ein gottesfürchtiger Jüngling; bevor er nach Kreta segelte, hatte er Apollon versöhnt, mit dem er sich sehr verbunden fühlte, und Aphrodite um ihre besondere Gunst gebeten. In Kreta angelangt, kam ihm diese Weitsicht zustatten, denn die Liebe der Minostochter Ariadne war es, die es ihm ermöglichte, seine Aufgabe zu vollbringen. In ihrer nur durch den Anblick des Theseus sofort heftig entflammten Leidenschaft befragte sie Daidalos und entlockte ihm die Kunde, daß die einzige Möglichkeit, aus dem gesamten Gewirr des Labyrinths herauszufinden, darin bestand, einen am Eingang befestigten Faden zurückzuverfolgen. Ariadne ging dann zu Theseus und gab ihm, nachdem er versprochen hatte, sie zu heiraten, heimlich eine Rolle Garn und – nach einigen Historikern – auch ein Schwert. Theseus ließ nun seine Gefährten am Eingang zurück und begab sich in das Zentrum des Labyrinths, wobei er sein Garn abspulte. Als er bis zum Minotauros vorgedrungen war, tötete er ihn mit dem Schwert oder (nach einer anderen Überlieferung) mit den Fäusten. Dann kehrte er zu dem Eingang zurück, wo Ariadne alle Beteiligten abholte, und man ging gemeinsam zu dem im Hafen liegenden athenischen Schiff zurück. Im Schutze der Nacht bohrten Theseus und seine Gefährten Löcher in die Schiffe des Minos, so daß sie nicht auslaufen und sie verfolgen konnten, und so setzten die Athener Segel und fuhren heim. Nach einem andern Bericht mußten Theseus und seine Freunde sich zu ihrem Schiff zurückkämpfen und töteten dabei Minos' Sohn Asterios.

Es gab aber auch eine ganz andere Darstellung dessen, was in Kreta vorgefallen sein soll. Nach Philochoros, einem attischen Geschichtsschreiber des 4. Jh. v. Chr., beteiligte sich Theseus an den Spielen, die bei seiner Ankunft abgehalten wurden, und besiegte im Ringen den unbeliebten Lokalmatador Tauros (der Stier), der ebenfalls Pasiphaës Liebhaber war. In dieser Überlieferung ließ Minos Theseus und die Seinen frei, weil er Theseus' Kühnheit bewunderte und dem Tauros eine Demütigung gönnte.

Theseus und seine Leute segelten nun ohne Schwierigkeiten davon und nahmen Ariadne mit. Als erstes kamen sie zu der Insel Dia (später unter dem Namen Naxos bekannt) und gingen an Land; als sie weiterfuhren, blieb Ariadne zurück. Die früheste Version läßt erkennen, daß Theseus irgendwie verzaubert wurde und sie vergaß. Spätere Mythologen jedoch halten die Aussetzung Ariadnes für einen bewußten Verrat des Theseus, der in die Panopeustochter Aigle verliebt war. Homer,

der sich über diesen Punkt nicht deutlich ausspricht, sagt, daß Dionysos Ariadnes Tod veranlaßte, als er Artemis bat, sie zu erschießen. Vielleicht ist das die früheste Darstellung dieser berühmten Geschichte, nach der dann Dionysos nach Theseus' Abfahrt persönlich in Dia war und Ariadne in einem Zauberwagen als seine himmlische Königin entführte. Diese Überlieferung wurde dahin abgeändert, daß es nicht der Gott selber war, sondern sein Priester auf der Insel, ein gewisser Oinaros, der Ariadne zur Frau nahm, nachdem Theseus sie wegen einer anderen Frau verlassen hatte. Es wurde auch behauptet, Dionysos habe mit Theseus um ihre Hand gekämpft. (Ein cyprischer Autor, Paion, erklärte, Theseus' Schiff sei nach Cypern verschlagen worden, wo die nunmehr schwangere und seekranke Ariadne an Land gebracht wurde; unmittelbar darauf sei das Schiff wieder ins offene Meer getrieben worden, so daß Theseus nicht zu ihr zurück konnte. Als es ihm schließlich gelang, nach Cypern zurückzukommen, war sie noch vor der Geburt des Kindes in den Wehen gestorben.)
Nach Dia war Theseus' nächste Landung auf Delos, wo die athenische Gruppe zur Erinnerung an die gewundenen Gänge des Labyrinths den schlangenartigen Kranichtanz einführte. Von dort segelte man nach Athen weiter, und Theseus freute sich so sehr über die Heimkehr, daß er völlig vergaß, das Segel zu wechseln: sein Vater sah das erwartete heimkehrende Schiff, mußte Theseus für tot halten und stürzte sich von den Klippen (oder von der Akropolis) in den Tod. Theseus landete inzwischen im athenischen Hafen Phaleron und brachte den Göttern Dankopfer dar, bevor ihn die Nachricht von Aigeus' Tod erreichte.
Theseus war nun König von Attika. Nachdem er Aigeus begraben hatte, soll er eine Reform zur Eingemeindung der attischen Ortschaften nach Athen durchgeführt haben, in deren Folge Athen – nunmehr der politische Mittelpunkt des Landes – zu einer großen Stadt wurde. Angeblich war er es auch, der der Stadt ihren Namen gab; auch soll er zu Ehren der Namenspatronin Athene die großen Panathenäen eingeführt haben, ein Fest, das alle vier Jahre stattfand und von ganz Attika begangen werden mußte. Er verleibte seinem Reich Megara ein, früher ein Gebiet seines Onkels Nisos, und gründete (oder gründete erneut) zu Ehren Poseidons die Isthmischen Spiele zu Korinth. Irgendwann erbte er auch von seinem Großvater mütterlicherseits, Pittheus, das Königreich Troizen.
Einige Zeit danach machte sich Theseus zu einem Feldzug gegen die Amazonen von The-

Theseus und Peirithoos entführen Antiope (rotfigurige Vase, um 500 v. Chr.; London, Britisches Museum)

Theseus und Antiope (Relief, frühes 5. Jh. v. Chr.; Delphi, Museum)

miskyra am Schwarzen Meer auf. Dort nahm er eine der Amazonenführerinnen gefangen, Antiope, die Schwester der Amazonenkönigin Hippolyte – oder, nach abweichenden Berichten, Hippolyte selbst. Entweder hatte sie sich in ihn verliebt, oder (nach einer anderen Version) er hatte, als ihm die Amazonen Freundschaftsgaben sandten, deren Überbringerin an Bord gebeten und war einfach mit ihr davongesegelt. Aufgebracht verfolgten die Amazonen Theseus bis nach Attika. Sie drangen in das Reich ein, griffen Athen an und besetzten den Pnyx, während sie die Akropolis belagerten, und in der Ebene zwischen diesen beiden Hügeln kam es zu einer großen Schlacht, die Theseus gewann. Seine Gegnerinnen (nach der üblichen Darstellung Hippolyte, nach einer anderen Überlieferung Antiope, sofern diese nicht seine Gefangene war) zogen sich nach Megara zurück. Später gebar ihm Antiope einen Sohn, Hippolytos, und verstarb bald darauf. Nach einer andern Darstellung eroberte sich Theseus seine Amazonengemahlin in der Schlacht am Pnyx. Wieder ein anderer Bericht verlegt die Geburt des Hippolytos vor den Amazoneneinfall in Athen und behauptet, seine Amazonenmutter sei in der Schlacht, an Theseus' Seite kämpfend, von einem Wurfspieß getötet worden. Nach verschiedenen Darstellungen war Theseus' Kampf gegen die Amazonen ein Gemeinschaftsunternehmen mit Herakles, dem sein Herr Eurystheus befohlen hatte, ihm den Gürtel der Amazonenkönigin zu bringen (Herakles' neunte Arbeit).

Theseus erscheint gelegentlich in der Liste der

Argonauten und als Teilnehmer an der Kalydonischen Eberjagd. Er vermittelte in Theben, nachdem der Angriff der Sieben fehlgeschlagen war, und nötigte Kreon, ein ehrenvolles Begräbnis der argivischen Toten zuzulassen, gewährte Ödipus und seiner Tochter Antigone Zuflucht in Athen und verhinderte die von Kreons Leuten geforderte Rückkehr des Ödipus nach Theben (wo er Eteokles im Kampf gegen die Sieben unterstützen sollte).

Theseus' größter Freund war Peirithoos, der König des thessalischen Volkes der Lapithen. Als Peirithoos von Theseus' heldischen Eigenschaften hörte, war er entschlossen, ihn kennenzulernen. Deshalb war er über Theseus' Viehherden in Marathon hergefallen und hatte sie auseinandergetrieben, und als er hörte, daß Theseus im Anmarsch war, machte er sich bereit, ihm entgegenzutreten. Es kam aber zu keinem Kampf; Peirithoos bot dem athenischen König die Hand, und der ergriff sie und schwor Peirithoos ewige Freundschaft, anstatt ihn für seine Tat zu strafen. Danach vollbrachten die beiden gemeinsam viele große Taten (vielleicht auch den Zug in das Land der Amazonen und in die erfolgreiche Schlacht am Pnyx). Als Peirithoos Hippodameia heiratete, war Theseus auf der Hochzeit und half dem Freund bei dem anschließenden Kampf gegen die betrunkenen Kentauren, die die Braut und die anwesenden lapithischen Frauen verschleppen wollten.

Obwohl Theseus die Minostochter Ariadne im Stich gelassen hatte, soll er doch der Gatte einer anderen Minostochter geworden sein, der Phädra. Minos selber war tot, und die Ehe besiegelte Theseus' Freundschaft mit dem Thronerben Deukalion. Phädra gebar Theseus zwei Söhne, Akamas und Demophon. Einige Zeit nach der Eheschließung machte Pallas mit seinen Söhnen einen letzten Versuch, Theseus vom Thron zu jagen, doch Theseus tötete ihn und löschte seine gesamte Familie aus. Wegen dieser Verwandtentötung wurde er zu einjähriger Verbannung aus Athen verurteilt. Er begab sich daher mit Frau und Familie in sein anderes Königreich Troizen, wo sein nun schon erwachsener Sohn Hippolytos als Vizekönig regierte (oder von seinem Großvater Pittheus erzogen wurde).

Hippolytos war ein scheuer, zurückhaltender junger Mann, der der Jagd ergeben und daher ein Günstling der Artemis war; den Gedanken an eine Ehe verabscheute er und lehnte auch den Aphroditekult ab. Seine Stiefmutter Phädra jedoch war in ihn verliebt, seit sie ihn zum ersten Mal gesehen hatte, als er in die Eleusischen Mysterien eingeweiht wurde. Nun, wo sie in Troizen in nächster Nähe mit ihm lebte, flammte ihre Leidenschaft wieder auf. Theseus verließ Troizen für einige Zeit, um das Delphische Orakel zu befragen, und in seiner Abwesenheit führten die Umstände zur Entscheidung: Phädras alte Amme, die mit dem traurigen Seelenzustand ihrer Herrin Mitleid hatte, erzählte Hippolytos von ihrer Leidenschaft; dieser war entsetzt und angewidert, schwor aber, die Sache für sich zu behalten. Als Phädra von Hippolytos' Verachtung für sie erfuhr, erhängte sie sich und hinterließ Theseus einen lügenhaften Brief, in dem sie ihren Stiefsohn beschuldigte, sie verführt zu haben. Als Theseus heimkehrte, glaubte er, was in dem Brief stand, und verwünschte seinen Sohn, indem er Poseidon, bei dem er drei Wünsche freihatte, bat, Hippolytos zu vernichten. Dann schickte Theseus ihn in die Verbannung. Aber während der Jüngling in seinem Wagen an der Meeresküste von Troizen entlangfuhr, kam ein riesiger Stier aus dem Wasser und erschreckte die Pferde, so daß der Wagen umstürzte und Hippolytos starb. Danach erfuhr Theseus von Artemis die Wahrheit. (Einige historische Quellen besagen, daß Phädra erst zu diesem Zeitpunkt Selbstmord beging, nachdem sie Hippolytos bei dem aus Delphi zurückgekehrten Theseus offen der angeblichen Verführung bezichtigt hatte.) Theseus und Peirithoos, beide zu Witwern geworden, kamen nun überein, sich zu Frauen zu verhelfen, die sie ihres Ranges für würdig hielten; ihre Wahl fiel auf die Töchter des Zeus. Zunächst zogen sie nach Sparta, um für Theseus die Ledatochter Helena zur Braut zu gewinnen. (Nach Plutarch losten die beiden Könige untereinander um das Recht, Helena zu heiraten.) Obwohl erst zwölf Jahre alt, war sie schon wegen ihrer Schönheit berühmt. Sie überraschten sie beim Tanz im Artemistempel und entführten sie in das attische Aphidna, wo sie der Obhut von Theseus' Mutter Aithra übergeben wurde, bis sie in das heiratsfähige Alter kam. Nun war die Reihe an Peirithoos, sich eine Braut zu sichern, und er entschied sich für Hades' Gemahlin Persephone. Er und Theseus machten sich in die Unterwelt auf, wo Hades sie zum Schein ehrfürchtig empfing. Als er sie jedoch einlud, Platz zu nehmen, sahen sich die beiden Ankömmlinge an ihre Sitze gefesselt; und sie verloren gänzlich die Erinnerung, wer sie waren, denn sie saßen auf den Stühlen des Vergessens. Peirithoos saß dort für immer, und nach einer von Vergil bewahrten Überlieferung auch Theseus. In der bekannteren Version wurde er nach einiger Zeit von Herakles befreit, der gekommen war, um Kerberos zu holen. Nach einigen Darstellungen war es Theseus, der Herakles ein Heim gab, nachdem dieser in einem Anfall von Wahnsinn seine Kinder von Megara getötet hatte.

Auf der Hochzeit von Hippodameia und Peirithoos tötet Theseus einen trunkenen Kentaur (rotfigurige Schale, 5. Jh. v. Chr.; Berlin, Staatliche Museen)

Als Theseus nach Athen zurückkam, war die Stadt in großem Aufruhr und er selber Gegenstand der allgemeinen Unbeliebtheit, denn die Spartaner, angeführt von Helenas Brüdern, den Dioskuren, waren in Attika eingefallen, um Helena zu befreien, hatten Aphidna geplündert und Aithra mit sich fortgeführt. Athen war dem Menestheus zugefallen, einem Nachkommen von König Erechtheus, und Theseus' Söhne Akamas und Demophon hatten sich auf die Insel Euböa geflüchtet. Theseus begab sich auf die Insel Skyros, wo er Ländereien von seinem Großvater Skyrios geerbt hatte (dies entsprach jener Überlieferung, wonach Theseus' Vater Aigeus der Sohn des Skyrios und nicht des Pandion war). Der skyrische König Lykomedes bot ihm zum Schein ein freundliches Willkommen, fürchtete aber insgeheim die Gegenwart eines so mächtigen und gefährlichen Mannes in seinem Reich. So führte er Theseus an den Rand eines Felsens, angeblich, um ihm seine Länder auf der Insel zu zeigen, und stieß ihn dann hinterrücks in die Tiefe. So starb der größte Heros Athens und angebliche Gründer der Stadt.

Menestheus soll Attika noch bis zum Trojanischen Krieg regiert haben, in dem er umkam. Danach kehrte Theseus' Sohn Demophon, der bei der Plünderung Trojas Aithra befreit hatte, nach Athen zurück und erbte das Reich seines Vaters. Um 475 v. Chr. ließ der athenische General Kimon als volkstümliche Geste die vermeintlichen Gebeine des Theseus aus Skyros holen und in einem dem Heros geweihten Tempel beisetzen, denn die Athener glaubten, daß Theseus ihnen in der Schlacht bei Marathon (490 v. Chr.) beigestanden habe.

Thespios, Eponyme des böotischen Thespiai; siehe Herakles.

Thesprotos, Eponyme des Landes Thesprotien in Epirus. Er gewährte der Tochter des Thyestes, Pelopia, Schutz und gab sie ihrem Onkel Atreus zur Frau.

Thessalos, Sohn des Jason und der Medea. Als einziger überlebte er in Korinth Medeas Ermordung ihrer Kinder, folgte Akastos auf dem Thron von Iolkos und gab seinen Namen dem Land Thessalien, in dem Iolkos liegt.

Thestios, König des ätolischen Pleuron; Sohn des Ares und der Demonike oder des Agenor und der Epikaste (in diesem Falle war Demonike seine Schwester). Er hatte zahlreiche Kinder: Althaia, die Gemahlin des Oineus; Hypermnestra, die Gemahlin des Oikles; Leda, die Gemahlin des Tyndareos (der, aus Sparta verbannt, bei Thestios Zuflucht gesucht hatte); außerdem die Söhne Toxeus und Plexippos, die später von Althaias Sohn Meleagros erschlagen wurden.

Thestor siehe Kalchas.

Thetis, Nereïde; obwohl eine Meeresgöttin, wurde Thetis auf dem Olymp von Hera aufgezogen. Als Thetis aber in die Tiefen des Meeres zurückgekehrt war und Hera, aus Scham über ihren lahmen Sohn Hephaistos, diesen vom Olymp stieß, wurde er von Thetis und ihrer Schwester Eurynome gerettet. Hephaistos blieb neun Jahre lang in dem nassen Reich der beiden Nereïden. Später trennte sich Thetis von Hera, als diese sich zusammen mit Poseidon und Athene gegen Zeus erhob und sie ihn in Fesseln schlugen. Thetis erfuhr von der Verschwörung und eilte zu Tartaros; dort holte sie den hundertarmigen Riesen Briareos, der dem Zeus unwandelbar ergeben war und ihn von den Aufrührern befreite.

Als der junge Dionysos auf dem Berg Nysa von Lykurgos überfallen wurde, sprang er ins Meer, wo Thetis ihn eine Zeitlang aufnahm und beschützte; zum Dank schenkte er ihr eine goldene Schale oder Vase. Thetis zeichnete sich durch große Schönheit aus, weswegen sowohl Zeus wie auch Poseidon sie heiraten wollten. Es war jedoch vorherbestimmt, daß Thetis' Sohn größer sein werde als sein Vater. Prometheus wußte von diesem Geschick – er hatte es von seiner Mutter, der Titanin Themis, erfahren –, doch wollte er Zeus das Geheimnis erst dann verraten, wenn dieser ihn von seinem Ort der Qual an einem weltabgeschiedenen Felsen oder im Tartaros erlöste. Zeus willigte schließlich in Prometheus' Befreiung ein und erfuhr nun, wie knapp er dem Verhängnis entgangen war; denn nach einer Deutung des Orakelspruches hätte ihn der

Sohn, den ihm Thetis geschenkt haben würde, ebenso gestürzt, wie er seinen Vater Kronos gestürzt hatte.
Zeus entschied daher, daß Thetis um jeden Preis an einen unbedeutenden Mann verheiratet werden mußte, und die Wahl fiel auf den Sterblichen Peleus, den König von Phthia, der zwar kein großer Mann war, von den Göttern aber hoch geschätzt wurde. Zunächst mußte dieser Bräutigam sich aber seine Braut verdienen, denn Thetis war nicht bereit, sich mit Zeus' Plan abzufinden. Chiron sagte dem Peleus voraus, daß sie als Meeresgöttin ihre Gestalt ändern könnte und alles tun würde, um sich ihm zu entziehen. Er machte sie in einer Höhle an der Küste Magnesiens ausfindig und fiel über sie her. Trotz der unterschiedlichen Gestalten, die sie annahm – sie erschien als Wasser, Feuer, wilde Tiere, schreckliche Meerungeheuer –, hielt er aus, und schließlich war sie bereit, seine Frau zu werden. Alle Götter wurden zu der Hochzeit geladen, und aus Respekt für Thetis kamen sie auch alle und brachten herrliche Geschenke mit. Die einzige Ausnahme war Eris (Zwist), die nicht einzuladen man für besser gehalten hatte: sie erzwang sich aber Einlaß und warf den goldenen Zankapfel unter die Menge, über den dann Hera, Athene und Aphrodite in Streit gerieten, weil er als Preis für die schönste Göttin gedacht war.
Eine Zeitlang lebte nun Thetis als pflichttreue Gemahlin des Peleus und gebar ihm, nach einer Überlieferung der Sage, sieben Söhne. Sechs von ihnen hielt sie in Feuer oder kochendes Wasser, um festzustellen, ob die Kinder die Unsterblichkeit der Mutter geerbt hatten. Keines der sechs Kinder bestand diese Probe. Schließlich bewog Peleus sie dazu, den siebenten Knaben – es war Achilleus – zu verschonen, und so wuchs er als Sterblicher auf. Andere Geschichtsschreiber kennen keine Brüder des Achilleus, sondern stellen fest, daß Thetis ihn nach seiner Geburt bei Nacht in das himmlische Feuer zu legen pflegte, um seine Sterblichkeit wegzubrennen, und ihn am Tag mit Ambrosia salbte, um ihn unsterblich zu machen. Als Peleus seinen Sohn im Feuer liegen sah, war er dermaßen zornig oder verzweifelt, daß Thetis ihn verließ und ins Meer zurückging. In einer anderen Darstellung über Achilleus' Kindheit heißt es, daß Thetis ihn in die heiligen Wasser des Styx tauchte, um ihn unverwundbar zu machen, aber nicht darauf achtete, auch seine Ferse zu benetzen, an der sie ihn festhielt. Als die ›Argo‹, mit Peleus und den anderen Argonauten an Bord, zwischen den zusammenschlagenden Felsen vom Untergang bedroht war, schoben Thetis und ihre Nereïdenschwestern das Fahrzeug an der gefahrvollen Stelle glücklich vorbei. Thetis war dem Achilleus in seinem kurzen Leben eine stete Hilfe und über sein drohendes Geschick betrübt. Sie tat, was sie konnte, um ihn dem Trojanischen Krieg fernzuhalten und verbarg ihn auf der Insel Skyros unter den Töchtern des Königs Lykomedes. Als Achilleus zürnte, weil ihm Agamemnon seine Konkubine Briseïs weggenommen hatte, drang Thetis in Zeus, das Kriegsglück den Trojanern zuzu-

Die Hochzeit von Thetis und Peleus (Cornelisz van Haarlem; Haarlem, Frans Hals-Museum)

Peleus erringt die sich verwandelnde Thetis (rotfigurige Schale, 5. Jh. v. Chr.; München, Staatliche Antikensammlungen)

wenden, damit ihr Sohn zur Rückkehr in die Schlacht gebeten werden mußte. Beim Tod des Patroklos versuchte sie ihn zu trösten und besorgte ihm aus Hephaistos' Schmiede eine neue Rüstung, weil die alte, die er Patroklos geliehen hatte, nach dessen Tod von seinem Gegner übernommen worden war. Als Achilleus fiel, klagten Thetis und die Nereïden mit so schauerlichem Geheul um ihn, daß die Griechen entsetzt flohen. Nach seinem Begräbnis sammelte Thetis seine Gebeine in jene Vase, die ihr Dionysos geschenkt hatte, und versenkte diese in sein Grab. Nach einem anderen Bericht machte sie dann Achilleus unsterblich und brachte ihn auf die Insel Leuke im Schwarzen Meer, wo er später Helena heiratete; sie lebte dort mit Peleus, dem sie ebenfalls die Unsterblichkeit verliehen hatte.

Thisbe siehe Pyramus.

Thoas 1, Sohn des Dionysos und der Ariadne; König der Insel Lemnos; seine Frau war Myrina. Die Frauen von Lemnos vernachlässigten Aphrodites Riten, und so schlug die Göttin sie mit einem üblen Geruch, worauf sich ihre Ehemänner thrakische Geliebte nahmen; die Frauen von Lemnos aber rächten sich, indem sie ihre Männer umbrachten. Doch Hypsipyle, die Tochter des Thoas, rettete ihren Vater, indem sie ihn in einer Truhe, die sie ins Meer treiben ließ, von der Insel schmuggelte. Mit Dionysos' Hilfe trieb er zu der Insel Oinoë. Dort heiratete er die Nymphe, nach der die Insel benannt war, und sie gebar ihm einen Sohn, Sikinos, nach dem die Insel dann genannt wurde. Nach einer anderen Überlieferung wurde aber Thoas von den lemnischen Frauen noch vor dem Verlassen der Insel entdeckt und umgebracht.

Thoas 2, Enkel des Obigen; Sohn des Jason und der Hypsipyle. Er und sein Bruder Euneus befreiten ihre Mutter aus der Sklaverei am Hofe des Königs Lykurgos von Nemea und brachten sie zurück nach Lemnos. Thoas erbte den Thron von seinem Großvater.

Thoas 3, Sohn des Andraimon und der Gorge. Sein Vater hatte das ursprünglich von Gorges Vater Oineus beherrschte Königreich Ätolien in seine Gewalt gebracht, da alle Söhne des Oineus gestorben waren. Dieses Reich erbte Thoas und führte eine ätolische Streitmacht von vierzig Schiffen in den Trojanischen Krieg.

Nach einer mit der ›Odyssee‹ in Widerspruch stehenden Überlieferung, entdeckte Odysseus bei seiner Rückkehr nach Ithaka, daß ihm Penelope in seiner Abwesenheit untreu geworden war, und er schickte sie zu ihrem Vater Ikarios zurück. Danach wurde er seinerseits aus Ithaka vertrieben, da sich Neoptolemos, der zwischen den Angehörigen der ermordeten Freier und Odysseus einen Schiedsspruch fällen sollte, gegen Odysseus aussprach, um sich in den Besitz von Kephallenia zu bringen. Odysseus soll daraufhin nach Ätolien geflohen und eine Thoastochter geheiratet haben, die ihm einen Sohn, Leontophonos, gebar.

Thoas 4, König der Taurer, eines auf der Krim lebenden barbarischen Volkes. Artemis machte Iphigenie im Artemistempel in Thoas' Reich zur Priesterin. Orestes und Pylades befreiten sie schließlich und segelten mit ihr und einer Artemisstatue aus dem Tempel davon. Thoas' Flotte verfolgte Orestes bis zu der Insel Zminthe, wo Chryses, der Sohn des Agamemnon und der Chryseïs, die Griechen rettete und seinem Halbbruder Orestes half, Thoas zu töten.

Thoas 5, Gigant (auch Thoon genannt); er wurde zusammen mit seinem Bruder Agrios von den Schicksalsgöttinnen getötet.

Thoon siehe Thoas 5.

Thoosa, Meeresnymphe; durch Poseidon Mutter des Kyklopen Polyphemos.

Thrasymedes, Sohn des Nestor; er und sein Bruder Antilochos begleiteten ihren betagten Vater in den Trojanischen Krieg. Thrasymedes kehrte in die Heimat zurück und befand sich in Pylos, als Telemachos auf der Suche nach Odysseus war.

Thyestes, Sohn des Pelops und der Hippodameia. (Über seine Rolle beim Tod seines Halbbruders Chrysippos, die lange Fehde mit seinem Bruder Atreus und den Inzest mit seiner Tochter Pelopia, die ihm Aigisthos gebar, siehe Atreus.) Nach dem Tode des Atreus übernahm Thyestes dessen Königreich Mykene, das er bereits vorher einmal für kurze Zeit regiert hatte. Als die Atreussöhne Agamem-

Thetis taucht Achilleus in den Styx (Peter Paul Rubens, 1577–1640, zugeschrieben)

non und Menelaos, die beim Tod ihres Vaters von Mykene nach Sikyon geflohen waren, alt und stark genug waren, kamen sie mit einer von ihrem Schwiegervater, dem König Tyndareos von Sparta, geführten Armee wieder zurück und verjagten Thyestes vom mykenischen Thron. Er suchte Zuflucht auf der Insel Kythera, wo er auch starb. Später rächte sein Sohn Aigisthos seine Vertreibung, indem er Agamemnon tötete und an seiner Stelle regierte. Klytämnestra, die ihm bei der Ausführung des Mordes geholfen hatte, machte er zu seiner Königin.

Thymoïtes, trojanischer Ältester und Ratgeber des Priamos. Nach einer Abweichung der Sage von Paris' Geburt, brachte Thymoïtes' Frau am selben Tag, an dem Paris geboren wurde, einen unehelichen Sohn von Priamos zur Welt. Priamos verstieß dieses Kind und setzte es anstatt des Paris aus, weil seine Frau Hekabe geträumt hatte, ihr Sohn werde den Untergang Trojas heraufbeschwören. Nach der ›Aeneis‹ des Vergil war Thymoïtes der erste, der anregte, das Trojanische Pferd in die Stadt zu holen.

Thyone siehe Semele.

Tiberinus, Sohn des Janus und der Camise oder aber ein Nachfahre des Aeneas und König von Alba Longa (in diesem Fall wäre sein Vater König Capetus); er wurde im Fluß Albula ertränkt oder an dessen Ufern ermordet. Nach seinem Tod wurde der Fluß nach ihm Tiber benannt.

Tilphusa siehe Telphusa.

Timagoras siehe Eros.

Timandra, Tochter des Tyndareos; sie heiratete Echemos, verließ ihn aber um Phyleus' willen.

Tiphys, der ursprüngliche Steuermann der ›Argo‹. Er war der Sohn des Hagnias oder Phorbas und einer böotischen Frau. Als das Schiff zum Land der Mariandyner in Bithynien gelangte, erlag Tiphys einer Krankheit, und seinen Platz nahm Ankaios (oder Erginos) ein.

Tisiphone 1 siehe Furien.

Tisiphone 2 siehe Alkmeon.

Titanen und **Titaninnen,** Göttergeschlecht, das aus der Vereinigung des Uranos (Himmel) und der Gaia (Erde) hervorging. Die Griechen stellten sich die Titanen als riesenhafte Wesen vor, die die Welt in der Urzeit beherrscht hatten. Die wichtigsten Titanen waren Kronos, Rhea, Okeanos, Tethys, Iapetos, Hyperion, Koios, Krios, Phoibe, Themis, Mnemosyne und Theia. Auch einige ihrer Kinder wurden als Titanen angesehen: Helios (die Sonne – oft

Thisbe findet Pyramus (florentinisches Tafelbild, 15. Jh.; New York, Metropolitan Museum of Art)

Eos und Tithonos (Kupferstich von B. Picart; Paris, Bibliothèque Nationale)

einfach der Titan genannt), Prometheus, Epimetheus und Atlas. Die Kinder des Kronos und der Rhea dagegen waren keine Titanen, sondern gehörten zu dem Göttergeschlecht, das die Titanen schließlich ablöste. So wie Kronos seinen Vater Uranos wegen seines anmaßenden Verhaltens stürzte, so entwand Zeus dem Kronos die Weltherrschaft in einem gewaltigen Kampf, in dem sich Götter und Titanen gegenüberstanden. Prometheus und einige andere Kinder der Gaia, die Hundertarmigen (Hekatoncheiren) und Kyklopen waren auf der Seite der Götter; eine große Anzahl weiterer Titanen, darunter Okeanos und Helios, sowie sämtliche Titaninnen, hielten sich aus dem Ringen heraus. Die Titanen wählten sich den Berg Othrys als Feste, die Götter den Olymp. Nach zehnjährigem Streit gewann schließlich Zeus, weil er aus dem Tartaros die Hundertarmigen als Verbündete heranführte. Dann warf er seine Gegner in den Tartaros, in die tiefsten Tiefen der Unterwelt, so weit noch unter dem Hades, wie der Himmel über der Erde ist. An diesem Ort ewiger Düsternis wurden die Titanen für immer hinter bronzenen Toren gefangengehalten, vor denen die drei

Hundertarmigen Wache standen. Atlas mußte zur Strafe eine Ecke des Himmels auf seinen Schultern tragen. Ob die Titanen-Herrschaft ein barbarisches oder im Gegenteil ein goldenes Zeitalter der Bequemlichkeit und des Überflusses war, blieb bei den Griechen umstritten. Es gab auch eine abweichende Sage über das Geschick des Kronos, wonach dieser nach seinem Sturz zum König der Insel der Seligen im westlichen Meer wurde.

Der Ursprung des Wortes Titan ist unbekannt. Die Namen der einzelnen Titanen sind von sehr unterschiedlicher Herkunft; einige sind nicht-griechisch, andere sind Personifikationen von abstrakten Begriffen, so z.B. Mnemosyne, Erinnerung, Gedächtnis, Phoibe, strahlend hell, Theia, göttlich, Themis, Ordnung, Recht.

Tithonos, Sohn des Königs Laomedon von Troja und (nach einigen Berichten) der Nymphe Strymo. Als der Blick Eos', der Göttin der Morgenröte, auf den schönen Jüngling fiel, verliebte sie sich in ihn und entführte ihn, auf daß er ihr Gatte würde und mit ihr in ihrem Palaste lebe – im fernsten Osten, am Okeanosstrom in Aithiopien. Eos gebar Tithonos zwei Söhne, Memnon und Emathion. Letzterer wollte Herakles vom Raub der goldenen Hesperidenäpfel abhalten und wurde von ihm umgebracht. Memnon brachte eine aithiopische Streitmacht nach Troja und fiel im Kampf gegen die Griechen.

Eos bat Zeus, Tithonos unsterblich zu machen, und Zeus entsprach ihrer Bitte. Einige Zeit danach wurde sie jedoch gewahr, wie ihr Gatte sichtlich alterte: er wurde erst grau und dann weiß, und seine Haut vertrocknete und wurde faltig. Eos erkannte, daß sie vergessen hatte, Zeus außer um die Unsterblichkeit auch um ewige Jugend zu bitten; nun war es zu spät. Als Tithonos nach und nach zu einer ausgetrockneten Hülle zusammenschrumpfte, schloß ihn Eos in einem Raum des Palastes hinter bronzenen Türen ein. Nach einer andern Darstellung dieser Sage verwandelte Eos ihn in eine Zikade, so daß er sie mit seinem dauernden Zirpen erfreuen und alljährlich seine alte Haut ablegen konnte.

Titus Tatius siehe Romulus.

Tityos, Gigant; angeblich der Sohn der Gaia (Erde) oder der Elare, einer Tochter des Orchomenos (im letzteren Falle war angeblich Zeus sein Vater). Tityos lebte auf Euböa, wo ihn phönikische Seeleute dem Rhadamanthys zeigten. Als Leto, die Mutter von Apollon und Artemis, einmal auf dem Wege nach Delphi über die Felder des Panopeus kam, versuchte der von Hera angestiftete Tityos, sie zu vergewaltigen. Daraufhin schoß Artemis (oder Apollon) auf Tityos, und Zeus schleuderte einen Donnerkeil auf ihn; dann wurde er im Tartaros an die Erde gefesselt und bedeckte mehrere Morgen Land. Ein paar Geier fraßen unaufhörlich seine Leber (nach der Anschauung der Alten der Sitz der Geschlechtsgier), und er konnte sie nicht mit den Händen vertreiben.

Tlepolemos, Sohn des Herakles und der Phylastochter Astyoche; König des thesprotischen Ephyra. Als Tlepolemos groß war, suchte er mit den anderen Söhnen des Herakles Zuflucht am Hofe des Königs Keyx von Trachis und wandte sich später nach Athen. Tlepolemos und Likymnios, ein Halbbruder von Herakles' Mutter Alkmene, siedelten sich in Argos an, wo Tlepolemos den Likymnios tötete – entweder im Streit oder aus Versehen, als Likymnios ihn abhalten wollte, einen Sklaven zu schlagen. Für diesen Mord wurde Tlepolemos aus Argos verbannt und zog mit seiner Frau Polyxo und einer großen Anhängerschar nach Rhodos, wo er ein Königreich gründete. Seine Leute siedelten sich in drei Bezirken an: Lindos, Ialysos und Kameiros. Er hatte zu den Freiern um Helena gehört und brachte drei Schiffsladungen Soldaten nach Troja. Dort wurde er von Sarpedon aus Lykien getötet. Von Polyxo hatte er einen Sohn, Deïpylos.

Tmolos, Gott des lydischen Berges Tmolos oder ein König jener Gegend, der bei dem musikalischen Wettstreit zwischen Pan und Apollon Schiedsrichter war.

Apollon straft Tityos (rotfigurige Schale, 5. Jh. v. Chr.; München, Staatliche Antikensammlungen)

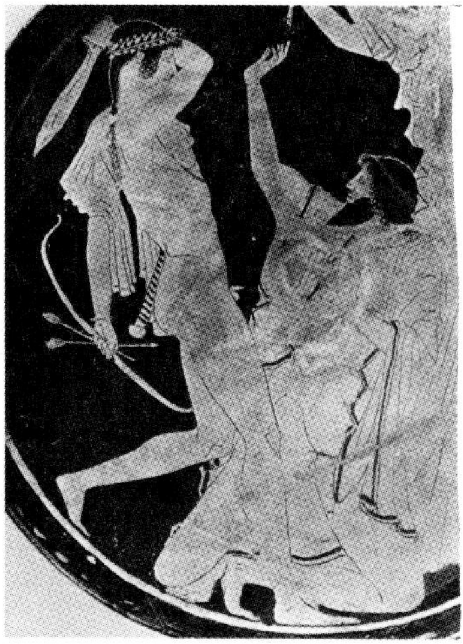

Toxeus 1, Sohn des Thestios und Bruder der Althaia. Bei einem Streit um den Kalydonischen Eber wurde er von Meleagros getötet.

Toxeus 2, Neffe des Obigen, Sohn des Oineus und der Althaia; sein Vater brachte ihn um, weil er über den Graben seines Weingartens gesprungen war.

Träume (griech. *oneiroi,* lat. *somnia)* werden in der griechischen und lateinischen Literatur, besonders in der epischen Dichtung, oft personifiziert. In der ›Ilias‹ etwa sendet Zeus Agamemnon einen falschen Traum, der ihm befiehlt, sich zum Kampf gegen die Troer zu rüsten, weil er die Stadt nunmehr einnehmen könne; in Wirklichkeit wollte Zeus, daß die Troer die Achäer auf ihre Schiffe zurückwarfen. Der Traum gehorcht dem Befehl Zeus' und erscheint in Gestalt des alten Ratgebers Nestor vor Agamemnons Bett. – Träume galten als Kinder der Nyx (Nacht) und des Hypnos (Schlaf). Nach Ovids Schilderung in den ›Metamorphosen‹ lebten sie unter Hypnos' Herrschaft in einer Höhle. Sie waren tausend an der Zahl; der klügste von ihnen war Morpheus, der Menschen imitieren konnte. Ein anderer, Ikelos (Icelus), nahm die Gestalt von Ungeheuern an. Nach der Beschreibung von Aeneas' Abstieg in die Unterwelt sagt Vergil, daß die Geister der Verstorbenen Träume aussandten: die wahren traten ohne Mühe durch ein Tor aus Horn, während die falschen durch ein Tor aus Elfenbein kamen.

Triopas 1, Sohn des Phorbas und König von Argos. Zu seinen Kindern zählten Agenor, Iasos und Pelasgos.

Triopas 2, Sohn des Poseidon und der Kanake, der Tochter des Aiolos 2. Triopas' Kinder waren Phorbas, Iphimedeia und Erysichthon. Er war König von Dotion in Thessalien.

Triopas 3, Rhoder; Sohn des Helios und der Rhode.

Triptolemos, junger Mann attischer Abstammung, durch den Demeter den Völkern der Erde ihre Geschenke, Getreide und Ackerbau, überbringen ließ. Er soll, nach unterschiedlichen Angaben, ein Sohn des Keleos und der Metaneira von Eleusis gewesen sein (wobei er in manchen Berichten mit jenem Kind gleichgesetzt wird, das Demeter unsterblich machen wollte); oder der Sohn eines Heros namens Eleusis (nach dem die Stadt benannt war); oder des Okeanos und der Gaia (Erde). In der griechischen Kunst wurde Triptolemos mit einem Ährenbündel in der Hand und in Demeters Zauberwagen sitzend dargestellt, den ein Paar geflügelte Schlangen zogen. In diesem Gefährt flog er kreuz und quer über die Erde, säte Getreidekörner aus und lehrte überall die Menschen, Getreide anzubauen; auch gab er ihnen Gesetze und Gerichtsbarkeit. In Skythien aber verzehrte sich der dortige König Lynkos vor Neid über Triptolemos' Kräfte und verübelte ihm seine Betätigung als Wohltäter der Menschheit. Lynkos wollte Triptolemos in seinem Bett ermorden, doch Demeter rettete ihren Liebling, hinderte Lynkos, der schon den Dolch gezückt hatte, an der Tat und verwandelte ihn in einen Luchs. Antheas, der Sohn des Königs Eumelos von Achaia, versuchte dann, in Triptolemos' Zauberwagen zu fahren, fiel aber hinaus und kam ums Leben. In Thrakien erschlug König Karnabon eine der geflügelten Schlangen und warf Triptolemos in ein Verlies. Doch wieder rettete Demeter ihn und schenkte ihm eine neue Schlange; und um die Sterblichen an Karnabons Frevel zu erinnern, versetzte sie ihn als Sternbild Schlangenträger (Ophiuchos) an den Himmel. Einige historische Autoren schrieben Triptolemos auch die Erfindung des Rades zu. Die Athener glaubten darüber hinaus, daß er nach seinem Tode, zusammen mit Minos und Rhadamanthys, Totenrichter wurde.

Triton, kleinerer Meeresgott in Gestalt eines Meermannes; Sohn des Poseidon und der Amphitrite. In der Kunst der Alten war er ein beliebtes Thema, doch seine Darstellung war unterschiedlich und es blieb sogar unklar, ob er als eine oder als mehrere Personen angenommen werden mußte. Die geläufigste Abbildung zeigt ihn als Wesen mit Menschenkopf und -rumpf, aber mit Fischschwanz. Als eine riesige Woge die Argonauten weit in das Innere Libyens geschleudert hatte und die Männer ihr Schiff bis zum Tritonischen See (im heutigen südlichen Tunesien) getragen hatten, erschien ihnen Triton in Gestalt eines schönen Jünglings, Eurypylos, und erklärte ihnen, in welche Richtung sie gehen mußten, um wieder ans Meer zu kommen. Als Abschiedsgeschenk überreichte er Euphemos einen Klumpen Erde, nachdem ihm die Griechen einen goldenen Schemel geschenkt hatten, den sie aus Delphi mit sich führten; und als Euphemos den Erdklumpen nördlich von Kreta ins Meer warf, entstand daraus die Insel Kalliste (Thera).
Die Männer von Tanagra in Böotien betrachteten Triton, oder eines der Wesen, das diesen Namen trug, als Bedrohung: sobald sich nämlich ihre Frauen im Meer badeten, um danach dem Dionysos zu opfern, pflegte er sie zu belästigen; so kam es zu einem Kampf zwischen den beiden Göttern, den Triton verlor. Bei einem andern Anlaß wurde in Tanagra ein Triton eingefangen und geköpft. Er soll die örtlichen Viehherden unsicher gemacht haben, wurde aber in eine Falle gelockt, nachdem man ihm Wein eingeflößt hatte.
Zu Triton gehörte die Spiralmuschel, die er als

Trompete benutzte, um das stürmische Meer zu glätten. Im Krieg zwischen Göttern und Giganten bediente er sich eines solchen Horns, um einige Giganten zu erschrecken. Er trug auch, wie sein Vater Poseidon, einen Dreizack. Ob er mit dem Meeresungeheuer namens Triton gleichgesetzt wurde, das Herakles im Ringkampf besiegte, ist unklar. In einer Sage über die Kindheit Athenes soll Triton eine Tochter mit dem Namen Pallas gehabt haben, eine Spielgefährtin der Göttin, die von ihr in einem Wutanfall getötet wurde; siehe Athene.

Trivia (von den Kreuzwegen), Beiname der Hekate oder Diana (Artemis).

Troilos, Sohn des Priamos oder des Apollon und der Hekabe. Er war noch ein Jüngling, als er beim Tempel des Thymbraiischen Apollon dem Achilleus in die Hände fiel, entweder seinen Wagen fahrend oder Polyxena nachts zu einem Brunnen begleitend. In der ersteren Überlieferung, die auch Vergil kennt, gingen Troilos' Pferde durch, als Achilleus hervorbrach, und Troilos wurde hinter seinem Wagen zu Tode geschleift. In der andern Darstellung machte Achilleus ihn auf dem Altar des Tempels nieder. Es wurde auch erzählt, Achilleus habe ihn getötet, weil er wußte, daß Troja niemals fallen würde, wenn Troilos sein zwanzigstes Lebensjahr erreichte.

Triton (spätes 6. Jh. v. Chr.; Rom, Museo Nazionale di Villa Giulia)

Troizen, Sohn des Pelops und der Hippodameia. Gemeinsam mit seinem Bruder Pittheus regierte er die Städte der östlichen Argolis, die Pittheus nach Troizens Tod zu einer einzigen Stadt zusammenfaßte, die er nach seinem Bruder Troizen nannte.

Trophonios und **Agamedes,** Söhne des Königs Erginos von Orchomenos in Böotien; Trophonios galt aber auch als Sohn des Apollon. Die beiden waren gute Architekten und Baumeister: sie bauten Alkmenes Brautgemach in Theben, einen Poseidontempel in Arkadien zwischen Tegea und Mantineia, und das Apollonheiligtum in Delphi. Als sie dem böotischen König Hyrieus oder dem König Augias von Elis ein Schatzhaus errichteten, betrogen sie ihren Auftraggeber, indem sie in einer Wand des Gebäudes einen losen Stein einließen, von dem nur sie selber wußten, wie er herauszunehmen war. Dann begannen sie eine Serie von Diebstählen, die sich der König nicht erklären konnte, weil das Schatzhaus angeblich diebessicher war. Er stellte eine Falle auf, und Agamedes, der bei dieser Gelegenheit zum ersten Mal in das Gebäude kam, trat hinein und konnte nicht mehr hinaus. Als Trophonios dazukam, erkannte er, daß er seinen Bruder auf keine Weise mehr retten konnte, und hieb ihm den Kopf ab; so ersparte er Agamedes schreckliche Qualen und entging selber der Gefahr, erkannt zu werden, da ja nur ein kopfloser Rumpf übrigblieb. So entkam Trophonios. Trotzdem fand er bald den Tod; denn als er sich im böotischen Lebadeia aufhielt, verschlang ihn auf einmal die Erde. In späteren Zeiten befahl das Orakel des Delphischen Apollon den Böotern, das Orakel des Trophonios zu befragen, als eine Dürre sie bedrängte. Sie wußten nicht, wo sie das suchen sollten, bis einer ihrer Abgesandten, Saon, einem Bienenschwarm nachging und in eine Höhle kam, wo ihm Trophonios erschien und ihm verkündete, er sei der Gott eines an dieser Stelle zu errichtenden Orakels. Für den, der es befragen wollte, war ein kompliziertes Ritual vorgeschrieben, zu dem eine Reinigungszeremonie und verschiedene Opfer gehörten; dann begab sich der Ratsuchende in die Höhle hinab und stellte seine Fragen – angeblich dem Trophonios persönlich.

Nach einer anderen Überlieferung dieser Sage baten Trophonios und Agamedes den Apollon um eine Belohnung, nachdem sie ihm seinen Tempel in Delphi erbaut hatten. Er gebot ihnen, sich sechs Tage lang zu vergnügen; am siebenten Tag würden sie belohnt werden. Nach sechs Tagen voller Glück starben sie im Schlaf.

Tros, König von Troja; Sohn des Erichthonios 2 und der Astyoche, der Tochter des Flus-

Achilleus lauert dem Troilos auf (Wandmalerei aus Tarquinia, Grab der Stiere)

ses Simoeis. Auch seine Gemahlin war eine Flußnymphe: die Skamandrostochter Kallirhoë. Ihre Kinder waren Ilos, der Gründer Trojas (Ilions), Assarakos, der über das Königreich Dardanien herrschte, und Ganymed, der schöne Knabe, den Zeus entführte und zu seinem Mundschenk machte. Um Tros für den Verlust seines Sohnes zu entschädigen, über den er sehr betrübt war, schenkte Zeus ihm ein Gespann unsterblicher Pferde, die später Herakles unbedingt besitzen wollte. Das Land Troja war nach Tros benannt.

Tullia siehe Tarquinius Superbus.

Tullius siehe Servius Tullius.

Tullus Hostilius, dritter König Roms – ob er eine Sagengestalt ist oder eine historische Persönlichkeit, um die sich Sagen rankten, ist ungewiß. Sein Großvater Hostus Hostilius soll eine Schlacht gegen die Sabiner gewonnen haben. Tullus wurde nach dem Tode des Numa Pompilius zum König gewählt und erwies sich als direkter Gegensatz zu seinem Vorgänger; denn er war tatkräftig und kriegerisch, während Numa friedliebend und gottesfürchtig war. Nach einem Kampf zwischen Horatiern und Curiatiern eroberte er Alba Longa. Als der albische König Mettius Fufetius, der ihm nun tributpflichtig war, während einer Schlacht gegen die Städte Veii und Fidenae zum Feind überlief, ließ Tullus ihn an zwei Wagen binden, die in entgegengesetzte Richtung fuhren, und so wurde er von den Pferden zerrissen. Dann zwang er die Einwohner von Alba, nach Rom zu ziehen, und ließ die Stadt bis auf die Grundmauern schleifen. Die Bevölkerung von Rom hatte sich nunmehr verdoppelt, und Tullus fühlte sich stark genug, um den Sabinern den Krieg zu erklären; er trug einen bemerkenswerten Sieg davon. Ein Steinschauer ging über den Albaner Bergen nieder, und man stiftete ein Fest, um die Aufgabe der Heiligtümer in Alba zu sühnen.
Gegen Ende seines Lebens, nach zweiunddreißigjähriger Herrschaft, erkrankte Tullus und wandte sich dem Okkultismus zu. Dieser Gesinnungswandel sollte ihn das Leben kosten: als er den Jupiter Elicius mit einer Formel aus den Büchern des Königs Numa versöhnen wollte, wurde er von einem Blitz getötet.

Turnus 1, Sohn des Daunus und der Venilia. Turnus war ein Fürst der Rutuler, eines italischen Volkes um Ardea. Er war mit Lavinia verlobt, der Tochter des Latinus, des Königs seiner latinischen Nachbarn, doch wurde die Verlobung durch die Ankunft des Troers Aeneas gestört. Amata, Latinus' Königin, un-

Der ermordete Servius Tullius (Kupferstich von S. D. Mirys)

terstützte weiterhin Turnus' Werbung um Lavinia, und deshalb brach Turnus eine Abmachung zwischen den Troern und den Italern, wonach die Angelegenheit durch einen Einzelkampf zwischen ihm und Aeneas geregelt werden sollte: seine Schwester, die Wassernymphe Juturna, verhalf ihm zur Flucht vor den Troern. Schließlich gebot Venus den Fluchtversuchen des Turnus Einhalt, und es gelang Aeneas, den Nebenbuhler zu töten. – Vergil, der dem Aeneas gewogen ist, schildert dennoch Charakter und Tod des Turnus nicht ohne Pathos und einer gewissen Sympathie.

Turnus 2, Mann aus Aricia, der in einer Versammlung der Latiner seine Stimme gegen Tarquinius Superbus erhob; Tarquinius ließ ihn als angeblichen Aufrührer ertränken.

Tyche, Göttin des Glücks; eine Tochter des Okeanos (oder des Zeus) und der Tethys.

Tydeus, Sohn des Königs Oineus von Kalydon durch dessen zweite Gemahlin Periboia oder seine Tochter Gorge. Sein Onkel Agrios, der Oineus' Thron usurpiert hatte, verbannte ihn wegen Totschlags aus Kalydon. Wen er getötet hatte, wird nicht eindeutig mitgeteilt – entweder seinen Bruder Olenias, oder seinen Onkel Alkathoos, den Bruder des Oineus, oder aber die acht Söhne des Melas, eines anderen Onkels. Nach der Tat suchte Tydeus Zuflucht am Hofe des Königs Adrastos von Argos. Dort bekam er Streit mit einem anderen Geflohenen, dem Polyneikes aus Theben. Adrastos trennte die beiden und verheiratete sie mit seinen Töchtern Deïpyle und Argeia; denn ein Orakel hatte ihm geboten, sie einem Löwen und einem Eber zur Frau zu geben, und Tydeus trug ein Eberfell über den Schultern, während Polyneikes ein Löwenfell trug – oder sie trugen diese Tiere als Kennzeichen auf ihrem Schild. Adrastos nahm sich vor, die beiden wieder auf ihren jeweiligen Thron zu setzen. Zunächst kümmerte er sich um Polyneikes, und Tydeus begleitete das Heer nach Theben. Als man an den Fluß Asopos kam, wurde Tydeus als Unterhändler zu den Thebanern geschickt, kehrte jedoch ohne Erfolg zurück. Dafür besiegte er die Thebaner in einer Reihe von Sportwettbewerben, worauf sie so neidisch wurden, daß fünfzig von ihnen Tydeus auf dem Rückweg zum Asopos aus dem Hinterhalt überfielen. Er kämpfte sie allein nieder, bis auf einen namens Maion, den er zurück nach Theben schickte; er sollte dort von der Heldentat des Tydeus berichten.
Bei der Belagerung Thebens kämpfte Tydeus, dessen Abzeichen die Nacht war, am Proitidischen Tor und trug einen Zweikampf mit Melanippos aus. Beide versetzten einander einen tödlichen Streich. Die Göttin Athene, die Tydeus herzlich zugetan war, trat zu dem Sterbenden und wollte ihm die Unsterblichkeit verleihen; der Seher Amphiaraos aber, der ihre Absicht durchschaute und Tydeus haßte, weil er Adrastos zu dem unseligen Unternehmen überredet hatte, schlug Melanippos den Kopf ab und warf ihn Tydeus zu, worauf dieser das Hirn herausschlürfte. Athene wandte sich angeekelt ab; und so starb Tydeus den Tod eines Sterblichen. Deïpyle gebar ihm einen Sohn, Diomedes.

Tyndareos, König von Sparta. Sein Vater war entweder Oibalos oder Perieres, seine Mutter Bateia oder Gorgophone. Nach dem Tod des Oibalos vertrieb der vorige König Hippokoon, ein Bruder oder Halbbruder des Tyndareos, diesen aus Sparta. Tyndareos suchte in Messenien oder Ätolien Zuflucht und heiratete später Leda, die Tochter des Königs Thestios von Pleuron in Ätolien. Nachdem Herakles Hippokoon samt seinen zwölf Söhnen getötet hatte, setzte er Tyndareos auf den spartanischen Thron. Leda hatte eine größere Anzahl von Kindern, von denen einige behaupteten, von Zeus und nicht von Tyndareos abzustammen: So war Helena eine Tochter des Zeus, ebenso galt Zeus als Vater der Dioskuren, von Kastor und Polydeukes. Die anderen Töchter Ledas – Klytämnestra, Timandra, Philonoë und Phoibe – schrieb man allgemein dem Tyndareos zu. Nachdem Thyestes ihren Vater Atreus getötet hatte, suchten Agamemnon und Menelaos Zuflucht in Sparta. Tyndareos verheiratete sie mit seinen Töchtern Klytämnestra bzw. Helena und half Agamemnon, dem Älteren, das Königreich Mykene zurückzugewinnen. Klytämnestra war eigentlich schon mit Thyestes' Sohn Tantalos verheiratet, doch Agamemnon tötete ihn und seinen kleinen Sohn und heiratete die Witwe. Helena wurde wegen ihrer Schönheit von allen heiratsfähigen Fürsten Griechenlands begehrt. Tatsächlich hatte Theseus von Athen sie bereits aus Sparta geraubt und wollte sie heiraten; doch bevor es dazu kam, wurde Helena von ihren Brüdern, den Dioskuren, befreit. Nunmehr versammelten sich alle Freier in Sparta, und Tyndareos war in Verlegenheit, wie er sie unter Kontrolle halten solle. Schließlich opferte er auf Anraten des Odysseus ein Pferd, ließ alle Freier an das Fell treten und sie schwören, den erwählten Bräutigam, wer es auch sein möge, zu unterstützen und seine Eherechte zu verteidigen. Dieser Eid war es, der die griechischen Fürsten veranlaßte, nach Troja zu ziehen und die Rückgabe Helenas von Paris zu verlangen. Tyndareos verheiratete Helena dann mit Agamemnons Bruder Menelaos, der die kostbarsten Geschenke gebracht hatte, und belohnte Odysseus mit der Hand seiner Nichte, der Ikariostochter Penelope. Tyndareos geriet mit Aphrodite in Streit und legte ihr Standbild im Tempel von Sparta in Ketten. Daraufhin bestrafte sie ihn, indem sie nicht nur seine Frau, sondern auch seine Töchter ehebrüchig werden ließ: Klytämnestra mit Aigisthos, Helena mit Paris und Deïphobos, Timandra (die mit König Echemos von Arkadien verheiratet war) mit dem Augiassohn Phyleus.

Tyndareos verlor seine Söhne bei ihrem Kampf mit Idas und Lynkeus und benannte Menelaos als seinen Erben. Nach Euripides lebte er lange genug, um Orestes, den Sohn und Mörder der Klytämnestra, wegen Muttermordes vor dem Athener Areopag anzuklagen.

Typhon oder **Typhoeus.** Nachdem Zeus die Titanen besiegt und in den Tartaros gesperrt hatte, oder nachdem die olympischen Götter die Giganten geschlagen hatten, vermählte sich Gaia (Erde) neuerlich, und zwar mit Tartaros, und brachte in der korykischen Höhle in Kilikien (südöstliches Kleinasien) das Ungeheuer Typhon hervor; es hatte hundert schlangenartige Köpfe, aus denen eine dunkle Zunge bleckte, und feurig blitzende Augen. Jeder Kopf verfügte über eine furchterregende Stimme, und diese Stimmen redeten die Sprache der Götter, oder blökten wie ein Stier, oder pfiffen, oder bellten wie ein Hund. Sobald Typhon ausgewachsen war, fing er an, Zeus zu bekriegen; und Zeus, der diese Bedrohung seiner Gewalt wohl erkannte, sann auf Typhons Unterdrückung. Als Typhon ans Tageslicht trat, empfing Zeus ihn mit einem Hagel von Donnerkeilen und trieb ihn bis zum syrischen Berg Kasios zurück. Dort stellte sich Typhon in Positur, und es kam zu einem fürchterlichen Ringen, wobei es ihm gelang, Zeus zu packen, ihm die *harpe* (Sichel) zu entwinden und dem Gott damit alle Sehnen aus dem Leib zu schneiden, so daß Zeus hilflos am Boden lag. Dann bemächtigte sich Typhon der Donnerkeile des Zeus und gab die Sehnen ei-

Der Zweikampf zwischen Turnus und Aeneas (Zeichnung von Edward Burne-Jones, 1833–1898; Privatsammlung)

nem anderen Ungeheuer namens Delphyne, halb Frau und halb Drachen, die sie in der korykischen Höhle unter einem Bärenfell aufbewahren sollte; auch der hilflose Zeus wurde dort versteckt. Einige Zeit später suchten Hermes und Aigipan die Höhle auf, lenkten die Aufmerksamkeit Delphynes ab und stahlen die Sehnen, die sie dann wieder in Zeus' Glieder einsetzten.

Zeus entkam und floh in einem Flügelwagen zum Olymp, wo er sich einen neuen Vorrat an Donnerkeilen besorgte. Damit fiel er dann wieder über Typhon her und drängte ihn in den mythischen Berg Nysa. Dort hatte Typhon eine Zusammenkunft mit den Schicksalsgöttinnen, die ihm rieten, die Nahrung der Sterblichen zu sich zu nehmen, was er gutgläubig auch tat; danach war er ernstlich geschwächt. Dann trat er Zeus wieder am thrakischen Berg Haimon gegenüber; die Alten glaubten, daß dieser Gebirgszug seinen Namen von dem Blut (griech. *haima*) bezog, das er dort vergoß. Zeus hatte nun die Oberhand gewonnen. Er jagte Typhon nach Süden zu dem Meer vor Italien, packte eine Insel und schleuderte sie über ihn. Die Insel wurde später an ihrer neuen Stelle als Sizilien bekannt, und Typhons Feueratem wurde zum Ätna, denn er war unsterblich und kein Tod würde ihn erlösen.

In Hesiods Version in der ›Theogonie‹ steckte Zeus bei diesem Kampf mit seinen Donnerkeilen Typhon einfach in Brand; der ganze Erdkreis erbebte, und selbst der Tartaros erzitterte. Dann packte Zeus ihn und schleuderte ihn in die Tiefen des Tartaros hinab, wo er zu den gefangenen Titanen kam. Dort wurde

Das vielköpfige Ungeheuer Typhon (Tempeltympanon, Mitte 6. Jh. v. Chr.; Athen, Akropolis-Museum)

er zum Vater aller dem Menschen schädlichen Winde; deshalb ist von seinem Namen das Wort »Taifun« abgeleitet worden. Auch hieß es, daß während des großen Ringens die übrigen Götter ängstlich nach Ägypten flohen und, um sich vor Typhon zu verbergen, die Gestalt von Tieren annahmen: damit erklärte man die Tiergestalten, mit denen die Ägypter viele ihrer Götter ausstatteten.

Die Griechen identifizierten Typhon mit Set, jenem Ungeheuer, das Osiris verfolgte. Man glaubte sogar, daß Zeus an dieser Flucht teilnahm und sich in einen Widder verwandelt hatte; das sollte den Kult des Zeus Ammon (Amun) in der Gestalt dieses Tieres erklären.

Die Alten glaubten auch, daß sich Typhon vor seiner Niederlage mit dem Ungeheuer Echidna (Schlangenjungfrau) gepaart und die Chimäre, den Orthos, die Sphinx, die Sau von Krommyon, den Nemeischen Löwen sowie den Adler, der Prometheus peinigte, hervorgebracht hatte.

Gelegentlich wurde ein Unterschied zwischen Typhon und Typhoeus gemacht und Typhon galt dann als des letzteren Nachkomme; gelegentlich hieß es auch, daß es der Sohn und nicht der Vater war, der sich mit Echidna paarte.

Tyro, Tochter des Salmoneus, eines Königs von Elis, und seiner ersten Gemahlin Alkidike. Nachdem Tyros Mutter gestorben war, wurde sie von ihrer Stiefmutter Sidero mit großer Grausamkeit behandelt. Als Poseidon Tyro erblickte, verliebte er sich in sie; und er machte sich die Leidenschaft des Mädchens für den Fluß Enipeus zunutze, indem er sich als dessen Flußgott verkleidete, um sie dann lieben zu können, wobei eine Woge des Flusses ihre Leiber überflutete. Tyro gebar die Zwillinge Pelias und Neleus, die sie verstieß und aussetzte; sie wurden von einem Pferdezüchter aufgezogen.

Als Grund für Sideros Grausamkeit wurde gelegentlich ihre Entdeckung der Schwangerschaft Tyros angegeben; und sie weigerte sich auch, die Geschichte von Poseidons Besuch zu glauben. Jedenfalls wurde Tyro mit dem Bruder ihres Vaters, Kretheus, verheiratet, dem König von Iolkos in Thessalien, dem sie drei Söhne gebar: Aison, Pheres und Amythaon. Pelias aber, ihr Sohn von Poseidon, verdrängte schließlich Aison als Erben des Königreiches von Iolkos und tötete Sidero wegen ihrer Grausamkeit gegenüber seiner Mutter.

Tyrrhenos, Sohn des lydischen Königs Atys; aus Maionia in Lydien stammend. Nach einer Überlieferung führte er die Auswanderung der Lyder nach Italien an, nachdem Lydien selbst durch eine große Hungersnot unbewohnbar geworden war. Die Etrusker waren nach ihm benannt, und einige Autoren der Antike, namentlich Herodot, meinten, daß sie Nachkommen dieser Einwanderer aus Lydien waren. Nach Tyrrhenos ist auch das Tyrrhenische Meer im Westen von Italien benannt.

U

Udaios, einer der fünf »Gesäten« (Spartoi), die die Stammväter des thebanischen Adels waren. Teiresias war Udaios' Enkel.
Ukalegon (griech. *ouk alegon,* unbekümmert), Ratgeber des Königs Priamos von Troja.
Ulixes, lat. Name des Odysseus.
Ulysses siehe Odysseus.
Upis siehe Opis.
Urania siehe Musen.
Uranos (griech. *ouranos,* Himmel). Nachdem Gaia (Erde) aus dem Chaos entsprungen war, brachte sie ohne Hilfe eines Mannes Uranos hervor. Sie paarte sich dann mit ihrem Sohn, und es entstand das Geschlecht der Titanen und Titaninnen.
Einer der Titanen, Kronos, half Gaia, sich an Uranos zu rächen, weil dieser eifersüchtig auf seine Kinder war und sie, als sie geboren werden sollten, wieder in den Leib der Mutter zurückstieß. Sie gab ihrem Sohn eine Sichel *(harpe)* aus Flintstein, und als Uranos das nächste Mal bei Gaia lag, entmannte Kronos ihn mit dieser Sichel. Aus den Blutstropfen entstanden die Furien, die Giganten und die Eschennymphen. Die Geschlechtsteile selber fielen ins Meer und trieben als Schaum nach Cypern oder – nach einer anderen Version – nach Kythera, wo aus ihnen die Liebesgöttin Aphrodite entstieg. Uranos spielte seither in der Mythologie keine Rolle mehr.

V

Valeria siehe Luperca.
Valerius Poplicola oder **Publicola, Publius.** Nach der Vertreibung des letzten römischen Königs Tarquinius Superbus war Valerius – ob er eine historische oder eine Sagengestalt ist, bleibt unklar – gemeinsam mit Lucius Junius Brutus erster Konsul der neuen Republik. Er galt als der Sohn eines gewissen Volesus und einer weiteren Sagengestalt, der Valeria Luperca, und gehörte zu jenen Anführern, die der Vater Lucretias auf deren dringendes Bitten zu ihr beschied, nachdem sie von dem Königssohn Sextus Tarquinius vergewaltigt worden war. In der ersten Schlacht zwischen den römischen Streitkräften und den etruskischen Verbündeten des Tarquinius Superbus stand Valerius an der Spitze der Infanterie und besiegte die Stadt Veii, während die Soldaten von Tarquinii hartnäckigen Widerstand leisteten. Schließlich erkannte man den Sieg der Römer an, nachdem die Stimme des Gottes Silvanus bei Nacht verkündet hatte, daß die Etrusker einen Mann mehr verloren hatten als die Römer. Valerius feierte seinen Triumph, war jedoch bald unbeliebt, weil ihn das Volk verdächtigte, Herrschergelüste zu haben. Daraufhin rief er, wie eine Überlieferung behauptet, eine Volksversammlung zusammen, auf der er das Symbol der Konsulwürde, die *fasces,* senken ließ, um die souveräne Macht des

Kronos entmannt Uranos (Giorgio Vasari, 1511–1574; Florenz, Palazzo Vecchio)

Valerius Poplicola läßt sein Haus abbrechen (Kupferstich von S. D. Mirys)

Volkes zu bezeugen. Dann verlegte er sein im Bau befindliches Haus von der Höhe der Velia – wo es zwischen dem Forum und der Niederung des Kolosseums eine beherrschende Lage über ganz Rom gehabt hätte – an den Fuß dieses Hügels. Auch soll er das Einspruchsrecht des Volkes gegen Entscheidungen der Staatsbeamten eingeführt haben – ein sehr volkstümlicher Schritt, der ihm den Beinamen Poplicola einbrachte, von *populum colere* »dem Volke schöntun«. Dann ließ er durch Wahlen seinen neuen Mitkonsul bestimmen, da Brutus im Einzelkampf mit Tarquinius' Superbus zweitem Sohn Arruns gefallen war. Valerius soll angeblich ein zweites Mal Konsul im folgenden Jahr geworden sein, wo er wiederum die römischen Streitkräfte gegen Tarquinius Superbus führte, dessen etruskischer Hauptverbündeter nun Lars Porsenna aus Clusium war. Zu einem späteren Zeitpunkt setzte er sich bei Porsenna für einige Geiseln ein, die Cloelia aus etruskischem Gewahrsam befreit hatte, und vermochte ihn schließlich zur Freundschaft mit Rom zu bewegen. Man schrieb ihm noch zwei weitere Perioden als Konsul zu, trotzdem soll er als armer Mann gestorben sein, der auf öffentliche Kosten ein Staatsbegräbnis erhielt. Die römischen Frauen trauerten ein ganzes Jahr lang um ihn.

Vegoia, auch Begoë, etruskische Nymphe mit prophetischen Kräften, die dem Arruns Veltumnus, einem Fürsten oder Priester von Clusium, weissagte.

Venilia siehe Canens.

Venus, italische Göttin, die für das Ackerland und die Gärten sorgte und sie in Ordnung brachte und sauber machte. Schon sehr früh wurde sie mit Aphrodite gleichgesetzt und erhielt deren Mythologie. Die Geschichte der Irrfahrten und der schließlichen Ansiedlung ihres Sohnes Aeneas in Italien war für die Römer von besonderer Bedeutung, da das Haus der Julier, dem Augustus und seine Nachfolger durch Adoption angehörten, behauptete, von Aeneas' Sohn Julus und damit von Venus selber abzustammen. Venus war es, die Aeneas bei der Flucht aus dem brennenden Troja half und ihn vor der Feindschaft der Juno schützte. Sie bewirkte, daß sich die Königin Dido von Karthago in ihn verliebte und ihm in schweren Zeiten Zuflucht gewährte. Sie half ihm auch in der entscheidenden Schlacht gegen Turnus, indem sie ihm seinen Speer zurückbrachte, der in einem Baumstumpf steckte.

Vergilia siehe Coriolanus.

Verginia. Während der Patrizierherrschaft in Rom unter dem Decemvirat oder dem Zehnerkollegium (451–450 v. Chr.) behauptete man in Kreisen, die der Familie der Claudier feindlich gesonnen waren, daß der Decemvir Appius Claudius die Verführung der schönen Verginia im Sinne habe, der Tochter des Centurionen Verginius, der sich bei der Armee am Berg Algidus befand. Um sie in seine Gewalt zu bringen, wies er einen ihm gefügigen Mann namens Marcus Claudius an, zu behaupten, daß Verginia in Wirklichkeit seine eigene Sklavin sei, die Tochter einer Frau, die früher in seinem Haus beschäftigt war. Daraufhin übergab Appius das Mädchen in Abwesenheit des Vaters unverzüglich dem Marcus Claudius, der sie in Gewahrsam nahm. Nun erschienen aber Icilius, dem sie zur Frau versprochen war, und ihr Onkel Numitorius, und sie wurde bis zur Ankunft ihres Vaters Verginius deren Obhut unterstellt. Appius ließ den Führer des Heeres sagen, sie sollten Verginius festhalten, doch dieser kam dennoch eilends zur Verhandlung des Falles. Er führte seine Tochter, die Trauerkleidung trug, auf das Forum. Dann fällte Appius das Urteil: daß Verginia eine Sklavin sei und ihrem Besitzer ausgehändigt werden müsse. Als Marcus Claudius sie nehmen wollte, warf sich Verginius dazwischen, worauf eine Schar Bewaffneter aufmarschierte. Nun bat Verginius, scheinbar gefaßt, um eine kurze Unterbrechung, in der er seine Tochter in den nahegelegenen Laden eines Schlächters führte und dort erdolchte; er verfluchte Appius und sagte, ihr Tod sei immer noch ihrer Schande vorzuziehen. Dann begab er sich aus Rom zurück zur Armee, die er mit dem Bericht über Appius' empörendes Verhalten in Aufruhr versetzte. Das einfache Volk und die einfachen Soldaten stürmten dann den Aventin-Hügel und zogen später zum Heiligen Berg, wie sie es schon fünfzig Jahre zuvor getan haben sollen (obwohl die Echtheit beider Ereignisse zweifelhaft ist). Diese Vorgänge führten angeblich zur Absetzung des Decemvirats und der Wiedereinführung der Tribunen – der traditionellen Anwälte des gemeinen Volkes gegen aristokratische Willkür.

Vertumnus siehe Pomona.

Vesta, römische Göttin des Herdes, mit der griechischen Hestia gleichgesetzt. In Rom wurde sie als Beschützerin des Staates betrachtet, und die Vestalinnen hatten den Auftrag, ihren Kult zu versehen.

Veturia siehe Coriolanus.

Vibenna, Nachname etruskischer Brüder, Aulus (Olus) und Caeles Vibenna, zweier großer Heroen in der etruskischen Mythologie und Verbündete des Mastarna. Schon zu römischen Zeiten lag ihre Sage im dunkeln; es wurde angenommen, daß sie Cacus einfingen (der in einer etruskischen Geschichte als großer, von Apollon inspirierter Seher erscheint) und ihn in einem heiligen Wald zwangen, seine Geheimnisse zu verraten. Die Brüder sollen aus Etrurien vertrieben und verbannt worden sein. Nach dem Geschichtsschreiber Tacitus (etwa 55–120 n. Chr.) bewilligte Tarquinius Priscus oder ein anderer römischer König dem Caeles einen der Hügel Roms, der später nach ihm der Caelische Hügel benannt wurde.

Virbius, kleinerer italischer Gott, der mit der Verehrung der Diana verbunden war; er besaß einen Kult in der Stadt Aricia in Latium. Hippolytos, der Sohn des Theseus, soll von Artemis nach Italien gebracht worden sein (nachdem Asklepios ihn von den Toten auferweckt hatte) und sich dort unter dem Namen Virbius angesiedelt haben (*vir bis* – Mann zum zweiten Mal).

Vesta mit dem Palladion (römische Silbermünze des Trajan, frühes 2. Jh. n. Chr.; London, Britisches Museum)

Volumnia siehe Coriolanus.

Voluptas (Vergnügen, Lust), Tochter des Cupido (Amor) und der Psyche.

Vulcanus, alter italischer Gott des Feuers, auch Muciber genannt; in Rom verehrt und mit dem griechischen Gott der Metallverarbeitung und des Handwerks, Hephaistos, gleichgesetzt.

Verginius erdolcht Verginia (Zeichnung von Pinelli, um 1817; Paris, Bibliothèque Nationale)

X

Xanthos 1. Xanthos und Balios waren die unsterblichen Pferde des Achilleus, die an den Ufern des Okeanos zur Welt kamen, wo ihre Mutter in Gestalt eines Stutenfohlens weidete, und die seinem Vater Peleus von den Göttern zur Hochzeit geschenkt wurden. Ihre Namen bedeuten rotbraun bzw. gescheckt; sie waren die Söhne des Westwindes Zephyros und der Harpyie Podarge. Achilleus nahm sie mit nach Troja und lieh sie dem Patroklos, als der mit den Myrmidonen in die Schlacht zog. Als Patroklos fiel, weinten die Pferde bitterlich um ihn, und Zeus bemitleidete sie und bereute es, sie einem Sterblichen gegeben zu haben, so daß sie in das Leiden dieser elenden Kreaturen verstrickt wurden. Zeus verlieh ihnen die Kraft, Hektor zu entfliehen, und so brausten sie zurück in die Reihen der Griechen.
Als Achilleus selber wieder am Kampfe teilnahm, beschimpfte er die Pferde, weil sie es verfehlt hatten, Patroklos wohlbehalten aus der Schlacht zu tragen. Xanthos machte ihn darauf aufmerksam, daß Patroklos nicht durch ihre Schuld umgekommen war, sondern weil Apollon es zum Ruhme Hektors so gefügt hatte, und er setzte hinzu, daß auch Achilleus' Tod nunmehr bevorstehe. In diesem Augenblick schlugen die Furien Xanthos mit Stummheit, so daß er nie wieder sprach. Achilleus dagegen sagte, diese Todesprophezeiung sei nichts Neues, da er sie schon früher gehört habe.

Aulus Vibenna erschlägt einen Feind (Wandmalerei aus der Tomba François in Vulci; Rom, Palazzo Corsini)

Xanthos 2, Fluß in Troja, meist mit Skamandros bezeichnet, und dessen Gott.

Xanthos 3, Fluß in Kilikien und dessen Gott.

Xenia siehe Daphnis.

Xuthos, Sohn des Hellen und der Nymphe Orseïs, oder des Aiolos und der Enarete. Nach der ersteren (und geläufigeren) Überlieferung seiner Abstammung war er der Bruder von Doros und Aiolos; sie sollen die Stammväter des dorischen und des ionischen Zweiges der Griechen gewesen sein, während er der Stammvater der Ionier und Achäer war. Nachdem er eine Zeitlang die thessalische Stadt Iolkos regiert hatte, vertrieben ihn seine beiden Brüder mit der Begründung, er habe ihnen das väterliche Erbe gestohlen. Er wandte sich nach Athen und leistete dem König Erechtheus wertvolle Hilfe im Krieg gegen Chalkodon in Euböa; dafür erhielt er dessen Tochter Krëusa zur Frau. Nach dem Tod des Erechtheus baten dessen Söhne Xuthos, einen von ihnen zum neuen König zu wählen. Er entschied sich für den ältesten, Kekrops, worauf die anderen ihn aus Athen verjagten. Er zog mit seiner Frau und seinen Söhnen Achaios und Ion in den nördlichen Peloponnes und starb dort im Lande Aigialos; später wurde es nach seinem Sohn Achaios in Achaia umbenannt. In der Tragödie ›Ion‹ des Euripides dagegen war Xuthos ein Sohn des Aiolos und folgte Erechtheus auf dem athenischen Thron. Nach dieser Darstellung war Ion ein Kind des Apollon und der Krëusa, während Doros und Achaios Xuthos' eigene Söhne sind. Das Drama erzählt, wie Xuthos und Krëusa auf wunderbare Weise von der Existenz des Ion erfahren, der im Dienste des Apollon in Delphi aufgezogen worden war, und wie Xuthos ihn als Sohn von sich und Krëusa anerkannte.

Z

Zagreus, kretischer Gott, der meist mit Dionysos gleichgesetzt wurde und im Glauben der Anhänger der Orphischen Mysterien eine bedeutende Rolle spielte.
Als Demeter nach dieser Darstellung dem Zeus seine Tochter Persephone geboren hatte, zeugte er mit Persephone den Zagreus, der sein Erbe sein sollte. Die Titanen aber, die sich der Macht des Zeus widersetzten, lockten das Kind von den Eltern weg, indem sie ihm Spielzeug boten, zerrissen es dann in Stücke und verschlangen es; nur das Herz blieb übrig, das Athene retten konnte und Zeus überbrachte. Aus diesem Herzen schuf Zeus seinen Sohn im Leib der Semele neu und strafte die Titanen für ihren Frevel: er machte sie zu Asche. Aus dem so entstandenen Ruß wurde die Menschheit erschaffen. Als Semeles Kind, das aus dem Herzen des Zagreus erwuchs, zur Welt kam, nannte Zeus es Dionysos. Danach folgt die orphische Darstellung im wesentlichen der bekannten Version der Dionysos-Sage.
Zelos (Eifer), Gefährte des Zeus, neben seinen Brüdern Bias und Kratos und seiner Schwester Nike; er war ein Sohn des Titanen Pallas und der Styx.
Zemelo siehe Semele.
Zephyros, Gott des Westwindes; einer der Söhne des Astraios und der Eos, der sich in den schönen Jüngling Hyakinthos aus Amyklai bei Sparta verliebte. Als Apollon ebenfalls um Hyakinthos warb und seine Gunst gewann, nahm Zephyros Rache: er lenkte einen Diskus ab, den Apollon geworfen hatte, so daß er an Hyakinthos' Kopf prallte und ihn tödlich verletzte. Zephyros war der Vater von Achilleus' unsterblichen Pferden Xanthos und Balios; ihre Mutter, die Harpyie Podarge, hatte er geschwängert, als sie in Gestalt eines Stutenfohlens auf den Wiesen am Okeanos weidete. Allgemein galt der Westwind als der freundlichste und willkommenste der Winde, der auch häufig – zu seinem Vorteil – mit Boreas, dem rauhen Nordwind, verglichen wurde. Zephyros war es, der Psyche in das Schloß des Amor (Eros) trug. Als seine Frau wurde auch Iris genannt, die Göttin des Regenbogens.
Zetes siehe Kalaïs.
Zethos siehe Amphion.
Zeus, oberster Herrscher der griechischen

Zeus mit Zepter und Adler (Silbermünze Alexanders des Großen, 4. Jh. v. Chr.)

Götter. Etymologisch ist sein Name – einer der wenigen der großen griechischen Götter mit indogermanischem Namen – mit dem Himmel verwandt: er gehört zu Sanskrit *dyaus div-*(Himmel), lat. *dies* (Tag) und zur ersten Silbe *Jupiter* (Vater Himmel), mit dem ihn die Römer später gleichsetzten. Obwohl Zeus' Name ursprünglich vielleicht die Tageshelle am Himmel bezeichnet hat, scheint er doch immer ein Wettergott gewesen zu sein, der besonders für Regen, Schnee, Hagel und Gewitter verantwortlich war. Donnerkeile waren stets seine unfehlbaren Waffen. Das bekannteste homerische Epitheton nennt ihn den Wolkensammler; infolgedessen kamen die Griechen zu dem Glauben, daß er auf einem Berge wohne, dem Olymp (ursprünglich ein nicht-griechisches Wort). Aus der Sage von Otos und Ephialtes, die noch andere Berge auf den Olymp türmten, um zu den Göttern im Himmel zu gelangen, wird deutlich, daß die Griechen schon sehr früh nicht mehr buchstäblich daran geglaubt haben, daß Zeus auf dem Olymp wohnte. In der ›Ilias‹ hat er zuweilen seinen Thron auf dem Gebirge Ida und schaut dem Ringen um Troja zu.
Zeus' Wirksamkeiten umfaßten schon sehr früh die Gesamtheit allen Geschehens, und jeder Aspekt des Universums und der Weltangelegenheiten unterstand seinem Gericht. Er wurde allgemein, vor allem aber von Homer,

Ein Titan verschlingt Zagreus (rotfigurige Vase, spätes 5. Jh. v. Chr.; London, Britisches Museum)

»Vater der Götter und Menschen« genannt. Streng genommen war er aber nicht ihr Vater: mehrere Götter waren seine Brüder, Schwestern oder entfernten Verwandten; und er erschuf oder erzeugte auch nicht die Menschheit – sie wurde vielmehr von Prometheus aus Lehm gebildet und Athene hauchte ihr das Leben ein. Seine Vaterschaft muß man daher mehr im Sinne des Vaters einer großen Haus- und Staatsgemeinschaft begreifen. Zeus war ein König, und menschliche Könige waren seine besonderen Schützlinge. So besitzt Agamemnon in der ›Ilias‹ ein Zepter, das Hephaistos für Zeus angefertigt und dieser dem Pelops geschenkt hatte.

Zeus war daher auch der Beschützer der Stadt und ihrer Unversehrtheit: dem Zeus Polieus entspricht als weibliches Gegenstück – schon aus vorgriechischer Zeit – Athene Polias. Zeus war außerdem der Deuter des Schicksals: er hielt eine Waage in der Hand und wog darin die Geschicke der Menschen, wobei er darauf sah, wenn einem Menschen der Tod bestimmt war, daß weder das Eingreifen eines mächtigen Gottes noch seine eigene Zuneigung zu einem Sohn, wie im Fall des lykischen Helden Sarpedon, ihn zur Aufhebung des einmal bestimmten Verhängnisses bewegen konnte. In dieser Hinsicht war Zeus auch der Geber von Zeichen: seine heilige Eiche in Dodona in Epirus kündete Sterblichen die Zukunft, und auch Donner und Blitz wurden als Omina (Vorzeichen von Glück oder Unglück) betrachtet. Zeus schützte Fremde und Reisende und ahndete die Verletzung der Gastfreundschaft besonders streng. Man nannte ihn daher auch Zeus Xenios, Beschützer der Fremden. Als Paris als Gast des Menelaos dessen Gattin Helena entführte, hatte Zeus beschlossen, daß er nicht ungeschoren davonkommen sollte, obwohl er auf Anstiften der Göttin Aphrodite gehandelt hatte.

Hades wurde zuweilen auch Zeus Katachthonios genannt, Zeus der Unterwelt, eine Bezeichnung, aus der hervorgeht, daß die Griechen das Wort Zeus in der Bedeutung von Herrscher und König verwendeten. Die Unterwelt war wirklich der einzige Bezirk, mit dem der olympische Zeus wenig zu tun hatte, auch wenn er einmal zwischen Hades und Demeter über den Raub der Persephone Recht sprach.

In den bildenden Künsten stellte man ihn mit Bart dar, und die bekannteste Statue, von Phidias (5. Jh. v. Chr.) geschaffen und im Zeus-Tempel von Olympia aufgestellt, zeigt ihn auf einem Throne sitzend. Gelegentlich erscheint er behelmt, und im allgemeinen hat er einen seiner Donnerkeile in der Form eines geflügelten Speeres bei sich. Häufig trug er auch die *aigis,* einen mit Quasten verzierten Brustpanzer aus Ziegenfell. Er wurde begleitet von seinem dienstbaren Vogel, dem Adler. Auf andere Wesenszüge des Zeus deuten seine Beinamen hin: Meilichios (der Gnädige), Ktesios (Beschützer des Besitzes), Herkeios (Beschützer des Hauswesens) und Hikesios (Beschützer der Schutzflehenden). Die Verletzung der Unantastbarkeit eines jeden, der die Götter um Beistand anflehte, und die Beeinträchtigung des Rechts, an Altären Zuflucht zu suchen, bestrafte Zeus mit seinem Zorn. In diesem Sinne nannte man ihn auch Soter (Schützer, Retter). Nach Homer war Zeus das älteste, nach Hesiod und anderen Autoren der Antike das jüngste der sechs Kinder des Kronos und der Rhea. Hesiod berichtet in der ›Theogonie‹, wie Kronos aus Eifersucht und Furcht vor einem Rivalen alle seine Nachkommen verschlang, bis die aufgebrachte Rhea mit Hilfe ihrer Mutter Gaia (Erde), die von ihrem Gatten Uranos ähnliches hatte erleiden müssen, einen großen Stein in Windeln wickelte und ihn von Kronos verschlingen ließ, während sie ihr letztes Kind, Zeus, nach Kreta schmuggelte, wo ihn die Nymphen in einer Höhle bei Lyktos (Lyttos) versteckten und für ihn sorgten. Dort wurde ihm die Milch der Ziege Amaltheia verabreicht, und die Kureten (priesterliche Diener der Rhea) führten wilde Tänze auf und klapperten mit ihren Waffen, um das Schreien des Kindes vor dem argwöhnischen Vater zu verbergen. Nach einer arkadischen Überlieferung kam Zeus auf dem Berge Lykaios in Arkadien zur Welt und wurde von dort aus nach Lyktos gebracht, während die Kreter behaupteten, daß er in einer Höhle des Ida oder des Dikte geboren worden sei.

Als Zeus zum Manne herangewachsen war, beschloß er, seinen tyrannischen Vater zu stürzen, und umwarb die kluge Titanin Metis, die er dazu brachte, in Kronos' Getränk ein Brechmittel zu schütten. Kronos gab daraufhin seine fünf verschlungenen Kinder und den ihm untergeschobenen Stein wieder von sich; diesen brachte man nach Delphi, um ihn auf den Mittelpunkt der Erde zu legen, wo er als »Nabel der Welt« bekannt wurde. Mit Hilfe seiner Brüder Poseidon und Hades sowie der Kyklopen (der Söhne der Gaia), die dem Zeus seine Donnerkeile schmiedeten, und der hundertarmigen Riesen Kottos, Briareos und Gyes stürzte Zeus Kronos und diejenigen seiner Titanenbrüder, die zu ihm hielten, in einem zehnjährigen Kampf und verbannte sie in die Tiefen des Tartaros, wo die Hundertarmigen sie seither immer bewachten.

Die drei göttlichen Brüder Zeus, Poseidon und Hades beschlossen nun, das Universum unter sich aufzuteilen, und losten um die einzelnen Reiche. Zeus bekam den Himmel, Poseidon das Meer und Hades die Unterwelt. Der Olymp und die Erde galten als gemeinsamer Besitz, obwohl Hades sich dort nur sehr selten sehen ließ. Der Vorrang von Zeus blieb unbestritten, nachdem er es war, der den Auf-

Die kretischen Nymphen umsorgen den kleinen Zeus (Giulio Romano, 1499–1546; London, National Gallery)

Athene entsteigt dem Haupt des Zeus, rechts Hephaistos mit der Axt (schwarzfiguriger Becher, 6. Jh. v. Chr.; London, Britisches Museum)

stand gegen Kronos und die Titanen geführt und seine Brüder aus dem Leib ihres Vaters befreit hatte. Nach einigen Überlieferungen wählten ihn aus Dankbarkeit hierfür die übrigen Götter zu ihrem Herrscher. Da die Griechen nicht zu allen Zeiten Polygamie praktizierten, war ihnen die Vorstellung eines polygamen Zeus unwillkommen. Doch besaßen sie überall bekannte Überlieferungen, die von der großen Anzahl von Kindern erzählten, die Zeus mit verschiedenen Göttinnen, Nymphen und Menschenfrauen zeugte. Viele der Göttinnen, die er liebte, waren ursprüngliche Erdgottheiten; die Vermählung des Himmelsgottes mit der Erdgöttin scheint sogar eine Grundvorstellung der griechischen Religion gewesen zu sein, die (nach einer einleuchtenden Theorie) die männlich ausgerichtete Gesellschaft der indoeuropäischen Einwanderer im Mittelmeerraum an ihre neue Heimat band, wo vorher eine Mutter-Göttin die Hauptgottheit gewesen war. Die Lösung, die die Griechen schließlich hinsichtlich der zahlreichen Liebschaften des Zeus fanden, bestand in der Annahme, daß er zunächst nacheinander eine Reihe von Göttinnen heiratete, bevor es schließlich bei der dauernden Ehe mit Hera blieb; und daß er danach noch viele außereheliche Beziehungen zu Göttinnen und Menschenfrauen hatte.
Seine erste Frau war die Okeanide Metis, deren Name Klugheit bedeutet. Als sie zum ersten Mal schwanger wurde, erfuhr Zeus von Gaia, daß bei einer erneuten Empfängnis das Kind ein größerer Gott als Zeus selbst werden und ihn als Weltherrscher verdrängen würde. Aus diesem Grund – und um sich die Klugheit seiner Frau anzueignen – verschlang Zeus Metis mitsamt dem Kind in ihrem Leib. Der Embryo wuchs jetzt in Zeus heran und entsprang schließlich seinem Haupt (das Hephaistos mit einer Axt geöffnet hatte) als die voll erwachsene, gewappnete kriegerische Jungfrau Athene. Seine nächste Frau war die weissagende Titanin Themis, deren Kinder von ihm die Horen (Göttinnen der Jahreszeiten) und die Schicksalsgöttinnen wurden. Danach verließ er sie und heiratete Eurynome, eine andere Okeanide, die ihm die Grazien und weitere Töchter schenkte; danach gebar ihm seine Schwester Demeter – die Göttin der Erde und dessen, was darauf wächst – Persephone. Als nächstes nahm er die Titanin Mnemosyne (Gedächtnis, Erinnerung), die die neun Musen zur Welt brachte. Danach liebte er – nach einigen Berichten – Leto, die ihm Apollon und Artemis gebar. Endlich wurde Hera (ebenfalls seine Schwester), die von Tethys während des Krieges gegen die Titanen aufgenommen worden war, seine letzte, endgültige Frau, die ihm drei Kinder schenkte: Ares, Hebe und Eileithyia. Zeus hatte noch eine Gattin namens Dione, die Homer als Mutter der Aphrodite bezeichnet; sie war vielleicht nicht mehr als eine lokale Sonderform der Hera, denn ihr Name ist eine Abart von Zeus' Namen und bedeutet Frau des Zeus.
Zeus erfreute sich außerdem noch einer anderen göttlichen Geliebten, der Pleiade Maia, die ihm Hermes gebar. Auf sie war Hera nicht

eifersüchtig; im allgemeinen aber verfolgte sie die Geliebten des Zeus, ob Nymphen oder Sterbliche, mit erbarmungsloser Wut – sofern sie sie zu entdecken vermochte. (Als sie ohne Mitwirkung eines Mannes Hephaistos hervorbrachte, tat sie dies, wie manche Darstellungen behaupten, aus Trotz gegen Zeus' alleinige Hervorbringung der Athene.) Was die schöne Nereïde Thetis betraf, so bemerkten Zeus und Poseidon gleichermaßen ihren Zauber und wetteiferten darum, sie zu verführen. Gerade noch rechtzeitig erfuhr Zeus jedoch von dem Titanen Prometheus, daß es dem Sohn der Thetis bestimmt war, größer zu werden als sein Vater, und deshalb verheiratete er sie schnellstens mit einem Sterblichen, Peleus, damit nicht ein mächtigerer Sohn ihn verdränge.
Viele Jahre zuvor hatte Zeus Prometheus bestraft, indem er ihn an einen hohen Felsen am Rande des Okeanos anschmiedete und seine Leber jeden Tag von einem Adler auspicken ließ. Diese Pein war die Strafe dafür, daß Prometheus sich zum Vorkämpfer der Menschheit gegen Zeus' Feindseligkeiten gemacht hatte. Nach der Erschaffung der Menschen durch Prometheus wollte Zeus sie wieder vernichten und hatte ihnen bestimmt, daß ihr Leben unglücklich und kurz sein sollte. Um seine Geschöpfe zu trösten, hatte Prometheus den Göttern das Feuer gestohlen und es den Menschen gebracht. Durch List konnte er auch Zeus veranlassen, beim Opfer für sich den minderwertigen Teil des Fleisches zu wählen, und als schließlich Zeus das ganze Geschlecht durch eine Sintflut umbringen wollte, gebot Prometheus seinem Sohne Deukalion, ein Schiff zu bauen. Diesen Widerstand gegen seine göttliche Absicht hatte Zeus bestraft – bis viele Jahre später Prometheus von Herakles befreit wurde, und dann erfuhr Zeus von den Gefahren einer Verbindung mit Thetis.

Zeus und Hermes (Komödienszene auf einem Kelchkrater aus Paestum, spätes 4. Jh. v. Chr.; Rom, Vatikanische Museen)

Zeus' Adler peinigt Prometheus (Tizian, 1477–1576; Madrid, Prado)

Zeus wollte das Menschengeschlecht austilgen, weil der arkadische König Lykaon in seiner Gottlosigkeit versucht hatte, den Göttern Menschenfleisch vorzusetzen. Für dieselbe Sünde, und weil er außerdem die Geheimnisse der Götter an die Menschen verraten hatte, wurde später Tantalos in den Tartaros verbannt. Auch Ixion mußte büßen, weil er die Gastfreundschaft des Zeus mißbraucht und versucht hatte, sich Hera zu nähern. Zeus erschlug auch Asklepios, weil er seine Naturgesetze gebrochen und die Toten auferweckt hatte; Apollon wollte dafür seinen Sohn rächen, indem er die Kyklopen tötete, die dem Zeus seine Donnerkeile schmiedeten. Zeus hätte Apollon beinahe sofort vernichtet, doch auf Letos Einrede mäßigte er sich und strafte Apollon damit, daß er ihn auf ein Jahr zum Sklaven eines Sterblichen, des Admetos, machte.
Zeus hatte zuweilen Schwierigkeiten mit den anderen Göttern und strafte sie streng, wenn sie sich Übergriffe zuschulden kommen ließen. Als sich Hera, Poseidon und Athene gegen ihn erhoben und ihn in Ketten legen wollten, wurde er von Tethis gerettet, die aus dem Tartaros Briareos zu Hilfe holte. Als Hera einmal in ihrer Wut gegen Herakles zu weit ging, hängte Zeus sie am Himmel auf und beschwerte ihre Füße mit einem Amboß, und als Hephaistos dann seiner Mutter in ihrer mißlichen Lage

Der Raub der Europa (Paolo Veronese, 1528–1588; Venedig, Palazzo Ducale)

helfen wollte, warf Zeus ihn vom Olymp. Für irgendeine aufrührerische Tat machte er Apollon und Poseidon zu Sklaven bei Laomedon. Auch bei der Bestrafung menschlicher Übeltäter war er erbarmungslos, besonders, wenn sie sich seine Majestät angemaßt hatten wie Salmoneus oder Keyx. Die erste sterbliche Frau, die Zeus verführte, war Niobe, die Tochter des Königs Phoroneus von Argos. Er hatte auch Absichten mit einer anderen Argiverin, Io, die von Hera lange Zeit verfolgt wurde; Io gebar ihm schließlich Epaphos, den Ahnherrn der Könige Ägyptens. Europa, eine phönikische Prinzessin, gewann er als Stier und trug sie auf seinem Rücken nach Kreta. Sterblichen Frauen erschien Zeus im allgemeinen in der Gestalt eines Tieres oder als gewöhnlicher Mann. Als er jedoch Semele, die Mutter des Dionysos, verführt hatte, ließ sie sich von Hera beschwatzen, ihn um den Beweis seiner Identität zu bitten, und so erschien er ihr in seiner wahren Gestalt – und sie verbrannte zu Asche; Zeus mußte den Embryo des Dionysos in der eigenen Hüfte tragen, bis er geboren wurde. Der Danaë, der Mutter des Perseus, erschien er in Gestalt eines Goldregens, weil ihr Vater Akrisios sie in einem Turm gefangen hielt. Leda, die Mutter Helenas und der Dioskuren, verführte er als Schwan, und Helena kam daher in einem Ei zur Welt. Von Antiope wurde Zeus Vater von Amphion und Zethos, zwei thebanischen Königen. Seine letzte sterbliche Geliebte, der er sich als ihr eigener Gatte Amphitryon nahte, war Alkmene, die Mutter des Herakles – jenes Helden, dem es bestimmt war, die Götter in ihrem entscheidenden Ringen gegen die Giganten zu retten.

Seit einiger Zeit war Gaia, die Erde, der hochfahrenden Art des Zeus ebenso überdrüssig wie einst der Überheblichkeit des Uranos und des Kronos. Deshalb brachte sie das Geschlecht der Giganten zur Welt, die den Olymp überfielen. Sie ließ auch ein Kraut wachsen, das die Giganten unsterblich und unbesiegbar machen sollte, wenn sie davon essen würden; Zeus aber hinderte die Sonne, den Mond und die Sterne daran, zu scheinen, damit die Giganten das Kraut nicht finden konnten, so daß er selber Gelegenheit hatte, es in der Finsternis aufzuspüren. Trotzdem gelang es den Göttern nur mit Hilfe eines sterblichen Helden, diese Giganten zu überwinden: Zeus' sterblicher Sohn Herakles war zur Stelle und machte sie alle einzeln mit einem vergifteten Pfeil nieder, da von den Göttern niemand die Macht besaß, ihnen den Tod zu geben. Nachdem auch dieser Versuch gescheitert war,

Zeus zu stürzen, empfing Gaia erneut und brachte nunmehr den gefährlichsten Feind der Götter hervor, das unsterbliche Ungeheuer Typhon. Zeus wurde von diesem Geschöpf beinahe besiegt, doch schließlich begrub er es unter der Insel Sizilien. Die letzte äußere Bedrohung seiner Autorität war ein verwegenes Stück von Otos und Ephialtes, die die Berge Ossa, Pelion und Olymp übereinander türmten, um zu den Göttern in den Himmel zu gelangen. Apollon besiegte sie, und Artemis und Zeus verbannten sie in die Tiefen des Tartaros.

Es ist unmöglich, hier alle Mythen nachzuerzählen, in denen Zeus aktiv beteiligt war, oder die vielen Liebschaften aufzuzählen, die ihm in vielen unterschiedlichen Sagen zugeschrieben wurden. In der ›Ilias‹ und der ›Odyssee‹ erscheint er als majestätischer, unparteiischer Beherrscher und Lenker menschlichen und göttlichen Lebens. Die Tatsache, daß er, soweit bekannt, in keiner griechischen Tragödie als Figur auftritt, zeugt für die besondere Ehrfurcht, die ihm von den Dramatikern wie auch vom Publikum entgegengebracht wurde. Zahlreich sind dagegen die Gesänge, in denen diese Autoren und auch andere Dichter seine erhabene Größe priesen. Wie schon Xenophanes (etwa 565–470 v. Chr.) vor ihm, verwarf auch Sokrates (um 470–399 v. Chr.) – wie sein Schüler Platon übermittelt – uneingeschränkt jene Mythen, in denen Zeus und die Götter als unsittliche Freigeister geschildert wurden.

Zeuxippe, Naiade (Wassernymphe); sie heiratete ihren Neffen, König Pandion von Athen, und gebar ihm die Zwillingssöhne Erechtheus und Butes und zwei Töchter, Prokne und Philomele.

Landkarten

DAS WELTBILD DER ANTIKE

DAS MITTELMEERGEBIET
OZEAN
GALLIEN
HISPANIEN
Tartessos(?)
Säulen des Herakles
Atlasgebirge
Balearen
Iber
Rhodanos (Rhône)
Rhenos (Rhein)
Albis (Elbe)
Istros (Donau)
Alpen
Eridanos (Po)
Padua
LIGURIEN
ETRURIEN
Tiber
Rom
Korsika
Sardinien
Kap Circe
Cumae
APULIEN
Kap Palinurus
Aeolische Inseln
Eryx
Drepanum
Ätna
Henna
Sizilien
Malta
Straße von Messina
Karthago
Tritonischer See
Kleine Syrte
Große Syrte
LIBYEN
Adriatisches Meer
Corcyra Nigra
ILLYRIEN
Savos
Haimos
Epirus
Korkyra
Ithaka
Thessalien
Peloponnes
Kythera
Knossos
Kreta
Ägäisches Meer
Rhodope
Hebros
Thasos
THRAKIEN
Salmydessos
Byzantion
Bosporus
Troja
MYSIEN
LYDIEN
KARIEN
LYKIEN
Rhodos
PHRYGIEN
BITHYNIEN
Sangerios
Halys
Skythen
Hypanis (Bug)
Tanais (Bug)
Taurer
Weiße Insel
Schwarzes (Euxeinisches) Meer
Themiskyra
Kaukasos
KOLCHIS
Phasis
Aia
Tigris
Euphrat
Mallos
KILIKIEN
Kasion
SYRIEN
KYPROS
Salamis
Paphos
PHÖNIKIEN
Sidon
Tyros
Joppe
PALÄSTINA
Kyrene
KYRENAIKA
Pharos
Alexandria
ÄGYPTEN
Sinai
Nil
Chemnis
Rotes Meer
1000 Kilometer

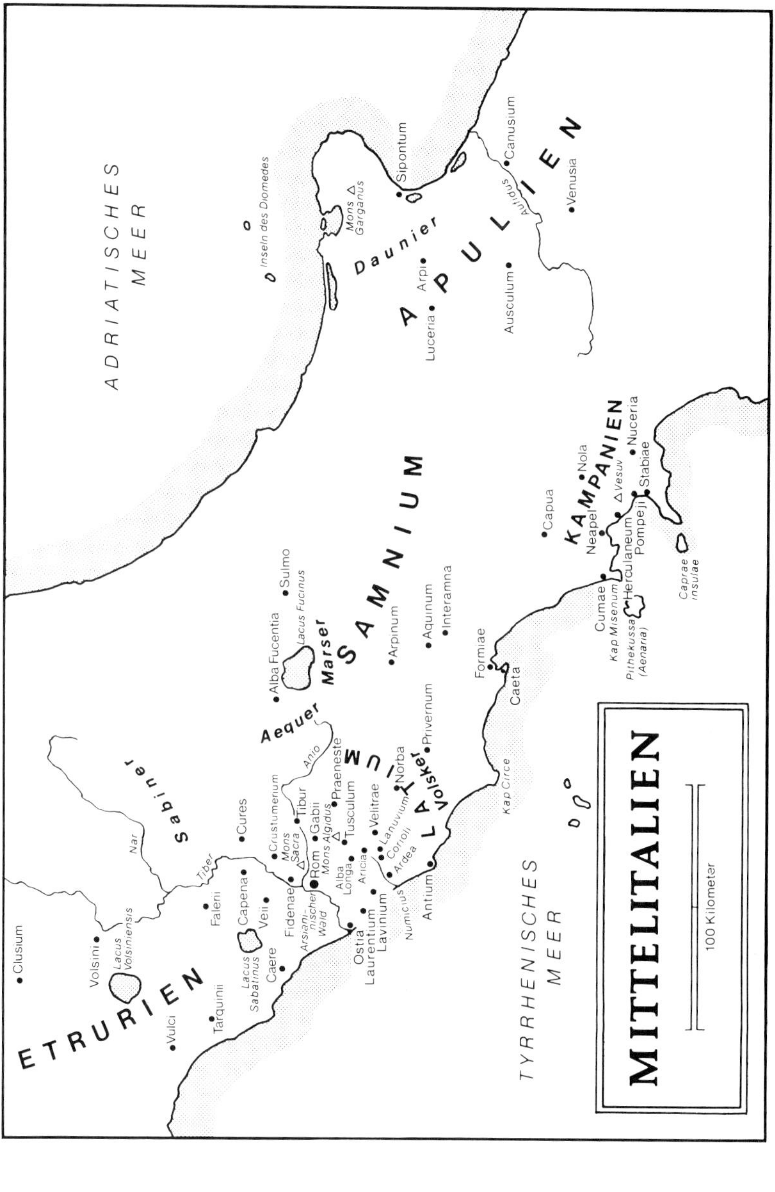
MITTELITALIEN
100 Kilometer
ADRIATISCHES MEER
TYRRHENISCHES MEER
ETRURIEN
Sabiner
Aequer
Marser
LATIUM
Volsker
SAMNIUM
KAMPANIEN
APULIEN
Daunier
Clusium
Volsini
Lacus Volsiniensis
Vulci
Tarquinii
Lacus Sabatinus
Caere
Falerii
Capena
Veii
Fidenae
Arsiani-nischer Wald
Cures
Crustumerium
Mons Sacra
Rom
Gabii
Mons Algidus
Tibur
Praeneste
Tusculum
Alba Longa
Aricia
Lanuvium
Corioli
Ardea
Velitrae
Norba
Privernum
Ostia
Laurentium
Lavinium
Numicius
Antium
Tiber
Nar
Anio
Kap Circe
Caeta
Formiae
Alba Fucentia
Lacus Fucinus
Sulmo
Arpinum
Aquinum
Interamna
Cumae
Kap Misenum
Pithekussa (Aenaria)
Herculaneum
Neapel
Capua
Nola
Vesuv
Pompeji
Stabiae
Nuceria
Caprae insulae
Inseln des Diomedes
Mons Garganus
Sipontum
Arpi
Luceria
Ausculum
Aufidus
Canusium
Venusia

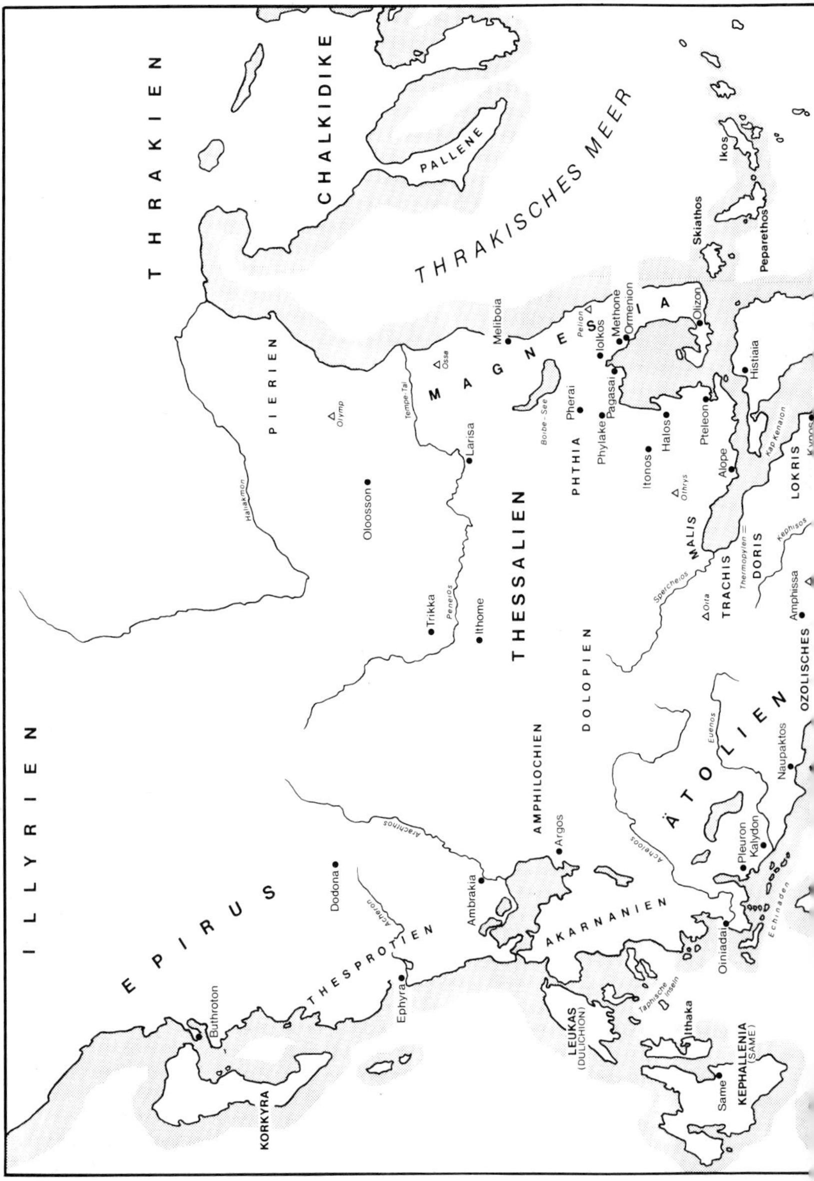
THRAKIEN
CHALKIDIKE
PALLENE
THRAKISCHES MEER
Ikos
Skiathos
Peparethos
MAGNESIA
Meliboia
Pelion
Methone
Ormenion
Olizon
Iolkos
Ossa
Pagasai
Pherai
Boibe-See
Phylake
Halos
Pteleon
Histiaia
Kap Kenaion
Kynos
Itonos
Othrys
Alope
LOKRIS
PIERIEN
Olymp
Tempe-Tal
Larisa
PHTHIA
Haliakmon
Oloosson
THESSALIEN
MALIS
Kephisos
DORIS
Thermopylen
TRACHIS
Spercheios
Oita
Amphissa
Trikka
Peneios
Ithome
DOLOPIEN
OZOLISCHES
ILLYRIEN
AMPHILOCHIEN
Euenos
Naupaktos
ÄTOLIEN
Arachthos
Argos
Acheloos
Pleuron
Kalydon
Dodona
Ambrakia
EPIRUS
Acheron
THESPROTIEN
AKARNANIEN
Echinaden
Oiniadai
Ephyra
Buthroton
Taphische Inseln
Ithaka
LEUKAS
(DULICHION)
KEPHALLENIA
(SAME)
Same
KORKYRA

GRIECHENLAND
50 Kilometer
ÄGÄISCHES MEER
IONISCHES MEER
MYRTOISCHES MEER
Saronischer Golf
Golf von Korinth
EUBÖA
ATTIKA
BÖOTIEN
PHOKIS
ACHAIA
ELIS
TRIPHYLIEN
ARKADIEN
ARGOLIS
MESSENIEN
LAKONIEN
Kykladen
ANDROS
Tenos
Rheneia
Delos
Paros
Syros
Keos
Kythnos
Seriphos
Melos
Skyros
ZAKYNTHOS
KYTHERA
Strophaden
Kap Kaphereus
Kap Geraistos
Kap Sunion
Kap Malea
Kap Tainaron
Karystos
Eretria
Chalkis
Aulis
Hyria
Theben
Plataiai
Kithairon
Kopais-See
Haliartos
Thespiai
Panopeus
Helikon
Aphidna
Marathon
Athen
Phaleron
Eleusis
Megara
Salamis
Ägina
Krommyon
Korinth (Ephyra)
Kleonai
Nemea
Sikyon
Asopos
Phlios
Mykene
Midea
Tiryns
Nauplia
Asine
Epidauros
Troizen
Hermione
Argos
Lerna
Orneai
Lyrkea
Parthenion
Prasiai
Helike
Aigai
Pellene
Keryneia
Pheneos
Kyllene
Stymphalos
Orchomenos
Tegea
Pallantion
Sparta
Amyklai
Eurotas
Taygetos
Psophis
Erymanthos
Telphusa
Lykaion
Andania
Pharai
Gerania
Olympia
Pisa
Alpheios
Phigaleia
Dorion
Oinoe
Pylos
S
O
N
W

WESTLICHES KLEINASIEN
100 Kilometer
THRAKIEN
THYNIEN
Byzantion
Hebros
Kikonen
Ainos
BOSPORUS
Propontis
Bistonen
Artonnesos
Dindymos
Bebryker
Kios
BITHYNIEN
Samothrake
THRAKISCHE CHERSONESOS
Kyzikos
Sangarios
Sestos
Olymp
Imbros
Abydos
Elaios
TROAS
Hellespont
Sigeon
Ilion (Troja)
LEMNOS
Thymbra
Tenedos
Kiliker
Ida
MYSIEN
TEUTHRANIEN
PHRYGIEN
Makestos
LESBOS
Pergamon
Kaikos
Dindymos
KLEINASIEN
ÄOLIS
Hermos
Smyrna
Sipylos
LYDIEN
Tmolos
CHIOS
IONIEN
ÄGÄISCHES MEER
Kolophon
Kaystros
Ephesos
SAMOS
Maiandros
Mykonos
IKARIA
Milet
Delos
KARIEN
NAXOS
KARISCHE CHERSONESOS
Kaunos
Xanthos
Amorgos
KOS
Bybassos
Telmessos
Ios
Nisyros
Thera
Astypalaia
Ialysos
LYKIEN
Kamikos
Rhodos
Anaphe
Lindos
RHODOS
KRETA (im selben Maßstab)
Knossos
Ida
Lyttos
Dikte
Phaistos

Stammbäume

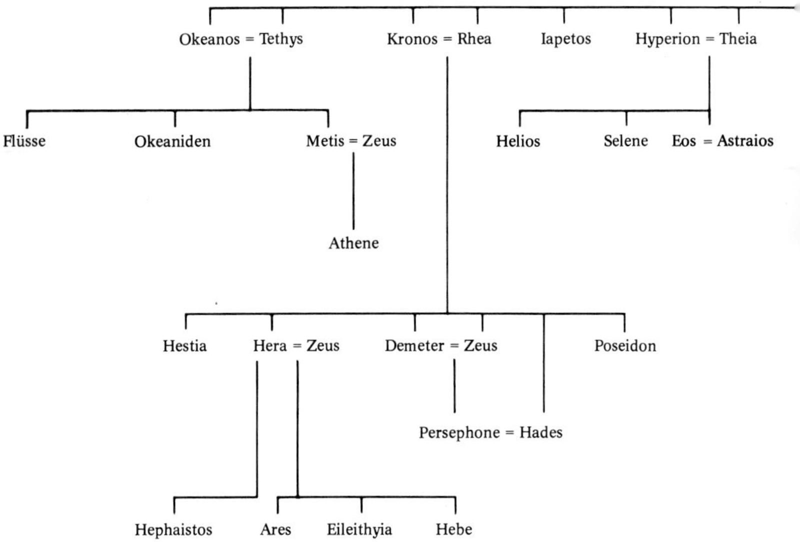
Okeanos = Tethys
Kronos = Rhea
Iapetos
Hyperion = Theia
Flüsse
Okeaniden
Metis = Zeus
Helios
Selene
Eos = Astraios
Athene
Hestia
Hera = Zeus
Demeter = Zeus
Poseidon
Persephone = Hades
Hephaistos
Ares
Eileithyia
Hebe

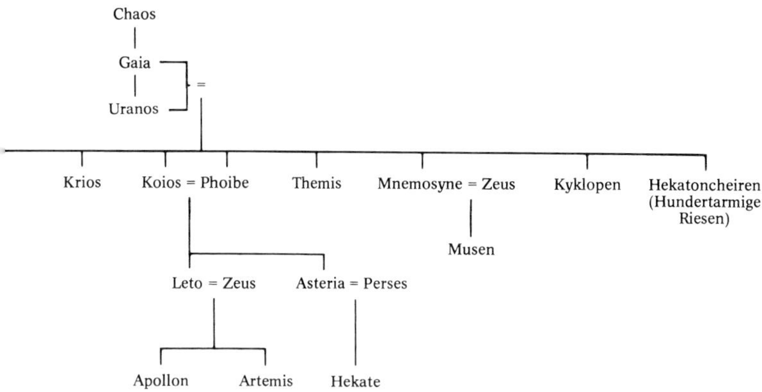

Die Nachkommen des Perseus

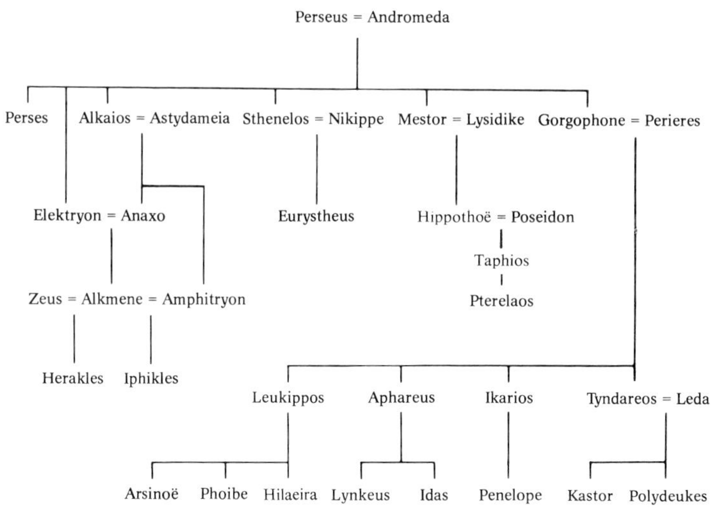

Die Nachkommen des Proitos

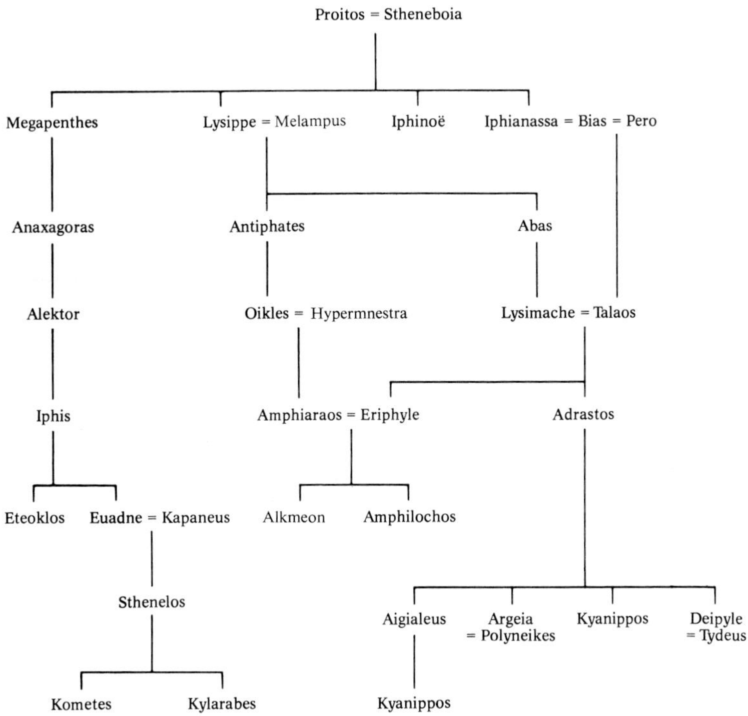

Die Nachkommen des Belos

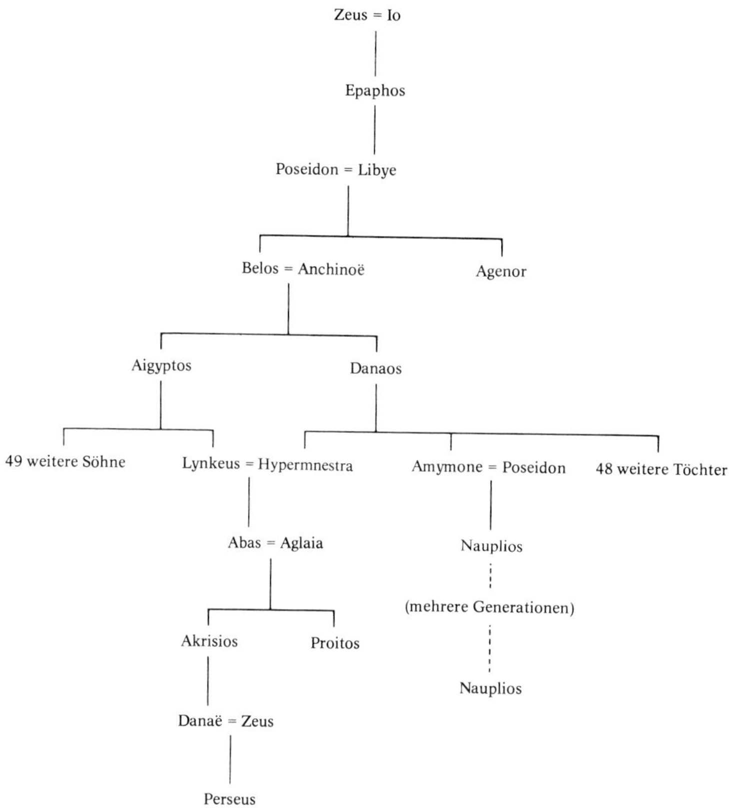

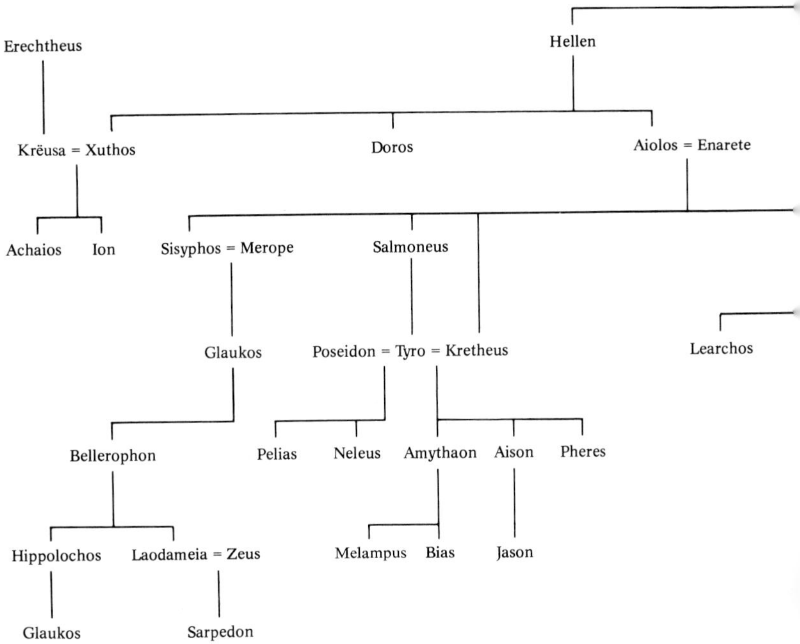
Erechtheus
Hellen
Krëusa = Xuthos
Doros
Aiolos = Enarete
Achaios
Ion
Sisyphos = Merope
Salmoneus
Glaukos
Poseidon = Tyro = Kretheus
Learchos
Bellerophon
Pelias
Neleus
Amythaon
Aison
Pheres
Hippolochos
Laodameia = Zeus
Melampus
Bias
Jason
Glaukos
Sarpedon

Die Nachkommen des Prometheus

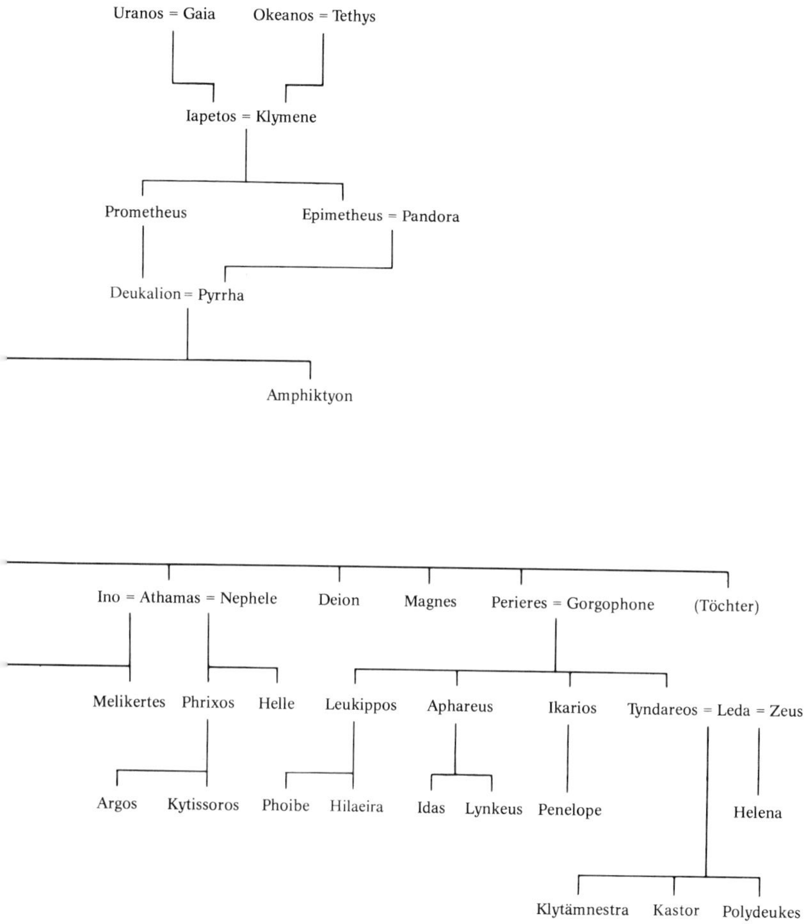

Das Haus Leda

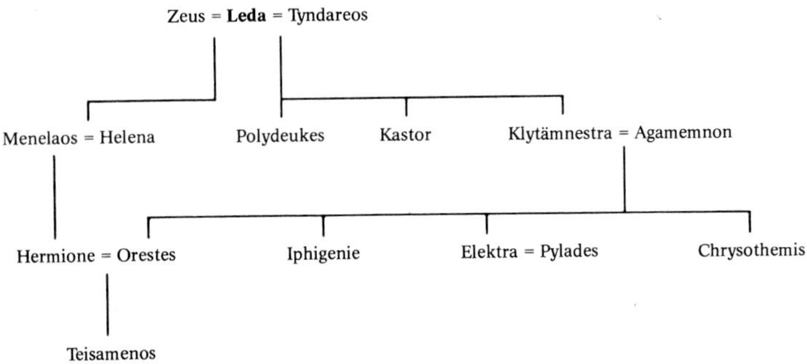

Das Haus Minos

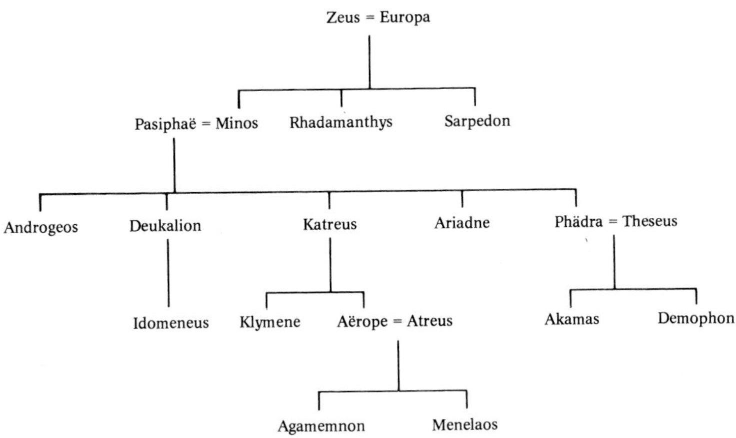

Das Königshaus von Theben

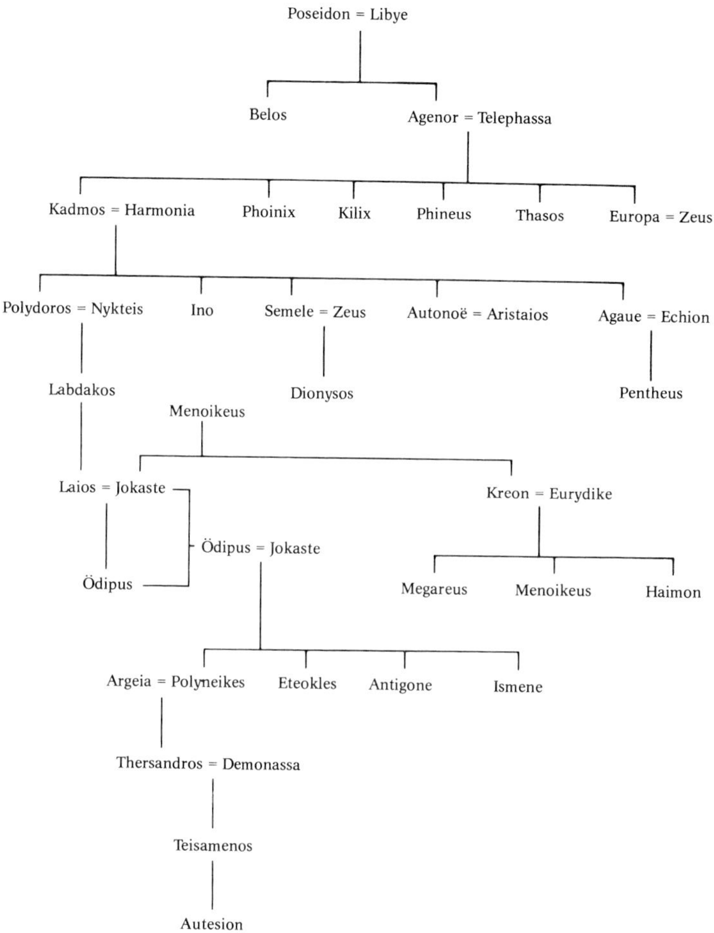

Das Königshaus von Athen

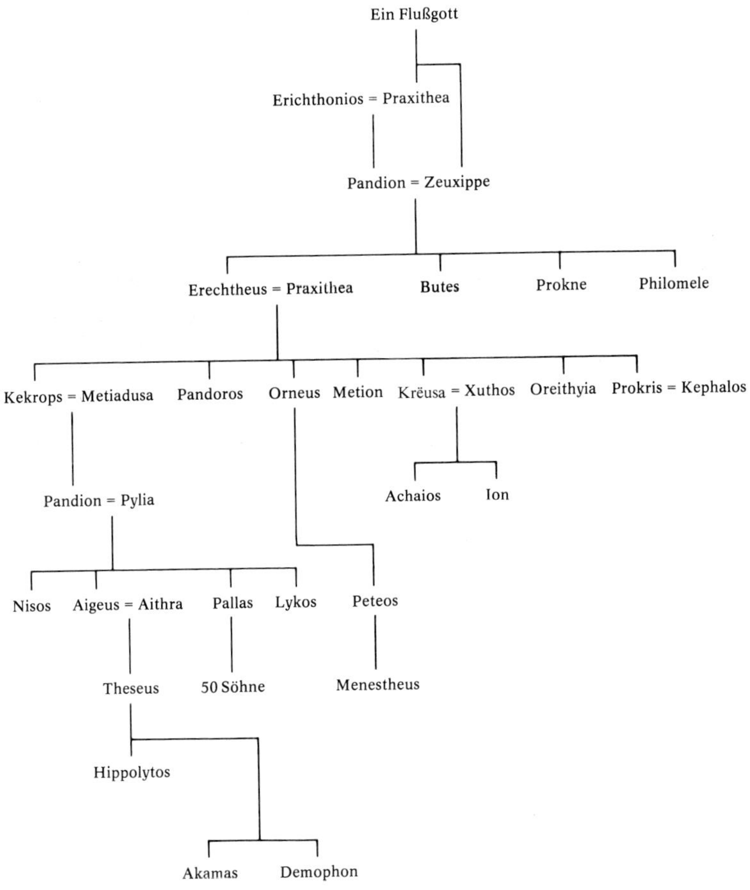

Die Nachkommen des Tantalos

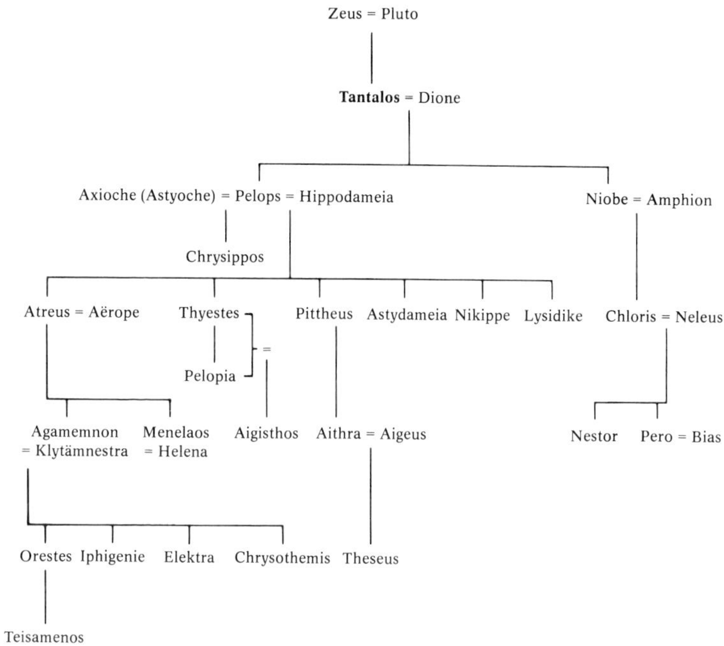

Das Königshaus von Troja

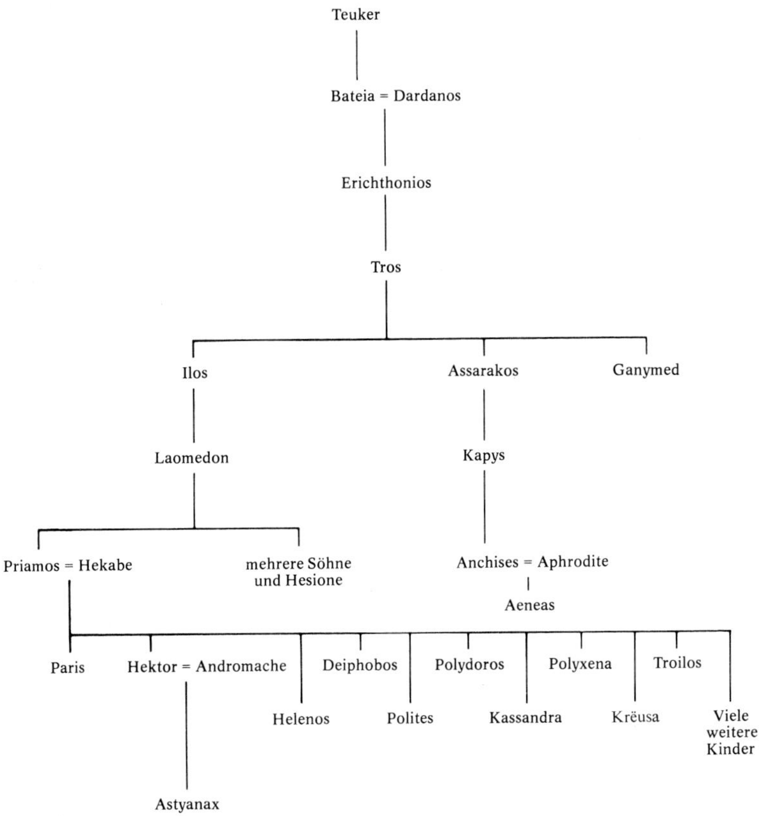

Die Nachkommen des Aeneas

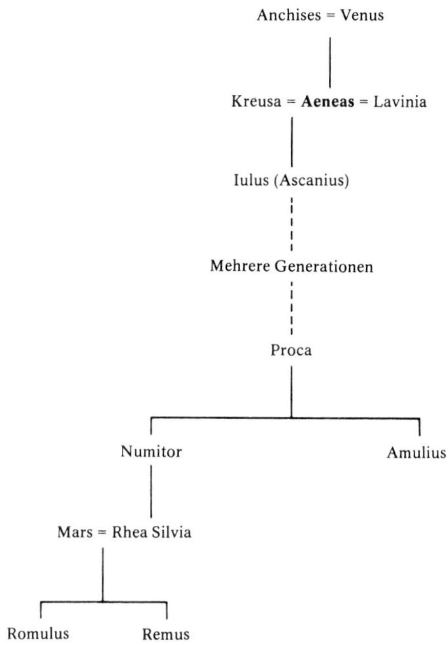

Autorenverzeichnis

Aischylos, griechischer Tragiker, 525–456 v. Chr., lebte meist in Athen; Begründer der Tragödie als literarische Kunstform. 7 seiner Dramen sind vollständig erhalten: ›Die Perser‹, ›Sieben gegen Theben‹, ›Die Orestie‹ (mit den 3 Tragödien der Tetralogie: ›Agamemnon‹, ›Die Choëphoren‹, ›Die Eumeniden‹), ›Die Schutzflehenden‹ und ›Prometheus‹. Man schreibt ihm 90 Werke zu, von denen 79 Titel überliefert sind.

Apollodoros, griechischer Gelehrter und Mythograph, um 180–110 v. Chr., lebte in Athen, Alexandria und Pergamon. Seine ›Chronika‹ war das in der Antike maßgebende Werk der Geschichte; u. a. sind 24 Bände der Religionsgeschichte und Mythologie bis auf einige Fragmente verlorengegangen.

Apollonios Rhodios, griechischer Epiker und Gelehrter, um 295–215 v. Chr.; lebte in Alexandria, zog sich in frühen Jahren nach Rhodos zurück (Rhodios = »der aus Rhodos«). Von seinen großen Epen ist nur das Hauptwerk, die ›Argonautik‹, erhalten. Er führte die Liebe in die Epik ein. Sein bedeutendster Schüler war Vergil.

Apuleius, römischer Prosaschriftsteller, um 125–180 n. Chr., in Karthago, Athen und Rom erzogen, lebte meist in Afrika. Zu seinen bekanntesten Werken gehören die romantischen ›Metamorphosen‹, heute meist als ›Der goldene Esel‹ geläufig die auch das Märchen von ›Amor und Psyche‹ enthalten).

Aristophanes, griechischer Komödiendichter, um 445–385 v. Chr., lebte in Athen. Erhaltene Werke: 11 (seiner etwa 40) Komödien, davon die Mehrzahl mit satirischer Absicht: ›Die Acharner‹, ›Die Ritter‹, ›Die Wolken‹, ›Die Wespen‹, ›Der Frieden‹, ›Die Vögel‹, ›Lysistrata‹, ›Thesmophoriazusen‹, ›Die Frösche‹, ›Ekklesiazusen‹, ›Plutos‹.

Aristoteles, griechischer Philosoph, 384–322 v. Chr., Mitglied der Platonischen Akademie in Athen, gründete eine Unterrichtsstätte (das Lykeion) und eine Philosophenschule (die Peripatetiker). Sein universales wissenschaftliches Werk wurde zur Grundlage für die abendländische Philosophie. Große Anzahl erhaltener Werke über Philosophie (u. a. die ›Nikomachische Ethik‹, vermutlich von seinem Sohn herausgegeben und nach diesem benannt), Politik und Naturwissenschaft (Physik und Metaphysik).

Athenaios, griechischer Prosaautor, um 200 n. Chr. Seine ›Deipnosophisten‹ (Gastmahl der Gelehrten) in 30 Büchern ist etwa zur Hälfte erhalten.

Bakchylides, griechischer Lyriker, um 505–450 v. Chr. 14 Epinikien und 6 Dithyramben und Fragmente von Trink- und Liebesliedern.

Cato, römischer Staatsmann, Feldherr und Schriftsteller, 234–149 v. Chr. Seine Werke, darunter die ›Origines‹ und ein Geschichtswerk über Rom erstmals in lateinischer Sprache, sind nur teilweise erhalten; mit Ausnahme der bedeutenden Abhandlung ›De agricultura‹ (Vom Ackerbau).

Catull, römischer Lyriker, um 84–54 v. Chr., lebte meist in Rom. 116 Gedichte sind überliefert; sie sind – zum ersten Mal in der römischen Literatur – von persönlichsten Gefühlen und Erlebnissen bestimmt.

Cicero, römischer Staatsmann, Verfasser ethischer, rhetorischer, religiöser und politischer Abhandlungen, Dichter und Briefschreiber, 106–43 v. Chr. Mit seinen philosophischen Werken vermittelte er dem Abendland griechisches Denken. Unter seinen erhaltenen Werken sind 58 Reden, 18 Abhandlungen und mehr als 1000 Briefe.

Diodoros Siculus, griechischer (sizilianischer) Historiker des 1. Jh.s v. Chr., lebte zur Zeit Cäsars in Rom. Von seiner ›Bibliotheke‹, einer Weltgeschichte in 40 Büchern, sind noch 15 erhalten.

Ennius, römischer Epiker, 239–169 v. Chr., gilt als eigentlicher Begründer der lateinischen Dichtersprache und stand in den Diensten römischer Feldherren und Regenten. Von den 18 Büchern seiner epischen Rom-Chronik ›Annales‹ sind Fragmente erhalten.

Euripides, griechischer Tragödiendichter, um 485–406 v. Chr.; er hielt sich vom öffentlichen Leben Athens fern. Von 92 ihm zugeschriebenen Dramen sind außer vielen Fragmenten das Satyrspiel ›Der Kyklop‹ und 17 Tragödien erhalten: ›Alkestis‹, ›Medea‹, ›Hippolytos‹, ›Die Troerinnen‹, ›Helena‹, ›Orest‹, ›Iphigenie in Aulis‹, ›Die Bakchen‹, ›Andromache‹, ›Die Herakliden‹, ›Ion‹, ›Hekabe‹, ›Die Hiketiden‹, ›Elektra‹, ›Herakles‹, ›Iphigenie auf Tauris‹, ›Die Phönizierinnen‹. Auch das Drama ›Rhesos‹ ist vielleicht von ihm.

Herodot, griechischer Geschichtsschreiber, um 484–424 v. Chr.; er lebte in Athen und unternahm ausgedehnte Reisen. Seine ›Historien‹ in 9 Büchern haben ihren Höhepunkt in den Perserkriegen.

Hesiod, griechischer Epiker und Lehrdichter, um 700 v.Chr. In seinem Hauptwerk, der ›Theogonie‹, beschreibt er Weltentstehung und Ursprung der Götter. ›Werke und Tage‹ ist ein Lehrbuch über den Landbau.

Homer, griechischer Epiker des 8.Jh.s v.Chr., geboren in Ionien (westliches Kleinasien), wo sich viele Städte, darunter Smyrna und Chios, als Geburtsstadt bezeichneten. Unter seinem Namen wurden neben ›Ilias‹ und ›Odyssee‹ die meisten Epen des ›Kyklos‹, ›Götterhymnen‹ und auch eine Parodie auf die ›Ilias‹, die ›Batrachomyomachia‹ überliefert; siehe Kyklos, Epischer, und Homerische Hymnen.

Homerische Hymnen, Sammlung von 34 griechischen Gedichten im epischen Versmaß, an Götter gerichtet; im Altertum oft Homer zugeschrieben, jedoch zu verschiedenen Zeiten entstanden, in der Hauptsache zwischen dem 8. und 6.Jh. v.Chr.

Horaz, römischer lyrischer, philosophischer und satirischer Dichter, 65–8 v.Chr., lebte in Rom und in den Sabiner Bergen. Werke: vier Bücher ›Oden‹, ›Carmen saeculare‹, ›Epoden‹, ›Satiren‹, Gedichtbücher, Briefe, darunter die berühmte ›Ars Poetica‹.

Hyginus, spanischer Freigelassener des Augustus und Bibliothekar an der Palatinischen Bibliothek in Rom, um 64 v.Chr.–17 n.Chr. Unter seinem Namen ist eine lateinische Sammlung mythologischen Materials, die ›Genealogien‹ oder ›Fabeln‹, bekanntgeworden; sie scheint jedoch erst in das 2.Jh. zu gehören.

Kyklos, Epischer, eine Bezeichnung, die Proklos, 411–485 n.Chr., Verfasser u.a. eines Handbuches der griechischen Literatur im etwa fünften Jh. n.Chr. einer Gruppe von heute fast vollständig verlorenen epischen Gedichten gab, die anderen Autoren als Homer und Hesiod zugeschrieben wurden. Hierzu gehörten Folgen von mythischen Geschichten über Ödipus (›Oidipodeia‹), Theben (›Thebais‹ und ›Epigonoi‹) und Troja (hierbei die ›Kyprien‹, ›Aithiopis‹, ›Kleine Ilias‹, ›Iliupersis‹, ›Nostoi‹, ›Telegonie‹, ›Thesprotis‹), in der Überlieferung von Hesiod die ›Theogonie‹ und die ›Titanomachie‹, siehe Homer und Hesiod.

Kyprien siehe Kyklos, Epischer.

Livius, römischer Geschichtsschreiber, 59 v.Chr.–17 n.Chr.; seit 30 v.Chr. lebte er in Rom, wo er sein Lebenswerk ›Ab urbe condita libri‹, eine Geschichte der Stadt Rom, schrieb.

Lukrez, römischer Dichter (Epikureer), um 98–55 v.Chr. Sein Lehrgedicht ›De rerum natura‹ wurde (unvollendet) von Cicero herausgegeben.

Musaios, griechischer Dichter, um 500 n.Chr.; unter seinem Namen ist ein Epyllion (Kleinepos) überliefert, das die Sage von Hero und Leander in 340 Hexametern gestaltet.

Naevius, römischer Dichter, um 250 v.Chr. Er diente im 1. Punischen Krieg. Von seinen Werken sind nur Fragmente erhalten. Er schrieb Komödien, Tragödien und ein Epos mit dem Titel ›Der Punische Krieg‹.

Odyssee siehe Homer.

Ovid, römischer Dichter, 43 v.Chr.–um 18 n.Chr., lebte in Rom, starb als von Augustus Verbannter in Tomi am Schwarzen Meer. Sein reifstes Werk sind die in epischer Form geschriebenen ›Metamorphosen‹, eine Sammlung von Verwandlungssagen. Elegische Gedichte: ›Amores‹ (Liebeselegien), ›Heroides‹ (Heldenbriefe), ›Ars amatoria‹ (Liebeskunst), ›Remedia amoris‹ (Heilmittel gegen die Liebe), ›Fasti‹ (Elegienzyklus um den römischen Festkalender), ›Epistulae ex Ponto‹ (Briefe vom Schwarzen Meer).

Pausanias, griechischer Schriftsteller, um 200 n.Chr. Er machte viele Reisen und schrieb über topographische, historische und religiöse Eigenheiten. Sein einziges vollständig erhaltenes Werk ›Periegesis tes Hellados‹ (Beschreibung Griechenlands) entstand zwischen den Jahren 170 und 180.

Pherekydes, griechischer Philosoph, um 550 v.Chr., lebte in Athen. Mythologisch-genealogische Geschichte in zehn Büchern (verloren).

Philochoros, griechischer Schriftsteller, um 340–260 v.Chr.; seine historische Chronik ›Atthis‹ ist nur noch in Fragmenten erhalten.

Pindar, griechischer Dichter, um 518–446 v.Chr., lebte in Athen und Theben. Sammlung von Epinikien (Siegeschöre) zur Feier der sportlichen Wettkämpfe mit Szenen aus der Sagenwelt, von denen 43 Oden fast vollständig erhalten sind.

Platon, griechischer Philosoph, um 427–347 v.Chr., lebte in Athen, Gründer der Akademie (um 387). Von seinen fast vollständig erhaltenen Werken sind ›Apologie‹, ›Phaidon‹, ›Symposion‹, ›Phaidros‹, ›Politikos‹ und ›Timaios‹ die wichtigsten. Er veranschaulichte seine Thesen durch mythische Erzählungen.

Plautus, römischer Komödiendichter, um 250–184 v.Chr., lebte in Rom. Er wandelte die attische Sprechkomödie zum Singspiel um. 21 Komödien werden als echt angesehen, am bekanntesten sind ›Amphitruo‹, ›Miles Gloriosus‹, ›Trinummus‹ und ›Stichus‹.

Plutarch, griechischer Philosoph und Biograph, um 46–120 n.Chr.; seine Bildung umfaßte die gesamte griechische Wissenschaft. Erhaltene Werke: u.a. zahlreiche Abhandlungen und Dialoge philosophischer, religiöser, wissenschaftlicher und literarischer Themen (›Moralia‹); die ›Bioi paralleloi‹, 24 Paare von Parallelbiographien legendärer und historischer Griechen und Römer.

Proklos siehe Kyklos, Epischer.

Properz, römischer Dichter, um 50–16 v. Chr., lebte in Rom. 4 Bücher Elegien mit vorwiegend erotischen Themen und auch mit historischem und mythologischem Inhalt.

Pythagoras, griechischer Philosoph, um 580–496 v. Chr., gründete in Kroton die Bruderschaft der Pythagoreer (Lehre: u. a. Trennung von Seele und Leib), mathematische und andere Forschungen und Erkenntnisse (Pythagoreischer Lehrsatz).

Sophokles, griechischer Tragiker, um 496–406 v. Chr., lebte in Athen. Erhaltene Werke: sieben Dramen in Versen: ›Aias‹, ›Antigone‹, ›König Ödipus‹, ›Die Trachinierinnen‹, ›Elektra‹, ›Philoktet‹, ›Ödipus auf Kolonos‹.

Statius, römischer Dichter, um 40–96 n. Chr., lebte in Neapel und Rom. Erhaltene Werke: ›Thebaïs‹ (Epos in 12 Büchern, in denen er u. a. den Zug der Sieben gegen Theben schildert), ›Achilleïs‹ (unvollendet) und ›Silvae‹ (Gelegenheitsgedichte).

Stesichoros, griechischer Dichter, um 640–555 v. Chr., lebte meist auf Sizilien. Er bevorzugte Stoffe des historischen Epos aus der Mythologie: u. a. Helena, Herakles, die Kalydonische Eberjagd. In der Antike waren 26 Bücher bekannt, doch sind nur spärliche Bruchstücke erhalten.

Theokrit, griechischer Dichter, um 305–250 v. Chr., lebte auf Kos und in Alexandria. Begründer und Meister der bukolischen Dichtung. Erhaltene Werke: 30 sogenannte »Eidyllien« und 22 Epigramme, Bruchstücke der Dichtung ›Berenike‹ u. a.

Vergil, römischer Dichter, 70–19 v. Chr., lebte in Rom und Neapel. Erhaltene Werke: ›Bucolica‹ (zehn Hirtengedichte), ›Georgica‹ (Lehrgedicht zur Verherrlichung der Landwirtschaft) und das Hauptwerk ›Aeneis‹ (römisches Nationalepos in zwölf Büchern). Unter Vergils Namen sind eine Anzahl kleinerer Gedichte überliefert, die, in der ›Appendix Vergiliana‹ herausgegeben, z. T. nicht von ihm sind.

Bildnachweis

Autoren und Verlag möchten sich bei den folgenden Behörden, Institutionen und Fotografen bedanken, die Illustrationsmaterial zur Verfügung gestellt haben. Sofern nicht anders aufgeführt, wurden die Aufnahmen freundlicherweise von den unter den Abbildungen genannten Museen und Sammlungen übernommen.

Alinari: 11, 12, 13 o., 20, 41, 45, 62, 75, 76, 78, 83, 91, 95, 98, 102, 104, 119, 122, 123 o., 124, 126, 127, 136, 138, 144, 151, 161 o., 162, 174, 182, 186, 187, 220, 224, 226, 228, 235, 238, 246, 263, 264, 267, 271, 276, 278, 284, 291, 309, 312, 315 o., 316, 323, 326, 330, 332, 335, 347, 348, 360, 364, 372, 374, 378, 389, 392, 401, 414, 418, 419, 427
Bulloz: 32, 44, 68, 113, 158, 177, 189, 193, 211, 225, 245, 289, 314, 318 r., 336 o., 355, 356, 365, 367, 376, 386, 397
Courtauld Institute: 10 o., 22, 54, 70, 73, 210, 237 u., 242 u., 298, 313, 357
A. Dinjan: 407
Françoise Foliot: 43, 94, 103, 255, 296, 308, 322, 369, 380, 411
Gabinetto Fotografico Nazionale: 143, 274, 354, 422
Giraudon: 14, 15, 16, 24, 40, 74, 88, 118, 120, 134, 161 u., 191 o., 198, 204, 231, 234, 268, 279, 303 u., 337, 353, 359, 368
Sonia Halliday: 40, 61, 64, 81, 101, 112, 129, 159, 185, 194, 237 o., 253, 300, 315 Mitte, 351, 357, 379
Claus Hansmann: 48, 57, 60, 128, 135, 168, 404, 406, 408
Friedrich Hermann: 17 o.
Hirmer Fotoarchiv: 13 u., 117, 147, 190, 209, 230, 248, 280, 285, 292 o., 305, 311, 359 o., 371 l., 387, 412, 423
Michael Holford: 59, 222, 223, 236, 299, 344, 375
Holle Bildarchiv: 294
Mansell Collection: 218, 240, 262, 266, 273, 290, 304, 341, 373, 377, 403, 417
Mary Evans Picture Library: 94 o., 105, 133, 212, 366, 416, 420
Monumenti Musei e Gallerie Pontefice, Vatikan: 427
Josephine Powell: 39
Radio Times Hulton Picture Library: 320
Royal Academy: 57, 164, 195, 216, 249, 319
Scala: 20 o., 25, 33, 46, 96, 105, 107, 109, 110, 149, 166 o., 184, 196, 197, 205, 259, 260, 274, 275, 283, 286, 294, 301, 330, 331, 346, 350, 402, 415, 428
Service de documentation des Réunion des Musées Nationaux: 152
Soprintenza alla Antichita, Florenz: 361
Roger Viollet: 45, 76, 89, 100, 131, 175, 181, 206, 221, 233, 244, 252, 257, 343, 349, 382, 385, 409
Warburg Institut: 19 o., 121

Die Bildauswahl besorgte Carol Aldway

M. I. Finley

Atlas der Klassischen Archäologie

256 Seiten mit 160 Schwarzweißfotos und 193 zweifarbigen Karten und Plänen, Leinen

„In seiner weitgreifenden Konzeption derzeit einmalig ... vermittelt der Band einen schönen und zuverlässigen Überblick über die fast unausschöpfbare Fülle der antiken Fundorte aus der Zeit von 1000 vor bis etwa 400 nach Christus und räumlich vom britischen Hadrianswall bis zur ehemaligen römischen Ostgrenze."
Frankfurter Allgemeine Zeitung

„Dieses Buch bietet eine unentbehrliche Grundlage für den interessierten Laien auf Reisen und zu Hause: ein Nachschlagewerk, das einen guten Überblick verschafft und Hinweise für eine vertiefende Beschäftigung liefert."
Rheinische Post